Ich traf Hitler

ICH TRAF HITLER

DIE INTERVIEWS VON KARL HÖFFKES
MIT ZEITZEUGEN

Herausgegeben von
Wieland Giebel

BERLIN STORY VERLAG

Die hier wiedergegebenen Gespräche wurden in den 1990er-Jahren von Karl Höffkes auf Video aufgenommen, abgeschrieben und für den Abdruck bearbeitet.

Die Reihenfolge der Texte richtet sich nach dem Zeitpunkt, an dem die Interviewpartner Hitler getroffen haben oder zu dem der Kontakt intensiv war.

Der Todesort wurde bei einigen Persönlichkeiten angegeben, wenn er von Bedeutung ist, damit erkennbar wird, ob jemand z.B. in Nürnberg gehängt wurde oder sehr viel später eines natürlichen Todes gestorben ist.

Die Karriere des Befragten nach 1945 wurde in die vorangestellten Kurzbiografien aufgenommen, wenn sie für das Gesamtbild der Persönlichkeit von Bedeutung war, also jemand z.B. beim Geheimdienst, der Bundeswehr oder der NATO weitermachte.

IMPRESSUM

Ich traf Hitler –
Die Interviews von Karl Höffkes mit Zeitzeugen
Herausgegeben von Wieland Giebel
2. Auflage – Berlin: Berlin Story Verlag 2020
ISBN 978-3-95723-153-6

© Berlin Story Verlag GmbH
Leuschnerdamm 7, 10999 Berlin
Tel.: (030) 20 91 17 80
Fax: (030) 69 20 40 059
UStID: DE276017878
AG Berlin (Charlottenburg) HRB 132839 B
E-Mail: Service@BerlinStory.de
Umschlag und Satz: Norman Bösch

WWW.BERLINSTORY.DE

Inhalt

Vorwort von Karl Höffkes 11

Editorial des Herausgebers 19

DIE INTERVIEWS

Artur Axmann 31
Reichsjugendführer
„Axmann, es kommt etwas vollkommen Neues"

Elisabeth Grünbauer, geb. Popp 61
Tochter von Hitlers Vermieter in München
„Hitler war zu dieser Zeit wirklich arm, sehr arm"

Egon Hanfstaengl 67
Hitlers Patensohn
„Der Hitler war sehr froh, bei uns essen zu können"

Hans Barkhausen 89
Referent im Reichsfilmarchiv Berlin
„Er bezeichnete sich selbst als Trommler"

Wolfgang Wagner 95
Sohn von Siegfried und Winifred Wagner,
Enkel von Richard Wagner
„Bei uns war er immer Privatmann"

Emil Klein* 101
Teilnehmer am Marsch auf die Feldherrnhalle
„Hitler war noch nicht der Führer"

* Der oder die Befragte hat Hitler nicht persönlich getroffen

Hermann Buch 109
SS-Obersturmführer und Ordonnanzoffizier
„So konnte Hitler auch sein"

Gretel Roelofs 115
Köchin in Reichskanzlei und Führerbunker
„Er war ausgesprochen anspruchslos"

Karl-Wilhelm Krause 123
Hitlers Kammerdiener
„Hitler war ein einsamer Mensch"

Erna Moll 139
Sekretärin des Düsseldorfer Gauleiters
„Ich war glückselig"

Hermann Giesler 145
Generalbaurat für die „Hauptstadt der Bewegung"
„Hitler war für mich eine außerordentliche Persönlichkeit"

Margarete Mittlstrasser 153
Köchin und Hausverwalterin auf dem Berghof
„Für uns waren sie wie ein Ehepaar"

Wilhelm Mittlstrasser 161
Angehöriger der SS, Hausmeister auf dem Berghof
„Zum Schluss hat sie sich sogar mit meiner Pistole erschossen"

Herbert Döhring 167
Hausverwalter auf dem Berghof
„Wenn Hitler tobte, hat man es
in jedem Zimmer hören können"

Fritz Darges 185
SS-Obersturmbannführer, Adjutant im Stab Adolf Hitlers
„In diesen Dingen war er sehr genau"

Gisela Böhme 195
Schülerin
„Wie komm ich wohl hier zum Führer?"

Dr. Tobias Portschy 201
Stellvertretender Gauleiter der Steiermark
„Der einzelne Mensch ist hineingeboren in das
Schicksal seines Volkes"

Reinhard Spitzy 215
SS-Hauptsturmführer und persönlicher
Referent von Außenminister Joachim von Ribbentrop
„Die Frage ist eben, wer hat es gewusst"

Tilla Maria von Below 233
Ehefrau von Nicolaus von Below, Oberst der Luftwaffe
„Wir aßen woanders besser als bei Hitler"

Daisy Schlitter 239
Filmschauspielerin
„Alles an ihm war ordinär"

Willi Schneider 251
SS-Begleitkommando Adolf Hitler
„Wir sagten damals Chef zu ihm"

Walter Frentz 261
Kameramann bei Leni Riefenstahl
„Ich habe Hitler durchaus menschlich
in Erinnerung"

Heinz Günther Guderian 265
Major der Wehrmacht, Sohn des Oberbefehlshabers
der Panzerverbände Heinz Guderian
„Verbrechen habe ich nirgendwo erlebt"

Theodor Oberländer* 275
Doktor der Agrarwissenschaft und Minister
in der Regierung Adenauer
„Hitler wollte alles alleine machen"

Otto Kumm 291
Kommandeur des SS-Regiments „Der Führer"
„Er strahlte Siegeszuversicht aus"

Alfons Schulz 299
Telefonist im Oberkommando der Wehrmacht
„Hier Wolfsschanze"

Heinz Heuer 311
Geheimdienst-Kurier
„Er war ein gebrochener Mann"

Philipp Freiherr von Boeselager 317
Offizier der Wehrmacht und Mitwisser der
Verschwörung vom 20. Juli 1944
„Es ist ein langer Weg von der Skepsis über die
Ablehnung bis zum Widerstand"

Winrich Behr 329
Major und Panzerkommandant
„Von diesem Mann kann man nicht mehr
irgendwelche Entscheidungen verlangen"

Waldemar von Gazen 337
Major im Generalstab der Wehrmacht
„Er sprach in einem charmanten Plauderton"

Wilhelm Niggemeyer 345
Oberleutnant der Reserve
„Er ließ keinen Zweifel daran, noch eine
Wende des Krieges herbeiführen zu können"

Johann Adolf Graf von Kielmannsegg 349
Oberst in der Operationsabteilung des
Oberkommandos der Wehrmacht
„Hitler war ein Genie des Bösen"

Wilhelm Zeyss 359
Ingenieur im Reichswehrministerium
„Schießen Sie, auf meine Verantwortung"

Hans Gotthard Pestke 367
Major
„Die technischen Kenntnisse Hitlers waren erstaunlich"

Johannes Göhler 379
SS-Obersturmbannführer
„Mein Führer, das muss ich erst prüfen"

Hans-Joachim Herrmann 393
Kampf- und Jagdflieger
„Er wünschte mir weiterhin viel Glück"

Bernd Freiherr Freytag von Loringhoven 401
Adjutant des Chefs des Generalstabs des Heeres
„Er war ein körperliches Wrack"

Rudolf von Ribbentrop 409
SS-Obersturmbannführer,
Sohn des Reichsaußenministers Joachim von Ribbentrop
„Hitler war in diesem Fall unser Schicksal"

Armin Dieter Lehmann 439
Hitlerjunge, Melder bei
Reichsjugendführer Artur Axmann
„Als ich Hitler sah, war ich schockiert"

Gertraud „Traudl" Junge 445
Sekretärin Hitlers
„Es war seine eigene Endlösung"

Rochus Misch 463
Angehöriger der Leibstandarte Adolf Hitler,
Telefonist im Führerhauptquartier
„Hitler ist tot, wer ist jetzt mein Chef?"

Ernst Günther Schenck 481
Ernährungsinspekteur in Wehrmacht und SS,
Arzt in der Reichskanzlei
„Um 15 Uhr wird der Führer aus dem Leben scheiden"

Gisela Herrmann* 491
Gebietsführerin des
Bund Deutscher Mädel Berlin
„Er brachte mir Hitlers Pistole"

Heinz Stendtke* **499**
Fahnenjunkerunteroffizier beim
Artillerieregiment der 5. Panzerdivision
„Der deutsche Soldat im Osten war ein ritterlicher Soldat"

Erika Morgenstern* **507**
Zivilistin aus Königsberg
„Wir waren die Verschollenen, uns gab es nicht"

10

ANHANG. **518**

Thomas Weber –
Hitlers Antisemitismus schon vor dem Krieg. 519
Die Ursprünge von Hitlers Antisemitismus vor 1914 –
Eine Neubewertung
von Thomas Weber 521
Moshe Zimmermanns Stellungnahme
zu Webers Artikel
von Wieland Giebel 549

Personen-, Sach- und Ortsregister 557
Abbildungsnachweis 565

VORWORT

von Karl Höffkes

Februar 1992. Die Verabschiedung war unterkühlt. Stumm reichte mir der klein gewachsene Mann seine linke Hand. Eine ganze Nacht lang hatte ich mit ihm zusammengesessen, um ihn dazu zu bewegen, mir seine Lebenserinnerungen anzuvertrauen. Im Morgengrauen fuhr ich zurück und ließ die Nacht Revue passieren, als das Telefon klingelte. „Kommen Sie zurück. Wir sprechen über das Interview." Artur Axmann, Hitlers letzter Reichsjugendführer und einer der wichtigsten Zeitzeugen aus der Führungsriege der Dritten Reiches, war bereit, sein Schweigen zu brechen.

Die Sachlichkeit, mit der Artur Axmann mir aus seiner persönlichen Perspektive die Ereignisse von Hitlers Machtergreifung bis zu dessen Tod in Berlin schilderte, weckte mein Interesse, weitere Zeitzeugen zu befragen, die in die Politik des NS-Regimes verstrickt waren. Angesichts des fortgeschrittenen Alters vieler war das eine Arbeit gegen die Zeit. Das Interview mit Artur Axmann öffnete manche Türe, die bis dahin verschlossen war, und Menschen, die bisher geschwiegen hatten, waren bereit zu reden. In einigen Fällen waren mehrere Vorgespräche notwendig, um das notwendige Vertrauen aufzubauen. Einige der Zeitzeugen waren nur dieses eine Mal bereit, über ihre Begeisterung für Hitler, ihre Verstrickung in das System und ihre Begegnungen mit Hitler zu sprechen. Fast alle Gespräche habe ich mit der Kamera festhalten dürfen; nur wenige sind, aus unterschiedlichsten Gründen, lediglich als Tondokumente vorhanden.

Die Interviews führten mich durch Europa, in verschiedene Staaten der ehemaligen Sowjetunion, nach Nordafrika, Südamerika und in den Nahen Osten. Das Ergebnis: mehr als tausend Interviews mit unterschiedlichsten Zeitzeugen: Gauleiter, Generale und Admirale, Sekretärinnen und Adjutanten, Soldaten aller Waffengattungen, Generalstabsoffiziere, Mitarbeiter des Auswärtigen Amtes, Widerständler, Opfer des NS-Systems, Kulturschaffende, Fahrer, Bedienstete, Zivilisten und Familienangehörige führender Nationalsozialisten – ein breiter Querschnitt durch alle Schichten.

Sie alle schilderten ihre Erlebnisse vor und während des Zweiten Weltkrieges. Freiwillige aus über zwanzig Nationen sprachen über ihre Beweggründe, auf deutscher Seite in den Krieg einzutreten, unter ihnen Engländer, Inder, Ukrainer, Russen und bosnische Moslems. Flüchtlinge aus den Ostgebieten, Überlebende des Bombenkrieges und der polnischen und tschechischen Todeslager, Frauen, die vergewaltigt und verschleppt wurden, Augenzeugen entsetzlicher Kriegsverbrechen, Opfer der Konzentrationslager: vielfältige Erinnerungen – aufgezeichnet und bewahrt für kommende Generationen.

Im Unterschied zur klassischen Interviewtechnik, bei der der Fragende den Rahmen vorgibt, sollten und konnten meine Gesprächspartner frei und ohne Zeitdruck schildern, was ihnen wichtig erschien. Anstelle eines geleiteten Gesprächs vertrauten sie mir nach eigenem Ermessen ihre Erinnerungen an. Einige haben später ihre Erlebnisse in Buchform veröffentlicht. Darüber, ob die vorangegangenen Gespräche dazu den Anstoß gegeben haben, kann nur spekuliert werden.

Der Ansatz, mit Hilfe dieser Berichte historische Abläufe verständlicher zu machen, wurde bisweilen als „Verständnis haben", vereinzelt sogar als Zeichen der Sympathie für das NS-System kritisiert. Genau das Gegenteil ist der Fall: Jede Erinnerung an das Leben im „Dritten Reich" und die Schrecken des Krieges ist ein Appell gegen die Diktatur und für den Erhalt des Friedens.

Derartige Vorwürfe sind inzwischen weitgehend verstummt; „Oral history", „erzählte Geschichte", ist heute eine anerkannte Forschungsrichtung der Geschichtswissenschaft. Die Shoah Foundation von Steven Spielberg, die gesprochenen Erinnerungen von Holocaust-Überlebenden in der Gedenkstätte Yad Vashem (in der auch Teile der von mir geführten Gespräche archiviert sind) und andere ähnliche Archive zeigen, dass Erfahrungsberichte von Augenzeugen für die Erforschung historischer Ereignisse von Bedeutung sind.

In der bundesrepublikanischen Gesellschaft fanden Gespräche mit der Generation, die den Nationalsozialismus erlebt hat, lange Zeit, wenn überhaupt, nur im privaten Bereich statt. Die einen schwiegen und verschwiegen; die anderen hatten kein Interesse oder wollten den „Ewiggestrigen" kein Forum bieten. Viel zu spät begann die Geschichtswissenschaft mit der systematischen Befragung von Zeitzeugen – viele wichtige Augenzeugen waren bereits verstorben.

Beachtung verdient im Zusammenhang mit „Oral history" ein Aspekt, der die Wissenschaftlichkeit der Methode zur Diskussion stellt. Der Vorwurf lautet: Individuelle Aussagen können nicht als authentische Quelle zur Aufarbeitung der Geschichte herangezogen werden, weil man nicht verhindern kann, dass ein Zeitzeuge im Nachhinein bewusst oder unbewusst beschönigt, unterschlägt, bagatellisiert oder dramatisiert, tatsächlich Gewesenes mit später Gehörtem und Gelesenem vermischt oder zur Selbstrechtfertigung Zusammenhänge in einem ihm genehmen Licht erscheinen lässt.

Die damit implizierte Unterscheidung von seriösen, weil gedruckten Quellen und unseriösen, weil subjektiven Zeitzeugenaussagen greift allerdings zu kurz. Selbstverständlich sind Zeitzeugenaussagen kritisch zu hinterfragen und im Kontext anderer Quellen zu prüfen. Das gilt aber in gleicher Weise auch für gedruckte Quellen: Bekanntlich ist Papier geduldig. Wie viele Tagebücher wurden im Nachhinein umgeschrieben? Wie viele schriftliche Erinnerungen sind geschönt? Wie viele „Dokumente" sind – gerade in Zeiten kriegerischer Auseinandersetzungen – den Fälscherwerkstätten der Geheimdienste und der Propaganda entsprungen, um den Gegner zu täuschen? Hinter welchen Vertragswerken verbergen sich geheime Zusatzvereinbarungen, die, unzugänglich für die Forschung, noch immer in Archiven zurückgehalten werden? Wie viele „Geständnisse" sind das Ergebnis langer Haftzeiten und körperlicher Drangsalierung?

Inzwischen ist anerkannt, dass Augenzeugen-Erinnerungen – bei Berücksichtigung aller Probleme – auf einer bestimmten

Ebene anderen Quellen etwas voraushaben: Sie erzählen eine „Geschichte von unten", weil sie Menschen, die ihre Erinnerungen niemals schriftlich festgehalten hätten, die Möglichkeit bieten, ihre Sicht auf das Gewesene zu bewahren. Sie halten auf einer emotionalen Ebene die Atmosphäre, die Befindlichkeiten und Stimmungen einer Zeit fest und können damit zur Klärung von Fragen beitragen, die Fakten und Daten nicht immer hinreichend beantworten.

„Oral History" bietet somit einerseits die Chance, Gewesenes besser nachzuvollziehen; andererseits stellt sie an den Historiker die Forderung nach gründlicher quellenkritischer Arbeit. Seine Aufgabe ist es, Erinnerungen kritisch zu hinterfragen und Kriterien zu entwickeln, die eine sachliche Überprüfung der Aussagen möglich machen. Im Sinne des preußischen Historikers Ranke* muss er dabei auch an sich selbst strengste Maßstäbe anlegen, denn auch die Interpretation und Bewertung des Gesagten unterliegt der Gefahr einer subjektiven Gewichtung, da Geschichtsschreibung – und sei sie noch so sehr um Objektivität bemüht – sowohl in der Auswahl von Dokumenten als auch in ihrer Interpretation nie frei ist von subjektiver Betrachtungsweise.

Was macht den Menschen zum Zeitzeugen? Welche Fähigkeiten sollte er besitzen, um „von der Zeit zu zeugen"? Im Idealfall verfügte er schon zu den Zeiten, über die er berichtet, neben der Fähigkeit zur Beobachtung über eine gewisse Distanz zum Geschehen. Eine Qualität, die allerdings nur in seltenen Fällen zutrifft. In aller Regel sind Menschen in die Abläufe des Alltags eingebunden, betraut mit Aufgaben und bestimmt von täglichen Sorgen und Problemen. Wer beobachtet, wenn um ihn herum Bomben einschlagen? Wer hält Distanz, wenn er um sein Leben fürchten muss?

Hinsichtlich der in diesem Buch zusammengestellten Erinnerungen von Zeitzeugen sind die Probleme noch gravierender. Abstand zu halten, Objektivität zu bewahren scheint umso schwieriger, je näher die Befragten dem Zentrum der Macht, der Person Hitlers kamen. Wie weit unterlag der Einzelne der

---

* Leopold von Ranke, 1795 – 1886, setzte den Historismus durch, die systematische, reflektierte, professionelle und vor allem quellenkritische Geschichtsbetrachtung

immer wieder beschriebenen Suggestivkraft und dem Einfluss des Mannes, in dessen Händen alle Gewalt zusammenlief? Gewährte Hitler den Menschen in seiner nächsten Umgebung überhaupt Einsichten in sein Wesen oder war er ein Puppenspieler, der alle wie Marionetten am Faden führte?

Die Menschen, die in diesem Buch zu Wort kommen, sind so verschieden, wie sie nur sein können; sie stammen aus unterschiedlichen Milieus, gesellschaftlichen Kreisen und Regionen; sie besuchten die unterschiedlichsten Schulen, gehörten verschiedenen Konfessionen an und unterscheiden sich voneinander in Ausbildung, Alter und Beruf. Ihre einzige Gemeinsamkeit ist die Nähe zu Adolf Hitler, jenem Mann, der wie kein Zweiter die Geschichte des letzten Jahrhunderts beeinflusst hat.

Aber selbst in dieser Gemeinsamkeit gibt es bedeutsame Unterschiede. Die Befragten waren nicht zur gleichen Zeit, in gleicher Häufigkeit, mit gleicher Intensität und über einen gleich langen Zeitraum in der Nähe des „Führers". Ihre Sicht auf die Person Hitler entstammt unterschiedlichen Blickwinkeln und deckt einen Zeitraum von zwei Jahrzehnten ab.

Auffallend ist der Widerspruch zwischen dem durch Teile der Geschichtswissenschaft vermittelten Bild Hitlers und den Charakterisierungen der in seiner engsten Umgebung lebenden Menschen. Fast alle schildern ihn als freundlich, fleißig, charmant und besorgt. Keine Spur von einem teppichbeißenden Psychopathen.

Der Alltag in Hitlers unmittelbarer Umgebung war offenbar von erschreckender Normalität und Banalität. Der Diktator zeigte in seiner engsten Umgebung menschliche Empfindungen. Während Millionen Menschen starben, kümmerte sich Hitler um das Wohl seiner Mitarbeiter. Während die Welt in Schutt und Asche versank, präsentierte er sich in vertrauter Runde als humorvoller Unterhalter, der Anekdoten aus seiner Jugend zum Besten gab. Ein schwer zu fassender, vielschichtiger Charakter: Hitler ohne Maske.

Keines der Gespräche, die in diesem Buch erstmalig gedruckt vorliegen, wurde im Auftrag eines Dritten durchgeführt; eine kommerzielle Verwertung, in welcher Form auch immer, war nicht geplant. Dass die Gespräche, wenn sie jetzt der Öffentlichkeit zugänglich gemacht werden, nicht durch Auslassungen oder Ergänzungen in ihrer inhaltlichen Aussage verändert wurden, gebietet die historische Sorgfaltspflicht.

Dieser wissenschaftlichen Vorgabe bleibt das Buch treu. Die Aussagen der Zeitzeugen werden ungekürzt und unverändert wiedergegeben. Die Fragen des Interviewers wurden herausgeschnitten, bei langen Gesprächen einzelne Passagen um des besseren Verständnisses willen neu angeordnet. Um den Lesefluss zu verbessern, wurden grammatikalische Fehler und sprachliche Ungenauigkeiten, wie sie in frei gesprochenen Texten vorkommen, korrigiert.

Dankenswerterweise hat der Verlag jedem Gespräch biografische Daten zur Person vorangestellt. Sie erleichtern die Einordnung der Aussagen des jeweiligen Zeitzeugen.

Die in diesem Buch wiedergegebenen Erlebnisse und Bewertungen bilden kein in sich zusammenhängendes Erklärungsmuster zur Person Adolf Hitlers. Das kann man von so unterschiedlichen Augenzeugen auch nicht verlangen. Ihre Erinnerungen sind lediglich Ausschnitte aus einem großen Ganzen, Mosaiksteine der Geschichte. Ob mit ihrer Hilfe das Gesamtbild der Person Adolf Hitlers vervollständigt werden kann, mag der Leser entscheiden.

Karl Höffkes
Januar 2020

Gisela Herrmann (links) – ehemalige BDM-Gebietsmädelführerin von Berlin, Karl Höffkes – Historiker, Erna Axmann, Artur Axmann, ehemaliger Reichsjugendführer, im Februar 1995 in Berlin in der Gertrud-Kolmar-Straße auf dem Parkplatz, unter dem sich die gesprengten wenigen, nicht zugänglichen Reste des Führerbunkers befinden. Heute steht dort eine Informationstafel.

EDITORIAL

des Herausgebers

„DAVON HATTE ICH NICHT DIE GERINGSTE AHNUNG"

In diesem Buch finden sich Dokumente. Zu Wort kommen Menschen, die Hitler gekannt oder zumindest einmal oder mehrmals getroffen haben. Es handelt sich bei ihren Berichten und Schilderungen nicht um eine Abrechnung mit dem Nationalsozialismus. Viele der Gesprächspartner haben fünfzig Jahre nach Ende der NS-Herrschaft zum ersten Mal von ihren Erfahrungen erzählt. Sie trafen Hitler in seinem ersten Zimmer in München, sahen ihn während des Putschversuchs, zum Zeitpunkt der „Machtergreifung", auf dem Berghof, in der Wolfsschanze, im Führerbunker. Der Abstand zum Erlebten war in den 1990er-Jahren groß genug. Nun wollten sie berichten – und sie hatten Vertrauen zu ihrem Gesprächspartner Karl Höffkes. Es ist sein Verdienst, überlebende Akteure des Nationalsozialismus beharrlich befragt und ihre Aussagen dokumentiert zu haben.

LEUGNER UND VERHARMLOSER

Unbelehrbarkeit und Verharmlosung sowie reinwaschende Unschuldsbeteuerungen ziehen sich durch die in diesem Buch zusammengetragenen Gespräche. Eine Relativierung der Verbrechen wird zum durchgehenden Muster.

„Man wusste ja gar nichts davon. Man wusste zwar, dass die Juden nach Osten deportiert wurden. Ich dachte, die würden umgesiedelt." – Reinhard Spitzy, NSDAP, SA, Reichssicherheitshauptamt, im Interview 1996

„Ich war in meinem ganzen Leben Humanist ... Ich war dann tatsächlich verwundert, als ich nach dem Kriege von den KZ erfahren habe." – Dr. Tobias Portschy, SS, Träger des „Blutordens", Stellvertretender Gauleiter der Steiermark, 1995

„Was sich in den Konzentrationslagern abgespielt hat, davon hatte ich nicht die geringste Ahnung." – Willi Schneider, SS-Begleitkommando Adolf Hitler, 1990

„Dass behauptet wird, es seien Zivilisten wahllos erschossen worden, trifft uns ganz tief in unserem Ehrgefühl. Ich wie viele andere Kameraden haben unmöglich etwas getan, was gegen die Ehre eines anständigen deutschen Soldaten ging." – Hans Gotthard Pestke, Kommandeur des I. Bataillons des Infanterie-Regiments 176, später Brigadekommandeur der Bundeswehr, ausgezeichnet mit dem Verdienstkreuz 1. Klasse des Verdienstordens der Bundesrepublik Deutschland, 1998

„Wir schossen auf eine Entfernung von dreißig Metern ein paar Russen ab ... Wir schossen sie natürlich ab wie die Hasen, als die den Hang herunterfuhren ... Einmal überholte uns ein T-34 mit Infanterie drauf. Die guckten plötzlich entsetzt. Ich sehe die Augen, das Gesicht noch, guckten entsetzt in unsere Mündung. In dem Moment war natürlich Feierabend. Da war es für die armen Kerle passiert. Teilweise überfuhren wir von hinten russische Infanteristen, die runtergesprungen waren. Es war ein Höllensabbat, wie Sie es sich nicht vorstellen können." Feindliche Soldaten mit dem Panzer zu überrollen ist kein Kriegsverbrechen. Das weiß Rudolf von Ribbentrop, Eisernes Kreuz, SS-Division „Hitlerjugend", später Mitinhaber der Henkell & Co Sektkellerei sowie Sprecher der Geschäftsleitung des Bankhauses Lampe. „Hitler wollte sicher keinen Krieg, was sollte ihm ein Krieg bringen?" – Ribbentrop 1997

„In Wien liegt die Wurzel seines Antisemitismus. Ich selber habe, und darauf können Sie sich verlassen, und ich war Hitlers Adjutant, den Namen ‚Auschwitz' zum ersten Mal am 8. Mai 1945 gehört. Vorher wusste ich nichts von diesem gigantischen Verbrechen in den Konzentrationslagern." – Fritz Darges, SS-Obersturmbannführer und Adjutant im Stab Adolf Hitlers, 1996

„Was wusste man denn über den Massenmord? Damals nichts." – Johann Adolf Graf von Kielmannsegg, Mitglied des Oberkommandos der Wehrmacht, im Jahr 2001 gegenüber der „Jungen Freiheit". Kielmannsegg nahm an den Feldzügen gegen Polen, Frankreich und Russland teil. 1950 wurde er ins Amt Blank berufen wurde, um den Aufbau der Bundeswehr vorzubereiten; 1955 war er Brigadegeneral und 1967 NATO-Oberbefehlshaber der Alliierten Streitkräfte Europa Mitte.

Karl Höffkes hat sie alle zum Sprechen bewegt.

NAIVE, PROFITEURE, BESSERWISSER

Die Verehrung des „Führers", des angeblich zu seinem Hofstaat allzeit freundlichen Menschen, hielt sich bei vielen derjenigen, die in diesem Buch zu Wort kommen, über mehr als fünfzig Jahre.

„Er hat sicher den besten Willen und die besten Pläne gehabt, das glaube ich gerne. Und alle haben ja daran geglaubt." – Gretel Roelofs, 1993

„Hitler war besonders ritterlich, und zwar innerlich ritterlich." – Tilla Maria von Below, 1998

Einige profitierten von ihrer Verbundenheit mit dem NS-Staat und ihrer Bekanntschaft mit Hitler. So der Architekt Hermann Giesler, der 1983 erklärt: „Ich war fasziniert, mit welcher Sicherheit und inneren Überzeugung er dabei seine visionäre Sicht der Zukunft Europas vortrug. Ich erinnere mich noch genau an den Tag, an dem ich Hitler das Modell zum ersten Mal zeigen konnte. Die Scheinwerfer simulierten die Sonneneinstrahlung am Nachmittag und eröffneten Hitler eine Blickrichtung auf Linz, wie sie sich von seinem geplanten Altersruhesitz dargeboten hätte. Für ihn waren diese nächtlichen Stunden seltene Gelegenheiten, um den täglich wachsenden Belastungen zu entfliehen und etwas Entspannung zu gewinnen." Das war unter der Neuen Reichskanzlei im Februar 1945, als der Krieg lange verloren war.

Das Foto von Giesler mit Hitler vor dem Modell von Linz nahm Walter Frentz auf, Kameramann bei den Olympischen Spielen, Kriegsberichterstatter der Wochenschau. Frentz sagt im Gespräch mit Karl Höffkes 1995: „Er war einer der wenigen Politiker, die auch Gefühl besaßen und nicht nur mit Verstand arbeiteten. Er konnte sich daher in gewisse Situationen besser einfühlen als mancher Politiker, der das nur mit dem Verstand tat. Ich habe Hitler durchaus menschlich in Erinnerung ..."

Einige Gesprächspartner meinen zu wissen, was Hitler falsch gemacht hat und wie der Krieg hätte gewonnen werden können. Theodor Oberländer, NS-Agrarwissenschaftler, schildert 1996, dass er und Wilhelm Canaris, Chef der Abwehr, der Meinung waren, man würde besser und erfolgreicher gegen die Rote Armee kämpfen, wenn man die von den Russen unterdrückten Völker auf seine Seite zöge, aber: „Hitler wollte alles alleine machen." Hitler wollte auch nicht auf den Rat von Ernst Hanfstaengl hören, mit ihm vor der „Machtergreifung" quer durch die USA zu fahren, seinen kleinen Finger einmal in den Pazifischen Ozean zu stecken, um zu begreifen, wie groß und damit mächtig die Vereinigten Staaten von Amerika sind.

Karl Höffkes spricht mit den letzten überlebenden Alt-Nazis, mit Profiteuren, Karrieristen, Besserwissern, Naiven und mit sehr wenigen Geläuterten. Niemals aber ist in diesen Interviews zu hören: „Wir haben Verbrechen begangen. Es war falsch. Ich habe mich geirrt und stand auf der falschen Seite. Ich habe im weiteren Leben versucht, meine Fehler gutzumachen."

DER ANHALTENDE EINFLUSS NATIONALSOZIALISTISCHER GESINNUNG

Für den Berlin Story Verlag stellt dieses Buch den Gegenpol zu dem Band „Warum ich Nazi wurde" dar. Darin schildern mehrere hundert Alte Kämpfer, also frühe Mitglieder der NSDAP, im Sommer 1934 in ausführlichen Lebensberichten, warum sie zur Hitler-Bewegung gekommen sind. „Ich traf Hitler" macht vor allem eins deutlich, nämlich wie die Ideologie des Nationalsozialismus noch nach fünfzig Jahren wirkt.

„Warum ich Nazi wurde" veranschaulicht, wie sich Menschen mit niedriger, mit niedrigster Gesinnung dafür entscheiden, Nazis zu sein – Rassisten, Antisemiten, gewalttätige Kleingeister, die sich bereichern auf Kosten anderer, der Nachbarn oder der Nachbarvölker. Sie zeigen Minderwertigkeitskomplexe und Überlegenheitsgefühl gleichzeitig. Die zentrale Erkenntnis von „Ich traf Hitler" ist, dass Menschen – abgesehen von wenigen Aussagen – auch nach der Niederlage 1945 und selbst wenn sie persönlich für den Tod von Hunderten, von Tausenden, ja von Zehntausenden verantwortlich sind, kein einziges Wort des Bedauerns über die Lippen bringen und im Grunde nicht von ihrer nationalsozialistischen Gesinnung abweichen.

Ich bin in einer Zeit aufgewachsen, als diese Nazis sich in den 1950er-Jahren in Seilschaften organisierten, als sie die Bundeswehr, Ministerien und Behörden aufbauten – und meine Lehrer waren. Angeblich waren sie nicht schuldig, denn sie hatten ja nichts gewusst. Meine Mutter, die Anfang der 1940er-Jahre in Weimar zur Höheren Handessschule ging, berichtete, dass die Kinder sich auf dem Schulhof, wenn es in der Stadt süßlich roch, darüber unterhielten, dass oben auf dem Ettersberg, im KZ Buchenwald, wieder Menschen verbrannt wurden. Jeder wusste das. Im Jahr 1943 wurden in Buchenwald mehr als 3.500 Tote registriert, etwa zehn pro Tag.

Die Verstrickung der allermeisten Deutschen in die Nazi-Geschichte ist in unserer Gesellschaft nicht richtig verarbeitet, anders als die vielen Fernsehfilme und wissenschaftlichen Veröffentlichungen vermuten lassen. „Aber mein Großvater wusste von nichts", ist weiterhin und bis heute eine geläufige Aussage. Der Journalist David Ensikat, der seit mehr als zwanzig Jahren im „Tagesspiegel" die Nachrufe betreut, eine außergewöhnliche, wöchentliche Seite, schreibt*: „Es gab, soweit ich mich erinnern kann, bislang nicht einen Nachruf, in dem die Beteiligung eines Verstorbenen an NS-Verbrechen eine Rolle spielte. Verwundungen an der Front, Gefangenschaft, Traumata, das alles oft: nichts aber haben wir erfahren über Erschießungen, Transporte, Wachdienste. Das große Schweigen dauert an. Die Geschichte jüdischer Überlebender dagegen haben wir oft erzählen können."

GEGNER UND VERSCHWÖRER

Es gibt Ausnahmen in diesem Buch. Daisy Schlitter hat als junges Mädchen, achtzehn Jahre alt, Anfang der 1930er-Jahre die Berliner Künstlerszene kennengelernt. Anfang 1932 wollte sie Hitler bei einem öffentlichen Auftritt hören. Ihrer Mutter be-

---

* im Tagesspiegel vom 28. April 2019

richtete sie: „Heute habe ich den Mann gesehen, der Deutschland zugrunde richten wird. Er heißt Adolf Hitler. Seine Partei kommt an die Macht, der Mann wird die Regierung übernehmen. Er strahlt eine überzeugende Kraft aus, ist revolutionär und fanatisch. Die Russen werden aus Sowjetrussland kommen, es wird Krieg geben. Der Mann wird Krieg machen gegen Russland. Die Russen werden in Berlin stehen."

Das Ende schildert Egon Hanfstaengl, dessen Vater Hitler in die Münchner Gesellschaft eingeführt hatte: „Zum Schluss war er ja kaum mehr in Fühlung mit der Wirklichkeit, hat im Bunker losgelöst von aller Wirklichkeit, in einem Zustand des Wahns gelebt, bis er zugeben musste, dass alles verloren war. Da hat er es dann noch fertiggebracht, die Schuld dem deutschen Volk, das seiner nicht würdig gewesen sei, zuzuschieben. Also eine haarsträubende Einstellung."

Philipp Freiherr von Boeselager, Ordonnanzoffizier von Generalfeldmarschall Günther von Kluge an der Ostfront, später einer der Mitverschwörer des Attentatsversuchs vom 20. Juli 1944: „Man wusste aber ganz genau, Hitler und diese SS-Leute konnte man nicht abwählen, es gab keine demokratische Möglichkeit. Es war klar, die konnte man nur umbringen." – 1997

Hätte Hitler umgebracht werden können? Waldemar von Gazen, Major im Generalstab der Wehrmacht, wird im Januar 1943 von Hitler ausgezeichnet: „Als ich dann vor Hitler stand, hatte ich noch mein Koppel umgeschnallt, eine Pistole mit Magazin, aber nicht durchgeladen. In dem Moment dachte ich noch, was würde passieren, wenn plötzlich jemand auf Hitler schießen würde. Das kann man doch eigentlich gar nicht zulassen. Daran sieht man aber, dass durchaus die Möglichkeit bestanden hat, auf ganz andere Weise ein Attentat auf Hitler durchzuführen, als das später Stauffenberg gemacht hat."

Egon Hanfstaengl vertritt die Meinung, der 20. Juli 1944 sei nicht nur deshalb gescheitert, weil Hitler überlebte, sondern vor allem, weil wichtige Schlüsselfiguren nur mitgemacht hätten, wenn Hitlers Tod absolut sicher gewesen wäre. Da er aber nach dem Attentat weiter in vollem Maße handlungsfähig war, scheiterte das Unternehmen: Weil so viele einfach von der Autorität dieses Mannes so tief beeindruckt waren, dass sie sich eine Rebellion gegen den lebenden Hitler überhaupt nicht vorstellen konnten. Sie hatten Angst.

WARUM DIESES BUCH?

2016 hat der Berlin Story Verlag das Buch von Harald Sandner: „Hitler – Das Itinerar, Aufenthaltsorte und Reisen von 1889 bis 1945" veröffentlicht. Wir gingen damals davon aus, dass die vier Bände mit 2432 Seiten und einer Text-CD zum Preis für 499 Euro überwiegend von Institutionen gekauft würden. Das Buch dokumentiert „Hitler Tag für Tag", eine Art kommentierter Terminkalender: Mit wem hat er gesprochen, um was ging es dabei, wie gelangte er von Ort zu Ort und was geschah parallel in Europa und der Welt. Einzigartig und unersetzlich für Wissenschaftler. Es scheint jedoch so, dass mehr als sechzig Prozent der Käufer Privatpersonen waren. Hitler ist die bekannteste Person der Weltgeschichte. Selbst wenn jemand irgendwo auf der Welt Deutschland nicht auf der Karte findet, hat er eine Vorstellung davon, wer Hitler war. Auf der Grundlage unseres Buches „Warum ich Nazi wurde" haben mehrere Theater szenische Lesungen entwickelt, so in Darmstadt ein Zwölfstundenprogramm zum Auschwitz-Gedenktag.

Nun also „Ich traf Hitler", auf den ersten Blick eine Sammlung von Erinnerungen überzeugter Nationalsozialisten und harmloser Mitläufer. Doch die hier wiedergegebenen Interviews sind vielfältig. Man muss genau lesen, um festzustellen, dass hier die erste antisemitische Äußerung Hitlers bezeugt wird. Elisabeth Grünbauer, geb. Popp, Tochter von Hitlers Vermieter Josef Popp in München:

„Und er hat sich immer beschwert, dass zum Beispiel in Österreich also eine Lage herrscht, die ihm nicht passt, und vor allen Dingen, dass er auch nie in Österreich zum Militär will, …, weil ihm Österreich zu verjudet war. … Das war ein Hauptthema von ihm, dass er eben gesagt hat, dass eben Wien … Wien und Österreich sei[en] so verjudet, das ist ein Grund gewesen, dass er gegangen ist. Und er auch nicht für Wien oder beziehungsweise für Österreich in den Krieg gehen wollte . … Das hat sich halt im Gespräch immer wieder ergeben. Er ist ja sehr oft zu meinem Vater in den Laden gekommen. … Die Debatten waren oft stundenlang, dass es für meinen Vater, der ja hat arbeiten müssen, nicht immer gerade angenehm war. Aber sonst haben sie sich schon gut vertragen. …"

Das Buch enthält Schilderungen, die dem Leser peinlich oder oberflächlich erscheinen können. Zum Beispiel, wenn Margarete Mittlstrasser berichtet, wie sie Eva Braun den Rücken wäscht, wenn Gretel Roelofs von Hitlers Sellerieschnitzeln erzählt, Willi Schneider berichtet, dass er Hitler einen schweren Sessel auf den Zeh gestellt hat, oder wenn Egon Hanfstaengl schildert, dass er als Kind gern mit Hitler Eisenbahn gespielt hat, weil „Onkel Dolf" so phantastische Geräusche erzeugen konnte oder Hanfstaengls Mutter ihm erzählte, dass Hitler eines Tages auf einen Stuhl stieg, sich ein Tischtuch als Toga umhängte und ihr vormachte, wie er sich als Bub als römischer Senator geübt habe. Auch die Geschichte, wie Frau Hanfstaengl und Hitler verzweifelt Göring suchten und in einer Konditorei fanden, ist eher irgendwie komisch. Versetzt man sich aber nur einmal in die Lage eines Stoffentwicklers für einen anspruchsvollen Film über Hitler, kann man verstehen, dass ihm keine 2000-Seiten-Hitler-Biographie von Ian Kershaw mit all ihren gründlichen Analysen und Reflektionen so richtig weiterhilft, sondern er wissen möchte, wie sich das auf dem Obersalzberg ganz konkret abgespielt hat, um damit realistische, aber eben nicht peinliche und oberflächliche Szenen zu entwerfen.

WIDERSPRÜCHE IN DEN INTERVIEWS

Mit Anmerkungen versehen und kommentiert werden in diesem Buch aber Aussagen, die objektiv nicht stimmen, oder Fakten, die in der Erinnerung falsch wiedergegeben sind. Subjektive Einschätzungen und widersprüchliche Wahrnehmungen der Person Hitlers und seiner Äußerungen bleiben bestehen. Elisabeth Grünbauer, geb. Popp, berichtet eher beiläufig, aber doch präzise von den antisemitischen Äußerungen Hitlers in München, während sein Kammerdiener Karl-Wilhelm Krause erzählt, dass Hitler bei einer Autofahrt sagte: „... dass er im Ersten Weltkrieg als Meldegänger selbst Juden erlebt hätte, die sogar das EK I bekommen hätten. Die könne man doch jetzt nicht verfluchen."

Als Widerspruch könnte man auch die Äußerung des einfachen Soldaten Heinz Stendtke ansehen, dass der deutsche Soldat im Osten ein ritterlicher Soldat war, und die Schilderung des Panzerkommandanten Rudolf von Ribbentrop, wie russische Infanteristen aus dem Hinterhalt mit dem Panzer überfahren wurden.

Hans Gotthard Pestke, Kommandeur eines Infanterie-Regiments, berichtet: „Der Kommissarbefehl ist mir selbst merkwürdigerweise damals nie bekannt gewesen." Im gleichen Gespräch sagt er aber auch: „Bei der Vorbesprechung für den Kriegsbeginn gegen Russland hat der damalige Divisionskommandeur diesen Befehl vorgelesen und mit der Bemerkung abgetan, in meiner Division wird dieser Befehl wohl nicht ausgeführt. Damit war die Debatte darum abgeschlossen." Ein auffälliger Widerspruch, der eine deutliche Sprache spricht.

WER HITLER NICHT GETROFFEN HAT

Einige der Interviewten haben Hitler nicht persönlich getroffen, aber ihre Aussagen sind von Bedeutung. So die von Gisela Herrmann, der Gebietsmädelführerin des Bund Deutscher Mädel Berlin. Sie war in den letzten Tagen während des Untergangs in der Nähe des Bunkers im Notlazarett unter der Neuen Reichskanzlei und spielt eine Rolle im Buch von Johanna Ruf „Eine Backpfeife für den kleinen Goebbels", ebenfalls erschienen im Berlin Story Verlag, in der die letzten Tage des Dritten Reiches aus der Sicht eines fünfzehnjährigen BDM-Mädels geschildert werden.

Auch Theodor Oberländer kann nicht von einem persönlichen Treffen mit Hitler berichten. Oberländer nahm 1923 am Putschversuch in München teil, war bis 1945 Nationalsozialist und wurde in der Bundesrepublik Bundesminister für Vertriebene. Besonders interessant sind seine Schilderungen über den russischen General Andrei Andrejewitsch Wlassow, der am Ende des Zweiten Weltkrieges auf der Seite der Nationalsozialisten mit 50.000 Soldaten gegen Stalin und für ein von Kommunisten freies Russland kämpfen wollte.

Auch einige weniger prominente Gesprächspartner, die Hitler nicht getroffen haben, kommen in diesem Buch zu Wort, weil wir ihre Aussagen für wichtig halten. Emil Klein nahm schon als junger SA-Mann 1923 an Hitlers Marsch auf die Feldherrnhalle teil. Erika Morgenstern schildert die Lage der Zivilisten in Königsberg nach der Kapitulation, Heinz Stendtke vermittelt ebenfalls aus der Gegend um Königsberg ein Bild, nach dem „der deutsche Soldat sich anständig gegenüber der Zivilbevölkerung benommen hat".

KARL HÖFFKES – DER HISTORISCHE DOKUMENTAR

Nahezu alle Interviews in diesem Buch liegen als Video im Digi-Beta-Format vor. Sämtliche Film-Interviews führte Karl Höffkes. Wenn man im Fernsehen auch nur einen Film über den Nationalsozialismus gesehen hat, wird man mit großer Wahrscheinlichkeit etwas aus der Sammlung Höffkes gesehen haben. Karl Höffkes sammelt Privatfilme, die jenseits der NS-Propaganda und ohne Schere im Kopf gedreht worden sind, die den Nationalsozialismus ungeschminkt darstellen. Aus dem Archiv von Karl Höffkes stammt zum Beispiel der weitaus überwiegende Teil des Materials zum Siebeneinhalb-Stunden-Film „Wer war Hitler" von Hermann Pölking, als DVD erschienen im Berlin Story Verlag.

Das Archiv Karl Höffkes AKH umfasst den mit Abstand größten Fundus an digitalisiertem Material zum Nationalsozialismus, insgesamt mehr als 2.400 Stunden. Höffkes trug bei zu Dokumentationen in zahlreichen Fernsehsendern, Gedenkstätten und Museen.* Sein Material wird eingesetzt in der Holocaust-Gedenkstätte Yad Vashem in Jerusalem und im US Holocaust Memorial Museum in Washington, den bedeutendsten Stätten zu Holocaust-Forschung, der Erforschung jüdischer Geschichte und des Nationalsozialismus. Höffkes stellt diesen Institutionen sein Material für Forschungszwecke kostenlos zur Verfügung. Einen Eindruck vom Umfang und von der Tiefe des Archivs vermittelt seine Website karlhoeffkes.de.

„Wer gegen das Vergessen ist, der muss bewahren", erklärt Karl Höffkes seine fortgesetzte Sammlungstätigkeit. „Darum sammle ich Filme und suche nach Möglichkeiten, sie für die Zukunft zu bewahren. Film ist vielleicht das einzige Medium, das alle Generationen erreicht und das universell verstanden

---

* RBB, ORF, SWR, ARTE, WDR, NDR, BR, MDR, ZDF, RAI, BBC, französisches, russisches, japanisches, niederländisches, spanisches Fernsehen
National Geographic, Stiftung Deutsche Kinemathek, Haus der Geschichte, Haus der Deutschen Kunst, Filmmuseum Potsdam, Bundeskunsthalle, Stiftung Topographie des Terrors, Muzeum II Wojny Swiatowej w Gdansku (Museum des Zweiten Weltkrieges in Danzig)

wird. Daher hoffe ich, dass die von mir zusammengetragenen Filmmaterialien ihren Teil dazu beitragen, die Auseinandersetzung mit der deutschen Geschichte zu befördern, dem Vergessen entgegenzuwirken und die Demokratie zu stärken." In einem 14-Minuten-Beitrag des Wissensmagazins „Galileo", der auf YouTube abgerufen werden kann, lernt man Karl Höffkes und seine Arbeit kennen.

Jede in diesem Buch dokumentierte Erinnerung belegt eine der zentralen Thesen des Historikers Ian Kershaw: „Hitlers Name steht zu Recht für alle Zeiten als der des obersten Anstifters des totalen Zusammenbruchs der Zivilisation in der Moderne. Die extreme Form persönlicher Herrschaft, die ein ungebildeter Wirtshausdemagoge und rassistischer Fanatiker, ein narzisstischer, größenwahnsinniger, selbsternannter nationaler Retter in einem modernen, wirtschaftlich fortgeschrittenem, kultivierten Land, das berühmt war für seine Denker und Dichter, erwerben und ausüben konnte, war für den schrecklichen Lauf der Ereignisse jener schicksalhaften zwölf Jahre ganz entscheidend."*

Alle bezogen sich auf Hitler. Jeder General, alle Minister, alle Parteifunktionäre waren von Hitlers Entscheidungen abhängig. Er setzte seine Meinung, seinen Willen, seine Projektionen durch – mit minimalen, hier ebenfalls beschriebenen Abweichungen. Alle unterwarfen sich ihm.

Diese vollständige Unterwerfung ist eines der Themen in der Dokumentation „Hitler – wie konnte es geschehen" im Berlin Story Bunker am Anhalter Bahnhof in Berlin, eng verknüpft mit dem Berlin Story Verlag. Auch dort wird gezeigt, was Kershaw beschreibt: „Hitler war der Haupturheber eines Krieges, der zu mehr als 50 Millionen Toten führte ... er war der Hauptinspirator eines Völkermords, wie ihn die Welt niemals kennengelernt hatte ..."*

Wir hoffen, dass das vorliegende Buch einen weiteren Beitrag dazu leistet, zu verstehen, wie es zu dem totalitären NS-System, zu Krieg und Völkermord kommen konnte.

Wieland Giebel
Januar 2020

---

* Ian Kershaw, Hitler 1889–1945, S. 1046f.

DIE INTERVIEWS

ARTUR AXMANN

„Axmann, es kommt etwas vollkommen Neues"

Artur Axmann
1914 – 1996
Reichsjugendführer

1928 Beitritt zur Hitlerjugend
Studium der Volkswirtschaftslehre und der Rechtswissenschaften
1931 Eintritt in die NSDAP
1932 Aufnahme in die Reichsleitung der HJ
1934 HJ-Führer von Berlin
1940 Reichsjugendführer in Nachfolge von Baldur von Schirach
1945 Kommando über den Volkssturm beim Kampf um Berlin gegen die Rote Armee bei den Seelower Höhen
Nach dem Krieg unter falschem Namen untergetaucht bis zu seiner Verhaftung im Dezember 1945 in Lübeck
1949 zu drei Jahren Arbeitslager verurteilt
Nach der Entlassung 1952 als Kaufmann tätig
1995 Veröffentlichung seiner Memoiren unter dem Titel „Das kann doch nicht das Ende sein"

Axmann spricht über sein Engagement als Jugendlicher in der HJ in Berlin-Wedding und über die soziale sowie gesundheitliche Lage der Jugend. Das Spannungsfeld zwischen der offensichtlich miserablen gesundheitli-

chen Lage in der Weimarer Republik und dem oft freiwilligen Engagement von Ärzten einerseits und der „Erziehung zum totalen Krieg" andererseits wird aus seinen Schilderungen deutlich.
Er berichtet über seinen Aufstieg zum Reichsjugendführer und das umfangreiche Programm für die HJ und den BDM, häufig in Zusammenarbeit mit Nicht-Parteimitgliedern.

Seinen Vorschlag zur Gründung einer SS-Division der Hitlerjugend im Jahr 1943 genehmigte Hitler. Sie wurde als 12. SS-Panzerdivision „Hitlerjugend" gegen die Invasion der Alliierten in der Normandie eingesetzt. Darüber hinaus gibt Axmann Auskunft darüber, wie Jugendliche aus der Hitlerjugend zur Verteidigung Berlins in Volkssturm-Bataillonen herangezogen wurden.

Das Interview mit Artur Axmann fand statt im Februar 1992.

Es war das erste Interview, das Karl Höffkes mit einem der führenden Nationalsozialisten führen konnte, und öffnete ihm die Türen zu den weiteren Gesprächspartnern.

Ich war 1928 Obersekundaner der 6. Oberrealschule und die Schüler dieser höheren Lehranstalten trugen ja bekanntlich bunte Schülermützen. Wegen dieser Schülermütze wurde ich öfter von Jungarbeitern angepöbelt und angerempelt. Einmal wurde mir sogar meine Mütze geklaut und zwar von Uniformierten mit grauem Hemd, roter Armbinde, Koppelschloss, Mütze und Sturmriemen. Von ihnen hörte ich Schlagworte wie: „Du Bürgersohn, Klassenfeind, Faschist." Sie ballten die Faust und riefen „Rot Front" und „Heil Moskau". Ich verstand das nicht. Warum war ich ein Klassenfeind? Meine Mutter war nach dem Tode meines Vaters Arbeiterin in einer Fabrik. Und warum „Heil Moskau"? Ich wehrte mich irgendwie gegen diese Fremdbestimmung aus Moskau, und genau in diesen Tagen entdeckte ich ein Plakat an einer Litfaßsäule, das zu einer Kundgebung der NSDAP gegen den Klassenkampf und für die Volksgemeinschaft einlud. Nach meinem Erlebnis interessierte mich das und ich marschierte von Wedding nach Wilmersdorf zur ausgeschilderten Kundgebung. Dort traf ich neben alten und jungen Arbeitern auch gut gekleidete Bürger. Es herrschte eine mir unbekannte Stimmung der Erwartung und des Aufbruchs. Dann kam der Redner: Dr. Goebbels, Gauleiter von Berlin, der mit starkem Beifall begrüßt wurde. Er war kaum älter als dreißig Jahre, was mich schon anzog. Er überzeugte mich vom politischen Widersinn des Klassenkampfes und rief aus, dass die Jugend für die Zukunft entscheidend sein würde. Durch diese Rede angesprochen, entschied ich mich auf dem Rückweg fest für die Gründung der Hitlerjugend im Wedding.

Sie dürfen dabei nicht vergessen: Im Wedding gab es ganze Straßenzüge, die nur von Kommunisten beherrscht wurden. Da hing, wie beispielsweise in der Kösliner Straße, aus jedem Fenster die rote Fahne. Wo gab es das sonst in Deutschland, dass noch bei den Wahlen im März 1933, nach Hitlers Machtübernahme, die Kommunistische Partei stärkste Partei wurde? In den Zwanzigerjahren gab es hier fast täglich Überfälle und Schießereien. Denken Sie mal an den 1. Mai 1926, wo es in Berlin-Wedding und Neukölln in drei bis vier Tagen über zwanzig Tote gab, das war reiner Bürgerkrieg. Fast täglich Überfälle und Schießereien. Je mehr HJ in Erscheinung trat, desto mehr traf es sie auch. Wir wussten aber von Beginn an, worauf wir uns eingelassen hatten. Oder denken Sie nur an Horst Wessels[1] Ermordung 1929. Oder Herbert Norkus[2]. Norkus gehörte meiner Gefolgschaft 1 an, sein Kameradschaftsführer war Gehrhard Mont, der ihn auch für die HJ gewann. Er war der Sohn eines Taxifahrers, Arbeiters und Parteigenossen. Er war begabt und besuchte die Oberrealschule, hatte musische Interessen wie Klavierspielen. Für eine von mir als Redner geleitete Versammlung, von der Schar Beusselkiez-Hansa organisiert, verteilte er am Sonntagmorgen Flugblätter, wobei er am 24. Januar 1932 ermordet wurde. Norkus war fünfzehneinhalb Jahre alt und gehörte der Berliner Marinejungschar der HJ an, da er später auch zur Marine und sich auf diese Weise schon auf die Zukunft vorbereiten wollte. Daneben tat er auch Dienst in einer Einheit im Beusselkiez; dort meldete er sich freiwillig zum Flugblattaustragen, das heißt, er nahm freiwillig die doppelte Belastung auf sich. Und so möchte ich sagen, dass sein Name für die Freiwilligkeit des Dienens steht. Dieses freiwillige Dienen in der Kampfzeit ist die sittliche Wurzel der HJ. Die weitaus überwiegende Mehrheit der HJ diente auch freiwillig in den Jahren des Aufbaus und später im Kriegseinsatz in der Heimat und an der Front.

Horst Wessel war mit seinem SA-Sturm schon zu Lebzeiten für uns Jungen wegen seiner Zuverlässigkeit, seiner Selbstbehauptung und seines Draufgängertums eine Legende. Er war Student der Rechte und kam aus einer gutbürgerlichen Familie, sein Vater war Feldgeistlicher in Hindenburgs Feldquartier und mit ihm gut bekannt, später Pfarrer in der Berliner Nikolaikirche. Dieser Student ging nun in das übelste Stadtviertel von Berlin mit dem Fischerkiez und dem Scheunenviertel, in dem die Unterwelt mit ihren Ringen[3] und die Prostitution zu Hause waren. Dort wollte Wessel Arbeiter gewinnen. Das war Vorbild für uns, denn auch wir als Schüler wollten ja den

---

1   Horst Wessel, 1907 – 1930, SA-Sturmführer in Berlin, von einem KPD-Mann in Berlin getötet. Es ging dabei um eine private Vergeltungsaktion. Wessel wurde von der NSDAP zum Märtyrer stilisiert.
2   Herbert Norkus, 1916 – 1932, war ein Hitlerjunge, der bei einer Propagandaaktion in Berlin von Kommunisten getötet wurde.
3   Gemeint sind Ringvereine, kriminelle Vereinigungen, die Raubzüge begingen und in Hehlerei, Prostitution sowie Verschieben aller Arten von Waren, besonders von Alkohol, verwickelt waren. Für treue Frauen Inhaftierter zahlten die Ringvereine eine Rente.

Jungarbeiter zu uns holen. Bei meiner ersten Jugendbetriebszellenversammlung [JBZV] in Siemensstadt war ich 17. Dies hat mich große Überwindung gekostet: Ich lieh mir für die Fahrt ein Fahrrad. Als mir nach Betriebsschluss Mengen von Arbeitern entgegenkamen, fragte ich mich, wie ich als Schüler diesen Jugendlichen nahebringen soll, was für sie richtig ist. Als ich in die harten, gezeichneten Gesichter der Arbeiter schaute, wurde mir bewusst, dass diese Arbeiter Kinder in meinem Alter hatten, die sie versorgen mussten – und ich will denen was über die Zukunft erzählen. Trotzdem ist die JBZV für mich gut verlaufen, und wir gewannen sogar Mitglieder. Ich denke, der Grund dafür, dass ich angekommen bin, ist der, dass ich aus dem eigenen Erlebnis der Not gesprochen habe und nicht aus dem Intellekt. Über Folgen des Klassenkampfes; dann aber über Fragen im betrieblichen Alltag, zum Beispiel darüber, dass ein Jungarbeiter kaum Urlaub kannte und ihn auch nicht hatte, nur wenige, ein bis drei Tage.

Damals empfanden wir dies als Ungerechtigkeit und setzten uns für angemessenen Urlaub der Jungarbeiter ein, oder aber für eine ärztliche Gesundheitsüberprüfung in Berufsschulen. Sicherlich gab es einige wenige Betriebe, die sich um die gesundheitliche Verfassung der Jungarbeiter kümmerten. Oder die Tatsache, dass sie zu Berufsschulunterricht verpflichtet waren, die Arbeitgeber aber die ausgefallene Zeit nicht bezahlen wollten. So gab es viele diskutierte Fragen, und wir machten uns zu Vertretern und Kämpfern für ihre Belange. Das zog doch die Jugend besonders an, die sozialrevolutionäre Zielsetzung Hitlers.

Ein Jungarbeiter, der in der Wirtschaftskrise arbeitslos wurde, dann Arbeit suchte, aber keine fand: Das deprimierende Erlebnis führte ihn oft zur Jugend der NSDAP, von der er wusste, dass sie die dafür Verantwortlichen bekämpfte. Oder die Jugendlichen, die das Glück hatten, eine Lehrstelle zu bekommen – aber viele von ihnen erhielten überhaupt keine ordentliche Berufsausbildung, sondern wurden genau wie Erwachsene eingesetzt. Da sie so gut wie keine Vergütung bekamen und sich ausgenutzt vorkamen, revoltierten manche und fanden so den Weg zur HJ. Diese Jungen sahen die langen Schlangen vor den Arbeitsämtern und erlebten die Stürmung der Lebensmittelgeschäfte durch hungernde Menschen. Ich erinnere mich, wie ich mit zehn Jahren im Inflationsjahr 1923 meine Mutter am Lohntag von der Fabrik abholte und sie so schnell wie möglich, bevor das Geld nichts mehr wert war, Brot, Milch und Butter im nächsten Laden kaufte. Dies ging auch Kindern und Jugendlichen unter die Haut. Uns allen waren damals die sozialrevolutionären Ideale besonders wichtig und darum bemühten wir uns besonders, den Jungarbeiter für uns zu gewinnen.

Der damalige Jugendführer, Kurt Gruber, war Sozialist. Ich erinnere mich, dass Gruber, als er meine Gefolgschaft 1 in Berlin besuchte, uns geradezu beschwor, nie den Weg zum Sozialismus zu verlassen. Das gilt auch für Baldur von Schirach[4], dessen große Richtlinie hieß: „Durch Sozialismus zur Nation". Von Schirach ist nicht nur Musensohn gewesen. Ich weiß aus Nähe zu ihm und als sein Sachbearbeiter, wie tatkräftig er sich für die Verwirklichung unserer sozialrevolutionären Forderungen eingesetzt hat. Von Schirach hatte uns auch die Nähe zu Hitler voraus, da er ihn schon seit 1926 kannte, als Hitler ihn in seinem Elternhaus in Weimar besuchte. Von Schirach hatte immer die Möglichkeit, zu Hitler zu gehen und an seiner Tafelrunde teilzunehmen. Das war ein großer Vorteil seinen Vorgängern und Nachfolgern gegenüber.

Die SPD war damals marxistisch und trug die Hauptverantwortung für Not und Elend in der Weimarer Republik. Schon als Schüler habe ich auf der Reichstagstribüne den Niedergang des parlamentarischen Reiches erlebt. Da wurde unter Tumult nur geredet, aber nicht gehandelt. Otto Braun, zwölf Jahre Ministerpräsident in Preußen, schreibt darüber in seinen Erinnerungen: „Das Parlament versagte voll; keine Partei wollte Verantwortung für die unerlässlichen, unpopulären Maßnahmen auf sich nehmen, und jede schob sie anderen zu, und alle zusammen der Regierung." Brünings Worte 1931 in Schlesien, dass Parteien Mut haben müssten, dem Volk die Wahrheit zu

---

4 Baldur von Schirach, 1907 – 1974, Reichsjugendführer der NSDAP seit 1931, Jugendführer des Deutschen Reichs seit Juni 1933. Machtkampf mit Artur Axmann um die führende Rolle bei der Jugenderziehung. Schirach trat 1939 freiwillig in die Wehrmacht ein und nahm 1940 am Frankreichfeldzug teil. Axmann wurde erst sein Stellvertreter, ab August 1940 sein Nachfolger, als Schirach Gauleiter von Wien wurde. Wegen Verbrechens gegen die Menschlichkeit im Nürnberger Prozess gegen die Hauptkriegsverbrecher vor dem Internationalen Militärgerichtshof zu 20 Jahren Haft verurteilt.

sagen, verhallten ungehört, vergebens: Das Parlament blieb bei dem, was nicht nur das parlamentarische Regime gefährdete, sondern auch die Demokratie.

Der Nationalsozialismus war eine Antwort auf versagende Demokratie, worauf Führerstaat oder Diktatur oder Oligarchie folgt, oder – wie Platon sagt – eine „tyrannis". Das ist der Pendelschlag in der Geschichte.

Das Erziehungsziel in der HJ? Ich antworte mit den Worten Baldur von Schirachs: „Die musische Erziehung in soldatischer Haltung." Unser Symbol für die Erziehung zur soldatischen Haltung war Potsdam. Hier atmete der Geist unseres größten Königs, der der erste Diener seines Staates war. Und hier weihte der Reichsjugendführer in der Garnisonkirche am 24. Januar 1934 342 Bannfahnen der HJ, die den Adler Friedrichs des Großen trugen. Symbol unserer musischen Erziehung war Weimar, wo unsere größten Dichter wirkten; dort fanden unsere Kulturtage, unser Reichsführerlager und die Weimar-Festspiele statt.

Es gab viele gleichwertige Probleme zu lösen, aber als Grundlage sahen wir die Erhaltung der Gesundheit der Jugend; weil Gesundheit für Leistungsfähigkeit des Einzelnen und für das ganze Volk wichtig ist. Hier mussten wir nach der Machtübernahme mit der Arbeit beginnen. Das war umso dringlicher, als die Kinder und Jugendlichen unter den Mangelerscheinungen der Ernährung gesundheitlichen Schaden nahmen. In der wirtschaftlichen Notzeit der Weimarer Republik setzte sich dieser Notstand mit häufiger Rachitis und Tuberkulose fort. In den Großstädten war es am schlimmsten; dort gab es manchmal Häuser mit fünf und sechs Hinterhöfen. Da erblickten Kinder nicht das Licht, sondern die Dunkelheit der Welt. Der Weltstadtapostel Dr. C. Sonnenschein[5] erhob Anklage mit den Worten: „Ich schäme, mich im Norden und Nordosten die zehn Gebote zu predigen. Mietskaserne ist daran Verrat." Die Zeit bis zum

---

5 Carl Sonnenschein, 1876–1929, katholischer Priester aus Mönchengladbach, seit 1918 in Berlin, über den Kurt Tucholsky 1931 schrieb: „Er war kein Seelsorger; er war zunächst ein Leibsorger. Er war für sich eine ganze Heilsarmee. Das schönste und treffendste Wort hat ein Junge auf der Straße gesprochen, als er den riesigen Trauerzug mit den vielen Armen sah: ‚Nanu? Wer wird denn da begraben? Der war ja mit der ganzen Welt verwandt!'" (Quelle: Katholische Hörfunkarbeit)

18. Lebensjahr ist der entscheidende Lebensabschnitt im Hinblick auf die körperliche, geschlechtliche sowie geistige Entwicklung und die Persönlichkeitsentwicklung. In diesem Alter werden oft die Weichen für das ganze Leben gestellt. Jugendliche durften also nicht als kleine Erwachsene behandelt werden, sondern als werdende Persönlichkeit mit speziellen Wachstumserscheinungen. Wir hatten ein böses Erbe aus der Nachkriegszeit übernommen und damit mussten wir fertigwerden.

Vor uns türmte sich 1933 ein Berg von Schwierigkeiten auf, weil wir fachkundige Ärzte brauchten. So gingen mein sozialhygienischer Berater Dr. Liebenow[6] und ich erst mal in Klausur.

Er hatte schon Anfang 1933 auf der Gaudienststelle der Berliner Jugendbetriebszellen, am Schiffbauerdamm 19, Untersuchungen an arbeitslosen Jugendlichen durchgeführt, denen ich beiwohnte. Diese Untersuchungen sollten nun in der gesamten HJ durchgeführt werden, zuerst an den arbeitslosen und werktätigen Jugendlichen, da ja die Schüler durch die Schulgesundheitsfürsorge erfasst wurden. Diese Reihenuntersuchungen sollten durch eine würdige Kundgebung feierlich eröffnet werden. Dabei brauchten wir eine ärztliche Persönlichkeit, durch die der hohe Grad der Bedeutung unserer Maßnahme für die Volksgesundheit weithin sichtbar gemacht werden sollte. Unsere Wahl fiel nicht auf den ehrenwerten Reichsarzt der NSDAP, sondern auf den Nestor der deutschen Medizin, Geheimrat Professor Dr. August Bier[7]. Ich hatte riesigen Respekt vor ihm, seit mir bekannt war, dass er durch einen Versuch am eigenen Körper, nämlich durch eine Einspritzung in den Rü-

---

6   Prof. Dr. Richard Franz Liebenow, 1898 – 1945, 1927 – 1933 Mitglied der SPD; NSDAP seit 1. Mai 1937, Mitgliedsnummer 5.853.992, ab 1932 beamteter Stadtschularzt, Sozialhygieniker in Kreuzberg, ab 1933 HJ-Gebietsarzt für Berlin und Abteilungsleiter für Sozialhygiene im Sozialen Amt der Reichsjugendführung, 1939 Intendant der Akademie für Jugendführung in Braunschweig. Liebenow wurde von Hitler zum Professor ernannt. Er war auch der private Arzt von Axmann. (Quelle: Michael Buddrus: Totale Erziehung zum totalen Krieg. Hitlerjugend und nationalsozialistische Jugendpolitik, München 2003)

7   August Bier, 1861 – 1949, Chirurg, Hochschullehrer, Forstmann. Rückenmark-Periduralanästhesie PDA durch Eigenversuch eingeführt. Seine Lazarettbesuche brachten ihn zur Entwicklung des deutschen Stahlhelms M1916, der sich rasch durchsetzte und viele Soldaten vor schweren Kopfverletzungen schützte. Seit 1932 Vorsitzender der Berliner Chirurgischen Gesellschaft. Bier erhielt 1937 gleichzeitig mit Prof. Sauerbruch beim Reichsparteitag der NSDAP den Deutschen Nationalpreis für Kunst und Wissenschaft, dotiert mit 100.000 Reichsmark, eine Art „alternativer, deutscher" Nobelpreis. (Quelle: Wikipedia)

ckenmarkkanal, der Menschheit die Lokalanästhesie zur Betäubung der Schmerzen gegeben hatte.

Wir wussten damals nicht, ob Professor Bier irgendwelche Beziehungen zur NSDAP hatte. Insofern war unser Versuch, ihn für unsere Anliegen zu gewinnen, eine ziemlich gewagte Sache. Es gab auch gleich eine negative Überraschung, als ich hoffte, Biers Zusage durch das Angebot erreichen zu können, seine Rede würde durch den Rundfunk über alle deutschen Sender übertragen. Darauf antwortete er schroff: „Vor der ollen Quasselstrippe rede ich nicht!"[8] Er gab uns schließlich seine Zusage, sei es, weil er als Arzt die positive Wirkung auf die Volksgesundheit voraussah, sei es, weil er als großer Erzieher, der er ja war, den Idealismus und die Initiative junger Menschen nicht enttäuschen wollte. So betrat der Nestor der deutschen Medizin am 19. November 1933 das Auditorium maximum der ehrwürdigen Berliner Charité, an der große deutsche Ärzte und Forscher gewirkt hatten. Die gesamte medizinische Fakultät erhob sich lautlos wie ein Mann. Selten habe ich in meinem Leben die Ausstrahlung und die natürliche Autorität einer Persönlichkeit so nachhaltig erlebt wie hier. In seiner Rede begrüßte Professor Bier aufrichtig das Selbsthilfewerk der Jugend und betonte, dass in früheren Jahren zwar unendlich viel über die Notwendigkeit der Betreuung der Jugend geredet, aber wenig getan worden sei. Seiner Ansicht nach habe freilich die Fürsorge schon längst vor dem schulpflichtigen Alter einzusetzen, um die beiden Hauptgefahren für junge Menschen frühzeitig abzuwenden, nämlich die Englische Krankheit[9] und die Tuberkulose[10].

Die Eröffnung der Reihenuntersuchung der HJ erhielt auch durch Teilnahme des preußischen Kultusministers, Dr. Bernhard Rust[11], und des Präsidenten des Reichsgesundheitsamtes,

---

8   Anders Michael Buddrus in seinem Buch „Totale Erziehung für den totalen Krieg": Die Rede von Prof. Bier am 19. September 1933 sei von allen Rundfunksendern übertragen worden. Buddrus folgt sonst der Erzählung von Axmann, mit dem er nach eigenen Angaben auch korrespondiert und persönlich gesprochen hat.

9   Rachitis, meist aufgrund von Vitamin D-Mangel: Erkrankung des wachsenden Knochens und gestörte Mineralisation der Knochen

10 Lungentuberkulose, TBC, eine bakterielle Infektionskrankheit, übertragen durch Tröpfcheninfektion, gefährlich besonders bei Immunschwäche

11 Bernhard Rust, 1883 – 8.5.1945 (Selbstmord), 1933/34 leitete er das preußische Kultusministerium, 1934–1945 das Reichsministerium für Wissenschaft, Erziehung und Volksbildung – ein Hauptvertreter nationalsozialistischer Erziehung.

Prof. Dr. Reiter[12], einen offiziellen Charakter; leider konnte Schirach als Jugendführer des Deutschen Reichs nicht erscheinen.

Wir haben das als Selbsthilfeaktion verstanden, als ein Selbsthilfewerk, nicht als staatliche Intervention.[13]

Unsere Erwartungen erfüllten sich im hohen Maße. Nach diesem Aufruf von Professor Bier meldeten sich bei uns zahlreiche Ärzte und Ärztinnen als Mitarbeiter, darüber hinaus viele Medizinstudentinnen und -studenten. Damit waren die Voraussetzungen zur Durchführung unserer gemeinnützigen Maßnahmen gegeben. Unter denen, die sich meldeten, waren auch Ärzte, die bereits damals in der Fachwelt, und übrigens auch bis heute, besten Ruf und hohen Rang besaßen. Zu den ersten Mitarbeitern in der Reichsjugendführung gehörte zum Beispiel der bedeutende Kinderarzt Prof. Dr. Gerhard Joppich[14], der vor einigen Wochen im Alter von 88 Jahren in Göttingen gestorben ist. [Dieses Interview wurde 1992 geführt.] Er ist durch seine Schluckimpfung gegen die Kinderlähmung in die Geschichte der medizinischen Forschung eingegangen.

Diese neuen Aktiven mussten keine Mitglieder der NSDAP sein. Es war ihre eigene Entscheidung, uns genügte ihre Mitarbeit in der HJ. Zum Beispiel war der ärztliche Direktor der chirurgischen Abteilung des Berliner Robert-Koch-Krankenhauses Berater der Reichsjugendführung. Was Prof. Sauerbruch[15] als

---

12 Hans Reiter, 1881 – 1969 (Kassel-Wilhelmshöhe), Bakteriologe, Hygieniker, Präsident des Reichsgesundheitsamts, aktiv für den öffentlichen Gesundheitsdienst. Eine öffentliche Auseinandersetzung mit dem Nationalsozialismus erfolgte nach den bekannten Quellen nicht.

13 Eine eigentlich staatliche Aufgabe wird von der HJ übernommen. Der Aufbau einer eigenständigen HJ-Gesundheitsorganisation begann.

14 Gerhard Paul Waldemar Joppich, 1903 – 1992, Kinderarzt und Hochschullehrer, wollte helfen, so hieß es in einer gemeinsamen Erklärung, „Schäden zu überwinden, an denen die vergangene Zeit krankte, damit ein gesundes, lebensmutiges und opferwilliges, der nationalsozialistischen Idee entsprechendes Geschlecht heranwächst." 1933 – 1942 Gebietsarzt der HJ in Köln-Aachen, ab Januar 1940 im Stab der Reichsjugendführung RJF. Teilnahme am Westfeldzug, am Russlandfeldzug, mehrere Auszeichnungen. Seit Oktober 1941 Ärztlicher Direktor des Kaiserin-Auguste-Victoria-Hauses in Berlin. Ab 1942 Leiter der Abteilung Jugendmedizin im Amt für Gesundheitsführung der Reichsjugendführung, Hauptamt für Volksgesundheit in der NSDAP. 1954 Chef der Universitätskinderklinik Göttingen, 1961 erfolgreich bei der Einführung der Schluckimpfung, 1972 emeritiert.

15 Ernst Ferdinand Sauerbruch, 1875 – 1951, bedeutender und einflussreicher Chirurg an der Charité. Einerseits kein NSDAP-Mitglied und kein überzeugter Antisemit, andererseits glühender Patriot, der im September 1933 in einem

Kapazität für Operationen im Bereich des Brustkorbs war, das war Prof. Gohrbandt[16] für die Operation im Bereich der Bauchhöhle. Ich könnte Ihnen eine Vielzahl von Mitarbeitern nennen, die aus allen politischen Himmelsrichtungen zu uns kamen.

Praktisch sah die konkrete Umsetzung der Maßnahmen so aus: Zunächst wurden die Ergebnisse in Karteikarten und später im Gesundheitspass des Jugendlichen festgehalten, der ihn überallhin begleitete. Diese Untersuchungen waren gründlich und schlossen auch die Röntgenuntersuchung ein. Zwischen diesen gründlichen Reihenuntersuchungen im 10., 15. und 18. Lebensjahr wurden periodische Gesundheitsappelle durchgeführt, bei denen gesundheitsgefährdete Jugendliche einer nachgehenden Behandlung und Betreuung zugeführt wurden. Sowohl bei den Untersuchungen wie auch bei den Appellen wirkten auch die Zahnärzte mit. Bei festgestellten Schäden wurden die entsprechenden Behandlungsmaßnahmen eingeleitet, insbesondere im Hinblick auf die Erholungspflege.

Die Ärzte wirkten bei der HJ-Dienstplanfestlegung mit, um eine Überbeanspruchung der Jungen und Mädel zu vermeiden; außerdem trugen sie die Verantwortung für die gesundheitliche Sicherung bei Großveranstaltungen, Zeltlagern und Sondermaßnahmen; zusätzlich wurden Gesundheitsdienstmädel und Feldschere eingesetzt; dazu kam der Einsatz von mobilen Kliniken für Totaluntersuchungen und zahnärztliche Behandlungen. Sehr wichtig war die Gesundheitserziehung

---

offenen Brief an die Ärzteschaft der Welt die „Wiedergeburt unseres unwürdig behandelten und zurückgesetzten Volkes" forderte.

16 Erwin Gohrbandt, 1890 – 1965, Chirurg, Hochschullehrer. Feldarzt im WK I, 1920 – 1928 Charité-Chirurgie. 1928 Prof. und Wechsel zum städtischen Urban-Krankenhaus. 1931 gehörte Gohrbandt zu den ersten Chirurgen, die bei transsexuellen Patienten eine geschlechtsangleichende Operation mit Vaginoplastik vornahmen – eine experimentelle Pionierleistung. In der Zeit des Nationalsozialismus war Gohrbandt wissenschaftlicher Mitarbeiter für chirurgische Fragen im Sozialen Amt des Reichsjugendführers, 1940 Klinikdirektor Robert-Koch-Krankenhaus. Ab 1944 war er Mitglied des Wissenschaftlichen Beirats beim Generalkommissar des Führers für das Sanitäts- und Gesundheitswesen Karl Brandt.
In der Nachkriegszeit Stellvertreter von Ferdinand Sauerbruch als Stadtrat für Gesundheitswesen in Gesamt-Berlin. Von der Sowjetischen Militäradministration in Deutschland und vom Berliner Magistrat beauftragt, die sanitäre Versorgung sicherzustellen und die Hygienevorschriften zu überwachen. Er trieb den Wiederaufbau des kriegszerstörten Krankenhauses Moabit voran, dessen Chirurgische Abteilung er bis zum Dezember 1958 leitete. Zugleich nahm er seine Vorlesungen an der neu gegründeten Freien Universität Berlin auf.

und damit auch der Feldzug gegen den Missbrauch von Alkohol und Nikotin; das Drogenproblem kannten wir ja damals noch nicht. Die Ärzte und Ärztinnen lebten mit dieser Jugend und nahmen an ihren Aktivitäten teil. Man wird sich gut vorstellen können, dass ein Arzt, der zusammen mit den Jungen in Scheunen oder im Zeltlager schlief, ganz andere erzieherische Einwirkungsmöglichkeiten hatte als der Sprechstundenarzt. Im Zusammenwirken von Arzt und Jugendführer lag die große Chance für den Erfolg der Jugenderziehung. Reichsjugendführer Baldur von Schirach erklärte das Jahr 1939 zum Jahr der Gesundheit unter dem Motto: „Du hast die Pflicht, gesund zu sein." Die körperliche Ertüchtigung und die gesunde Freizeitgestaltung trugen viel dazu bei, dass Jugendliche, auch wenn sie später erwachsen waren, nicht mit jedem kleinen Bagatellschaden zum Arzt liefen, um sich etwas verschreiben zu lassen.

Das Sozialversicherungssystem wurde durch die Prävention deutlich entlastet. Wir begannen dann mit der Vereinheitlichung der Jugendgesundheitsfürsorge durch einen gemeinsamen Runderlass der beteiligten Reichsministerien und der obersten Reichsbehörde der Jugendführer des Deutschen Reichs vom 6. März 1940. Fortan gab es nicht mehr einen Schularzt und einen HJ-Arzt, sondern einen Jugendarzt, durch den die schulpflichtige Jugend in der Schule und die werktätige Jugend in der HJ betreut wurde. Durch diese personelle Union und Rationalisierung wurde Doppelarbeit vermieden und höhere Wirksamkeit erzielt. Ich sah in dieser Lösung eine Entsprechung der im Entstehen begriffenen Jugendmedizin, die sich auf den entscheidenden Lebensabschnitt des werdenden Menschen und der werdenden Persönlichkeit konzentrierte.

Auch die Jugenderholungspflege hatte bereits Vorläufer in der Kampfzeit, als man auf dem Land Plätze für erholungsbedürftige Kameraden und Kameradinnen suchte und mit sehr bescheidenen Mitteln und geringen Verschickungszahlen operieren musste – wie zum Beispiel Fritz Krause[17], der

---

17 Fritz Krause, 1906 – ?, gab bereits vor 1933 das Nachrichtenblatt „Soziale Arbeit" heraus, in dem es um Jugendpflege, Jugendfürsorge und Sozialpolitik ging. (Quelle: Jutta Rüdiger, Die Hitlerjugend und ihr Selbstverständnis im Spiegel ihrer Aufgabengebiete, Askania 1983 (S. 214)) Krause war seit Januar 1932 Sozialreferent der Hitlerjugend und später der Reichsjugendführung. (Quelle: Erich Blohm, Hitlerjugend, Soziale Tatgemeinschaft, Verlag für Volkstum und Zeitgeschichte 1979, S. 375)

erste Sozialreferent der Reichsführung, der von München aus diese Landverschickung organisierte, bevor er Anfang 1933 als Landesjugendpfleger nach Mecklenburg ging. Ich denke an den Gau Berlin der Jugendbetriebszellen, der unter der Führung meines ältesten Bruders Kurt[18] vor allem die Landverschickung arbeitsloser Mädel und Jungen ermöglichte.

Nach 1933 konnten wir die Jugenderholungspflege endlich auf eine viel breitere Grundlage stellen. Im ersten Jahr wurden etwa 70.000 bis 80.000 Landverschickungen durchgeführt. Ich erinnere mich daran, dass wir auch einige blasse und hohlwangige Kinder aus dem Saargebiet auf den Bahnhöfen in Empfang nahmen, aus einem späteren Teil des Reiches also, der sich erst 1935 durch eine überwältigende Volksabstimmung zu Deutschland bekennen konnte. Hier hatte sich vor allem den BDM-Führerinnen ein lohnendes Arbeitsgebiet erschlossen. In der Folgezeit wurde mit der Nationalsozialistischen Volkswohlfahrt [NSV] vereinbart, dass die HJ sich auf die Erholungsverschickung der an sich gesunden, und die NSV sich auf die gesundheitsgefährdete Jugend konzentrieren sollte. Die NSV konnte ihre Verschickungszahlen in kürzester Zeit auf über 500.000 steigern.

Wir haben uns in der Kampfzeit den Sorgen und Gefahren des Alltags gestellt, das konnte in der Zeit des Aufbruchs nach 1933 nicht anders sein. Wir suchten in der Kampfzeit nicht die Romantik der blauen Blume, sondern lebten in der Welt der Sachlichkeit, was der Stil unserer Zeit war. Außerdem waren wir keine kleine Gruppe, sondern erfassten fortschreitend die gesamte deutsche Jugend, womit wir auch die Mitverantwortung für die Stellung des Nachwuchses auf allen Lebensgebieten übernahmen. So sollten zum Beispiel ausgebildete Kräfte in der Jugend in Sachgebiete der Gemeinden, Länder und zentraler Dienststellen hineinwachsen.

Das geschah in den einschlägigen Fachorganisationen, wie z.B. der Arbeitsfront, deren Jugendsachbearbeiter zugleich dem Mitarbeiterstab der HJ angehörten. So hatte die Reichsjugendführung immer die Möglichkeit, ihre sachlichen Initiativen und ihre Vorstellungen zur Geltung zu bringen. Dadurch wurden die Ämter der Reichsjugendführung zu echten Führungsstellen.

---

18 Kurt Axmann, Begabtenförderung nach dem Willen des Führers, in: Das Junge Deutschland, Heft 2/1941, S. 41–46, zit. nach Buddrus, Michael, Totale Erziehung für den totalen Krieg

Bürokratisierung, die uns gelegentlich vorgehalten wurde, konnte durch diese Lösung nicht total, jedoch weitgehend vermieden werden. Das jugendliche Leben mit Wandern, Fahrten, Spielscharen, Musikzügen und Sport wurde dadurch überhaupt nicht berührt. Im Unterschied zu den früheren Jugendbünden hatte die Hitlerjugend sachliche und politische Ziele zu verwirklichen, sie wollte, dass die Jugend in das Volksleben vorbereitet hineinwuchs. Im Hinblick auf die vorbereitende Berufsschulung bedeutete das, dass die HJ ihren erzieherischen Einfluss so einsetzte, dass möglichst viele Jungen und Mädel an diesen Maßnahmen in der Deutschen Arbeitsfront teilnahmen. Im ersten Jahr haben 400.000 Jungen und Mädel und im zweiten Jahr 750.000 Jungen und Mädel an dieser Berufsschulung teilgenommen. Die Berufsschulung wurde dem Dienst in der HJ gleichgestellt.

Millionen von Jugendlichen und Erwachsenen mobilisierten wir durch die Reichsberufswettkämpfe. Der Wettkampf ist so alt wie die Menschen. Wie vom Sport bekannt, steigert er die Leistung. Warum sollte das nicht auch im Beruf möglich sein, der die Menschen den ganzen Tag über in Anspruch nimmt? Wir hatten 1933 etwa eine Million Arbeitslose[19] übernommen. Es gab zu viele ungelernte Jungarbeiter und Lehrlinge. Sie erhielten oft keine geordnete Ausbildung, sondern wurden für ein Butterbrot produktiver Arbeit zugeführt. Wir aber brauchten viele Facharbeiter für den Aufbau unserer Wirtschaft und um uns auf dem Weltmarkt zu behaupten – daher die Idee und der Anreiz des Wettkampfes.

Bereits 1922 hatte der Deutschnationale Handlungsgehilfen-Verband, der DHV[20], für junge Kaufleute einen Wettbewerb durchgeführt. Auch der Gewerkschaftsbund der Angestellten, er bezog sich jedoch nur auf kaufmännische Berufe, und die Teilnehmerzahl war relativ gering. Das Wertvolle für uns war jedoch, dass aus diesen Verbänden qualifizierte Mitarbeiter zu uns kamen wie Fritz Knoop[21], Sim Winter, Hans Wiese und

---

19 Offenbar ein Erinnerungs- oder Übertragungsfehler. 1932: 6 Millionen Arbeitslose; 1933: 4,8; 1934: 2,7; 1935: 2,15; 1936: 1,59; 1937: 0,91; 1938: 0,43. (Quelle: LEMO)

20 Der Deutschnationale Handlungsgehilfen-Verband, 1893–1933, war eine antisemitische, völkische Angestelltengewerkschaft, die weder Juden noch Frauen aufnahm und in die Deutsche Arbeitsfront aufgelöst wurde.

21 Friedrich Knoop, 1910 – ?, 1930 NSDAP, führende Funktionen im DHV Hannover und Hamburg; Stellvertreter von Axmann in der Reichsjugendführung bis August 1940, ab 1942 Chef des Zentralamts der RJF. Im Januar 1943 zu-

Wilhelm Krupp vom Gewerkschaftsbund der Angestellten. Wir wollten jedoch nicht nur junge Kaufleute, sondern alle Berufe, insbesondere die gewerblichen erfassen.

Schwierigkeiten gab es im Hinblick auf die umfangreiche Aufgabenstellung. Aber nicht nur damit, sondern auch mit den Bewertungsrichtlinien, der Beschaffung von Wettkampfstätten und vielem anderen. Die freiwilligen Fachkräfte, die Meister, Ingenieure, Berufsschullehrer, Betriebsführer, Männer der Wirtschaft und des Reichsnährstandes und die Obleute der Deutschen Arbeitsfront, die ja alle durch den Aufbruch und die Dynamik des Aufschwungs motiviert waren, sind am Ende dieser Schwierigkeiten Herr geworden. Die HJ- und BDM-Führer, unter ihnen meine engsten Mitarbeiter, sind im ganzen Land tags und nachts unterwegs gewesen, um zu diesem beruflichen Wettstreit in Kundgebungen, Appellen und Arbeitsbesprechungen aufzurufen. Im Jahr 1938 zählten wir etwa 300.000 Helfer, ohne die ein solches Gemeinschaftswerk nicht möglich gewesen wäre.

Auch viele Nichtparteigenossen hielten diesen Wettkampf für ganz vernünftig. Unsere besten sachkundigen Journalisten wie Günther Kaufmann[22] und Albert Müller[23] sorgten über Presse und Rundfunk dafür, dass unser Aufruf und unser soziales Anliegen noch im letzten Ort des Reiches vernommen wurden.

Am ersten Reichsberufswettkampf nahmen 500.000 Jungen und Mädel teil, am zweiten Reichsberufswettkampf 1935

---

sätzlich Leiter der Befehlsstelle Böhmen und Mähren der RJF in Prag. (Quelle: Buddrus, Hitlerjugend, S. 1168)

22 Günther Kaufmann, 1913 – ?, NSDAP-Mitglied seit Mai 1933, seit Oktober 1940 persönlicher Referent und Leiter der Pressestelle des Reichsstatthalters Baldur von Schirach in Wien, Leiter des Gaupropagandaamtes Wien der NSDAP 1941. (Quelle: Handbuch Reichsgau Wien Band 63/64, Deutscher Verlag für Jugend und Volk) Siehe auch: Kaufmann, Günther: Auf Teufel komm raus. Unwahrheiten und Lügen über die nationalsozialistische Jugendbewegung. Eine Richtigstellung von Günther Kaufmann, Berg 1999

23 Albert Müller, Hauptschriftleiter von „Das Junge Deutschland" in seinem Beitrag „Haben wir ein Kriegsziel?": „Jawohl, wir haben ein Kriegsziel: das zu wahren und zu hegen, was uns der Führer gab, den Lebensraum zu schaffen, auf den das fleißigste und begabteste Volk dieser Erde ein heiliges Recht besitzt. Dafür stehen wir an der Front und mühen uns in der Heimat, dafür hat die junge Generation sich selbst zur Pflichterfüllung aufgerufen." In: „Das Junge Deutschland", Sozialpolitische Zeitschrift der deutschen Jugend, 1939, S. 20, zit. nach Buddrus, S. 27

nahmen zum ersten Mal 15.000 Studenten in ihrem Leistungswettbewerb teil. Wie brachten damit zum Ausdruck, dass die jungen Schaffenden der Stirn und der Faust in eine Front gehören. Durch die leistungssteigernde Wirkung des Reichsberufswettkampfes entschloss sich der Leiter der deutschen Arbeitsfront, Dr. Robert Ley[24], den Wettkampf 1937 auf die Meistergesellen und Facharbeiter auszudehnen.

Insgesamt zählten wir 1938 bereits 2,8 Millionen Teilnehmer, darunter 1,4 Millionen männliche und 700.00 weibliche Jugendliche sowie auf Anhieb 500.000 Männer und 150.000 Frauen. Immerhin hatten wir also 850.000 weibliche Teilnehmer, die keineswegs nur aus sozialen und pflegerischen, sondern weitgehend aus gewerblichen Berufen kamen.

Zur landläufigen Auffassung, dass Frauen und Mädel auf die Küche beschränkt waren, stellte Erna Pranz[25], die für die gesamte soziale Mädelarbeit verantwortlich war, im Oktober 1937 im „Jungen Deutschland" fest: „Die seit Beginn des Jahres und nunmehr bis in absehbare Zukunft sich vollziehende Entwicklung zeigt ein weiteres, noch stärkeres Eintreten der weiblichen Jugend in die Berufstätigkeit." Es wurde immer wieder darauf hingewiesen, dass für Mädels alle Berufe offen sind, sofern nicht gesundheitliche Gründe dagegen sprachen.

Im September 1939 zu Beginn des Zweiten Weltkriegs wurde ich Soldat. Ich hatte im September 1938 beim Infanterieregiment Nr. 8 in Frankfurt/Oder eine Übung gemacht, nach der ich als Unterführeranwärter entlassen worden bin. Eingesetzt wurde ich im Abschnitt zwischen Merzig und Saarbrücken, wo Vorfeldkämpfe stattfanden. Meine Feuertaufe erhielt ich auf den Spicherer Höhen.

---

24 Robert Ley, 1890 – 25.10.1945 (Nürnberg, Selbstmord). Reichsleiter NSDAP und der Deutschen Arbeitsfront, DAF, mit 5,3 Mio. Mitgliedern im Juli 1933 und 25 Mio. im Dezember 1942 der größten NS-Massenorganisation. Organisation der Sozialversicherungen und des Parteiwerks Kraft durch Freude. Leys Idee waren die Parteischulen „NS-Ordensburgen" und ab 1937 – mit Baldur von Schirach – die Adolf-Hitler-Schulen für Jungen ab 12 Jahren.

25 Erna Pranz, Jahrgang 1910, NSDAP seit 1. September 1932, ab 1934 Führerin des Obergaus Berlin des BDM, ab 1935 Reichsmädelreferentin DAF, Autorin von „Berufserziehung der weiblichen Jugend" in Soziale Praxis, 48. Jg (1939), S. 1255-1260. Mehr dazu in „Auch Du gehörst dem Führer." Die Geschichte des Bundes Deutscher Mädel in Quellen und Dokumenten, 2002

Im Januar 1934 war es zu einem Nichtangriffspakt und Verständigungsabkommen zwischen Deutschland und Polen gekommen, das war ein Hoffnungsschimmer, und ganz im Sinne dieser Verständigung war auch die Reichsjugendführung bemüht, eine Zusammenarbeit mit polnischer Jugend zu fördern. Ja, wer hat sich damals eine Lösung der Probleme zwischen Deutschland und Polen nicht auf friedlichem Weg gewünscht? Mir war ja bekannt, dass bereits 1933 der Versuch unternommen wurde, mit Polen ein normales und konfliktfreies Verhältnis herzustellen.

Wie schwierig das war, geht aus den Worten des großen polnischen Marschalls Piłsudski[26] hervor, die er gegenüber dem deutschen Gesandten und späteren Botschafter in Warschau, von Mackensen[27], ganz offen äußerte, als dieser ihm Vorschläge für friedliche Regelungen überbrachte. „Sagen Sie Ihrem Führer, ich glaube es gern, dass er bemüht ist, alle Probleme zwischen Deutschland und Polen zu lösen, er möge aber nicht übersehen, dass der Hass meines Volkes gegen alles Deutsche abgrundtief ist." Das habe ich schon als Junge zu spüren bekommen, als ich bei meinen Verwandten in Oberschlesien in den Ferien war und auf einer Fahrt mit Älteren unfreiwillig in eine Prügelei mit Polen geriet. Später habe ich dann auch von meinen Verwandten im verbliebenen Teil Westpreußens erfahren, welche Spannungen mit den Polen bestanden. Nicht erst nach dem Zweiten Weltkrieg hat die Vertreibung von Deutschen begonnen; in der Zeit von 1918 bis 1939 sind etwa eine Million Deutsche auf kaltem Wege durch Rechtsbrüche, Arbeitsplatzboykott mit Gewalt aus Polen vertrieben worden.

Wir haben an Erklärungen Hitlers und seiner Regierung geglaubt, und sie haben unsere innere Motivation im Krieg bestärkt. Oder ist es unnormal oder gar verwerflich, wenn die deutsche Jugend ihrer eigenen Führung mehr glaubt als anderen? Der französische Staatspräsident General de Gaulle sagte einmal, dass es in der Politik keine Freundschaften, sondern nur Interessen gibt. Wer kann aber deutsche Interessen besser vertreten als eine deutsche Führung?

---

26 Józef Klemens Piłsudski, 1867–1935, polnischer Militär und Politiker, kämpfte gegen die russische Herrschaft in Polen, Marschall der Zweiten Polnischen Republik, 1926–1935 de facto diktatorischer Herrscher.

27 Hans-Georg von Mackensen, 1883–1947, SS-Gruppenführer, Botschafter

Meine Ernennung als Nachfolger Baldur von Schirachs als Reichsjugendführer am 8. August 1940 kam für mich vollkommen überraschend. Es war eine der größten Überraschungen meines Lebens. Ich war zu dieser Zeit an der Westfront und wir befanden uns in unserer Ruhestellung in Saarwellingen. Als der Kompaniechef vor angetretener Kompanie den Befehl des Oberkommandos der Wehrmacht verlas, dass ich zur Übernahme meines neuen Amtes nach Berlin in Marsch zu setzen sei, war mein erster Gedanke: Du haust ab und die anderen bleiben hier. Diese Situation war keineswegs angenehm für mich.

Auf meiner Fahrt von Saarwellingen nach Berlin, wo ich mich beim Oberkommando der Wehrmacht zu melden hatte, dachte ich darüber nach, und bei aller Freude, die ich über das Vertrauen, das man auf mich in der Kriegszeit setzte, schlichen sich auch sorgenvolle Gedanken ein. Als ich zur Truppe ging, hatte ich innerlich mit der Jugendarbeit abgeschlossen. Ich dachte mir, dass ich in die Erwachsenenarbeit gehe, wenn ich den Krieg überleben sollte. Ich stand ja schon mit einem Bein in der Erwachsenenarbeit als Leiter des Berufswettkampfes aller Schaffenden und als Geschäftsführer des Begabtenförderungswerkes, das war also kein Problem für mich.

Ich hatte keine persönliche Verbindung zu Hitler. Ein längeres persönliches Gespräch hatte ich mit ihm noch nicht führen können und ich malte mir aus, dass es im Krieg kaum Gelegenheit dazu geben würde. Insofern habe ich es auch begrüßt, dass Schirach zum Reichsleiter für Jugenderziehung ernannt wurde, sodass er mit in die Bresche springen könnte, wenn einmal Not am Mann war. Schirach gehörte aus alter Zeit zu seinen Vertrauten und konnte stets zu Hitler kommen, wenn er etwas auf dem Herzen hatte. Aber auch er bekam dann immer seltener Termine bei Hitler. Und in seinem Buch bekannte er, was ich nicht wusste, dass er bei Hitler in Ungnade gefallen war. Es war ein Vorteil für mich, dass ich aus meiner Arbeit bereits alle führenden Persönlichkeiten der Partei, des Staates und der Wehrmacht kannte. Ich hatte mir vorgenommen, mich besonders an Hitlers Stellvertreter, Rudolf Heß, zu halten, was dann auch bis zu seinem Flug nach England gut geklappt hat.

Wir hatten im Polenfeldzug über 300 HJ-Führer verloren. Bei fortschreitender Dauer des Krieges musste man mit wesentlich höheren Ausfällen rechnen, da Jugendführer ja zu den besten Soldatenjahrgängen zählten. In diesem Fall würden dann auch fortschreitend die Führungsvoraussetzungen für die Durchführung unserer Arbeit entfallen, und dem musste rechtzeitig vorgebeugt werden. So war der Schwerpunkt zu bilden, vor allem jüngere Führer, die noch nicht zur Wehrmacht anstanden, in Ausbildungseinheiten zu erfassen, wie sie ja hier und da bereits ins Leben gerufen worden waren. Dann gab es eine sehr wichtige Aufgabe zu erfüllen, nämlich laufend das Verhältnis zum Elternhaus und zur Schule zu pflegen. Schon in Friedenszeit war das unbedingt erforderlich, aber um wie viel mehr im Krieg, der viel größere Belastungen in der Heimat mit sich brachte, da war es geradezu lebenswichtig, dass eine Einheit und ein Gleichklang dieser Erziehungsfaktoren bestand.

Bis zu meiner Amtsübernahme im August 1940 waren circa 1200 HJ-Führer gefallen. Dennoch war es möglich, weitgehend bis ins Jahr 1944 die normalen Aufgaben der HJ außer dem Kriegseinsatz in der Heimat zu erfüllen. Ohne die jungen Führer und die Führerinnen des BDM wäre das nicht möglich gewesen, denn in der letzten Kriegszeit haben die BDM-Führerinnen zum großen Teil die kulturellen und sozialen Aufgaben auch der männlichen Jugend übernommen. Selbstverständlich wurden diese Tätigkeiten auf die Erfordernisse des Krieges ausgerichtet, so wurden zum Beispiel die Spielscharen und Chöre für Verwundetenbetreuung in den Lazaretten eingesetzt, oder es spielten die Musikzüge auf den Kundgebungen und Appellen der schaffenden Jugend. Die Werkarbeit mündete in Herstellung von Spielzeugen ein, die in jedem Jahr auf den Weihnachtsmärkten den Eltern und Kindern übergeben wurden. Dadurch wurde die Produktion der Spielzeugindustrie ersetzt, die im Krieg praktisch eingestellt war. Nach wie vor fanden die Filmstunden statt, wobei es sich Dr. Goebbels nicht nehmen ließ, sie alljährlich zu eröffnen. 1942 wurde das erste Mal die periodisch erscheinende Filmschau „Junges Europa" auf den Weimar-Festspielen gezeigt. Auch die Dichterlesungen, Theatertage und unsere kulturellen Festspiele fanden nach wie vor statt. Gerade das kulturelle Erlebnis im Krieg ließ uns immer wieder bewusst werden, dass wir mit unserem Land auch die Heimat unserer Seele verteidigten. Selbst im fünften Kriegsjahr fand noch der musische Wettbewerb statt.

Zu den Kriegsaufgaben der HJ und des BDM. Es begann damit, dass die Jungen Melde- und Kurierdienste bei den verschiedensten Dienststellen versahen und Gestellungsbefehle austrugen. Mädel halfen bei der Verteilung der Lebensmittelmarken. Viele Führerinnen des BDM gingen in die Rüstungsindustrie oder wurden Schaffnerinnen bei den öffentlichen Verkehrsmitteln. Der Reichspostminister Dr. Ohnesorge[28] bedankte sich in jedem Jahre rührend für die Hilfe, die Jungen und Mädel der Reichspost besonders in den Stoßzeiten der Fest- und Feiertage geleistet haben. Die Jugend half im Bahnhofsdienst, Jungen schleppten Koffer, Mädel betreuten Kleinkinder, versorgten Durchreisende mit Getränken und teilten Essen aus. Sie machten sich nützlich beim DRK und in den Kindergärten, betreuten die Verwundeten und pflegten die Kriegsgräber. BDM-Führerinnen zogen hinaus in die verlassenen Dörfer in der Weite des Ostens, um dort als Schulhelferinnen tätig zu sein und um die Umsiedler zu betreuen, die 1941 schon bis zu einer Zahl von 250.000 angewachsen waren. Im harten Winter, wie zum Beispiel 1939/40, schippten die jugendlichen Kolonnen Schnee und räumten die Straßen frei, waren bei Überschwemmungskatastrophen zur Stelle und bepflanzten die Dämme mit Strandhafer oder Steckwurzeln. Die HJ wurde zu einer Sammelbewegung. Was wurde da nicht alles gesammelt! Papier, Altmaterial, Flaschen, Stanniol, Spinnstoffe, Leder und vieles mehr. Ich sehe noch die Jungen und Mädel vor mir, wie sie ihr Gut mit dem Handwagen zur Sammelstelle fuhren. Es wurden auch die Flugblätter gesammelt, die der Feind abgeworfen hatte, in denen sehr geschickt Unwahrheiten verbreitet wurden, die selbst den Wohlgesinnten Zweifel bringen konnten. Die Flugblätter wurden dann im nächsten Gendarmerieposten oder dem Polizeirevier übergeben. Es fand der große Einsatz der HJ für die Heil- und Teekräutersammlung statt; gesammelt wurden Lindenblüten, Löwenzahn, Brennessel, Spitzwegerich, Zinnkraut und so weiter. Für das Jahr 1941 wurden circa 400.000 Kilogramm Tee und Heilkräuter als Zielvorgabe bestimmt. Die Aktion erfolgte nach

---

28 Wilhelm Ohnesorge, 1872 – 1962 (München), Reichspostminister 1937–1945

Richtlinien, zu welcher Zeit und wie die einzelnen Heilkräuter gesammelt, gelagert, getrocknet und transportiert werden sollten. Mit dieser Maßnahme wurde der Heilkunst und der pharmazeutischen Industrie ein wertvoller Dienst erwiesen. Nicht nur für die Getreide-, sondern auch für die Heu-, die Rüben-, die Kartoffel- und die Hopfenernte bis zur Traubenlese wurden die jungen Menschen eingesetzt. Das war ein bedeutender Beitrag für die Sicherung der Ernährung.

Die HJ und der BDM wurden im Luftschutz ausgebildet. Sie haben sich unter dem immer stärker werdenden Bombenterror als Helfer bewährt. Jungen waren bei den Schnellkommandos der Polizei, wobei auf einen Polizisten drei Hitlerjungen kamen. Die Feuerwehrscharen bekämpften Brandbomben bzw. löschten brennende Häuser. Nach erfolgten Luftangriffen halfen Jungen und Mädel bei der Beseitigung der Trümmer sowie bei der Bergung der Verschütteten und Toten. Wir gründeten Handwerker- und Dachdeckereinheiten, die nach Luftangriffen Schäden an Dächern zu reparieren hatten und die bei dem Aufbau von Behelfsbauten für Obdachlose und Bombengeschädigte mitwirkten.

1941, Anfang 1942 wurde vom Inspekteur des Erziehungs- und Bildungswesens im Oberkommando des Heeres ins Gespräch gebracht, dass die Ausbildung in der Wehrertüchtigung der Jugend zweckmäßigerweise in den Kasernen stattfinden sollte. Diese Auffassung konnte sich die Reichsjugendführung nicht zu eigen machen. Um diese unterschiedlichen Auffassungen nicht in der Schwebe zu halten, beantragten wir gemeinsam einen Besprechungstermin bei Hitler, den wir auch sehr schnell auf dem Obersalzberg erhielten. Wir beide trugen Hitler unsere Konzeptionen vor. Hitler entschied sich für die Fortsetzung der jugendgemäßen Wehrertüchtigung, und diese Entscheidung wurde auch vom Heer in fairer Weise respektiert. Damit begann die Errichtung der Wehrertüchtigungslager der HJ mit dreiwöchiger Lehrgangsdauer, für die auch Urlaub erteilt wurde.

Durch die Verordnung über den Kriegshilfseinsatz der deutschen Jugend in der Luftwaffe vom 26. Januar 1943 wurden Schüler der höheren und mittleren Schulen, die das 15. Lebensjahr vollendet hatten, zum Dienst als Luftwaffenhelfer einberufen. Der Einsatz erfolgte in der Regel am Schulort.

Nur Schüler in Internaten wurden geschlossen außerhalb des Schulortes eingesetzt. Durch diesen Kriegshilfsdienst der männlichen Jugend in der Luftwaffe wurde keine Zugehörigkeit zur fliegerischen Bevölkerung begründet. Die Reichsjugendführung hat die Heranziehung der Schüler durch das von Göring initiierte Dekret nicht begrüßt, sie hätte es lieber gesehen, wenn die Heranziehung auf der Grundlage der Freiwilligkeit erfolgt wäre und sich auch auf die werktätige Jugend erstreckt hätte. Die Mitunterschrift unter dieses Dekret konnten der Reichsminister des Innern, der Reichsminister für Wissenschaft, Erziehung und Volksbildung, der Leiter der Parteikanzlei und ich als Jugendführer des Deutschen Reichs aber nicht versagen, weil der Himmel über unserem Land von der feindlichen Luftwaffe derart beherrscht wurde, dass unsere Bevölkerung Tag und Nacht lebensgefährlich bedroht war. Daher musste die Abwehr unbedingt verstärkt werden, und dieser Aufgabe sind die Luftwaffenhelfer der HJ in vorbildlicher Weise gerecht geworden. Als junge Soldaten haben sie sich sowohl an den Messinstrumenten sowie an den Flak-Geschützen unter Darbringung vieler Opfer bewährt. In der Folgezeit gab es auch die Marinehelfer. Gegen Ende des Krieges wurden dann nach und nach die Schüler durch berufstätige Jugendliche und verwundete Soldaten abgelöst.

Stalingrad war wie eine Zäsur; der Scheitelpunkt schien überschritten. Als Jugendführer wollten wir nicht in Resignation verfallen, denn die Forderung auf bedingungslose Kapitulation, wie sie am 14. Januar 1943 in Casablanca von Roosevelt gefordert wurde, führte uns vor Augen, was danach unser Schicksal sein würde. Es galt also, ein Zeichen nach vorn zu setzen. Darüber sprach ich mit meinem Mitarbeiter Gustav Memminger[29]. In diesem Gespräch ergab sich als Antwort auf Stalingrad der Gedanke der Aufstellung einer freiwilligen Division aus den ältesten Jahrgängen der HJ. Die erste Besprechung mit SS-Obergruppenführer Berger fand am 16. Februar 1943 statt; kurz darauf befahl Hitler die Aufstellung der Division, die später die Bezeichnung „12. SS-Panzerdivision Hitlerjugend" trug.

---

29 Gustav Memminger, Leiter des HJ-Kriegseinsatzes und Chef von Presse und Propaganda in der Reichsjugendführung

Bei Besichtigungen durch den Generalinspekteur der Panzertruppen, Generaloberst Guderian[30], und den General der Panzertruppen West, General Geyr von Schweppenburg[31], wurde festgestellt, dass die Division die bestausgebildete an der ganzen Westfront war. Die Division hatte eine zehnmonatige Ausbildungszeit. Das war im Jahr 1943 etwas Einmaliges. Auch an schwerer Bewaffnung mangelte es nicht.

Die Jungen, die zum Schluss des Krieges gekämpft haben, das waren Jungen vom großen Flüchtlingstreck aus dem Osten, die ihre Eltern verloren hatten, die erlebt hatten, wie ihre Mütter und Schwestern vergewaltigt worden waren. Das waren Jungen, die ihre kleinen Geschwister als geschrumpfte Kinderleichen im Schuhkarton sahen. Sicher, das ist richtig, dass von schweren Opfern gesprochen wird. Man darf aber dabei nicht vergessen, dass diese Jugend durch ihren Einsatz andere Menschenleben gerettet und Opfer erspart hat. Sie haben Verschüttete unter den Trümmern gerettet, Lager mit Explosivstoffen und Chemikalien im letzten Augenblick geräumt, damit es nicht zu einer Katastrophe kam. Oder, ich nenne ein Beispiel aus Püritz, in Pommern, wo das dritte Aufgebot unter Führung eines HJ-Führers und Offiziers die Sowjetrussen aufgehalten hat. Der militärische Führer, Oberst Weiß, erklärte zum Abschluss der Operation: „Ohne den Einsatz dieser jungen Kämpfer wäre die Rettung von Tausenden von Flüchtlingen über die Brücken bei Stettin nicht möglich gewesen." Es war nicht erstmalig, dass 15- bis 16-Jährige im Kriegsgeschehen eingesetzt wurden. Denken wir mal daran, dass Carl von Clausewitz seine Feuertaufe als 13-jähriger Fähnrich in den Laufgräben von Mainz im Krieg gegen die französische Revolutionsarmee erhielt, dass Heinrich von Kleist mit 15 Jahren ins Potsdamer Garderegiment eingetreten ist und ebenfalls im Alter von 16 Jahren am Rheinfeldzug teilgenommen hat. Napoleon rief 1812/1813 die 16-Jährigen zu den Waffen, Wan-

---

30 Heinz Guderian, 1888 – 1954 (bei Füssen). Militärfamilie, Kriegsakademie Berlin. WK I: Marne, Verdun; im Oberkommando. Erfinder der Panzertruppe als selbstständige Truppeneinheit, Panzergeneral. WKII: Teilnahme am Westfeldzug, Polen, Operationspläne Kiew und Odessa. Kommando Panzergruppe 2, vom Posten enthoben, dann Inspekteure Panzertruppe. Gefangenschaft bis 1948, Berater für das Amt Blank beim Aufbau der Bundeswehr

31 Leo Dietrich Franz Reichsfreiherr Geyr von Schweppenburg, 1885 – 1974, seit 1944 Inspekteur der Panzertruppe, beratend beim Aufbau der Bundeswehr

dervögel im Ersten Weltkrieg waren dann schon mit 16 oder 17 Jahren Offizier. In jedem Krieg, ob verschuldet, nicht verschuldet oder teilverschuldet, geht es immer um die Zukunft der Jugend. Deswegen empfindet auch die Jugend instinktiv von sich aus, nun alles zu tun, dass ein Krieg nicht verloren geht. Und die Jugendlichen in den Großstädten und Ballungsgebieten hatten bei den Bombenangriffen immer das Gefühl, dass sie dagegen vollkommen wehrlos waren und dass es dann immer noch besser ist, mit der Waffe in der Hand sich selber zu wehren. Sicher werden das nur die verstehen, die damals gelebt haben. Ich erinnere an die Worte mancher Frontsoldaten, die in die bombardierte Heimat kamen: „Wir desertieren jetzt an die Front."

Als ich im August 1940 von Hitler zum Reichsjugendführer der NSDAP ernannt wurde, hatte ich noch nie ein persönliches Gespräch mit dem Führer geführt. Das war bei meinem Vorgänger Baldur von Schirach, der zum Gauleiter und Reichsstatthalter in Wien ernannt wurde, ganz anders: Hitlers Verhältnis zu Schirach war über Jahre gewachsen; Hitler war sein Trauzeuge und Baldur von Schirach hatte einen fast familiären Zugang zu ihm.

Diesen Zugang bekam ich, trotz verschiedener Treffen mit Hitler, nie. Mir gegenüber verhielt sich Hitler stets freundlich distanziert, zeigte sich aber bestens informiert, wenn es um Klärung von Sachfragen ging.

In Hitlers nähere Umgebung bin ich erst in der letzten Phase des Krieges gekommen. Wenn ich in Berlin zu meiner Dienststelle fuhr, passierte ich immer die Havelbrücken. Bei der Gratulation zum letzten Geburtstag von Hitler hatte ich gehört, dass mit der Entsetzung Berlins durch die Armee Wenck[32] gerechnet wurde. Für diesen Fall stellten die Brücken eine Schlüsselposition dar, und da sie nur von einem Volkssturmmann bewacht wurden, bin ich sofort in den Führerbunker gefahren, um darüber Meldung zu erstatten. Im Bunker

---

32 Die Armee Wenck, genannt nach ihrem Oberbefehlshaber Walther Wenck, 1900–1982 (Oberösterreich), wurde am 10. April 1945 aufgestellt und sollte – schlecht bewaffnet und mit sehr jungen Soldaten – Berlin entsetzen. Nachdem Hitler im Führerbunker die Nachricht vom Scheitern der Mission erhielt, beging er Selbstmord.

bin ich unmittelbar zu Hitler vorgelassen worden. Er erkannte sofort, dass diese Schlüsselstellung ausreichend gesichert werden musste. Da aber weder der Kampfkommandant von Berlin, Weidling[33], noch der Generalstabschef Krebs[34] dafür Kräfte besaßen, wandte sich Hitler an mich mit der Frage: „Haben Sie noch eine Einheit zur Verfügung?" Ich bejahte das, weil tatsächlich wenige hundert Meter von den Brücken im Olympiastadion ein Bataillon des dritten Aufgebots lag. Ich konnte doch mein Staatsoberhaupt nicht belügen. Ich wies allerdings darauf hin, dass diese Einheit über keine schweren Waffen verfügte. Darauf beorderte Hitler eine 8,8 Flak dorthin. Diese kam aber nicht mehr an. Ich bat meinen Mitarbeiter und Freund, Dr. Ernst Schlünder[35], diese Einheit selber zu führen, da er im Ersten Weltkrieg als 16-Jähriger kriegsfreiwillig gekämpft hatte und am besten wusste, wie unnötiges Blut zu sparen war. Die Pichelsdorfer Brücken wurden bis zum Schluss gegen die Russen gehalten. Dieser Einsatzbefehl von Hitler ist von dem Heeresadjutanten beim Obersten Befehlshaber der Wehrmacht, Major Johannmeyer[36], sowie von dem Mitarbeiter des Generalstabschefs, der die ausgehenden Befehle Berlin Potsdam bearbeitete, Major Boldt[37], mir gegenüber eidesstattlich bestätigt worden.

---

33 Helmuth Weidling, 1891 – 1955 (Wladimir/Russland in Kriegsgefangenschaft). General, Teilnahme am Überfall auf Polen und Krieg gegen die Sowjetunion, mehrfach ausgezeichnet. Am 22. April 1945 aufgrund eines Missverständnisses von Hitler zum Tode durch Erschießen verurteilt. Nach der Aufhebung des Urteils am 24. April 1945 zum Kampfkommandanten bei der Schlacht um Berlin ernannt.

34 Hans Krebs, 1898 – 2.5.1945 (Berlin, Selbstmord im Führerbunker). Teilnahme am Überfall auf Polen, Westfeldzug, Sowjetunion, Ardennenoffensive, (letzter) Generalstabschef des Heeres (folgt Guderian)

35 Ernst Schlünder, 1898 – ?, HJ-Obergebietsführer, seit 1942 kommissarischer Kommandeur der Adolf-Hitler-Schulen, Inspekteur des RJF (Quelle: Rainer Hülsheger, Die Adolf-Hitler-Schulen 1937–1945, S.23). Nach 1945: Vorstandsmitglied des „Witikobundes"; Oberregierungsrat und Persönlicher Referent des Hessischen Staatsministers Franke (Quelle Axis History Forum, abgerufen am 27.10.2019)

36 Willy Johannmeyer, 1915 – 1970, Major, Ritterkreuzträger, ab April 1945 der letzte Heeresadjutant von Hitler, sollte das politische Testament Hitlers von der Pfaueninsel nach Kopenhagen bringen, was aber scheiterte.

37 Gerhard Boldt, 1918 – 1981 (Lübeck), Rittmeister, telefonierte nach dem 26. April 1945 Dienststellen in Berlin an, als alle Verbindungen zur kämpfenden Einheit abgebrochen waren, um zu fragen, ob „der Russe schon da" sei.

Den körperlichen Verfall Hitlers bemerkte ich zum ersten Mal bei der letzten Gau- und Reichsleitertagung am 24. Februar 1945. Zu diesem Zeitpunkt war der Krieg bereits in seine letzte Phase getreten. Hitler sprach gebeugt und seine Hand zitterte sichtbar. Er sprach offen über seine gesundheitlichen Einschränkungen und seinen ungebrochenen Willen, das Schicksal noch einmal zu Deutschlands Gunsten zu wenden. Seine tiefe gutturale Stimme klang noch immer fest und entschlossen. Dennoch gingen alle Beteiligten dieser Runde bedrückt und ernst zurück in ihre Gaue.

Eine weitere Begegnung mit Hitler, die fälschlicherweise immer wieder auf den 20. April 1945 datiert wird, fand am 20. März 1945 statt. An diesem Tag war eine Abordnung der Hitlerjugend im Garten der Reichskanzlei angetreten und ich stellte Hitler Jungen vor, die sich in den zurückliegenden Tagen im Einsatz bewährt hatten. Es war für alle unübersehbar, dass mit diesen Jungen unser letztes Aufgebot im Kampf stand. Hitler schritt gebeugt und mit seiner auf dem Rücken versteckten zitternden Hand die Jungen ab, sprach mit dem einen oder anderen einige Worte und gratulierte allen zu ihrem Mut. Dieses Treffen wurde für die Wochenschau festgehalten und so entstanden die letzten Filmaufnahmen Hitlers vor seinem Freitod.

Genau vier Wochen später, am Nachmittag des 20. April 1945 – der Feind stand nur noch wenige Kilometer vom Führerbunker entfernt –, fand ich mich erneut mit einer Abordnung der Hitlerjugend sowie Angehörigen der Kurland-Armee[38] und der SS-Division „Frundsberg"[39] im Garten der Reichskanzlei ein, um Hitler zu seinem Geburtstag zu gratulieren. Der Führer und seine engsten Mitarbeiter, darunter Martin Bormann, Albert Speer, Heinrich Himmler und Dr. Goebbels, kamen aus dem Führerbunker. Hitler ging leicht gebeugt. Seine zitternde Hand hielt er wieder hinter dem Rücken verschränkt. Er bedankte sich für unsere Glückwünsche und sprach kurz zu uns. Er verglich dabei unser Volk mit einem Schwerkranken, der nur seinen Lebenswillen behalten müsse, um am Ende gerettet zu

---

38 Kurland-Armee: Großverband des Heeres, im Januar 1945 in Kurland/Lettland neu aufgestellt

39 Division Frundsberg: 10. SS-Panzerdivision, stand im April 1945 bei Spremberg, 143 Kilometer südöstlich des Führerbunkers

werden. Die Schlacht um Berlin müsse gewonnen werden, dann würde sich das Schicksal wenden. Ich muss zugeben, dass ich in dieser fast unwirklichen Situation – wir hörten schon das Geschützfeuer der Front – von der ungebrochenen Willenskraft Hitlers fasziniert war und unter seinem Bann stand.

Infolge der militärischen Entwicklung – inzwischen tobte in Berlin der Straßen- und Häuserkampf – verlegte ich meinen Gefechtsstand Ende April auf Befehl Hitlers in die Parteikanzlei, Wilhelmstraße 64, schräg gegenüber vom Führerbunker. Wenn ich Meldung im Führerbunker machen musste, lief ich, meistens mit einem Tuch vor Nase und Mund als Schutz gegen den beißenden Qualm, ins gegenüberliegende Auswärtige Amt. Von dort führte ein verwinkelter Gang in den sogenannten Vorbunker und eine Treppe hinab in den Vorraum des Lagezimmers.

In den letzten Tagen fanden täglich zwei oder drei Lagebesprechungen statt, an denen ich aber nur hin und wieder teilnahm. Hitlers körperlicher Verfall war unübersehbar. Er beschwerte sich, dass seine Befehle nicht ausgeführt würden und ihm geschönte Meldungen überbracht würden statt realistischer Einschätzungen. Ob er selbst noch an eine Wendung glaubte, vermag ich nicht zu sagen. Uns gegenüber ließ er jedenfalls keinen Zweifel an seinem Willen, die Schlacht um Berlin zu gewinnen.

Ein letztes, sehr persönliches Zusammentreffen mit Hitler ergab sich in der Nacht vom 29. auf den 30. April – wenige Stunden vor seinem Freitod. Ich hielt mich im Lagevorraum des Führerbunkers auf, als Hitler aus seinen Wohnräumen in den Vorraum trat und sich auf eine kleine Bank setzte. Wir fanden in dieser Nacht beide keinen Schlaf. Im Bunker herrschte Stille; wir waren allein. Nur die Ventilatoren summten. Hitler lud mich mit einer Handbewegung ein, mich neben ihn zu setzen. Ich kann nicht sagen, wie lange wir schwiegen, bis Hitler die Stille unterbrach und sich nach meiner Familie und meinem Werdegang erkundigte. Ich schilderte ihm meine Jugendzeit und die aufopfernde Arbeit meiner Mutter, die nach dem Tod unseres Vaters viele Jahre in der Fabrik arbeitete, um ihre drei Söhne durchzubringen. Hitler hörte schweigend zu und antwortete schließlich: „Die größte Lehrmeisterin im Leben ist immer die Not."

Angesichts der verzweifelten Lage, in der wir uns befanden, wandte ich mich an Hitler und fragte ihn: „Was wird aus unserem Volk? Wir waren doch überzeugt, dass unsere Geschichte erst begonnen hat. Wir können doch jetzt nicht am Ende unserer Geschichte stehen. Das kann doch nicht das Ende sein?"[40] Hitler schwieg eine Weile und antwortete dann mit ruhiger Stimme: „Mich packt das Grauen, wenn ich daran denke, wie unsere Feinde das Reich zerstückeln werden. Es geht um das nackte Überleben unseres Volkes, das so viel Leid ertragen musste. Wenn dieses Volk innerlich geeint bleibt, dann wird es auch wieder einen Aufstieg geben." Dann schwieg er eine Weile und sagte: „Ideen leben nach eigenen Gesetzen fort. Axmann, es kommt etwas vollkommen Neues."

Wir saßen schweigend nebeneinander, niemand störte uns. Die Waffen schienen für eine Zeitlang zu schweigen, denn es waren keine Detonationen zu hören. Schließlich nahm Hitler das Gespräch wieder auf und sagte: „Mir ist im Leben nichts erspart geblieben, vor allem nicht in den letzten Tagen. Meine Mitarbeiter haben mich verlassen. Die größte Enttäuschung von allen ist Himmler. Der Tod wird für mich eine Erlösung sein."

Meine Kehle war wie zugeschnürt. In diesem Moment war mir klar, dass Hitler sich das Leben nehmen würde. Als ich ihm versprach, treu an seiner Seite zu stehen, wurde seine Stimme rau. „Was wollen Sie bei einem Toten? Ihr Platz ist bei den Lebenden." Ich schwieg erschüttert. Neben mir saß ein geschlagener Mann, der noch vor wenigen Jahren über Europa geboten hatte. Das Ende war gekommen.

Schließlich stand Hitler mühsam auf und schaute mich an. Dabei erfasste mich aber sein Blick nicht mehr, wie er es früher tat, sondern er sah durch mich hindurch wie in eine weite Ferne. Er wandte sich ab, ging gebeugt, wortlos in seinen Wohnraum und schloss die Türe hinter sich. Das war mein Abschied von ihm.

Am nächsten Tag, es war der 30. April 1945, ging ich noch einmal zurück in den Bunker. Es muss so gegen 15 Uhr gewesen sein. Die russischen Scharfschützen hatten bereits

---

40 Artur Axmann, Das kann doch nicht das Ende sein – Hitlers letzter Reichsjugendführer erinnert sich, 1995 S. Bublies Verlag, Koblenz. Diese Lebenserinnerungen von Artur Axmann erschienen nach dem Interview mit Karl Höffkes.

rund um den Führerbunker Stellung bezogen und schossen auf alles, was sich bewegte. Im Bunker angekommen, sagte mir Dr. Goebbels, den ich schon in der Kampfzeit als unerschrockenen Redner und Gauleiter von Berlin kennengelernt hatte, der Führer hätte sich bereits von seinen engsten Mitstreitern verabschiedet und habe sich mit seiner Frau Eva in seine Privaträume im Bunker zurückgezogen. Otto Günsche, der persönliche Adjutant des Führers, stand vor den Privaträumen Hitlers und erklärte mir, dass er niemanden mehr einlassen dürfe. Ich ging zurück in den Lageraum, in dem sich Dr. Goebbels, Martin Bormann und einige andere aufhielten. Die Stimmung war gedrückt, wir schwiegen und warteten auf das Unvermeidliche.

Gegen 15:30 Uhr erschien Otto Günsche und teilte uns mit, der Führer sei tot. Wir folgten Günsche zu Hitlers Wohnraum, blieben im Eingang stehen und grüßten die Toten mit erhobenen rechten Armen. Hitler saß in seinem feldgrauen Rock mit dem Eisernen Kreuz in der rechten Ecke eines kleinen Sofas. Ein Arm hing über die Sofalehne, sein Oberkörper war geneigt und sein Kopf nach hinten gefallen. Von seiner Schläfe führte eine Blutspur über die Wange. Die Pistole, mit der er sich offensichtlich erschossen hatte, lag vor ihm auf dem Teppich.

Hitlers Frau, Eva, trug ein blaues Kleid und saß mit angewinkelten Beinen neben Hitler. Sie hatte sich vergiftet und machte auf uns den Eindruck einer Schlafenden.

Goebbels und ich gingen wortlos zurück in den Lageraum. Der kleine, schmächtige Mann wirkte tief erschüttert.

Kurze Zeit später trugen SS-Männer die in eine Wolldecke gehüllte Leiche Hitlers nach oben. Bormann trug die tote Eva Hitler, die Otto Günsche ihm aber abnahm. Das Verhältnis von Eva Braun und Bormann war zu Lebzeiten kein gutes und Günsche wollte offenbar vermeiden, dass ausgerechnet Bormann Eva aus dem Bunker tragen würde.

Goebbels folgte den Toten, kam aber nach kurzer Zeit wieder zurück. Ich selber konnte den Anblick der brennenden Leichen nicht ertragen und blieb im Bunker. Otto Günsche gab mir später die 7,65 mm Pistole, mit der Hitler sich erschossen hatte und eine zweite mit Kaliber 6,35, die der Führer in den letzten Tagen aus Sicherheitsgründen immer bei sich getragen hatte. Die 7,65 mm Pistole habe ich bei meiner späteren Flucht versteckt, um sie nicht als Kriegsbeute in die Hände unserer Gegner fallen zu lassen. Die 6,35 mm Pistole überließ ich Gisela Herrmann[41], der Gebietsmädelführerin von Berlin, die schwer verletzt im Lazarett unter der Reichskanzlei lag.

Wenig später verlas Bormann, der nach Hitlers Tod zu einem unscheinbaren Uniformträger geworden war, Hitlers Testament, in dem Dr. Goebbels zum Reichskanzler ernannt wurde. Dr. Goebbels blieb auch in diesen schweren Stunden die Persönlichkeit, die er immer war. Als seine Versuche, einen Waffenstillstand mit den Russen auszuhandeln, scheiterten, sagte er uns: „Ich habe Berlin gegen die Roten erobert, jetzt werde ich es auch bis zum Ende gegen die Roten verteidigen. Die kurze Zeit, die ich als deutscher Reichskanzler zu leben habe, werde ich nicht missbrauchen, um eine Kapitulationsurkunde zu unterzeichnen."

Als ich am Nachmittag den Führerbunker verließ, um meine Mitarbeiter im Keller der Parteikanzlei über das Geschehene zu unterrichten, kam ich an Hitlers Mantel und Mütze vorbei, die achtlos an einem Kleiderhaken hingen, während seine sterblichen Überreste und die seiner Frau Eva in einem Bombentrichter im Garten der Reichskanzlei verbrannten. Nie wieder habe ich die Vergänglichkeit irdischer Macht so tief empfunden wie in diesem Augenblick.

Nachdem alles für unseren Ausbruchsversuch vorbereitet war, ging ich am Abend gegen 20:30 Uhr noch einmal zurück in den Bunker, um mich von Dr. Goebbels und seiner Frau zu verabschieden. Dort teilte mir Wilhelm Mohnke[42], den Hitler erst wenige Tage zuvor zum Befehlshaber über die Verteidigungskräfte des Regierungsviertels ernannt hatte, mit, dass Dr. Goebbels und seine Frau bereits aus dem Leben geschieden waren.

Adolf Hitler und Dr. Goebbels waren tot. Berlin war gefallen. Am Abend des 1. Mai 1945, etwa dreißig Stunden nach Hitlers Freitod, machten wir uns auf den Weg, um aus dem eingeschlossenen Berlin zu entkommen.

---

41 Siehe Interview auf S. 491
42 Wilhelm Mohnke, 1911 – 2011 (Damp bei Eckernförde), Generalmajor der Waffen-SS, in der Nacht vom 22. zum 23. April 1945 von Hitler zum Befehlshaber der „Zitadelle" ernannt, Verteidiger des eingekesselten Regierungsviertels

ELISABETH GRÜNBAUER

„Hitler war zu dieser Zeit
wirklich arm, sehr arm"

Elisabeth Grünbauer, geb. Popp
1905 – 1999
Tochter von Hitlers Vermieter Josef Popp in München

Grünbauer, geborene Popp, lebte als Tochter des Schneidermeisters Josef Popp in der Schleißheimer Straße 34 in München, als Hitler im Mai 1913 in die Stadt kam und Untermieter der Familie wurde. Sie beschreibt Hitler aus der Perspektive eines Kindes und schildert ihn als auffallend ordentlich, höflich und bildungshungrig. Er sei immer an politischen Diskussionen interessiert gewesen – mehr als der Schneidermeister während seiner Arbeitszeit vertragen konnte.
Nach dem Tod des Vaters 1935 erhielt die Familie Popp auf Anweisung Hitlers vom Eher-Verlag monatlich eine Rente in Höhe von 150 Mark lebenslang – oder doch bis zum Mai 1945.

„Und er hat oft gesagt, dass er auf keinen Fall in Österreich zum Militär gehen würde, weil ihm Österreich zu ‚verjudet' war, wie er sich ausdrückte."

Das Interview fand statt im Jahr 1994.

Die Analyse dieses Interviews durch Thomas Weber findet sich im Anhang ab Seite 518.

Als er von Wien kam, ... hat [er] einen Koffer mitgebracht, da war alles wunderbar und seine Wäsche und alles, also dass man sagen muss, als wäre er gerade von der Mutter gekommen, die ihm den Koffer eingepackt hat. Ja, also sehr, sehr sauber. ... [Er war] äußerst angenehm. Ein so in seiner Gesinnung möchte ich sagen vornehmer Mensch. ... Er war ein, ich möchte beinahe sagen, ein Gerechtigkeitsfanatiker. ... [Er war] sehr, sehr diszipliniert. Also ich könnte da nur das beste sagen. ...

Und da ist er eben mit dem Herrn Häusler [aus Wien] gekommen.[43] ... Zusammen aber das ging nicht, denn Hitler hat bei Nacht gelesen und der andere wollte schlafen, das Licht hat ihn gestört. Und dann ist der Häusler ausgezogen und Hitler hat gemeint, also ob er jetzt allein das Zimmer haben könnte. Mein Vater hat ja gesagt und hat ihm etwas nachgelassen. Und dann ist er eben auch von uns [aus] in den Krieg.

Da hat er dieses Immediatsgesuch gemacht, an den König, und das hat sehr lange gedauert. ... Fieberhaft hat er gewartet, also jeden Tag hat er zweimal im Laden nachgefragt, ob denn noch keine Post da ist. Und dann kam sie doch. ... Da hat er fast einen Luftsprung gemacht, dass er dann im deutschen Heer hat dienen können. ... Das weiß ich von meinem Vater, weil er gesagt hat: „Der hat ja direkt einen Veitstanz aufgeführt, hat der, so glücklich war er, dass er zum deutschen Militär konnte." ...

Seine österreichische Staatsangehörigkeit, die hat ihm wenig bedeutet. Ja, das hat er immer wieder betont. Er will eigentlich Deutscher sein. ... „Der Hitler", hat [Vater Grünbauer] gesagt, „der ist einfach Deutschland-narrisch, gell, und der rauft sich direkt zum Militär." Und das war der Fall. Und zuhaus, was wir gesprochen haben, gell, mein Gott, müsste ich vielleicht noch mehr nachdenken, aber wie gesagt, mein Bruder, der hätte mehr gewusst. ... Also in München da konnte er sich halt entfalten, aber in Österreich, da konnte er sich nicht entfalten. ... nun hatte er auch keine besonders guten Erinnerungen an Österreich und sein Vaterhaus und so weiter.

---

43 Rudolf Häusler, 1893–1973, lernte Hitler in Wien im Männerwohnheim in der Meldemannstraße kennen. Am 25. Mai 1913 zogen sie zusammen nach München zu Schneidermeister Josef Popp. Häusler zog im Februar 1914 wieder aus dem gemeinsamen Zimmer aus.

Und er hat sich immer beschwert, dass zum Beispiel in Österreich also eine Lage herrscht, die ihm nicht passt, und vor allen Dingen, dass er auch nie in Österreich zum Militär will, ..., weil ihm Österreich zu verjudet war. ... Das war ein Hauptthema von ihm, dass er eben gesagt hat, dass eben Wien ... Wien und Österreich sei[en] so verjudet, das ist ein Grund gewesen, dass er gegangen ist. Und er auch nicht für Wien oder beziehungsweise für Österreich in den Krieg gehen wollte . ... Das hat sich halt im Gespräch immer wieder ergeben. Er ist ja sehr oft zu meinem Vater in den Laden gekommen. ... Die Debatten waren oft stundenlang, dass es für meinen Vater, der ja hat arbeiten müssen, nicht immer gerade angenehm war. Aber sonst haben sie sich schon gut vertragen. ... [Sein Antisemitismus war] in keiner Weise auffällig. Nur gesprächsweise, wenn er eben mit meinem Vater sich unterhalten hat, dann hat er das schon durchblicken lassen, also dass „die Juden die Leute ausbeuten". ... Und die Firma Stuffler am Lenbachplatz war ja auch jüdisch. Die haben ja eben ihm für die Bilder so wenig bezahlt. ... Tja, er hat ja eben nur gesagt, also Österreich, die Börse, die haben die Juden in der Hand, und auch sonst, ... [Sie] sind Ausbeuter. Aber, ich persönlich war da nicht dabei, sondern im Gespräch mit meinen Eltern [haben die es gesagt.] ... Er hat nur eben von Ausbeutung gesprochen, dass sie eben ausgebeutet werden da drüben, und in Deutschland war es dann eben auch nicht anders. ...

[Hitlers Zimmer war] ja ein Treppenzimmer, und zu uns in die Wohnung ist [er] eigentlich nur gekommen, wenn er irgendeine Kleinigkeit gebraucht hat. ... Er war wirklich arm, sehr arm, denn er hat ja nur von den Bildern, die er gemalt hat, gelebt, und zwar hat er damals fünf Mark, sieben Mark, vielleicht mal zehn Mark bekommen, der Metzger hat ihm eins abgekauft, der Bäcker und so weiter. Die hat er wirklich so richtig verhökert. Aber er hat sich nie zum Essen einladen lassen, das hat er stets abgelehnt. Er hat lieber wie gesagt, sagen wir mal einen kleinen Kohldampf geschoben. ... So wenig hat er gehabt. Von Suppen und Tee und Semmeln, Brötchen [hat er sich ernährt] ... Das war Starrsinn, das er sich nicht hat einladen lassen zum Essen, das haben meine Eltern sehr bedauert. ... Ich glaube, er hat das als Hilfeleistung angesehen, und das wollte er absolut nicht. Er wollte nichts annehmen. ...

Nicht ein einziges Mal [ist Besuch für ihn] gekommen oder sowas, gar niemand. Das haben wir auch sehr komisch gefunden. Aber na ja, er war von Wien gekommen und konnte eben, konnte wenig Freunde haben, hat sich aber auch mit niemandem angefreundet. War immer höflich und so, aber zu einer Freundschaft ist es nicht gekommen. Ja, eben, weil er immer versponnen war, mit seinen, mit den Büchern und der Materie, die er sich da immer geholt hat. ...

Hitler hat ja ganze Nächte damit verbracht, mit den Büchern, die er sich in der Staatsbibliothek geliehen hat, zu studieren, und über das haben sie sich dann auch eben unterhalten. ... Man [hat] gesagt, also was er alles an Wissen ansammelt, diese enormen Wälzer, die er alle, über alles mögliche und vor allen Dingen aber schon sehr viel über Politisches ... also, dass er damals etwas erreicht ... bloß das er so weit kommt, haben wir nicht gedacht.

Sonst kann ich nur sagen, dass wir Kinder ihn natürlich auch manchmal getratzt haben. Wissen Sie, wir haben geklopft und dann sind wir wieder davon gelaufen, die Treppe runter. Wir haben ihn öfters rausgeklopft. Und dann einmal hat er meine Freundin erwischt am Zopf, und dann hat er gesagt: „Das macht ihr aber nicht wieder, ich muss ja doch malen." Wir haben es dann auch nicht mehr gemacht. ... [Ich habe] immer so eine gewisse Scheu gehabt, der konnte einen so anschauen, als ob er da durch und durchschaut! So, also ganz eigenartig. Und ich glaube ich hätte ihn nie anlügen können, weil man gedacht hätte, das merkt der sofort. ... Der hatte etwas in seinem Blick, das man immer gedacht hat, wie gesagt, der schaut dir durch und durch. Also, anlügen hätte ich ihn nie können, denn das hätte ich mich nicht getraut. Und er war zu uns Kindern äußerst nett. ...

Ich hab immer, wissen Sie, außer Hochachtung auch ein bisschen Angst gehabt, wie gesagt, ich sag ja, der hat einen [an] geschaut, manchmal gar nicht so normal. Da hat man das Gefühl gehabt, also der, wie soll ich mich da ausdrücken, er war so, manchmal so ein bisschen auch unnahbar, wissen Sie, also, ich hab immer, ich kann nicht sagen Angst, aber doch so ein [unverständlich] Gefühl gehabt. Und meine Mutter hat genau das Gleiche gesagt. ...

Aber nur persönlich hat man den Eindruck gehabt, das momentan seine Gedanken woanders sind, und dann ist er zurückgekehrt wieder, „Ach ja, ja, da und da ...". Das ist öfters passiert, auch beim Gespräch mit meinem Vater, so dass mein Vater gesagt hat: „Heute hat der Hitler wieder ... war er manchmal in anderen Sphären", hat er gesagt.

Also mein Bruder, der hat ja nun mehr Kontakt gehabt, denn der hat ihm ja ... stundenlang saß er ja bei ihm und hat ihm beim Malen zugeschaut, und dann hat er gesagt: „Ja, was willst du denn einmal werden, Sepperl?" Und dann hat [mein Bruder] gesagt: „Ich glaub Maler." Hat Hitler gesagt: „So, dann kauf ich dir gleich einen Strick zum Aufhängen." ...

[Nach dem Krieg] wollte [er] wieder bei uns wohnen, aber inzwischen sind mein Bruder und ich natürlich doch erheblich älter gewesen, also da ging das nicht. ... [Er war] äußerlich natürlich sehr [verändert]. Er war wahnsinnig enttäuscht, dass der Krieg so ausgegangen ist und ... ich war ein paarmal auch im Laden bei meinem Vater, wenn er da war und hab da zugehört und hab ein paar Mal auch mitgesprochen über das Kriegsende, das verlorene, also das hat ihn erschüttert. Das hat er nicht glauben wollen, wo doch so viele, die Deutschen so tapfer waren. Und das hat ihn härter gemacht. ...

So lange wir einen Laden hatten, so lange ist er sehr häufig gekommen, er hat sich ja auch alles schneidern lassen von meinem Vater. ... [Er sagte zu meiner Mutter:] „Sagen Sie mir, Frau Popp, wenn etwas ist, ich werde Ihnen immer helfen." Und das hat er ja auch dann getan. ... Er wollte unbedingt einen [Whipcord-]Anzug haben. Damals hat man das für Skihosen genommen. Aber diesen Whipcord, den hat es auch nur bei Stark gegeben. Und meine Mutter ist herumgelaufen, [hat] nachgefragt, wo sie so einen Whipcord bekommt. Sagt mein Vater: „Jetzt muss ich Herrn Hitler, beim Juden muss ich jetzt den Stoff für den Anzug kaufen." Das hat ihm Kopfzerbrechen gemacht. Na ja, er hat es ja nicht erfahren, aber da hat er sich immer ein bisschen schuldig gefühlt, gell. ...

Als mein Vater [1935] starb [und] wir im Osteria Bavaria[44] waren, meine Mutter und ich waren öfter zusammen dort beim

---

44 Osteria Bavaria, heute Osteria Italiana, italienisches Restaurant in der Münchener Maxvorstadt, Schellingstraße 62. Gegründet 1890, dann bald dank seiner Lage in der Nähe der Technischen Universität Treffpunkt für Studenten, Professoren und Künstler. Hier lernte Hitler 1935 seine britische Verehrerin Unity Mitford kennen.

Essen, dann hat es geheißen: „Hitler ist da." ... Und als er dann kam, sind wir alle aufgestanden, wir standen ganz hinten, aber er hat sofort meine Mutter und mich erkannt und hat gesagt: „Ja, Sie sind ja in Trauer, was ist passiert?" Und meine Mutter hat gesagt: „Mein Mann ist verstorben." Und dann hat er sich umgedreht und hat erklärt: „Warum habe ich davon nichts erfahren?" Damit war's getan. Aber er hat auch gesagt: „Frau Popp, kommen Sie einmal zu mir", hat sich umgedreht, also dass er das eben seine Leute wissen lassen wollte, „ich geb Ihnen Nachricht." Und dann ist meine Mutter nach vielleicht, drei Wochen waren es glaube ich, in die Prinzregentenstraße 16, wo er gewohnt hat, und dann hat er gesagt: „Ja, Frau Popp, wie geht es Ihnen denn?" Meine Mutter hat gesagt: „Ja, geht." „Aber ich kann mich jetzt für Manches revanchieren, Sie waren immer nett, Sie haben sich immer um mich gekümmert, und ich werde Ihnen etwas zukommen lassen." Dann hat er beim Eher-Verlag in Auftrag gegeben, sie sollen meiner Mutter jeden Monat 150 Mark überweisen. Und das geschah bis zum Kriegsende, bis meine Mutter verstarb. ...

Sein Blick war faszinierend. Und er konnte so in die Ferne schauen, so versonnen. Und dann ruckartig hat er sich wieder der Gegenwart gewidmet. Aber so auch unterm Gespräch oder unter einer Unterhaltung, hat so gestarrt, hat so geschaut ... „Ach ja", dann war er wieder da. Wissen Sie, das war eine Eigenart. Wir haben das schon so mitgekriegt, meine Mutter auch, ... und wie sie dann zwei Mal bei ihm war ... Und dann kamen sie noch drauf zu sprechen, dass meine Mutter da vom Eher-Verlag das bekam. ... Nein, so war's, er hat gesagt: „Ich werde Ihnen ... vom Eher-Verlag etwas zukommen lassen." Da hat meine Mutter gesagt: „Das haben Sie schon, Herr Hitler, ich bekomme im Monat 150 Mark vom Eher-Verlag." Dann hat er geschaut, und dann hat er gesagt: „Ach, Frau Popp, das hätten Sie jetzt nicht sagen sollen." Da sind wir eigentlich nicht dahinter gekommen, warum. Und da hat er auch so, ... geschaut, so als wenn er der Zeit entrückt wäre, und dann wieder: „Nein, das hätten Sie jetzt nicht sagen sollen, Frau Popp." Also, wir sind einfach nie dahinter gekommen, warum er das gesagt hat.

EGON HANFSTAENGL

„Der Hitler war sehr froh,
bei uns essen zu können"

Egon Hanfstaengl
1921 – 2007
Sohn von Ernst Hanfstaengl (langjähriger Berater Adolf Hitlers),
Patensohn von Adolf Hitler

Mitglied der Hitlerjugend
1939 Beginn des Studiums an der Universität Harvard, USA
1941 Freiwillige Meldung zum United States Army Air Corps
Nach 1945 Dozent für europäische und amerikanische Geschichte am Brooklyn College, New York
1958 – 1980 Geschäftsführer der Kunst- und Verlagsanstalt Franz Hanfstaengl in München

Egon Hanfstaengl spricht über das Verhältnis seines Vaters zu Hitler und an seine eigenen Erinnerungen an den Patenonkel:
Wie Hitler mit dem kleinen Egon spielte und das Grunzen von Schweinen, das Brüllen von Kühen und das Wiehern von Pferden, Schafen und Ziegen mit seinem schauspielerischem Talent wunderbar imitierte; wie Hitler vor Egons Mutter auf die Knie fiel und sie anhimmelte; wie der kleine Egon Hanfstaengl sich beim Besuch auf dem Obersalzberg zu den SS-Männern des Begleitkomman-

dos gesellte, sich Walther PPK Pistolen zeigen ließ und Räubergeschichten zuhörte.

„Als ich elf Jahre alt war, haben meine Eltern mir dann gesagt, ich solle aufhören, ihn ‚Onkel Dolf' zu nennen und ihn zu duzen, es sei ihm unangenehm und ich solle ihn fortan siezen und Herr Hitler zu ihm sagen."

Man könnte meinen, Hanfstaengl erzählt nur Anekdoten – dem ist aber nicht so. Er ist einer der reflektierten Interviewpartner, der Hitler genau beschreibt: sein Sendungsbewusstsein, wie und warum sich ihm Intellektuelle und Generäle unterordneten – und schließlich wie er selbst mit seinem Vater Ernst, dem Förderer, Freund und späteren Gegner Hitlers, nach dem Zweiten Weltkrieg immer wieder darüber spricht, wie er auf den „Führer" hereinfallen konnte.

Das Interview fand statt am 14.3.1996.

Er hat, als er anfangs zu uns ins Haus kam, noch Bier getrunken. Damit hat er aber dann aufgehört. Er war auch noch nicht Vegetarier, er neigte dem schon damals zu, aß aber noch Fleisch. Später, als ich 1934 mit meiner Mutter eine Woche als sein Gast verbrachte, im damals noch sogenannten Haus Wachenfeld, da gab es fast täglich Huhn, gekochtes Huhn, das aß er noch. Die Menage führte damals seine Halbschwester Frau Raubal[45], Mutter der berühmten Geli[46].

Mein Vater[47] verbrachte den Ersten Weltkrieg in New York, kam dann nach Kriegsende nach Deutschland. Er heiratete noch drüben, ich wurde noch drüben geboren, hätte also im Gegensatz zu Henry Kissinger Präsident werden können, könnte es theoretisch sogar noch werden. Mein Vater kam mit mir im Alter von sechs Monaten nach Deutschland zurück und fand sein geliebtes Vaterland in vieler Hinsicht übel zugerichtet und darniederliegend – vor allem auch moralisch durch die Kriegsschuldklausel des Versailler Vertrages, eine ebenso verlogene wie dumme Klausel, die theoretisch als juristische Basis dienen sollte, dass man Deutschland grimmige Reparationen abverlangen durfte, weil man Deutschland und Österreich die exklusive Schuld am Ersten Weltkrieg zuschob. Das ist Unfug und war die Basis für Hitlers Aufstieg. Man kann, ohne ein *terrible simplificateur* zu sein, mit Fug und Recht sagen, ohne den Versailler Ver-

---

45 Angela Franziska Johanna Raubal (später Hammitzsch), 1883 – 1949, Halbschwester von Adolf Hitler
46 Angela Maria „Geli" Raubal, 1908 – 18.9.1931, die Tochter von Hitlers Halbschwester Angela Raubal, wurde in Hitlers Wohnung tot aufgefunden. Überwiegend wird Selbstmord angenommen. Seine Nichte lebte seit 1929 mit Hitler in einer Neun-Zimmer-Wohnung am Prinzregentenplatz 16 in München.
47 Ernst Franz Sedgwick Hanfstaengl, 1887 – 1975, genannt Putzi, war ein deutschamerikanischer Kunsthändler und hervorragender Klavierspieler, der Hitler bereits seit 1922 förderte, als er ihn im Bürgerbräukeller reden hörte. Er ebnete ihm den Weg in die Münchner Gesellschaft. Zuvor hatte er in Havard studiert und dort den späteren amerikanischen Präsidenten Franklin D. Roosevelt kennengelernt. Hanfstaengl führte Hitler finanzkräftige Förderer zu und trug zur Finanzierung des Kaufs des Völkischen Beobachters als Parteizeitung bei. Hitler machte Hanfstaengl in den 1930er-Jahren zum Auslandspressechef der NSDAP. Es kam 1934 zum Bruch, weil Hanfstaengls kritische Bemerkungen über die NSDAP-Spitze durchdrangen. Er floh über die Schweiz und England in die USA. Die Beamten des State Departments schätzen Hanfstaengls Wissen und seine Erkenntnisse und Berichte als unbedeutend ein. Er kehrte Ende 1946 nach Deutschland zurück und wurde rehabilitiert, auch weil sein Name auf einer Gestapo-Liste stand, wer nach der Invasion Großbritanniens umgebracht werden sollte.
Siehe auch das Gespräch mit Reinhard Spitzy, S. 215

trag kein Hitler. Man muss nur die frühen Reden nachprüfen, um zu erkennen, wie geschickt er immer das allgemein Deutsche, das alle Deutschen vereinende Element rhetorisch nutzte, um gegen den Vertrag von Versailles zu argumentieren.

Nun, mein Vater war eigentlich saturiert, er fand das alles widerlich, er hatte zwei Brüder verloren, den einen im Feld, den anderen am Typhus in Paris 1914. Und er war sehr unglücklich, denn er war und blieb im Grunde ein deutscher Patriot und ein Monarchist im Grunde auch. Er leitete in den USA die Filiale unseres Kunstverlages. Das war ein sehr schönes Geschäft in der Fifth Avenue, wurde dann nach Kriegseintritt der USA 1917 vom Alien Property Custodian konfisziert. Dann gründete mein Vater mit einem inzwischen naturalisierten Angestellten, einem Herrn Denx, ein neues Geschäft in der 57. Straße, schräg gegenüber von der Carnegie Hall, den Academy Art Shop. Da war er drin zu der Zeit, als er meine Mutter zum zweiten Mal traf. Das wird viel zu weitläufig ---

Das war im Grunde so, dass meinem Vater, der also einige Freundinnen hatte und sich mit denen vergnügte, plötzlich klar wurde, sein ältester Bruder würde vermutlich keine weiteren Kinder mehr kriegen, der hatte nur eine Tochter, und die Aufgabe, für einen Namensträger zu sorgen, oblag nun ihm. Nun hatte er meine Mutter etwa 1915/16 bei einer deutsch-amerikanischen Veranstaltung bereits getroffen, sie wurde ihm vorgestellt, er war aber damals leiblich versorgt und sie interessierte ihn nicht besonders. Meine Mutter fand das eben bemerkenswert, denn sie galt als Schönheit und war umworben von vielen durchaus plausiblen Männern, und dann vergingen Jahre und meinem Vater wurde eines Tages klar: „Ich habe zwei Brüder verloren und der Älteste hat eine Tochter und kriegt keine Kinder mehr, ich muss ran." Ungefähr zu der Zeit erhielt meine Mutter einen Gruß übermittelt von einem deutsch-amerikanischen Karikaturisten „Schöne Grüße von Hans Stengel" – und sie verstand Hanfstaengl und dachte sich: „Ach sieh mal an, der hat mich also doch nicht vergessen." Sie ging dann in den Academy Art Shop, und so bin ich also das Produkt eines verbalen Zufalles, eines Missverständnisses. Ich fand das immer philosophisch ganz interessant. Wir sind ja alle irgendwie zufällig, denn jede Fortpflanzung ist ein Schuss im Dunkeln und man weiß nie, was man trifft. Und er fand eben diese Frau wunderschön und noch dazu konnte sie akzentfrei Deutsch, denn sie war das Kind zweier aus Deutschland eingewanderter Eltern. Er hat ihr also den Hof gemacht. Die sehr schwierige hinterpommersche Mutter meiner Mutter, die hatte einen Ladestock als Rückgrat, hat dann gesagt: „Herr Hanfstaengl, sie monopolisieren meine Tochter und entziehen ihr dadurch gewisse Möglichkeiten. Ich muss darauf bestehen, dass Sie sich zumindest offiziell verloben." Mein Vater hat eine Wut gekriegt und geheiratet.

Dann kamen sie also nach Deutschland mit mir. Mein Vater flüchtete sich in Bücher, hatte auch die Idee, mit Rudolf Kommer einen Film über den Grafen Rumfordt zu machen. „Renegade Yankee", geboren im oberen Massachusetts. Schließlich kam ein Anruf von der amerikanischen Botschaft in Berlin von einem Harvard-Kommilitonen, er käme nach München. Der Militärattaché der Botschaft, damals Captain, also Hauptmann Truman Smith, käme und mein Vater möchte sich doch bitte um den Mann kümmern, ihn „so a bisserl" herumreichen, zur Erforschung der politischen Szene in Bayern. Mein Vater hatte von Hitler damals noch nichts gehört und schickte den Captain eigentlich weg, weil er selber ja wenig wusste über die politische Szene. Der Captain nahm teil an diversen Versammlungen und hörte sich diverse Redner an der damaligen Zeit. Nach etwa zwei Wochen sagte ihm der Besucher: „Hanfstaengl, ich habe einen Redner gehört, der ist außergewöhnlich, der bringt es zu was, ich würde Ihnen dringend raten, sich den Mann mal anzuhören." Das war dann der Hitler.

Mein Vater ging kurz darauf in eine Versammlung, hörte den Hitler reden und war überzeugt, das ist der kommende Führer Deutschlands. Er ging hin, stellte sich nach der Rede vor und sagte in etwa, ich bin mit 95 Prozent dessen, was Sie gesagt haben, einverstanden und über die anderen fünf Prozent müssen wir noch reden. Und ab dann war mein Vater ein Gefolgsmann Hitlers und stellte sich die Aufgabe, den Hitler in die Münchener Gesellschaft einzuführen, in die Gesellschaft Deutschlands, überhaupt auch irgendwie zu erziehen, ihn weltläufiger zu machen, als er war.

Dieses Traumziel verfolgte mein Vater bis 1932 und sagte dem Hitler damals: „Herr Hitler, Sie sind innerhalb des nächsten Jahres Kanzler, dann können Sie nicht mehr reisen. Ich möchte Sie jetzt durch Frankreich nach England und anschließend nach

Amerika mitnehmen, mit Ihnen den amerikanischen Kontinent durchqueren. Sie sollen dann in Kalifornien Ihren kleinen Finger in den Pazifik stecken und dann zurückfahren, um zu ermessen, was für ein riesiges Land mit unglaublichen Ressourcen das ist, welcher potenzielle Machtfaktor." Hitlers Antwort darauf war so ungefähr, Frankreich kenne er, denn er habe dort vier Jahre gedient als Soldat, das ist also die Regenwurmperspektive aus den Schützengräben. England verstehe und kenne er, denn das sei eine Brudernation. Und Amerika sei total verjudet und könne keine Rolle spielen oder nur zu spät und sei kein Machtfaktor, den er zu berücksichtigen habe, denn die wären ja nicht einmal in der Lage, ihren eigenen Nationalhelden Lindbergh vor dem Kidnapping seines Kindes zu schützen.[48] Und das war es dann.

Diese Borniertheit ist zugleich das Geheimnis seiner Willensstärke. Es ist etwas ganz Faszinierendes, immer wieder in der Geschichte zu sehen, wie Machtmenschen borniert sein müssen, denn wenn sie zu viele Aspekte in Erwägung ziehen, dann verlieren sie den Impetus, dann werden sie zu hamletähnlichen Figuren. Das sind hochbegabte, fähige Menschen, die aber zu viel hin- und herpendeln zwischen einerseits und andererseits und hinwiederum und lauter Zweifeln und Selbstzerspaltungen und die sich dann letztendlich zur Aktion, zur Handlung nicht entscheiden können – und das war wiederum das Faszinierende an Hitler damals.

Ich habe diese Herrenabende in meines Vaters Haus ab und zu am Rande miterlebt, zum Teil, weil mein Vater immer darauf bestand, dass ich am Anfang ein Gedicht aufsagen musste. *I had a captive audience.* Er wollte mich eben irgendwie trainieren, unbefangen aufzutreten und deklamieren zu können. Da habe ich dann immer noch eine Zeitlang bleiben dürfen hernach. Die Herren waren immer sehr geduldig mit mir. Es fiel mir auf, wie Leute, die intellektuellen Status hatten, der Historiker Alexander von Müller[49], viele Universitätsprofessoren und Gelehrte und begabte Leute, die selber so ein

---

48 Der zweijährige Sohn Lindberghs wurde 1932 in New Jersey/USA entführt, 50.000 Dollar Lösegeld wurden bezahlt, das Kind aber umgebracht. Charles Lindbergh, 1902–1974, überquerte im Mai 1927 als Erster in einem Nonstopflug allein den Atlantik von New York nach Paris.

49 Alexander von Müller, 1882 bis 1964, Historiker, Gegner der Weimarer Republik, schloss sich den Nazis an und gab die Historische Zeitschrift heraus.

wenig hamletmäßig hin- und hergerissen waren, wie die auf den Hitler positiv reagierten, der im Grunde immer nur sagte: „Hier geht es lang! Das ist der Weg! Da ist unser Ziel!" Ohne jeglichen Zweifel. Das riss die anderen aus ihrer gespaltenen Situation heraus, gab ihnen ein Ziel und gab ihnen irgendwie Zuversicht. Diese Fähigkeit hatte er.

Hitler war nicht im eigentlichen Sinne weltläufig. Er wusste sehr viel, aber es war alles irgendwie angelesen und auch tendenziös – wie seine totale Unterschätzung der USA. Mein Vater hat immer versucht, ihm zu sagen, Sie müssen doch wissen, dass der Erste Weltkrieg letztendlich wegen den USA verloren ging. Wenn wir so weitermachen, dann werden wir wieder so einen Krieg haben und die USA werden wieder gegen uns sein und wir werden diesen Krieg wieder verlieren. Das wollte der Hitler einfach nicht wahrhaben. Merkwürdigerweise hat er ja ohne Zwang nach Pearl Harbour den USA aus freien Stücken den Krieg erklärt. Das erleichterte die Aufgabe Roosevelts unendlich. Bitte schön, jetzt hatte er die Situation, die er sowieso vorbereitet und angestrebt hatte.

Auf dem Gebiet der Musik war der Hitler hochbegabt, konnte lange Passagen aus Wagner-Opern sehr sauber pfeifen, kannte auch die Texte – aber bei ihm überlagerte Wagner praktisch alles, außer dem Badenweiler Marsch. Auf dem Gebiet der bildenden Kunst war er auch, begrenzt, aber na ja, gut. Er war kein Kunsthistoriker. Er hat Fehler gemacht, er hat Michelangelo Buonarotti mit dem anderen Michelangelo Caravaggio verwechselt. Das kann man ihm nun wirklich nicht vorhalten, das ist auch nicht schrecklich wichtig gewesen.

Mein Vater war, am Anfang war er eigentlich ein Gönner Hitlers. Der Hitler war sehr froh, bei uns essen zu können und auch einiges zu lernen, auch Umgangsformen am Tisch. Ja, da war mein Vater eigentlich ein Gönner. Dann wurde er zu einem Freund und Gefolgsmann. Schließlich wurde er zu einem unliebsamen, ewig nörgelnden Kritiker – und das war dann das Präludium zu seiner Beseitigung im Jahre 1937.

Hitler kam schon vor dem Mittagessen und man setzte sich zusammen an den Esstisch. Wir hatten damals grundhässliche, komische Gläser, zum Teil weiß und ein furchtbares dunkles Blau. Die waren so wie Tulpen, ganz hochgezogen. Der Hitler, etwas „gschamig", bat meine Mutter um Erlaubnis, aus den blauen Gläsern Bier trinken zu dürfen. Für ihn war das irgendwie was Besonderes. Er bat, als meine Mutter am Schluss mit einem mit Brennspiritustabletten befeuerten Gerät am Tisch Mokka machte, um Erlaubnis, etwas zu tun, was er den k.u.k. Offizieren in Wien während seiner Hungerzeit abgeschaut hatte, nämlich ein Stück Schokolade in den Mund zu nehmen und den Mokka drüberzutrinken. Das war für ihn damals der Inbegriff des Wohllebens, des Luxus.

In dieser Zeit war er ja auch für mich, ich kann schon sagen, mein heißgeliebter „Onkel Dolf". Das ging jahrelang weiter. Was mich für ihn gewonnen hat, war eine gewisse Ehrlichkeit. Oft, meistens, kam er, begrüßte mich herzlich und sagte mir: „Tut mir leid, aber heute habe ich für dich keine Zeit." Das war viel ehrlicher als die meisten Erwachsenen, die dann sagen: „Ach, wie du wieder gewachsen bist, Kind. Wie geht's dir denn in der Schule?" Man spürt als Kind ganz deutlich, der will einen eigentlich nur so schnell wie möglich loswerden, der will sich seinen Erwachseneninteressen zuwenden. Da war der Hitler viel ehrlicher und direkter. Wenn er dann mal eine halbe, dreiviertel, oder gar eine Stunde spielte, dann war er eben für mich da, ganz und gar. Er war im besten Sinne des Wortes *condescending*, was im 18. Jahrhundert noch bedeutete, sich auf das Niveau untergeordneter Menschen zu begeben und ihnen dort gleichauf zu begegnen. So war er in diesem positiven Sinne herablassend. Er begab sich auf mein niedriges Niveau.

Mein Lieblingsspiel war Eisenbahn. Er war dann auf Händen und Knien Bahnunterführung oder Tunnel und ich kroch dann unter ihm hindurch. Und er, schauspielerisch hochbegabt, machte die unglaublichsten Geräuscheffekte, das Anfahren einer Dampflokomotive. Aber dann kam bei ihm noch dazu das Klacken der Räder auf den Fugen der Gleise und bei Überquerung von Abzweigungen die Synkopen. Das hat er alles grandios nachmachen können. Hinten hast du ein paar Viehwagen – und dann hat er also Hühner gackern lassen. Das kann ich zur Not selber auch, aber was er noch konnte, war also täuschend ähnlich Gänse und Enten nachzumachen. Und das Grunzen, das Brüllen von Kühen und das Wiehern von Pferden, Schafe und Ziegen. Das hat er also wirklich wunderbar imitiert. Dann fuhr ich in eine Station ein, es kam Stimmengewirr, die Rufe der Bahnvorsteher, die Gepäckträger. Ich fand das hinreißend.

Kinder lieben ja die Wiederholung – und ich habe ihn also immer wieder dazu gebracht, dieses Spiel zu spielen.

Als ich elf Jahre alt war, haben meine Eltern mir dann gesagt, ich solle aufhören, ihn „Onkel Dolf" zu nennen und ihn zu duzen, es sei ihm unangenehm und ich solle ihn fortan siezen und „Herr Hitler" zu ihm sagen. Das habe ich dann auch gemacht. Bei diesem wochenlangen Besuch 1934 auf dem Obersalzberg, Haus Wachenfeld – es war also noch nicht umgebaut in den pompösen Berghof von später, sondern noch die ganz einfache bescheidene Villa eines Bürgers –, da habe ich ihn schon konsequent Herr Hitler genannt und gesiezt. Aber wir hatten immer noch einen sehr guten freundschaftlichen Kontakt.

Es gab ja später einige Leute, die den Hitler geduzt hatten, aus der Frühzeit. Einer davon war der Röhm[50]. Der wurde ja '34 liquidiert, ermordet. Und ein anderer war der furchtbare Julius Streicher[51], der ganz stur darauf bestand, den Hitler nach wie vor zu duzen. Mein Vater hatte bemerkt, dass das den Hitler sehr unangenehm berührte, aber er konnte nicht gut sagen: „Streicher, hören Sie auf damit! Wir sind jetzt in einer anderen Situation." Also kurzum – er musste das erdulden. Und das waren alles so Beweggründe für meine Eltern, mir zu sagen, es sei nun angebracht, den Mann nicht mehr zu duzen und „Onkel Dolf" zu nennen.

Der freundschaftliche Kontakt zu mir bekam einen ziemlich deutlichen Knacks. Mein letztes Zusammentreffen mit Hitler war gelegentlich der Hochzeit eines hochstehenden SA-Führers in Berlin. Es gab einen Empfang in der Reichskanzlei und Hunderte von Leuten defilierten in einer Empfangsschlange. Hitler war flankiert von einigen Adjutanten. Die meisten Gäste waren schon in Uniform irgendeiner Art. Die in Uniform gaben schon den formellen Salut mit ausgestelltem rechten Arm. Die in Zivil grüßten mehr informell. Auf jeden Fall sagten fast alle: „Heil, mein Führer." Und dann kam mein Vater und sagte nur „Heil!" Er scheute sich keineswegs, zu allen anderen Men-

---

50 Ernst Röhm, 1887 – 1.7.1934 (München), Stabschef der SA seit 1930/31, homosexuell, auf Befehl Hitlers wegen eines angeblichen Putschversuchs ermordet.

51 Julius Streicher, 1885 – 16.10.1946 (Nürnberg), Gauleiter von Franken, Herausgeber der antisemitischen Hetzschrift „Der Stürmer". Wegen Verbrechen gegen die Menschlichkeit zum Tode durch den Strang verurteilt.

schen „Heil Hitler" zu sagen, aber er fand, dem Mann selbst gegenüber sei das unangebracht, das sei praktisch irgendeine Art Götzendienst. Deswegen sagte er nur „Heil!" Meine Mutter kam und sagte: „Grüß Gott, Herr Hitler" – das sagte ich auch und habe einen dummen Fehler begangen, ich habe nämlich seine Hand in meine beiden Hände genommen und festgehalten. Dabei fing ich ein Gespräch an in Fortsetzung auf das letzte Gespräch, das wir auf dem Obersalzberg gehabt hatten.

Natürlich war das dumm, denn eine Empfangsschlange dieser Art ist keine Gelegenheit für ein ausgedehntes Gespräch. Aber den Fehler habe ich gemacht, und wenn der Hitler nun mehr menschliche Größe gehabt hätte, dann hätte er gesagt: „Du Bub, des geht jetzt net, schau dass' weiderkimmst!" Das hätte ich auch verstanden. Stattdessen zog er seine Hand weg, blickte über meinen Kopf, sah mich auf einmal überhaupt nicht mehr und fing an, Befehle, Anordnungen loszubellen und Adjutanten herumzuschicken. Ich war völlig verdutzt. Dann kam die Hand meiner Mutter und schob mich weiter. Für mich war das irgendwie ein Knacks. Es war meine letzte Begegnung mit dem ehemals heißgeliebten „Onkel Dolf".

Für mich gibt es heute zwei Hitler, den „Onkel Dolf", den wunderbar einfallsreichen, faszinierenden Spielgefährten, den eindrucksvollen Willens- und Machtmenschen – und dann gibt es den Hitler gemäß dem berühmten Ausspruch von Lord Acton: „Macht korrumpiert, und absolute Macht korrumpiert absolut." Das hat der Hitler in seiner späteren Laufbahn voll und ganz illustriert. Zum Schluss war er ja kaum mehr in Fühlung mit der Wirklichkeit, hat in der Wolfsschanze oder im Bunker in Berlin, losgelöst von aller Wirklichkeit, in einem Zustand des Wahns gelebt, bis er dann am Schluss immerhin zugeben musste, dass alles verloren war. Da hat er es dann noch fertiggebracht, die Schuld dem deutschen Volk, das seiner nicht würdig gewesen sei, zuzuschieben. Also eine haarsträubende Einstellung.

Man wird das schwer zu glauben finden, weil ich damals gerade drei Jahre alt war, aber ich habe mich zeitlebens bemüht zu unterscheiden zwischen den eigenen Erinnerungen und dem, was man erzählt bekam. Nun war also der Hitler [1924] in Untersuchungshaft in einem Gefängnis in München, ich glaube, es war Marsfeld, und da hat mein Vater mir eben gesagt, jetzt gehen wir und besuchen den Adolf Hitler, wichtiger Mann –

was weiß ich, jedenfalls habe ich dann auch heute noch so Szenen, so Bilder vor mir, beispielsweise den blau uniformierten, mit Pickelhaube ausgestatteten, schnauzbärtigen, freundlichen Polizisten, der am Eingang stand. Und dann war da so eine Art Portier-Loge, wieder mit einem blau uniformierten Polizisten, und der sagte uns dann die Zimmer- oder Zellennummer und dann gingen wir rauf. Und da war also dieser schmale kleine Raum mit einem Bett auf dieser Seite und einem Nachtkastl und da war ein kleiner Tisch mit zwei Stühlen. Und dann war da ein Wandschrank und dahinter, das weiß ich aber nicht mehr genau, ein Waschbecken und ein Fenster. Aber sonst war das ein sehr freundlicher Raum und mein Vater setzte sich aufs Bett und der Hitler ging auf und ab. Von dem, was sie redeten, habe ich selbstverständlich überhaupt nichts verstanden und deshalb auch keine Erinnerung irgendeiner Art. Aber um mich ruhig zu halten, stieg der Hitler auf einen dieser Stühle und holte vom Schrank oben herunter eine Dose mit Plätzchen und gab mir davon einige. Und das Einzige, was ich sonst noch in Erinnerung habe, ist, dass ich entdeckte, dass die Stimme Hitlers, die damals noch nicht zerschrien war durch die vielen Massenkundgebungen, anfangs sogar ohne Mikrophon, dass diese Stimme eine unglaubliche Resonanz hatte und dass ich seine Stimme spüren konnte, wenn ich meine Finger ganz sanft auf die Tischoberfläche legte. Das war übrigens die zweite Erinnerung meines Lebens. Vorher beobachtete ich einmal einen Zeppelin – den sehe ich auch noch vor mir und höre das Brummen der Motoren, sehe die Verdunkelung des Hinterhofs, als diese riesige silberne Zigarre sich drüberschob.

Weihnachten 1924 war der Hitler gerade entlassen worden aus der Haft in Landsberg und verbrachte den Heiligen Abend bei uns im neu erworbenen Haus meines Vaters. Jedenfalls fing es also an mit einem wunderschön geschmückten Christbaum – meine Mutter sorgte immer dafür – und Weihnachtsliedern, mein Vater am Klavier. Und dann ging es irgendwie über auf ganz etwas anderes. Der deutsche Patriot Albert Leo Schlageter[52] war von den Franzosen wegen Sabotage im französisch besetzten Ruhrgebiet exekutiert worden. Mein Vater

---

52 Albert Leo Schlageter, 1894 – 1923, militanter Aktivist gegen die französisch-belgische Ruhrbesetzung. Er wurde in der Weimarer Republik als Märtyrer gesehen.

komponierte einen Schlageter-Marsch und nahm im Text eine Äußerung Clemenceaus[53] zu Hilfe, der gesagt hatte, es gäbe einfach zwanzig Millionen Deutsche zu viel. Und der Refrain dieses Schlageter-Marsches war dann: „Zwanzig Millionen, die sind euch wohl zu viel, Frankreich das sollst du bereuen – pfui!" Meine Mutter schaute sehr nachdenklich, eigentlich unglücklich zu. Denn das war ja nun eine nicht eben versöhnliche weihnachtliche Entwicklung. [...]

Hitler hatte die Fähigkeit, Leute, die ihm sozial und in den Umgangsformen und auch in der Allgemeinbildung deutlich überlegen waren, zu begeistern, zu beeindrucken. Mein Onkel, der Bruder meines Vaters, war ja von vornherein ganz anders orientiert. Er war Gründungsmitglied der Deutschen Demokratischen Partei in München und hat sogar noch 1932 für die dann so genannte Staatspartei gegen Hitler kandidiert. Unsere Familie insgesamt war, wie so viele andere, tief gespalten. Der Hitler hatte ja nicht nur den Ernst Hanfstaengl und dessen Kontakte und Verbindungen, sondern er hatte auch die Elsa Bruckmann, geborene Prinzessin Cantacuzène, und er hatte zunehmend jede Menge alteingesessener, hoch angesehener Familien, die sich für ihn einsetzten. Und so schlecht waren seine Umgangsformen nie. Er hat also meiner Mutter immer die Hand geküsst. Meine Mutter hat mir erzählt, dass er eines Tages auf einen Stuhl stieg, sich ein Tischtuch umhängte als Toga und ihr vormachte, wie er sich als Bub als römischer Senator geübt hat. Das war ein Teil seiner Schauspielerei. Seine Erzählungen über den Ersten Weltkrieg waren immer faszinierend, wo er dann, hochbegabt für die Nachahmung von Geräuschen, verschiedene Artillerie-Kaliber nachmachen konnte. Die flogen uns dann über den Kopf. Es war wie ein Film ohne Leinwand. So spannend konnte er über seine Kriegserlebnisse erzählen und hat es auch oft und gerne und immer hervorragend getan.

Meine Mutter hat er nicht nur verehrt, sondern angehimmelt. Meine Mutter war eine Frau, die sich nicht in Szene setzen musste, sondern die immer ganz gern zuschaute, zuhörte, auch etwas beitrug, aber sie hatte kein krankhaftes Geltungsbedürfnis. Vielleicht war das auch ein Grund, warum der Hitler

---

53 Georges Clemenceau, 1841 – 1929, französischer Journalist, Politiker und Staatsmann, 1906 – 1909 und 1917 – 1920 französischer Ministerpräsident

sie so gern mochte. Eines Tages, das hat sie mir erst erzählt, als ich erwachsen war, hat sie mir beschrieben, dass der Hitler vor ihrem Sessel kniete und ihr dann etwa Folgendes sagte: „Gnädige Frau, Sie sind die Gattin eines alten treuen Kampfgefährten. Außerdem habe ich eine historische Aufgabe und kann mir ein normales Familienleben gar nicht leisten. Ich möchte Ihnen nur sagen: Sie sind mein Ideal, und unter anderen Umständen wäre ich glücklich ..." , irgendwie so. Und als ich das hörte, viele, viele Jahre, nachdem es passiert war, da fragte ich meine Mutter: „How did you feel, welches Gefühl hattest du?". Wir sprachen meist englisch miteinander, und dann sagte sie nach kurzer Überlegung: „I felt sorry for him." Der Hitler hat meiner Mutter zu ihrem Geburtstag am 15. April, fünf Tage vor seinem, jedes Jahr eine Riesenschachtel Pralinen geschickt und einen riesigen Blumenstrauß. Und dies wurde sogar noch ein Jahr nach ihrer Scheidung fortgesetzt und hörte dann auf.

Mein Vater hat bis zu seinem eigenen Tod immer wieder mal spekuliert über die Beziehung zwischen Hitler und seiner Nichte Geli Raubal. Aber mein Vater hatte sich auch irgendwie überzeugt und zitierte auch meine Mutter, ich glaube, nicht ganz korrekt, dahingehend, dass Hitler ein Neutrum sei. Der Hitler hat ein gewisses Interesse gehabt an gewissen Frauen, zum Beispiel meiner Mutter, auch meiner Tante, aber weniger, die war zu herrschsüchtig. Die hatte ein Geltungsbedürfnis, was sich entfernt mit dem seinen messen konnte, und das war ihm sicher nicht recht. Der Mann hat seine Energie, wie er ja selber sagte, dem deutschen Volk gewidmet. Er hat ja auch seine Beziehung zu Eva Braun sorgfältig geheim gehalten aus dem einfachen Grund, dass die deutschen Frauen nicht wissen sollten, dass er eigentlich eine Bindung hatte, sondern die sollten sich alle einbilden dürfen, theoretisch könnte ich ihn vielleicht gewinnen. Das spielte eine deutliche Rolle.

Eva Braun habe ich noch mal am Silvesterabend 1932 auf 1933 gesehen. Da waren der Hitler und sein Adjutant Brückner[54], Schaub[55], deren Damen, der Fotograf Hoffmann[56] und

---

54 Wilhelm Brückner, 1884 – 1954 (Nußdorf), SS-Obergruppenführer, langjähriger Chefadjutant Hitlers bis 1940
55 Julius Schaub, 1898 – 1967, als Nachfolger von Brückner Chefadjutant
56 Heinrich Hoffmann, 1885 – 1957 (München), Hitlers Fotograf, in dessen Studio er Eva Braun kennenlernte.

auch die Eva Braun[57] und einige Freundinnen von ihr, dann der Heß[58] und seine Frau, die waren alle in den „Meistersingern" gewesen, Silvesteraufführung unter Knappertsbusch[59]. Kamen dann in das Haus meines Vaters und feierten dort weiter. Mein Vater spielte ihnen auf Platten das zweite Klavierkonzert von Sergej Rachmaninow vor. Ein Feuer brannte im offenen Kamin. Ich hörte, dass da etwas im Gang war, ich hatte mein Zimmer ziemlich weit oben im Haus, legte meinen Schlafmantel an und kam eigenwillig um drei Uhr in der Früh herunter und begrüßte meinen Freund, den Herrn Hitler. Wie das dann ausging, weiß ich nicht mehr. Die Eva Braun ist mir insofern nicht aufgefallen, dass ich irgendeine bestimmte Erinnerung an sie hätte.

Die letzte angenehme Begegnung war, als der Hitler meine Eltern einlud zu einem längeren Aufenthalt in seinem Haus Wachenfeld. Mein Vater, der aus einem mir nicht bekannten Grunde etwas anderes vorhatte, fragte den Hitler einfach, ob er bereit sei, mich an seiner Stelle anzunehmen. Der Hitler stimmte zu und wir fuhren dann von meines Vaters Haus so etwa um Mitternacht in die Wohnung Hitlers am Prinzregentenplatz. Er hatte noch einiges zu erledigen, wir warteten dort und fuhren dann, Kempka[60] als Chauffeur, Hitler neben ihm. Hinten saß der wie so oft angetrunkene, wenn nicht betrunkene Gauleiter Wagner und ich in der Mitte. Meine Mutter auf der anderen Seite. Es gab noch einen Zwischenfall, irgendwo in einem Wald in der Gegend von Rosenheim streikte der Motor. Der Kempka sprang raus und im zweiten Wagen hinten, der Rest des Begleitkommandos, alle zogen ihre Walther-

---

57 Eva Anna Paula Braun, 1912 – 30.4.1945 (Berlin, Selbstmord im Führerbunker als verheiratete Eva Hitler), war, wahrscheinlich seit 1932, die der Öffentlichkeit verheimlichte Geliebte Adolf Hitlers. Er lernte sie bei seinem Fotografen Hoffmann kennen.

58 Rudolf Heß, 1894 – 1987 (Kriegsverbrechergefängnis Berlin-Spandau, Selbstmord), 1933 von Hitler zu seinem Stellvertreter ernannt, flog 1941 ohne Wissen Hitlers nach Großbritannien, um die britische Regierung zu einem Friedensschluss zu bewegen. In Nürnberg zu lebenslang Haft verurteilt.

59 Hans Knappertsbusch, 1888 – 1965, Dirigent, deutschnational, 1935 als Opernchef in München abgesetzt, dann Salzburger Festspiele, Wiener Philharmoniker, dirigierte zu Hitlers Geburtstagen und wurde mit dem Kriegsverdienstkreuz ausgezeichnet.

60 Erich Kempka, 1910 – 1975, SS-Mitglied, Hitlers Fahrer. Er hatte später die 200 Liter Benzin für die Verbrennung von Hitlers Leiche zu besorgen.

Pistolen, entsicherten sie, bildeten einen Kreis und starrten in den dunklen Wald, und der Kempka fand, dass, wie er seinem Führer mitteilte, irgendwer Zucker in den Benzintank geworfen hatte, und die Düsen waren verstopft und er zuzelte die aus und spuckte dieses Benzin-Zucker-Gemisch auf die Straße. Und der Hitler, sehr ruhig, sagte mit ruhigem Nachdruck, man solle hinfort besser aufpassen auf den Fahrzeugpark, damit so etwas nicht mehr möglich werden könnte.

Wir fuhren dann weiter und kamen schon im strahlenden Sonnenschein an. Ich mochte die Küche der Frau Raubal nicht übermäßig. Sie hatte immer wieder mal so grüne Bohnen mit einer Béchamelsoße mit Zucker drin. Ich fand auch dieses Gespräch am Tisch – es waren ja meistens nur meine Mutter, der Hitler, ich und wieder vorübergehend die Frau Raubal, die sich ja immer wieder in der Küche betätigen musste, um den nächsten Gang zu servieren – langweilig und habe lieber Kontakt gehabt mit den Begleitkommando-Typen. Die haben Räubergeschichten erzählt, für einen Buben faszinierend. Und natürlich die Walther-Pistolen und das ganze Drum und Dran. Nach der Hälfte unseres Aufenthaltes, nach drei oder vier Tagen, habe ich zu meiner Mutter gesagt, ich möchte eigentlich lieber mit den SS-Leuten im Nebengebäude essen, weil die kriegen eine richtige bayerische Küche, ein deftiges Essen. Außerdem sind die viel interessanter. Meine Mutter sagte, da musst du den Herrn Hitler fragen, denn er ist dein Gastgeber. Und das hab ich dann auch gemacht. Und er war kurz etwas überrascht, dass ich die Gesellschaft seiner Leibwächter der seinen vorziehen konnte, hat dann aber bereitwillig die Erlaubnis gegeben.

Seine Hündin wurde einmal irgendwie nervös und hat meine Mutter ganz leicht gebissen, eigentlich mehr gezwickt. Hitlers Reaktion war exzessiv. Er wollte gehen, seine Pistole holen und er sagte, er würde den Hund auf der Stelle erschießen, denn die von ihm hochverehrte und angehimmelte Frau war von diesem Hund gelinde gebissen worden. Und meine Mutter hat dann gesagt: „Um Gottes willen, Herr Hitler, keineswegs, das ist nicht so schlimm, und lassen Sie das. Der Hund kann nix dafür, der ist nervös geworden." Der Hitler hat sich dann beruhigt und keine so grimmige Maßnahme ergriffen.

Wir hatten ein denkwürdiges Gespräch auf der damals noch sehr bescheidenen Terrasse mit Blick an klaren Tagen bis

Salzburg. Da sagte er zu mir dann: „Siehst du das, Bub, das ist Salzburg, das ist in Österreich." Und dann hab ich irgendwas gesagt wie: „Das ist doch Ihre Heimat, Herr Hitler." – „Ja, ich bin geboren in Braunau am Inn in Österreich. Und das sind auch Deutsche. Irgendwann einmal werden die Österreicher mit uns zusammen sein im Reich." Bei der Gelegenheit hat er auch gesprochen über Arbeit und Geld. Und da kam dann so eine Art geläuterter Sozialismus heraus. „Geld ist", sagte er mir, „eigentlich nur das Symbol für die Bereitschaft verschiedener Menschen, ihre erlernte Fähigkeit so und so lang mit so und solchem Effekt auszuüben. Geld an sich ist bedeutungslos. Was zählt, ist die Arbeit, die es symbolisiert." Und das fand ich ganz einleuchtend – und finde es heute auch noch im Grunde genommen richtig. Das ist ein Teil der in dieser Bewegung deutlich vorhandenen sozialistischen Komponente. Sie haben sich ja nicht umsonst Nationalsozialistische Deutsche Arbeiterpartei genannt.

Es kamen ja damals auf einem Fußweg an ein kleines Gartentürl, mit so überkreuzten Ästen, ganz einfach, ungefähr bauchhoch, immer Gruppen von Leuten, die hofften, ihren geliebten Führer zu Gesicht zu bekommen. Ich spielte da im Garten herum und die riefen mich dann halt zu sich. Das waren Gruppen von dreißig, fünfzig, sechzig Leuten. Ich fühlte mich natürlich sehr gebauchpinselt. Wie kommt es, dass du da drinnen sein darfst? Und dann haben sie mich gefragt, ob ich nicht vielleicht den Hitler bitten könnte, herauszukommen. Ich hab ihn dann mit einer bewusst archaischen Formulierung zum Lachen gebracht, indem ich sagte: „Herr Hitler, die Menge der Getreuen harret Ihrer vor dem Tore." Das fand er also irgendwie ganz komisch und sagte: „Du lässt auch nicht locker." Ich hab ihn dann rausgeführt, er hat Hände geschüttelt, die haben ihm gesagt, wie lange sie schon Nazis waren. Es gab eine erschreckende Szene: Nachdem der Hitler sich verabschiedet hatte, griff eine Frau durch dieses Gartentürl und hob einen Kieselstein auf, auf dem der Hitler gestanden war. Sie hatte so eine kleine Phiole, hat den Kiesel hineingetan und mit einem Ausdruck religiöser Verzückung an den Busen gepresst. Ich dachte damals schon: Also Herrschaftszeiten, das geht ein bisschen zu weit, die spinnt ja. Das war eben ein Teil der Verzückung, der Inbrunst, die er hervorrufen konnte.

Ich erinnere mich an eine Spazierfahrt mit seinem für damalige Zeiten tollen Mercedes, mit diesen silbernen Kompressorenschläuchen an der Außenseite: Kempka am Steuer, er war übrigens mein Liebling im Begleitkommando. Wir sind die Kesselbergstraße hinaufgefahren. Und da war ein Mann auf einem BMW R750-Motorrad und fuhr hinter uns. Hitler hatte da einen förmlich knabenhaften Ehrgeiz und bedeutete dann Kempka, er solle verhindern, dass dieser Motorradfahrer uns überholen würde. Aber das ging natürlich nicht, denn ein Motorrad ist am Berg sehr potent – und diese Maschine war sehr potent. In dem Moment, wo die Straße es erlaubte, flitzte der vorbei. Da hat sich der Hitler ganz deutlich geärgert. Das ist wirklich kindisch gewesen. Es war in ihm – dieser dämliche Ehrgeiz, nicht überholt zu werden.

Den Hitler habe ich ja eigentlich im Lauf der Flucht aus Deutschland kennengelernt. Die Geschichte feiert immer zuvorderst die großen Schlächter. Die Leute, die am meisten bewegt haben, für Gut oder Böse. Die traurige Tatsache historisch gesehen ist, dass Hitler auf dem Gebiet der Politik die überragende Figur des 20. Jahrhunderts gewesen ist. Denn seine Widersacher – Roosevelt war immerhin schon ganz prominent im Ersten Weltkrieg, Churchill war sehr prominent schon vor dem Ersten Weltkrieg, immerhin schon Innenminister vor dem Ersten Weltkrieg und ein führender Mann damals der liberalen Partei, dann erst übergewechselt, wurde Konservativer. Und Stalin war immerhin auch schon ganz prominent, lange vor Hitler. Aber die überragende historische Statur dieser drei Hauptwidersacher erreichten diese eigentlich nicht aus eigener Aktion, sondern aus der Reaktion gegen den Aggressor Hitler. Der Mann hat ja aus dem deutschen Volk Energie-Quanta herausgezaubert, die einfach umwerfend waren. Es wurde berichtet, dass de Gaulle einmal als Gast der Russen Stalingrad besuchte, und er habe dann gesagt: „Mais c'est merveilleux." Dann haben ihn die Dolmetscher gefragt: „Meinen Sie den heroischen Widerstand unserer russischen Truppen?" Und dann sagte er: „Nein, nein. Es ist unglaublich, dass die Deutschen je so weit kommen konnten." Er war einfach beeindruckt von dieser gewaltigen Energieexplosion, die der Hitler aus dem deutschen Volk herausgezaubert hatte.

Es ist ja nun, wie wir alle wissen, desaströs zu Ende gegangen, und eigentlich hätte man das schon vorher wissen sollen und können. Ich sagte schon, mein Vater hat vor einem Krieg gewarnt, in dem die USA wieder gegen Deutschland sein würden. Und der Hitler hatte also keineswegs die Fähigkeit zur Mäßigung, die Bismarck noch hatte. Der Bismarck hat zum Beispiel nach dem entscheidenden Sieg von Königgrätz[61] – als eigentlich alle dafür waren, den Sieg auszuschlachten, territoriale Gewinne einzuheimsen und in Wien einzumarschieren –, Bismarck hat auf dem Schlachtfeld noch mit der Unterstützung eigentlich nur des damaligen Kronprinzen, des späteren Kaiser Friedrich, gesagt: „Nein, wir haben diesen Krieg geführt, um den Impasse zwischen Österreich und Preußen im Deutschen Bunde zu lösen. Dieses Ziel ist nun erreicht und jetzt ist es unsere Aufgabe, unsere alte Freundschaft mit Österreich wieder herzustellen." Und genau diese Mäßigung fehlte dem Hitler. Seine Pläne waren zunehmend maßlos. Die Idee, Drang nach Osten, und die Idee, die Ukraine zum Brotkorb des deutschen Volkes zu machen in Verbindung mit diesen merkwürdigen Vorstellungen von Himmlers Ordensburgen und den Deutschen als Spartanern, den Ukrainern als Heloten zur Feldbestellung, das ist ja an sich schon wahnsinnig genug. Dann kam aber noch der Widerspruch, dass die deutschen Truppen, die ja bei ihrem Einzug in die Ukraine bejubelt und mit Blumen beworfen wurden, die Ukrainer so behandelt [haben], dass man sie in die Arme Stalins zurückgetrieben hat.

Es gab einen Hitler, der die Gesellschaft genießen, sich benehmen und auch zuhören konnte. Und dann gab es auch damals schon den Hitler, der plötzlich irgendwie – so wie gewisse Schauspieler imstande sind, gleichsam einen extra Generator anzuwerfen und auf einmal eine unglaubliche Energie haben und eine Willenskraft ausstrahlen, die vorher nicht zu erahnen gewesen wäre – und so was hatte der Hitler auch. Bei einigen dieser Gespräche über die politische Marschroute hatte der Hitler seine Gefolgsleute angehört, ihnen irgendwelche Probleme

---

61 Die Schlacht am 3. Juli 1866 nahe der böhmischen Stadt Königgrätz war die Entscheidungsschlacht im Deutschen Krieg. Die Preußische Armee besiegte die Armeen Österreichs und Sachsens. Auf einem Gelände von etwa zehn Kilometern Breite und fünf Kilometern Tiefe bekämpften sich mehr als 400.000 Soldaten mit hohen Verlusten.

vorgelegt und dann eigentlich nichts gesagt. Er saß dann da, kaute an seinen Fingern und hörte ganz aufmerksam zu. Er sagte kein Wort bis zu dem Moment, wo die Diskussion, die sehr frei verlief, zu erlahmen drohte. Dann stocherte er mit irgendeinem Satz das Feuer wieder an und hört sich die verschiedenen Argumente und Standpunkte geduldig an bis zu dem Moment, an dem er die Entscheidung getroffen hatte. Und dann war es meistens so, dass er aufsprang, sich auf den Schenkel klopfte und sagte: „Meine Herren, wir machen jetzt Folgendes ..." Dann gab er Anweisungen: „Göring, telefonieren Sie an soundso, und Heß ..." und wer immer da war. Dann duldete er keine weitere Diskussion. Er hatte seine Entscheidung getroffen und nun kam seine gefürchtete Willensstärke zur Geltung und auch die Gefahr eines Wutausbruches, denn er konnte Leute nach allen Regeln der Kunst, wie man so schön sagt, zusammenscheißen. Das fürchteten alle. Später auch die Generäle. Praktisch gab es keine Ausnahme. Das hatte er eben damals auch schon, aber nicht in dem Maße wie später. Also nicht mit dieser weltentrückten Verhärtung. Und das ist eben der Effekt: *Power corrupts and absolute power corrupts absolutely.*

Seine Härte und Brutalität war immer potenziell vorhanden. Man sagte ja dann auch später, man kann kein Omelett machen, ohne Eier zu zerschlagen, oder keine Revolution machen, ohne Köpfe rollen zu sehen. Mit solchen Sprüchen tröstete man sich über einiges Erschreckende hinweg. Mein Vater hat das weniger hingenommen als die eigentlichen harten Männer des inneren Kreises. Bis zu einem gewissen Grad hat auch er sich mit diesem Spruch getröstet. Das ist ein philosophisches Problem: Der Zweck heiligt die Mittel – das Ziel rechtfertigt die Maßnahme. Das stimmt nicht. Das Ziel, der Zweck, die werden immer gewissermaßen vorweggenommen. Die Maßnahmen ändern den Zweck oder das Ziel. Das ist die Tatsache. Und das sehen Handlungsmenschen, Aktionisten nie. Das sehen nur Philosophen. Und die haben dann wieder nicht die Willensstärke und die Entschlusskraft, ihre Erkenntnis zum Tragen zu bringen, sondern die können nur immer im Nachhinein nachweisen – hier ging es schief, an dieser Stelle war schon der Keim des Bösen sichtbar.

Sein Sendungsbewusstsein und das Gefühl, er sei bis zur Erfüllung seiner Sendung irgendwie gefeit, erfüllte nicht nur ihn, sondern das hat auch andere sehr beeindruckt. Dass er also zum Beispiel [beim Putsch] nicht umgekommen war, wie immerhin sechzehn seiner Leute. Er war ja schließlich in vorderster Front. Auch im Ersten Weltkrieg ist er davongekommen, nicht zuletzt beim Bürgerbräu-Bombenattentat[62] und dann beim 20. Juli 1944. Das bestärkte nicht nur ihn in diesem Glauben, sondern es beeindruckte natürlich auch viele andere. Und wie wir wissen, ist ja der 20. Juli 1944 nicht nur deshalb zum Scheitern gekommen, weil Hitler überlebte, nur leicht verletzt, sondern vor allem, weil wichtige Schlüsselfiguren nur mitgemacht hätten mit der absoluten Gewissheit von Hitlers Tod. Und da nun Zweifel bestanden und dann ja auch bewiesen wurde, dass er nicht umgekommen war, sondern im Gegenteil noch ganz handlungsfähig war, scheiterte das ganze Unternehmen. Weil so viele Leute einfach von der Autorität dieses Mannes so tief beeindruckt waren, dass sie sich eine Rebellion gegen den lebenden Hitler überhaupt nicht vorstellen konnten. Davor hatten sie Angst.

Über „Der Zweck heiligt die Mittel" habe ich mit meinem Vater erst nach dem Zweiten Weltkrieg gesprochen. Immer wieder, stundenlang. Ich nannte das damals *our self-lacerations* – also unsere Selbstzerfleischung. Da ging es eigentlich immer darum, dass mein Vater verständlicherweise psychologisch nicht imstande war zuzugeben, restlos zuzugeben, dass der mittlere und wichtigste Teil seines Lebens einer Sache gedient hatte, die total schiefging. Und ich meinerseits habe immer wieder gesagt: „Vater, ich bin nicht dumm oder arrogant genug, um über dich oder was du getan hast zu Gericht sitzen zu wollen. Ich weiß ja überhaupt nicht, was ich an deiner Stelle getan hätte. Aber mir drängt sich immer wieder die Frage auf, du, der du so lange Jahre in den USA gelebt hattest und der du Bescheid wusstest über gewisse Grundrechte, *Habeas Corpus*[63]

---

62 Am 8. November 1939 führte Johann Georg Elser, deutscher Kunstschreiner und Widerstandskämpfer gegen den Nationalsozialismus, im Münchner Bürgerbräukeller ein Bomben-Attentat auf Adolf Hitler und nahezu die gesamte nationalsozialistische Führungsspitze aus, das nur knapp scheiterte.

63 In der Verfassung der USA wurde 1789 festgeschrieben, dass das Recht auf richterliche Haftprüfung nur im Falle eines Aufstandes oder einer Invasion vorübergehend ausgesetzt werden kann, wenn die öffentliche Sicherheit dies erfordert.

und *Due Process of Law*[64], du musstest doch sehen, dass spätestens mit dem sogenannten Röhm-Putsch und den darauf folgenden Metzeleien – auch private Abschusslisten spielten da eine Rolle –, da musste es dir doch klar werden: Der Rechtsstaat war im Eimer. Und wäre das nicht die Zeit gewesen für dich, für uns, auszuwandern?"

Und diese Frage habe ich ihm immer wieder gestellt, ohne Vorwurf, einfach als Frage. Und er hat sich dann immer wieder sehr eloquent verteidigt. Und ich weiß noch, oftmals bin ich nach Stunden dieser gegenseitigen und auch Selbstzerfleischung weggegangen, und als ich auf der Straße stand, sagte ich mir dann: Alles schön und gut. Er war unheimlich eloquent. Er hat sich genial verteidigt, aber die Frage bleibt. Ich war nie zufrieden und das machte ihn natürlich auch unglücklich, denn er wollte von mir, seinem einzigen Sohn, die Absolution, Gutheißung dessen, was er getan hatte und warum. Und da konnten wir uns nie ganz einigen.

---

64 Der 5. Zusatzartikel zur Verfassung der Vereinigten Staaten von Amerika von 1791, das Fifth Amendment, stellt verschiedene Rechte eines Angeklagten sicher und ist Bestandteil der Bill of Rights. Er verbietet, dass jemand ohne Due Process of Law (rechtsstaatliches Verfahren) verurteilt wird. Due Process of Law gewährt prozeduralen und inhaltlichen Schutz. Der sogenannte procedural due process (Deutsch: angemessener prozeduraler Rechtsprozess) garantiert den Anspruch auf faire und unparteiische Rechtsverfahren, die anhand etablierter Regeln und Prinzipien funktionieren. Hinter dem sogenannten substantive due process (Deutsch: angemessener substantieller Rechtsprozess) verbirgt sich das Prinzip, dass Gesetze und Verordnungen nur den legitimen Regierungszwecken dienen und weder willkürlich noch unfair sein dürfen.

HANS BARKHAUSEN

„Er bezeichnete sich selbst als ‚Trommler'"

Hans Barkhausen
1906 – 1999
Referent im Reichsfilmarchiv Berlin

1923 Beteiligung am Hitler-Putsch
1924 – 1928 Volontär und Disponent bei „Nordwolle" in Bremen
1931 Angestellter der Ufa-Theaterbetriebsgemeinschaft in Berlin
1933 Eintritt in die NSDAP
1934 Filmreferent beim Chef des Ausbildungswesens der NSDAP
1935 Filmreferent im Propagandaministerium
1943 In die Wehrmacht eingezogen
1948 Zeitungsredakteur in Winsen (Luhe)
1950 Referent der Filmabteilung im Bundesarchiv Koblenz
1989 Verleihung des Filmbandes in Gold für hervorragendes langjähriges Wirken im deutschen Film

Hans Barkhausen lernte Hitler 1922 als Jugendlicher in München persönlich kennen, erlebte ihn zusammen mit seiner Mutter auf Empfängen und im Zirkus Krone, wo Hitler vor mehreren Tausend Menschen ohne Mikrophon sprach. Hitler sprach damals über den Vertrag von Versailles, die Versklavung des deutschen Volkes, nicht über antijüdische Themen.

Als Referent im Reichsfilmarchiv übergab Barkhausen regelmäßig Hitlers Filmvorführer vom Berghof die ausgewählten Filme für den „Führer" im Reichsfilmarchiv am Tempelhofer Ufer 17 und sichtete und katalogisierte insgesamt tausend ausländische Filme.

„Als wir später, nach der Kapitulation der 6. Armee in Stalingrad, über Schweden den ersten russischen Film über die Ereignisse und das Ende der deutschen Armee ins Reichsfilmarchiv bekamen, weigerte sich Hitler, diesen anzusehen. Er war ein Mensch, der nichts Negatives an sich herankommen lassen wollte."

Das Interview fand statt am 3.6.1995.

Ich bin 1906 in München geboren. Mein Vater war Kunsthändler. Nach einer kaufmännischen Tätigkeit begann ich 1931 als Angestellter bei der UFA. 1933 wurde ich Mitglied der NSDAP, ein Jahr später Filmreferent im Bereich Ausbildungswesen der Partei und 1935 wechselte ich in das Propagandaministerium, wo ich zunächst schwerpunktartig mit den Olympischen Spielen befasst war.

Nach den Olympischen Spielen katalogisierte ich zunächst sogenannte verbotene Filme und ab 1938 arbeitete ich als Referent im Reichsfilmarchiv in Berlin am Tempelhofer Ufer 17. Meine Hauptaufgabe war die Katalogisierung ausländischer Filme. Das heißt, wir mussten alle ausländischen Filme, die wir bekamen, sichten, übersetzen und Kurzangaben erstellen. Ich hatte dafür einen polnischen Mitarbeiter, der bestens Russisch sprach, einen tschechischen Mitarbeiter für englischsprachige Filme und einen Studenten, der die französischsprachigen Filme übersetzte. Insgesamt entstanden auf diese Weise 13 Kataloge mit weit über 1000 Filmen. Diese Arbeit machte ich bis Ende 1943; dann wurde ich zum Kriegsdienst bei einer Flakabteilung eingezogen.

Hitler hörte ich zum ersten Mal im Jahr 1922 im Zirkus Krone in München. Ich war damals 15 oder 16 Jahre und interessiert, diesen Mann zu sehen und zu hören, der sich zu dieser Zeit in München und Umgebung schon einen gewissen Ruf als Redner erworben hatte. Der riesige Raum war voll besetzt, ich schätze etwa 3000 Menschen, die alle Hitler hören wollten.

Er sprach fast eine Stunde ausschließlich über den Versailler Friedensvertrag. Das war ein Thema, das damals alle, auch uns junge Leute, heftig interessierte. Es war keine antijüdische Rede. Für mich und die anderen Zuhörer waren seine Ausführungen sehr interessant. Er sprach mit großer Überzeugungskraft gegen die Versklavung des deutschen Volkes durch den Vertrag der Franzosen und erhielt dafür immer wieder Beifall. Bayern und insbesondere München waren damals so etwas wie die Hochburg der Rechten. Man hatte die Räterepublik erlebt und die Befreiung durch die Freikorps. Das hat die allgemeine Stimmung nachhaltig geprägt.

Hitler sprach sehr akzentuiert, aber kein schönes Deutsch. Er sprach so laut und deutlich – damals gab es noch keine Mikrophone –, dass seine Stimme die ganze Halle füllte. Er war für uns ein hochinteressanter Mann und bezeichnete sich selbst als „Trommler". Von „Führer" war noch keine Rede.

Am Ende seiner Rede sprangen die Menschen begeistert auf und klatschten laut Beifall.

Kurz danach habe ich Hitler auch in ganz privater Runde gesehen. Das erste Mal bei einem Konzert in einem Privathaus, bei dem meiner Erinnerung nach Wagner-Musik gespielt wurde. Plötzlich kam Hitler dazu – ganz privat. Er trug einen Trenchcoat, einen ziemlich großen Schlapphut und eine Hundepeitsche, die er zu dieser Zeit offenbar häufig in der Hand hatte. Er war damals schon eine bekannte Persönlichkeit und es hat mich gewundert, dass er allein und ohne Schutz an diesem Abend erschien.

Ein zweites Mal erlebte ich ihn bei einer Weihnachtsfeier im Hause von Oskar Körner[65], das war 1922. Körner spielte damals wohl eine gewisse Rolle in der NSDAP. Es war ein kleiner Kreis, vielleicht 30, 40 Leute. Meine Mutter, die von Hitler begeistert war, hatte mich mitgenommen. Hitler sprach über das Thema „Sohn des Lichts". Er wirkte auf mich bescheiden und eher zurückhaltend. Seine Rede war ruhig, in einem bayerischen Dialekt gehalten. Die Stimme war ganz anders als bei der öffentlichen Rede im Zirkus Krone.

Später im Reichsfilmarchiv hatte ich nur indirekt mit Hitler zu tun. Hitlers Filmvorführer kam jede Woche zu uns, um zwei oder drei Filme zur Vorführung für Hitler zu holen. Zumindest ging das so, solange Hitler auf dem Berghof war. Später, als er im Führerhauptquartier in Ostpreußen war, wurde es anders und es wurden kaum noch Filme ausgeliehen. Da sah er sich meines Wissens nach nur die aktuellen Ausgaben der Wochenschau an.

Hitler liebte seichte Unterhaltung, besonders den Film „Die beiden Seehunde" mit Weiß Ferdl, eine nette Verwechslungskomödie mit Musik. Dieser Film wurde immer wieder zur Vorführung vor Hitler bei uns angefordert. Hitler sah auch gerne Filme mit Heinz Rühmann, eben alles, was lustig war. Er sah auch gerne Spielfilme, in denen der bekannte Flieger

---

65 Oskar Körner, 1875 – 9.11.1923, betrieb eine Spielwarenhandlung am Viktualienmarkt, spendete umfangreich für die Hitler-Bewegung, 1920–1923 Propagandaobmann der NSDAP, kam beim Hitler-Putsch um.

Ernst Udet[66] mitspielte, und alles von Leni Riefenstahl, denn die war ja sein Schwarm, also Filme wie „Piz Palü" und „Das blaue Licht". Der Vorführer, der diese Filme bei uns abholte und nach einer oder zwei Wochen wieder zurückbrachte, erzählte uns oft, wie sich Hitler bei der Vorführung dieser Filme amüsiert hat.

Der Film „Vom Winde verweht" war in Sonderverwahrung bei Goebbels. Da es Goebbels' Lieblingsfilm war, ist es gut möglich, dass dieser Film auch mal auf dem Berghof gezeigt wurde. Das weiß ich aber nicht.

Als wir später, nach der Kapitulation der 6. Armee in Stalingrad, über Schweden den ersten russischen Film über die Ereignisse und das Ende der deutschen Armee ins Reichsfilmarchiv bekamen, weigerte sich Hitler, diesen Film anzusehen. Negatives wollte er nicht sehen. Er war ein Mensch, der nichts Negatives an sich herankommen lassen wollte. Diesen Film musste ich aber eines Tages einer ganzen Anzahl hoher Offiziere vorführen. Die Reaktion war niederschmetternd.

Wir hatten einen kleinen Vorführraum im Reichsfilmarchiv für vielleicht 20 bis 25 Personen und dahin durften wir nach Rücksprache mit Goebbels bekannte Regisseure, Schauspielerinnen und Schauspieler einladen. Kristina Söderbaum war häufig anwesend und auch Zarah Leander. Da zeigten wir dann einige der ansonsten verbotenen ausländische Filme wie Walt Disneys „Schneewittchen". Die Damen und Herren sollten sich wohl Anregungen holen, um daraus Impulse für den deutschen Film zu entwickeln.

Wie schon gesagt: Im November 1943 endete diese Tätigkeit und ich wurde zum Kriegsdienst eingezogen. Damit war auch jeder Kontakt zu Hitler abgebrochen.

---

66 Ernst Udet, 1896 – 1941 (Selbstmord), Jagdflieger, nach Manfred von Richthofen erzielte er im Ersten Weltkrieg die höchste Anzahl von Abschüssen (62). Danach Einsatz in vielen Spielfilmen. 1. Mai 1933 Beitritt zur NSDAP. Im Reichsluftfahrtministerium war er mit der Verwaltung überfordert. Er trank und nahm Pervitin. Nach dem Misserfolg der Schlacht um England erschoss er sich am 17. November 1941: „Ich hab die Schnauze voll, der Krieg ist sowieso verloren."

WOLFGANG WAGNER

„Bei uns war er immer Privatmann"

Wolfgang Wagner
1919 – 2010
Sohn von Siegfried und Winifred Wagner, Enkel von Richard Wagner

1938 Reichsarbeitsdienst
1939 Eingezogen zur Wehrmacht
1940 Musikalische Ausbildung an der Staatsoper Berlin, Regieassistent
1944 Erste Inszenierung an der Staatsoper Berlin: „Bruder Lustig" von Siegfried Wagner

1951 Leitung der Bayreuther Festspiele gemeinsam mit seinem Bruder Wieland Wagner
1966 – 2008 Alleinige Leitung der Festspiele nach dem Tod Wieland Wagners

Für den jungen Wolfgang Wagner war Hitler „Wolf". Die frühe Verehrung seiner Mutter für den späteren „Führer" und dessen Verehrung der Musik Richard Wagners brachte Hitler schon 1923 nach „Haus Wahnfried" in Bayreuth. Immer wieder gab es persönliche Begegnungen, bei denen es um Kunst ging, um Maler, um Gemälde – aber vor allem um Richard Wagner.

„Hitler hatte ja in dieser Zeit den Weg in die Münchner Gesellschaft gefunden: durch die Hanfstaengls und Bechsteins, die ihn auch bis zu einem gewissen Grad umgeformt haben und ihm ein Parkett verschafft haben, auf dem er Anerkennung fand. Hitler war außerordentlich assimilationsfähig und wurde dadurch langsam salonfähig."

Wolfgang Wagners Analyse, nachdem er Hitler im Familienkreis erlebte: „Er selbst war ja eigentlich ohne Fundament, aber die ideale Vorstellung von Familientradition und geschichtlicher Bindung, von Weiterreichung einer Sache und Aufgabe an die Nachkommen, dazu tendierte er augenscheinlich."

Wagner erinnert sich, dass Hitler keinen Kontakt zum britischen Botschafter Nevile Henderson wollte, auch nicht vermittelt durch Winifred Wagner. Im Gegenteil: Hitler ließ Henderson abblitzen, lud ihn nicht in seine Loge im Festspielhaus ein.

Das Interview fand statt im Jahr 1998.

Hitler kam 1923 anlässlich eines „Deutschen Tages" zum ersten Mal nach Bayreuth und hat bei dieser Gelegenheit Haus Wahnfried[67] und meine Mutter Winifred Wagner[68] besucht.

Der Besuch kam nicht von ganz ungefähr, denn Hitler hatte ja in dieser Zeit den Weg in die Münchner Gesellschaft gefunden: durch die Hanfstaengls und Bechsteins, die ihn auch bis zu einem gewissen Grad umgeformt haben und ihm ein Parkett verschafft haben, auf dem er Anerkennung fand. Hitler war außerordentlich assimilationsfähig und wurde dadurch langsam salonfähig.

Unser Umgang mit ihm war allerdings beschränkt auf rein persönliche Dinge. Bei uns war er immer Privatmann. Wir haben ihn nie Onkel genannt. Wir haben überhaupt niemanden mit Onkel angesprochen. Wir waren noch sehr jung und ausschlaggebend war der Name. Er hatte den Decknamen Wolf, und wenn man ihn überhaupt im Gespräch anredete, dann sagte man „Herr Wolf". Durch seine Assimilationsfähigkeit war er bei uns ein vollkommen normaler Privatmann und wegen seiner Interessen, die er für meinen Großvater und das Festspielwerk besaß, war er durchaus positiv zu beurteilen. Dazu kam, dass sich nach Ende des Ersten Weltkriegs keine politische Instanz für Bayreuth interessiert hat. Von Seiten meiner Familie bestand natürlich immer der Wunsch, die Festspiele fortzusetzen und ihnen durch internationale Anerkennung wieder Geltung zu verschaffen. Es war das politische Gespür Hitlers, der genau wusste, dass die internationale Wirkung des Wagnerschen Werkes auch für ihn von Bedeutung sein würde. Er hat sich bei uns auch nie mit Eva Braun gezeigt, und meine Mutter war auch nie auf dem Obersalzberg, das sind reine Legenden.

Das Freundschaftsverhältnis von Mutter zu Hitler war ein merkwürdiges. Für sie geht die Freundschaft bis zur Unverantwortlichkeit und sie ist getrennt von den Untaten eines Menschen. Interessant sind in diesem Zusammenhang Äußerungen Hitlers in unserem Hause, er besäße keine angemessenen Kontrahenten. Ihm war die Unterwürfigkeit der Menschen

---

67 Haus Wahnfried am Rande des Bayreuther Hofgartens war das Wohnhaus Richard Wagners 1874 – 1883
68 Winifred Wagner, 1897 – 1980, deutsch-englische Schwiegertochter Wagners (nach dessen Tod geboren), nach dem Tod ihres Mannes Leiterin der Festspiele 1930 – 1944

nicht recht. Er hat bedauert, dass er durch die Dienerei und die deutsche Unterwürfigkeit keinen Austausch mit Menschen hatte, die ihm Anregungen geben würden. Und es war interessant, dass er sagte, eine der wenigen Ausnahmen sei meine Mutter, deren Einsatz für die Kunst er sehr bewunderte. Sie besaß einen nüchternen englischen Verstand und ihr war klar, dass sich ohne eine materielle Basis Kunst nicht realisieren lässt, auch nicht in Bayreuth. Das hat Hitler offensichtlich imponiert.

Dank seiner Fähigkeit, sich der Situation anzupassen, besaß Hitler die Gabe, gut mit Kindern umzugehen. Da ihm ansonsten das Familienleben fehlte, erlebten wir ihn als zugänglichen, freundlichen und verständnisvollen Erwachsenen. Wir Kinder besaßen immer eine gewisse Distanz zu ihm; Anbiederung und Kumpanei, wie man so schön sagt, lagen uns Kindern sowieso nicht. Ich glaube, Hitler war in manchen Vorstellungen meiner Mutter ähnlich, was Familientraditionen betraf. Er hoffte wohl, dass jemand aus der Familie, eventuell mein Bruder, das Werk fortsetzen könnte. Er selbst war ja eigentlich ohne Fundament, aber die ideale Vorstellung von Familientradition und geschichtlicher Bindung, von Weiterreichung einer Sache und Aufgabe an die Nachkommen, dazu tendierte er augenscheinlich.

Er war darüber hinaus überzeugt – meiner Ansicht nach war dies allerdings sein großes Missgeschick –, dass er unbedingt etwas schaffen müsse, was einmalig ist. Er war überzeugt, dass nur er diese Aufgabe zu Ende führen könnte und niemand anderes es vollenden würde. Das ist meiner Meinung nach auch der Grund für die Rasanz der Ereignisse. Wenn er bei uns war, trafen jede Stunde Meldungen zu internationalen Ereignissen ein. Und sein spätes Zubettgehen gab ihm die Möglichkeit, trotz der Zeitverschiebung zu wissen, was am Tage in Amerika geschehen ist.

Wenn Hitler bei uns war, hatten wir Narrenfreiheit; wir hatten die Möglichkeit, alles anzusprechen. Über Politik wurde nie gesprochen, Themen waren vor allem künstlerische Probleme, auch Deutungsmöglichkeiten im Wagnerschen Werk und wie man es visualisieren könnte. Mein Bruder war vor allem malerisch interessiert und Hitler war ja auch dahingehend orientiert. Er war künstlerisch interessiert, sodass viele Gespräche über derartige Themen geführt wurden. Wenn er während der Festspielzeit hier war und wir zu ihm gerufen wurden, dann wollte er wissen, welche Auffassungen wir Buben hatten und was uns interessierte.

Eine interessante Episode ist die von Alfred Roller[69], den Hitler hoch verehrte. Meine Mutter hatte ihn 1934 von Wien nach Bayreuth geholt und Roller hat großen Einfluss auf das Bühnenbild gehabt. Und irgendwann sagte Hitler zu Roller: „Stellen Sie sich vor, ich hatte damals ein Empfehlungsschreiben an Sie und ich war zu schüchtern, es abzugeben. Und jetzt lerne ich Sie hier in Bayreuth persönlich kennen." Vollkommen irre. Hitler als schüchterner Mensch.

Hitler besaß ja die Eigenheit, im größeren Kreis zu monologisieren und dabei Zukunftsvisionen zum Besten zu geben. Bedauert hat er auch immer, dass es ihm nicht gelungen war, die Engländer für sich zu gewinnen. Er war sehr anglophil und hat immer wieder zum Ausdruck gebracht, dass Konzessionen auf beiden Seiten möglich wären.

Meine Mutter schätzte ihn, weil er das Wagnersche Kunstwerk schätzte. Und schon 1923, bei seinem ersten Besuch, in einer Zeit, als keinerlei Hilfe vom Staat für Bayreuth kam, hatte er gesagt, dass er helfen würde, wenn er dazu in der Lage wäre. Darüber hinaus hat er sich meiner Mutter gegenüber als Gentleman benommen. Die angebliche Teppichbeißerei, Wutausbrüche oder unflätige Dinge – derartige Sachen sind nie vorgekommen. Er achtete ihre Leistung. Meine Mutter konnte deswegen vollkommen unabhängig und selbstständig handeln und sie hat auch stets versucht, Ungerechtigkeiten – sofern das in diesem politischen System überhaupt möglich war – zu regulieren.

Meine Mutter war entsetzt und enttäuscht, dass es überhaupt zu kriegerischen Handlungen kam. Es ist ihr ja leider nicht gelungen, zu vermitteln. Vor dem Krieg war ja auch der englische Botschafter Henderson[70] während der Festspielzeit zu Gast in Bayreuth.

---

69 Alfred Roller, 1864 – 1935, Bühnenbildner. Hitler wollte bei ihm 1908 in Wien in die Lehre gehen, ließ die Chance, sich vorzustellen, aber ungenutzt (Quelle: Brigitte Hamann, Hitlers Wien, 1998). Hitler lernte Roller dann 25 Jahre später in Bayreuth kennen.

70 Nevile Henderson, 1882 – 1942 (London), britischer Botschafter in Deutschland 1937–1939. Er unterstützte die Appeasementpolitik, das Münchener Abkommen und war der Überzeugung, Hitler sei zu Frieden und Kooperation mit den westlichen Staaten zu bewegen.

Er hat versucht, über meine Mutter ein vermittelndes Gespräch zu erhalten. Sie war zutiefst enttäuscht, dass ihr das nicht gelungen ist. Als Botschafter hätte er rangmäßig einen Platz in Hitlers Loge erhalten müssen, aber Hitler hat das, zum Entsetzen meiner Mutter, brüsk abgelehnt. Ein glatter Affront! Meine Mutter hat dann Henderson demonstrativ die Loge neben Hitler angeboten.

Meine Mutter hat Hitler später ja auch immer seltener gesehen. 1940 war er noch einmal kurz zu einem Besuch der „Götterdämmerung" da, danach hat sie ihn nie wieder gesehen. Wenn heute behauptet wird, es gäbe noch eine Fülle von Schriftdokumenten bei uns im Tresor, dann ist das Quatsch. Die Briefe, die meine Mutter noch von Hitler hatte, hat sie dem CIC[71] gegeben. Das waren alles sehr persönliche und freundschaftliche Briefe, die erkennen lassen, dass meine Mutter keinen politischen Einfluss ausgeübt hat. Die werden heute in Amerika hoch versteigert.

---

71 CIC: Counter Intelligence Corps, Spionageabwehrkorps, Vorläufer der Defense Intelligence Agency (DIA), einem Nachrichtendienst neben CIA, NSA und anderen

EMIL KLEIN

„Hitler war noch nicht der Führer"

Emil Klein
1904 – 2010
Teilnehmer am Marsch auf die Feldherrnhalle, Politiker der NSDAP

1920 Kaufmännische Lehre und Besuch der Städtischen Höheren Handelsschule München
1922 Beitritt zur Sturmabteilung der NSDAP München, Teilnahme am „Marsch auf Coburg"
1923 Teilnahme am Hitler-Putsch
1924/25 Kassenwart der Großdeutschen Volksgemeinschaft München, Ersatzorganisation der damals verbotenen NSDAP
1925 Beitritt zur NSDAP
1927 Mitglied der Hitlerjugend
1934 – 1945 Herausgeber der Jugendzeitschrift „Der Aufbruch"
1935 Ernennung zum HJ-Obergebietsführer
1936 Mitglied des Reichstags für die NSDAP
1937 Adjutant und Beauftragter im Politischen Stab des bayerischen Gauleiters und Kultusministers Adolf Wagner

1938 Aktive Teilnahme am Novemberpogrom
1939 – 1942 Teilnahme am Zweiten Weltkrieg im Gebirgsjäger-Regiment 98
1943 Leiter des Politischen Stabs im Bayerischen Kultusministerium
Träger u.a. des Goldenen Parteiabzeichens, des Goldenen HJ-Ehrenzeichens mit Eichenlaubrand, des NSDAP-Verdienstabzeichens in Silber und des „Blutordens"
1945 – 1948 Internierung, 1948 Einstufung als Hauptbelasteter
Ab 1953 Prokurist im Möbelhandel in München

Emil Klein nahm im Alter von 19 Jahren am Hitler-Putsch in München teil. Er stand in der Nacht vor dem Bürgerbräukeller, marschierte mit, wusste aber nicht genau, worum es ging, „uns wurde ja nicht groß was erklärt." Schließlich war er nach den Schüssen unerhört enttäuscht, dass Hitler verschwunden war.

Klein beschränkt sich auf eine Schilderung seiner Teilnahme am Hitler-Putsch 1923 in München und gibt zu Protokoll: „Ich selber habe mich dann eine Zeit lang von der Parteipolitik zurückgezogen und die weitere Entwicklung beobachtet. Erst 1925 bin ich wieder Mitglied der NSDAP geworden, aber das ist dann schon ein neues Kapitel gewesen."

Interview fand statt am 10.6.1996.

Ich bin im Jahre 1904 geboren. Als der Erste Weltkrieg begann, war ich zehn Jahre alt. Wenn ich über den Weg spreche, den ich gegangen bin, dann spreche ich stellvertretend auch für meine Kameraden, ja für eine ganze Generation, die mehr oder weniger das Gleiche erlebt hat wie ich selbst. Meine Erinnerungen an die damaligen Ereignisse sind noch sehr lebendig.

Ich bin in München in die Schule gekommen, zunächst in die Volksschule und anschließend in die höhere Schule. Alle Erschwernisse, die ein Krieg mitbringt, mussten wir als Schüler in irgendeiner Weise mittragen. In der Schule wurden wir im Allgemeinen sehr vaterländisch erzogen. So wurden jeden Tag auf Landkarten die Fronten abgesteckt und die Siege der deutschen Soldaten besprochen. Über Verluste und Niederlagen wurde weniger gesprochen. Wenn wir zur Turnhalle marschierten, die etwa 15 Minuten von der Schule entfernt lag, gingen wir natürlich im Gleichschritt. Dazu sangen wir immer Marschlieder wie „Die Vöglein im Walde", „Siegreich wollen wir Frankreich schlagen" oder „Ich hatt' einen Kameraden". Lieder also, die in Verbindung zum Kriegsgeschehen standen.

Irgendwann musste auch mein Vater zum Militär einrücken. Zusammen mit meiner Mutter begleitete ich ihn zum Bahnhof München-Laim, von wo der Zug in Richtung Frankreich abfuhr. Der Abschied war sehr herzlich; ich möchte fast sagen: Es war ein freudiges Winken. Als dann aber der Zug den Bahnhof verlassen hatte, standen die Mütter und Kinder alle sehr traurig da.

Der Krieg bestimmte unser ganzes Leben. Während unsere Väter draußen Krieg führten, spielten wir zu Hause den Krieg nach und kämpften gegen die Jungen aus den anderen Münchener Stadtteilen. Wir waren absolut auf den Krieg eingestellt. Warum sollte es auch anders sein? Im Geschichtsunterricht hörten wir nur etwas über den Krieg und unsere Helden. Wer nicht Soldat war, war eigentlich ein Mensch zweiter Klasse. Der Begriff Vaterland war für uns hoch und heilig. Vielleicht, so möchte ich heute sagen, oft zu hoch und zu heilig. Aber wir wurden dementsprechend erzogen. Die Studenten, die mit dem Deutschlandlied auf den Lippen in Flandern gefallen sind, wurden uns immer wieder als Vorbild vermittelt. Die großen Heerführer Hindenburg, Ludendorff und Mackensen waren Persönlichkeiten, die wir verehrten. Wir haben nicht gefragt, ob das alles richtig war. Wir waren begeistert und überzeugt, dass der Krieg geführt werden müsste.

Und dann ging der Krieg verloren. Es ist klar, dass unsere Begeisterung zu einer großen Enttäuschung wurde, als wir die Niederlage mitbekamen. Ich selbst war damals 14 Jahre alt. Für mich war es eine unerhörte Enttäuschung. Das waren wirklich schmerzliche Tage.

Nach dem Krieg wurde ich von der Schule aus eingesetzt, um Spenden zu sammeln. Da meine Schule im Tal, unweit der Feldherrnhalle lag, wurde ich eines Tages gemeinsam mit meinen Klassenkameraden dorthin mit meiner Spendendose geschickt. Wir sammelten dort mit dem Ruf „Oberschlesien muss deutsch bleiben" Spenden von den Passanten. Dieser Tag hat mein politisches Interesse geweckt. Ich habe angefangen nachzudenken, welche Gebiete wir nach dem Krieg abtreten mussten. Mir ist dabei zum ersten Mal klar geworden, was wir durch diese Niederlage wirklich verloren haben. Dieser Tag war ausschlaggebend für mein Interesse an der Politik und meine spätere politische Tätigkeit.

München war ja ein Zentrum der politischen Auseinandersetzungen. Hier ist praktisch ständig etwas passiert, mit dem man sich auseinandersetzen musste. Erinnern kann ich mich noch gut an die sogenannte Räterepublik. Lastautos mit roten Fahnen durchfuhren die Stadt und Freikorps versuchten, die rote Republik niederzuschlagen. Größere Ausschreitungen oder blutige Kämpfe habe ich nicht gesehen, nur kleinere Krawalle. Aber man sah, wie sich die politischen Lager in Bayern bildeten: auf der einen Seite die Kommunisten und das Proletariat und auf der anderen Seite die vaterländisch national Gesinnten, das Bürgertum und die Zylinder-Bourgeoisie, die daran interessiert waren, dass Bayern nicht anarchistisch regiert wurde.

Von Hitler war zu dieser Zeit noch keine Rede. Irgendwann haben mich meine Kameraden dazu gebracht, Flugblätter für einen sogenannten „Schutz- und Trutzbund" mitzuverteilen. Auf diesen Flugblättern habe ich dann zum ersten Mal das Hakenkreuz gesehen. Aber das hat mich zunächst noch nicht interessiert. Mich hat mehr der Inhalt gepackt und langsam gewann ich die Überzeugung, dass es darauf ankommt, die Menschen zusammenzuführen und die Auseinandersetzung zwischen Bourgeoisie und Proletariat zu beenden. Wenn ich jetzt, 80 Jahre später, über diese Dinge nachdenke, dann sehe ich natürlich vieles anders, als ich es damals gesehen habe. Aber damals war ich eben ein Junge von 16 Jahren. Nachdem ich die Sammlung für ein deutsches Schlesien mitgemacht hatte, führte mich mein Weg ziemlich schnell zum „Bund Oberland" beziehungsweise zum „Freikorps Oberland", das ja am Annaberg für den Erhalt Schlesiens kämpfte. Ich habe mich in einem der Werbebüros gemeldet und wurde aufgenommen.

Dann kam das Jahr 1921. Nun lag nicht nur die Feldherrnhalle in der Nähe meiner Schule, sondern auch die Geschäftsstelle der Deutschen Arbeiterpartei[72]. An der bin ich zwangsläufig vorbeigelaufen und da habe ich auch die ersten roten Plakate gesehen, die an den Litfaßsäulen klebten. Hitler hat in dieser Richtung als Erster auf sich aufmerksam gemacht: Seine Plakate waren groß, blutrot und mit viel Text versehen. Das hat Wirbel gemacht, vor allem auch bei der SPD, denn Rot war ja die Farbe der Sozialdemokraten und Kommunisten. Ich glaube, es war im Februar, da lud die Deutsche Arbeiterpartei zu ihrer ersten Versammlung in den Saal des Hofbräuhauses ein. Mit einigen Freunden, die sich auch für politische Fragen interessierten, bin ich in diese Versammlung gegangen und hörte Hitler zum ersten Mal sprechen. Bis zu diesem Zeitpunkt, bis zu dieser Versammlung hatte ich von Hitler nichts gehört. Ich weiß aber noch genau, dass der Raum so brechend voll war, dass wir stehen mussten, weil wir keinen Platz mehr bekommen haben.

Ich kann mich nach über 80 Jahren nicht mehr an Einzelheiten seiner Rede erinnern, aber ich war so beeindruckt von ihm, dass ich mich einige Tage später zusammen mit Kameraden in die Partei oder in die SA, das war für uns damals das Gleiche, habe aufnehmen lassen. Den Aufnahmeschein besitze ich heute noch und weiß daher, dass es das Jahr 1921 war.

Als Mitglied der SA wurde ich zum Saalschutz herangezogen. Für mich hatte das den Vorteil, dass ich bei Veranstaltungen keinen Eintritt mehr bezahlen musste. Da ich viele Versammlungen besuchte, lernte ich das Programm der NSDAP immer besser kennen. Ausschlaggebend für mich war neben

---

72 Vorläufer der NSDAP

dem Eintreten gegen den Vertrag von Versailles und die Rückgabe der abgetrennten deutschen Gebiete die Bekämpfung der stetig wachsenden Arbeitslosigkeit. Die Nachkriegsnot war ja immer größer geworden und ich war überzeugt, dass das Programm der NSDAP, die ja zunächst Deutsche Arbeiterpartei hieß, diese Not beheben könnte. Es ist wahrscheinlich schwer, sich heute die damaligen Verhältnisse vorzustellen, aber wir hatten politische Verhältnisse, die sich ständig verschlechterten. Dauernd neue Wahlen und wechselnde Regierungen, die oft nur Monate bestanden. Dazu die wachsende Not durch die Auflagen des Versailler Vertrages, den uns die Siegermächte diktiert hatten. Und unsere Überzeugung, dass wir uns von dieser Last befreien mussten, wuchs durch die Propaganda der Deutschen Arbeiterpartei und Hitlers Reden.

Ich war mit dieser Auffassung nicht alleine. Neben den Jungen, die überwiegend zur SA gingen, sind zunehmend auch ältere Semester zur Partei gestoßen. Diese nationale Welle ist immer größer geworden. Es war ja nicht nur Hitler; es gab den Stahlhelm und zahlreiche andere Verbände, die Gleiches forderten und gegen die sogenannte „Kriegsschuld-Lüge" agitierten. Rückblickend bin ich der Überzeugung, dass diese Not der Nährboden war, auf dem Hitler sich ausbreiten und wachsen konnte. Aber in der allerfrühesten Zeit war der Hitler noch nicht der „Führer", zu dem alle hinliefen, um ihm die Hand zu schütteln oder ein Autogramm zu bekommen. Ich habe ihn manchmal durch München gehen sehen, ganz schlicht und einfach, das hat niemanden interessiert. Aber seine faszinierende Sprache und seine Ausführungen waren schon etwas Besonderes. Mir hat vieles am Hitler nicht gefallen, aber das war für mich nicht die Hauptsache. Für uns Jugendliche war er in erster Linie derjenige, von dem wir geglaubt haben, dass er wieder ein großes Deutschland schafft.

Die politische Entwicklung hat sich allmählich so aufgeschaukelt, dass man schon das Gefühl hatte, jetzt muss sich etwas ereignen. Und so kam es am 9. November 1923 zum Putschversuch und zum Marsch auf die Feldherrnhalle. Damals wusste ich gar nicht, was der Marsch bedeutete. Uns wurde ja nicht groß was erklärt. Was ich heute von dem Marsch weiß, habe ich erst nachher, vor allem während des Prozesses gegen Hitler, erfahren. Für mich lief die Sache damals folgendermaßen ab: Ich gehörte zur 1. SA Kompanie und wir erhielten den Befehl, uns am 8. November abends zu einer bestimmten Uhrzeit im Bürgerbräukeller einzufinden. Wir wussten zu diesem Zeitpunkt nichts über die anstehende Versammlung und den Redner. Ich bin jedenfalls rein in den Saal und war drin, als Hitler kam. An den Wortlaut der Reden kann ich mich nicht mehr erinnern, aber irgendwann hörte ich deutlich einen Schuss und dann gab es einen Tumult. Wir schauten uns um, aber so recht wusste keiner, was eigentlich los war. Es gab Gerüchte: Ein Auto sei weggefahren, um Ludendorff zu holen, und die bayerische Regierung führe in einem Nebenzimmer Gespräche mit Hitler über einen Marsch auf Berlin – aber das war nichts Konkretes.

Wir als SA sind jedenfalls erst einmal die ganze Nacht am Bürgerbräu gestanden. Wir wurden auch irgendwie verpflegt, und tatsächlich habe ich auch Ludendorff gesehen, wie er zu den anderen reingegangen ist. Aber es herrschte eine Aufregung und ein Treiben, bei dem man nicht genau beobachten konnte, was wirklich geschah. Schließlich sind wir irgendwann am Vormittag angetreten und man sagte uns, dass wir losmarschieren würden. Ich kann mich nicht erinnern, dass man uns gesagt hätte, wohin es gehen würde. Nur dass es nicht nach Berlin gehen würde, war uns klar, denn das war praktisch unmöglich.

Nachdem wir angetreten waren, sind wir dort wegmarschiert. Wir waren die erste Kompanie und marschierten ziemlich an der Spitze. Unser Weg führte über die Ludwigsbrücke durch das Tal über den Marienplatz, rechts in die Weinstraße zur Feldherrnhalle rauf. Wie viele Menschen insgesamt an diesem Marsch teilgenommen haben, kann ich nicht sagen. Wie gesagt, marschierten wir ziemlich an der Spitze und wir konnten das Ende des Zuges nicht sehen. Plötzlich hörten wir Schüsse. Wir waren erschrocken, denn wir wussten ja nicht, was los war. Als die Schüsse fielen, stand ich etwa in der Mitte meiner Kompanie, die ja auch eine gewisse Länge hatte, in der Nähe des Restaurants „Bauerngirgl" an der Ecke von der Residenz, wo es zum Theater zurück geht. Zu sehen war nichts. Vor uns marschierte ja das Parteiführerkorps und die Schutzstaffel, die den Hitler schützte. Ob sie bewaffnet waren, kann ich nicht sagen. Gewehre habe ich nicht gesehen, aber es ist möglich, dass sie mit Pistolen ausgerüstet waren.

Die erste Nachricht, an die ich mich heute erinnern kann, war die: Hitler ist geflohen. Das war für mich und wahrscheinlich auch für die anderen eine unerhörte Enttäuschung. Wir schauten uns gegenseitig an und ich meine, irgendwer hätte dann unsere Gewehre eingesammelt. Wir hatten Gewehre dabei, aber keine Munition. Man hatte uns dazu gesagt, dass es sich um einen reinen Propagandamarsch handeln würde, bei dem keine Auseinandersetzungen zu erwarten seien. Wir standen also herum und wussten nicht, was wir tun sollten. Unser Kompanieführer war genau so ratlos wie wir. Es kam auch kein Befehl von oben, was zu tun wäre.

Schließlich löste sich der ganze Zug auf. Wir haben uns einfach verflüchtigt. Es war inzwischen früher Nachmittag. Ich bin mit einigen anderen, die den gleichen Weg hatten wie ich, einfach in Richtung Nymphenburg gegangen. Uns allen war nur eines klar: Hitler ist weg vom Fenster, und das war für uns alle ein trauriges Ergebnis.

Ich selber habe mich dann eine Zeit lang von der Parteipolitik zurückgezogen und die weitere Entwicklung beobachtet. Erst 1925 bin ich wieder Mitglied der NSDAP geworden, aber das ist dann schon ein neues Kapitel gewesen.

HERMANN BUCH

„So konnte Hitler auch sein"

Hermann Buch
1920 – ?
Sohn des obersten Parteirichters der NSDAP Walter Buch und Schwager von Martin Bormann
SS-Obersturmführer und Ordonnanzoffizier

1935 Schüler der Nationalsozialistischen Erziehungsanstalt in Plön
1936 Freiwillige Meldung zur SS-Verfügungstruppe, eine kasernierte paramilitärische Sondereinheit der SS
1939 Teilnahme am Polenfeldzug
1940 Besuch der SS-Junkerschule in Tölz
1944 Als Ordonnanzoffizier im Führerhauptquartier Wolfsschanze

Zwischen 1924 und 1929 besuchte Hitler mehrfach das Haus des „alten Kämpfers" und Parteigenossen Walter Buch, Hermann Buchs Vater. Im Alter von fünf Jahren saß er erstmals bei Hitler auf dem Schoß. Als er 1944 als Obersturmführer Meldung macht, streichelte Hitler ihm über die Wange. „Das war mir derartig zuwider, aber ich habe ihn verstanden. Er hat in mir den Buben von damals vor sich gesehen."
Buch schildert seine Sichtweise Hitlers aus der Perspektive eines Kindes. „Bei all den politischen Dingen, die geschehen sind, wird oft übersehen, dass Hitler auch ein Mensch war."

Das vorliegende Interview ist, soweit bekannt, das einzige, das Buch jemals gegeben hat.

Das Interview fand statt am 31.7.1997.

Ich bin 1920 als viertes Kind des Major a.D. Walter Buch[73] geboren. Mein Vater war innerlich immer ein preußischer Offizier und ist bereits 1922 in die NSDAP eingetreten. Im August 1923 wurde er zum SA-Führer in München bestellt. Er war aktiver Teilnehmer des Putsches vom 9. November 1923 in München, Träger des so genannten „Blutordens" und zog im Jahre 1928 als einer der ersten zwölf Nationalsozialisten in den Reichstag ein. Im November 1927 übernahm er die Leitung des Untersuchungs- und Schlichtungsausschusses, dem Vorläufer des Obersten Parteigerichts der NSDAP. Dieser Ausschuss wurde eingesetzt, um die Konflikte, die sich aus den unterschiedlichen Strömungen und Charakteren [ergaben], die sich in der NSDAP versammelten, zu untersuchen und wenn möglich zu schlichten.

Meine ältere Schwester Gerda heiratete 1929 Martin Bormann[74], der 1941 Leiter der Parteikanzlei der NSDAP wurde. Mein Vater zählte in den 1920er-Jahren zum engsten Kreis um Hitler. Ich habe in dieser Umgebung schon als Kind die Entwicklung der NSDAP miterlebt und auch Hitler persönlich kennengelernt.

Im Februar 1925 habe ich zum ersten Mal auf dem Schoß von Hitler gesessen. Er war von da an bis zur Hochzeit meiner Schwester im Jahre 1929 fast jede Woche bei uns zu Hause, um mit meinem Vater über notwendige Entscheidungen zu sprechen.

Da ich als Kind Hitler im privaten Bereich kennengelernt habe, hat sich der Enthusiasmus um Hitler und der spätere Führerkult bei mir überhaupt nicht entwickelt. Ich habe natürlich nicht nur Hitler auf diese Weise erlebt, sondern viele andere führende Persönlichkeiten der NSDAP, darunter auch

---

73 Walter Buch, 1883 – 1949 (Selbstmord), oberster Parteirichter der NSDAP ab 1934. Nach dem Abitur zum Militär, Teilnahme WK I. Lernte Hitler 1920 kennen, NSDAP-Mitglied 1922, SA 1923, Teilnahme am Hitler-Putsch. 1927 Untersuchungs- und Schlichtungsausschuss der NSDAP, 1928 als einer von zwölf Abgeordneten der NSDAP im Reichstag. 1933 SS, Sachverständigenbeirat für Bevölkerungs- und Rassenpolitik im Reichsinnenministerium. US-Kriegsgefangener, Einzug des gesamten Vermögens, Zeuge in Nürnberg, Arbeitslager.

74 Martin Bormann, 1900 – 2.5.1945 (Berlin, Selbstmord nahe dem Lehrter Bahnhof, heute Hauptbahnhof), Leiter der Reichskanzlei, enger Vertrauter Hitlers. Nach dessen Tod Flucht aus dem Führerbunker.

einige, die den 30. Juni 1934 nicht überlebt haben[75]. In dieser Zeit hatte die NSDAP ständige Geldsorgen. Hitler lief nur in seinem Trenchcoat herum und trug immer eine Hundepeitsche mit sich. Heute erscheint das sicher skurril, damals fiel das aber nicht besonders auf. Die Zeit war halt ganz anders.

Ich selber bin später in die Hitlerjugend eingetreten und kam 1935 als Schüler auf die Nationalsozialistische Erziehungsanstalt in Plön[76] in Holstein. 1936 habe ich mich freiwillig in die Verfügungstruppe gemeldet, habe nach dem Polenfeldzug die Junkerschule in Tölz besucht, wurde im Krieg mehrfach verwundet und war am Ende Obersturmführer.

Mein Vater hat mir berichtet, dass er in der Zeit nach dem misslungenen Putsch von 1923, er war damals Führer der illegalen SA in München, Hitler regelmäßig in der Festung Landsberg besuchte. Bei einem dieser Besuche habe Hitler ihm anvertraut, dass Mathilde von Kemnitz, die spätere Frau Ludendorff[77], ihm einen Heiratsantrag gemacht hatte, den Hitler allerdings abgelehnt hat.

Nun ist ja ein Mann, wenn ihm so etwas passiert, einer Frau gegenüber in gewissen Hemmungen und daraus ergibt sich wohl seine einerseits recht enge Verbindung zu Ludendorff, andererseits diese Frau an der Seite von Ludendorff, die später relativ große Freiheiten, manche sagten auch Narrenfreiheiten hatte. Hitler hat sich um religiöse Themen, denen sich Frau Ludendorff und der Tannenbergbund widmeten, überhaupt nicht gekümmert. Er wollte in ersten Linie den Kampf gegen Versailles.

---

75 „Röhm-Putsch", „Nacht der langen Messer", am 30.6./1.7.1934. Als angebliche Präventivmaßnahme gegen einen angeblich bevorstehenden Putsch sollen bis zu 200 SA-Funktionäre im Rahmen der Säuberungswelle ermordet worden sein – aber auch andere vermeintliche Gegner, die Hitler ausschalten wollte.

76 Nationalsozialistische Erziehungsanstalten (Napola) waren Internatsoberschulen, in denen die NS-Elite arischer Abstammung herangebildet wurde – etwa in der Art früherer Kadettenanstalten. 1941 gab es 30 Napola mit 6000 Schülern, zwei für Mädchen, 1945 waren es 43.

77 Erich Ludendorff, 1865 – 1937, General im WK I, Chef der Obersten Heeresleitung; kolportierte mit Erfolg die Dolchstoßlegende. Teilnahme am Kapp-Putsch 1920, Ludendorff-Hitler-Putsch vom 9. November 1923 (Versuch des gewaltsamen Staatsstreichs) – Freispruch. Reichstagsabgeordneter der Deutschvölkischen Freiheitspartei, Mitbegründer des Tannenbergbundes.

Ich weiß auch noch genau, dass wir zu Hause ein Gästebuch hatten, in dem sich unsere Gäste verewigten. Hitler hat sich häufig eingeschrieben. Ich habe oft in diesem Gästebuch geblättert und fand es interessant, wie sich Hitlers Unterschrift von 1925 bis 1929 entwickelte. Zunächst hat er gerade geschrieben und Adolf war ein bisschen länger, später wurde das Adolf immer kürzer, zum Schluss was es nur noch ein Haken und Hitler war ein Bogen, der runterging. Leider ist dieses Gästebuch nach dem Kriege in amerikanischen Händen geblieben.

Hitler besaß durchaus Humor. Ich erinnere mich an eine Begegnung mit Hitler auf dem Reichsparteitag 1936. Ich kam gerade aus dem Gefängnis, wo ich fast sechs Wochen gesessen hatte wegen Vorbereitung von Anschlägen auf die Republik und Spionage. In Nürnberg im Deutschen Hof bin ich mit Hitler zusammengekommen und bei der Gelegenheit sagte er mir: „Wir Alten haben ja alle mal im Gefängnis gesessen, wenn ihr Jungen jetzt noch ins Gefängnis wollt, dann müsst ihr schon ins Ausland gehen."

Ich habe Hitler danach lange Zeit nicht mehr persönlich getroffen, kam dann aber im April 1944 als Ordonnanzoffizier wieder ins Hauptquartier. Da war ich zur informatorischen Dienstleistung bei Himmler in der Feldkommandostelle. Ich habe da erlebt, dass Hitler sich sehr belustigt und auch locker über Dinge amüsieren konnte. Er konnte auch etwas zynisch sein. Eine Bemerkung vergesse ich nie, wie ich mal mit Himmler bei Hitler war. Hitler begrüßte uns und sagte dann zu Himmler: „Herr Himmler, das habe ich ihnen auch noch nicht erzählt. Neulich war der Fürst von Liechtenstein bei mir und hat mir die wohlwollende Neutralität zugesagt. Ein richtiger Depp. Ein typischer Monarch." So konnte Hitler auch sein.

In Hitlers engster Umgebung wurden oft – sagen wir – leichte Gespräche geführt. Hitler brauchte diese Entspannung. Solche einfachen Gespräche konnte er natürlich mit Leuten von großem Format nicht führen.

Hitlers Adjutant, Julius Schaub, brachte Hitler jeden Tag zehn Semmeln auf den Tisch. Hitler sagte ihm eines Tages: „Schaub, Sie wissen doch, ich esse nur zwei Semmeln, warum kaufen Sie denn immer gleich zehn?" Darauf sagte Schaub: „Damit Herr Hitler die Auswahl haben." Die übrigen acht Semmeln hat dann Schaub gegessen. Das hat Hitler mitgespielt.

Als ich Hitler zum ersten Mal traf, war ich ungefähr fünf Jahre alt und das häufige Zusammentreffen im Hause meines Vaters ging bis zu meinem neunten Lebensjahr. Deswegen hat Hitler in mir immer den Jungen gesehen. Als ich im April 1944 wieder mit ihm zusammenkam, war ich inzwischen Obersturmführer und trug das EK 1 und das Goldene Verwundetenabzeichen. Als ich mich bei ihm vorschriftsmäßig meldete „Mein Führer. Obersturmführer Buch, zur Feldkommandostelle zu Himmler zur informatorischen Dienstleistung kommandiert", kam er auf mich zu und streichelte mir die Wange. Das war mir derartig zuwider, aber ich habe ihn verstanden. Da hat er in mir den Buben von damals vor sich gesehen. So war das Verhältnis. Und so war er nicht nur zu mir. Väterlich und betreuend verhielt Hitler sich auch gegenüber den Töchtern von Fritz Todt[78], der ja 1942 tödlich verunglückt war, wenn diese ihn besuchten. Diesen Wesenszug hatte er auch. Bei den politischen Dingen, die geschehen sind, wird oft übersehen, dass Hitler auch ein Mensch war.

---

78 Fritz Todt, 1891–1942, Bauingenieur, zunächst Generalinspektor für das Straßenwesen, ab 1940 Reichsminister für Bewaffnung und Munition. Er leitete unter anderem den Bau der Reichsautobahnen. Die 1938 gegründete und militärisch organisierte Bautruppe Organisation Todt war nach ihm benannt. Todt kam bei einem Flugzeugabsturz in der Nähe des Führerhauptquartiers Wolfsschanze ums Leben. Sein Nachfolger als Reichsminister wurde Albert Speer.

GRETEL ROELOFS

„Er war ausgesprochen anspruchslos"

Gretel Roelofs
1913 – ?
Köchin in Reichskanzlei und Führerbunker

Gretel Roelofs kam durch Zufall 1933 an ihre Stelle als eine der Köchinnen Hitlers. Sie äußert sich in erster Linie zu den Essgewohnheiten des „Führers" und seinen österreichischen Leibspeisen: „Süße Sachen, Apfelstrudel oder ein Strudel gefüllt mit Sauerkraut."

Sie spricht über Eva Braun, die Ärzte Prof. Karl Brandt und Prof. Werner Haase sowie General Gerhard Engel, auch über Goebbels, immer von jungen Schauspielerinnen umringt. Constanze Manziarly, die Diätköchin, verhielt sich distanziert zu Gretel Roelofs.
Auch mit dem Abstand von fünfzig Jahren verurteilt sie Hitler nicht: „Er hat sicher den besten Willen und die besten Pläne gehabt, das glaube ich gerne und alle haben ja daran geglaubt." Aber: „Damals hätte ich nicht gesagt, dass er dem Ganzen nicht gewachsen sei. Das sage ich jetzt im Nachhinein, wo man das alles weiß."

Das Interview fand statt am 3.6.1993

Ich bin als Neunzehnjährige im Jahr 1932 von Ostpreußen nach Berlin gekommen. Durch einen glücklichen Umstand, eine Verwandte von mir hatte eine private Stellenvermittlung, kam ich in das Haus Hitlers. Das war im Februar 1933. Vorgesehen war zunächst eine Probezeit von 14 Tagen. Es gab noch andere Mitbewerberinnen, aber schließlich fiel die Wahl auf mich. Ich wusste zunächst nicht, wohin genau ich kommen würde, ich wusste nur, es würde ein Regierungshaus sein. Erst bei den Gesprächen, die mit uns im Kaiserhof geführt wurden, eröffnete mir ein Hausadjutant, dass es sich um eine Stellung bei Adolf Hitler handeln würde. Ich arbeitete von da an in der Reichskanzlei. Dort traf ich Hitler auch zum ersten Mal. Er sprach mich an und sagte: „Ach, ich sehe ein neues Gesicht", und dann fragte er mich, wo ich herkomme. Als ich ihm sagte, dass ich aus Ostpreußen stamme, antwortete er: „Ach so, das hätten die Russen ja wohl gerne. Aber der Fuchs sagt, wenn die Kirschen zu hoch hängen, die Kirschen sind sauer." Das war die erste Begegnung. Mit seinem dunklen Bärtchen war er nicht der Typ Mann, den ich mir als Frau für mich vorstellen könnte. Er war ungewöhnlich. Ich hatte mir immer vorgestellt, ich würde einem ordengeschmückten Staatsmann begegnen, aber es war eine ganz normale Begegnung. Bei mir hat sich jedenfalls keine Ehrfurcht oder Ähnliches eingestellt.

Nach der Probezeit änderte sich zunächst nicht viel. Er ging oft vorbei und grüßte, aber ein Gespräch hatte ich mit ihm erst, als er erfuhr, dass ich einen Holländer heiraten wollte. Ich musste ihm ein Bild zeigen und er sagte: „Ach, ein typischer Germane." Weiter hat er sich nicht geäußert. Hitler war ja abgeschirmt. Zu Festtagen kam er manchmal und begrüßte dann auch das Personal. Aber eine engere Beziehung gab es nicht. Übrigens bin ich zu keinem Zeitpunkt aufgefordert worden, in die Partei einzutreten. Keiner vom Personal wurde dazu aufgefordert. Wenn das heute behauptet wird, ist das schlichtweg falsch.

Meine Arbeit bestand schließlich vor allem darin, den Speiseplan aufzustellen und die Bestellungen dafür aufzugeben. Das Personal wurde zunächst von Herrn Kannenberg, dem Hausadjutanten, eingestellt, später hat er das mit mir abgesprochen. Bei großen Empfängen haben wir zusätzliche Köche von

Rollenhagen[79] gestellt bekommen und natürlich auch weitere Ordonnanzen für die Gäste. Hitler selbst wurde abwechselnd von Herrn Günsche, Herrn Krause oder Herrn Junge bedient. Beim Essen waren regelmäßig vier oder fünf Gäste anwesend, darunter als ständiger Gast Martin Bormann. Die aßen gemeinsam mit Hitler vegetarisch.

Hitlers Leibgerichte kamen aus der österreichischen Küche. Süße Sachen hat er gern gegessen. Apfelstrudel oder einen Strudel gefüllt mit Sauerkraut. Dazu hat er jeden Tag einen gemischten Salat gegessen. Er war ganz anspruchslos. Ich habe viel gebacken. Am Nachmittag hat er mit Eva Braun schon mal ein Stückchen Torte gegessen. Und mit seinen Sekretärinnen hat er jeden Nachmittag Tee getrunken und dazu gab es ein kleines Gebäck. Das Gebäck haben wir zum Teil selbst gemacht, zum Teil kam es von irgendwelchen Spezialkonditoreien. Ob Hitler das Gebäck gegessen hat, kann ich nicht sagen, aber es wurde geliefert und verwendet.

Die Speisekarte wollte er vorher nicht sehen. Die Bedienung erklärte ihm, was es zu essen gäbe. Auch über das, was wir zu kochen hätten, hat er nie mit uns gesprochen. Es war so, dass wir darüber in der Küche selbst entscheiden konnten. Später hat er vielleicht mit Fräulein Manziarly[80] darüber gesprochen, die hatte einen näheren Kontakt zu ihm. Vor Frau Manziarly waren ja Frau Blütgen und nach ihr ihre Schwester für die vegetarische Küche verantwortlich. Ich hatte zu allen ein gutes Verhältnis, nur Frau Manziarly hat sich distanziert verhalten. Die wusste, wer sie war, und hat sich auf kein Gespräch eingelassen. Mit ihr hatte ich nur in der Küche Kontakt. Wir haben immer versucht, uns mit dem Diätassistenten abzusprechen, sodass die Speisen in etwa gleich waren. Wenn die anderen Gäste Schnitzel bekamen, aß Hitler zwei Scheiben Sellerie, die wie Schnitzel paniert wurden. Bei ihm bestand alles nur aus Gemüse. Auch Eiergerichte hat er gegessen. Ob er Fisch aß, weiß ich nicht mehr, aber niemals Fleisch. Leberknödel hat er gern gegessen, das war seine Spezialität. Auf üppigen Nachtisch legte

---

79 Restaurant am Kurfürstendamm 229
80 Constanze Manziarly, 1920 – vermutlich 2.5.1945, Hitlers Diätköchin 1944 und 1945

er großen Wert. Das war etwas, was die Diätassistenten nicht immer extra machen mussten. Da hat er das gegessen, was alle bekommen haben. Ich glaube, seine Leibspeise waren Apfelstrudel, Rohrnudeln mit Zwetschgen und Vanillesoße. Rohrnudeln waren typisch österreichisch, aus Hefeteig im Ofen gebacken und mit sehr viel Sahne übergossen. Die wurden dann mit Zwetschgen und Vanillesoße serviert. Und Crêpes, so ganz kleine Eierküchelchen, hat er gerne gegessen. Die habe ich immer mit Orangenschale und Orangenstückchen verfeinert.

Das hätte noch hundert Jahre so weitergehen können. Er war zufrieden damit. Wir hatten die Anweisung, dass er Vegetarier sei und bestimmte Sachen nicht essen würde, und das wurde streng berücksichtigt.

Und immer hat er darauf hingewiesen, dass wir ihm nicht mehr geben sollten, als was jeder andere Bürger aufgrund von Lebensmittelkarten zur Verfügung hatte. Überprüft wurde das von seiner Adjutantur. Dort mussten wir alle Unterlagen einreichen. Mit den Lieferanten sprachen wir immer ab, was wir uns noch leisten konnten und ob vielleicht noch etwas aus dem letzten Monat übrig war, was wir nicht verbraucht hatten. Hitler war da ganz genau. Ein Beispiel: Kakao setzt ja Fettaugen ab. Mehrmals hat sich Hitler wegen dieser Fettaugen erkundigt, ob wir gegen seinen ausdrücklichen Wunsch Vollmilch statt der ihm zustehenden Magermilch benutzt hätten. Damit hörte er erst auf, als Günsche ihm sagte, die Fettaugen stammten vom Kakao selber.

Er hat wirklich sehr bescheiden gelebt. Ich konnte gar nicht verstehen, wie er das jahrelang durchgehalten hat. Zum Frühstück immer das Gleiche: Zwieback, geriebener Apfel und eine Orange. Dazu immer Kamillentee. Wir haben ihm das eine oder andere empfohlen, aber er nahm immer nur das Gleiche. Anspruchslos war er, selbst Alkohol hat er nie getrunken. Ich kann mir auch nicht vorstellen, dass er Güter für sich beiseitegeschafft haben soll. Diesen Gedanken traue ich ihm einfach nicht zu. Der Begriff Mönch ist ein bisschen weit gegriffen, aber er war wirklich ausgesprochen anspruchslos. Das hat mir imponiert. Er ist nie abgehoben, hat nie vergessen, wo er hergekommen ist.

Das Mittagessen bestand aus drei Gängen. Aber auch da gab es keine tollen Raffinessen. Was kann man schon machen immer nur aus Gemüse, und damals gab es ja nicht so viel verschiedenes wie heute. Und in all den Jahren gab es nicht einmal eine Beschwerde von ihm. Für ihn war immer alles richtig und gut. Wir haben nie gehört, dass die Ordonnanzen herausgekommen sind und er irgendeinen Mangel festgestellt hätte. Beim Salat habe ich selbst jedes Blättchen geprüft. Einmal kam sein Teller zurück, da war an einem Salatblatt an der Rippe, eine grüne Raupe, die hatte ich übersehen, weil sie die gleiche Farbe hatte wie der Salat. Das war das einzige Mal, dass er was zurückgeschickt hat, aber ohne etwas Böses zu sagen. Ich habe dann schnell einen neuen Teller mit Salat zusammengestellt und die Sache war erledigt. Lautstark ist er nie geworden, er war sehr beherrscht. Auch aus seiner Umgebung habe ich niemals gehört, dass er laut geworden ist. Er war sehr beherrscht. Nur ein einziges Mal habe ich ihn schreien hören, das war, als in München die Synagogen brannten. Er hatte ein Gespräch mit Himmler, aber wer da beschuldigt oder beschimpft worden ist, weiß ich natürlich nicht. Später haben mir die Ordonnanzen, die im Zimmer waren, erzählt, er würde sich Derartiges verbieten, das sei nicht in seinem Sinne und er hätte davon nichts gewusst. So in dem Sinne, die genauen Worte weiß ich heute nicht mehr.

Hinterher hieß es, in Hitlers Haushalt seien Orgien gefeiert worden. Das stimmt nicht, alle im Hause haben bescheiden gelebt. Es konnte vorkommen, dass einer der Gäste oder auch Hitler selbst, weil sie länger aufgeblieben waren und noch Hunger verspürten, sich später noch etwas zu essen bestellten. Aber auch das waren keine aufwendigen Sachen.

Der sympathischste von allen Gästen war General Engel[81], dann die beiden Ärzte Professor Haase und Professor Brandt. Das waren ganz tolle Leute, ganz jung, und ich war erstaunt, dass sie schon Professorentitel hatten. Auch Albert Bormann, der in der Staatskanzlei arbeitete, war sehr sympathisch und zugänglich. Martin Bormann, sein Bruder, war total unsympathisch. Wir nannten ihn „die graue Eminenz", weil wir gehört hatten, dass er alles vom Führer abblockte. Wenn beispielsweise ein Offizier wie General Engel von der Front kam und über das Kriegsgeschehen berichten wollte, hat Bormann das abge-

---

81 Gerhard Engel, 1906 – 1976, Verbindungsoffizier des Heeres zu Hitler

blockt mit dem Hinweis, Hitler sei an diesem Tage physisch nicht so beieinander, dass man ihm das zumuten könne. Die Leute wurden einfach nicht gehört. Er hat Hitler regelrecht von der Wahrheit abgeschottet.

Wenn General Engel da war, habe ich ihn natürlich auch gefragt, wie die Aussichten seien. Und er hat gesagt, es sieht nicht gut aus und es müsse etwas anderes geschehen. Aber er kam einfach nicht dazu, Hitler diese Dinge vorzutragen. Das habe ich selbst zwei-, dreimal erlebt. Natürlich hat er als General mit mir als kleiner Angestellten nicht über Bormann gesprochen, aber anhand seiner Andeutungen und aus seinem Gesichtsausdruck konnte ich deutlich sehen, was passiert war.

Und dann natürlich Eva Braun; die kannte ich besser als ihn. Wenn sie in Berlin war, ist sie nie offiziell aufgetreten. Das Essen bekam sie immer nach oben serviert. Aber darüber weiß am allermeisten Frida Ebert, ihr Zimmermädchen. Mit der ging sie auch schon mal in die Oper oder sie haben gemeinsam einen Spaziergang gemacht Unter den Linden. Eva Braun war auch ganz bescheiden. Früher hätte man gesagt, sie war liebreizend. Ein nettes, liebes Mädchen aus gutem Hause, mit guter Erziehung, die niemals übertrieben aufgetreten ist. Sie war auch nicht überspannt gekleidet.

Oft war auch Dr. Goebbels zu Gast. Er war ein Weltmann, so klein er auch war. Im Winter bei den vielen Empfängen war oft auch die Theaterwelt vertreten. Dr. Goebbels war dann immer eingekreist von jungen hübschen Damen. Er hatte eine besondere Ausstrahlung und war immer freundlich. Immer lachend und scherzend, umringt von jungen Damen. So habe ich Hitler nie gesehen.

Nach dem Attentat war Hitler schon verändert. Die Hand hat gezittert und man hatte das Gefühl, er hätte eine Lähmung gehabt. Auch vom Aussehen her hatte er sich verändert. Ich habe nicht mit ihm gesprochen, es war nur sein Aussehen, das sich so verändert hatte.

Gegen Ende des Krieges habe ich dann im Führerbunker gekocht. Die Angriffe kamen ja immer nur abends. Dann waren die Mahlzeiten eigentlich immer schon vorbei. Wenn dann noch etwas nötig war, konnten wir noch etwas in der unterirdischen Küche der Reichskanzlei herrichten. Im Bunker selbst hatten wir jeder einen Raum, in dem wir geschlafen haben.

Wenn ich Hitler in den letzten Tagen dort unten begegnete, hatte ich immer das Gefühl, dass er mich gar nicht mehr sieht. Man hat verschämt geschaut, weil man nicht wusste, was werden soll. Ich hatte das Gefühl, dass es ihm genau so erging wie mir, weil er so gar nichts sagte. Gesprochen hat er nur noch im engsten Kreis, vor allem mit seinen Sekretärinnen.

Vielleicht ist es überheblich, dass ich mir das Urteil erlaube, aber ich glaube, er war der Sache nicht gewachsen. Er kam aus zu kleinen Verhältnissen. Er hat sicher den besten Willen und die besten Pläne gehabt, das glaube ich gerne und alle haben ja daran geglaubt. Aber auf der anderen Seite dann die ganzen Grausamkeiten. Aber daran war er meiner Meinung nach nicht alleine schuld, da haben die anderen ohne sein Wissen viel gemacht. Aber letztlich ist er als Staatschef dafür verantwortlich. Er hätte in seiner Umgebung Leute haben müssen, die ihn beraten. Da hat er vielleicht das Pech gehabt, dass diese Verantwortlichen ihm nicht die Wahrheit gesagt haben. Das glaube ich schon. Auch Göring und Himmler haben ihn irregeführt. Das habe ich natürlich damals nicht gedacht. Damals hätte ich nicht gesagt, dass er dem Ganzen nicht gewachsen sei. Das sage ich jetzt im Nachhinein, wo man das alles weiß.

KARL-WILHELM KRAUSE

„Hitler war ein einsamer Mensch"

Karl-Wilhelm Krause
1911 – 2001
Offizier der Waffen-SS und Kammerdiener Adolf Hitlers

1927 Lehre als Kunsttischler
1931 Eintritt in die Reichsmarine
1934 – 1939 Leibdiener Adolf Hitlers
1939 Entlassung als Kammerdiener; Rückkehr zur Kriegsmarine
Nach der Versenkung seines Kampfschiffs auf Hitlers Geheiß Adjutant der SS in der Reichskanzlei; im Anschluss Kriegsteilnahme als Hauptsturmführer der Waffen-SS
1945 Internierung
1946 Entlassung durch die US-Armee
1949 Veröffentlichung seiner Erinnerungen „Zehn Jahre, Tag und Nacht. Kammerdiener bei Hitler"

Krause berichtet über Details aus Hitlers Leben. Im Hotel Kaiserhof kaufte Krause jeden Donnerstag für 50 Reichsmark Illustrierte, die Hitler alle in einer Nacht durchsah. Er sah Hitler als seinen zweiten Vater an. Ein Kurier vom Propagandaministerium brachte regelmäßig Filme zum Obersalzberg. Wenn Hitler sich amüsierte, rieb er immer mit der Hand über sein Knie. Krause hatte Sorge, dass er sich dabei seine Hose durchreibt. Eva Braun sei für Hitler eine Art Gesellschafterin gewesen. Bis zum „Polenfeld-

zug" aß Hitler zum Frühstück Leibnizkekse und eine Tafel Schokolade. Dazu trank er eine oder zwei Tassen warmgemachte Vollmilch.
Einmal Heiligabend klingelte er Krause an und sagte, er solle ein Taxi bestellen. Dann sind beide durch München gefahren, schließlich zu Fuß nach Hause gegangen. Als Himmler das später erfuhr, ist er auf Krause los, wie er dazu käme, wenn da etwas passiert wäre.

Krause glaubt noch zum Zeitpunkt des Interviews: „Aber er wurde betrogen, von allen betrogen. Sie haben ihm nie die reine Wahrheit gesagt. Er wusste gar nicht, was wirklich geschah." Und weiter: „Angst hatte er keine. Ich hatte in dem Moment mehr Angst als er. Er selber hatte ja zwei Pistolen, eine tschechische Kaliber 6,30, die er immer in der Hosentasche hatte, und eine 7,75. Aber Angst vor einem Attentat hatte er eigentlich nicht. Eher davor, dass er sterben könnte, ehe er alles erledigt hatte."

Das Interview fand statt am 10.4.1995.

Zu Hitler kam ich auf ungewöhnliche Weise. Irgendwann im Jahre 1933 ist Hitler nach Dresden gekommen, um die Oper zu besuchen. Als sein damaliger Diener Schaub im Hotel den Koffer auspackte, stellte er fest, dass kein Frackhemd für Hitler eingepackt worden war. Es war Sonntagnachmittag und alle Geschäfte hatten zu. Nach langem Hin und Her konnte Schaub dann doch irgendwo in Dresden ein entsprechendes Hemd auftreiben. Vor der Oper kam Göring zu Hitler, um anstehende Fragen zu besprechen. Als Göring die Sache mit dem fehlenden Hemd erfuhr, gab er Hitler den Rat, einen Mann anzustellen, der für seine persönlichen Dinge wie Kleidung und Essen zuständig ist, damit solche Fehler nicht noch einmal auftreten würden. Er selber, so Göring, habe dafür einen Mann von der Marine, der noch bei der kaiserlichen Marine im Ersten Weltkrieg gedient habe. Er sei damit sehr zufrieden und niemand sei zuverlässiger als Angehörige der Marine, weil sie an Bord ihre Sachen selber waschen und herrichten müssten.

Hitler befahl wenig später von Puttkamer[82] zu sich und trug ihm auf, einen entsprechenden Mann zu finden.

Von Puttkamer schrieb dann aus, dass jedes seefahrende Kommando einen Bewerber vorschlagen sollte. Ich war zu dieser Zeit Freiwilliger der Räumboothalbflottille. Kurz darauf wurde ich zu meinem Kapitänleutnant Stubbenkammer befohlen und der fragte mich: „Haben Sie nicht Lust, bei unserem Führer Dienst zu machen?" Auf meinen Hinweis, ich sei doch bei der Marine, antwortete er mir, dass ich dafür abgestellt würde. Und so bin ich dann mit dem Zug nach Berlin ins Reichswehrministerium gefahren. Das war 1934, genau einen Tag nach der sogenannten Röhm-Revolte. Ich wurde zunächst von mehreren Offizieren befragt. Interessiert waren sie auch, was mein Vater beruflich machen würde. Als ich antwortete, er sei Rottenführer bei der Reichsbahn, waren sie wohl zufrieden. Schließlich gab man mir ein Schreiben und ich musste mich in der Reichskanzlei bei Herrn Schaub melden. Dem gab ich das Schreiben und hörte nur: „Der Führer hat heute keine Zeit, kommen Sie morgen wieder." Quartier hatte ich bei der Leibstandarte in Lichterfelde. Und so ging das zunächst mehrere

---

82 Karl-Jesko von Puttkamer, 1900 – 1981 (Neuried bei München), Marineadjutant, 1948 entnazifiziert

Tage. Jeden Tag die gleiche Auskunft: „Kommen Sie morgen wieder, der Führer hat heute keine Zeit." In dieser Zeit kam vom Panzerschiff Deutschland noch ein weiterer Bewerber, mit Namen Müntefering, und so warteten wir zu zweit. Wir haben uns jeden Tag gebügelt und geschniegelt, sind zur Reichskanzlei gefahren und haben dort in den Räumen des Begleitkommandos die Zeit totgeschlagen. Eines Tages, wir spielten gerade Billard beim Begleitkommando, kam Brückner[83]: „Wo sind die Seeleuts? Der Führer will sie sehen."

Zuerst ging Müntefering rein, kam nach etwa einer Viertelstunde wieder raus und dann war ich dran. Hitler war in der Bibliothek. Ich ging hinein, meldete mich. Hitler ergriff sofort das Wort: „Wissen Sie, weswegen Sie hier sind?" Ich sagte: „Jawohl, mein Führer." „Haben Sie Lust dazu?" „Jawohl, mein Führer. Wo ich hingestellt werde, mache ich meinen Dienst." Dann hat er mich noch einige persönliche Dinge gefragt und schließlich konnte ich gehen. Draußen gab uns Brückner jeweils 50 Reichsmark. Wir sollten uns noch Berlin ansehen und danach zu unseren Einheiten zurückkehren. Wir bekämen Nachricht.

Mich hat weder bei diesem Gespräch noch später jemand gefragt, ob ich in der Partei sei. Im Gegenteil: Als ich Jahre später von allen bedrängt wurde, in die NSDAP einzutreten, habe ich ihm gesagt: „Mein Führer, die verlangen alle, ich soll in die Partei eintreten." Hitler sagte zu mir: „Sie sind Soldat und bleiben Soldat und die Soldaten sind in keiner Partei." Ich war ja auch dabei, wie er später gegenüber Winifred Wagner[84] sagte, er spiele mit dem Gedanken, die Partei aufzulösen. Ich stand nur zwei Meter von den beiden entfernt und weiß noch genau, wie er sagte: „Es gibt nur Deutsche und keine Parteileute." Winifred Wagner hat ihm davon abgeraten.

Kaum war ich in wieder in Kiel, bekam ich Nachricht, meine Sachen zu packen und mich in Berlin zu melden. In der Reichskanzlei wurde ein Zimmer für mich hergerichtet und Brückner organisierte dann für mich den Besuch der Hotelfachschule Kermess in München-Pasing. Dort waren gerade Ferien und so wurde ich von den einzelnen Lehrern im Einzel-

---

83 Wilhelm Brückner, 1884 – 1954, siehe Anmerkung auf S. 79
84 Winifred Wagner, 1897 – 1980, siehe Anmerkung auf S. 97

unterricht ausgebildet. Nach etwa drei Wochen kam ein Anruf, ich solle mich am Obersalzberg melden. An dem Tag war das Ehepaar Goebbels bei Hitler zu Gast. Ich meldete mich bei Hitler. Er trug gerade zwei Stühle auf die Terrasse. Als ich sie ihm abnehmen wollte, sagte er mir: „Lassen Sie mal, heute trage ich sie noch. Beim nächsten Mal müssen Sie sie sowieso tragen." Das alles war 1934, gut vier Wochen nach der Röhm-Revolte.

Ich war von da ab Hitlers Kammerdiener. Das war auch mein offizieller Titel. Ich musste in seiner Privatwohnung an der Prinzregentenstraße und auf dem Berghof seine Garderobe in Ordnung halten und ihm vorlegen, was er am nächsten Tag anzieht. In der Prinzregentenstraße wohnte er ja zunächst als Mieter. Als dann unten welche ausgezogen sind, wurde dort das Begleitkommando untergebracht. Später hat er dann das ganze Haus gekauft.

Meine Arbeit war nicht einfach und ich war ständig unter Druck. In Fragen der Garderobe kannte ich mich anfangs noch gar nicht richtig aus und habe oft Herrn von Neurath[85] um Hilfe gebeten. Von ihm habe ich viel gelernt: Zu dem Empfang wird das angezogen, zum nächsten Empfang dieses. Und das habe ich ihm dann alles hergerichtet. Frau Professor Troost[86] hat mir einen besonderen Garderobenständer gebaut. Auf Bügeln konnte ich die Hose und die Jacke hängen. In ein ovales Kissen legte ich die Krawatte und den Kragen und darüber legte ich das Hemd. Und so zog Hitler das dann an. Zu Anfang hat Hitler noch selbst die Kleiderauswahl getroffen, später habe ich das für ihn erledigt.

Seine Garderobe war sehr einfach. Er trug vor allem seinen schwarzen Teeanzug und immer schwarze Schuhe, egal zu welchem Anzug. Immer schwarze Lackschuhe. Davon besaß er drei Paar. Bis er sich dann auf Anraten von Eva Braun, Frau Professor Troost und vielleicht auch Frau Wagner einen hellen

---

85 Konstantin Hermann Karl Freiherr von Neurath, 1873 – 1956, Diplomat, Außenminister 1932 bis 1938, dann bis 1943 Reichsprotektor in Böhmen und Mähren. 1946 zu 15 Jahren Haftstrafe verurteilt, 1954 entlassen.

86 Gerdy Troost, 1904 – 2003, Architektin, NSDAP seit 1932, Ehefrau von Paul Ludwig Troost, des Vorgängers von Albert Speer. Sie betreute den Bau des Hauses der Deutschen Kunst in München sowie mehrere „Führerbauten" und besorgte die Innenarchitektur des Berghofs. Entnazifiziert gegen 500 DM als „Minderbelastete". Vertraute von Winifred Wagner.

Anzug schneidern ließ. Auch zu diesem hellen Anzug trug er zunächst immer seine schwarzen Schuhe. Aber dann haben ihn die Damen doch schließlich überredet, sich in einem Schuhladen ein paar braune Schuhe zu kaufen. Am wohlsten fühlte er sich aber in seinem braunen Parteirock mit der langen schwarzen Hose.

Dazu gibt es noch eine schöne Geschichte. Als der Führerbau in München gebaut wurde, wollte Hitler die Akustik in dem großen Kongress-Saal ausprobieren. Es war schönes Wetter und er wollte danach noch auf der Terrasse des Hauses der Deutschen Kunst Kaffee trinken. Er winkte mich heran und sagte: „Krause, heute scheint die Sonne, da zieh ich mal den hellen Anzug und die braunen Schuhe zum Kaffeetrinken an. Kann das jemand herrichten oder müssen Sie zur Wohnung fahren?" Ich sagte: „Das kann doch Frau Winter herrichten." Ich hab also Frau Winter angerufen und ihr alles aufgetragen. Kurz danach rief sie zurück, die braunen Schuhe waren nicht im Koffer, die hatten wir in Berchtesgaden vergessen. Ich bin zurück in die Halle und stand genau auf der anderen Seite Hitler gegenüber. Ich höre noch heute seine Worte: „Krause, erzählen Sie mal einen Schwank aus Ihrem Leben, ich will mal die Akustik ausprobieren." Da hab ich natürlich die Gelegenheit genutzt: „Bitte meinen Führer, heute beim Kaffeetrinken im Haus der Kunst die schwarzen Schuhe anzuziehen. Die braunen habe ich vergessen." Da fing alles an zu lachen. „Nun seht euch mal den Krause an, wie geschickt der das anbringt. Und dann ist er so weit weg, damit ich ihm keine langen kann." Aber das war ganz väterlich gemeint. Damit war die Sache ausgestanden.

Zwischen Hitler und mir war ein väterliches Verhältnis. „Mein Krause", sagte er immer wieder, „mein Krause". Sicher war Hitler von sich überzeugt, aber er war wirklich väterlich zu uns. Wir konnten auch mit persönlichen Angelegenheiten zu ihm kommen und ihn bei passender Gelegenheit darauf ansprechen.

Sein Verhältnis zu den Frauen war gut. Aber einmal hat er mitbekommen, wie sich die Damen, die bei ihm zu Gast waren, bei einem Kaffeekränzchen darüber unterhalten haben, welche Frau sie ihm zum Heiraten zuschanzen könnten. Da ist er bös geworden und hat sie vom Berghof verbannt. Das war 1935. Danach haben wir eine schöne Zeit dort oben gehabt. Einige Wochen ohne Frauen, alles ging so leger zu, wie in einer Familie.

Mit den Frauen hatte Hitler meines Erachtens keine Probleme. Oft hat er beim Autofahren gesagt: „Herrgott, das ist eine schöne Frau." Manchmal hat er sich sogar umgeguckt, wenn eine besonders schön war. Manchmal, wenn wir Besuch hatten, nahm er mir auch den Mantel der Dame aus der Hand und hat ihr selbst in den Mantel geholfen. Gegenüber Frauen konnte er sehr charmant sein. Ich glaube, er hat die Frauen bewundert. Angst hatte er jedenfalls nicht vor ihnen. Verklemmt gegenüber Frauen war er auch nicht, eher penibel. Wenn Frauen zu Besuch waren, musste alles wie am Schnürchen klappen, alles musste genau nach der Etikette gehen. Bei Männern war er anders, da ging es legerer zu.

In Berlin und am Obersalzberg war am Abend oft Filmvorführung. Ein Kurier vom Propagandaministerium brachte uns sechs oder sieben Filme, ich schrieb die Titel auf und gab Hitler die Liste beim Abendessen. Er hat dann einen oder zwei Filme ausgewählt, die er sehen wollte, und ich habe den beiden Filmoperateuren von der UFA, die immer dabei waren, wenn Hitler auf dem Obersalzberg war, gesagt, welchen Film sie vorbereiten sollten. Wenn ihm ein Film nicht gefiel, hat er gesagt: „Aus, den will ich nicht weitersehen." Manchmal fragte er auch in der Runde, ob die anderen den Film weitersehen wollten. Und wenn die anwesenden Damen gerne den Film zu Ende gucken wollten, ist er manchmal rausgegangen und erst beim nächsten Film wieder reingekommen. Er selbst hat am liebsten Heimatfilme und Witzfilme gesehen. Er hat dabei manchmal so gelacht, dass er sich aufs Knie geschlagen hat. Wenn er sich amüsierte, rieb er immer mit der Hand über sein Knie. Ich hatte Angst, dass er sich dabei seine Hose durchreibt. Heinz Rühmann, Luis Trenker und Hans Albers hat er geschätzt. Manchen Film hat er auch zweimal gesehen. Den Film „Sieben [Dreizehn] Mann und eine Kanone"[87] hat er sich sogar mehrmals angesehen.

---

87 „Dreizehn Mann und eine Kanone" von 1938 spielt im Ersten Weltkrieg, Ostfront. Eine Spezialbatterie, bestehend aus dreizehn Soldaten und einer Kanone, kann erfolgreich den Feind aufhalten. Doch dann wird die Stellung des Geschützes an die Russen verraten und die Kanone zerstört. Jeder der dreizehn Männer steht unter Verdacht, der Verräter zu sein. Allen droht die Todesstrafe, wenn der Verräter nicht gefunden wird.

Vor allem Eva Braun hat gerne Filme angeschaut. Sie hat ja früher beim Fotografen Heinrich Hoffmann gearbeitet. Wenn wir in München waren, hat Hitler oft bei Hoffmann zu Abend gegessen. Dort war dann auch oft Eva Braun und die beiden haben sich so langsam kennengelernt. Die Beziehung zwischen den beiden war meiner Ansicht nach eher platonisch. Ob sie eine wirkliche Liebesbeziehung hatten, weiß ich nicht. Ich hatte immer den Eindruck, Eva Braun war für ihn eine Art Gesellschafterin. Hitler konnte mit ihr über alles reden. Zärtlichkeiten haben sie nie öffentlich ausgetauscht. Manchmal legten sie ihre Hände ineinander oder er streichelte ihre Hand. Mehr habe ich nie gesehen. Morell[88] hat mir irgendwann mal gesagt, dass Hitler infolge einer Gasvergiftung während des Ersten Weltkriegs impotent sei. Aber ob es wirklich so war, weiß ich natürlich nicht. Hitler war ein einsamer Mensch. Wenn die Besucher gegangen waren und kein offizieller Termin mehr anstand, war er einsam.

Er konnte gut allein sein. Er hat viel gelesen in seiner Wohnung in der Prinzregentenstraße. Ich habe ihm jede Woche sämtliche Illustrierten, die es in Deutschland gab, gekauft und vorgelegt. Im Hotel Kaiserhof gab es einen gutsortierten Zeitungsstand und da habe ich jeden Donnerstag für etwa 50 Reichsmark die Illustrierten gekauft. Die hat er alle in einer Nacht durchgesehen. Auch neue Bücher, die auf den Markt kamen, habe ich ihm besorgt. Ich kann mich an ein Gespräch zwischen ihm und Goebbels erinnern, in dem er sagte, dass er in der Nacht ein bestimmtes Buch gelesen habe, in dem dies und jenes stünde. Das war ein ziemlich dickes Buch mit über 500 Seiten. Und ich dachte noch, das gibt es doch gar nicht, als er mir auftrug, nach oben zu gehen und das Buch zu holen. Als ich zurück war, sagte er zu mir: „Schlagen Sie mal die Seite soundsoviel auf und lesen Sie den und den Abschnitt vor." Vor allen Leuten, die da am Tisch versammelt waren, musste ich dann vorlesen. Da war ich wirklich erstaunt, wie er es geschafft hat, ein solches Buch in so kurzer Zeit gelesen und den Inhalt behalten zu haben.

Er ging ja meistens erst nach ein Uhr ins Bett. Am Don-

---

88 Theodor Gilbert Morell, 1886 – 1948 (Tegernsee). Hitlers Leibarzt 1936 – 1945. Hitler vertraute ihm. Manche hielten ihn für einen Quacksalber.

nerstag hat er dann die ganzen alten Zeitschriften und Bücher sortiert. Ich musste dann einen Teil weglegen und den anderen Teil in seine Bibliothek tragen. Er gab mir genaue Anweisungen, wohin das Buch in der Bibliothek gehörte.

Morgens war ich in aller Regel der Erste, der Hitler gesehen hat. Die Minister und andere fragten mich darum immer nach seiner Stimmung. Am Abend vorher sagte er mir, wann ich ihn wecken sollte. Um ihn zu wecken, habe ich von meinem Zimmer aus eine Klingel betätigt, die in sein Schlafzimmer führte. So ungefähr zehn Sekunden später klingelte er dann zurück. Etwas später bin ich dann an die Tür und habe ihm die Zeit gesagt. Er hat „danke schön" gerufen und mir aufgetragen, das Frühstück in die Bibliothek zu bringen. Dann schloss er die Tür von seinem Schlafzimmer zur Bibliothek auf und ich servierte ihm das Frühstück. Seine Taschenuhr ging immer eine Stunde vor. Warum, weiß ich auch nicht. Als ich sie einmal zurückgedreht habe, hat er mir gesagt: „Nein, nein, lassen Sie mal. Die muss eine Stunde vorgehen." Geschlafen hat er immer in einem Nachthemd, niemals in einem Schlafanzug. Ich hab ihm die Nachthemden immer ausgebreitet und er hat sie dann angezogen. Gebadet hat er immer in 37 Grad heißem Wasser. Er hat sehr leicht geschwitzt und wenn er beispielsweise nach einer anstrengenden Rede nach Hause kam, ging er schnell baden und zog frische Kleidung an.

Es gab eine Klingelleitung von seinem Schlafzimmer in meines und später auch in meine Wohnung. Dazu gibt es eine schöne Geschichte. Hitler fragte mich eines Tages: „Wann gehen Sie denn eigentlich aus?" Als ich antwortete: „Wenn der Führer schlafen gegangen ist", schmunzelte er und sagte: „Da kann ich ja nachts lange klingeln, wenn Sie gar nicht da sind." Sein Schlafzimmer war ganz einfach eingerichtet. Ein Schuhschrank, ein Kleiderschrank, das Bett, ein Nachttischchen und ein Wäscheschrank. Der Fußboden war mit einem grünlichen Teppich ausgelegt. Das war alles. Bilder hat er geliebt. Bilder, die ihm gefielen, hat er gekauft, entweder für das Braune Haus, seine Wohnung oder den Berghof. Vor allem Spitzweg; Spitzweg hatte es ihm angetan. Und Wagner hat er geliebt. In Berlin hatten wir einen großen Radiokasten mit einem Plattenspieler; da hat er die Platten von Wagner aufgelegt. Einmal kam ich ins Musikzimmer, da saß Hitler am Klavier und klimperte auf den Tasten rum. Als ich reinkam, hat er sofort aufgehört. Aber ich habe genau gehört, wie er auf den Tasten rumgeklimpert hat.

In seiner Münchner Wohnung war ja auch noch das Zimmer seiner verstorbenen Nichte, der Angelika Raubal[89]. Das habe ich erst später mitbekommen. Das Zimmer war immer abgeschlossen und den Schlüssel hatte Hitler. Ich war nie in diesem Zimmer. Am Todestag der Angelika ist Hitler immer allein in das Zimmer gegangen. Frau Winter hat manchmal den Schlüssel bekommen, um im Zimmer Staub zu wischen, ansonsten war das Zimmer absolut tabu.

Auf seinem Schreibtisch stand immer ein Bild seiner Mutter. Seine Mutter war sein Ein und Alles. Seinen Vater liebte er wohl nicht so, aber seine Mutter, die hat er verehrt bis dorthinaus.

Am Obersalzberg blieb er meistens bis zum Mittagessen in seinem Schlafzimmer. Manchmal ging er auf den Balkon oder die Terrasse, bis ich gemeldet habe: „Das Essen ist angerichtet." Dann haben alle Platz genommen. Hitler wurde von mir bedient. In seiner Gegenwart haben viele auch vegetarisch gegessen, aber das war nur Schein. Die gingen hinterher in die Küche und ließen sich dort ein Stück Braten servieren.

Wenn wir im Auto fuhren, saß ich ja immer direkt hinter ihm. Dabei hat er sich manchmal auch über Politik unterhalten. Einmal, ich glaube, es waren nur Schaub oder Brückner und einer der Wehrmachtsadjutanten mit im Wagen, hat er sich zu den Juden geäußert. Das war weit vor dem Krieg. Er sagte, dass er im Ersten Weltkrieg als Meldegänger selbst Juden erlebt hätte, die sogar das EK I bekommen hätten. Die könne man doch jetzt nicht verfluchen.

Erinnern kann ich mich auch an den 9. November 1938. Wir waren in der Reichskanzlei. Schaub kam rein und meldete, dass die Synagogen brennen würden. Hitler hatte meiner Meinung nach keine Ahnung davon, nicht die geringste Ahnung. Er wurde blass, direkt blass und wütend, richtig wütend. „Was habt ihr denn da wieder angestellt? Das kann ich wieder ausbaden. Warum werde ich nicht unterrichtet?" Genau das waren seine Worte. Darauf sagte Schaub: „Dr. Goebbels war

---

89 Angela „Geli" Raubal, 1908–18.9.1931, siehe Anmerkung auf S. 69

auch dabei." Hitler ist mitten im Essen aufgestanden, raus, ins Auto und Kempka[90] hat uns nach Hause gefahren. Er hat sich oben in seiner Wohnung eingeschlossen und war für keinen mehr zu sprechen.

Ähnlich war es auch zu Kriegsbeginn gegen Polen. Ich erinnere mich genau an die Szene, als das Regiment Groß-Deutschland durch die Wilhelmstraße zog. Hitler saß in einem Sessel, ich stand einen, vielleicht anderthalb Meter von ihm entfernt. Er guckte durch die Gardine auf die Straße. Und als der letzte Mann durchmarschiert war, stand er auf und sagte zu mir: „Jetzt rollt es, jetzt kann ich es auch nicht mehr aufhalten." Wörtlich hat er das gesagt. Dann ging er alleine die Treppe herauf, schloss sich ein und war nicht mehr zu sprechen. Er war sehr bedrückt, von Hochstimmung keine Spur. Er hat dann später nur telefonisch Brückner mitgeteilt, dass wir am nächsten Tag mit dem Zug zur Front fahren würden. Immer wenn er allein sein wollte, hat er sich eingeschlossen. Vor allem abends, wenn er schlafen ging. Dabei ging er erst in seine Bibliothek. Ob er dann gleich ins Bett gegangen ist, weiß ich nicht, ich habe ihn nie im Schlafzimmer gesehen.

Die neuesten Nachrichten, wir nannten sie die „blauen Briefe", habe ich ihm immer auf einen Stuhl vor dem Schlafzimmer gelegt. Das Zimmer hatte zwei Eingänge, einen aus der Bibliothek und einen aus dem Nebenzimmer. Und dort legte ich immer die neuen Zeitungen und Meldungen, die ich von Dietrich[91] bekam, auf den Stuhl. Und da habe ich ihn einmal beobachte, wie er die reinholt. Er machte die Tür bloß einen schmalen Spalt auf, griff die Zeitungen und Meldungen vom Stuhl und schloss die Tür sofort wieder. Mehr als eine Hand habe ich dabei nicht gesehen.

Erinnerungen habe ich vor allem noch an das Weihnachtsfest. Hitler machte zu Weihnachten viele Geschenke. Die kamen zu ihm in die Wohnung und dann hat er ausgesucht, was

---

90 Erich Kempka, 1910 – 1975, siehe Anmerkung auf S. 80
91 Sepp Dietrich, 1892 – 1966, Kommandeur der Leibwache Hitlers, später Generaloberst der Waffen-SS, ranghöchster Offizier, WK II: Polen, Niederlande, Belgien, Frankreich, Balkan, Sowjetunion – immer mit SS-Mordaktionen verbunden. Ab 1942 1. SS-Panzer-Divison „Leibstandarte Adolf Hitler", die im März 1943 Charkow eroberte. Normandie, Ardennenoffensive. 1946 zu lebenslanger Haft verurteilt (wegen Erschießung von 70 amerikanischen Kriegsgefangenen), begnadigt zu 25 Jahren, entlassen 1955.

er verschenken wollte. Dann rief er mich und wir haben zusammen die Geschenke verpackt. Das war so 1935 oder 1936, genau weiß ich es nicht mehr. Er gab mir die Sachen und ich musste sie verpacken. Er schrieb dazu eine Karte, steckte sie in einen Briefumschlag mit dem betreffenden Namen und der Adresse und hat ihn unter den Bindfaden geschoben, mit dem das Paket eingepackt war. Die Kraftfahrer mussten Weihnachten alle fahrbereit sein. Sie bekamen die Pakete und wurden hierhin und dahin geschickt. Selbst bis nach Berchtesgaden herauf.

Einmal Heiligabend klingelte er mich an und sagte mir, ich solle ein Taxi bestellen. Der Fahrer sollte aber nicht am Prinzregentenplatz halten, sondern am Nebenausgang. „Sagen Sie unten niemandem, dass ein Taxi kommt." Ich dachte noch, was hat er denn, was will er denn, als er mir sagte, ich solle Zivilkleidung anziehen oder wenigstens einen Mantel überziehen. Ich war ja in Uniform und hatte Stiefel an. Also habe ich schnell einen Zivilmantel übergezogen. Und dann sind wir tatsächlich hinten durch den Boteneingang raus. Hitler hatte einen Schlüsselbund mit vielen Schlüsseln und mit denen schloss er eine Tür nach der anderen auf und hinter uns wieder zu. Unten hat bereits das Taxi gewartet. Ich wollte gleich beim Taxifahrer vorne einsteigen, aber er griff mich gleich am Kragen und zog mich nach hinten auf die Rückbank. Ich saß sogar auf der falschen Seite neben ihm, also er saß links von mir. Und dann sind wir durch München gefahren. Das wollte er sehen und das wollte er sehen und nach etwa einer Stunde sagte er, er wolle zum Café Luitpold. Als wir ausstiegen, fragte er mich, ob ich Geld zum Bezahlen dabei hätte. Als der Fahrer den Preis nannte, sagte Hitler: „Ach, geben Sie ihm so viel." Der Fahrer ist sofort losgefahren. Der hat bestimmt gedacht, das sind ein paar warme Brüder, wenn sie verstehen, was ich meine. Der hat den Hitler gar nicht erkannt. Es war dunkel, als wir einstiegen, und beide trugen wir einen Hut. Also, der Taxifahrer ließ sich von uns nicht mal die Türen zumachen. Der fuhr so schnell an, dass die Türen zuschlugen.

Wir sind dann zu Fuß nach Hause gegangen. Über den Stachus, runter zur Prinzregentenstraße. Und dann fing es leicht an zu nieseln. Es war Glatteis. Ich bin zunächst einen halben Meter hinter ihm gegangen. Er sagte dann: „Kommen Sie an meine Seite. Es glaubt sowieso niemand, dass der Führer des

Volkes hier spazieren geht." Und wenn doch jemand kam, hat er schnell den Kragen hoch- und den Hut runtergezogen, sodass er nicht zu erkennen war. Und dann haben wir uns wegen des Glatteises gegenseitig eingehakt und sind zurück zur Wohnung. Kein Mensch hat gewusst, dass wir allein etwa zwei Stunden durch München gefahren und gelaufen sind. Als Himmler das später erfuhr, ist er auf mich los, wie ich dazu käme, wenn da etwas passiert wäre. Als ich ihm sagte, er solle mit mir zum Chef gehen – wir sagten untereinander immer Chef zu Hitler, Führer sagten wir nur, wenn Fremde da waren –, hat er mich schließlich losgelassen. Aber er war fuchsteufelswild.

Hitler habe ich so nie erlebt. Er gab seine Anweisungen immer in einem freundlichen Ton. Es war eine freundliche Verbindlichkeit, kein Befehlston. Er war ausgeglichen, solange alles gut ging. Aufgebracht wurde er nur, wenn etwas gegen seinen Willen unternommen wurde. Dann wurde er ungehalten und wollte wissen, wer den Befehl dazu gegeben hätte. Aber getobt, wie es heute dargestellt wird, hat er in meiner Anwesenheit nie. Dass er vor Wut in den Teppich gebissen haben soll, ist der größte Quatsch. Er konnte manchmal kurz angebunden sein, das stimmt. Mir gegenüber sagte er einmal: „Sie brauchen ja nur zu sehen, wer mich angreifen will, ich muss aber schauen, ob uns ein Land angreift." Ich war immer in seiner Nähe, hab auf ihn aufgepasst, hab immer direkt hinter ihm gestanden. Er hat ja praktisch von meinem Dienstantritt bis zum Polenfeldzug keinen privaten Schritt getan, bei dem ich nicht dabei war. In der Reichskanzlei oder bei internen Besprechungen mit den Gauleitern oder der Generalität war ich natürlich nicht dabei. Aber ansonsten war ich immer so nah bei ihm, dass ich den Spitznamen „Schatten" erhielt. Alle nannten mich „der Schatten". Es kam sogar Post, adressiert an „Herrn Schatten". In der Reichskanzlei wusste dann jeder, wer damit gemeint war.

Wenn wir unter uns waren, war Hitler sehr bescheiden. Dann hat er manchmal sogar das Frühstückstablett, das ich ihm gebracht habe, auf seine Knie gelegt und vom Tablett gegessen. Zu meiner Zeit, also bis zum Polenfeldzug, aß er zum Frühstück Leibnizkekse und eine Tafel Schokolade. Dazu trank er eine oder zwei Tassen warmgemachte Vollmilch aus einem Kännchen. Das war sein Frühstück. Ansonsten aß er ja nur vegetarische Speisen. Abends bei Tisch hat er manchmal zu denen, die Fleisch aßen, „Aasfresser" gesagt, aber es konnte jeder essen, was er wollte, da hat er sich nie eingemischt. In diesen Dingen war er tolerant.

Natürlich wurde in seiner Anwesenheit niemals geraucht. Aber einmal erinnere ich mich, hat er sogar nach den Rauchern gerufen. Wenn wir in Berchtesgaden waren, ist er ja oft von seinem Berghof zum Mooslahner Teehaus spazieren gegangen. An einem Tag gab es unheimlich viele Mücken. „Wo sind denn die Raucher?", hat er gefragt. „Sonst pafft ihr alle bis dorthinaus und heute ist keiner da." Und dann haben sich alle um ihn gruppiert und haben geraucht. Später musste ich sogar noch Zigaretten kaufen. Brückner verwaltete ja das Geld. Ich bin zu ihm hin und er gab mir das Geld für die Zigaretten. Hitler selbst hatte in all den Jahren, die ich bei ihm war, nie ein Portemonnaie bei sich. Manchmal trug er Geld lose in der Tasche. Wenn er Geld brauchte, hat er den Brückner beauftragt, Geld von der Kasse zu holen. Beim Winterhilfswerk zum Beispiel, wenn bei ihm gesammelt wurde, dann steckte er überall Geld in die Sammelbüchsen.

Kurz vor dem Schlafengehen brachte ich ihm oft noch einen Baldriantee und eine Flakonflasche mit Cognac; vielleicht ein Achtelliter Cognac. Das brachte ich mit einem Tablett in sein Zimmer und stellte es auf den Nachttisch. Dann hat er sich davon etwas in den Tee gegossen. Einmal hat er zu mir gesagt: „Krause, machen Sie heute den Tee gleich fertig." Da habe ich einen anständigen Schuss Cognac reingekippt. Am nächsten Morgen sagte er mir: „Noch mal machen Sie mir keinen Tee mit Cognac. Ich bin ja bald blau gewesen." So sprach er mit mir, wie ein Vater zum Sohn. Vielleicht auch, weil ich noch so jung war, vielleicht zu jung für diese Aufgabe.

Während des Polenfeldzuges bin ich einmal mit Hitler im Chausseegraben zur kämpfenden Front vorgegangen. Alle anderen blieben zurück. Die Generäle riefen: „Mein Führer, zurückbleiben, zurückbleiben". Aber er sagte nur: „Der Krause ist bei mir." Und zu mir sagte er: „Halten Sie Ihre Maschinenpistole bereit." Angst hatte er keine. Ich hatte in dem Moment mehr Angst als er. Er selber hatte ja zwei Pistolen, eine tschechische Kaliber 6,35, die er immer in der Hosentasche trug und eine 7,65. Aber Angst vor einem Attentat hatte er eigentlich nicht. Eher davor, dass er sterben könnte, bevor er alles erledigt hatte. Da hatte er gewisse Ängste.

Ein anderes Mal sind wir in einem Panzerspähwagen gefahren. Ein Oberleutnant hat uns geführt. Die Straße war aber noch in polnischer Hand, ich konnte die Polen mit dem Gewehr im Anschlag im Graben liegen sehen. Wir sind die falsche Straße gefahren, aber passiert ist nichts.

Er hat oft gesagt, wenn ich meinen Krause dabei hab, dann hab ich keine Bange mehr. Ein einziges Mal musste ich hart eingreifen. Wir fuhren nach Berchtesgaden und da kam einer angelaufen und wollte auf das Trittbrett des Mercedes springen. Als er sich am Wagen festhielt, habe ich seine Hand weggehauen und er fiel rückwärts runter. Da schimpfte der Hitler mich an: „Der wollte mich doch nur begrüßen, das war ein Kriegskamerad aus dem Ersten Weltkrieg." Das konnte ich ja nicht wissen. Als wir in Berchtesgaden waren, musste ich rauf zu ihm. „Fassen Sie das nicht so auf, dass ich bös bin. Ist nur schade, dass er runtergefallen ist, der wollte mich nur begrüßen, weiter nichts. Aber dass Sie aufgepasst haben, das freut mich." Damit war die Sache erledigt.

Mit Hitler kam ich sehr gut aus. Mit Eva Braun dagegen habe ich mich nicht verstanden. Ich sollte sie einmal auf dem Berghof gegen halb fünf in der Früh wecken, weil sie auf dem Rossfeld Ski laufen wollte. Aber ich musste jede Nacht bis zwei in der Früh arbeiten, weil außer mir ja niemand da war. Da habe ich gesagt, das mache ich nicht. Von da ab war es aus zwischen uns. Sie hat mich geduldet, weil ich nun mal da war, aber mehr nicht. Das ständige „gnädiges Fräulein" hier und „gnädiges Fräulein" da, das brachte ich nicht hin. Er hat immer Evchen zu ihr gesagt, aber ich kam nicht mit ihr aus. Das Thema Hitler und Eva Braun war bei uns tabu. Da haben wir überhaupt nicht drüber gesprochen.

Aber mit meinem Zerwürfnis mit Hitler hatte sie nichts zu tun. Die Sache war so: Hitler machte einen Frontbesuch in Polen und ich hatte an diesem Tag keinen Dienst. Trotzdem bin ich mit allen zum Mittagessen gegangen, irgendwo bei der Wehrmacht. Plötzlich kam der Hans Junge[92] zu mir

---

92 Hans-Hermann Junge, 1914 – 1944, Ordonnanzoffizier, persönlicher Diener Hitlers. Er heiratete mit Hitlers Einverständnis eine der Sekretärinnen Hitlers, Gertraud Humps (siehe Gespräch auf S. 445).

gelaufen und sagte, wir haben kein Fachinger. Hitler trank ja nur Fachinger. Ich hab dann bei Ärzten anderes Wasser besorgt und es dem Junge gegeben. Hitler hat sofort gemerkt, dass das kein Fachinger war, und hat den Junge angefahren, wie er dazu käme, ihm irgendein Wasser hinzustellen. Daraufhin sagte ihm Junge, ich hätte ihm das Wasser gegeben. Als wir dann nach Haus fuhren, musste ich noch im Zug zu ihm. „Wie kommen Sie dazu, mir so ein Wasser vorzusetzen?" Ich versuchte noch zu erklären, warum, aber er fuhr mich an: „Ach was, Sie sind mir verantwortlich. Ich will Sie nicht mehr sehen." Da war ich rausgeschmissen. Ich glaub, ich war in dem Moment so etwas wie ein Blitzableiter. An dem Tag hatte sich nämlich Folgendes ereignet: Die Leibstandarte hatte einen Vorstoß gemacht und dabei sind 20 oder 25 Mann in einen Hinterhalt der Polen geraten. Die Leichen lagen in einem Obstgarten und die Polen hatten den Toten die Geschlechtsteile und Zungen abgeschnitten. Der Bruder eines der Toten war auch bei der Leibstandarte. Als er das Gemetzel sah, hat er sich eine Maschinenpistole genommen, ist in das Dorf rein und hat alles, was sich auf der Straße bewegte, erschossen. Das hat der Hitler alles im Vorbeifahren hautnah mitbekommen und wahrscheinlich war er deshalb so erregt. Er hat dann noch dafür gesorgt, dass ich wieder zur Marine kam. Auf diese Weise habe ich dann den Norwegenfeldzug mitgemacht.

Später bin ich noch mal in seine Nähe zurückgekehrt, aber dann in das sogenannte Führerbegleitkommando.

Ich hab trotzdem den Hitler immer als meinen zweiten Vater angesehen. Er hat ja auch damals meine Mutter nach Berlin eingeladen und mit ihr zusammen Kaffee getrunken. Dabei hat er ihr gesagt: „Für Ihren Sohn sorge ich jetzt. Da brauchen Sie sich jetzt nicht mehr zu sorgen."

An dieser Auffassung hat sich bis heute nichts geändert. Aber er wurde betrogen, von allen betrogen. Sie haben ihm nie die reine Wahrheit gesagt. Er wusste gar nicht, was wirklich geschah. Ich habe selber erlebt, wenn jemand von der Front kam zur Berichterstattung bei Hitler, dass er zuerst zu Bormann musste, um ihm alles zu erzählen. Und dann hat der Bormann bestimmt, das darf der Führer wissen, das braucht er nicht zu wissen oder darf er nicht wissen. Bormann war die graue Eminenz, der Totengräber des Dritten Reiches.

ERNA MOLL

„Ich war glückselig"

Erna Moll
1901 – 1998
Nichte des Staatsschauspielers Otto Gebühr,
Sekretärin des Gauleiters von Düsseldorf, Karl Friedrich
Florian, ab 1931

Erna Moll traf Hitler beim Reichsparteitag in Nürnberg 1933. Ihn zu treffen, war ihr größter Wunsch: „Hitler kam auf mich zu, nahm meine beiden Hände, drückte sie und sprach mit mir: Sie sind die Sekretärin und sind schon so lange hier bei Herrn Florian. Der Blick in seine Augen, das war ganz einmalig. Ich war mit einem Schlag ganz ruhig. Die Tiefe seiner Augen, die Unergründlichkeit im guten Sinne, das Durchschauen. Ich habe mir sofort gedacht, der weiß ganz genau, was in dir vorgeht … Dann unterschrieb er mir drei Exemplare ‚Mein Kampf'. Eines habe ich bis heute bewahren können."

Noch sechzig Jahre später ist ihre Begeisterung über die Begegnung spürbar, wenn sie sagt: „Dann bin ich von da direkt zum Hotel von Herrn Florian gelaufen im Übermaß der Freude und habe ihm gesagt: ‚Es ist wahr geworden, ich habe vom Führer die Hand gekriegt.'"

Das Interview fand statt am 8.4.1989.

Da die erste Anlaufstelle der NSDAP in Düsseldorf genau gegenüber von meinem Elternhaus lag und mein jüngerer Bruder schon sehr früh die Sprechabende der kleinen Gruppe von Nationalsozialisten besuchte, die es damals in Düsseldorf gab, das waren aber nicht mehr als ein paar Handvoll Männer, bekam auch ich schon in der sogenannten Kampfzeit – also lange vor Hitlers Machtergreifung – Kontakt zu ihnen. Eines Tages kam Herr Florian, er war damals schon der führende Kopf in Düsseldorf, zu uns in die Wohnung und fragte mich, ob ich mir vorstellen könnte, seine Sekretärin zu werden. Ich war zuerst ganz erschrocken, weil ich mir nie eine Arbeit in einem Büro vorstellen konnte. Ich wollte lieber mit Kindern arbeiten oder in der Natur.

Ich bat um eine Bedenkzeit und meine Mutter sagte noch zu mir: „Kind, überlege dir gut, was du tust." Kurz und gut, da ich inzwischen auch schon eine Versammlung mit Dr. Goebbels besucht hatte und von den Ideen Adolf Hitlers begeistert war, vor allem davon, das Nationale und das Soziale in einer Bewegung zu vereinen, sagte ich zu und begann gleich am nächsten Tag meine Arbeit. Es war ein winzig kleines Büro. Herr Florian hatte ein Zimmer und meines lag davor, sodass jeder, der zu Herrn Florian wollte, durch mein Zimmer gehen musste. Das Büro war mehr ein Verschlag, alles primitiv und sehr einfach, wir hatten ja nichts außer unserer Begeisterung; aber es ging dort zu wie in einem Bienenkorb. Jeden Morgen kamen Stöße von Zeitungen und Post und den ganzen Tag klingelten die Telefone. Ich hatte mehrere Telefone nebeneinander stehen und telefonierte hier und da, notierte und informierte – also, es war eine aufregende Zeit mit vielen Schwierigkeiten und Problemen. Aber wir haben sie alle irgendwie gemeistert.

Bei uns gingen viele Ortsgruppenleiter, Kreisleiter, SA-Führer und andere Personen aus und ein, viele davon Teilnehmer des Ersten Weltkriegs. Auch Goebbels war mal da und Göring anlässlich einer Feier für Albert Leo Schlageter[93], den die Franzosen auf der Golzheimer Heide erschossen hatten. Aber Hitler persönlich habe ich zum ersten Mal auf dem Reichsparteitag 1933 in Nürnberg getroffen. Herr Florian nahm mich in seinem Auto mit nach Nürnberg zum Reichsparteitag, zusam-

---

93 Albert Leo Schlageter, 1894 – 1923, siehe Anmerkung auf S. 77

men mit seinem Adjutanten und auch Frau Florian. Und das war eine fröhlich Fahrt. Wir haben gesungen, und ich stellte mich im Wagen hin, um mir den Wind ins Gesicht wehen zu lassen. Wir fuhren ja einer Freude entgegen. Das war so was Wunderbares, dieses Nürnberg. Das war ein Höhenflug, so ein Parteitag.

Auf der Hinfahrt habe ich noch zu Herrn Florian gesagt: „Dieses Mal fahre ich aber nicht aus Nürnberg zurück, ohne dass der Führer mir die Hand gegeben hat." Na, na, na, sagte er dann so zu mir. Und es war so. Es war so. Ich habe mich schon in aller Herrgottsfrühe gegenüber dem Hotel hingestellt, in dem Hitler übernachtete, ich meine, es hieß Deutscher Hof. Mitten in die Menschenmasse, obwohl mir das Stehen immer schwerfiel. Aber von einem Bein auf das andere und manchmal habe ich mich einfach auf eine Zeitung auf den Gehweg gesetzt – da gab es noch nicht so schöne Zellophantüten wie heute. Und dann habe ich gewartet.

Nun kannte ich einen alten SS-Mann aus Chemnitz, der war im Ersten Weltkrieg schwer verwundet worden und war deshalb ehrenhalber im Kommando des Führers. Er war früher mal bei uns in Düsseldorf und mit dem hatte ich mich verabredet. Er kam nun aus dem Hotel und suchte mich, weil ich ihm gesagt hatte, dass ich genau gegenüber dem Hotel warten würde. Er fand mich, nahm mich mit in das Portal des Hotels und sagte: „In genau zehn Minuten fährt der Führer zu einem Vortrag. Er kommt dann hier die Treppe herunter." Gesagt, getan. Ich stand da und nach zehn Minuten kam der Führer tatsächlich die Treppe herunter, um wegzufahren und zu sprechen.

Dann sagte ein anderer SS-Mann zu mir: „Ja, haben Sie denn nicht mal einen Blumenstrauß?" Nein, da hatte ich gar nicht dran gedacht. Aber das ganze Hotel stand ja voller Blumen. Da habe ich einfach schnell aus einer Vase einen Strauß gezogen, am Unterrock abgetrocknet, der Führer kam die Treppe herunter, ich streckte ihm die Blumen entgegen und sagte: „Heil, mein Führer." Dann nahm er meine Hand und die Blumen wanderten natürlich gleich nach hinten zu einem Begleiter. Das war das erste Mal, dass ich Hitler persönlich getroffen habe. Ich war so glücklich! Dann bin ich von da direkt zum Hotel von Herrn Florian gelaufen im Übermaß der

Freude und habe ihm gesagt: „Es ist wahr geworden, ich habe vom Führer die Hand gekriegt." Ich war glückselig.

Später habe ich ihn noch einmal getroffen, das war im Jahr 1937 anlässlich der Ausstellung „Schaffendes Volk" in Düsseldorf. Da kam er sehr spät im Oktober, kurz vor Toresschluss. Das hatte mir Herr Florian schon vorher erzählt und zwar im Hotel in Berlin, wo ich mit ihm anlässlich einer Tagung war. Er rief mich zu sich und sagte: „Frau Moll, jetzt verziehen Sie bitte keine Miene. Ich muss Ihnen was sagen. Sie müssen diese Nacht noch nach Düsseldorf fahren. Morgen oder übermorgen ist der Führer bei uns im Gau. Verziehen Sie jetzt keine Miene", sagte er noch einmal, er kannte mich. Und das habe ich natürlich auch nicht getan. Florian hatte bereits die Presseleute von unserer Zeitung „Volksparole" benachrichtigt, dass die mich in der Nacht im Auto nach Düsseldorf mitnahmen.

Ich hatte von Herrn Florian den Auftrag erhalten, sofort alle Kreisleiter, Gauamtsleiter, alle Landräte und so weiter zu benachrichtigen, damit die alle am nächsten Tag anwesend waren. Ich durfte ihnen aber nicht sagen, warum. Ich sagte nur: „Sie müssen da sein, Herr Florian will Sie sprechen." Ich habe dann den ganzen Tag, todmüde, wie ich war, rumtelefoniert, damit ich das Völkchen zusammen bekam – und dann kam der Führer.

Aus Sicherheitsgründen wurde die ganze Gauleitung geräumt. Nur die Sekretärin des Stellvertretenden Gauleiters und ich sind geblieben. Am Tag vorher kam noch einer von der Küche von Adolf Hitler und sagte: „Es wäre schön, wenn Sie etwas Obst haben für den Führer." Das habe ich dann selber besorgt, damit das nicht vergiftet war. Die ahnten ja nicht, für wen ich das Obst kaufte.

Herr Florian hatte mir vorher gesagt: „Wenn es so weit ist und der Führer hat sich ausgeruht, stelle ich Sie dem Führer vor." Dafür bin ich Herrn Florian immer dankbar gewesen, das hat er auch gemacht. Ich saß in meinem Büro und der Führer saß bei Herrn Florian im großen Saal, das war im Schloss Jägerhof. Etwas später kam Herr Florian und sagte: „Es ist jetzt so weit, ich will Sie dem Führer vorstellen." Mein Herz konnte man unter dem Wams schlagen hören, so aufgeregt und voller Freude war ich. Aber mir hatte mal eine alte Parteigenossin gesagt, es sind alles nur Menschen, im Hemd sehen sie alle egal aus. Daran musste ich damals denken, auch später noch bei manchem anderen hohen Tier, was zu uns in die Gauleitung kam.

Na ja, der Führer kam und Herr Florian rief mich und dann sind wir so quasi aufeinander zugegangen. Ganz feierlich und das war so wunderbar. Hitler kam auf mich zu, nahm meine beiden Hände, drückte sie und sprach mit mir: „Sie sind die Sekretärin und sind schon so lange hier bei Herrn Florian." Er begrüßte mich, das ging ja fast wortlos. Aber der Blick in seine Augen, das war ganz einmalig. Ich war mit einem Schlag ganz ruhig. Die Tiefe seiner Augen, die Unergründlichkeit im guten Sinne, das Durchschauen. Ich habe mir sofort gedacht, der weiß ganz genau, was in dir vorgeht.

Er setzte sich dann in einen Sessel im Büro von Herrn Florian und ich brachte ihm etwas Obst: eine Banane, eine Apfelsine, die habe ich ihm schön geschält und ihm angeboten und die hat er so nett genommen und sich für alles bedankt. Und dann hatte ich natürlich das Buch „Mein Kampf" unter dem Arm. Als er dann sah, dass ich in der Türe stand mit drei Exemplaren seines Buches – mein Vater hatte wenig später Geburtstag und dem wollte ich das schenken mit der Unterschrift –, sagte er: „Ach, das soll ich doch sicher alles unterschreiben." Er machte es einem so leicht. „Ja", sagte ich, „da wäre ich Ihnen sehr dankbar." Dann schlug er ein Exemplar „Mein Kampf" auf, da stand mein Name drin. „Erna Moll heißen Sie", sagte er zu mir, „was für ein schöner melodischer Name", und dann unterschrieb er mir die drei Exemplare. Eines habe ich bis heute bewahren können.

Als Hitler uns dann verließ, drängten sich die Menschen schon vor dem Schloss und riefen im Chor: „Wir wollen unseren Führer sehen! Wir wollen unseren Führer sehen!" Das dröhnte förmlich in den Ohren. Da habe ich mir noch gedacht, was der Mann aushalten muss so Tag für Tag, das ist schon eine Leistung.

HERMANN GIESLER

„Hitler war für mich eine außerordentliche Persönlichkeit"

Hermann Giesler
1898 – 1987
Generalbaurat für die „Hauptstadt der Bewegung"

1915 – 1918 Soldat im Ersten Weltkrieg
1919 – 1923 Besuch der Kunstgewerbeschule München und Studium der Architektur an der TH München
1930 Selbstständiger Architekt
1931 Eintritt in die NSDAP
1933 Bezirksbaumeister in Sonthofen
1934 Errichtung der „Ordensburg Sonthofen"
1936 Baubeginn des Gauforums Weimar
1938 Ernennung durch Hitler zum Professor und „Generalbaurat für die Hauptstadt der Bewegung" München
1941 Bauleiter im Baltikum für die Organisation Todt
1942 Von Hitler zum führenden Architekten für die Neugestaltung der Stadt Linz ernannt

Hitler mit Hermann Giesler (links) vor einem Architektur-Modell der österreichischen Stadt Linz; rechts Martin Bormann. München, November 1942 (Ausschnitt)

1943 Mitglied des Reichstags
1944 Von Albert Speer in den Arbeitsstab für den Wiederaufbau bombenzerstörter Städte berufen
Aufnahme in die „Gottbegnadeten-Liste" der zwölf wichtigsten bildenden Künstler durch Adolf Hitler
1945 Von Hitler zum SA-Brigadeführer ernannt
1945 – 1946 Internierungslager
1947 Verurteilt zu lebenslanger Haftstrafe wegen der Beteiligung an Tötungsverbrechen im KZ Mühldorf Hauptverfahren durch ein US-Militärgericht und Inhaftierung in Landsberg
1952 Entlassung aus der Haft
1953 Niederlassung als selbstständiger Architekt in Düsseldorf

Hitler zeigte Giesler das Theater seiner Heimatstadt Linz, in dem er im Alter von 16 Jahren Wagners Oper „Rienzi" gehört hatte: „Sein Vertrauen in die Vorsehung und sein eiserner Wille hielten ihn bis zum letzten Tag aufrecht."

Hermann Giesler schildert seine ausführlichen Gespräche mit Hitler und seine Modell-Präsentationen im Keller der Reichskanzlei in Berlin im Februar 1945. „Ich erinnere mich noch genau an den Tag, an dem ich Hitler das Modell zum ersten Mal zeigen konnte ... Er bat um einen Stuhl, setzte sich und verharrte schweigsam und versunken. Keiner der Anwesenden sprach ein Wort. Es war eine sonderbare Stimmung, die jeden von uns ergriff. Der Krieg ging in seine letzte Phase und Hitler betrachtete schweigend und wie in einem Traum ein Modell, dessen Umsetzung er unter den gegebenen Umständen nicht mehr erleben würde."

Das Interview fand statt im Jahr 1983.

Ich bin 1898 in Siegen geboren – noch im kaiserlichen Deutschland. Mein Vater war Architekt. Ich habe die Zeitspanne vom Ersten Weltkrieg über die Weimarer Republik, die Machtübernahme Hitlers, das Dritte Reich bis zum Krieg und seinem Ende in vollem Bewusstsein und über viele Jahre in unmittelbarer Nähe Hitlers miterlebt. Mein drei Jahre älterer Bruder Paul war schon früh in der nationalsozialistischen Bewegung aktiv und wurde 1941 zum Gauleiter der NSDAP ernannt. Ich erwähne das, weil mir außer uns und den Brüdern Albert und Martin Bormann kein Brüderpaar bekannt ist, das Hitler in seiner nächsten Nähe geduldet hat.

Ich habe, wie mein Vater und mein Bruder, Architektur studiert und habe zunächst als selbstständiger Architekt gearbeitet.

Mein Kontakt zu Hitler war – anders als der meines Bruders – nicht durch politische oder parteiinterne Aufgaben geprägt, sondern durch architektonische Aufträge, die mir von Hitler persönlich im Laufe der Jahre übertragen wurden: die Planung der Ordensburg Sonthofen, das Gauforum in Weimar, die Neugestaltung Münchens als Hauptstadt der Bewegung, die Hohe Schule der NSDAP am Chiemsee, der Neubau des Hotels Elephant in Weimar – und im Herbst 1940 die Neugestaltung seiner Heimatstadt Linz an der Donau.

Ich habe Hitler bei vielen Gelegenheiten, von 1935 bis zum Februar 1945, also wenige Monate vor seinem Tod, begleitet und immer wieder, oft über Stunden, über architektonische Fragen mit ihm gesprochen.

Hitler war für mich eine außerordentliche Persönlichkeit. Seine Forderung, den Klassenkampf zu überwinden und die deutsche Nation zu einer Einheit zu formen, hat mich schon früh angesprochen und ich bin deshalb 1931 in die NSDAP eingetreten.

Hitler besaß bis zum Kriegsende eine Ausstrahlung, der ich mich nicht entziehen konnte und die auch auf alle anderen gewirkt hat, mit denen er in meinem Beisein sprach. Er besaß umfassende Kenntnisse in allen Bereichen der Architektur, verfügte über ein untrügliches Gespür für Formen und Proportionen und es war keine Seltenheit, dass er meine Entwürfe eigenhändig nachbesserte oder schnelle Skizzen entwarf, um seinen Vorstellungen eine sichtbare Form zu geben. Meine Beurteilung mag der heutigen Sicht auf Hitler widersprechen;

sie entspricht aber der Wahrheit und ist keine aus der Rückschau entstandene Glorifizierung.

Als Beispiel für die Intensität, mit der Hitler sich um geplante Bauvorhaben kümmerte, möchte ich auf das Hotel Elephant in Weimar verweisen, das Hitler bei vielen Gelegenheiten als Gast besucht hatte. Das historische Gebäude aus dem 16. Jahrhundert, in dem schon Schiller und Goethe wohnten, musste 1937 auf Anweisung der Bauaufsichtsbehörde wegen akuter Einsturzgefahr gesperrt werden. Der damalige Gauleiter Fritz Sauckel wandte sich in dieser Angelegenheit an mich und wir trugen Hitler die Sachlage vor. Er entschied den Abriss und Neubau.

In vielen Gesprächen entwickelte er mir dazu seine Vorstellungen. Das neue Hotel sollte sich in die städtebauliche Umgebung einpassen und gleichzeitig unserem neuen Lebensgefühl entsprechend weder kalte Hotelarroganz verkörpern noch auf Effekthascherei abzielen. Er verlange Schlichtheit und eine solide Ausführung in Fortsetzung der besonderen Würde und Tradition des Hauses. Hitler kümmerte sich um jedes Detail, damit Mitarbeiter und zukünftige Gäste sich wohlfühlen konnten. Er plante neben komfortablen Doppel- und Einzelzimmern auch besondere Appartements für Künstler, die in Weimar zu Gast sein würden. Er verlangte Arbeitsräume für Damen- und Herren-Friseure und einen lichtdurchfluteten Frühstücksraum. Er entwarf angesichts des zu erwartenden vermehrten Verkehrsaufkommens Pläne für unterirdische Parkmöglichkeiten mittels eines elektrisch betriebenen Wagenaufzugs, forderte die bestmögliche Schalldämmung und die moderne Einrichtung der Küchen- und Kühlräume, der Aufzüge und aller weiteren technischen Anlagen. In den vielen Gesprächen, die ich mit Hitler führte und in denen er mit mir alle Details bis hin zu den einzusetzenden Baumaterialien besprach, zeigte sich immer wieder die außerordentliche Begabung und ich möchte sogar sagen: Leidenschaft Hitlers für architektonische Fragen.

In meinem Dabeisein wies er Gauleiter Saukel ausdrücklich darauf hin, die Hotelkosten so niedrig wie möglich zu halten, um auch weniger begüterten Volksgenossen die Übernachtung zu ermöglichen. Das Hotel wurde im November 1938 eröffnet und Hitler zeigte sich bei einem Gang durch das Haus außerordentlich zufrieden.

Im gleichen Jahr ernannte Hitler mich gegen meine deutlich geäußerten Bedenken zum „Generalbaurat für die Hauptstadt der Bewegung" – München. Auch hier plante er umfangreiche Neugestaltungen, die in Form und Ausgestaltung dem politischen und kulturellen Denken des Nationalsozialismus entsprechen sollten. Besonderen Wert legte er dabei auf die Neugestaltung von Wohngebieten, die er für die Münchner Südstadt vorsah. Er legte großen Wert auf familiengerechte Wohneinheiten, moderne sanitäre Ausgestaltung und ausreichende Grünflächenplanungen. Noch während des Krieges entstanden Richtlinien, die Hitler aus meiner Sicht zum Begründer einer sozial ausgerichteten Wohnungsbaupolitik werden ließen.

Die Neugestaltung Münchens war für mich [eine] enorme Herausforderung, die aber bis zum Kriegsende über den Bau von Modellen nicht hinauskommen sollte.

Das gilt im Wesentlichen auch für Linz, mit dessen Neugestaltung Hitler mich im Herbst 1940 auf dem Berghof beauftragte. Linz war für Hitler, anders als Wien, eine persönliche Angelegenheit. Um mir seine Vorstellungen vor Ort zu verdeutlichen, fuhr Hitler mit mir nach Linz. Er zeigte mir die Stadt, wies auf zu beachtende Besonderheiten [hin] und entwarf mir vor Ort in klaren Zügen seine Vorstellungen. Es war mir schnell klar, dass er sich mit diesem Vorhaben schon lange und intensiv auseinandergesetzt haben musste. Beim Gang durch die Stadt machte er mich auch auf das Theater aufmerksam, in dem er als Junge zum ersten Mal Wagners Oper „Rienzi" gehört habe. „Hier", so sagte er, „fing alles an."

In der Folgezeit entwarf ich mit Nachdruck die geforderten Planungen. Hitler wartete ungeduldig auf meine Entwürfe und Zeichnungen und zwischen Lagebesprechungen und den Vorträgen hoher Militärs arbeiten wir gemeinsam an der Neugestaltung von Linz. Er besuchte mich mehrfach in meinem Atelier in München, um sich die entstehenden Modelle anzusehen. Mit meinem Entwurf seines Altersruhesitzes, einem Vierkantgebäude in der Tradition österreichischer Bauernhöfe, war er zufrieden, bei anderen Entwürfen debattierten wir stundenlang über Form und Wirkung. Die Form eines Vierkanthofes hatte ich gewählt, weil Hitler mir einmal in einem Vieraugengespräch anvertraut hatte, dass sein Interesse an der Architektur darauf zurückzuführen sei, dass er in einer der ältesten Kulturlandschaften, zwischen dem Alpenvorland und dem Mühlenviertel, inmitten der traditionellen Vierkantbauernhöfe und der kulturell wertvollen Stifts- und Klosterbauten wie Melk und St. Florian aufgewachsen sei. Wie so vieles andere, was ich mit Hitler gemeinsam planen dufte, blieben auch diese Vorhaben infolge der Kriegsereignisse unvollendet.

Während der Kriegsjahre besuchte ich Hitler immer wieder, oft über mehrere Wochen, in seinem Hauptquartier in Rastenburg, nachdem er sich entschlossen hatte, nicht mehr in größerer Runde gemeinsam mit anwesenden Militärs sein Mittag- und Abendessen einzunehmen. Nach den Lagebesprechungen zog er sich in seine Privaträume zurück, um dort seine Mahlzeiten einzunehmen. Oft lud er mich dazu als Gast ein. Wir aßen gemeinsam und ich war erstaunt, wie einfach und wie wenig er zu sich nahm. Er rauchte nicht, trank keinen Alkohol und begnügte sich mit einfachen Mehlspeisen, Milchreis oder einem Teller mit Gemüse.

Wir verbrachten viele Abende und Nächte unter vier Augen. Wir sprachen dabei vor allem über architektonische Fragen und städtebauliche Maßnahmen und zeichneten oft bis spät in der Nacht gemeinsam Pläne. Hin und wieder vertraute Hitler mir dabei auch Dinge an, die ihn bedrückten. Ich war schockiert, als er mir eines Nachts seine Sorge mitteilte, dass es in seinem engsten Kreis einen Verräter geben müsse, der geheimste Informationen über die Schweiz an die Alliierten weitergab. Schlafen ging er erst, nachdem er die letzten Informationen von den Fronten erhalten hatte.

Standen wichtige Entscheidungen an, zeigte Hitler eine gewisse Unruhe. Er ging im Raum hin und her, gestikulierte und formulierte temperamentvoller und mit Nachdruck. Das waren aber seltene Ausnahmen, die mir wohl deshalb in Erinnerung geblieben sind.

Nach den Lagebesprechungen sprach er in kleiner Runde über politische und militärische Themen. Ich war fasziniert, mit welcher Sicherheit und innerer Überzeugung er dabei seine visionäre Sicht der Zukunft Europas vortrug. Immer wieder schweiften seine Gedanken ab und kreisten um Fragen der Raumordnung, des Städtebaus und der Architektur.

Im Februar 1945 traf ich Hitler zum letzten Mal. Ich war zu dieser Zeit im letzten Befehlsstand Hitlers im Bunker unter dem Garten der Reichskanzlei. In einem großen, hellgetönten Kellerraum unter der Neuen Reichskanzlei hatte ich das handwerklich ausgezeichnet gelungene, detailgetreue Modell der mit Hitler abgestimmten Donauufer-Bebauung von Linz aufgebaut. Linz, seine Heimatstadt, lag ihm immer besonders am Herzen. Um das Licht- und Schattenspiel zu verschiedenen Tageszeiten darstellen zu können, ließ ich Scheinwerfer aufstellen, mit denen ich den Stand der Sonne simulieren konnte.

Ich erinnere mich noch genau an den Tag, an dem ich Hitler das Modell zum ersten Mal zeigen konnte. Die Scheinwerfer simulierten die Sonneneinstrahlung am Nachmittag und eröffneten Hitler eine Blickrichtung auf Linz, wie sie sich von seinem geplanten Altersruhesitz dargeboten hätte. Hitler verharrte einen Moment schweigend, schaute mich mit seinen immer noch wachen Augen an und bedankte sich zuerst bei dem ebenfalls anwesenden Modellbauer Mehringer. Dann ging er schweigsam um das Modell und betrachtete aus verschiedenen Perspektiven die geplanten Baumaßnahmen seiner Heimatstadt. Er bat um einen Stuhl, setzte sich und verharrte schweigsam und versunken. Keiner der Anwesenden sprach ein Wort. Es war eine sonderbare Stimmung, die jeden von uns ergriff. Der Krieg ging in seine letzte Phase und Hitler betrachtete schweigend und wie in einem Traum ein Modell, dessen Umsetzung er unter den gegebenen Umständen nicht erleben würde.

Trotz seiner Belastung durch die immer hoffnungslosere militärische Lage ging Hitler mit mir zwischen den Lagebesprechungen, oft weit nach Mitternacht, in diesen Kellerraum, um sich mit mir über Einzelheiten der baulichen Neugestaltung von Linz zu unterhalten, mit denen er sich praktisch bis zu seinem Lebensende intensiv befasste. Meist stand oder saß er aber still und versunken vor dem Modell. Wenn ich das Wort ergriff, winkte er ab. Er versank wortlos in seinen Erinnerungen und wollte dabei nicht gestört werden. Für ihn waren diese nächtlichen Stunden seltene Gelegenheiten, um den täglich wachsenden Belastungen zu entfliehen und etwas Entspannung zu gewinnen.

Hitler hatte sich stark verändert, seine linke Hand zitterte, er ging leicht nach vorne gebeugt und wirkte oft abwesend. In einem Vieraugengespräch sagte er mir, dass er kaum noch

Schlaf finden würde. Selbst Schlafmittel würden ihm nicht helfen. Er läge nachts stundenlang wach und würde oft erst in den Morgenstunden für kurze Zeit einschlafen. Entspannung brächte ihm nur noch die Beschäftigung mit architektonischen Fragen. Trotz dieser Belastungen habe ich ihn nie wankend gesehen. Sein Vertrauen in die Vorsehung und sein eiserner Wille hielten ihn bis zum letzten Tag aufrecht.

Am 22. Februar teilte mir mein Bruder aus München mit, dass unsere Mutter durch den Beschuss amerikanischer Tiefflieger schwer verwundet worden sei, und er bat mich, so schnell wie möglich nach München zu kommen. Als ich mich von Hitler verabschiedete, gab er mir wortlos die Hand, sah mich an und legte dabei, wie so oft in der Vergangenheit, seine linke Hand auf meinen Arm. Das war der Abschied.

Die letzte Phase des Krieges verbrachte ich auf dem Befehlsstand meines Bruders in München und später in Landsberg. Dort erreichte uns in der Nacht zum 1. Mai 1945 die Nachricht vom Tode Hitlers. Für mich brach damals eine Welt zusammen.

MARGARETE MITTLSTRASSER

„Für uns waren sie wie ein Ehepaar"

Margarete Mittlstrasser
(keine Lebensdaten ermittelt)
Köchin und Hausverwalterin auf dem Berghof 1936 – 1945

Margarete Mittlstrasser fing an als Köchin auf dem Obersalzberg und wurde dann Hausdame von Eva Braun. Zu ihr hatte sie eine sehr nahe, freundschaftliche Beziehung. Sie sieht Eva Braun als energisch, durchsetzungsfähig – nur gegenüber Hitler habe sie das Dummchen gespielt, weil er es so wollte.
Sie schildert den Tagesablauf auf dem Berghof und gibt zu Protokoll: „Hitler war nicht unnahbar, aber wir hatten eigentlich keine Möglichkeit, mit ihm zu sprechen ... Er war sehr distanziert und hat die Leute gar nicht so an sich rangelassen."
Und: „Für mich war die Zeit auf dem Berghof der Höhepunkt meines Lebens ... Die neun Jahre, die ich oben war, sind ein wichtiger Teil meines Lebens."

Das Interview fand statt im Juni 1996.

Adolf Hitler verkehrte regelmäßig in München in der Osteria Bavaria[94], weil dort vegetarisches Essen angeboten wurde. Dort arbeitete eine Tante von mir als Bedienung, die bei allen Gästen sehr beliebt war. Als Hitlers Schwester, Frau Raubal, die bis dahin seinen Haushalt am Obersalzberg geführt hatte, heiratete, fragte Hitler meine Tante, ob sie nicht diese Aufgabe übernehmen möchte. Sie hat zugesagt. Weil sie aber Angst vor der neuen Aufgabe hatte, fragte sie meine Mutter, ob ich nicht mit ihr zum Obersalzberg raufkommen könnte, da ich das Hotel- und Gaststättengewerbe gelernt hatte. Meine Mutter hat eingewilligt und so bin ich im Jahre 1936 zu Hitler gekommen.

Zu Anfang war ich nur in der Küche tätig, ich musste mich ja erst eingewöhnen und lernen, was zu tun war. Die Köchin, das war damals die Lili aus dem Saarland, kümmerte sich um die Hauptmahlzeiten und ich war für die kalte Küche wie Salate und andere Beigaben zuständig.

Eines schönen Tages kam Eva Braun in die Küche und sagte mir, der Führer hätte ihr erlaubt, ein Mädchen vom Berghof mit nach München zu nehmen. Da ich gut kochen konnte, nahm sie mich mit. Sie war es nicht gewöhnt, wie im Hotel verwöhnt zu werden, und genoss es, von mir bekocht zu werden. Als sie mir vorschlug, ganz zu ihr nach München zu kommen, habe ich das abgelehnt. Ich war ja nur wegen Adolf Hitler zum Berghof hinauf, sonst wäre ich niemals aus München weggegangen. Sie sah das ein und bat mich nur, ihr einen Ersatz zu besorgen. Das habe ich dann auch gemacht und danach bin ich wieder zurück zum Obersalzberg, wo ich dann mit meinem Mann im langen Anbau eine Wohnung im ersten Stock mit Balkon bezogen habe. Dort wohnte ja zuerst auch der Hausmeister, Herbert Döhring[95]. Wir sagten immer, der hat Ohren, der hört alles. Aber er hat dann ein Techtelmechtel mit einem unserer Zimmermädchen angefangen. Seine Frau, die Anni, war eines der ersten Mädchen am Berghof gewesen, hatte schon unter Hitlers Schwester Frau Raubal im Haus Wachenfeld gearbeitet, und Hitler schätzte sie sehr. Als Döhring zum Hitler ging und ihm sagte, dass er seine Frau verlassen woll-

---

94 Osteria Bavaria, siehe Anmerkung auf S. 65
95 Herbert Döhring, 1913 – 2001, SS-Leibstandarte Adolf Hitler seit 1934, 1935 Führerschutzkommando, bis 1943 Hausverwalter auf dem Berghof, dann an die Front versetzt. Siehe Gespräch auf S. 167

te, hat der gesagt: „Sie verlassen sofort mein Haus." Döhring musste dann gehen und wir haben seine Aufgabe übernommen.

Eva Braun war für uns von Anfang an die Frau Hitlers im Haus. Sie haben ja auch nebeneinander gewohnt mit einer Verbindungstür zwischen den beiden Schlafzimmern. Sie wurde zunächst immer als Fräulein Braun angesprochen, bis ich sie gefragt habe, ob ich veranlassen könne, dass sie als „gnädiges Fräulein" angesprochen würde. Ich weiß nicht, sie hat das scheinbar mit dem Führer besprochen und dann zu mir gesagt: „Ja, Margret, das können Sie machen" – und von da ab war sie das gnädige Fräulein im Haus. Mein Verhältnis zu Eva Braun war sehr persönlich. Ich war alles bei der Eva. Wenn sie früh die Augen aufgemacht hat, dann kam schon der erste Anruf: Schicken Sie mir die Margret. Ich bin dann mit einem Notizblock und einem Bleistift zu ihr gegangen. Sie hat oft im Bett gefrühstückt. Ich habe mich dann zu ihr hingesetzt und dann sind wir gemeinsam den ganzen Tagesablauf durchgegangen. Ich war schließlich eine Art Hausdame für Eva Braun, die ja mit Beginn des Krieges die ganze Zeit auf dem Berghof geblieben ist. Zwischen uns gab es eigentlich keine Distanz. Ich erinnere mich an folgende Begebenheit in der Wasserburgstraße in München. Die Eva fragte mich: „Ist da ein Mann unten?" Und ich sagte: „Ja, meiner." „Na, das ist keiner", hat sie gesagt und ist im Négligé runter, das hat ihr nichts ausgemacht. Wir haben praktisch dazugehört. Ich habe ihr sogar manchmal den Rücken gewaschen, also da gab es keine Distanz zwischen uns.

Eva Braun war alles andere als das Dummchen, als das sie manchmal dargestellt wird. Sie hat eine gute Erziehung bei den englischen Fräuleins in München genossen und das merkte man. Sie war auch kein weicher Typ, das hat sie bloß Hitler gegenüber so gespielt. Sie war an sich sehr energisch, und wenn sie etwas durchsetzen wollte, dann hat sie es auch durchgesetzt. Wir haben das natürlich gewusst und respektiert. Ich wäre für sie durchs Feuer gegangen. Mein Mann hat manchmal zu mir gesagt, die ist wichtiger für dich als ich.

Auf dem Berghof hat sie sich sehr viel mit ihren Filmen und Bildern beschäftigt. Fotografieren und Filmen war ihre Leidenschaft. Ihre Filme hat sie alle selber geschnitten und geklebt, das hatte sie ja beim Foto Hoffmann gelernt. Ihre Tagebücher bestanden vor allem aus Bildern. Sie hat Alben gehabt über jedes Jahr, die alle im Tresor aufbewahrt wurden.

Sie war sehr gepflegt. Hitler hat sie nie anders gesehen. Sie hätte sich ihm nie anders gezeigt. Sie schminkte sich sehr dezent. Manchmal kam der Friseur vom Platterhof zu uns herunter und hat ihr im Schlafzimmer vor dem Toilettenspiegel die Haare gelegt. Und zwischendurch, wenn sie dann doch etwas vorgehabt hat, musste er ihr ein paar Locken drehen und mit einer Nadel feststecken. Dann war sie wieder hergerichtet.

Wenn wir wussten, dass Hitler kommen würde, waren wir alle ziemlich aufgeregt. Alles wurde auf Hochglanz gebracht. Sie müssen sich das vorstellen wie in einem Hotel. Wenn Hitler kam, kam er ja nicht allein, sondern er brachte immer eine Menge anderer Leute mit, seine Adjutantur, die Sekretärinnen, die Führerdiener Krause, Linge und Junge. Hitler selbst wurde ja immer von den Führerdienern bedient, die anderen Gäste von den übrigen Dienern.

Hitler war nicht unnahbar, aber wir hatten eigentlich keine Möglichkeit, mit ihm zu sprechen. Das gab es gar nicht. Er war sehr distanziert und hat die Leute gar nicht so an sich rangelassen. Das war halt so seine Persönlichkeit. Ob er einsam war, kann ich nicht sagen, dazu habe ich ihn privat zu wenig gekannt. Er begegnete mir oft im Flur oben, wenn er aus seinem Arbeitszimmer kam und nach unten ging. Wenn wir uns begegneten, fragte er mich immer das Gleiche: „Na, wie geht's, meine liebe Frau Mittlstrasser?" Zu mehr sind wir nicht gekommen. Ich konnte ihn ja auch nicht einfach anreden und etwas fragen. Was ich zu sagen hatte, sagte ich zu Eva Braun und die hat dann vieles dem Führer berichtet. Dabei habe ich ihr vieles erzählt, was andere ihr nicht gesagt hätten. Beispielsweise nach einem Fliegerangriff auf München, bei dem es viele Tote gegeben hat. Eva Braun war natürlich aufgeregt, sie stammte ja selber aus München und wollte wissen, was los war. Und da habe ich ihr erzählt, dass ich von meinen Münchner Verwandten gehört hätte, dass alles zerstört worden sei und es viele Tote gegeben habe. Sie hat das gleich dem Führer weitererzählt und der hat wiederum Bormann, seine rechte Hand, befragt. Bormann hat das natürlich alles verniedlicht und verkleinert. Etwas später kam Eva Braun dann zu mir und hat gesagt: „Margret, das stimmt nicht, was Ihnen die Leute erzählt haben. Das war alles nicht so schlimm."

Martin Bormann habe ich, genau wie die anderen, immer als bösen Geist empfunden. Wir haben immer gesagt, das muss so eine Art Rasputin gewesen sein. Wir haben ihn alle gefürchtet. Er war gefährlich.

Was Bormann gesagt hat, galt als wahr. Jede Rückfrage von Hitler ging über Bormann und der hat das dann so hingebracht, wie er es wollte. Er war der Herrscher oben auf dem Berg, nicht Hitler. Hitler war immer der Gast. Ohne Bormann ging nichts am Obersalzberg. Alles lief über ihn. Ich erinnere mich an folgende Begebenheit, die beispielhaft ist für Bormann. Unterhalb des Berghofes gab es damals noch einen alten Bauernhof, Flözbauer hat der geheißen. Einmal sagte Hitler zu Bormann, ich glaube, das war 1936, schön wäre das, wenn der einmal nicht mehr wäre. Einige Tage später ist der Hitler für ein oder zwei Tage nach München gefahren, und wie er zurückgekommen ist, waren da nur noch grüne Wiesen. Das war Bormann. Der ist angerückt mit allen Arbeitern und einigen Maschinen, hat das Haus abreißen lassen, alles planiert und Rasen ausgerollt. Er hat ja auch den ganzen Obersalzberg einzäunen lassen. Genauer gesagt, hat er zwei Zäune errichten lassen, einen inneren und einen äußeren. Am inneren gab es bestimmte Übergänge, da standen die Wachen. Reingekommen ist nur, wer einen bestimmten roten Ausweis besessen hat.

Wenn Hitler auf dem Berghof war, hat er sein Frühstück, wie Eva, immer auf dem Zimmer eingenommen. Getrunken hat er dazu immer Kamillentee. Runtergekommen ist er erst zum Mittagessen. Dann haben sich alle im Wohnzimmer getroffen: die Gäste, die da waren, die Hausgäste und die aus den Gästehäusern. Und dann gingen sie paarweise, Hitler mit Eva auf der einen Seite, und der Dame, die als Hauptgast da war, auf der anderen Seite, den langen Gang entlang in das Speisezimmer, um das Mittagessen einzunehmen. Das galt natürlich nicht, wenn offizielle Staatsgäste anwesend waren. Dann mussten alle Damen aus dem Haus verschwinden. Die mussten dann alle irgendwo einen Ausflug machen oder irgendetwas anderes unternehmen; dann war auch Eva nicht dabei.

Gegessen hat Hitler ja nur vegetarisch. Wir hatten dafür extra eine vegetarische Köchin, die ist immer zwischen Berlin und dem Berghof mitgereist. Mal hat sie das Gemüse so angerichtet, am nächsten Tag etwas anders. Es gab Gemüsebratl oder

Nockerl, aber verlockend war das alles nicht. Aber er hat nur das gegessen und getrunken hat er immer seinen Kamillentee.

Danach wurde geruht und zur Kaffeezeit sind dann alle rübergegangen zum Teehaus. Der Spaziergang dauerte so etwa eine halbe Stunde und führte runter durch das Gelände über die Wiesen beim Bechsteinhaus, ein kleines Bergerl rauf zum Mooslahnerkopf, da stand das Teehaus.

Als der Krieg begann, ordnete Hitler an, dass in seinen Haushalten genau so gelebt werden müsse wie in jedem anderen Volkshaushalt. Wir mussten genau wie alle anderen auch mit unseren Lebensmittelmarken auskommen. Nur wenn Hitler mit seinem ganzen Stab anwesend war, haben wir Wehrmachtsverpflegung erhalten. Das war natürlich mehr als das, was die privaten Haushalte bekommen haben. Von den Verpflegungssätzen haben wir dann immer etwas abzuwacken versucht, um danach den Hausgästen, vor allem Evas Freundinnen, noch etwas anbieten zu können. Hitler hat ja auch ganz einfach und solide gelebt. Sein privates Schlafzimmer war nicht anders als ein normales Hotelbett. Erst wenn er zum Schlafen hochgegangen ist, haben sich die Hausgäste noch einen schönen Abend gemacht. Da gab es dann auch schon mal alkoholische Getränke.

Der Berghof war nicht so sehr groß. Ebenerdig befand sich die große Halle, die ist ja auf der ganzen Welt bekannt. Und von der Halle ging man in das kleine Wohnzimmer herauf, das war der Anbau vom alten Haus Wachenfeld. Am Wohnzimmer war eine kleine Veranda, das war alles. Links von der Halle lag der Speisesaal. Ausgelegt war der Speisesaal mit Fleckerlteppichen, wie wir in Bayern sagen, also mit handgewebten rot-beigen oder rot-weißen Wollteppichen. Das war der ganze Schmuck. Die Stühle waren aus einem hellen Holz mit einer tomatenroten Polsterung und die Wände bestanden aus Zirbelholz. Nur die Kacheln waren etwas Besonderes. Eine Frau Stork, eine Bekannte von Eva Braun, hat die Kacheln mit individuellen Motiven bemalt. Bilder aus der Umgebung, Eva, wie sie mit ihren Hunden spazieren geht, und andere persönliche Motive. Im ersten Stock war dann rechter Hand Evas Apartment. Das war ein Wohnzimmer, eine ganz kleine Bettkoje und ein Bad. Dann kam ein Durchgang zu Hitlers Schlafzimmer, der gleichzeitig als Kofferraum für beide diente. Er hatte wie Eva eine einfache Schlafcouch, hergestellt von den Vereinigten Werkstätten in

München, bezogen mit handgewebtem Leinen, einen Schrank, alles sehr solide und einfach. Übrigens ist immer jeder für sich zu Bett gegangen. Ob sie sich dann noch durch den Durchgang getroffen haben, wissen wir nicht. Manchmal haben die beiden auch noch in ihrem Zimmer Kaffee getrunken – sie trank Kaffee, Hitler trank nur Tee. Da gab es einen kleinen schönen Rundtisch vor der Couch, und der wurde dann eingedeckt.

Für uns waren sie wie ein Ehepaar. Alle, die viel oben waren, wussten Bescheid und haben sie als seine Frau gekannt und anerkannt. Sie waren ein Paar und ich meine, sie waren ein glückliches Paar.

Im zweiten Stock hatten dann noch Gretl Braun[96] und Professor Morell[97], einer von Hitlers Leibärzten, ihre Appartements. Auf der Stirnseite über Hitlers Arbeitszimmer nach vorne raus mit einem Balkon wohnte Minister Esser[98] oder

---

96 Gretl Braun, 1915 – 1987 (Steingaden), Eva Brauns Schwester. Heiratete im Juni 1944 SS-Gruppenführer Hermann Fegelein, der am 29. April 1945 wegen (angeblicher) Fahnenflucht erschossen wurde.

97 Theo Morell, 1886 – 1948, siehe Anmerkung auf S. 130

98 Hermann Esser, 1900 – 1981. Esser kannte Hitler bereits aus dem Reichswehr-Propagandakurs, war einer der frühesten Gefolgsleute und Freund Hitlers und bereits seit 1919 Mitglied der DAP, bevor sie zur NSDAP wurde. 1920 wurde er im Alter von zwanzig Jahren Redakteur des Völkischen Beobachters, schrieb antisemitische Artikel und später ebensolche Broschüren, er arbeitete am 25-Punkte-Programm der NSDAP mit und gehörte zu den fünf Männern, die Hitler duzen durften. Hitler war im Juli 1923 sein Trauzeuge; Esser nahm am Hitler-Putsch teil.
Schwierigkeiten hatte er in der NSDAP aufgrund seiner außerehelichen Eskapaden: mit einer seiner Geliebte hatte er drei Kinder. Hitler ließ ihn nicht fallen. 1933 erhielt Esser einen Sitz im Aufsichtsrat der Lufthansa, kümmerte sich ab 1935 um (deutschen) Tourismus, 1939 wurde er (gut dotierter) Staatssekretär im Propagandaministerium.
Unmittelbar nach der Reichskristallnacht von 1938, legte er seine antisemitische Hetzschrift „Jüdische Weltpest" neu auf: „Adolf Hitler und die von ihm geschaffene und geführte Nationalsozialistische Deutsche Arbeiterpartei haben den Kampf gegen den Juden und den Judengeist in allen Lagern durchkämpft und so Volk und Reich wieder frei und glücklich gemacht."
Während Hitler am 24. Februar 1945 in Berlin seine 90-Minuten-Rede zur Parteigründung vor 25 Jahren vor den Reichsleitern und Gauleitern vorlas, ließ er seine Proklamation von Hermann Esser in München verlesen – mit dem neuen Schlusssatz: „Vor 25 Jahren verkündete ich den Sieg der Bewegung! Heute prophezeie ich am Ende den Sieg des Deutschen Reiches!"
Hermann Esser wurde im Mai 1948 als Mitläufer aus amerikanischer Internierung entlassen, von deutschen Behörden festgenommen und zu fünf Jahren Arbeitslager verurteilt. Er arbeitete unbehelligt im Deutschen Reisebüro und starb 1981.

manchmal auch andere höhere Gäste. Ich konnte mich im ganzen Haus frei bewegen, denn ich musste ja kontrollieren, ob alles in Ordnung ist.

Und dann gab es noch den Bunker. In den sind wir bei jedem Alarm runter. Es hat ja immer geheißen, wir müssen runter, weil wir gefährdet seien. Um in den Bunker zu gelangen, musste man hinten aus dem Berghof, in der Höhe vom Altbau, raus. Da war auch die Stützmauer, die den ganzen Berg nach oben hin abgestützt hat. In die Mauer hinein war dann eine Treppe zum Bunker gebaut. Der Bunker selbst war ganz einfach, ein paar kleine Räume. Ein Raum war für Hitler und Eva reserviert, die anderen haben wir benutzt. Und zum Schluss ist die Eva ja nach Berlin gegangen. Da haben wir dann nicht mehr viel gehört und gesehen. Wir haben bloß jeden Tag telefoniert, was zu erledigen war und ob sie noch was gebraucht hat. Mein Mann hat sie sogar gefragt, ob er sie holen soll. „Nein, ich bleib beim Führer!", hat sie gesagt. Das war das Letzte, was wir von ihr gehört haben.

Für mich war die Zeit auf dem Berghof der Höhepunkt meines Lebens. Ich habe dort oben viel Verantwortung gehabt und habe vieles arrangiert. Aber das war für mich eine Selbstverständlichkeit. Die neun Jahre, die ich oben war, sind ein wichtiger Teil meines Lebens.

WILHELM MITTLSTRASSER

„Zuletzt hat sie sich sogar mit meiner Pistole erschossen"

Wilhelm Mittlstrasser
1914 – 2004
Angehöriger der SS, Hausmeister auf dem Berghof bis 1945

Mittlstrasser, Ehemann von Margarete Mittlstrasser, schildert vor allem persönliche Eindrücke von Eva Braun: „Für Eva Braun hätte ich mich zerreißen lassen. Ich habe sie sehr gemocht."

Mittlstrasser kam durch Zufall auf den Berghof, wo er seine Frau kennenlernte. Er war vorher schon bei der SS. Dort hatte er sich geweigert, an einem Erschießungskommando beim „Röhm-Putsch" mitzumachen, was keine Folgen für ihn hatte.
Bormann hatte bei ihnen den Spitznamen „Rasputin". Sogar Generäle zitterten vor ihm. Hitler und Eva Braun wurden als Ehepaar gesehen. Er wollte sie so mädchenhaft haben, sie machte mit.

Das Interview fand statt im Juni 1996.

Den Namen Hitler habe ich zum ersten Mal im Zusammenhang mit dem Putsch in München im Jahre 1923 gehört. Ich war damals bei den „Jungen Bayern", einer rechts stehenden Organisation. Hitler war sehr redebegabt und uns Jungen hat er eben fasziniert. Wenn er sagte, ich war Frontsoldat und kenne den Krieg, dann haben wir gedacht, der will sicher keinen neuen Krieg. Krieg haben wir, die Jugend, alle nicht gewollt. Wir dachten, der will uns einschüchtern, damit wir zupacken und wieder Arbeit und Brot haben. Und wie er entlassen wurde aus Landsberg, 1924, da sind wir Buben rausgegangen zum Zirkus Krone, wo er gesprochen hat. Wir wurden reingelassen, ohne Eintritt zahlen zu müssen, wahrscheinlich damit der Saal voll wurde. Er hat gut geredet, aber einen überwältigenden Eindruck hat er nicht auf mich gemacht. Er hat uns schon aus dem Herzen gesprochen mit Versailles, denn es hat auch uns Jungen nicht gepasst, dass wir ewig zahlen sollten. Später sind wir dann zur HJ gegangen, genauer gesagt wurden die „Jungen Bayern" mehr oder minder in die HJ überführt. Aber wir haben dann schon aktiv mitgemacht.

1934 bei der Röhm-Revolte[99] war ich schon Mitglied der SS. Eines Tages wurden mehrere von uns rausgesucht. Du, du, du und du vortreten. Wir würden zur Erschießung abgestellt. Als ich nachfragte, zu was für einer Erschießung, da hieß es, wir müssten nach Stadelheim, der Heines[100], der Strasser[101] und andere würden erschossen. Ohne mich, habe ich da gesagt und bin einfach weggegangen. Da müsst ihr schon einen anderen finden, da mache ich nicht mit. Das war alles. Aber das war meine größte Enttäuschung, denn ich kannte ja den Heines persönlich – das war ein Pfundskerl. Hinterher hat der Hitler alles so gut formuliert, dass wir geglaubt haben, dass sie wirklich einen Aufstand haben machen wollen. Klar war uns auf jeden Fall, dass die SA von da an nur noch eine Art Kegelverein ohne jede Bedeutung sein würde.

---

99 Röhm-Putsch, siehe Anmerkung auf S. 112
100 Edmund Heines, 1897 – 30. Juni 1934. An diesem Tag im gleichen Hotel wie Röhm mit einem Mann im Bett aufgefunden. SA-Führer, von Röhm befördert, Polizeipräsident von Breslau seit Frühjahr 1933. In seinem Privat-KZ hielt er den vormaligen Reichstagspräsidenten Paul Löbe (1875 – 1967) gefangen.
101 Gregor Strasser, 1892 – 30. Juni 1934, NSDAP-Beitritt 1921, 1923 Teilnahme am Hitler-Putsch, ideologische Differenzen mit Hitler

Dass ich dann später zum Berghof gekommen bin, war reiner Zufall. Meine Eltern hatten ein Lokal in der Luisenstraße und eines Tages kommt ein alter Kamerad rein und fragte mich, was ich beruflich planen würde. Als ich ihm sagte, dass ich meinen Meister bei der Großeinkaufsgesellschaft Hamburg gemacht hätte und nun eine Stellung suchen würde, sagte er mir, dass sie oben am Berghof Fahrer suchen würden; ich müsste aber gleich nach Pullach raus.

Ich hab kurz entschlossen mein Zeug gepackt, bin heraufgegangen und konnte auch gleich dort bleiben. Zunächst bin ich als Lebensmittelfahrer für die Küche eingesetzt worden. Bei dieser Gelegenheit habe ich meine Frau kennengelernt, die zu dieser Zeit bereits auf dem Berghof arbeitete.

Eva Braun hatte zu dieser Zeit einen Fahrer, einen gewissen Jung, der nur den Mercedes fuhr, wenig später aber wegging. Als meine Frau wenig später der Eva Braun sagte, dass wir heiraten wollten, stellte sie mich als ihren Fahrer ein. Das Fahren der Damen war an sich nicht so beliebt, weil die immer am Tisch vom Chef gesessen und da über die Fahrer gesprochen haben – über jeden kleinen Fehler, wenn einer mal nicht so gut gefahren ist. Und das hat der Bormann dann immer erfahren, weil er ja dabei war. Und dann hat der den Fahrer immer sofort gerüffelt oder abgelöst. Im Krieg hat er Fahrer sogar direkt an die Front versetzt. Aber bei mir ging alles gut. Wir hatten zunächst eine Wohnung im Türken[102]. Als der Hausverwalter Herbert Döhring zur Front versetzt wurde, hat Hitler uns 1943 als Hausverwalter-Ehepaar eingestellt.

Hitler war für mich immer der Chef. Privat haben wir praktisch nichts miteinander gesprochen. So alle Vierteljahre habe ich mit ihm Bilder in der Halle umgehängt, dann haben wir uns gut verstanden. Ich musste ihm die verschiedenen Bilder bringen und hab dabei auch manchmal Fehler gemacht, weil ich mich nicht so gut ausgekannt habe wie er. Aber da war er nie ungehalten, meistens hat er nur leise geschmunzelt, weil er wusste, dass ich mich nicht so auskenne. Er selber hat ja sämtliche Maler und Bilder gekannt. Zu mir war er immer höflich. Dass er mal ein böses Wort gesagt hätte, hat es nicht gegeben.

---

102 Gaststätte, siehe Gespräch Herbert Döhring S. 167

Anders der Bormann. Der war geradezu Familienfeind von uns. Wir nannten ihn „Rasputin". Wir haben ihn gefürchtet von A bis Z. Der hätte uns am liebsten auf den Mond geschickt, wenn das möglich gewesen wäre. Meine Frau war ihm einfach zu nah an der Eva Braun dran, das war ihm nicht recht. Er hat immer alles vermixt, verkleinert und verschustert und die Realität vom Führer ferngehalten. Er war ein mächtiger Mann, vor dem haben sogar die Generäle gezittert. Aber für den Hitler war er praktisch unersetzlich. Wenn der Hitler bloß geschnauft hat, hat der Bormann das praktisch schon umgesetzt.

Beim Mittagessen hat er immer das Gleiche gegessen wie Hitler. Nach dem Essen ist Hitler meistens raufgegangen in sein Privatzimmer. Wahrscheinlich hat er sich hingelegt. Dann ist der Bormann gleich rüber in sein Haus und hat sich richtig mit Fleisch und Wurst satt gegessen. Er hatte immer genug zu essen. Da sind oft Wurstpakete von einem Gut in Mecklenburg gekommen, da hat man die geräucherte Wurst schon riechen können. Davon haben wir nie was gesehen. Als unser Junge geboren wurde, da haben wir extra den Chef im Hauptquartier anrufen müssen, damit wir einen Liter Vollmilch vom Gutshof bekommen haben.

Im Berghof hatten wir nie große Vorräte. Ein paar Flaschen Cognac und ein paar Flaschen Wein, das war alles. Oben im Kindergarten, da war ein Bunker, der hat dem Bormann gehört. Da lagerten Tausende von Sektflaschen, aber davon ist zu uns nicht eine Flasche gekommen.

Für Eva Braun hätte ich mich zerreißen lassen. Ich habe sie sehr gemocht. Sie war charmant und hübsch. Hemmungen hat sie bei mir keine gehabt; in ihrer Wohnung in der Wasserburgstraße ist sie sogar in ihrem Schlafanzug heruntergekommen. Ich habe mir dabei auch gar nichts gedacht. Sie war meine Chefin und damit basta. Einmal bin ich mit ihr vom Obersalzberg nach München gefahren. Weil sie Abführmittel nahm, musste sie dringend zur Toilette. „Halten Sie, halten Sie!", hat sie gesagt und dann bin ich einen Hohlweg hinaufgefahren. Dann hat sie gerufen: „Ich brauch Papier!", und ich habe es ihr gebracht. Ein anderes Mal zieht sie während der Fahrt einen Revolver heraus, eine 6,35er. „Herr Mittlstrasser, Schauen sie doch mal meine Pistole an, die taugt doch gar nichts, die kann ich höchstens einem nachschmeißen." Und dann habe ich mit ihr die Pistolen getauscht und ihr meine 7,65 gegeben. Ich glaube, zum Schluss hat sie sich sogar mit meiner Pistole erschossen, aber das weiß ich nicht, das weiß nur Otto Günsche[103].

Für mich waren Eva Braun und Adolf Hitler immer Mann und Frau, ein Ehepaar, da gibt es gar nichts. Sie haben ja auch später in Berlin geheiratet. Wenn Hitler auf dem Berghof war, waren sie Tag und Nacht zusammen. Wenn die Lagebesprechung beendet war, waren die beiden zusammen und er hat ja auch in ihrem Zimmer gefrühstückt. Wahrscheinlich wird er dann auch bei ihr übernachtet haben. Sie war nie in seinem Zimmer, er ist immer durch den kleinen Zwischenraum zwischen ihren Schlafzimmern zu ihr gegangen.

In München ist immer sie zu ihm gefahren. Das waren ja nicht mehr als 1500 Meter. Solange ich sie noch gefahren habe, habe ich sie abends mit ihrem Nachtkoffer rübergebracht. Abgeholt von Hitlers Wohnung habe ich sie nie. Am Morgen hat sie immer ein junger Adjutant zu ihrer Wohnung zurückgebracht. Manchmal haben wir schon gemerkt, dass sie unglücklich gewesen ist, weil sie immer im Schatten gestanden ist oder sich Sorgen um Hitler machte, aber sie war immer fröhlich und hat gelächelt und hat sich nichts anmerken lassen. Er wollte sie immer als kleines Mädchen haben und die Eva Braun hat das auch mitgespielt. Sie hat sich bei ihm immer ein bisschen dumm gestellt. Das hat er so haben wollen. Er wollte ein Tschapperl haben, er hat sie immer Tschapperl genannt. In Wirklichkeit war sie enorm intelligent.

Hitler habe ich zweimal zu Weihnachten erlebt. Weihnachten hat der Chef geschätzt. Er hat uns vorher Bescheid gegeben, dass er den Christbaum so haben wollte, wie er ihn zu Hause hatte, mit bunten Kugeln. Und dann hat sich ein kleiner gemütlicher Kreis versammelt bei ihm. Wir sind nur zum Gratulieren rein, dann sind wir wieder gegangen. Nur wenn sie Getränke gebraucht haben, bin ich raufgegangen.

Ich erinnere mich auch noch an den 20. Juli 1944. Ein heißer Tag. Eva Braun sagte zu mir: „Herr Mittlstrasser, richten Sie alles zusammen, wir fahren zum Baden an den Königssee."

---

103 Otto Günsche, 1917–2003 (Lohmar), persönlicher Adjutant Hitlers. Eva Braun hat sich vergiftet, nicht erschossen.

Da wir zu dieser Zeit keinen eigenen Wagen mehr hatten, habe ich den Postler Zechmeister angerufen, damit er uns hinfährt. Dem Zechmeister sagte ich noch, vor vier, halb fünf brauchst du uns nicht abholen. Etwa eine Stunde später war er aber wieder da und sagte: „Es ist etwas Furchtbares passiert, auf den Chef ist ein Attentat verübt worden." Als Eva Braun das hörte, hat sie meiner Frau gleich aufgetragen, alle notwendigen Sachen zu packen, weil sie sofort nach Berlin fahren wollte. Nun hatte mir Hitler vorher mehrfach gesagt: „Lassen Sie auf jeden Fall Fräulein Braun nicht weg, auch wenn sie kommen will, lassen Sie sie nicht weg vom Berghof." Das habe ich ihr natürlich gesagt und sie gebeten, dazubleiben, weil wir sicher bald Näheres erfahren würden. Nein, hat sie gesagt, und meine Frau angeschrien: „Wir fahren sofort nach Berlin." Dann habe ich oben anrufen und einen Wagen bestellen müssen. Mein Nachfolger als Fahrer, ein gewisser Schenkel, hat sie gleich nach München gebracht und von dort ist sie mit einem Flugzeug weiter nach Berlin geflogen. Das war meine letzte Begegnung mit ihr. Sie hat später immer mal wieder angerufen und uns gebeten, ein bestimmtes Kleidungsstück zu senden, aber gesehen habe ich sie nicht mehr. Wir waren von da ab allein mit den Gästen, mit der Geli Braun und der Frau Schneider mit ihren zwei Kindern Uschi und Gitta. Wir sind geblieben bis zum Angriff.

Zwischenzeitlich hat Hitler uns noch den Waffenrock und die zerschlissene Hose geschickt, die er beim Attentat getragen hat. Die hab ich gleich in Empfang genommen. Ob ich sie in den Tresor oder anderswohin gehängt habe, weiß ich heute nicht mehr. Warum er die Sachen zum Berghof geschickt hat, weiß ich auch nicht. Es lag auch ein Brief dabei an Eva Braun. Ich habe nur den Anfang gelesen: „Mein liebes Tschapperl ...", weiter habe ich nicht gelesen. Tschapperl war sein Kosename für Eva Braun. Angerufen hat er auch noch mal. Nach einem Bombenangriff fragte er mich: „Herr Mittlstrasser, wie sieht es aus, können wir den Berghof wieder instand setzen?" Als ich antwortete: „Vor einem halben Jahr nicht, mein Führer", hat er nur gesagt: „Danke, Herr Mittlstrasser, das war alles." Vielleicht wollte er ja noch einmal kommen, aber dazu kam es nicht mehr.

HERBERT DÖHRING

„Wenn Hitler tobte, hat man es in jedem Zimmer hören können"

Herbert Döhring
1913 – 2001
Hausverwalter auf dem Berghof

1934 Eintritt in die SS-Leibstandarte Adolf Hitler
1935 Wechsel zum „Führerschutzkommando" und als Wachposten auf dem Obersalzberg
1936 Hausmeister auf dem Berghof
1937 Hausverwalter des Berghofs

Herbert Döhring beschreibt vor allem private Begebenheiten, insbesondere bezüglich der Beziehung von Hitler und Eva Braun, und er berichtet über ein 1936 eigens für die beim Umbau des Berghofs beschäftigten Arbeiter betriebenes Bordell: „Da hat man ihnen an der Straße von Berchtesgaden nach Salzburg in Unterau ein Bordell eingerichtet. Die Mädchen bekamen ein Festgehalt von der damaligen Arbeitsfront, Abteilung Kraft durch Freude ... Nach dem Frankreichfeldzug kamen noch Französinnen und Belgierinnen dazu, sodass schließlich dreißig Mädchen da waren."

Das Interview fand statt im August 1994.

1934 kam ein Rundschreiben, in dem es hieß, es würde ein sogenanntes Führerschutzkommando gebildet, für das Männer mit überdurchschnittlichen Leistungen gesucht würden. Mein Zugführer, ein geborenen Münchner, hat mich vorgeschlagen und so wurde ich nach Nürnberg in Marsch gesetzt. Dort habe ich mich im Hotel Deutscher Hof melden müssen und wurde daraufhin zum Schutz des Führers während des Parteitages eingesetzt. So kam ich zur SS-Leibstandarte Adolf Hitler.

In Nürnberg gab es schon das Gerücht, wir würden anschließend auf dem Obersalzberg eingesetzt. Um die vielen Touristen von den Baumaßnahmen fernzuhalten, hatte man sich entschlossen, das Gebiet abzuriegeln, und diese Aufgabe sollten wir übernehmen. So kam ich am 16. September 1935 zum Obersalzberg.

Als ich ankam, war noch alles im Bau. Wir wohnten in einem alten Bauernhaus, da die Kasernen noch nicht fertig waren. Als Erstes wurde ich als Telefonist in das alte Haus Wachenfeld abkommandiert. Drei Telefonisten besetzten die Zentrale rund um die Uhr. Bei dieser Gelegenheit habe ich dann auch meine spätere Frau, die Anna, kennengelernt, die seit Mitte April 1931 im Haus Wachenfeld arbeitete.

In dieser frühen Zeit war der Betrieb im Haus ja ganz klein. Meine Frau hat mir oft erzählt, dass Hitler damals häufig zu ihr in die Küche gekommen sei und sie gefragt habe: „Na, Anna, was kochst du mir heute? Aber bloß kein Fleisch." Hitler habe ihr erzählt, dass eine Gasvergiftung im Ersten Weltkrieg seine Geschmacksnerven ruiniert hätte. Er könne nichts mehr schmecken und Fleisch und Soßen seien ihm zuwider. Das war wohl der Grund, warum er von der normalen Kost zur vegetarischen umgeschwenkt ist. Er hat später ja nur noch Diät gegessen. Äpfel, Quark und andere leichte Kost. Ausnahmen waren nur die Nachtische. Vor allem Apfelstrudel musste meine Frau immer wieder backen.

Zu dieser Zeit wollte ich gar nicht länger bleiben. Ich stamme von einem Bauernhof in Ostpreußen und dorthin wollte ich auch wieder zurück. Aber unser Dienst wurde immer wieder verlängert. Im Mai 1936 kam ich dann noch einmal für kurze Zeit nach Berlin, als Wache an der Reichskanzlei. Aber schon ein paar Tage später wurde ich wieder zum Obersalzberg in Marsch gesetzt. Ich habe mich bei der Bauleitung melden müssen und wurde dann in Schnellkursen an elektrischen Geräten, Klimaanlagen, Ölfeuerungsanlagen und so weiter ausgebildet.

Ich war ganz schockiert, als meine Frau mich darauf aufmerksam machte, dass Hitler eine Freundin hätte. Während des Umbaus des Berghofes wohnte Eva Braun im Gästehaus. Ich sah sie zum ersten Mal wenig später zusammen mit Hitler auf der Terrasse des Gästehauses, wie sie zusammen auf und ab spazierten.

Anfang Juli 1936 war der Berghof fertig und wurde in Betrieb genommen. Hitler ernannte meine Frau zur Chefköchin und mich bis auf Weiteres zum Hausmeister. Das blieb so ein Jahr. 1937 hat Hitler dann meine Frau zur Küchenleiterin ernannt und mich zum Hausverwalter bestimmt. Wir hatten vollkommen freie Hand. Wir haben eigenverantwortlich Personal eingestellt, die Einkäufe und die Wartungsarbeiten erledigt. In der ersten Zeit habe ich noch mit Hitler direkt abgerechnet. Er gab mir manchmal 1000 Mark so, ohne Quittung, das war mir nicht geheuer. Irgendwann habe ich ihm mal gesagt: „Mein Führer, Sie haben mir jetzt schon so einen Haufen Geld gegeben und haben nie was kontrolliert." Da hat er sich mein Abrechnungsbuch angeschaut und es mir am nächsten Morgen mit den Worten „Alles in Ordnung" wieder zurückgegeben.

Im Spätherbst 1936 ging der Betrieb dann richtig los. Viele Besprechungen, Konferenzen, Besuche von Ausländern, vor allem Engländer. Darauf hat Hitler immer großen Wert gelegt: Kontakt zu englischen Politikern, Geschäftsleuten und Wissenschaftlern. Von Krieg gegen England und auch gegen Frankreich kein einziges Wort. Den Ausgleich mit England hat er immer im Auge gehabt. Lloyd George[104] war sein Gast, der war begeistert von den neuen Errungenschaften auf sozialem Gebiet. Englische Kriegsteilnehmer aus dem Ersten Weltkrieg hat er empfangen, und ich erinnere mich genau, wie niedergeschlagen Hitler war, als er von der Abdankung von König Eduard VIII.[105] erfuhr.

Das war am 10. Dezember 1936, an diesem Tag haben wir geheiratet. Hitler richtete unsere Hochzeit aus, und während

---

104 David Lloyd George, 1863 – 1945, 1916 – 1922 brit. Premier, Appeasementpolitiker, lobte Hitler nach dem Besuch im Daily Express in den höchsten Tönen

105 Edward VIII., 1894 – 1972, britischer König, dankte ab, weil er die zweimal geschiedene US-Amerikanerin Wallis Simpson heiraten wollte

des Mittagessens wurde er ständig ans Telefon gerufen. Die deutsche Botschaft in London unterrichtete ihn von der Entwicklung. Er hat immer gehofft, dass Eduard VIII. britischer König würde, und war darum sehr niedergeschlagen. Hitlers Verbitterung gegenüber England begann im Frühsommer 1939, als er informiert wurde, dass die englische Luftwaffe mit Langstreckenbombern Übungsflüge nach Südfrankreich unternahm. Das war für ihn ein Alarmzeichen.

Ich spielte abends manchmal mit dem Gesandten Hewel[106] Skat. Hewel war ständiger Verbindungsmann zwischen dem Auswärtigen Amt und Hitler. Er war früher in England und hatte noch immer gute Verbindungen dorthin. An einem Abend sagte er zu mir: „Herbert, es ist alles aus. England macht scharf. Es gibt kein Zurück mehr. Alle Bemühungen sind zwecklos." Und dann kam zu unserer großen Überraschung der Beistandspakt Englands und Frankreichs mit Polen. Polen wurde dadurch in seiner Haltung gestärkt, schaltete auf stur und die Sache entwickelte sich bis zum Krieg 1939.

Getroffen hat Hitler der Tod des ehemaligen polnischen Staatspräsidenten Piłsudski[107]. Später hat Hitler immer wieder gesagt, wenn dieser Mann am Leben geblieben wäre, wäre alles ganz anders gekommen. In meiner Anwesenheit hat Hitler mehrfach gesagt „Wenn der Piłsudski noch wäre, Polen wäre eines Tages so groß geworden wie noch nie in der ganzen Geschichte."

Wenn auf dem Berghof Konferenzen oder Tagungen abgehalten wurden, mussten alle Damen, auch Eva Braun, das Haus verlassen. Die fuhren dann nach Salzburg oder nach Reichenhall und im Sommer gingen sie oft zum Baden. Wenn sie zu früh zurückkamen, musste ich sie einzeln durch meine Wohnung einschleusen und in ihre Zimmer bringen. Fräulein Braun war nett und freundlich zu uns, aber sie war sehr launenhaft. Wer will ihr das verdenken? Auf der einen Seite war sie mit einem der größten Staatsmänner der damaligen Zeit zusammen und auf der anderen Seite musste sie sich immer verkrümeln und verdrücken.

---

106 Walter Hewel, 1904 – 2.5.1945 (Selbstmord). Hitler-Putsch, Mithäftling Hitlers, Staatssekretär im Auswärtigen Amt, Verbindungsmann zu Hitler
107 Józef Piłsudski, 1867 – 1935, polnischer Militär und Politiker, siehe auch Anmerkung auf S. 47

Die waren ein gezwungenes Freundschaftspaar. Unter normalen Umständen wären die beiden nie zusammengekommen. Von Liebe war da keine Spur. Meiner Meinung nach hat auch Hitler unter dieser Beziehung gelitten. Man wird das heute nicht glauben, aber ich habe oft, wenn ich mit Hitler allein im Zimmer war, den Eindruck gehabt, dass ihn diese Beziehung belastet hat. Ich kann mich erinnern, dass er mal zu ihr sagte: „Wenn du irgendwann mal einen Mann kennenlernst, der dir sympathisch ist, steh ich sofort zurück."

Eine andere Szene ist mir bis heute gegenwärtig, die die Anspannung zeigt, unter der er stand: Es war kurz vor dem Krieg. Hitler war ja Nachtarbeiter und wenn alle anderen schlafen gegangen waren, arbeitete er in seinem Arbeitszimmer immer an Plänen und Skizzen für Autobahnbrücken und Stadtumbauten. An diesem Abend ließ Hitler mich etwa um Mitternacht durch einen Diener zu sich rufen. Alles war voller Baupläne und Skizzen. „Schauen Sie mal, Döhring, was ich da wieder gemacht habe. Seien Sie doch so gut, ordnen Sie die ganzen Pläne wieder und bringen Sie sie ins Archiv." Hitler setzte sich an seinen Tisch und dann durfte man ihn nicht ansprechen. Während ich die Papiere ordnete klopft es an der Tür von seinem Schlafzimmer zum Arbeitszimmer. „Mein Führer, es klopft." Er hört nichts. Es klopft noch mal. „Mein Führer, es klopft." Wieder keine Reaktion von ihm. Auf einmal geht die Tür auf und da kommt das Fräulein Braun herein. Sie war überrascht, dass ich noch da war, ging zu Hitler und redete mit ihm. Er war ziemlich abweisend: „Was willst du denn jetzt schon wieder zur ungünstigsten Zeit? Du siehst doch, dass ich zu tun habe. Kommst immer an, wenn ich dich überhaupt nicht gebrauchen kann." Sie hat nur den Kopf hochgeschlagen, mich böse angeschaut und ist weg.

Ich bin der Überzeugung, Hitler ließ bei Eva Braun alles schleifen, weil sie schon mal einen Selbstmordversuch unternommen hat und Hitler damit an den Selbstmord seiner Nichte Geli erinnert wurde. Er wollte keinen Streit und ließ alles schleifen. Aber Hitler war misstrauisch. Es ist oft vorgekommen, dass er mal für einige Stunden nach Linz oder woandershin fahren musste. Dann hat er mich rufen lassen. „Döhring, ich habe jetzt alles abgeschlossen. Solange ich weg bin, kommt niemand in mein Zimmer. Aber auch kein einziger. Behalten

Sie die Schlüssel bei sich." Mit „niemand" war kein anderer gemeint als Eva Braun. Hitler war immer skeptisch, immer misstrauisch.

Die Baupläne, das war ja wie ein Hobby für ihn. Sonntagabends, wenn andere bei ihrer Familie saßen, hat er immer rumgewerkelt an seinen Plänen. Einmal, der Krieg hatte schon begonnen, zeigte er mir wieder seine Pläne und hat zu mir gesagt: „Stellen Sie sich mal vor, Döhring, was wir schon alles hätten machen können, wenn wir nicht mit diesen naiven Engländern in Krieg gekommen wären. Wir müssen unsere ganzen Friedensaufgaben zurückstellen durch diesen blöden englischen Krieg. Nur weil die nicht kapiert haben, was ich eigentlich wollte."

Zunächst unterstand der Obersalzberg ja dem Stellvertreter des Führers, Rudolf Heß[108]. Wenn Heß zu Gast war, hat er immer im sogenannten Untersbergzimmer gewohnt. Ein schönes Wohnzimmer im zweiten Stock mit Kachelofen und einer Lärchenholzvertäfelung und einem separaten Badezimmer. Dazu ein wunderbarer Balkon mit einer tollen Aussicht auf Berchtesgaden und die Berge. Dieses Zimmer hieß zunächst Blomberg-Zimmer, weil darin früher immer der Reichswehrminister Werner von Blomberg[109] gewohnt hat. Nachdem er bei Hitler in Ungnade gefallen war, musste natürlich auch der Zimmername geändert werden. Und da man aus dem Zimmer so einen herrlichen Blick auf den Untersberg hatte, bekam das Zimmer diesen Namen.

Also der Heß; sehr ruhig, sehr bescheiden, immer freundlich. Er kam oft zu mitternächtlicher Stunde zu mir und bat um den Haustürschlüssel, weil er noch halbe Stunde draußen spazieren gehen wollte. Egal, wie kalt es war. Die Wege waren zwar geräumt und der Mond schien, aber da hätte wer weiß was passieren können. Ich habe vorsichtshalber immer die Wache verständigt, dass die ein Auge auf ihn haben. Aber Gott sei Dank ist nie was passiert; die hätten mich sonst am nächsten Baum aufgehängt.

---

108 Rudolf Heß, 1894 – 1987, siehe Anmerkung auf S. 80
109 Werner von Blomberg, 1878 – 1946 (Nürnberg), 1933–1938 Reichswehrminister, veranlasste den „Führereid", 1938 nach der Heirat aus dem Dienst entlassen, da bekannt wurde, dass seine Frau als Nacktmodel aktenkundig war

Erst als es dem Heß zu viel wurde, beauftragte Hitler Martin Bormann[110] mit der Sondierung des Obersalzberggebietes.

Im Frühjahr 1936 komme ich vom Hundezwinger, der oberhalb des Berghofes lag, zurück und sehe, dass auf der Terrasse jemand steht. Ein kleinerer Mann, grauer ziviler Anzug, Schlapphut, schwarze Stiefel. Ich dachte mir, was macht der denn hier, es ist doch alles abgesperrt. Als ich auf ihn zugehe, fragt er schon: „Sie sind wohl der Herr Döhring?" Ich antworte: „Ja. Und wer sind Sie? Suchen Sie was bestimmtes?" Und dann stellte er sich vor und sagte, dass er vom Führer beauftragt sei, die Arbeiten am Obersalzberg zu organisieren, und dass er sich von der Terrasse einen ersten Einblick vom Gelände gemacht habe. Danach habe ich erst einmal nichts mehr von ihm gehört. Wir unterstanden ja bis ins Frühjahr 1938 direkt Hitler und hatten unsere eigene Verwaltung.

Bormann war ein brutaler Mensch, manchmal geradezu skrupellos, wenn irgendetwas mal nicht gleich so klappte, wie er es wollte. Er hatte jede Vollmacht von Hitler und schirmte später Hitler ja auch so ab, dass kein Mensch mehr an ihn herankam. Wir nannten ihn in unserem kleinen Kreis immer „Napoleon". Nicht nur wegen seiner Figur, er war ja eher etwas bullig, ein kleines Bäuchlein, sondern weil zu dieser Zeit in Deutschland ein Film lief, der den Titel „Napoleon ist an allem schuld" trug. Und wenn irgendwas auf dem Berg schieflief, haben wir immer gesagt: „Napoleon ist an allem schuld." Der Name kam von meiner Frau, die mochte ihn nicht, weil er so rabiat und hart war. Also, für uns war er immer der Napoleon. In Uniform habe ich ihn übrigens so gut wie nie gesehen. Er trug immer einen zivilen grauen Anzug mit Stiefeln und einen Schlapphut.

Am Berghof blieb ich vom Mai 1936 bis zum 28. Februar 1943. Ich habe die ganze Geschichte des Obersalzbergs miterlebt. Sämtliche Bauten, die Straßen, das Teehaus. Als Bormann die Ankäufe tätigte, war ich zuerst sprachlos über die teuren Preise. Ein Lehen für 80.000, 90.000 Mark, da dachte ich immer, sind die denn wahnsinnig geworden? Dafür bekam man bei uns in Ostpreußen ein ganzes Rittergut. Später, nachdem ich mich mit dem Bormann besser verstand, habe ich ihn nach

---

110 Martin Bormann, siehe auch Anmerkung auf S. 111

dem Grund der hohen Preise gefragt. Bormann hat mir wörtlich gesagt: „Herr Döring, das hat der Führer persönlich angeordnet. Wenn die Leute schon wegen uns wegmüssen, dann muss man nicht nur den Wert des Grund und Bodens zahlen, sondern auch den Verlust der Heimat."

In einigen Fällen hat es wohl auch Enteignungen gegeben, wie im Fall des Nachbarn Schuster. Der hatte die öffentliche Gaststätte „Türken", Luftlinie entfernt vielleicht 90 bis 100 Meter oberhalb vom Berghof. Da standen die Menschen Tag und Nacht und schrien: „Wir wollen unseren Führer sehen, wir wollen unseren Führer sehen!" Wie die Wilden haben die geschrien. Wir hatten keine Ruhe. Und da er nicht verkaufen wollte, hat man ihn enteignet. Und dann gab es noch das Haus „Zum Türken". Da war ein Büro vom Reichssicherheitsdienst untergebracht, nicht von der Gestapo, wie oft behauptet wird. Das hätte Hitler nie geduldet.

Der Betrieb wurde immer größer. Tag und Nacht ging es zu wie im Taubenschlag. Hitler war ja ein ausgesprochener Nachtmensch, ein Nachtarbeiter, der keine Ruhepausen kannte. Noch im Frühjahr 1938, während des Anschlusses Österreichs, wurde der Berghof noch einmal erweitert. Zunächst habe ich mich selbst um alles gekümmert, die Lohnabrechnungen, die Einkäufe, mein Arbeitstag hatte schließlich 17, 18 Stunden. Schließlich bin ich zu Bormann gegangen und habe ihn um ein Gespräch gebeten über die zukünftige Verwaltung und Finanzierung.

Wir sind gut übereingekommen. Er verwies mich an seine erste Sekretärin, Fräulein Silberhorn, eine sehr nette blonde Dame aus München, die im Gästehaus Hoher Göll ein Büro hatte. Sie hat schließlich die ganzen schriftlichen Arbeiten und Abrechnungen erledigt. Und von da ab unterstanden wir als Verwaltung Berghof der Verwaltung Obersalzberg. Dennoch hatten meine Frau und ich weiterhin freie Hand. Wir haben den Berghof geführt wie ein Hotel. Um alle anderen Fragen hat sich Bormann gekümmert. Und immer schriftlich, alles kam von ihm in Schriftform. Immer bestrebt, es Hitler recht zu machen, hat er sich um die kleinsten Kleinigkeiten gekümmert.

Ein besonders krasser Fall ist mir noch gut in Erinnerung geblieben. Am Neujahrsmorgen 1938, zwei Uhr in der Frühe, kommt Bormanns Chauffeur Geiger zu mir: „Herr Döring, die erste Post vom Herrn Reichsleiter dieses Jahr." Ich denke, was gibt es denn so Wichtiges, dass der Bormann mir um zwei Uhr in der Früh einen Brief zustellen lässt. Der Geiger hat nur gelacht und fuhr weiter, um die anderen Briefe auszuteilen. Ich mach auf und da trifft mich fast der Schlag: „Herr Döhring, mit sofortiger Wirkung ist nach Rücksprache mit dem Führer auf dem ganzen Obersalzberg ein Rauchverbot erlassen. Sämtliche Aschenbecher sind einzuziehen, die Automaten zu verkleben und nach dem Feiertag abzumontieren." Das war Bormann, am Neujahrstag um zwei Uhr in der Früh. Immer im Dienst, immer auf der Lauer, dass alles klappte. Wenn aus irgendeinem Grund der Baulärm etwas nachließ, schon stand er da, um die Ursache festzustellen und die Arbeit wieder anzutreiben. Ein Arbeitstier ersten Ranges.

Ab 1936 wuchs die Zahl der Arbeiter, die auf dem Berg arbeiteten, von vielleicht 5000 auf über 8000 an. Die haben alle auf Hitlers Anregung hin Weihnachten 1936 eine dicke Winterjoppe geschenkt bekommen. Im nächsten Jahr gab es für jeden ein paar schwere Arbeitsschuhe und das musste ja alles organisiert werden. Das lag alles in den Händen Bormanns. Im Zusammenhang mit den Baumaßnahmen gibt es vieles, das heute vergessen ist. Eines möchte ich aber noch anführen, weil das heute kaum glaubhaft erscheint. Die vielen tausend Arbeiter wurden ja alle kostenlos verpflegt; Essen, Rauchwaren, Tee, alles kostenlos. Nur Alkohol war während der Arbeitszeit verboten. Die wohnten alle in Baracken und natürlich konnten die Frauen nicht zu ihnen. Da hat man ihnen an der Straße von Berchtesgaden nach Salzburg in Unterau ein Bordell eingerichtet. Die Mädchen bekamen ein Festgehalt von der damaligen Arbeitsfront, Abteilung „Kraft durch Freude". Erst unterstanden sie dem Truppenarzt vom Obersalzberg, aber dann wurden sie wohl aus propagandistischen Gründen einem Salzburger Arzt unterstellt. Nach dem Frankreichfeldzug kamen noch Französinnen und Belgierinnen dazu, sodass schließlich etwa dreißig Mädchen da waren. Die wurden angeblich über Inserate der Arbeitsämter gesucht.

Ich habe ein sehr gutes Gedächtnis und kann mich daher bis heute an viele Einzelheiten erinnern. So auch an den 12. Februar 1938. Ein Samstag. Draußen lag der Schnee ungefähr einen Meter hoch. Den Tag zuvor rief Hitler meine Frau am Abend zu sich. Als Küchenleiterin hatte meine Frau normalerweise vollkommen freie Hand in der Zusammenstellung des Essens, aber wenn besonders wichtige Besucher kamen, stimmte Hitler immer mit ihr die Menüfolge ab. Als meine Frau zurückkam, sagte sie mir, dass am nächsten Tag der österreichische Bundeskanzler Schuschnigg[111] auf dem Berghof erwartet würde.

Die ganze Aktion verlief streng geheim. Schuschnigg wurde am nächsten Tag vom Bahnhof abgeholt und die Besprechungen zogen sich dann meiner Erinnerung nach länger hin als geplant. Die ganzen Essenszeiten wurden verschoben, nur belegte Platten wurden ständig reingereicht. Gegen 18:30 Uhr war die Besprechung zu Ende und Schuschnigg reiste ab. Wir sind gleich in die Halle, um aufzuräumen. Es sah wüst aus, alles war verrückt, auf dem Tisch lagen Generalstabskarten, überall stand Kaffeegeschirr herum. In dem Moment, in dem ich die Karten wegräumen wollte, kam Hitler mit den ganzen Generalen und ging mit ihnen zu den Karten. Ich konnte aber nicht verstehen, worüber gesprochen wurde. Zum Schluss sagte er allerdings lauter in etwa Folgendes: „Meine Herren, Sie sind für heute entlassen. Ihre Anwesenheit war von enormer Bedeutung. Wenn der da oben uns nicht gut gesinnt ist, kann's noch mal schiefgehen. Aber wollen wir hoffen, dass er uns hilft und in Österreich alles in Harmonie verläuft." Und dann sagte er noch etwas, das ich mir genau gemerkt habe: „In einem Hirschgatter können nie zwei gleich starke Hirsche regieren. Einer muss nachgeben." Für mich war das eine klare Kritik an Mussolini und seiner ablehnenden Haltung gegenüber Hitlers Wunsch, Österreich und Südtirol an Deutschland anzuschließen. Überhaupt war Hitlers Einstellung zu Mussolini nicht so eindeutig, wie sie in der Propaganda dargestellt wurde.

Auch mit Goebbels gab es Meinungsverschiedenheiten. 1938 musste Goebbels wegen seiner Affäre mit der Lida Baarova[112] bei Hitler antreten.

Hitler hat ihm eine gewaltige Zigarre verpasst und hätte ihn bald abgesetzt. Aber das sind Privatsachen, zu denen ich mich nicht weiter äußern möchte.

---

111 Kurt Schuschnigg, 1897 – 1977, 1934–1936 Bundeskanzler Österreichs, von den Nationalsozialisten nach dem „Anschluss" Österreichs in „Schutzhaft" genommen.
112 Lida Baarova, 1914 – 2000, tschechische Schauspielerin, Geliebte von Goebbels. Hitler beendet die Liaison durch ein Machtwort.

Gut in Erinnerung ist mir noch die sogenannte Reichskristallnacht 1938. Hitler ist von den ganzen Ereignissen völlig überrascht worden. Er war außer sich und hat getobt. Auch da musste Goebbels bei ihm antreten. Ich habe Hitler nie zuvor so erlebt. Er hat geschrien und geschimpft. Als Hausverwalter kannte ich natürlich jeden Schacht und konnte vieles mithören, was eigentlich nicht für meine Ohren bestimmt war.

1939 feierte Hitler seinen 50. Geburtstag in Berlin. Zu seinen zahlreichen Verehrerinnen zählte auch die bekannte Schlagersängerin Rosita Serrano[113]. Sie überreichte dem Führer zu seinem Geburtstag ein großes Album mit zehn neuen Schallplatten. Wir hatten auf dem Berghof ein ganz großes Plattenarchiv, Hunderte von Schallplatten, Schlager, Tanzmusik, Operetten und Opern. Von Berlin aus ist Hitler dann am frühen Nachmittag mit dem Sonderzug nach Berchtesgaden gefahren, wo er gegen 24 Uhr ankam. Von unterwegs hatten wir schon die Meldung erhalten: gegessen wird nicht mehr. Die ganze Gesellschaft geht gleich zu Bett. Von der Adjutantur hatte Linge[114] den besonderen Auftrag bekommen, mir dieses Album sofort nach seiner Ankunft auszuhändigen.

Irgendwie hat er das aber vergessen und so wusste ich gar nichts von diesem Schallplattenalbum. Am nächsten Tag nach dem Mittagessen kommt der Bormann mit seinem grauen Anzug und seinen schwarzen Stiefeln in das Speisezimmer, in dem ich aufpasste, dass das Personal alles abtrug. „Döhring, kommen Sie mal sofort in die Halle, der Führer möchte sich die neuen Schallplatten von Rosita Serrano anhören. Er möchte, dass Sie das machen." Als ich ihm sagte: „Welche neuen Platten, wir haben doch nur vier, fünf alte von der Serrano", da fing dieser Bormann an zu toben, schreit mich an, war vollkommen außer Sinnen. Ich wurde fuchsteufelswild und hab zurückgeschrien: „Wo sind wir denn hier? Wir haben nur alte Platten. Himmel, Arsch und Wolkenbruch, wo sind wir denn?" Es hat wirklich nicht viel gefehlt und ich hätte ihm eine geschmiert. Ich bin direkt auf ihn los und er ging immer weiter zurück. In dem Moment kommt der Junge[115] und gibt mir das Album.

---

113 Rosita Serrano, 1914 – 1997, chilenische Sängerin und Schauspielerin, trat im Wintergarten und Metropol auf.
114 Heinz Linge, 1913 – 1980, Kammerdiener Hitlers
115 Hans-Hermann Junge, 1914 – 1944, siehe Anmerkung auf S. 137

Als Bormann das sah, drehte er sich um und ging weg. Kein Ton mehr. Voller Wut habe ich die Platten genommen und sie nach und nach aufgelegt. Das Ganze dauerte dem Hitler aber zu lange und er hat abgebrochen und ging spazieren. Mein Frau hat mir hinterher noch gesagt: „Du bist ja verrückt, dich so aufzuregen. Der Bormann sperrt dich noch ein." Aber es ist nichts passiert. Von da an hat mich dieser Mann respektiert und wir haben hervorragend zusammengearbeitet.

Bormann war ein Arbeitstier erstes Ranges und außerdem sparsam. Hitler hat mir einmal gesagt: „Der Bormann ist ein Schlawiner und Banause. Aber wenn ich Bormann etwas erteile, da bin ich mir sicher, der führt das durch bis zum letzten i-Punkt. Auf den kann ich mich verlassen, ansonsten habe ich viele Nieten um mich." Damit hatte er nicht unrecht, ich hab selber viele Sachen erlebt, die schiefgelaufen sind. Ich bin von Natur aus neugierig gewesen, neugierig und wissensdurstig.

Hitler war, was Sauberkeit, Organisation und Pünktlichkeit anbelangte, sehr streng. Er war der Auffassung, jeder Raum auf dem Berghof hat zu jeder Tages- und Nachtzeit blitzeblank zu sein. Es kam nicht selten vor, dass gegen Mitternacht oder gegen halb eins der diensthabende Diener zu mir kam und sagte: „Herbert, du sollst zum Chef hochkommen, der möchte einen Rundgang durchs Haus machen." Da haben wir Hausführung gemacht, mitten in der Nacht. Überall habe ich ihn herumgeführt und alles erklärt. Er wollte alles sehen: Wirtschaftsräume, Schlafzimmer, Wohnzimmer, Kaminzimmer, Konferenzräume, Bäder bis hin zum letzten Raum. Einmal kam einer der Adjutanten zu mir und sagte: „Der Chef lässt dir einen Gruß bestellen und fragen, ob du mit verschlossenen Augen durch sein Haus gegangen bist. Oben an der Decke sei eine Spinnwebe." So war er, der Hitler, dem entging nichts, nicht die kleinste Kleinigkeit.

Dem Personal gegenüber war er immer aufgeschlossen. Wir haben fast ein Dutzend Einzelzimmer gehabt für die Mädchen, die im Haus arbeiteten, alle mit Radio und einige hatten sogar separate Duschen. Er selbst hat ganz spartanisch gelebt, das sag ich ganz offen. Seine Ernährung und seine Lebensweise war spartanisch. Als der Krieg begann, hat er gleich angeordnet, dass wir ihm nur noch Magermilch zubereiten dürften; von Stund an hat er keine Vollmilch mehr getrunken. Vorher hat er meistens zwei geriebene Äpfel gegessen, während des Krieges nur noch einen. Knäckebrot hat er gegessen und seinen Tee geschlürft. Das war alles. Die Temperaturen im Haus durften nie höher als 18 Grad sein. Wem es zu kalt war, der sollte sich was anziehen oder sich bewegen. Da war er ganz konsequent. Strengste Haushaltsführung. Für alle gab es nur ein Gericht, egal ob Personal oder Begleitkommando, jeder bekam das Gleiche zu essen. Nur wenn einer Magenprobleme hatte, der bekam natürlich Schonkost.

Am Abend gab es oft Filmvorführungen. Das war beim Bau schon alles mit eingebaut worden. Aber nicht nur seine Gäste waren eingeladen, auch das ganze Personal, so weit es keinen Dienst hatte, durfte mitsehen. Begleitkommando, Sekretärinnen, Küchenpersonal, für die wurden zwanzig, dreißig Stühle hingestellt. Und Hitler hat oft nicht früher anfangen lassen, bis das letzte Mädchen drin war. Mit Kriegsbeginn hat er die Filmvorführung sofort eingestellt mit der Begründung, die Soldaten draußen könnten auch keine Filme sehen. Er hat dann nur noch die Wochenschauen angeschaut.

Weihnachten kam er meist am ersten Feiertag. Den Heiligabend war er nie da, den hat er immer in München bei seinen alten Kampfgenossen verbracht. Er kam meist so gegen 16 Uhr. In den ersten Jahren hatten wir keinen Christbaum. Das wollte er nicht, seit seine Mutter gestorben war; hat ihn wohl zu sehr an daheim erinnert. Aber Fräulein Braun hat es dann doch durchgesetzt, dass in der Halle in der Ecke ein großer Christbaum stand. Er hat davon nie sonderlich Notiz genommen. Es gab ja auch keine richtigen Weihnachtsfeiern im klassischen Sinn.

Hitler war ein sehr einsamer Mensch. Freunde im eigentlich Sinn hat er keine gehabt. Er war immer für sich, hat nur Arbeit gekannt. Nachts hat er immer seine Reden geschrieben und korrigiert. Ich musste die Manuskripte, die nicht mehr gebraucht wurden, immer in seinem Kamin verbrennen, oft in seiner Gegenwart. Wer sollte sein Freund sein? Alles war dienstlich, immer nur dienstlich. Natürlich gab es die alten Spezies, aber die Strasser-Brüder[116] und den Röhm[117], die hat er

---

116 Gregor Strasser, 1892 – 1934, NSDAP-Beitritt 1921, 1923 Hitler-Putsch, ideologische Differenzen mit Hitler, beim „Röhm-Putsch" 1934 ermordet.
Otto Strasser, 1897 – 1974, NSDAP-Mitglied 1925–1930, ideologische Differenzen, 1933 Emigration nach Österreich, dann Prag, später Portugal und Kanada
117 Ernst Röhm, 1887 – 1.7.1934, siehe Anmerkung auf S. 75

ja erschießen lassen. Sein Hund, die Blondi[118], mit dem ist [er] immer spazieren gegangen.

Interessant sind auch die Ereignisse am 31. Juli 1940. An diesem Tag entschied sich Hitler, die geplante Invasion gegen England nicht durchzuführen. Am Abend vorher hatte er wieder mit meiner Frau das Menü durchgesprochen, weil zahlreiche Kommandeure erwartet wurden. Sehr spät abends ließ er mich noch einmal kommen und verlangte von mir die Generalstabskarten von Osteuropa, vom Nordpol bis zum Kaspischen Meer. Wir hatten umfangreiches Kartenmaterial im Keller, richtige Archive mit allen möglichen Unterlagen. Als ich wieder zu ihm kam, war er sehr verschlossen, abwesend, mit seinen Gedanken ganz woanders. Ich kannte das und dachte mir schon, jetzt wälzt er wieder schwere Probleme. Ich konnte gar nicht verstehen, was er mit den Karten wollte, denn ich ging davon aus, dass es nun gegen England gehen würde. Frankreich war besiegt und nun war England dran. Alle waren dieser Meinung, das ganze Personal, die Adjutanten, Telefonistinnen und Sekretärinnen: Morgen findet die entscheidende Besprechung statt und dann geht es los gegen England.

Dann kam der nächste Tag, ein ganz schwüler, heißer Tag. Hitler wollte nicht, dass die Klimaanlage läuft, und daher befahl er mir, während des Mittagessens in die Halle zu gehen und das große Fenster zu öffnen, um zu lüften. Ich sollte die Tür hinter mir abschließen und solange im Zimmer bleiben. Alle Türen waren abgesperrt, die ganzen Hausgäste waren weg, niemand durfte rein. Ich komm in die Halle und sehe auf dem Kartentisch die Karten liegen, die ich ihm am Vorabend gebracht habe. Und da hatte Hitler mit blauem Stift auf die bunten Generalstabskarten die geplanten Hauptstoßrichtungen eingezeichnet. Da war mir klar, es gibt Krieg mit Russland. Ich war im ersten Augenblick regelrecht schockiert, habe aber geschwiegen. Als dann am Abend das Personal zusammensaß und über den bevorstehenden Schlag gegen England diskutierte, bin ich rausgegangen, um nicht in einen Konflikt zu geraten.

Richtig losgelöst und fröhlich habe ich ihn nur einmal erlebt. 1940, nach Abschluss des Frankreichfeldzuges, hielt er

---

118 Hitlers Schäferhund, 1945 mit Giftkapsel umgebracht

sich gut zwei Wochen auf dem Berghof auf. Er hat da seine Rede vorbereitet. Überall in seinen Zimmern lagen Urkunden auf dem Boden. Große Urkunden, in Schweinsleder gebunden mit einem großen Hoheitsadler in Gold vorne drauf. Beförderungen und Auszeichnungen für alle möglichen Generale und Feldmarschälle. Aber er kam nicht dazu, sie zu unterschreiben.

Eines abends kam Linge zu mir und sagte: „Schönen Gruß vom Chef, du sollst während des Abendessens raufgehen, das Arbeitszimmer vorbereiten. Er will heute die Urkunden unterschreiben." Warum er immer mich zu solchen Sachen geholt hat, weiß ich nicht; Ordonnanzen waren ja genug da, aber er hat immer mich dazu geholt. Ich bin also rauf und habe die ganzen Urkunden zusammengesammelt. Etwas später kam Linge zu mir und sagte: „Nach dem Abendessen kommt er rauf."

Es war ein wunderbarer kühler Sommerabend. Die drei Doppeltüren auf seinen Balkon standen auf und wir hatten einen wunderschönen Ausblick. Die Verdunkelung war aufgehoben, weil der Krieg mit Frankreich vorbei war, und unten im Tal leuchteten die Fenster von Berchtesgaden. Aber Hitler kam nicht. Da sagt der Linge zu mir: „Jetzt bindet er der Gesellschaft wieder einen furchtbaren Bären auf." Nach einer Weile kommt Hitler rein, schlägt sich auf die Schenkel und freut sich wie ein Kind. Wir dachten, der macht einen Schuhplattler, so hat er rumgezappelt. Was er denen unten erzählt hat, wussten wir natürlich nicht, aber er hatte einen Riesenspaß. Dann hat er die Unterschriften geleistet und wir mussten die ganzen Urkunden auf den Boden legen, damit die Tinte von alleine trocknete. Ablöschen durften wir nicht, er hatte Angst, dass die Tinte verschmiert. Ja, da habe ich ihn mal richtig fidel und lustig gesehen. Das war eigentlich das einzige Mal, dass er so war.

Ansonsten konnte ich morgens schon an seinem Verhalten ablesen, wie seine Stimmung war. Wenn er runterkam von seinem Arbeitszimmer, die Gemälde im Gang in Ruhe betrachtete und dabei eine Melodie summte, dann war seine Stimmung gut. Dann konnte man ihn ansprechen und das eine oder andere anbringen. Aber wenn er pfeifend runterkam, dann war Vorsicht geboten. Akute Gefahr, nicht ansprechen und einen möglichst großen Bogen machen. Aber das wusste ich genau und hab mich entsprechend verhalten.

Hitler konnte auch schreien, wenn er wütend war. Den englischen Botschafter Henderson[119] hat er, ich glaube, es war Ende August 1939, in der Halle angeschrien: „Dann müssen wir eben kämpfen, dann müssen wir eben kämpfen!"

Das war im ganzen Haus zu hören. Wir haben alle die Genicke eingezogen. Bei einer anderen Gelegenheit hat er den Sepp Dietrich[120] wegen irgendwelchen Panther-Panzern, die nicht fertig wurden, angeschrien. Wenn Hitler tobte, hat man es in jedem Zimmer hören können.

Hitler war sehr belesen. Er hat nachts die dicksten Bücher durchgelesen und war in der Lage, morgens den Inhalt klipp und klar zu schildern.

Die Judenfrage war überall tabu. Ich habe da oben nie was gehört, ich bin da ganz offen und ehrlich. Ich habe natürlich seine Reichstagsrede gehört, in der er sinngemäß gesagt hat: „Sollte es dem internationalen Judentum noch einmal gelingen, einen Weltkrieg zu entfachen, so prophezeie ich die Ausrottung der jüdischen Rasse in Europa", aber bei uns am Berghof war nichts, keine Unterlagen, keine Gespräche, nichts.

Pfingsten 1941 fand ein Gespräch zwischen Hitler und Göring statt. Da war Göring ausnahmsweise ganze Tage auf dem Berghof; er war sonst nur selten bei uns. Aber Pfingsten 1941, das war um den 4. oder 5. Juni, saß er zusammen mit Hitler stundenlang im Steingarten. Was da besprochen wurde, weiß ich nicht, aber sie durften auf keinen Fall gestört werden. Kein Telefonanruf, nichts war erlaubt. Sie hatten keine Karten oder Papiere bei sich, haben nur stundenlang intensiv miteinander gesprochen. Gute zwei Wochen später begann dann der Russlandfeldzug. Im Nachhinein habe ich mir gedacht, dass bei dieser Gelegenheit wahrscheinlich wichtige Entscheidungen über den anstehenden Feldzug besprochen worden sind.

Hitler war eigentlich immer gesund. Nur dieses unsinnige Diätessen, das hat ihn meiner Meinung nach im Laufe der Zeit krank gemacht. Was hat er nicht alles bekommen: Sauerkrautsaft, Rote-Rüben-Saft, Zwiebelsaft und lauter so chaotisches

---

119 Nevile Henderson, 1882 – 1942, siehe Anmerkung auf S. 99
120 Sepp Dietrich, 1892 – 1966, siehe Anmerkung auf S. 133

Zeug. Aber da hatte meine Frau später gar keinen Einfluss mehr drauf. Das kam alles von Bormann und von Morell[121].

Und dann kam noch die Belastung durch den Krieg. Seine Ordonnanzen haben mir später übereinstimmend Folgendes erzählt: Unmittelbar nach Beginn des Russlandfeldzuges am 22. Juni 1941 ist er in sein Hauptquartier nach Rastenburg gefahren, in die Wolfsschanze. Das war ein ganz feuchtes und schwüles Gebiet; ein See gleich in der Nähe. Mücken, wohin das Auge blickte. So viele Mücken, dass Hitler die ersten Nächte überhaupt nicht richtig schlafen konnte. Er hat dann einen totalen Zusammenbruch erlitten. Regungslos soll er dagelegen haben. Nur mit Spritzen haben sie ihn wieder aufgepäppelt. Darüber ist natürlich nie gesprochen worden, denn nach außen war er ja immer der starke Führer.

Hitler habe ich zum letzten Mal am Abend des 22. November 1942 gesehen. Das war ein Sonntag. Er war für längere Zeit auf dem Berghof. An den Abenden arbeitete er an seinen Bauplänen zur Umgestaltung der deutschen Städte. Ich musste die Pläne immer wegräumen, es gab da ein ganzes Archiv mit derartigen Plänen. Zu dieser Zeit begann die Tragödie in Stalingrad. Die Stimmung war auf dem Nullpunkt, ganz miserabel. Eine Konferenz jagte die andere. Hitler wollte ursprünglich länger bleiben, entschloss sich aber dann, am 22. November abends abzufahren. Mit seinem Sonderzug fuhr er gegen 19.30 Uhr von Berchtesgaden in Richtung Leipzig und von da ist er dann mit dem Flugzeug zur Wolfsschanze.[122] Da hat er sich von mir verabschiedet. Er wünschte mir noch Hals- und Beinbruch, eine gute Zeit und alles Gute für später auf meinem Bauernhof in Ostpreußen. Das war der Abschied.

---

121 Theo Morell, 1886–1948, Hitlers Leibarzt 1936–1945, siehe Anmerkung auf S. 130

122 Vgl. Itinerar, Bd IV, S. 2040: „So 22.11.1942 Obersalzberg, Autofahrt nach Berchtesgaden, von dort Zugfahrt zum Führerhauptquartier Wolfsschanze, Abfahrt um 21:55 Uhr. Stündlicher Halt des Zuges wegen der Lage an der Ostfront. Auftrag an Speer zur Massenproduktion der V 2. Hitler gibt die Führung der Heeresgruppe A wieder ab. Übernachtung im Sonderzug. Mo 23.11.1942 Zugfart zum Führerhauptquartier Wolfsschanze, Ankunft ca. 22:00 Uhr."

FRITZ DARGES

„In diesen Dingen war er sehr genau"

Fritz Darges
1913 – 2009
SS-Obersturmbannführer und Adjutant im Stab
Adolf Hitlers

1933 Eintritt in die SS
1934 SS-Standartenführer
1934/35 Teilnahme am 1. Lehrgang der SS-Junkerschule in Tölz
1936 – 1939 Adjutant von Reichsleiter Martin Bormann
1937 Beförderung zum SS-Obersturmführer
1940 – 1942 Ordonnanzoffizier bei Adolf Hitler
1942 – 1944 Kriegseinsatz, Dienst im Führerhauptquartier
1943 – 1944 Persönlicher Adjutant bei Adolf Hitler
1944 Beförderung zum SS-Obersturmbannführer; Versetzung an die Ostfront als Kommandeur der 5. SS-Panzerdivision „Wiking"
1945 – 1948 Internierung durch die US-Armee

Hitler mit Adjutant Fritz Darges (l.) auf der Terrasse des Berghofes auf dem Obersalzberg / Berchtesgaden, vermutlich 1943 (Ausschnitt)

Nach der Entlassung aus der Haft in einem Autohaus in Celle tätig, später Geschäftsführer des Roten Kreuzes in Celle

Fritz Darges, hoher SS-Offizier, berichtet über seine Tätigkeit auf dem Berghof und im Führerhauptquartier. Er meldete sich mit 20 Jahren zur SS, begleitete als Reisemarschall Eva Braun, erläutert Hitlers Misstrauen gegenüber den Generälen.

Der Film „Die Schwarzhemden" über den Aufstieg Mussolinis gab für ihn den Anstoß, 1933 zur SS zu gehen. Er wurde nach Berlin zur Leibstandarte geschickt. SS-Junkerschule Bad Tölz, dann die Organisation des Reichsparteitags in Nürnberg. 1937 als Reisemarschall nach Italien, Rom, Neapel, anschließend eine Woche Capri mit Damen und Dr. Morell. „Eva Braun war eine unkomplizierte, hübsche und attraktive Frau, intellektuell eher anspruchslos."
Darges wurde auf den Berghof auch zu Hitler privat eingeladen. „Ich glaube, was an ihm genagt und ihn misstrauisch gemacht hat, das waren die vielen Rückschläge und persönlichen Enttäuschungen."

Er beteuert, zum ersten Mal nach dem Ende des Krieges von den KZ-Gräueln erfahren zu haben: „Vorher wusste ich nichts von diesem gigantischen Verbrechen in den Konzentrationslagern."

Das Interview fand statt am 31.8.1996.

Als Jugendlicher war ich aktiv in der Jugendbewegung. Jedes Wochenende unterwegs mit Rucksack und Zelt, das war märchenhaft. Politisch nicht sonderlich interessiert, erlebte ich als Junge die Auseinandersetzungen zwischen Kommunisten und Nationalsozialisten, sprich SA und Rotfront. In den großen Städten gab es in diesen Jahren viele Arbeitslose und Bettler. Eine soziale Sicherung gab es damals nicht. Das war eine schlimme Zeit.

Der 30. Januar 1933 war eine Zäsur. Ich lebte damals in Hamburg. Paraden und Umzüge, wie sie in Berlin stattfanden, habe ich in Hamburg nicht erlebt. Aber durch die Zeitungen wurde einem schon bewusst, was passierte. Ich erinnere mich an die Glückwünsche und Ergebenheitsadressen ausländischer Staatsoberhäupter, wichtiger Kirchenmänner und auch renommierter Künstler. Irgendwie war plötzlich ein Windzug da, auch in Hamburg.

Ich sah irgendwo in der Stadt ein Plakat, auf dem der Film „Die Schwarzhemden" angekündigt wurde. Der Film zeigte die politische Entwicklung in Italien und den Aufstieg Mussolinis. Den habe ich mir angeguckt und das war der Anstoß für mich, zur SS zu gehen. Ich war damals 20 Jahre alt. Ich war leicht zu begeistern und war fasziniert von diesem propagandistisch sicher geschickt gemachten Film, der den Aufbau Italiens darstellte, und ging zum nächstgelegenen Sturm der allgemeinen SS. Der Führer dieses Sturms war Otto Kumm[123], den ich damals natürlich nicht kannte. Ich bin hin, habe mich vorgestellt und gesagt: „Hier bin ich, ich möchte mithelfen". Man war damals ja überhaupt nicht materialistisch eingestellt. Außerdem hatte ich mit 16 Jahren das erste Mal ein Buch von Ernst Jünger[124] in die Hand bekommen, „Der Kampf als inneres Erlebnis". Dieses Buch hat in mir Gefühle und Empfindungen geweckt, die meinen späteren Lebenslauf ganz unbewusst wie einen roten Faden mitbestimmt haben.

---

123 Otto Kumm, siehe Gespräch auf S. 291

124 Ernst Jünger, 1895 – 1998, wurde als Schriftsteller besonders durch seinen Kriegserlebnisroman „In Stahlgewittern" bekannt, in dem er radikal die brutale Ästhetik des Schreckens schildert: Kameradschaft, Kampf, Heldentum und Tod im Ersten Weltkrieg – 1920 im Selbstverlag erschienen, dann 46 Auflagen (heute) bei Klett-Cotta. Im „Kampf als inneres Erlebnis" behandelt Jünger 1922 die grausamen Aspekte des Krieges als positiv für charakterbildende Erfahrungen.

Ich tat also meinen Dienst in der SS und Ende 1933 wurden Männer gesucht, die für eine höhere SS-Laufbahn qualifiziert waren, und da wurde ich zusammen mit einem Jurastudenten nach Berlin zur Leibstandarte geschickt. Ich absolvierte einen vierwöchigen Grundwehrdienst und eine Intelligenzprüfung und fuhr dann zurück nach Hamburg. Ich hatte eigentlich keine großen Hoffnungen, weil ich ja erst kurze Zeit in der Bewegung war. Eines Tages bekam ich aber einen Marschbefehl der höheren Dienststelle der allgemeinen SS, ich hätte mich mit der und der Ausrüstung am 1. April in Bad Tölz für den Besuch der SS-Führerschule einzufinden. Damit war mein künftiger Weg vorgeschrieben. Ich gab meinen Arbeitsplatz auf und sprang auf den Zug auf.

Dieser Lehrgang '34/35 auf der Junkerschule Tölz war mehr oder weniger ein Experiment. Wir waren ungefähr neunzig Leute, sogenannte Junker aus allen Berufsschichten, vom Studenten bis zum Handwerker. Es folgte, wie bei der Offiziersausbildung bei der Wehrmacht, ein Jahr Ausbildung. Wir unterstanden der Infanterieschule in München, die auch unsere Ausbildung überwachte. Wir wurden körperlich stark gefordert, mussten viel trainieren, erhielten Reitunterricht und als vollkommenes Novum in der Soldatenausbildung auch Boxunterricht. Es gab aber auch Gesellschaftslehre, richtiges Benehmen und so weiter. Also, zum Schluss sagte uns unser Kommandeur: „So wie Sie jetzt sind, werden Sie auf keinem Parkett ausrutschen." Wir waren sehr selbstbewusst.

An Hitlers Geburtstag, am 20. April, ernannte man uns zu Obersturmführern, also Leutnanten. Daraufhin wurden wir den verschiedenen politischen Bereitschaften oder Bataillonen zugeteilt. Die oberste Führung hatte wohl die Absicht, uns in vielen Sätteln gerecht werden zu lassen. Denn nach einer bestimmten Zeit der Truppenbewährung wurden wir mit anderen Aufgaben betraut. Ich selbst wurde abkommandiert zum Stab Heß nach München ins sogenannte Braune Haus. Das hat mir gar nicht imponiert. Ich meldete mich also bei Rudolf Heß und der verwies mich an seinen damaligen Stabsleiter, den späteren Reichsleiter Martin Bormann. Bormann war genau das Gegenteil von Heß. Heß war menschlich sehr bescheiden, zurückhaltend, rauchte nicht, trank keinen Alkohol, Vegetarier. Er war charakterlich integer, in keiner Weise korrupt. Heß war ein glühender Verehrer Hitlers und seiner Idee, aber privat haben sich die beiden so gut wie nie getroffen; es war eine reine politische Verbindung.

Ich wurde im Braunen Haus in einen Raum mit vielen Akten gesteckt und musste Streitfälle innerhalb der Partei bearbeiten. Nach zwei Monaten wurde ich zu Bormann bestellt. „Sie fahren jetzt nach Nürnberg und melden sich bei der Organisationsleitung, die den Reichsparteitag vorbereitet. Sie haben keine andere Aufgabe, als über alles informiert zu sein. Sie sollen während des Parteitages bereit sein, Fragen zur Organisation zu beantworten, die der Führer oder seine nächste Umgebung an Sie stellen wird."

Ich erlebte also Nürnberg und eine hervorragende Organisation. Ich bekam ein Zimmer und einen Referenten zugewiesen und meldete mich bei Hitler. Ich war die nächsten Tage praktisch 24 Stunden im Dienst und musste jederzeit bereit sein. Als der Parteitag zu Ende war, bekam ich eine Freikarte für die Wagner-Festspiele in Bayreuth und fuhr zurück nach München. In der Folgezeit nahm mich Bormann immer mehr und für alle möglichen Aufgaben in Anspruch, sodass ich praktisch eine Art Adjutant von ihm wurde. Bormann war ein machthungriger Mann, der Mitarbeiter auch einfach fallen ließ. Er war bedingungslos auf den Führer eingeschworen. Durch seine Stellung wurde er zur grauen Eminenz und hat schließlich alles von Hitler abgeschirmt, sodass Hitler über verschiedene Dinge, vor allem während des Krieges, nicht optimal informiert war. Bormann besaß außerordentliche organisatorische Fähigkeiten, war aber ein schlechter Redner. Er führte immer vom grünen Tisch aus, war nie vorne an der Front, wie beispielsweise Heß.

Durch meine Tätigkeit während des Reichsparteitages war ich Hitler bekannt geworden. Und Hitler hat alle Personen, zu denen er ein gewisses Vertrauen gewonnen hat, immer wieder in seine Umgebung geholt. 1937, ich gehörte immer noch zum Stab Heß, trug Bormann mir eine neue Aufgabe zu: „Sie wissen, dass der Führer einen Staatsbesuch in Italien macht. Die Damen in seiner privatesten Atmosphäre, Eva Braun, ihre Schwester Gretl, Frau Morell und einige andere, möchten am Rande an dieser Reise teilnehmen. Trauen Sie sich das zu? Ich habe Sie als Reisemarschall vorgeschlagen." Ich wusste inzwischen von der Existenz Eva Brauns, und bei diesem Staatsbesuch konnte es im offiziellen, protokollarischen Sinne keine Eva Braun geben. Da habe ich natürlich erst mal tief Luft geholt. Aber jung und unternehmungslustig wie ich war, habe ich gefragt: „Wer kommt denn als Mann mit in diese Gesellschaft?" Als Bormann Professor Morell[125] nannte, habe ich zugesagt.

Ich wurde also Reisemarschall und hatte die Aufgabe, mit insgesamt acht Personen immer am Rande des offiziellen Programms den Staatsbesuch in Italien zu begleiten. Das war eine mehr als heikle Angelegenheit. Bei meiner Abfahrt bekam ich die finanziellen Mittel in bar zugesteckt und hatte von da ab die Verantwortung für die Reisekasse, für zwei Mercedes Cabriolets und insgesamt acht Personen.

Wir erlebten Rom und Neapel. Immer standesgemäß untergebracht, aber doch am Rande des Geschehens. Sie müssen sich die Probleme vorstellen: Sicherheitskordon für Hitler und Mussolini auf höchster Stufe, und wir da immer durch mit unseren beiden Fahrzeugen. Trotz aller Sonderausweise war das eine schwierige Sache. Aber Professor Morell sprach Italienisch und so hat letztlich alles geklappt. Wir haben dann noch eine Woche auf Capri verbracht und ich war immer bestrebt, den Damen alle Wünsche zu erfüllen. Eva Braun war eine unkomplizierte, hübsche und attraktive Frau, intellektuell eher anspruchslos. Sie war die First Lady auf dem Berghof. Sie war freundlich und liebenswürdig und wurde respektiert. Hitler war immer der Ansicht, dass Männer, die in höchsten politischen Ämtern standen, keine privaten Frauenprobleme haben sollten. Er hat auch einmal gesagt, Genies sollten nicht heiraten, weil deren Kinder immer an den Leistungen der Väter gemessen würden. Als ich hörte, dass Adolf Hitler kurz vor seinem Tode Eva Braun geheiratet hat, hielt ich das für eine ausgesprochen saubere menschliche Lösung.

Die Bindung zwischen Eva Braun und Hitler war eine menschliche. Sie hat ihm als Frau das Leben erleichtert. Ich kann mir nicht vorstellen, dass die beiden sich großartig Liebesbriefe geschrieben haben. Ich würde sagen, das war zuallererst eine menschliche Bindung.

---

125 Theo Morell, 1886 – 1948, siehe Anmerkung auf S. 130

Als wir aus Italien zurückkamen, wohnte ich im Gästehaus auf dem Obersalzberg. Eines Tages rief die Chefordonnanz an und sagte: „Der Führer erwartet Sie zum Abendessen." Da fiel mir der Unterkiefer runter, denn das war ja praktisch das privateste Milieu Hitlers. Als ich zum Berghof ging, kam Hitlers Chefadjutant Brückner auf mich zu und sagte: „Herr Darges, dies ist das private Milieu des Führers. Sie sind sein persönlicher Gast. Was Sie essen, kommt aus seiner Schatulle. Hitler ist hier nicht als Staatsoberhaupt, sondern als Adolf Hitler. Sie sind privat in sein Haus eingeladen. Und ich bitte zu respektieren: Was hier besprochen wird, bleibt innerhalb dieser inneren Umgebung." Von da an war ich in Hitlers Personenliste eingetragen und das war auch der Grund, warum ich später noch zweimal in seinen Stab befohlen wurde.

Hitler war kein armer Mann. Der Verkauf seines Buches „Mein Kampf" hat ihm erhebliche Einnahmen beschert. Er hat sich wunderbare Gemälde gekauft, Canaletto und Spitzweg. Er war kein armer Mann, aber ich habe nie erlebt, dass er im kleinen Kreis über Geld gesprochen hat. Er hatte nie Geld in der Tasche. Dafür war immer sein Adjutant Schaub zuständig.

Ich habe dann als Kompaniechef den Westfeldzug mitgemacht und lag im Spätherbst 1940 mit dem Bataillon in einer holländischen Kaserne, als mich ein Fernschreiben erreichte: „Bitte melden Sie sich dann und dann in Berlin in der Reichskanzlei in der Adjutantur des Führers." Auf diese Weise wurde ich Nachfolger von Wünsche[126], der zur Truppe ging. Er wurde später mit dem Eichenlaub ausgezeichnet. Ich blieb eine Zeitlang im Stab Hitlers, ging dann wieder an die Front, wurde schwer verwundet und wurde dann 1944 noch einmal in seinen Stab abgeordnet, wo ich bis zum Juni 1944 blieb.

Während des Krieges erlebte ich Hitler ja nicht mehr privat auf dem Berghof, sondern nur noch dienstlich bei zahlreichen Lagebesprechungen mit den verschiedensten Militärs. Der Tagesablauf war in aller Regel immer der gleiche: Lagebesprechung, Mittagessen, abends dann Hitlers Zusammentreffen mit Soldaten, die geladen waren, um sich ihre Auszeichnungen abzuholen. Ich war immer dann anwesend, wenn es um

---

126 Max Wünsche, 1914 – 1995 (München), SS-Standartenführer Leibstandarte Adolf Hitler, Oktober 1938 Ordonnanzoffizier bei Adolf Hitler. Januar 1940 erst Westfeldzug, dann 1941 Balkanfeldzug

die Waffen-SS ging. Die Vortragenden oder die Auszuzeichnenden mussten Hitler vorgestellt werden und ich kümmerte mich auch sonst um sie. Das gleiche tat Oberst von Below[127], wenn es um die Luftwaffe ging. Die Besprechungen gingen häufig bis spät abends. Ich erinnere mich noch genau an eine Situation, als ein unterer Offizier von der Waffen-SS mit dem Ritterkreuz ausgezeichnet werden sollte. Den befragte Hitler dann mit einer Sicherheit nach Qualität und Wirkung seiner Waffen, der Stärke des Gegners und anderen Einzelheiten, dass wir uns immer wieder fragten, woher hat er diese exakten Kenntnisse? Der Mann war von Beruf Schmied und er hat Hitler so imponiert, dass er ihm sagte: „Mein Sohn, nach dem Kriege bekommen Sie von mir eine Schmiede eingerichtet." So war Adolf Hitler.

Aber ich hatte schon den Eindruck, dass er zu dieser Zeit, so Mitte 1944, an Spannkraft verloren hatte, und ich konnte mich nicht des Gefühls erwehren, dass ihn die Aufgaben furchtbar bedrückten. Aber wirklich krank, sodass er das Bett hüten musste, habe ich Hitler nie gesehen.

Ich glaube, was an ihm genagt und ihn misstrauisch gemacht hat, das waren die vielen Rückschläge und persönlichen Enttäuschungen. Lassen Sie mich ein Beispiel geben: Ich war dabei, als Hitler von einer Waffenschau zurückkam. Zu den Offizieren seiner Umgebung sagte er: „Als ich die Front der Generale abschritt, hatte ich das Gefühl, dass mir ein eisiger Wind entgegenschlug."

Er hat ja geworben um das Vertrauen der Militärs. Er hat den Generalen gegeben, was sie wollten: Waffen und Divisionen. Aber Hitler wurde immer misstrauischer und seit 1942 mussten wegen vorangegangener Auslegungsstreitigkeiten auf seinen Befehl sogar an jeder Lage Stenographen teilnehmen, die alles aufzeichneten, was gesagt und von ihm befohlen wurde. Wir Adjutanten mussten dann nachts diese Aufzeichnungen

---

127 Nicolaus von Below, 1907 – 1983 (Detmold), Oberst der Luftwaffe, 1937–1945 persönlicher Luftwaffenadjutant von Hitler. Militärfamilie. Letzte offizielle Handlung: Am 29. April 1945 um vier Uhr morgens im Führerbunker die Unterschrift unter Hitlers privatem Testament, als Zeuge neben Martin Bormann und Joseph Goebbels. Britisches Internierungslager, Entnazifizierung. Erinnerungen „Als Hitlers Adjutant 1937–45", veröffentlicht 1980. Bereits vor der Veröffentlichung der Hitler-Tagebücher durch den STERN im Jahr 1983 äußerte er Zweifel an deren Echtheit.

lesen und auf Richtigkeit hin überprüfen. Er wollte sichergehen, dass seine Befehle richtig festgehalten worden waren. Ich kann sein Misstrauen verstehen: Wenn unser Vertrauen missbraucht oder nicht erwidert wird, was wir in den anderen setzen, dann ziehen wir uns ja auch innerlich zurück. Und an Enttäuschungen war bei Hitler kein Mangel: der Röhm-Putsch, die Affäre Strasser und schließlich das Attentat. Das hat ihn enttäuscht und verbittert. Ja verbittert, das ist das richtige Wort. Er war nicht mehr der herzliche Hitler, den ich früher auf dem Berghof erlebt hatte. In der Anfangszeit hatte er immer ein Herz für den einfachen Menschen, immer ein offenes Ohr für Probleme. Einmal wurde bekannt, dass eine nicht verheiratete junge Frau aus dem Kreis der Mitarbeiter ein uneheliches Kind erwartete. Hitler hat darauf menschlich ganz großartig reagiert. „Das ist ein Kind der Liebe und dafür bin ich", hat er gesagt und damit war der Fall für ihn erledigt. Und bei mir selber: Als ich nach dem Kriegseinsatz mit zerschossenem Fuß zurück auf den Berghof kam, humpelte ich manchmal ein bisschen. Er hat mich gefragt, was los sei, und als ich ihm erklärte, dass der Fuß bei Belastung und Kälte anschwillt, hat er dem Below gleich befohlen, dass er mir ein Paar Fliegerpelzstiefel besorgen sollte. So habe ich ihn erlebt.

Er war ein Phänomen: Er war musisch begabt, hatte ein phänomenales Gedächtnis nicht nur für Zahlen und ein Faible für die Architektur. Auch Professor Speer hat mir einmal gesagt: „Der Führer versteht was von Architektur. Der ist sogar in der Lage, aus dem Kopf heraus die Grundrisse einer Oper zu zeichnen. Das ist enorm."

Adolf Hitler kam aus einfachsten Verhältnissen. Seinen gesellschaftlichen Schliff hat er in den Familien Bechstein und Hanfstaengl[128] bekommen. Dort verkehrte er und lernte alles, was er brauchte, um gesellschaftlich auftreten zu können. Da war er perfekt. Wenn auf dem Obersalzberg verschiedene Ehepaare zu Gast waren, musste am Tag vorher der Adjutant oder die Ordonnanz eine Sitzordnung vorlegen. Bei einer dieser Gelegenheiten hörte ich, wie er zu seinem Diener Linge sagte: „Solange eine verheiratete Frau anwesend ist, führe ich die

---

128 Helene Bechstein, 1876 – 1951, Frau des Pianofabrikanten, verehrte Hitler.
Ernst „Putzi" Hanfstaengl, 1887 – 1975, führte Hitler in die bessere Gesellschaft ein, brach später mit ihm, siehe auch Anmerkung auf S. 69

verheiratete Dame." In diesen Dingen war er sehr genau. Bei Tisch hat dann stets Fräulein Braun neben ihm gesessen.

Und noch ein Thema scheint mir wichtig: In der ganzen Zeit, die ich in Hitlers Nähe verbrachte, habe ich nie ein Gespräch zur Judenfrage miterlebt. Weder auf dem Obersalzberg, noch in Berlin, noch im Hauptquartier. Derartige Fragen wurden mit Himmler oder anderen nur hinter verschlossenen Türen behandelt. Ich halte auch die Aussage, das deutsche Volk sei antisemitisch gewesen, für nicht richtig. Antisemitische Pogrome hat es in Galizien, in Polen und Russland gegeben, in Deutschland gab es derartige Ausschreitungen vorher nicht. Ich habe mich oft gefragt, wie Hitler zur Judenfrage und zu seiner antisemitischen Einstellung gekommen ist, und habe nur eine schlüssige Erklärung gefunden. Hitler war Österreicher und hat in jungen Jahren in Wien gelebt. Wien war damals ein Schmelztiegel der verschiedensten Völker des Balkans, Galiziens und Polens, und in dieser Stadt sammelte sich auch das arme Judentum aus dem Osten.

In der Großdeutschen Bewegung Schönerers[129] und Luegers[130], die Hitler ja auch kannte, entwickelte sich der Antisemitismus gleichsam als Gegengewicht gegen die Zuwanderung der Ostjuden. Und ich bin überzeugt, dass Hitler sich dort infiziert hat; in Wien liegt die Wurzel seines Antisemitismus. In Deutschland gab es zu dieser Zeit kein Judenproblem. Ich selber habe, und darauf können Sie sich verlassen, und ich war Hitlers Adjutant, den Namen Auschwitz zum ersten Mal am 8. Mai 1945 gehört. Vorher wusste ich nichts von diesem gigantischen Verbrechen in den Konzentrationslagern. Das soll keine Entschuldigung sein, ich will nicht entschuldigen; ich kann nur versuchen, zur Klärung beizutragen.

---

129 Georg von Schönerer, 1842 – 1921, Gutsherr, Führer der Deutschnationalen in Österreich, später der Alldeutschen Vereinigung. Der junge Hitler in Wien sah den radikalen Antisemiten Schönerer als Vorbild.

130 Karl Lueger, 1844 – 1910, Bürgermeister von Wien 1897–1910. Extremer Antisemit, der die Lebenslage der Bevölkerung durch antijüdische Gesetzgebung zu verbessern versprach und mehrmals mit überwältigender Mehrheit gewählt wurde. Er diente Hitler als Vorbild. Kaiser Franz Joseph hatte viermal Luegers Ernennung im Amt als Bürgermeister wegen seines Radau-Antisemitismus verhindert. „Die antisemitische Rhetorik, deren Lueger sich in der Öffentlichkeit bediente, war krud, beleidigend und nicht selten herzlos." (John W. Boyer: Karl Lueger – Christlich-Soziale Politik als Beruf, Wien 2010)

GISELA BÖHME

„Wie komm ich wohl hier zum Führer?"

Gisela Böhme
1927 – 2016
Überreichte Hitler im Alter von zehn Jahren im Olympiastadion einen Blumenstrauß

1937, als Gisela Böhme im Alter von zehn Jahren mit ihren Eltern in der Deutschlandhalle die große Ausstellung über die Erfolge von „Gebt mir vier Jahre Zeit" besuchte und am Eingang ein überdimensionales Foto sah, auf dem der „Führer" einem Mädchen die Hand auf den Kopf legte, sagte sie: „Morgen gehe ich auch zum Führer." Morgen, das war der 1. Mai 1937. Sie kaufte Blumen, fuhr mit ihrer Mutter schon um sechs Uhr morgens mit der überfüllten Bahn zum Olympiastadion, drängte sich zur Führerloge vor und konnte Hitler tatsächlich ihre Blumen überreichen, dann neben Goebbels stehend die Rede des „Führers" hören. Presse, Wochenschau, sie war prominent.

Noch nach sechzig Jahren erinnert sich Gisela Böhme ergriffen an ihren großen Moment: „Die Ausstrahlungskraft, die der Führer hatte, war doch ungemein spürbar, auch für mich als so kleines Mädchen, wie ich es damals war. Hatte ich doch das Gefühl, das ist etwas ganz Besonderes, was du hier jetzt erlebst."

Das Interview fand statt am 24.4.1997.

Ich bin Jahrgang 1927 und habe eine sehr behütete und glückliche Kindheit in einem behüteten Elternhaus der guten Mittelschicht in Berlin erlebt. In diesem aufstrebenden Berlin, der damaligen Reichshauptstadt. Ich glaube, dass das eine einmalige Atmosphäre war. Meine Mutter kümmerte sich sehr um mich, mein Vater war Studienrat am Gymnasium.

Ich erinnere mich noch sehr deutlich an den Beginn meiner Schulzeit in der Allgemeinen Volksschule, wo viele Klassenkameradinnen von mir Väter hatten, die länger als fünf oder sechs Jahre arbeitslos waren. Für die wir in der ersten Zeit auch noch aus den begüterteren Familien die Pausenbrote mitbrachten und die dann plötzlich im Laufe des allgemeinen Aufschwungs wieder Arbeit fanden, und es war ganz sicher kein Wunder, dass das von allen Beteiligten begrüßt wurde. Es kam ja dann schon bald das Ende dieser Grundschulzeit und damit für mich der Übergang ins Gymnasium und gleichzeitig auch der Eintritt in die Hitlerjugend, in die Jungmädel. Eine Zeit, an die ich gerne zurückdenke, denn von da an war man eigentlich von vornherein in der Geborgenheit einer Gemeinschaft. Einer Gemeinschaft, die über die normalen Schulfreundschaften hinausging und in die man automatisch aufgenommen wurde. Ich erinnere mich auch an niemanden aus meiner Klasse, der nicht bei den Jungmädeln gewesen wäre.

Wenn ich jetzt weiterdenke, wie sich die ganze Zeit gestaltete – man muss ja bedenken, 1933, 1934, 1935; 1936 hatten wir ja schon die Olympiade –, das war ja doch ein unerhörter Aufschwung, der für alle auch bewusst war. Gerade in Berlin. Es entstanden die großen Bauten, das Olympiastadion, das Reichssportfeld und Sonntag für Sonntag pilgerte die ganze Bevölkerung heraus nach Charlottenburg, nach Wilmersdorf, nach Westend, um zu sehen, wie die Bauten vorangeschritten waren. Man erlebte das eigentlich hautnah mit.

Mich verbindet nun mit dieser Zeit noch ein ganz besonderes Erlebnis. Vielleicht erinnert sich noch jemand daran, dass der Führer ja damals gesagt hatte: Gebt mir vier Jahre Zeit und ihr werdet Deutschland nicht wiedererkennen. Und nach diesen vier Jahren gab es auch eine große Ausstellung 1937 in der Deutschlandhalle, und meine Eltern gingen mit einer befreundeten Familie und deren mit mir gleichaltrigen Tochter, die auch in meine Klasse ging, zu dieser Ausstellung. Und ganz vorne im Foyer war ein großes Bild vom Führer und einem kleinen Mädchen, das so zu ihm aufblickte, und der Führer legte ihm die Hand auf den Kopf. Und ich sah dieses Bild und ganz spontan sagte ich: „Also, morgen geh ich auch zum Führer." Mein Vater war sehr ärgerlich, sagte: „Was bildest du dir eigentlich ein, das wollen Tausende, und du, du kleiner Spatz da, willst so etwas erreichen, ist ja ausgeschlossen, also Schluss damit."

Ich war aber sehr hartnäckig: „Nein, nein", sagte ich, „ich will morgen zum Führer." Beinahe kam es noch zu ein bisschen Ärger in der Diskussion, aber meine Mutter brach das dann ab und sagte: „Das werden wir schon sehen, ich gehe mit dem Kind ja sowieso zum Stadion." Das stimmte, wir hatten durch meinen Vater und seine Funktion, die er bekleidete, Karten für diese Veranstaltung im Olympiastadion, zum 1. Mai war das damals, was gleichzeitig als Tag der Schulen gefeiert wurde.

Und tatsächlich, am nächsten Tag um sechs Uhr, der Beginn war erst um zehn Uhr, brachen wir mit der Stadtbahn von Charlottenburg zum Reichssportfeld auf. Ich drängte darauf, dass wir zunächst einmal zu unserer Blumenfrau vorbeifuhren, denn ich wollte ja für den Führer einen Strauß mitbringen. Ich hatte sehr bestimmte Vorstellungen, es sollte ein Biedermeier-Strauß mit Manschette sein, und die Blumenfrau hatte etwas Mühe, mir zu sagen, dass das für den Führer nicht ganz das Richtige wäre. Meine Mutter sagte noch leise zu ihr, aber ich hörte das: „Na ja, dann nehmen wir eben am Nachmittag die Blumen mit zum Friedhof, denn das wird ja sowieso nichts werden." „Und es wird doch was werden", sagte ich daraufhin laut vernehmlich.

Und dann erinnere ich mich noch an die Fahrt in der vollen S-Bahn. Es kann sich heute bestimmt niemand mehr vorstellen, mit welcher Freude und mit welcher positiven Stimmung diese Menschenmassen ungeachtet der Enge in den Verkehrsmitteln sich früh auf den Weg machten, um ja noch rechtzeitig zur Veranstaltung zu kommen und alles von Anfang an mitzuerleben.

Ich auch mit meinem Blumenstrauß. Und dann typisch die Berliner Arbeiter: „Na Kleene, wat willste denn mit deinem Strauß?" „Der ist für den Führer." „Na denn sei mal schön vorsichtig." Und dann kamen wir an, und nun die Menschenmenge mit dem Reichssportfeld und dem Stadion: Was denn nun? Und da bin ich einfach ganz beherzt, immer allerdings mit meiner Mutter, die mich nicht aus den Augen ließ aus Angst, ich könnte da verloren gehen, an den nächsten SS-Mann heran. Er war von der Leibstandarte. Ich guckte zu ihm auf und fragte ihn: „Wie komm ich wohl hier zum Führer?" Der guckte einen Moment und sagte dann zu seinem Kameraden: „Das passt ganz gut, wir brauchen noch ein Kind für die Wochenschau. Komm mal mit, der Führer wird da und da beim Reichssportfeld hereinfahren, da kannst du dann auf ihn zugehen." Meine Mutter sagte: „Nein, nein, das Kind kann nicht weg, ich muss mit, sie kann nicht alleine ..."

„Wir passen ja auf Ihr Kind auf", sagte er, „sie geht schon nicht verloren." Also, meine Mutter kam treu mit mir mit und wir kamen dann, geleitet von dem SS-Mann, zu irgendeinem Eingang. Ich stand dort zwar eine Stunde, aber dann kam der gleiche SS-Mann wieder und sagte: „Das Kind muss auf die andere Seite, der Führer fährt heute durch einen anderen Eingang ein." Und ergriff meine Hand, meine andere Hand hielt meine Mutter fest ... ein leiser Kampf begann, wo ich nun mitkommen sollte oder nicht hinkommen durfte. Schließlich landeten wir aber vor der Führerloge. Da stand ein Logenschließer, der nahm mich in seine Obhut. Meine Mutter konnte sich etwas abseits stellen und er sagte: „Das Kind kommt heute zum Führer."

Ich mit meinem Strauß, der welkte langsam, weil immer die Sonne darauf schien, sagte immer still das Gedicht auf, das ich beim Führer aufsagen wollte: Du willst nicht Würden und nicht Ehren, du willst nur unser Führer sein und so weiter. Ja, und dann kam dieser große Moment, allerdings zwei Stunden später, bedenken Sie, sieben Uhr waren wir da, zehn Uhr sollte es beginnen, es begann auch pünktlich. Inzwischen hatten wir nun die ganze Prominenz an unserem Eingang vorbei in die Führerloge gehen sehen, alle nickten uns zu, Goebbels kam sogar vorbei. Jeder dachte, wir wären was Besonderes, weil ich da so auf dem Präsentierteller stand.

Und dann fuhr der Führer herein, stieg dann aus, kam auf die Loge zu, und ich kriegte einen kleinen Schubs von hinten, von dem Logenschließer, und eilte mit meinem Blumenstrauß auf den Führer zu. Der blieb auch wirklich stehen und sprach mit mir ein paar Worte: „Wie heißt du denn, Madli?", sagte er. Ich sagte meinen Namen. „Gehst du schon in die höhere Schule?" „Ja", sagte ich und fing dann mit meinem Gedicht an: „Du willst nicht Würden und nicht Ehren; du willst nur unser Führer sein". Weiter kam ich aber nicht. Denn Adolf Hitler beugte sich zu mir herunter und sagte: „Sieh mal, dazu haben wir jetzt leider wenig Zeit, all die Menschen warten auf mich, aber ich danke dir sehr für den schönen Strauß, der kommt auf meinen Schreibtisch", und damit gab er den Strauß an einen ihn begleitenden SA-Mann. „Und du bleibst jetzt hier und hörst dir alles in der Loge an."

Da stand ich jetzt ... neben Goebbels stand ich ... Ich kann das gar nicht schildern, wie mir dabei zumute war. Das Einzige, was mich bedrückte, war: Man durfte nicht klatschen, man durfte auch nicht Heil rufen, man musste wirklich still dastehen und, der Würde der Situation entsprechend, das also miterleben.

Das war für mich ein ganz großes Erlebnis und die Wirkung, die Ausstrahlungskraft, die der Führer hatte, war doch ungemein spürbar, auch für mich als so kleines Mädchen, wie ich es damals war. Hatte ich doch das Gefühl, das ist etwas ganz Besonderes, was du hier jetzt erlebst. Und natürlich die Nachwirkungen des Erlebnisses waren auch entsprechend. Die ganze Schule hatte mich doch dort stehen sehen. In der Wochenschau war ich auch noch vorgekommen. Mein Vater war erst außer sich, dann sehr begeistert darüber, was ich alleine erreicht hatte.

Ich habe danach noch mein Gedicht in die Reichskanzlei geschickt, weil es mir so leid tat, dass ich es nicht aufsagen konnte. Ich bekam auch einen Dankesbrief und dieser Brief hat mich bis zum Ende, bis zur Flucht begleitet.

DR. TOBIAS PORTSCHY

„Der einzelne Mensch ist hineingeboren in das Schicksal seines Volkes"

Dr. Tobias Portschy
1905 – 1996
Stellvertretender Gauleiter der Steiermark

1931 Eintritt in die NSDAP
1933 Kreisleiter der NSDAP für das Burgenland
1935 – 1938 Illegale Tätigkeit als Gauleiter des Burgenlandes

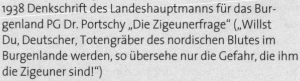

1938 Denkschrift des Landeshauptmanns für das Burgenland PG Dr. Portschy „Die Zigeunerfrage" („Willst Du, Deutscher, Totengräber des nordischen Blutes im Burgenlande werden, so übersehe nur die Gefahr, die ihm die Zigeuner sind!")
1938 – 1945 Stellvertretender Gauleiter der Steiermark
1940 Mitglied der SS, Träger des „Blutordens"
1945 – 1947 Internierungslager
1949 Verurteilung zu 15 Jahren schwerem Kerker
1951 Begnadigung; Präsident des Aufsichtsrats der Spar- und Kreditbank Rechnitz
1958 Wiederverleihung der Doktorwürde durch die Universität Wien
1959 – 1961 Mitglied der österreichischen FPÖ

Dr. Tobias Portschy gibt noch 1995 zu Protokoll, dass Adolf Hitler ein Übermensch war – im Sinne von Nietzsche. „Er war tatsächlich ein Führer. Er konnte wirklich Massen begeistern." Der Tag des Interviews, der 30. April 1995, der 50. Todestag Hitlers, ist für ihn „ein Trauertag."

„Hitler war der, der die Partei gelebt hat. Er hat um sich Eliten gesammelt. Ohne Hitler gäb es keine NSDAP. Er hat mit Recht die Macht übernommen aufgrund seiner Tüchtigkeit und Fähigkeit. Seine Fähigkeit war, eine Weltanschauung zu haben und diese Weltanschauung in überzeugenden Reden zu vermitteln. Er war ein Volksredner sondergleichen, ein Menschenführer. (...)
Ein Führerstaat zeichnet sich ja dadurch aus, dass die einzelnen Persönlichkeiten in einer schwierigen Zeit von sich aus tätig werden, dass sie an Gewicht durch ihr Vorleben gewinnen und vor allem auch durch ihre Überzeugung, die sie durch das Wort zum Ausdruck bringen, mit einem Wort: führen heißt voranzugehen und andere an seiner Überzeugung Teil haben zu lassen, dass sie mitgehen, freiwillig mitgehen. Wir waren alle Freiwillige.
Hitler hat mir nie einen Befehl gegeben, der bedenklich war. Ich konnte Mensch sein und Mensch bleiben, und ich war immer Humanist. Ich war in meinem ganzen Leben Humanist ... Ich war dann tatsächlich verwundert, als ich dann nach dem Kriege von den KZ erfahren habe."

Das Interview fand statt am 30. April 1995.

Ich bin am 5. September 1905 als neuntes Kind in Unterschützen geboren, einem kleinen Ort. Es gibt auch Oberschützen – ein Bildungsort der Protestanten mit evangelischer Schulanstalt, von August Wimmer gegründet. August Wimmer war evangelischer Pastor und hat in Oberschützen das evangelische Gymnasium gegründet sowie eine Lehrerbildungsanstalt, alles 1845 herum. Anfangs war dieses Gymnasium rein deutsch. Als die Ungarn begannen, das Deutschtum zu magyarisieren, war der Unterricht ganz ungarisch. Als Gymnasiast hatte ich ungarischen Unterricht in allen Fächern. Auch Deutsch wurde damals in Oberschützen ganz ungarisch geführt.

Meine Mutter hat 15 Kindern das Leben geschenkt, zwei sind in der Jugend verstorben, ein 18-Jähriger, Adolf, hat Tuberkulose gehabt, auf das Kleinkind aufgepasst und es mitgenommen. Der ist ein halbes Jahr nach dem Tod von Adolf auch an Lungentuberkulose verstorben. Wir 13 Kinder haben lange gelebt. Momentan ist es so, dass ich als Einziger von zehn Buben noch lebe.

Es war ein Kleinbauernhaus. Wir hatten zehn Joch eigenen Grund, das sind siebeneinhalb Hektar, und viel dazu gepachtet. Arbeitskräfte, Kinder, waren genug da. Hans, zwei Jahr älter als ich, hat den Bauernhof übernommen. Meine Mutter war sehr religiös. Sie hatte anlässlich der Konfirmation das Gelöbnis aufzusagen, weil sie die beste Schülerin war. Wir waren von daher von der Mutter begeistert. Die Mutter war eigentlich die Seele im Haus, der Vater war der Herr im Haus.

Ich war in der Volksschule aufgefallen als derjenige, der auch predigen könnte. Ich hatte eine gute Stimme. Deswegen wollte mich der Pastor immer wieder haben. Ich sollte Pastor werden und Pfarrer von Unterschützen. Sein Sohn war ein Schulkamerad von mir. Aber der ist zur Wiener Polizei gegangen.

Über Politik wurde in der Familie überhaupt nie gesprochen. Man hat mich gerne gehabt, weil ich immer aufstrebend und immer guter Dinge war, ohne weiteres lachend verhaftet wurde und noch stärker aus den KZs kam, wir nannten sie damals Anhaltelager. Aber Nationalsozialismus, den haben wir schon in der Familie gelebt. Jugendbewegung und Wandervogel, das war für mich ein Thema, aber ich war bereits in jüngsten Jahren als Nationalsozialist tätig.

1926 gab es die große Veranstaltung des Verbandes der Auslandsdeutschen, VDA[131], in Goslar. Da bin ich als Einziger von der burgenländischen Studentenschaft abgeordnet worden und habe die deutschen Führer der ganzen Welt kennengelernt. Ich war in Goslar Gast in einer Familie, in deren Haus früher Heinrich Heine gelebt hat. In dessen Zimmer habe ich die Tage zugebracht, im Hohen Weg Nr. 4. Das war bei der Familie Lichthart. Der junge Lichthart war Student. Als ich 1928 in Göttingen studierte, habe ich wieder Goslar besucht und mit den Studenten eine Harzwanderung gemacht, mit dem Lichthart.

Goslar ist eine so reizende Pfalz. Damals habe ich die ganze Gegend so erlebt wie meine Heimat, denn Göttingen hat eine Landschaft ähnlich wie das Burgenland. Da habe ich auch einige Gedichte drüber geschrieben.

Ich blicke wirklich gerne zurück auf meine Studentenzeit, habe aber nur drei Monate in der Volkswirtschaft mein Kolloquium gemacht bei Professor Oldenburg in Göttingen. Der hat mich angehört und war ganz verwundert, wie ich so schön Deutsch sprechen würde, so deutlich, und das aus dem Burgenland – das ja doch ein kleines Ländel war.

An der Universität in Göttingen hatte ich direkt mit der NSDAP zu tun. Damals habe ich einen großen Strauß ausgefochten. Ich kam in Göttingen mit Rittern der Baltenländer zusammen, das waren reiche Burschen aus Litauen, und ich war ein armes Ding. Ich war der Nationalist, der Nationalsozialist. Die wollten davon nichts wissen. Da hat es Auseinandersetzungen gegeben. In Göttingen habe ich gespürt, was der Nationalsozialismus eigentlich ist – gerade weil ich die Kluft zwischen den baltischen Herrn und dem armen Kleinbauernsohn feststellen musste. Aber ich habe mich immer behauptet als Sozialist, als nationaler Sozialist.

Ich bin eingetreten, aber in der illegalen Zeit natürlich nicht formal. Also, es ist so, dass ich seit dem Treffen der Auslands-

---

131 VDA: Bis 1908 Allgemeiner Deutscher Schulverein zur Erhaltung des Deutschtums im Ausland (gegründet 1881). Sein Ziel war die Pflege der Bindungen der Auslandsdeutschen an Deutschland, besonders durch deutschen Schulunterricht. Der VDA verlor 1938 seine Unabhängigkeit und wurde als Volksbund für das Deutschtum im Ausland von den Nationalsozialisten für ihre Zwecke missbraucht. 1955 Neugründung; 2000 bestanden 13 Landesverbände.

deutschen in Goslar im Jahr 1926 Nationalsozialist bin. Mit 21 Jahren war ich bereits Nationalsozialist. Tätig war man in der Kampfzeit mehr als nachher. Als Legaler aufgenommen wurde ich als Alter Kämpfer erst im März 1938. Illegal heißt, in der NS zu sein vor 1938. 1938 kam ja dann im März der Anschluss Österreichs ans Deutsche Reich. Das war ein freiwilliges Aufstehen der Österreicher, die Begrüßung des Führers, der erst am 13. März 1938 losgefahren ist. Der brauchte eigentlich nicht mehr kommen. Ich habe ja bereits am 11. März als Landeshauptmann die Macht übernommen. Das war für Hitler ein reiner Blumenkorso.

Der Anschluss war für mich der größte Feiertag, den es je gegeben hat. Ich war damals ja schon längst für die NSDAP tätig. Gestern habe ich im Fernsehen den Habsburger sprechen gehört, den Otto. Er hat über Patriotismus gesprochen, dass er Patriot sei. Worauf ich mir selber sagte, ich bin kein Patriot, ich bin ein Völkischer, jemand, der an das Volk denkt. Patria heißt Vaterland, das schon, aber zuerst ist wohl das Volk gewesen und die Völker haben die Staaten gegründet. Ich hatte ja nur Leute, die mir Anlass gegeben haben, völkisch zu denken und völkisch zu leben.

Ich wurde illegaler Gauleiter, als 1937 der Gau Burgenland gegründet wurde. Da habe ich die Partei gegründet. In der Kampfzeit nimmt man sich das Amt selber. Ich hab nicht gewartet auf einen Befehl aus Berlin. Aber ich wurde formal vom Gauleiter Leopold ernannt. Ich war mit Leopold zweimal eingesperrt, er in Einzelhaft, ich in Einzelhaft – in der Rossauer Lände, im Knast in Wien, und dann in Wolfsberg im Lager. Dort haben wir mit den SA-Führern und den politischen Leitern, die dort zusammen eingesperrt waren, eine Hochschule gegründet. Wir haben die These vertreten, Österreich als Ganzes, als Ostmark anzuschließen mit einer österreichischen Regierung, so wie die bayerische Regierung. So waren wir, die Alten. Das wurde nicht genehmigt. Waffen haben wir während dieser gesamten Zeit nicht gehabt. Überhaupt nicht. Ich habe strengstes Waffenverbot nicht nur befohlen, sondern in meinem ganzen Gau auch gehandhabt. Keine Pistole, nichts. Sondern immer nur die geistige Waffe eingesetzt.

Ich war nicht nur einer, der begeistern konnte, sondern war vor allem selbst begeistert. Deshalb konnte ich die Menschen wirklich begeistern. Manchmal am Ende der Versammlung, so wie in Leibnitz, unten in der Steiermark, südlich von Graz, haben mich die Frauen von der Bühne heruntergeholt und herumgetragen. Ich war als Redner in Schleswig-Holstein, habe bei Schwede-Coburg[132] gesprochen, auch in Solingen, weil ich dort einen Studentenkameraden hatte. Mit einem Wort: Meine Tätigkeit war das Werben, das Überzeugen. Überzeugen konnte man nur, wenn man selber überzeugt war. Mit der Dauer nahmen die Leute keinen Hohlredner zur Kenntnis, sondern nur einen, der das vorgelebt hat, was er selber gemacht hat. Ich war daher auch elfmal eingesperrt, nur wegen meines Wortes, nicht wegen einer Tat. Auch nicht wegen der Zigeuner[133], denn die Zigeuner habe ich nicht selber ins KZ gebracht, sondern der Gauleiter Jury[134]. Ich war Soldat. Der Führer hat von den Gauleitern verlangt, dass sie Dienst machen wie jeder Junge und an die Front gehen, obwohl ich schon über dreißig war. Jury hat Lackenbach[135] gegründet, da war ich gerade Rekrut zur Ausbildung als Gebirgsjäger in Admont, oben in Stift Admont[136]. Ich war also mit der Zigeunerfrage behandelt, habe aber selber nie gehandelt.

---

132 Franz Schwede-Coburg, 1888 – 1960, NS-Politiker, Oberbürgermeister in Coburg, 1934 – 1945 Gauleiter in Pommern

133 1938 legte Portschy eine Denkschrift mit dem Titel „Die Zigeunerfrage" vor, nach der die „zigeunische" Minderheit einem Schulverbot und der Zwangssterilisation zu unterwerfen sei und in Arbeitslager kommen sollte. Portschy konnten nach dem Zweiten Weltkrieg keine persönlich erteilten Befehle zur Deportation von Juden, Roma und Sinti aus dem Burgenland nachgewiesen werden.

134 Hugo Jury, 1887 – 8.5.1945 (Selbstmord in Zwettl), NSDAP seit 1931, ab 1936 stellvertretender Landesleiter der illegalen NSDAP in Österreich. Minister für soziale Verwaltung ab 12.3.1938 („Anschluss") und gleichzeitig Mitglied der SS. Mitglied des Reichstags (April 1938). Reichsstatthalter (1940), Bevollmächtigter für den Zwangsarbeitereinsatz (1942), Reichskommissar für die Festigung des deutschen Volksstums (1943). Verfechter der nationalsozialistischen Rassenhygiene, Verfolgung von Juden und „Zigeunern".

135 Zigeuner-Anhaltelager Lackenbach, KZ für Roma und Sinti im Burgenland in Österreich mit bis zu 2300 Gefangenen. Zwangsarbeit auf Feldern und beim Bau. Mehr: https://www.doew.at/cms/download/3cdke/jb2016_kuretsidis.pdf, S. 182 (abgerufen am 12.11.2019)

136 Stift Admont: das älteste bestehende Kloster in der Steiermark mit der größten Klosterbibliothek der Welt. Auf der Internetseite des Klosters heißt es über die Zeit des Nationalsozialismus lediglich: „Nach der Enteignung durch das nationalsozialistische Regime im Jahr 1939 kehrten die Mönche 1945 wieder ins Kloster zurück."

Für mich war der Begriff Volk das Entscheidende in meinem ganzen Leben. Staaten und Mächte sind vergänglich, sind nicht göttlichen Ursprungs, sondern menschliche Werke. Während die Völker von Gott stammen – von der Natur her. Die Staaten sind Willensgebilde Mächtiger. Und so war für mich das Dritte Reich nicht das Wesentliche, sondern das ganze deutsche Volk, das war für mich das eigentliche Erleben. Die Siebenbürger Sachsen und die an der Wolga, die Wolgadeutschen. Das Volk, nicht die Staaten. Und so sage ich denn: Auch der einzelne Mensch hat sich ja seine Existenz nicht ausgesucht, sondern ist letzten Endes ein Kind des Volkes und ist hineingeboren in das Schicksal seines Volkes. So habe ich diesen Gottglauben mit dem Glauben an das Volk identifiziert. Für mich war das Volk die Schöpfung Gottes, und ich habe als Angehöriger dieses Volkes der Schöpfung zu dienen. Und weil die Völker vom Herrgott geschaffen wurden und nicht die Staaten, wurden und blieben wir Deutsche. Wir wissen, dass wir als Protestanten oder Evangelische damals aus Glaubensgründen aus Luxemburg oder aus dem Elsass vertrieben wurden und in das deutsche Gebiet in Ungarn geflüchtet sind, weil es dort den Protestantismus im ungarischen Hoheitsgebiet geben durfte.

Adolf Hitler war für mich die Personifizierung des deutschen Volkes. Er war der Führer des Volkes – als solcher hat er seine Erfolge gehabt. Es ist nun mal so, das deutsche Volk hatte immer wieder eine tragische Geschichte: Hermann der Cherusker, der Schöpfer des deutschen Volkes überhaupt, wird von seinen Verwandten umgebracht. Adolf Hitler tötet sich selber, am heutigen Tag übrigens.[137] Für mich ist es ein Trauertag.

Ich habe Adolf Hitler zuerst im Radio gehört. Später war ich als illegaler Gauleiter immer beim Münchner Treffen. Dort habe ich ihn auch persönlich gesehen. Der Empfang nachher war selbstverständlich: Heß hat uns empfangen und wir nahmen an der Tafel des Führers teil, die illegalen Gauleiter aus Österreich. Nach der Machtübernahme in Österreich hat er uns zum Reichsparteitag nach Nürnberg eingeladen. Am Bahnhof war ein roter Teppich ausgelegt. Wir als Gauleiter hatten der Reihe nach Aufstellung zu nehmen. Dann kam der Führer, hat

---

137 Das Interview wurde geführt am 30.4.1995, Hitlers 50. Todestag.

uns alle begrüßt, die Hand gegeben, den Namen wiederholt, den wir ihm gesagt haben – und dann hat er uns zum ersten Mal die Hand persönlich gereicht. Ich war außerordentlich verwundert, weil ich mir den Führer niemals mit hellen blauen Augen vorgestellt habe, sondern mit dunklen Augen. Seine sonorige Stimme hat immer nur den Namen wiederholt – und [er hat] gelächelt. Seine Stimme war uns ja vertraut – wir waren alle miteinander begeistert. Auf mich hat Hitler in diesem Moment unerhört gewirkt. Ich habe so einen eindringlichen Blick von einem anderen nie erlebt: Strahlende blaue Augen, dazu noch hellblaue Augen, da war ich ganz verwundert. Auch seine schmalen Hände konnte man erleben, er hat ja wirklich geradezu schmale lange Künstlerhände gehabt. Die fielen mir ebenfalls auf. Das war einer der wesentlichsten Höhepunkte meines ganzen Lebens.

Wir haben von Adolf Hitler keine Befehle bekommen, wir waren ja keine Landsknechte. Im Gegenteil, wir waren begeisterte Jünglinge des Führers und wollten ihm nachleben. Es heißt: Nie befehlen, sondern führen. Was ist der Unterschied? Der Unterschied ist, selbst überzeugt zu sein von dem, was man sagt, und diese Überzeugung den Zuhörern zu vermitteln. Das war die große Kunst Adolf Hitlers. Er war überzeugt von dem, was er gesagt hat – und wir haben als seine Gauleiter selbstverständlich ihm nachleben wollen.

Ein Führerstaat zeichnet sich ja dadurch aus, dass die einzelnen Persönlichkeiten in einer schwierigen Zeit von sich aus tätig werden, dass sie an Gewicht durch ihr Vorleben gewinnen und vor allem auch durch ihre Überzeugung, die sie durch das Wort zum Ausdruck bringen. Mit einem Wort: Führen heißt voranzugehen und andere an seiner Überzeugung teilhaben zu lassen, dass sie mitgehen, freiwillig mitgehen. Wir waren alle Freiwillige.

Man konnte seine Meinung sagen. Kritikloses Einfügen war überhaupt nicht gefragt. Ich habe ja zum Beispiel mit Goebbels ein Treffen gehabt und konnte meine Meinung unmissverständlich zum Ausdruck bringen. Man konnte auch so manches kritisieren, selbstverständlich. Aber wir sahen im Führer niemals eine Figur, die zu kritisieren war. Es ist richtig, dass er uns ja nur mit seinen Reden und bei Feierlichkeiten gegenübergetreten ist. Von daher hat er sich ja auch keine

Blößen gegeben. Wir waren nie der Meinung, dass der Führer weiß Gott welche Fehler begeht. Für Gott haben wir ihn nicht gehalten. Jedoch haben wir tatsächlich geglaubt, und auch heute noch bin ich der Meinung, dass er ein Übermensch war – im Sinne von Nietzsche. Er war tatsächlich ein Führer. Er konnte wirklich Massen begeistern und so in seinen Bann schlagen, dass sie freiwillig gefolgt sind.

Anders war das zum Beispiel mit Gauleiter Schirach[138]. Den haben wir nicht besonders geschätzt, wir alten Marschierer. Der Schirach selbst war uns ein verfeinerter Dichterling und durchaus nicht einer, der dem Führer nachlebte, sondern er hat Hof gehalten. Der Führer hat nie Hof gehalten.

Beim Führer kam einem der Gedanke, Deutschland zu befreien, endgültig das Joch abzuschütteln. Dieser ganze Plan, dieser Wille war für uns entscheidend, für mich jedenfalls entscheidend. Denn wenn ich Hitler als Führer gesehen habe, habe ich selbstverständlich immer wieder auch an das ganze deutsche Volk gedacht. Führer und Volk waren für mich die zwei Begriffe, die mein ganzes Leben hindurch Bedeutung hatten, bis heute eigentlich, bis zum heutigen Tag.

Daran gab es gar keinen Zweifel. Denn wir haben niemals Befehle bekommen, die anzuzweifeln waren. Ich muss sagen, wir haben niemals Befehle bekommen, Menschen ausrotten zu wollen. An sich war sein Befehl tatsächlich Gesetz. Aber hat mir nie einen Befehl gegeben, der bedenklich war. Ich konnte Mensch sein und Mensch bleiben und ich war immer Humanist. Ich war in meinem ganzen Leben Humanist. Ich hab als Maturant [Abiturient] die Humanitätsdramen bearbeitet, den Don Carlos, Iphigenie von Goethe und Lessings Nathan den Weisen. Und Sie kennen ja den Spruch, wo Nathan der Weise fragt: „Bist du eher Christ denn Mensch?" Ich bin Nathan in meinem ganzen Leben gefolgt: zuerst Mensch. Ich war daher immer Humanist. Die ganze griechische Welt habe ich immer vor mir gehabt. Dann hatte ich das Glück, in Kreta auch Knossos kennenzulernen, da hat mich General Regel zu sich befohlen, als ich in Kreta gekämpft habe und es aber nichts mehr zu kämpfen gab.

---

138 Baldur von Schirach, 1907 – 1974 (Kröv an der Mosel), Reichsjugendführer der NSDAP. Hauptamtlich vom August 1940 – 1945 Gauleiter und Reichsstatthalter in Wien, zog mit seiner Familie in die repräsentative Wiener Hofburg.

Daran glaubten wir, der Führer wird es schon schaffen, er hat diese Kraft. Nicht nur ich, sondern das war allgemein der Glaube in der Führung, bei den meisten Gauleitern, die ich gesprochen habe. Nach dem 9. November 1923[139] haben wir tatsächlich gemeint, er sei unfehlbar. Er würde das deutsche Volk richtig führen.

Wir haben uns eingebildet, das Beste für das Volk zu tun – und kannten nichts anderes als Arbeit und Arbeit und Arbeit und Entsagung. Wenn man elfmal in seinem Leben nur seiner Gesinnung wegen eingesperrt und zum Verbrecher erklärt wird, dann kann man nur sagen, dass die Situation damals es so erforderte, weil sie ganz verkehrt war. Wir haben das Beste für unser Volk und vor allem für unser Bauerntum tun wollen und getan. Der Führer hat von vornherein erklärt, Deutschland wird sein, wenn es einen Bauernstand gibt. Ich befürchtete, dass das Bauerntum tatsächlich gefährdet ist. Wenn dem so sein sollte, dann sehe ich für die Zukunft des deutschen Volkes, für die Zukunft nicht gerade das Glückhafte.

Es war ein Wunsch des Führers, dass seine Mitarbeiter wirklich auch Frontbewährung haben. Dem haben wir Folge geleistet. Freiwillig, gerne. Es war eine meiner schönsten Zeiten auf Kreta, in Norwegen und vor allem in der Tundra oben. Ich habe oben in Lappland, etwa 15 Kilometer vor Murmansk, den kalten Winter mitgemacht, wo sich einige sogar die Glieder abgefroren haben – grauslicher Winter. Es hat ja eine eigene Auszeichnung gegeben, einen Gefrierorden. Den hab ich auch erhalten. Diesen Winter habe ich mit meinen Kameraden sehr gut überstanden vor Murmansk. Im Schneebunker konnte ich mich mit den Kameraden nur eine Stunde die Nacht hindurch verbergen, weil dann das Wasser wieder getropft hat. Dann bin ich hinaus und wir haben Volkstanz gemacht im stillen Wald. Und dann wieder hinein, wieder eine Stunde im Bunker – dann wieder hinaus und weiter volksgetanzt. So bin ich bestens durchgekommen mit meinen acht Hanseln, zwei habe ich leider verloren. Einen Bäckergesellen aus Wien und einen Bauernsohn aus dem Mürztal.

Menschen, die dem System feindlich gegenüberstanden, mussten keine Angst haben. Ich habe zum Beispiel einen Mann,

---

139 Hitler-Putsch in München

der immer wieder in den Caféhäusern englische Nachrichten verbreitete, also die Gegenpropaganda, zu mir kommen lassen und gesagt: „Wenn Sie das treiben, werden Sie Schwierigkeiten kriegen. Ich bitte Sie, halten Sie den Mund, wenn Sie schon Nachrichten hören. Im Caféhaus hat Politik nichts zu suchen." Julius Streicher[140] mit seinem „Stürmer" wird das anders gemacht haben, er war nicht gerade mein Vorbild – im Gegenteil, ich war nicht so ein verbissener, rechthaberischer Mensch. Der Streicher hat das alles überzogen und hat dann ja auch letztlich die Quittung dafür bekommen. Für mich war Heß ein Vorbild, abgesehen vom Führer, Heß war mein Liebling.

Ja, es gab Gegner des Nationalsozialismus – aber ich bin bis zum 8. Mai 1945 noch überall in Uniform hingegangen, ohne Pistole, und ich wurde nie behelligt. Keiner hat mich je bedroht und ich habe mich auch nicht bedroht gefühlt. Ich habe keine Begleitung gehabt, keine Wache für mich in Anspruch genommen und bin bis zum letzten Moment überall in Uniform hingegangen. Ich glaube sehr wohl, dass wir anerkannt waren, dass wir vom Gegner zumindest geduldet wurden. Ich habe mit Gegnern auch verhandelt und habe versucht, sie zu werben, also mit Kapfenberger sowie Betriebsobleuten gesprochen, die ja Marxisten waren.

Bei denen habe ich keinen Erfolg gehabt. Kapfenberger hat sich später gerühmt, dass ich ihn habe werben wollen, er aber standgehalten hatte. Das war mir recht, dass er angegeben hat, dass ich ihn nicht verfolgte, sondern werben wollte.

Ich fühlte mich als Gauleiter nie als Vasall und war gegen eine Entscheidung, die tatsächlich durchgekommen war: Flieger, die wir abschießen, zu töten. Ich habe diesen Befehl nicht weitergegeben. Es sind bei uns viele abgesprungen und sind nicht getötet worden. Einer ist getötet worden und die Täter sind hingerichtet worden – Vater und der Sohn, die einen Flieger ermordet hatten, einen Gefangen ermordet hatten, die sind justifiziert worden, das war ein Fall.

Ich weiß nicht, ob es überhaupt eine geschriebene Verfassung gegeben hat im Sinne unserer Verfassungen, wie wir es jetzt haben. Wir haben ja jetzt die Verfassung buchstäblich vorgeschrieben durch die Weltregierung. Es war ein national-

---

140 Julius Streicher, 1885 – 16.10.1946, siehe Anmerkung auf S. 75

sozialistisches Reich, das Hitler geformt und begründet hat. Da ist sein Charakter natürlich überall zum Ausdruck gekommen, auch in der Verfassung. Die Verfassung hatte als Kern das Führerprinzip. Das ist ja nun klar, Demokratie im Sinne heutiger Demokratien hat es nicht gegeben. In Deutschland ist es ja ein richtiges Diktat unserer Feinde. Die Bundesrepublik ist ja nicht frei. Der unfreiste Staat, den es in Europa als wirtschaftliche Großmacht gibt, ist die Bundesrepublik. Die hat eine geschriebene Verfassung, die ist aber letzten Endes von den Gegnern bestimmt. Ihr seid am wenigsten frei. Österreich ist bei weitem viel freier als die Bundesrepublik. Die Bundesrepublik traut sich auch weniger.

Die Verfassung verkörperte sich im Führer. Es wird wohl schon eine Verfassung im Dritten Reich gegeben haben. Ich kann mich aber nicht erinnern, wie sie gelautet hat, da bin ich überfragt, auch als Jurist überfragt. Ich muss nur sagen: Wir haben sie gelebt. Ich habe beispielsweise nie irgendetwas gegen die Verfassung getan, sondern im Sinne des Führerstaates eben meinen Dienst verrichtet. Es gab natürlich Beratungen mit den Leuten, die man führte. Da hat es Tagungen gegeben. Ich habe sogar die Bürgermeister mit eingeladen zu solchen Tagungen, nicht nur die Ortsgruppenleiter, sondern ich habe die zusammengeführt – Tagungen mit den Industrieunternehmen, den Parteiführern, den zuständigen Hoheitsträgern.

Der Führer hat ja niemals einen Befehl gegeben, der nicht nachzuvollziehen war. Er hat ja niemals Verbrechen anbefohlen. Ich kann mich nicht erinnern, dass ich jemals innerlich Widerstand zu leisten gehabt hätte. Ich habe selbst seine Umgebung auch bejaht. Ich hab Heß immer verehrt, Göring als Repräsentanten sehr gemocht, denn einer musste das Reich auch repräsentieren. Seine Schwächen kannten wir alle. Außerdem hatten wir den wortgewaltigen Goebbels an der Seite des Führers – und ich muss sagen, der hat nicht nur mit seinen Worten, sondern auch mit seinen Taten bestätigt, dass er ganz und gar dem Führer ergeben war.

Hitler war der, der die Partei gelebt hat. Davon bin ich überzeugt. Er hat um sich Eliten gesammelt. Dass darunter welche waren, die schwächer waren, das ist ganz klar. Aber ich bin davon überzeugt, dass es eine Auslese war.

Ohne Hitler gäb es keine NSDAP. Er hat mit Recht die Macht übernommen aufgrund seiner Tüchtigkeit und Fähigkeit. Seine Fähigkeit war, eine Weltanschauung zu haben und diese Weltanschauung in überzeugenden Reden zu vermitteln. Er war ein Volksredner sondergleichen, ein Menschenführer.

Ich war dann tatsächlich verwundert, als ich nach dem Kriege von den KZ erfahren habe. Ich habe gar nicht daran geglaubt, dass in den KZ irgendwelche Unmenschlichkeiten begangen würden, denn ich war selbst dreimal in Österreich im KZ, in den Anhaltelagern, wie wir sie nannten. Wir haben das wohl als Gefängnis, als Freiheitsberaubung bewertet, aber durchaus nicht als eine Stätte der Quälerei oder dergleichen. Man konnte auch in den Anhaltelagern in Österreich sehr viel Geistiges schaffen.

REINHARD SPITZY

„Die Frage ist eben, wer hat es gewusst"

Reinhard Spitzy
1912 – 2010
Österreichischer SS-Hauptsturmführer und persönlicher Referent von Reichsaußenminister Joachim von Ribbentrop

1931 Eintritt in die NSDAP und SA
1936 – 1938 Sekretär des deutschen Botschafters von Ribbentrop in London
1939 Attaché und persönlicher Referent von Außenminister von Ribbentrop in Wien
1941 Sonderführer im Amt Ausland/Abwehr des Oberkommandos der Wehrmacht (Amt Canaris)
1942 Exportreferent der deutschen Waffenmission in Spanien
1943 Versetzung ins Reichssicherheitshauptamt
1945 Flucht nach Spanien
1948 Flucht nach Argentinien, dort Pflanzer in Arroyo Nancay
1958 Rückkehr nach Österreich, dort tätig in der Teichbewirtschaftung
1972 Begründer der International Association of Astacology (Internationale Gesellschaft zur Erforschung und Untersuchung der Flusskrebse)

1982 Veröffentlichung des Buches „So haben wir das Reich verspielt. Bekenntnisse eines Illegalen"
1989 Veröffentlichung des Buches „So entkamen wir den Alliierten. Bekenntnisse eines Ehemaligen"

Reinhard Spitzy kam 1937 erstmals auf den Obersalzberg als Adjutant von Außenminister Ribbentrop. „,Adolf, ihr müsst jetzt kommen, die Suppe wird kalt!' Ich dachte, die Welt geht unter. Mit diesem großen Mann wird hier so bürgerlich gesprochen." Er schildert Eva Braun, lässt sich über Persönlichkeit und Höflichkeit Hitlers aus, dessen Unterhaltungskunst.

Reinhard Spitzy distanziert sich im Interview von seinem ehemaligen Vorgesetzten Außenminister Ribbentrop, den er als „geistig unterbelichtet" bezeichnet. Er verteidigt den deutschen Angriff auf Coventry, der nicht mit dem auf Dresden zu vergleichen sei, und erzählt Anekdoten – „Hitler hatte durchaus Humor".
Spitzy gibt vor, nicht gewusst zu haben, was wirklich „im Osten" geschah: „Man wusste ja gar nichts davon, man wusste zwar, dass die Juden nach Osten deportiert wurden – und ich dachte, die würden umgesiedelt. Es sind ja dauernd damals Leute umgesiedelt worden. Es sind die Balten umgesiedelt worden von ihrem Baltikum herunter nach Polen und die Südtiroler in die Tatra – und da war eben die Umsiedlung der Juden, die da in Züge gepfercht wurden."

Das Interview fand statt am 6.5.1996.

Es war Anfang 1937, dass ich das erste Mal auf den Obersalzberg kam, zusammen mit Ribbentrop[141], der damals Botschafter in London war. Ich wurde Hitler vorgestellt, aber ganz kurz. Dann hatte ich später einmal allein zu kommen, um Akten zu überbringen. Das wiederholte sich öfter, aber dieses eine Mal, da ging Hitler in seinem sogenannten großen Zimmer mit seinem Aussichtsfenster auf den Untersberg mit Ribbentrop endlos auf und ab, und ich war glücklich in meiner Situation, dass ich endlich in der Gralsburg angekommen war.

Es dauerte eine Stunde, zwei Stunden und länger – und auf einmal öffnete sich ein Vorhang und es erschien der Kopf einer jungen Frau, die sagte: „Adolf, wir müssen jetzt essen gehen." Ich dachte, das kann nicht möglich sein, dass wer den Führer Adolf nennt. Was soll das. Und er sagte: „Ja, mein Kind, wir kommen gleich." Und nach einer Viertelstunde kam sie wieder und sagte: „Adolf, ihr müsst jetzt kommen, die Suppe wird kalt." Ich dachte, die Welt geht unter. Mit diesem großen Mann wird hier so bürgerlich gesprochen.

Na ja, dann hatten wir das Essen, sie saß dabei, es waren sonst nur Adjutanten da und ein, zwei Offiziere. Nach Tisch ging ich zum Chefadjutanten Brückner, einem ehemaligen kaiserlichen Oberst. „Obergruppenführer, darf ich Sie um einen Rat bitten ..." Was ja immer das Beste ist, da fühlt sich jeder geschmeichelt. Er: „Ja, mein Sohn, das darfst du." – „Wer war diese Frau, die da hereinkam, uns unterbrochen hat und dann bei Tisch saß – und den Führer mit Adolf ansprach?" Darauf er: „Mein Lieber, was du hier siehst, das wirst du vergessen und niemandem sagen, weder deinen Eltern noch deinen Geschwistern noch den Frauen, die du liebst, denn der Führer hat ein Recht auf ein Privatleben. Solltest du aber sprechen, würde dir das sehr schlecht bekommen. Haben wir uns verstanden!" – „Jawohl, Herr Obergruppenführer." Damit war der Fall erledigt.

Ich sah Eva Braun noch öfter. Sie war bei den verschiedenen Essen privater Natur immer dabei, niemals aber bei den offiziellen Essen, da wurde sie aus dem Verkehr gezogen, was sie sehr kränkte. Wir alle hielten dicht, und dadurch kam es auch, dass man von der Existenz Eva Brauns öffentlich erst nach dem Krieg wusste.

---

141 Joachim von Ribbentrop, 1893 – 1946 (Hinrichtung in Nürnberg), Außenminister. Siehe Interview mit seinem Sohn Rudolf von Ribbentrop (S. 409)

Es ist auch ganz falsch zu sagen, dass sie Einfluss hatte auf Hitler. Das hatte sie nicht. Sie war ein einfaches Mädchen, sehr nett. Sie könnte eine reizende Schuhverkäuferin gewesen sein. Hitler wollte gar keine bedeutende Frau, die ihm dreinredet. Mit Eva Braun lebte er ein kleines bürgerliches Leben mit Kuchen und Tee, Kaffee trank Hitler nie, und meiner Ansicht nach auch normales Sexleben, ich habe nie was anderes gehört. Sie durfte sich anziehen, wie sie wollte. Sie hatte rot lackierte Fingernägel. Es ist Unsinn, dass sich die deutsche Frau nicht schminken durfte. Sie durfte auch im Garten rauchen, im Hause nie. Und sie war sehr witzig, machte sich auch manchmal über sich selbst lustig.

Ich gehörte ja bis Ende 1938, eh ich das Auswärtige Amt verließ, zum Inner Circle. Wir sprachen von Hitler nie als Führer, wir sprachen immer nur vom Chef. Und wir wurden hinzugezogen, manchmal auch kommandiert in die Reichskanzlei, um dabei zu sein, dass eben die Tafel voll war. Denn Hitler sprach in der Nacht oft bis vier Uhr früh, und mochte nicht, dass er da alleine saß. Er wollte Kompanie. Das waren ausgesuchte Leute und ich hatte damals das Glück, dass ich gut ankam bei ihm. Er war besonders nett zu mir. Schließlich war ich ja sein engerer Landsmann und ich durfte auch einmal einen Witz erzählen – allerdings keine unanständigen und keine politischen. Alle anderen durfte ich erzählen, so über Graf Bobby und so etwas. Das gefiel ihm sehr.

Nun hatte ich dadurch die Gelegenheit, ihn zu sehen und zu erleben, wie er sich benahm. Er war außerordentlich höflich, besonders uns jungen Leuten gegenüber. Und er hatte sehr gute Manieren. Also, dass er in den Teppich beißt und dieser ganze Blödsinn englischer Kriegspropaganda, das darf man nicht [ernst] nehmen. Er war auch gut erzogen worden durch zwei Damen, die Frau des Verlegers Bruckmann und die Winifred Wagner, sowie noch ein paar andere. Frau Bruckmann war ja eine geborene Prinzessin Cantacuzène[142] und das

---

142 Elsa Bruckmann, geb. Prinzessin Cantacuzène, 1865 – 1946 (Garmisch-Partenkirchen), Münchner Salonnière und Gönnerin Adolf Hitlers. Die Tochter des königlich-bayerischen Ulanenoffiziers Fürst Theodor Cantacuzène (1841 –1895) aus dem alten byzantinischen Adelsgeschlecht Kantakuzenos (Zweig Cantacuzino) heiratete 1898 den Münchner Verleger Hugo Bruckmann (1863 –1941). Mit einer Autorenlesung Houston Stewart Chamberlains aus seinem antisemitischen Buch „Grundlagen des XIX. Jahrhunderts" eröffnete Elsa

war natürlich ein sehr guter Unterricht, und er benahm sich sehr gut und interessierte sich auch, wie gedeckt wurde, wie die Blumen arrangiert waren.

Hitler war ja sehr künstlerisch, und er war sehr amüsant in seinen Gesprächen über seine Jugend, über seinen Vater, der ihn verprügelte, wenn er etwas anstellte, und er gab zu, ein besonderer Lausejunge gewesen zu sein. Karl May hat er kolossal verehrt, auch Winnetou gelesen, dass der am Marterpfahl ganz ruhig sprach. Während Adolf Hitler sonst brüllte wie am Spieß, wenn er verprügelt wurde, damit seine Mutter zu Hilfe kam, hätte er, nachdem er Winnetou gelesen hatte, bei der nächsten Tracht Prügel nun gezählt: eins, zwei, drei, vier, fünf, bei jedem Schlag. Da habe der Vater einen Schreck bekommen, weil er geglaubt hat, der arme Bub sei verrückt geworden. Und er war voll von Erzählungen aus seiner Jugend.

Er erzählte auch gern über Göring, wie sie ihn auf einer Wahlreise verloren hatten und einfach nicht fanden. „Habt ihr schon mal in den Konditoreien nachgesehen?" Tatsächlich, da saß Göring und aß Torte.

Er erzählte Geschichten, die passiert sind, und er machte einmal eine Opersängerin nach, wie sie knödelte beim Singen. Und ich dachte, mein Gott, jetzt eine Aufnahme, das wäre ja kolossal. Und man durfte zuhören, man hatte ja keine Gelegenheit, etwas zu sagen. Nur rauchen durfte man nicht, auch nicht im ganzen Gebäude der Reichskanzlei. Da traf ich mich oft mit Generälen und sogar Ministern heimlich rauchend auf der Toilette, und dann winkten wir mit dem Handtuch den Brandgeruch beim Fenster heraus wie seinerzeit in der Schule.

Ich kann ja gar nicht leugnen, dass er später ein Ungeheuer wurde, ein Bluthund, alles, was glaubhaft über ihn berichtet wurde. Ich habe ihn nur erlebt in den Jahren seiner größten Erfolge. Das war beginnend mit dem Jahr 1937, dem Anschluss Österreichs und der Befreiung der Sudetendeutschen mit der Münchner Konferenz. Und in dieser Zeit war er höflich, witzig, angenehm, entgegenkommend, sehr menschlich – und interessierte sich für das Privatleben seiner Mitarbeiter. Er fragte mich öfter, wie es mir ginge. Er war außerordentlich penibel in

---

Bruckmann am 26.1.1899 ihren Münchner Salon, der sich zu einem wichtigen Treffpunkt gesellschaftlich einflussreicher Personen aus Politik, Wirtschaft, Wissenschaft und Kunst entwickelte.

Bezug auf Benehmen und Sauberkeit. So erzählte er, er bade sich täglich, das könne er sich leisten. Als Arbeiter in Wien sei ihm das Schlimmste gewesen, dass er im Heim nicht einmal eine Dusche gehabt habe. Das könne er sich leisten und jetzt bade er zweimal und wechsle sein Hemd zweimal am Tage. Er hat auch damals in seinen Eisenbahnzug eine extra Wanne einbauen lassen. Also, er war ein Badefax. Auch sah er darauf, dass die Herren in seiner Umgebung entsprechend persönlich sauber und adrett angezogen waren. Und auch die Damen. Er sagte aber den Leuten nie etwas direkt ins Gesicht, sondern ließ über die Adjutanten organisieren, dass diese Person nicht mehr wieder eingeladen wurde.

Der Hitler war an und für sich bieder, heute würde man sagen spießig. Er sah eben auf Ordnung in seiner Umgebung. Er hatte volles Verständnis für Scheidungen und er hatte Verständnis, dass man mit einer Frau nicht zusammenleben kann, wenn sich das auseinandergelebt hat. In der Sache war er eigentlich großzügig. Wir dürfen nicht vergessen, dass in der damaligen Zeit eine Scheidung noch eine ziemlich unmögliche Sache war. In der Gesellschaft wurden solche Leute boykottiert. Da war er seiner Zeit voraus.

Wegen seines Aussehens, was ja wirklich nicht schön war, erzählte er, dass die Eva Braun meinte, er müsse sich eine andere Mütze zulegen, so sehe er aus wie ein Briefträger. „Ich kann es ja gar nicht ändern. Mich kennen die Leute so. Die ganzen alten Mütterchen, die mich verehren, und meine Anhänger. Auch die Friseurs-Innung hat von mir verlangt, ich solle mir einen englischen Offiziersschnurrbart zulegen, denn die Fliege sei hässlich. Ja, mag alles sein, zum Beispiel sollte ich auch andere Stiefel besorgen, [nicht so] geschrumpelte. Meine Herren, ich werde Ihnen etwas sagen, wenn Sie glauben, ich hätte nur ein paar geschrumpelte Stiefel. Die lass ich ständig kopieren und ich habe zehn Paar davon. Ich muss als Chef des Staates, als der Führer der deutschen Nation, immer gleich aussehen und muss dabei bleiben, wie ich bin. Schon die Pharaonen sind immer mit der Goldmaske erschienen, damit sie gleich aussehen. Das ist absolut notwendig, ich kann da nichts ändern."

Er war persönlich im Umgang sehr angenehm. Ich habe ihn nur einmal brüllen gehört, etwas scharf reden mit Ribbentrop, der im Ausland herumerzählte, er würde bald deutscher Außenminister. Da hatte sich Neurath[143] beschwert.

Nach dem Anschluss Österreichs gab es eine Wahlreise durch Deutschland und Österreich, damit der Anschluss durch ein Plebiszit bestätigt würde. Ich hatte ihn in Österreich zu begleiten. Und als wir nach Salzburg kamen, war Hitler absolut heiser durch seine vielen Ansprachen und Unterhaltungen mit den begeisterten Leuten. Er fiel völlig aus und steckte im Österreichischen Hof in einem Apartment. Ich habe aber von Ribbentrop, der in Berlin geblieben war, den Auftrag bekommen, eine Unterschrift von ihm zu besorgen, womit er die bereits von anderen Ministerien gebilligten Sendungen von Waffen und Nachschub für die deutschen Truppen in Spanien genehmigt. Man ließ mich nicht vor. „Sie können den Führer jetzt nicht sprechen, er ist heiser, er muss geschont werden." Andererseits kämpften ja unsere Leute in Spanien und brauchten Nachschub. Man konnte das ja nicht liegen lassen. Ich versuchte, mich durchzusetzten, und es artete in eine lautstarke Diskussion mit seinen Adjutanten aus, bis sich die Tür öffnete, Hitler in seinem Schlafrock erschien, ich mich sofort entschuldigte, um Verzeihung für den Lärm bat: „Aber, mein Führer, wir haben hier Akten und ich brauche nur ganz kurz Ihre Unterschrift, damit die Truppe in Spanien weiter versorgt werden kann." Er antwortete: „Ich kann jetzt nicht, aber kommen Sie zum Abendessen auf mein Zimmer."

Ich fiel aus allen Wolken, meldete mich natürlich pünktlich und hatte dann mit Adolf Hitler ein privates Abendessen. Dabei legte ich ihm das vor, er sah sich die spanische Sache an, gegessen habe ich vor Aufregung ja sowieso fast nichts. Hitler: „Ja, ich weiß nicht, ob das richtig war, dass wir dem Franco[144] geholfen haben. Diese spanischen sogenannten Nationalen, das sind ja die Vertreter des Kapitalismus, der Aristokratie, der Reaktion. Das Volk dürfte ja auf der Seite der Sozialisten sein. Und es wäre wahrscheinlich besser gewesen, wir hätten das

---

143 Konstantin von Neurath, 1873 – 1956, siehe Anmerkung auf S.. 127
144 Francisco Franco, 1892 – 1975, spanischer General, nach dem unter seiner Führung und mit italienischer und deutscher Hilfe erfolgten Putsch gegen die demokratisch gewählte Regierung Spaniens von Februar 1936 bis 1975 Diktator des Königreiches Spanien

Volk unterstützt und versucht, aus den internationalen Sozialisten nationale Sozialisten in unserem Sinne zu machen."

Ich fiel aus allen Wolken, denn es war ja unfassbar, was der Führer da sagte, denn es war ja genau das Gegenteil von dem, was täglich die Zeitungen in höchstem Auftrag predigten. „Ach was, geben Sie her, ich unterschreibe. Jetzt haben wir A gesagt, jetzt müssen wir auch B sagen." Also, Sie sehen, er war sich nicht absolut sicher in gewissen Sachen und er war auch anderen Ideen zugänglich. Mir imponierte sehr sein Intellekt, und ich habe mir auch in seiner Wohnung mal seine Bibliothek angesehen, in seiner Privatwohnung, in die man nicht gehen durfte, aber ich konnte mich natürlich durchsetzen und hab mir die Bücher angesehen. Da waren sehr viele militärische Werke, sehr viel Treitschke[145] und natürlich die anderen großen Historiker, vielleicht etwas einseitig, aber im Allgemeinen, kann man sagen, war er militärisch und geschichtlich sehr versiert und verfügte über ein hervorragendes Gedächtnis.

Hitler hatte durchaus Humor. Bei einem der üblichen Abendessen erzählte er, was er alles Schreckliches durchgemacht hätte während des Ersten Weltkriegs in Flandern, wie er gehungert hat und was sie alles erleiden mussten. Und dann dachte der Ernst Hanfstaengl[146], der auch anwesend war, er müsse auch etwas sagen, und erzählte, es wäre auch nicht von Pappe gewesen, was ihm passiert wäre, im Gefangenenlager, drüben in Amerika[147], und wie er hat leiden müssen. Da hat sich Hitler furchtbar geärgert, bei dem Vergleich zwischen dem Schützengraben in Flandern und den wohlgenährten Herren Gefangenen in Amerika drüben.

Und da hat Hitler dem Hanfstaengl eine Lehre erteilen wollen und beschlossen, ihn zum Schein nach Spanien zu schicken, um dort Kontakt zur fünften Kolonne aufzunehmen, die in Madrid für Franco kämpft. Hitler hat Hanfstaengl kommen lassen, Göring stand daneben, der war ja mit vom Bunde: „Lieber Hanfstaengl, ich habe gestern gehört, wie tapfer Sie

---

145 Heinrich von Treitschke, 1834 – 1896, Historiker, legte 1879 eine Schrift vor, in der es heißt: „Die Juden sind unser Unglück".
146 Ernst Hanfstaengl, 1887 – 1975, siehe auch Anmerkung auf S. 69
147 Der Kunstsalon der Hanfstaengls in New York City, den Sohn Ernst leitete, wurde gegen Ende des Ersten Weltkriegs als „Feindbesitz" von den US-Behörden enteignet, Ernst Hanfstaengl eventuell kurz interniert.

gewesen sind in Amerika. Das hat mich tief beeindruckt, und Sie sind der Mann, den ich jetzt für eine besondere Mission brauche." Dem Hanfstaengl passte das gar nicht, aber Hitler befahl: „Sie müssen sofort fliegen, die Sache ist absolut geheim, das Flugzeug wartet schon." Und dann haben sie ihm einen Overall angezogen, einen Fallschirmgurt umgeschnallt, ihn eilig und protestierend zum Flughafen gebracht und in einen Bomber gesetzt.

Der Bomber flog los und drehte über Deutschland und Berlin große Schleifen. Der Pilot sagte Hanfstaengl, jetzt kreuzen wir über den Alpen, jetzt kommen wir hinein nach Spanien, jetzt kommen wir immer näher. Das Ganze war zunächst so inszeniert, dass das Flugzeug ganz früh in Spanien ankommen und Hanfstaengl mit dem Fallschirm abspringen sollte. Der Pilot war natürlich eingeweiht und hat dem Hanfstaengl dann gesagt: „Hören Sie mal, Sie brauchen nicht [zu] springen. Ich sehe hier eine gute Wiese, da kann ich ganz schnell landen." Und das tat er dann auch. Hanfstaengl sprang heraus, raste in ein Gebüsch hinein und das Flugzeug hob wieder ab.

Nach einer gewissen Zeit ist er raus aus seinem Versteck, weil er sich gedacht hat, jetzt muss ich irgendwie versuchen weiterzukommen. Er kam schließlich zur Straße und dann stand dort ungefähr, ich weiß nicht, ob es genau stimmt, Regierungsbezirk Potsdam, Straße nach Treuenbrietzen.

Hanfstaengl hat gar nicht verstanden, dass es sich um einen typischen Adolf-Witz gehandelt hat, und glaubte, er wäre das Opfer einer Verschwörung von Göring und Goebbels gegen ihn. Er raste nach Hause, nahm seine ganzen Devisen, seinen Pass und alles und fuhr damit, so wie ich mich erinnere, in die Schweiz. Und von der Schweiz dann nach England und aus England ließ er wissen, dass er nicht daran denke, jemals wieder nach Deutschland zurückzukommen.[148]

---

148 Hanfstaengls Version in seinen Memoiren: Seine kritischen Bemerkungen über das NS-Regime seien von Unity Mitford, der britischen Hitler-Bewunderin, an Mitglieder der NS-Elite weitergegeben worden. Er sollte demnach liquidiert werden, wurde am 10.2.1937 in ein Militärflugzeug gelockt, um einen Auftrag in Spanien auszuführen, wobei er mit dem Fallschirm abspringen sollte und man ihn erschießen wollte. Jedoch habe der Pilot Hanfstaengl erkannt, einen Motorschaden vorgetäuscht und sei in Klein-Polenz bei Leipzig auf einem kleinen Flugplatz gelandet. Hanfstaengl sei sofort geflüchtet und habe sich über die Schweiz nach England abgesetzt.

Der Schuss ging für Hitler nach hinten los. Er wartete und dachte, er habe Hanfstaengl eine Lehre erteilt, der würde irgendwann reuig erscheinen. Aber das war ein Irrtum: Der blamierte war am Schluss eigentlich der Adolf. Dass daraus aber nach dem Krieg die Mär einer Verschwörung gegen Hanfstaengl entstanden ist, ist natürlich Unsinn.

Es gibt aber noch andere Beispiele: Einmal hat er die Straße am Innenministerium ganz in der Frühe mit Presslufthämmern aufreißen lassen, damit die Herren Beamten aufwachen. Oder er hat jemanden eine Ansprache machen lassen, mit einem Holzmikrophon, wo nichts drin war. Einen weiteren Scherz hat er sich bei einem runden Geburtstag, ich meine von Eugen Hadamovsky[149], erlaubt.

Der glaubte wohl, es würde eine große Feier für ihn organisiert. Und da hat Hitler extra einige Exemplare des „Völkischen Beobachters" mit einem besonderen Titelblatt drucken lassen: Aus Anlass des Geburtstages von Eugen Hadamovsky Fackelzug in Berlin, große Festsitzung der Akademie der Künste und Wissenschaft und so weiter. Das wurde dann dem Hadamovsky zugespielt. Der Mann ging auf wie eine Semmel vor Begeisterung. Am Abend musste er heraustreten aus dem Propagandaministerium auf den Balkon und wartete auf den Fackelzug, der natürlich nicht kam. Es sind nur unten ein paar alte Mütterchen vorbeigegangen. Das war auch ein solcher Witz, wo sie sich dann schieflachten. Hadamovsky war natürlich sehr verärgert. Aber Hitler war ein Fürst und Fürsten haben sich immer Witze mit ihren Untertanen erlaubt.

Hitler war auch ein großer Schauspieler und hat mit seinem Talent einen nach dem anderen betrogen. Einem hat er eine Sache erzählt, dem anderen die andere, und er versuchte immer, die Reaktion zu sehen bei den Menschen. Er hätte nie in einen Apparat hineinreden können, er hat immer Zuhörer aus Fleisch und Blut gebraucht. Entweder seine Sekretärinnen oder uns, die Adjutanten und Sekretäre. Und wenn man dann dachte, jetzt hat er einem ein großes Geheimnis anvertraut, stellte man schnell fest, dass ein anderer von ihm am nächsten Tag etwas ganz anderes gehört hatte. Er war manchmal wirk-

---

149 Eugen Hadamovsky, 1904 – 1.3.1945 (Hölkewiese, Pommern), Funktionär der NSDAP sowie zwischen 1933 und 1942 Reichssendeleiter im deutschen Rundfunk

lich amüsant und ein glänzender Imitator. Manchmal machte er den italienischen König nach. Der italienische König, der hat, ähnlich wie die Hasen es tun, ständig mit seiner Nase geschnuppert. Das machte Hitler im engsten Kreis großartig nach und ich dachte mir oft: Mein Gott, jetzt müsste ich eine Filmaufnahme haben oder was, das wäre eine Million wert.

Er hat auch von mir Witze akzeptiert, aber sie durften nicht politisch und nicht unanständig sein. Unanständigkeit war für ihn ein Zeichen von fehlendem Respekt, das mochte er nicht.

Der Prinz Louis Ferdinand sagte ja auch in seinen Memoiren, er hätte beste Manieren gehabt, und ich kann sagen, er hatte sehr gute Manieren. Er war sehr amüsant, er erzählte die unglaublichsten Sachen. Er war eigentlich auch modern. Er sagte einmal, dieser Seldte[150], der trocknet mir alle Sümpfe aus, das sind doch Schwämme, die wir brauchen für die Natur und das Wetter. Ich würde sagen, in gewisser Hinsicht war er ein Grüner. Wenn ich heute solche Sachen höre, denke ich mir, um Gottes willen, das hat ja damals schon der Adolf gesagt.

Lustig war er absolut und er freute sich über jeden Witz, auch jede komische Geschichte. Er war eigentlich, wenn Sie wollen, ein Bohemien. Er stand sehr spät auf und er blieb bis in die Nacht da. In der Nacht versuchte sich jeder zu verdrücken, andere hätten Unsummen bezahlt, wenn sie nur eine halbe Stunde hätten da sitzen dürfen. Wir waren schon so blasiert, wir jungen Leute, dass wir irgendwie versucht haben, uns zu verrollen.

Er erschien ja erst so um elf Uhr vormittags, das war für uns Beamte schon praktisch, denn wir bekamen die Unterlagen erst am Vormittag. Wir mussten sie sichten und konnten sie erst später übergeben. Er war eigentlich ein sehr angenehmer Chef. Und bedankte sich für alles. Hat nie gesagt: Geben sie her. Das ist nie über seine Lippen gekommen.

Ich habe Hitler bei verschiedenen Gelegenheiten über England sprechen hören. Hitler war von England fasziniert, weil er ein falsches Bild von England hatte. Er glaubte, England wäre ein Land der Empire Builder, dass die Briten ihr Weltreich mit allen Mitteln erhalten und aufbauen würden. Daher war er lange überzeugt, dieses Weltreich unbedingt erhalten zu müssen. Kurzum:

---

150 Franz Seldte, 1882 – 1947 (Fürth), Mitbegründer und Bundesführer des Stahlhelm, Bund der Frontsoldaten, einer paramilitärischen Organisation in der Weimarer Republik, NSDAP-Politiker und von 1933 bis 1945 Reichsarbeitsminister

Er war absolut begeistert vom englischen Weltreich und hat es sehr bewundert. Darum ist es auch völliger Unsinn, wenn heute behauptet wird, Hitler habe ein Weltreich aufbauen wollen. Dazu war er nicht dumm genug. Er strebte eine deutsche Hegemonie zwischen Ural, Rhein, Kaukasus, den Alpen und dem Nordmeer an. Die Meere wollte er England überlassen. Auch die germanischen Völker wollte er nicht unterjochen. Seine vollkommen dumme Einstellung gegenüber den Slawen stammt wohl aus seiner Zeit in Wien. Er dachte, das wären Untermenschen. Das war eine Katastrophe. Ich schüttelte immer den Kopf, wenn ich so hörte, wie er über die Slawen hergezogen hat.

Sein Bild von England hat offenbar dazu geführt, dass er den Blick für die Realitäten und die Mitspieler auf dem politischen Feld verlor. Der Erste war Stalin, der ein sehr guter Außenpolitiker war, der kein Interesse hatte an einem deutsch-englischen Ausgleich, der das sogar sehr fürchtete. Der zweite wichtige Mann war Churchill, der völlig untypisch war für einen Engländer. Ich kannte ihn persönlich und sah ihn öfter auf der Botschaft. Dieser Churchill war eine Mischung zwischen seiner amerikanischen Mutter, die sehr hübsch war, aber ihm in dieser Beziehung nichts hinterlassen hat und einen schlechten Ruf hatte, und seinem Vater, der ein Halbaristokrat war. Churchill brüllte auf der Botschaft einfach laut herum und sagte, wenn Deutschland so stark wird, werden wir das wieder verhindern, und dann wird das Land besiegt werden. Das war eine Katastrophe, weil Hitler, der pillensüchtig und drogensüchtig war und am Abend von seinem grässlichen Arzt Morell[151] immer Injektionen bekam, um schlafen zu können, eigentlich keine Gefahr für das englische Weltreich war. Eine Gefahr für das englische Weltreich wären ja nur die Russen gewesen mit ihrer genialen marxistischen Philosophie und mit ihrer großen Macht sowie ihrer Sucht nach einem warmen Meer. Also, ich habe den Churchill eigentlich nie verstanden.

Hitler konnte sich, auch weil Ribbentrop ihn ständig darin bestärkte, nicht vorstellen, dass das englische Establishment sein Weltreich zur Rettung eines in Hitlers Augen zweitklassigen slawischen Staates, nämlich Polen, durch einen zweiten Weltkrieg in Gefahr bringen würde. Und Hitler, der anglophil

---

151 Theo Morell, 1886–1948, Hitlers Leibarzt, siehe Anmerkung auf S. 130

bis auf die Knochen war, ist erst umgeschwenkt, als er merkte, dass seine Hoffnungen nicht erfüllt würden. Aber, das ist dann ja oft so, wenn alles kaputtgeht, dann entsteht aus dem Mister Jekyll ein wütender Mister Hyde.

Das Schlimme bei Hitler war, dass er selbst nie im Ausland war. Er bezog die Beschreibung des englischen Establishments durch den geistig unterbelichteten Ribbentrop, der immer nur das sagte, was Hitler gerne hören wollte. Aber die Engländer haben auch Fehler gemacht. Wenn sie zur Münchner Konferenz einen typischen englischen Offizier geschickt hätten, *„We are going to fight"*, das hätte Hitler sehr imponiert. Aber die schickten gute Onkels, nette Leute, die Hitler gesellschaftlich nicht passten. Da hatte Ribbentrop natürlich leichtes Spiel, die Engländer weiterhin bei Hitler madig zu machen.

Ich persönlich kann mich in keiner Weise beklagen. Mir war es peinlich, weil er sich dauernd nach mir erkundigte und ich ja praktisch schon in der Fronde [Opposition] gegen ihn war, die sich nach dem Einmarsch in Prag gebildet hatte. Mir war es nicht angenehm, dass er sich mir gegenüber nach wie vor reizend zeigte, ich aber bei Stauffenberg dabei war. Nach einem halben Jahrhundert ist es meine Aufgabe, die Sachen so zu schildern, wie es eigentlich war, und nicht so, wie es die Medien gerne hören möchten. Ich bin der Ansicht, dass Hitler damals schon in einem dauernd anhaltenden euphorischen Zustand lebte und sehr viele Drogen erhielt, sei es durch Medikamente, sei es durch Injektionen durch seinen grässlichen Arzt Morell – und eigentlich schon etwas schizophren war. Ich glaube aber, dass er im Krieg als kluger Mann merken musste, spätestens 1942, dass der Krieg nicht mehr zu gewinnen war, dass es ihn jedoch derartig beeindruckte, dass er die zwei großen Verträge, die Deutschland knebelten, vernichtet hatte, nämlich den Westfälischen Frieden und den Vertrag von Versailles. Er hätte wahrnehmen können, dass er selbst dabei ist, das Reich in den Orkus zu führen.

Er kam dann zu der Ansicht seinerseits, dass es die Juden wären, die in Amerika hinter Roosevelt arbeiteten. Er kam mit ganz merkwürdigen Ideen, und mir erzählte Hewel[152] später, er war absolut nicht mehr der Alte gewesen. Es muss meiner Ansicht nach mit dem Druck der schlechten Nachrichten,

---

152 Walter Hewel, 1904 – 2.5.1945 (Berlin, Selbstmord), Vertreter des Auswärtigen Amts bei Hitler, siehe Anmerkung auf S. 171

den schlaflosen Nächten, den Drogen zu tun gehabt haben. Ich würde sagen, dass er ab 1942 im bürgerlichen, umgangssprachlichen Sinne nicht mehr ganz normal war. Hewel erzählte mir, dass Hitler euphorisch sei und nun vom Gefühl erfüllt war, über ihm walte eine gewisse Vorsehung. Hitler sagte: „Ich höre den Flügelschlag des Engels des Erfolges über mir rauschen, ich muss jetzt zupacken." Und da sagte Hewel dann zu einem Freund, der daneben stand: „Habt ihr kein Gewehr hier, dass wir diesen Vogel abschießen können?" Und ich meine, er ist bestimmt nicht mehr normal gewesen. Die Tragik war ja, dass das deutsche Volk ihm in größter Krise und wirtschaftlicher Not eine Blanko-Vollmacht gegeben hat.

Hitler wusste ganz genau, dass die Ministerien, vor allem das Auswärtige Amt, Depeschen aus dem Ausland bekamen, die dechiffriert werden mussten, die gesichtet werden mussten, das Ganze musste verarbeitet werden, man konnte ihn ja nicht mit dem ganzen Material überfallen. Er wollte immer das Frische und auch die aktuellen Nachrichten des deutschen Nachrichtendienstes. Dabei wusste er genau, dass das gesichtet, in konzentrierter Form, technisch nicht vor elf Uhr da sein konnte. Darauf hat er sich eingestellt und bekam auch pünktlich seine Sachen um elf Uhr. Ich musste ihm ja sehr oft Akten bringen in die Reichskanzlei oder auf den Obersalzberg. Das wäre vorher völlig sinnlos gewesen. Mein Minister Ribbentrop wollte einmal die Sachen früher haben. Das hatte zum Erfolg, dass wir ihm die Abendtelegramme vorenthielten und ihm am nächsten Tag in der Früh als neue gegeben haben, worauf er sagte: „Sehen Sie, wenn man will, dann geht's." Hitler war viel zu klug für solche Spielchen.

Man wusste ja gar nichts davon, man wusste zwar, dass die Juden nach Osten deportiert wurden – und ich dachte, die würden umgesiedelt. Es sind ja dauernd damals Leute umgesiedelt worden. Es sind die Balten umgesiedelt worden von ihrem Baltikum herunter nach Polen und die Südtiroler in die Tatra – und da war die Umsiedelung der Juden, die da in Züge gepfercht wurden, ja nichts, was das Volk eigentlich hätte besonders beeindrucken können, denn die Züge waren ununterbrochen mit Umsiedlern besetzt. Und da wurden eben auch die Juden umgesiedelt, das war also öffentliche Ansicht. Als dann später nach dem Krieg die Vernichtungslager in Auschwitz heraus kamen, das wussten wir nicht, und das wusste man auch bei Canaris nicht, wo ich dann in seinem Vorzimmer während des Krieges bis 1942 arbeitete. Wir wussten genau, dass euthanasiert wurde, und zwar unheilbar Verrückte und solche. Das hatte ja zur Folge, dass mehrere Generäle dagegen protestierten. Auch Hitler wollte keinen Ärger mit den Bischöfen, nicht während des Krieges – und hat das dann abgestellt. Aber wenn wir gewusst hätten oder erfahren, dass da systematisch Vernichtungen waren, dann wäre wohl die Generalität ganz anders aufgetreten. Das wussten die ja nicht – und Hitler war ein Pharao. Er hat eine Sache so gemacht, dass es eben nur gewisse Leute wussten. Und das haben wir, ich auch persönlich, erst nach dem Krieg glaubhaft erfahren.

Die Entourage hat auch nichts gewusst. Himmler schon. Die Frage ist eben, wer hat es gewusst. Natürlich hat es Himmler gewusst. Natürlich muss es Heydrich[153] gewusst haben. Zumindest in den Anfängen. Der Heydrich wurde dann ja ermordet. Aber die Generale haben es nicht gewusst und Canaris hat's auch nicht gewusst. Wenn es Canaris gewusst hätte, ich war ja einer seiner Sekretäre, hätte ich es auch gewusst, dann hätte es General Oster[154] gewusst und Dohnanyi[155] hätte es

---

153 Reinhard Heydrich, 1904 – 4. Juni 1942, war einer der Hauptverantwortlichen für den Holocaust. Er leitete die Wannsee-Konferenz, auf der die Logistik der vollständigen Vernichtung der Juden in Europa festgelegt wurde. Der SS-Mann war Leiter des Reichssicherheitshauptamts, von dem aus die Verbrechen der SS gesteuert wurden. Das heute nicht mehr vorhandene Gebäude, das Prinz-Albrecht-Palais, lag auf dem Gelände der heutigen Topographie des Terrors an der Einmündung der Kochstraße. Heydrich war 1941 von Hermann Göring mit der „Endlösung der Judenfrage" beauftragt worden.
Er war stellvertretender Reichsprotektor in Böhmen und Mähren, oberster Besatzungsoffizier der Tschechoslowakei, wurde bei einem Attentat in Prag auf dem Weg zu seinem Büro im Hradschin schwer verletzt und starb wenige Tage später. Das NS-Regime ließ daraufhin die Orte Lidice (alle 173 Männer erschossen) und Ležáky (alle 43 Einwohner) vollständig ausrotten.
In den ersten Monaten der Herrschaft des „Henkers von Prag" wurden 6000 Menschen verhaftet, 404 Todesurteile vollstreckt und 1299 Menschen wurden ins das KZ Mauthausen deportiert, von denen 52 den Krieg überlebten. Heydrich spielte virtuos Klavier und Violine.

154 Hans Paul Oster, 1887 – 1945 (KZ Flossenbürg), Generalmajor der Wehrmacht, als Verbindungsoffizier im militärischen Widerstand. Am 8. April 1945 mit Dietrich Bonhoeffer und Wilhelm Canaris zum Tode verurteilt.

155 Hans von Dohnanyi, 1902 – 9.4.1945 (KZ Sachsenhausen), Jurist, Widerstandskämpfer. Mit Dietrich und Klaus Bonhoeffer im Grunewald-Gymnasium. Beteiligt an Attentat und Putschversuch gegen Hitler durch Henning von Tresckow im März 1943.

auch wissen müssen. Das ist ja völlig lächerlich, die haben es nicht gewusst. Das wäre ja ein großartiges Argument gewesen, den Widerstand gegen ihn zu organisieren.

Davon hatten wir keine Ahnung. Wir wussten, dass Massenerschießungen stattfanden, das haben die Engländer und Amerikaner auch gemacht. Herr Eisenhower hat ja auch schon soundsoviele deutsche Soldaten krepieren lassen. Das ist nun mal so. Krieg ist Krieg. Wenn man heute sagt, das hätte man wissen müssen, die Eisenbahnzüge und so, ja das war Umsiedelung. Und ich bin der Ansicht, dass es völlig falsch ist, da Vergleiche zu machen. Sogar ein großer deutscher Politiker ganz an der Spitze sagt wegen Dresden: Da wurde Dresden vernichtet, nach dem Krieg, als Ostpreußen bereits besetzt und der Rhein überschritten war, und da waren nur Frauen und Kinder und keinerlei Industrie und da sind circa 200.000 Menschen umgekommen[156], von denen 40.000 identifiziert werden konnten. Das wurde offiziell verglichen mit Coventry.[157] In Coventry sind 357 Leute umgekommen während des Krieges, und zwar in einer Stadt, die nicht nur Motoren und Kugellager [produziert], ein reines Zentrum einer Rüstungsindustrie, also wer das vergleicht mit Dresden, der ist entweder dumm oder übelwollend. Das kann man nicht vergleichen.

Diese enormen Verluste, das weiß ich von Hewel, haben Hitler natürlich zur Raserei gebracht. Und das möchte ich jetzt schon sagen, dass es durchaus möglich ist, dass er später in

---

156 Im November 2004 berief der Oberbürgermeister von Dresden, Ingolf Roßberg, eine Historikerkommission ein. Sie sollte eine möglichst verlässliche Gesamtzahl der bei dem Luftangriff vom 13. bis 15.2.1945 auf Dresden Getöteten ermitteln, um Geschichtsfälschungen zu begegnen. Erstmals wurden alle verfügbaren Bergungsnachweise, Unterlagen der Friedhöfe und Standesämter, Akten der Amtsgerichte zu Toterklärungen und weitere erfasst. So konnten sie miteinander und mit den Wohn- und Bergungsorten der Luftkriegstoten verglichen und überprüft werden. Auf diese Weise ermittelte die Kommission eine Höchstzahl von 25.000 durch die Luftangriffe getöteten Menschen. Höhere Totenzahlen seien weder vom historischen Verlauf der Luftangriffe her noch durch Dokumente, Erinnerungen oder Statistiken belegbar. (Quelle: Wikipedia)

157 Am 14.11.1940 flog die deutsche Luftwaffe einen Bombenangriff auf die englische Stadt Coventry. Neben großen Teilen der Innenstadt wurden 4330 Häuser und unersetzliche Kulturgüter wie die mittelalterliche St Michael's Cathedral zerstört. 568 Menschen kamen ums Leben. Die Luftwaffe griff Coventry erneut am 8.4.1941 sowie am 3.8.1942 an, womit die Gesamtanzahl der Opfer in der Stadt auf 1236 Tote und 1746 Verletzte stieg. (Quelle: Wikipedia)

seinem Umfeld ein ganz anderer Mensch geworden ist. Man kann nicht einen Menschen *ab ovo* [von Anfang an] verurteilen. Und Hitler ... ich sagte einmal einem Bischof, Sie sagen, Hitler 1932 sei *ab ovo* ein Teufel gewesen. Das kann man so nicht sagen, denn es gibt ein Beispiel aus der Bibel, dass der übelste aller Teufel, Luzifer, vorher der schönste aller Engel war. Also, es kann sich da ja etwas entwickeln. Und Hitler in seiner Verzweiflung konnte das nicht abreagieren. Er hatte ja niemanden. Er war eigentlich in einer kolossalen Einsamkeit. Eva Braun war natürlich nicht die Type, die ihn in solchen problematischen Fragen beruhigen konnte. Dazu fehlte ihr die nötige wissenschaftliche, oder sagen wir mal, die erziehungsmäßige Grundlage. Aber sie war sicherlich eine reizende, amüsante, nette Gefährtin, die auch dann bei ihm blieb, wie die Claretta Petacci[158] beim Mussolini bis zum Schluss durchhielt, als sich die meisten Männer schon verflüchtigt hatten. Das muss man sagen. Hut ab vor Eva Braun.

---

158 Clara Petacci, 1912 – 28.4.1945, Geliebte des faschistischen italienischen Diktators Benito Mussolini.

TILLA MARIA VON BELOW

„Wir aßen woanders besser als bei Hitler"

Tilla Maria von Below
1918 – 1999
Ehefrau von Nicolaus von Below, Oberst der Luftwaffe

Tilla Maria von Below, geborene Kühne und Tochter eines Gutsbesitzers, heiratete 1937 Hitlers persönlichen Luftwaffenadjutanten Nicolaus von Below.
Im selben Jahr lernte sie Hitler kennen. Er lud sie und ihren Mann nach Bayreuth zu den Wagner-Festspielen ein und holte sie in seine Loge.
Es folgten zahlreiche Besuche auf dem Obersalzberg zwischen 1937 und 1944: „Wir haben ein herrliches Leben geführt, mit dieser wunderbaren Kulisse der Berge."
Hitler lobte sie, weil sie mit Eva Braun so gut auskam,.Sie schildert, wie Eva Migräne bekam, wenn Magda Goebbels kam.

Von Below gibt an, nichts von den wahren Zuständen gewusst zu haben: „Hitler war, und das möchte ich betonen, besonders ritterlich, und zwar innerlich ritterlich. Er hat alle meine vier Schwangerschaften miterlebt und daran großen Anteil genommen. Die ersten Blumen im Krankenhaus waren jedes Mal von ihm. Umso erschütternder war es für mich dann später, zu erfahren und zu begreifen, welche Verbrechen unter seiner Führung begangen wurden."

Das interview fand statt am 9.11.1998.

Mein späterer Mann, Nicolaus von Below[159], wurde im Jahre 1937 von Göring zu Hitlers persönlichem Luftwaffenadjutanten ernannt.

Göring sagte noch zu ihm, Sie sind hoffentlich unverheiratet. Ja, sagte er, noch, aber in zehn Tagen will ich heiraten. Hitler hat zur Hochzeit einen riesigen Rosenstrauß in mein Elternhaus geschickt. Eine Woche nach unserer Hochzeit habe ich Hitler auch persönlich kennengelernt. Hitler hatte herausgefunden, dass mein Mann ein begeisterter Musikfan war und hat uns beide nach Bayreuth zu den Wagner-Festspielen eingeladen. Da standen wir ihm in der Pause gegenüber und Hitler sagte sofort: „Bitte kommen Sie zu mir in die Loge gegenüber." Ich muss dazu sagen, ich war jung, gerade 18, selbstbewusst, und ich hatte keine Befangenheit Hitler gegenüber, wie das offenbar viele andere hatten. Er hat mich auch nie fasziniert, wie es viele andere von sich berichten.

Hitler hatte, ich kann das nicht anders sagen, eine wirklich ritterliche Haltung. Als ihm jemand gesteckt hat, dass ich Geburtstag habe, kam er – das war in Nürnberg im Hotel Deutscher Hof – mit einem riesigen Rosenstrauß auf mich zu. Alles stand auf und in dem Moment knallte hinter mir ein riesiger Berg Teller auf den Boden. Mein Mann hat dann, wie so oft, die Frechheit gehabt und gesagt: typisch meine Frau. Dabei war es ein armer Kellner, der irgendwo hinter mir zitterte.

Auf dem Obersalzberg bin ich zum ersten Mal nach dem Parteitag 1937 gewesen und dort war ich immer wieder bis 1944, drei Tage vor dem Attentat auf Hitler. Wir haben da ein herrliches Leben geführt, mit dieser wunderbaren Kulisse der Berge. Kurz vor dem Polenfeldzug stand mein Mann zusammen mit Hitler auf dem Balkon der Terrasse auf dem Berghof. Es war ein blutroter Sonnenuntergang. Nach dem Gespräch kam er zu mir und sagte: Es sieht nach Krieg aus.

So schön es auch war in der Bergwelt, im Grunde konnte man [es] nicht länger als drei Wochen dort aushalten. Die anderen Gäste schliefen aus, aber bei meinem Mann klingelten ab sieben Uhr früh die Telefone und er musste die Informationen für Hitler zusammenstellen. Am Vormittag traf man sich, schwatzte miteinander und ich fand es immer schrecklich,

---

159 Nicolaus von Below, 1907 – 1983 (Detmold), siehe Anmerkung auf S. 192

dass auch die höchsten Potentaten, wenn es hieß „Der Führer kommt", alle aufhörten, miteinander zu sprechen. Ich habe immer weitergeredet und das hat Hitler sehr schnell gemerkt, dass man es aus innerer Freiheit heraus so machte, wie man es von zu Hause gewohnt war.

Hitler war, und das möchte ich betonen, besonders ritterlich, und zwar innerlich ritterlich. Er hat alle meine vier Schwangerschaften miterlebt und daran großen Anteil genommen. Die ersten Blumen im Krankenhaus waren jedes Mal von ihm. Umso erschütternder war es für mich dann später zu erfahren und zu begreifen, welche Verbrechen unter seiner Führung begangen wurden.

Auf dem Berghof hat er uns immer zu Tisch geführt. Das war so eine Art Ringelreihen. Auf seiner linken Seite saß Eva Braun und daneben saß am Tisch Martin Bormann mit einem großen Buch in der Hand wie ein Inspekteur, der er ja früher auch war, und schrieb mit, was Hitler so sagte oder monologisierte. Das hat er dann in der Nacht in Befehle gefasst und am nächsten Mittag als Befehle vorgelegt. Als Gast kam man alle paar Tage dran, an Hitlers rechter Seite zu sitzen. Man ging dafür von dem Kachelofenzimmer, wo wir uns alle trafen, einen längeren Gang ins Speisezimmer. Nach dem Mittagessen, wenn keine Feldmarschälle oder Generäle oder andere hohe Gäste anwesend waren, gingen wir in das kleine Teehaus am Mooslahnerkopf. Das war ein Spaziergang von einer guten halben Stunde. Hitler suchte sich dann einen Gesprächspartner, mit dem er vorneweg ging, und wir gingen schwatzend hinterher. Es war eine herrliche Kulisse mit Blick auf Salzburg. Und im Teehaus haben wir dann im Winter um einen knisternden Kamin gesessen und Hitler ist dann nach Schokolade und Apfelkuchen sehr schnell eingeschlafen. Man musste aber weitersprechen, denn wenn man aufhörte zu sprechen, wurde er wach.

Bei solchen Gelegenheiten hat Hitler sich auch über persönliche Dinge mir gegenüber geäußert. Einmal sagte er beispielsweise, wie sehr er sich freue, dass ich mit Eva Braun so gut auskommen würde. Das hatte ich, ehrlich gesagt, selbst gar nicht so wahrgenommen. Ein anderes Mal lobte er meinen Mann und betonte, dass er nicht wüsste, was er ohne ihn machen sollte. Dieses besondere Verhältnis hielt bis zum Schluss;

wie Sie wissen, hat mein Mann auf Bitten Hitlers dessen persönliches Testament als Zeuge unterschrieben.

In der Friedenszeit haben wir abends auf dem Berghof Kino geguckt. Das fand statt in der großen Halle, in der auch ein riesiger Tisch für die Lagebesprechungen stand. Dafür wurde der große Gobelin hochgezogen und dahinter war eine Leinwand. In der ersten Reihe saßen Eva Braun und Hitler. Dahinter stand eine breite Polsterbank, da saßen dann Speer, Karl Brandt[160] und ich und wir machten Kissenschlachten. Wir waren alle jung. Mir flog dabei ein Kissen direkt vor die Füße von Hitler. Er hob es nur auf, warf es nach hinten und sagte: „Ich weiß schon, woher es kommt."

Oft saßen wir auch am Abend um den Kamin in der großen Halle zusammen und Hitler monologisierte. Ich muss zugeben, dass ich die besten Geschichtsstunden, Religionsstunden, Geographiestunden und Kunststunden dort erlebte. Hitler monologisierte, Eva Braun saß neben ihm, wir hörten zu und ich hatte den Eindruck, dass Hitler selbst diese Stunden genossen hat.

In meinen Augen war Hitler ein einsamer Mensch. Ich erinnere mich an Abende vor dem Kamin, wo er die Hand von Eva Braun hielt. Und das war's. Am nächsten Morgen begrüßte er sie mit einem Handkuss. In meinen Augen waren sie schon ein Liebespaar, aber ein sehr seltsames.

Ein seltener, aber besonderer Gast auf dem Berghof war Frau Goebbels. Wenn Magda Goebbels auf dem Berghof erschien, dann war Eva Braun aufgrund einer Migräne nicht anwesend. Natürlich war sie eifersüchtig, denn diese Frau hatte was zu sagen. Es war eine ganz bezaubernde Frau und sie hat Hitler im tiefsten Inneren sehr geliebt. Dass Hitler ihr kurz vor seinem Tode sein eigenes goldenes Parteiabzeichen gegeben hat, spricht in meinen Augen auch für das besondere Verhältnis zwischen den beiden.

Während des Krieges war die Verpflegung auf dem Obersalzberg, da wird heute einiges falsch dargestellt, ausgesprochen sparsam. Von Prasserei kann nicht die Rede sein. Das Essen war so einfach, dass Göring dort nicht mit zu Mittag aß, auch wenn er zu einer Lagebesprechung da war. Immer

---

160 Karl Brandt, 1904 – 1948 (hingerichtet in Landsberg), Begleitarzt Hitlers, Generalmajor der Waffen-SS

nur Eintopf, den bekamen wir nämlich in der Regel serviert, das war ihm offenbar nicht gut genug. Um es auf den Punkt zu bringen: Wir aßen woanders besser als bei Hitler. Das Leben auf dem Berghof war wirklich ganz einfach.

Hitler hat immer großes Interesse an meinem Wohlbefinden und dem meiner Familie gezeigt und er konnte nicht verstehen, dass ich in der letzten Phase des Krieges nicht auf den Obersalzberg ging, weil er das für einen sicheren Ort hielt, sondern zu meiner Familie nach Halberstadt gezogen bin.

Ich erinnere mich auch an eine tragische Begegnung, die ich, warum auch immer, in der Nacht gemeinsam mit meinem Mann und Hitler erlebte: das war im Mai 1941 der Untergang der Bismarck. Hitler diktierte die letzten Funksprüche an die Besatzung und es herrschte eine bedrückende Atmosphäre. Hitler selbst war sehr betroffen.[161]

Vier Tage vor dem Attentat, also am 16. Juli, habe ich den letzten Abend mit Hitler auf dem Obersalzberg erlebt.[162]

Er selbst ist danach nie wieder auf dem Obersalzberg gewesen. Er ging an diesem Abend zu jedem seiner Gemälde, stand lange vor seinem geliebten Feuerbachgemälde Nanna, dann küsste er uns zweimal die Hand. Frau Brandt fing schon an zu weinen und ich ging davon aus, dass wir uns in 14 Tagen wieder auf dem Berghof treffen würden. Wir ahnten gar nichts. Das war der Abschied von Hitler; nach diesem Abend habe ich ihn nie wieder persönlich getroffen.

---

161 Vgl. Itinerar, Bd IV, S. 1924: „Di 27.05.1941, Obersalzberg: Das Schlachtschiff ‚Bismarck' ist manövrierunfähig und wird zusammengeschossen. Hitler befiehlt den Kampf bis zur letzten Granate. Das Schiff geht mit 2.000 Mann Besatzung unter."
162 Vgl. Itinerar, Bd IV, S. 2233f.: „Fr 14.07.1944, Obersalzberg, Letzter Tag auf dem Obersalzberg. [...]; So 16.07.1944, Führerhauptquartier Wolfsschanze"

DAISY SCHLITTER

„Alles an ihm war ordinär"

Daisy Schlitter (Daisy d'Ora)
1913 – 2010
Filmschauspielerin

Geboren als Daisy Baronesse von Freyberg
1929 Erste Rolle im Film „Die Büchse der Pandora" von G.W. Pabst neben Louise Brooks und Fritz Kortner
1931 Wahl zur Miss Germany
1932 Hochzeit mit dem Botschaftsrat Oskar Hermann Artur Schlitter, Mitglied der NSDAP seit 1934, 1942 zum Legationsrat befördert
1938 Auf Einladung von SS-Obersturmbannführer Hans-Joachim Freiherr von Hadeln Teilnahme am Reichsparteitag in Nürnberg
1955 Rückbeorderung des Diplomatenpaares aus London in die BRD wegen „unüberlegter Äußerungen" von Daisy Schlitter, die von „feindlichem Ausland" gesprochen hatte.

Daisy Schlitter spricht über ihre Zeit in der Berliner Künstlerszene Anfang der Dreißigerjahre, ihre Eindrücke von Versammlungen der NSDAP und ihre Begegnung mit Hitler beim Reichsparteitag 1938: „Als ich diese Aufmärsche sah, diese deutschen Männer im Lichtdom, da dachte ich, was für ein gesundes Volk, welche Haltung, wie gut diese sportlichen Männer aussehen – das ist begeisternd. Deutschland befindet sich auf dem Höhepunkt ... Von der Bergspitze geht es nur bergab. Im nächsten Jahr haben wir Krieg."

Daisy wurde im Alter von 15 Jahren für den Film gecastet, als sie auf dem Hof mit ihrem Puppenwagen spielte – aufgrund ihrer schönen Zöpfe, die an Gretchen erinnerten. Verarmter Adel, hochgebildet. Sie berichtet anhand vieler Beispiel, wie ihrer Familie von Juden geholfen wurde – ganz selbstverständlich. Die Männer schwirrten beim Film um sie herum. Zufällig traf sie Jahre später in einem Café Erich Maria Remarque, der ihr riet, am gleich stattfindenden Miss Germany Wettbewerb teilzunehmen, den sie gewann. Lernte später Bertolt Brecht, Helene Weigel und die ganze linksorientierte Kunstszene kennen.
Schon als junge Frau wollte sie Hitler reden hören – auf eigene Initiative. Ihrer Mutter berichtete sie: „Heute habe ich den Mann gesehen, der Deutschland zugrunde richten wird. Er heißt Adolf Hitler. Seine Partei kommt an die Macht, der Mann wird die Regierung übernehmen. Er strahlt eine überzeugende Kraft aus, ist revolutionär und fanatisch. Die Russen werden aus Sowjetrussland kommen, es wird Krieg geben. Der Mann wird Krieg machen gegen Russland. Die Russen werden in Berlin stehen."
Das war im Januar 1932, sie war 18 Jahre alt.

Das Interview fand statt am 13.7.2000.

Berlin in den 1930er-Jahren, das bedeutete hohe Arbeitslosigkeit, große Armut, unglückliche, verzweifelte Menschen. Dann der Ur-Berliner, ein gemütlicher, intelligenter Mann mit Witz, französische Wurzeln, soziale Einstellung. Konservativer Sozialismus, klarer Verstand, eine angenehme und kluge Schicht. Dann gab es eine politische Schicht aus dem Osten, eisern entschlossen, etwas zu werden. Aus diesen Zuwanderern entwickelte sich die intellektuelle Schicht in Berlin: Theater, Kunst. Sie nahmen bald das kulturelle Leben in die Hand, Verlage wie Ullstein, Schauspieler, Bühnen, alles Juden. Die haben das Bild des damaligen Berlin nach außen geprägt. Dann die Bankenwelt, jüdische Besitzer. In diesen Kreisen bin ich gewesen.

Mein Vater war ausgesprochen preußisch erzogen im 3. Garderegiment zu Fuß. Im 1. Garderegiment waren Fürsten und Prinzen, im 2. Garderegiment nicht so Bedeutende. Im 3. Garderegiment die Intelligenz. Deren Chef war Hindenburg. Vater wurde in diesem Regiment erzogen.

Ich wurde 1913 geboren. Kriegsbeginn, Vater wurde eingezogen. Die preußische Elite wurde im Sturm auf Paris hingemäht. Mein Vater fiel. Meine Mutter blieb zurück. Unser Vermögen ist in Russland geblieben. Für vier Kinder gab es eine Witwenpension von 211 Mark. Mein ältester Bruder war behindert im Heim, mit hohen Kosten. Wir hatten keine Heimat, und ich wusste eigentlich nicht, in welches Land wir gehörten.

Meine Mutter verkehrte mit russischen Emigranten, war hochgebildet und beherrschte sieben Sprachen. Sie wohnte als Kind auf einem Schloss, die Familie ist unglaublich reich gewesen, sie lebte in einer ganz anderen Welt.

Ich wuchs als kleines Mädchen auf, als wir kein Geld hatten und es kaum etwas zu essen gab. Berlin war für meine Mutter fremd. Sie war herzleidend. Reiche Verwandte bezahlten für meine Brüder den Aufenthalt in einem Internat. Ich lebte alleine mit Mutter in einem Zimmer.

Es gab schließlich einen Arzt, Dr. Brustmann, der meiner Mutter half. Ein Jude. Den riefen wir an, Telefon hatten wir. Er kam immer und behandelte meine Mutter. Ich sagte ihm: „Sie müssen uns einmal eine Rechnung schicken." Jaja, Rechnung kommt später, aber sie kam nie. Dieser Mann, ein jüdischer Arzt, hat meine Mutter durchgebracht. Dann gab es noch einen zweiten Mann. Meine Mutter hatte immer wieder mal rechtliche Fragen, sie kam ja aus altem Adel in Russland und hatte in Familienfragen rechtlichen Rat nötig. Da gab es einen Herren Justizrat Silbermann, der beriet Mutter. Er war furchtbar nett, brachte manchmal Schokolade mit. Auch Jude. Ich wurde älter und war begabt. Eine Lehrerin sagte: „Das Kind sollte Sprachen lernen." Sie war Jüdin. Mutter verwies darauf, dass wir kein Geld hatten. Die Lehrerin gab mir kostenlos Sprachunterricht. Ich hatte auch [eine] kleine Koloraturstimme: Frau Stehen, auch eine Jüdin, gab mir Stunden.

Diese Geschichten erzähle ich Ihnen, um zu zeigen, dass Kunst, Theater, Bankenwelt weitgehend in der Hand von großen, reichen Juden waren, gegen die Hitler später vorging. Auf der anderen Seite war der Durchschnittsjude, der unendlich viel Gutes tat bei Leuten wie mir. Da sie selber verfolgt waren, verstanden sie unser Schicksal und haben viel Gutes getan. Ich hatte bisher nie die Gelegenheit, meine Dankbarkeit diesen Menschen gegenüber auszudrücken.

Jedenfalls habe ich gelernt, dass die karitative Hilfsbereitschaft bei den Juden sehr ausgeprägt ist. Nicht nur deshalb hat mich die ganze Hitler-Geschichte, Antisemitismus und so weiter, entsetzt. Auch heute finde ich, dass das etwas ist, was heute in Deutschland nicht gewusst wird.

Ich erfuhr dann im Laufe der Jahre, dass wir selber jüdisches Blut hatten. In Arolsen gab es eine Familie Stieglitz. Leute, die etwas waren, eine große Villa hatten. Um 1820 fand die Heirat mit einer Frau Markus statt, Jüdin, eine vom jüdischen Adel, Elite. Er ging nach Russland, ohne Geld, als ganz junger Mann. Ungewöhnlich für damalige Zeit. Dort wurde er Bankier, machte eine fabelhafte Karriere, kam mit dem Zar zusammen, baroniert, Ludwig Baron Stieglitz. Er baute die erste Eisenbahn von Kiew nach Moskau und finanzierte den Krieg. Mein Ur-Ur-Urgroßvater war also der „Rothschild von Russland". Ich habe ihn nie gesehen, hatte aber innerlich eine enge Beziehung zu ihm. Als Kind habe ich schon von meiner Mutter über ihn Geschichten gehört. Als Kind sagte ich bei Problemen: „Großpapa Stieglitz, komm und hilf mir." Das hatte nichts mit Rasse zu tun. Interessant, wie gewisse Dinge einem in die Wiege gelegt sind.

Wir brauchten einen Ariernachweis. Als Hitler an die Macht kam, hatte ich das große Glück, inzwischen einen jungen Diplomaten geheiratet zu haben. Mein Schwiegervater war Vorsitzender der Deutschen Bank, Oswald Schlitter. Mein Bruder war bei der Schwarzen Reichswehr. Mein Mann war Diplomat – und wir brauchten Ariernachweis bis 1789. Hatte ich nicht. Deswegen hätte mein Mann das Auswärtige Amt verlassen müssen. Es war ein großes Glück, dass Stieglitz Ludwig hieß und baronisiert vom Zar wurde und dass er in meine mütterliche Familie einheiratete, die Üxküll in Estland. Er wurde Mitglied der estnischen Ritterschaft. Da es diese Unterlagen gab, waren wir aus dem Schneider. Obwohl es ein Buch gab über meinen Vorfahren, in dem auch ich als letztes Glied genannt war: Daisy Charlotte Freiin von Freyberg zu Eisenberg.

In den Dreißigerjahren in Berlin hatten wir kein Geld. Es gab ein Bild von mir mit zwei Zöpfen. Pabst[163] sah dieses Bild und schickte seinen Adjutanten Rudolf Serkin.

Der fand meine Mutter, zeigte mein Bild mit Zöpfen und sagte, wir suchen ein Gretchen. Die Sache fiel mir in den Schoß. Ich ging ja noch zur Schule. Meine Mutter, sehr originell, sehr intelligent, lachte und sagte: „Schauen Sie aus dem Fenster." Unten sah er mich mit einem Puppenwagen spielen. „Die ist ja noch ein Kind." – „Nein, kein Kind, fünfzehneinviertel Jahre." Er schaute mich an, ich war noch ganz kindlich, zwar ganz hübsch. Er fragte: „Willst du filmen? Komm nächste Woche zu Pabst nach Berlin". Mutter sollte mich nicht zu kindlich anziehen. Giftgrünes Kleid mit Schleife, aus Seide. Wir fuhren nach Berlin. Pabst lachte, schlug die Hände vors Gesicht. „Ein Kind. Kein Gretchen. Aber ich mache die Büchse der Pandora."[164] Er guckte mich an, ich war ganz unbefangen, hatte keine Ahnung, war aber begabt, was Musik und Klavier anging. Schauspielerei interessierte mich nicht. Pabst: „Ich schreibe eine extra Rolle für Ihre Tochter." Ich wurde fotografiert, für hübsch befunden, man merkte, ich war ein intelligentes Mädchen – so kam ich zu Pabst.

---

163 Georg Wilhelm Pabst, 1885 – 1967 (Wien), österreichischer Filmregisseur, zehn Stummfilme, darunter 1929 „Die Büchse der Pandora"; 25 Tonfilme. Pabst wollte sich von den Nazis absetzen, blieb aber dann in Österreich. 1955 drehte er „Ten Days to Die", auf Deutsch „Der letzte Akt", ein Antikriegsfilm, der als erster den Untergang Nazi-Deutschlands zeigt – und die Flutung des Bunkers am Anhalter Bahnhof am 2.5.1945 durch die SS, des heutigen Berlin Story Bunkers.

164 „Die Büchse der Pandora", Stummfilm, 1929, Regie G. W. Pabst. Die Hauptrolle spielte die Amerikanerin Louise Brooks.

Was ziehen wir ihr an? Ein Kleid wurde über eine Filmfirma gekauft, es ging zum Friseur und gleich sah ich viel älter aus. Ein Brokatmantel mit Weißfuchskragen, der meine kindlichen Schultern verhüllte. So sah ich gleich ein bisschen erwachsener aus.

Ein Foto wurde gemacht von mir hinter einem Schreibtisch, vor mir eine kleine Schreibmaschine, Locken, Brokatkragen. Im Krieg habe ich diesen Schreibtisch gekauft. Von diesem Moment an spielte sich mein Leben hinter diesem Schreibtisch ab.

Pabst war zufrieden und sagte zu mir: „Pass auf dich auf, du bist unerfahren, hübsch, ziehst Männer an. Schone dich." Ein reizender Mann, auch ein Jude.[165] „Du bist wie ein kostbares Instrument. Pflege dich." Er hat mich sehr beeinflusst. So hat meine Filmkarriere angefangen. Die Home Film Gesellschaft meldete sich. 200 Mark am Tag, ich war 15 Jahre alt und erhielt einen festen Vertrag für zwei Jahre. So fing mein Leben in Berlin an. Wegen der „Büchse der Pandora" wurde ich aus [der] Schule geworfen. Bekannte wechselten die Straßenseite, weil ich beim Film arbeitete. Die Familie beschloss, der Name sei zu ändern. Ich wurde Daisy d'Ora[166]. Ich ging nicht mehr zur Schule, sondern verdiente Geld. Mein älterer Bruder sollte Abitur machen.

In den Filmkreisen traf ich interessante Leute. Es gab ein Café an der Gedächtniskirche in Berlin, dessen besondere Atmosphäre die Theater-, Film- und Zeitungsleute sowie Intellektuelle schätzten.

Für mich war es eine interessante Zeit. Ich lernte viele Leute kennen, alle waren furchtbar nett zu mir, denn ich war ein kleines Mädchen und für niemanden eine Konkurrenz. Allerdings war ich sehr unglücklich und habe viel geweint. Aber Geld musste verdient werden. Bis zu meiner Heirat mit knapp 18 Jahren hatte ich 24.000 Mark verdient.

In diese Geschichte kam nun Miss Germany. Ich ging mit Baron Osman ins Hotel Eden auf dem Dachgarten schön essen. Ich war in einfacher Kleidung, er ein netter junger Mann – reich. Die Filmjuden aus Polen war nicht so angenehm. Ich hatte bis dahin keinen Mann an mich rangelassen. Echte Un-

---

165 Aussage ließ sich nicht verifizieren.
166 Daisy d'Ora, tatsächlich Daisy Baronesse von Freyberg (andere Schreibweisen: Daisy Freiin von Freyberg zu Eisenberg, Daisy Freiin von Freyberg-Eisenberg). Da es in Adelskreisen damals als vulgär galt, in der Unterhaltungsbranche zu arbeiten, legte sie sich ihren Künstlernamen zu.

schuld ist ein kolossales Schutzschild. Filmleute sind moralisch verdorben. Ich hatte einen Zauberschutz. Ruhe.

Ich saß also mit dem jungen Mann beim Abendbrot, als ein anderer gut aussehender junger Mann auf mich zutrat und sagte: „Wir haben heute Abend hier die Wahl zur Miss Germany. Wollen Sie nicht teilnehmen?" Zunächst sträubte ich mich, dachte an den Laufsteg und wurde noch einmal gebeten. Ein Mann am Nebentisch hörte das, lachte. „Machen Sie doch mit. Sie werden gewiss Miss Germany und erhalten 1000 Mark. Danach lade ich Sie und Ihren Begleiter zu einem Glas Sekt ein." Ich ließ mich breitschlagen – und wurde Miss Germany 1931. Das Ganze hat mich aber nicht beeindruckt.

Dann ging es runter zum Abendbrot. Der Mann vom Nebentisch sagte: „Ich wusste, Sie würden Miss Germany. Kommen Sie bitte an meinen Tisch zum Sekt." – „Wer sind Sie?" Er sagte, so von oben herab, so nach dem Motto „Sie kleines Ding": „Sie werden mich nicht kennen, ich heiße Erich Maria Remarque." – „Ich kenne Sie, ich habe Ihr Buch zwei Mal gelesen." – „Wieso hast du das gelesen?" – „Mein Vater ist gefallen." Von Stunde an wurden wir Freunde. Erich Maria Remarque hat mich in die intellektuellen Kreise Berlins eingeführt, in die ich nie gekommen wäre. Bert Brecht, Helene Weigel. Alles, alles, alles war da. Sie luden mich ein, ich war 16 oder 17 Jahre alt. Alle waren erfolgreiche Männer mit eleganten Wohnungen, einem Cadillac wie der Verleger von Remarque, mit viel Geld. Es war eine andere Welt, sehr interessant für mich, nämlich reiner Intellektualismus und reiner Kommunismus. Die waren rein kommunistisch. Das war für mich ja auch eine ganz neue Welt. Interessant. Alle behandelten mich nett, die junge hübsche Adelige, die Schauspielerin mit guten Manieren. Abends sprach man über Literatur und Politik. Das war Berlin. Themen waren Russland, die Kunst, alle waren sie elegant, reich, belesen. Ich weiß es noch wie heute, ich saß da, es waren kaum Frauen dabei, alle duzten sich, eben der künstlerische Intellektualismus.

Bei der Uraufführung der Dreigroschenoper[167] saß ich in der ersten Reihe, weil ich Mitglied der Clique war bei den Revolutionären. Nachher hieß es: „Wenn die Bolschewiki kom-

---

167 Die Uraufführung der Dreigroschenoper fand am 31. August 1928 im Theater am Schiffbauerdamm in Berlin statt. Zeitlich passt das nicht mit dem Bericht von Daisy Schlitter zusammen.

men, wirst du aufgehängt, erschossen. Du als Adelige." – „So seid ihr: Ihr sitzt hier mit mir – und andererseits werde ich erschossen. Ich komme nicht mehr zu euch." Alle waren plötzlich still, es gab eine Beratung. „Wenn Bolschewiki kommen, stellen wir uns vor dich." – „Wenn ihr könnt. Vielleicht werdet ihr vor mir erschossen. Ihr habt ja keine Ahnung. Glaubt ihr, diese Leute schonen euch? Eure Wohnungen, euer Geld, eure Autos, euer gutes Leben?" Da erstarrten alle. War ich furchtbar naiv? Sie führten ein gefährliches Leben. Ich sah, wie Brecht, Remarque und die anderen lebten.

Dann sah man die großen Plakate. Hitler begann zu reden. Ein gewisser Goebbels kam als Gauleiter nach Berlin, von der NSDAP. Die Partei gab es noch gar nicht in Berlin. Goebbels war von den Jesuiten erzogen. Adolf Hitler würde seine erste große Rede in den Tennishallen[168] halten. Reihen waren aufgebaut, ein riesiges Podium, ein langer Gang, da würde Adolf Hitler seine erste große Rede halten und Goebbels arrangierte das. Es war nicht weit weg von unserer Wohnung. Dr. Osman, mit dem ich befreundet war, fragte ich: „Ich will Hitler hören, nimmst du mich mit?"

Wir gingen hin. Es waren keine Frauen oder Mädchen da, nur Männer, aber viele Menschen, in Uniformen, auch junge Menschen. Die ganze Halle war ausgeräumt und vollgestopft mit Menschen. So viele Menschen hatte ich noch nie gesehen. Sie quetschten sich. Alles war voller Saalordner. Das hatte ich nie vorher mitgemacht. Es befanden sich Männer in den Gängen, wie Hühner auf der Stange. Nur Männer, die Hälfte in Uniform, darunter Soldaten, auch ältere, höhere Offiziere, die damals noch ihre Degen trugen.[169]

Da waren diese Saalordner. Braune Hosen und Hemden, Stiefel bis zum Knie. Armbinden mit Hakenkreuz, Mützen.

---

[168] Sonntag, 17.1.1932, Berlin-Wilmersdorf, Rede vor Studenten in den Tennishallen Brandenburgische Straße 53/Ecke Konstanzer Straße, 6.000 Teilnehmer. Nachts: größere Zusammenstöße zwischen NSDAP und KPD mit zwei Toten und sieben Verletzten. (Quelle: Harald Sandner, Hitler Itinerar II, S. 896)

[169] Diese Schilderung legt nahe, dass es sich auch um die Rede vor SS, HJ, NS-DStB, NSKK und NSDAP-Amtswaltern in den Tennishallen Wilmersdorf am 10.2.1932 gehandelt haben könnte. Eine Stunde lang schritt Hitler die Front der angetretenen Parteimitglieder ab. Am Abend zuvor, am 9.2.1932, hatte Hitler vor 15.000 SA-Männern im Sportpalast gesprochen. (Quelle: Harald Sandner, Hitler-Itinerar II, S. 89)

Das gab es bisher alles nicht. Alles war neu. Ältere Männer erschienen in Soldatenuniformen. Goebbels war zu diesem Zeitpunkt uninteressant. Dann stellte sich Adolf Hitler hin und sprach zwei Stunden lang. Sie hörten interessiert zu, schrien. Er hatte was für die Massen. Schimpfte auf Versailles, auf Churchill, schimpfte auf die Plutokratie, zeigte Wutausbrüche: Wir werden regiert von Hohlköpfen, Dummköpfen, und diese Köpfe müssen abgehauen werden und müssen rollen, dass der Sand sich blutig färbt.

Mir blitzte es im Kopf auf. Das ist Revolution, das ist wie in Russland, das werden wir kriegen und dieser Mann wird das machen. Dann erhielt man von den Saalordnern Blöcke, auf denen man seinen Namen schreiben sollte. [Mein] Bekannter schrieb, ich lieber nicht. Da komme ich in irgendeine Kartei.

Nachdem Hitler geschrien hatte, ergriff eine Hysterie die Menschen, sie standen auf Bänken, sprangen herum, zogen ihre Säbel, fuchtelten mit ihren Degen in der Luft herum. Ich kam mir vor wie in einem Irrenhaus. Heil! Heil! Heil! Ich stand da wie ein Baum in einem wogenden Meer. Die Leute um mich herum waren wie irrsinnig. Unvergesslich. Mein Bekannter forderte mich auf, aufzustehen – „die schlagen dich sonst tot." Eine Unmenge von Leuten. Das war Revolution. Nach einer Weile beruhigten sich die Leute wieder. Ich sagte zu meiner Mutter: „Heute habe ich den Mann gesehen, der Deutschland zugrunde richten wird. Er heißt Adolf Hitler. Seine Partei kommt an die Macht, der Mann wird die Regierung übernehmen, auch den Reichstag. Er strahlt eine überzeugende Kraft aus, ist revolutionär und fanatisch. Die Russen werden aus Sowjetrussland kommen, es wird Krieg geben. Der Mann wird Krieg machen gegen Russland. Die Russen werden in Berlin stehen." Mutter sagte, du wirst schon recht haben.

Von Stund an hatte ich Interesse an allem. Zettel wurden uns in die Wohnung geworfen gegen Plutokratismus, gegen die Juden. Jetzt sprachen die Berliner über Adolf Hitler. Ich sagte: „Seht doch, er sagt ganz klar, er will die Juden rauswerfen." – „Ach, das ist Wahlkampf." Ich höre die Berliner Gesellschaft noch heute so lamentieren. Die Leute haben es nicht begriffen, haben es nicht sehen wollen. Es kommt so unausweichlich auf mich zu, du musst dein Leben danach ausrichten – und das habe ich auch getan.

Ich kannte Baron Hadeln, er gehörte zu den sehr guten Leuten. Er ging zur SS, war bildschön, intelligent und wurde Adjutant von Himmler. Wir, mein Mann und ich, waren damals in London an der Botschaft. Als die Krönung von Queen Mum anstand, eine große Sache, lud ich Hajo Hadeln[170] ein, von der Terrasse der deutschen Botschaft den Festzug anzusehen. Er kam in der Uniform eines SS-Mannes und blieb ein paar Tage.

Er wollte sich dann revanchieren, hatte mit dem Reichsführer-SS gesprochen und lud mich als Gast zum Reichsparteitag 1938 ein, den „Parteitag des Friedens", dessen Ziel es war, dass das Gerede im Ausland aufhört, Hitler wolle Krieg. „Du bist für acht Tage nach Nürnberg als Gast beim Reichsparteitag eingeladen." Bei der Ankunft wurden wir von der SS am Bahnhof abgeholt, wohnten im christlichen Hospiz, dort gab es nur blonde hübsche Sekretärinnen.

„Du hast beste Karten, zu jedem Dinner eingeladen, beste Plätze bei allen Veranstaltungen zwischen den Obergruppenführern." Ich! Also, ich kam in Nürnberg an. Ein gut aussehender SS-Mann holte mich ab. Eine Wache salutierte ruckzuck. „Setzen Sie sich auf [den] Stuhl!" Er setzt sich aufs Bett. Was soll das denn nun? Mit einem Kissen deckt er das Telefon ab. „Jetzt können wir uns unterhalten. Sie fahren im schwarzen Mercedes, erhalten von mir alle Unterlagen. Seien Sie vorsichtig beim Reden. Ich weiß nicht, wie Sie denken." Ich: „Ich bin gegen Hitler." – „Bitte seien Sie vorsichtig!" Er stand auf, gab mir seine Karte – alles tipptopp bei den Nazis.

Als ich zum Frühstück kam, war der ganze Saal voll mit jungen SS-Offizieren, die mich anstarrten. Ich dachte, die Erde soll mich verschlingen. Die dachten alle: Was macht die denn hier? Dann fuhren wir zum Feld. Der Führer war schon da. „Parteitag des Friedens", ich komme aus London, wo Chamberlain knapp am Krieg vorbeigeschlittert ist. Meine Karten sind für die zweite Reihe, in der ersten sitzen nur Obergruppenführer und Gruppenführer in Uniform. Vorne Hitler, und ich als einzige Frau unter all diesen hohen SS-Chargen. Die unterhielten sich über meinen Kopf ganz offen über Hitler, Himmler und den Krieg. Da wurde in aller Of-

---

170 Dr. Hans-Joachim Freiherr von Hadeln, 1910 – 1943, Obersturmbannführer

fenheit gesprochen. Diese kleine Laus, so nahmen sie mich wohl kaum wahr. Ich hörte alles mit großem Interesse an. Es war alles einfach phantastisch organisiert. Diese deutschen Männer, in ihren verschiedenen Uniformen: SS, SA, Wehrmacht. Und dann hatten sie diese großen Scheinwerfer, die bildeten einen Dom. Darunter befanden sich Hunderttausende von Menschen. Es war fabelhaft organisiert, diszipliniert, glänzend und eine überschwängliche Stimmung überall. Das Ganze dauerte acht Tage. Die Rede von Hitler in einer Halle, auch Himmler, Goebbels. Kolossal.

Als ich diese Aufmärsche sah, diese deutschen Männer im Lichtdom, da dachte ich, was für ein gesundes Volk, welche Haltung, wie gut diese sportlichen Männer aussehen – das ist begeisternd. Deutschland befindet sich auf dem Höhepunkt. So etwas wirst du nie wieder sehen. Umringt von diesen hohen SS-Führern, die so offen sprachen, dachte ich, das ist ein Höhepunkt. Von der Bergspitze geht es nur bergab. Im nächsten Jahr haben wir Krieg. Das kann kein anderes Volk. Wenn Hitler und Heinrich Himmler durch die Reihen gingen, knieten die jungen Männer nieder. Damals trugen die Deutschen noch so einen soldatischen Mantel. Sie nahmen seinen Saum und küssten ihn. Ich dachte, das sind alles Wahnsinnige hier. Aber es wird der Krieg gegen England kommen, die Russen werden in Berlin stehen.

Dann gab es ein großes Dinner von Heinrich Himmler. Ich war die einzige Frau unter lauter hohen SS-Führern, Obergruppenführern, Goebbels. Auch die großen Männer der Industrie waren dabei, die Ruhrbarone, Stinnes, Thyssen, Krupp, die Leute, die wirtschaftlich etwas darstellten. Sie saßen alle an großen Tischen und waren wohl erstaunt über mich. Auch diese großen Industriellen sprachen über meinen Kopf hinweg offen über alles: Krieg oder nicht, Benzinprobleme, Versorgung, Ukraine und so weiter. Am Ende ging ich zu Heinrich Himmler und bedankte mich für den herrlichen Abend, den ich sehr genossen hätte. Himmler, der sehr hässlich war, schaute mich freundlich an: „Es freut mich, Frau Schlitter. Als ich Sie sah, wusste ich, warum der Baron mit Ihnen befreundet ist. Sie sehen aus, wie Hitler befohlen hat, dass eine Frau auszusehen hat." Ich war wütend. Rasend vor Wut. Diese Überheblichkeit. Wahnsinn.

Hitler gab ebenfalls einen Empfang. Ich war eingeladen. Er empfing mich und war sehr nett, liebenswürdig. Ich sah ihn prüfend an, seine Augen. Dann habe ich ihn noch einmal angeschaut. Er hatte nichts Gutes. Alles an ihm war ordinär. Die Augen, das Gesicht, die Nase, die Haltung, die Uniform, alles ordinär. Er ist nichts anderes als ein ordinärer Wiener Kerl.

WILLI SCHNEIDER

„Wir sagten damals Chef zu ihm"

Willi Schneider
1919 – ?
SS-Begleitkommando Adolf Hitler

1937 Freiwillige Meldung zur SS-Verfügungstruppe und Eintritt in die Leibstandarte Adolf Hitler
1938 Diener auf dem Obersalzberg
1941 Diener im Führerhauptquartier Wolfsschanze
1943 Freiwillige Meldung an die Front
1944 Verwundung und Rückkehr ins Führerhauptquartier Wolfsschanze bei Rastenburg; Zossen und Berlin, anschließend Teilnahme an der Ardennenoffensive

Willi Schneider berichtet: „Viele, die einen sicheren Posten im Führerhauptquartier hatten, haben sich an die Front gemeldet, um sich einzusetzen. Das wäre nicht so gewesen, wenn wir nicht Achtung vor Hitler gehabt hätten. Für jemanden, vor dem man keine Achtung hat, setzt man ja nicht sein Leben aufs Spiel. (...)
Damals habe ich verschiedene Dinge nicht verstanden. Das ist mir erst nach dem Krieg klar geworden, als ich hörte, was sich in den Konzentrationslagern abgespielt hat. Davon hatte ich nicht die geringste Ahnung."

Das Interview fand statt im Juli 1990.

Nach meiner Lehre als Kellner habe ich mich zur Verfügungstruppe[171] gemeldet, wurde im Frühjahr 1937 gemustert und bin danach im April 1937 zur Leibstandarte nach Berlin eingerückt.

Wegen meines Berufes wurde ich schon während der militärischen Ausbildung zu verschiedenen Einsätzen abkommandiert. Man rief mich verschiedene Male in die Reichskanzlei, um dort als Kellner zu arbeiten, und ich habe auch den Tee serviert, als der Herzog von Windsor in Berlin war.

Zu diesem Zweck bekam ich von einer Schneiderei Benedikt am Potsdamer Platz eine Livree angemessen; übrigens die gleiche Livree, wie sie schon die Diener bei Kaiser Wilhelm getragen haben. Die alten Diener wurden nach und nach abgelöst und – wahrscheinlich aus Sicherheitsgründen – durch junge Leute aus der Leibstandarte ersetzt. Aus diesem Grund wurde ich bei Staatsempfängen nach Berlin oder München abkommandiert und kam in die Nähe des Führers.

Im April 1938 bekam ich schließlich einen Befehl, mich am kommenden Tag in Berchtesgaden auf dem Obersalzberg zu melden. Ich bin dorthin gefahren und habe mich befehlsgemäß bei Wilhelm Brückner, dem Adjutanten Hitlers, gemeldet. Ich erinnere mich genau, dass er sich mein Taschentuch zeigen ließ, um zu sehen, ob es sauber ist. Dann bekam ich von ihm einige Verhaltensanweisungen, unter anderem die, dem Führer nicht ins Gesicht zu schauen. So kam ich als Diener in den engeren Kreis um Adolf Hitler.

Auf dem Berghof ging es sehr familiär zu. Erstaunt hat mich besonders, dass die alten Höflichkeitsbegriffe wie „gnädige Frau" und andere Höflichkeitsbezeugungen gang und gäbe waren. Es herrschte eine sehr zuvorkommende Atmosphäre; auswärtigen Besuchern wurde stets der Vortritt gelassen, und als der belgische König Leopold zu Besuch kam, bat Hitler ihn sogar auf Französisch zum Tee. Hitler war überhaupt sehr höflich, nicht nur den Damen gegenüber, sondern auch zu seinem Personal. Er hat immer versucht, sich eine freundliche Umgebung zu schaffen. Wenn natürlich jemand, wie sich Bormann

---

171 SS-Verfügungstruppe (SSVT oder VT), kasernierte paramilitärische Sondereinheit der SS, die neben der Leibstandarte SS Adolf Hitler und den SS-Totenkopfverbänden den Kern der späteren Waffen-SS bildete

einmal ausgedrückt hat, „gegen den Stachel löckte", dann bekam er die ganze Härte des Regimes zu spüren.

Dass es auf dem Berghof familiär zuging, habe ich bereits gesagt. Vielleicht war das auch ein Grund, warum Göring, Himmler und die anderen nur ganz selten auf dem Obersalzberg zu Gast waren. Ich erinnere mich noch, kurz vor Kriegsbeginn war Ribbentrop zu Gast. Er berichtete Hitler, dass die Russen bereit seien, einen Nichtangriffspakt zu schließen. In dem Augenblick sprang der Führer auf, hat den Sessel zurückgeschoben, sich auf die Knie geklopft und einen kleinen Freudentanz aufgeführt. Dann hat er Sekt servieren lassen, obwohl er selbst von diesem „Essigwasser", wie er es nannte, nichts trank.

Eine Begebenheit, die zu Beginn meiner Tätigkeit passierte, ist mir noch gut in Erinnerung: Der damalige Beauftragte des Völkerbundes von Danzig, Prof. Dr. Carl Burckhardt[172], wurde als Gast im gerade fertiggestellten Kehlsteinhaus erwartet. Hitler fuhr mit der Köchin und mir voraus, und als wir oben eintrafen, standen die Tische nicht so, wie er es sich vorgestellt hatte.

Der Chef – wie sagten damals Chef zu ihm – hat dann mit mir zusammen die Tische zurechtgerückt und die großen schweren Polstersessel gestellt. Beim letzten Sessel hat er sich dann, ich weiß nicht, ob es auch meine Schuld war, einen Sesselfuß auf seinen Zeh gestellt. Hitler trug immer sehr leichte Ziegenlederschuhe, und er hat sich vor Schmerz einmal im Kreis gedreht, die Augen zugehalten und den Sessel fallen lassen. Ich war nahe daran, in den Abgrund zu springen. Aber er hat kein Wort darüber verloren, die Sache war erledigt.

Bei einem anderen Empfang im Berliner Schloss rutschte einem der Diener eine silberne Platte mit Eiswaffeln aus der Hand und schlitterte mehrere Meter über den Marmorboden. Alles war schockiert. Hitlers einzige Worte waren: „In fünfzig Jahren spricht kein Mensch mehr darüber." Dieser Satz wurde dann bei uns zu einer festen Redensart.

Die Beziehung zwischen Hitler und Eva Braun war nach außen hin klar abgegrenzt. Beim Mittagessen saß sie stets links

---

172 Carl Jacob Burckhardt, 1891 – 1974, Schweizer Diplomat, wurde 1937 vom Völkerbund zum Hohen Kommissar für die Freie Stadt Danzig bestimmt, die seit dem Versailler Vertrag unter Völkerbund-Aufsicht stand

von ihm, rechts von ihm saß der Ehrengast. Das war manchmal Frau Bormann oder eine Schauspielerin, die zu Besuch war. Während des Essens wurde wenig gesprochen. Von militärischen oder politischen Dingen war überhaupt keine Rede. Das Einzige, worüber der Chef sprach, waren Erinnerungen aus der Kampfzeit. Da gab es viele kleine Sachen, mit denen er das Gespräch bestreiten konnte. Überhaupt hat der Chef immer nur allein gesprochen und seine Tafel unterhalten und das ging oft recht lange. Er konnte unaufhörliche Monologe führen und dabei seine Serviette gerade falten oder seine Salz- und Pfefferstreuer gerade rücken. Das hat oft so lange gedauert, dass nur kurze Zeit verblieb zwischen dem Mittagessen und dem Spaziergang zum Teehaus. Wir Jungen haben uns oft gegenseitig angeschaut und gesagt: „Dass man das nicht festhalten kann, was der Chef jetzt wieder alles gesprochen hat." Das war für uns junge Leute doch kolossal, und vor allem in der ersten Zeit hatte ich den Eindruck, dass mir der Kopf platzt von dem, was ich da alles hörte. Ich war gerade 18 Jahre alt und das alles war für mich eine völlig neue Welt.

Heute wird viel geredet über Hitlers Mundgeruch und seine angeblichen Blähungen. Das ist meiner Ansicht nach alles Blödsinn. Ich bin ja immer hinter ihm gestanden und habe nie etwas gemerkt.

Eigenheiten hat er wenig gehabt. Was das Servieren betraf, hat er allerdings gewisse Anforderungen gestellt. Um die Unterhaltung nicht zu stören, durfte beim Essen nicht vorgelegt werden. Jeder musste sich mit dem Vorlegebesteck selber nehmen, was er wollte. Hitlers Suppe musste immer so temperiert sein, dass er sofort mit dem Essen anfangen konnte.

Er hat nie lauthals herausgelacht. Wenn er lachte, hat er die Hand vor den Mund gehalten und so herausgeprustet. Er lachte oft, wenn wir am Berghof Filme anschauten. Abends hatten wir ja immer Kino und da gab es einige Filme, die er besonders gerne gesehen hat, zum Beispiel den „Mustergatten" mit Heinz Rühmann oder „Der verkaufte Großvater". Die konnte er sich ein paar Mal anschauen. „Ich schaue mir lieber einen guten Film mehrmals an als einen schlechten ein Mal." Bei anderen Filmen sagte er einmal: „Die sind so schlecht, dass man schon wieder darüber lachen kann." Die Filme kamen alle über das Propagandaministerium zu uns auf den Berghof.

Wenn abends Filmvorführung war, wurde den Gang hinuntergerufen: „Film!" Dann sind alle hinuntergegangen in die Halle und haben zugesehen; das war absolut gang und gäbe.

Hitler selbst hat sich Spielfilme nur in Friedenszeiten angeschaut; nachdem der Krieg begann, hat er keine Spielfilme mehr sehen wollen. Meines Wissens gab es nur eine einzige Ausnahme: Als Mussolini ihn besuchte, haben die beiden sich gemeinsam den Film „Kora Terry" mit Marika Rökk angesehen. Aber sonst gab es während des Krieges keine Filmvorführungen, wenn Hitler auf dem Berghof war.

Auffallend war sein Interesse an kulturellen Fragen. Das ist mir schon während meinem aktiven Dienst bei der Leibstandarte aufgefallen. Ich bin damals in die Reichskanzlei kommandiert worden und habe im Garten der Reichskanzlei Wache gestanden und patrouilliert. Die Neue Reichskanzlei war noch im Bau und Hitler ist mit Speer an den Fassaden vorbeispaziert und ich habe gehört, wie er sich dabei genauestens über die Kapitelle der Säulen informiert hat. Auch später fand ich es immer wieder erstaunlich, dass ein Staatsmann, der sicher viele andere Aufgaben hatte, sich so intensiv um Details der Architektur, der Malerei und der Musik kümmerte. Er kannte alle Künstler. Ich habe selbst gehört, wie er sagte, dass der Knappertsbusch in seinem Wiener Orchester zu viel Blech habe und das ihm das nicht gefallen würde, und viele andere Dinge, die zeigten, dass er sich sehr mit diesen Fragen befasste.

Auch während des Krieges habe ich Hitler oft aus nächster Nähe erlebt und vieles war dann ganz anders als in der Friedenszeit. Das Mittagessen nach den Lagebesprechungen kam oft erst gegen zwei oder drei Uhr zustande. Es herrschte immer eine angespannte Atmosphäre, die sich erst mit der Zeit wieder gegeben hat. Interessant war es, wenn ein höherer Offizier von der Front kam und berichtete. Das hat die ganze Sache etwas gelockert.

Ich war überrascht, als der Krieg gegen Russland losging. Wir hatten Frankreich niedergerungen, es war alles ganz wunderbar. Dass es gegen Russland gehen würde, davon habe ich im Führerhauptquartier nichts bemerkt. Nur einmal, als Heydrich zu Gast war und ich abends im Raucherzimmer Dienst tat, hörte ich, wie der Heydrich dem Hitler eine Anekdote erzählte: „Mein Führer, einer meiner Männer hat in einer Metzgerei eine Unterhaltung mitgehört. Eine Frau sagte zur anderen: ,Ihr Mann hat's gut, der ist beritten[173]; meiner ist nur bei der Infanterie.' ,Wieso hat es mein Mann besser?' fragte die andere. Und die Antwort war: ,Weil er bis zum Ural reiten kann, meiner muss bis dahin laufen.'" Ich bin aus dem Zimmer herausgegangen, hab die Hände zusammengeschlagen und gedacht: Mein Gott, jetzt geht es gegen Russland.

Als es dann wirklich losging, ist Hitler ganz ruhig schlafen gegangen. Ganz so, als ob er am Ende seiner Ziele sei. Früher hat er immer noch die Meldungen im Rundfunk abgewartet, mit denen das deutsche Volk über die anstehenden Vorhaben informiert wurde. Aber in diesem Fall ist er gleich schlafen gegangen. Wir mussten dann noch in der Nacht die Koffer in den Sonderzug verladen. Ich hatte Dienst in seinem Waggon und bin irgendwann völlig übermüdet eingeschlafen. In der Früh steht der Führer vor mir, weckt mich, lächelt und sagt: „Schneider, schauen Sie mal, wo wir jetzt sind". Ich ging hinaus, guckte, wo wir waren, und meldete ihm: „Mein Führer, wir sind in Posen." Inzwischen hatte sich der Bruder von Martin Bormann, Albert Bormann, dazugesellt. Hitler sagte nur: „Jetzt werden wir die hohle Nuss mal knacken."

Um den Zug kreisten zwei Jagdflieger und so erreichten wir schließlich das Führerhauptquartier Wolfsschanze. Unser Hauptgegner waren die Gelsen [Stechmücken] aus dem Seengebiet. Der Bormann hat vergeblich alles versucht, um der Plage Herr zu werden. Irgendwann kam der Dr. Brandt mit einem Stück von einem russischen Jagdflugzeug, einem Stern, der aus dem Flugzeug herausgeschnitten war; der wurde dann im Kasino an der Wand aufgehängt.

Als die Zeit so schwer war im Winter in Russland 1941/42, hat der Führer sehr unter diesen Rückschlägen gelitten. Ich kann mich erinnern, dass an einem Abend Professor Hoffmann[174] bei ihm zu Gast war und sich mit Hitler im Bunker unterhalten hat. Hitler hatte zu Hoffmann ein sehr vertrautes Verhältnis.

---

173 Beim Überfall auf die Sowjetunion wurden 625.000 Pferde eingesetzt.
174 Heinrich Hoffmann, 1885 – 1957, siehe Anmerkung auf S. 79

Irgendwann kam Hoffmann aus dem Bunker heraus und sagte: „Kinder, bringt's mir noch ein Flascherl Sekt. Ich hab dem Führer vorgesungen: Es geht alles vorüber, es geht alles vorbei[175], nach jedem Dezember kommt wieder ein Mai." So hat er wohl auf diese lustige Art versucht, den Führer wieder ein bisschen in Stimmung zu bringen.

Irgendwann hat Hitler auch gesagt, dass, wenn wir in Russland Fuß fassen könnten, es dort keine Hungersnot mehr geben würde. Die Schweiz würde Uhren liefern, Dänemark Spielzeug und Russland mit Humusböden von zehn Metern Tiefe sollte Lebensmittel produzieren. Die wollte er dann zu einem geringen Preis ausführen und andere Waren dort einführen. Wenn jemand genug zu essen hätte und sein Alltag gesichert wäre, dann würde er sich schon anpassen. Das war sein Plan. Seine Devise war, der Zweck heiligt die Mittel, und danach hat er gehandelt. Wenn es darauf ankam, hat er ganz klare Entscheidungen getroffen. So umgänglich er oft war, so freundlich er an jeden gedacht hat zu Weihnachten oder am Geburtstag, so hart konnte er sein, wenn es darauf ankam. Das zeigte er schon bei der Röhm-Affäre, als er selbst mit der Pistole in der Hand Ordnung schaffte, oder beim Attentat im Hauptquartier, als er hart durchgriff und sogar Sippenhaft befahl.

Später ist mir dann schon klar geworden, dass der Krieg nicht mehr zu gewinnen war, und der Führer hat das meiner Meinung nach auch gewusst. Vor dem Krieg sagte er einmal bei Tisch: „Bei den Engländern kann man nichts durch Nachgeben bewegen. Erreichen kann man bei ihnen nur etwas, wenn man sie niederboxt und in die Knie zwingt." Und diese Einstellung hat er auch im Krieg beibehalten. Viel später sagte er einmal: „Wenn wir von uns aus die Waffen niederlegen, dann werden wir allen Respekt verlieren. Wenn wir weitermachen, bis wir umfallen, dann haben wir wenigstens nicht die Ehre verloren." Das war seine Einstellung und deswegen hat er den Krieg weitergeführt und im Stillen auf ein Wunder gehofft.

---

175 „Es geht alles vorüber, es geht alles vorbei", der erfolgreichste Durchhalteschlager nach 1942, vom Soldatensender Belgrad popularisiert

Besonders schlimm war es, als wir von einem Frontflug aus dem Hauptquartier von Generalfeldmarschall von Manstein[176] aus Saporoschje zurückkamen. In Winniza hat der Führer dann wegen einer Meinungsverschiedenheit mit Generalfeldmarschall Keitel[177] sein Essen ganz allein in seinem Bunker eingenommen. Zu dieser Zeit schrieben schon Stenotypisten, die aus dem Deutschen Reichstag ins Führerhauptquartier beordert worden waren, jedes Wort mit, das Hitler während der Lagebesprechungen von sich gab. Er hat das befohlen, weil seine Befehle nicht so ausgeführt wurden, wie er es wollte. Und er wollte sicherstellen, dass seine Anordnungen festgehalten wurden. Die Protokolle hat Reichsleiter Bormann noch einmal kontrolliert, damit dem Chef nicht andere Sachen in den Mund gelegt würden.

Zu dieser Zeit hatten wir auch die Aufgabe, den Generalstab zu bedienen. Und wenn wir dann als Angehörige der SS zu ihnen kamen, drehten sie uns demonstrativ den Rücken zu, um nicht abgehört zu werden. Das hat mir überhaupt nicht gefallen und das war auch der Grund, warum ich versucht habe, wieder an die Front zu kommen. Ich war da übrigens nicht der Einzige. Viele, die einen sicheren Posten im Führerhauptquartier hatten, haben sich an die Front gemeldet, um sich einzusetzen. Das wäre nicht so gewesen, wenn wir nicht Achtung vor Hitler gehabt hätten. Für jemanden, vor dem man keine Achtung hat, setzt man ja nicht sein Leben aufs Spiel. Ich bin

---

176 Erich von Manstein, 1887–1973, Militärfamilie, WK I: Ostfront, Westfront. 1935 Chef der Operationsabteilung des Generalstabs. 1938 Einmarsch Österreich, Sudetenland. 1939 Polenfeldzug, Frankreich. 1942 Generaloberst, Eroberung Sewastopols auf der Krim, 1943 Schlacht bei Kursk. Nicht für den Widerstand zu gewinnen. Nach 1945 als Kriegsverbrecher angeklagt, weil er am 20. November 1941 den Befehl erließ: „Das jüdisch-bolschewistische System muss ein für allemal ausgerottet werden. Nie wieder darf es in unseren europäischen Lebensraum eingreifen ..." 1949 verurteilt zu 18 Jahre Haft von einem britischen Militärgericht. Haftverschonung 1952. Bis 1960 beriet Manstein beim Aufbau der Bundeswehr. Abschiedsworte des Generalinspekteurs der Bundeswehr bei seiner Beerdigung in Fallingbostel.

177 Wilhelm Keitel, 1882 – 16.10.1946 (Nürnberg, Tod durch den Strang). Nach dem Abitur zur preußischen Armee. WK I: Generalstabsoffizier Westfront (Namur, Marne, Vogesen); Ostfront; Westfront (Verdun, Flandern). 1935 Chef des Oberkommandos der Wehrmacht OKW, Hitler direkt unterstellt. Neuorganisation der Führung zusammen mit Alfred Jodl. Keitel nach dem Sieg über Frankreich: „Mein Führer, Sie sind der größte Feldherr aller Zeiten." Er gab alle Befehle Hitlers weiter. Unterzeichnete am 8./9. Mai 1945 die bedingungslose Kapitulation.

dann ja später tatsächlich wieder zur Truppe eingerückt, aber das ist ein Kapitel, das nicht hierher gehört.

Nach meiner Verwundung bei der Invasion der Alliierten bin ich wieder ins Hauptquartier beordert worden. Diesmal aber nicht als Ordonnanz, sondern zur Bewachung der Sperrkreise des Außeneingangs, weil ich die Leute alle kannte. Als dann der Russe näher an Ostpreußen heranrückte, wurde das Hauptquartier von Rastenburg nach Zossen und schließlich nach Berlin verlegt. Im Bunker habe ich viele alte Bekannte getroffen, aber die ganze Atmosphäre dort hat mir nicht mehr gepasst. Als Schulze-Kossens[178] mich fragte, ob ich bereit wäre, an einer kriegsentscheidenden Sache im Westen teilzunehmen, war ich sofort einverstanden. Wir machten dann zusammen mit bei der Ardennenoffensive, bei der ich aber schon früh durch einen Granatsplitter am Fuß verwundet wurde. Damit war der Krieg für mich beendet.

Die Opfer, die gebracht worden sind, und die Leiden des deutschen Volkes, das war unbeschreiblich. Ich weiß nicht, ob das mit einem gewonnenen Krieg zu rechtfertigen gewesen wäre. Damals habe ich verschiedene Dinge nicht verstanden, das ist mir erst nach dem Krieg klar geworden, als ich hörte, was sich in den Konzentrationslagern abgespielt hat. Davon hatte ich nicht die geringste Ahnung. Einmal sagte Hitler in meiner Gegenwart wörtlich: „Solange tagtäglich Zehntausende deutscher Männer ihr Blut einsetzen und ihr Leben hingeben, damit die bolschewistische Pest nicht über unsere europäische Kultur herfällt, solange wird dieses jüdische" – und hier hat er einen Ausdruck gebraucht, den ich gar nicht nennen möchte – „auch nicht das schönste Leben haben." Solche Sätze haben mich damals schon erschrocken, aber ich konnte mir damals nicht vorstellen, was er damit meinte. Die ganzen Schrecklichkeiten, das habe ich erst nach dem Krieg erfahren.

---

178 Richard Schulze-Kossens, 1914 – 3.7.1988 (Düsseldorf), SS-Offizier, zeitweilig SS-Adjutant Hitlers, Adjutant Joachim von Ribbentrops und Leiter der SS-Junkerschule Bad Tölz (1944). Dezember 1944 – Januar 1945 Ardennenoffensive.

WALTER FRENTZ

„Ich habe Hitler durchaus menschlich in Erinnerung"

Walter Frentz
1907 – 2004
Kameramann

1933 Erste Filmaufnahmen für die Ufa, Kontakt zu Leni Riefenstahl
Kameramann für den Film „Sieg des Glaubens" über den Reichsparteitag in Nürnberg
1934 Kameramann beim Reichsparteitag für Leni Riefenstahls Film „Triumph des Willens"
1936 Kameramann bei den Olympischen Spielen in Berlin für die Filme „Fest der Völker" und „Fest der Schönheit"

Leni Riefenstahl mit Kameramann Walter Frentz (links) bei Aufnahmen zum Propagandafilm „Olympia" während der Olympischen Spiele 1936 in Berlin.

1939 – 1945 Kriegsberichterstatter für die Deutsche Wochenschau; Fotos von Lagebesprechungen in der Wolfsschanze, von Waffenvorführungen und Persönlichkeiten in Hitlers Nähe
1941 Begleitung des Reichsführers SS Heinrich Himmler auf einer Inspektionsreise nach Minsk
Aufnahme in die SS
1945 Letzte Filmaufnahmen von Hitler, als dieser im Hof der Reichskanzlei Hitlerjungen auszeichnet
1945/46 Internierung durch das US-Militär
Nach 1945 Filme für das Deutsche Jugendherbergswerk und für Bundesministerien

Als Bekannter von Albert Speer wurde Frentz von diesem 1933 Leni Riefenstahl empfohlen und war in den Folgejahren an allen großen NS-Propagandafilmen der Regisseurin als Kameramann beteiligt. Hitler hat er vor allem „menschlich" in Erinnerung und sagt: „Hitler habe ich nie jähzornig erlebt, aber er war misstrauisch. Er misstraute auch den Meldungen, die offiziell bei ihm eintrafen. So musste ich in seinem Auftrag die ganze Atlantikküste von Spanien nach Dänemark abfahren und Dias über die fertiggestellten oder nicht fertiggestellten Festungen anfertigen. Ich habe da für ihn so eine Art Kontrolle durchgeführt."

Sein bekanntester Film ist sein letzter vom 20. März 1945, als Hitler den 16-jährigen Hitlerjungen Wilhelm Hübner im Hof der Reichskanzlei auszeichnete.

Das Interview fand statt am 12.9.1995.

Wie vieles im Leben war auch meine Begegnung mit Hitler das Ergebnis vieler Zufälle. Als Leni Riefenstahl von Hitler den Auftrag bekam, den ersten Parteitagsfilm in Nürnberg zu drehen, hat sie meinen Sportkameraden Albert Speer gefragt, ob er nicht einen guten Kameramann kennen würde. Ich hatte kurz zuvor einen Film über Paddelfahren gedreht, der in einem Kino in Berlin am Nollendorfplatz als Vorprogramm zu „Nanuk der Eskimo" lief. Der kannte meinen Film und empfahl mich Leni Riefenstahl, die mich tatsächlich engagierte. Auf diese Weise bin ich zum Film gekommen und habe verschiedene Filme mit ihr gedreht.

Als der Polenfeldzug begann, wurden ich zusammen mit zwei anderen Kameramännern in die Reichskanzlei bestellt. Hitlers damaliger Adjutant Brückner[179] war in seiner Jugend bei Arnold & Richter[180] in München Kameramann gewesen, hatte also Ahnung vom Film, und der wählte mich dann aus, als Kameramann ins Hauptquartier mitzufahren. Ich war Offizier der Luftwaffe und wurde daraufhin fest angestellt als Kameramann. Meine Aufgabe bestand darin, die verschiedenen Besucher und Begegnungen bei Hitler für die Wochenschau zu filmen.

Im Laufe des Kriegs hatte ich mehrmals Gelegenheit, an den abendlichen privaten Teestunden Hitlers teilzunehmen. Ich habe dabei wenig gesprochen, aber viel Interessantes gehört.

Einmal war ich in Österreich und habe schöne Landschaftsaufnahmen in Kärnten gemacht. Da Hitler Österreicher war, habe ich sie ihm vorgeführt. Bei besonders schönen Stellen hat er gesagt: „Frentz, wo haben die Maler nur ihre Augen?" An solchen Äußerungen merkte man schon, dass er früher mal Maler werden wollte.

Meine persönlichen Kontakte zu Hitler waren begrenzt, aber im Allgemeinen hatte ich ein positives Verhältnis zu ihm, auch wenn ich nicht Mitglied der Partei war. Er war einer der

---

179 Wilhelm Brückner, 1884 – 1954, langjähriger Adjutant Hitlers seit 1930, später Mitglied des Reichstags, siehe auch Anmerkung auf S. 79
180 August Arnold, 1898 – 1983, und Robert Richter, 1899 – 1972, waren Schulkameraden, die 1914 einen Kinoprojektor von Handbetrieb auf Elektromotor umbauten, eine helle Bogenlampe nutzten und statt einer 60-m-Trommel eine 300-m-Trommel bastelten. 1917 gründeten sie die Firma Arnold & Richter (Arri), 1937 wurde die Spiegelreflex-Filmkamera „Arriflex" vorgestellt.

wenigen Politiker, die auch Gefühl besaßen und nicht nur mit Verstand arbeiteten. Er konnte sich daher in gewisse Situationen besser einfühlen als mancher Politiker, der das nur mit dem Verstand tat. Ich habe Hitler durchaus menschlich in Erinnerung, aber rein persönliche Gespräche mit ihm waren nicht möglich, man sprach immer im Kreis von Mitarbeitern. Ein Führerhauptquartier ist ein großer Apparat, in dem das Militär dominierte. Meine Film- und Fotoarbeit rangierte dabei irgendwo am Rande.

Mit Eva Braun verstand ich mich ganz gut. Einmal gingen wir zusammen spazieren und da sagte ich zu ihr fast ein bisschen provokativ: „Fräulein Braun, Sie sind die beneidetste Frau Deutschlands." Und sie antwortete mir: „Ach, Herr Frentz, ich bin nur eine Gefangene in einem goldenen Käfig."

Hitler habe ich nie jähzornig erlebt, aber er war misstrauisch. Er misstraute auch den Meldungen, die offiziell bei ihm eintrafen. So musste ich in seinem Auftrag die ganze Atlantikküste von Spanien bis Dänemark abfahren und Dias über die fertiggestellten oder nicht fertiggestellten Festungen anfertigen. Ich habe da für ihn so eine Art Kontrolle durchgeführt.

Ich habe Hitler das letzte Mal gesehen am 25. April 1945, kurz bevor ich abflog. Er war zutiefst schockiert und belastet, dass alles nicht so ging, wie er es wünschte. Oberst Below[181] hatte mir den Befehl gegeben, mit der letzten Führermaschine nach München zu fliegen.

Ich hatte nichts mehr zu tun und hatte bereits tagelang herumgesessen. Die letzten Aufnahmen, die ich gemacht habe, waren die von Artur Axmann und den angetretenen Hitlerjungen. Aber danach war die Spannung zu groß, um noch ans Fotografieren zu denken. Eva Braun war auch nach Berlin gekommen. Sie wusste auch, dass alles aus war, und war sehr traurig über die ganze Situation. Die Russen waren schon in Berlin.

---

181 Nicolaus von Below, 1907 – 1983, siehe Anmerkung auf S. 192

HEINZ GÜNTHER GUDERIAN

„Verbrechen habe ich nirgendwo erlebt"

Heinz Günther Guderian
1914 – 2004
Major der Wehrmacht, Sohn des Oberbefehlshabers der Panzerverbände Heinz Guderian

1933 Eintritt in die Wehrmacht als Fahnenjunker
1935 Beförderung zum Leutnant
1939 Teilnahme am Polenfeldzug
1940 Teilnahme am Westfeldzug
1942 Besuch der Heeresakademie in Berlin
1942 – 1944 Teilnehme am Russlandfeldzug
1944 Verleihung des Ritterkreuzes des Eisernen Kreuzes
1944/45 Teilnahme an der Ardennenoffensive
1945 Britische Kriegsgefangenschaft
1947 Entlassung aus der Kriegsgefangenschaft, Eintritt in die Organisation Gehlen, Vorläufer des Bundesnachrichtendienstes (BND) der Bundesrepublik Deutschland
1956 Offizier der Bundeswehr
Später Panzerbrigade-Kommandeur und Referatsleiter im Führungsstab der Bundeswehr
1972 Verleihung des Großen Verdienstkreuzes der Bundesrepublik Deutschland
1974 Ruhestand

Guderian, der seine militärische Karriere, sowohl bei der Wehrmacht als auch später in der Bundeswehr, in Panzerverbänden machte, berichtet von den Bedingungen der Panzerschlachten und der Entwicklung überlegener Panzertechniken.

Die Widerstände seines Vaters gegen Hitlers Kriegspläne hinsichtlich der Sowjetunion schildert er ausführlich: „Mein Vater jedenfalls wollte auf keinen Fall einen Angriff von uns aus gegen die Russen, weil er Russland kannte." Auch seinen eigenen Einsatz in der Sowjetunion bewertet er: „Ich habe auch im ersten Jahr des Russlandfeldzuges nichts Böses erlebt. (...) Ich habe selbst kein Verbrechen der Wehrmacht erlebt."

„Es wussten wohl auch die meisten Deutschen, dass es Konzentrationslager gab und dass diese Konzentrationslager kein Zuckerschlecken für die dort Inhaftierten waren."

Das Interview fand statt am 8.1.1998.

Panzer gab es 1933 eigentlich noch gar nicht. Erst allmählich wurden die Panzerwaffe und die Strategie dazu entwickelt. Als ich Ostern 1935 in das Kraftfahrlehrkommando Orlow als Oberfähnrich und dann ab Hitlers Geburtstag als Leutnant kam, gab es bestenfalls drei oder vier Panzer mit Turm, nämlich den Panzer I. Diese waren dazu da, die Schießübungen für alle zu absolvieren. Sonst waren nur Fahrgestelle vorhanden, auf denen im Winter Fahrschule gemacht worden war, sodass also die Panzerfahrer ausgebildet waren, aber in der Turmausbildung, also der Schützen im Turm, war praktisch nichts geschehen. Wir sind durch das Gelände gestapft. Die Panzersoldaten hatten eine Sonnenbrille mit Sehschlitz und wir übten zu Fuß mit Flaggen Zugausbildung im Gelände.

Beim Beginn des Polenfeldzuges war ich Regimentsadjutant des Panzerregiments 35 aus Bamberg. Da hatten wir fast nur Panzer I und II, ganz wenige Panzer III und IV. Man muss allerdings zugeben, dass die Polen an Panzern überhaupt nichts Gleichwertiges aufzuweisen hatten. Der Panzer I war eine Behelfslösung. Es war ein Nachbau des englischen Carden-Lloyd[182] mit zwei Mann Besatzung, zwei Maschinengewehren und einer Panzerung, die gerade gegen die Munition eines Gewehrs oder Maschinengewehrs schützte. Der Panzer II war etwas stärker, hatte einen Funker als dritten Mann Besatzung und eine Zwei-Zentimeter-Kanone. Die Panzerung war eine Idee stärker. Wir sind also in der Masse in den Polenfeldzug und auch in den Frankreichfeldzug mit diesen Panzern I und II gezogen. Von den dann 1938 einlaufenden Panzern III und IV gab es nur eine begrenzte Anzahl.

Die Franzosen hatten gleichwertige, ja sogar viel stärkere Panzer. In der Panzerschlacht nordostwärts von Namur im Mai 1940 hatten wir Somua- und Renault-Panzer gegenüber, die sowohl in der Panzerung wie in der Bewaffnung stärker waren als wir. Wir zogen mit 70 Panzern I, 50 Panzern II und etwa 40 Panzern III und IV in diesen Kampf. Gewonnen haben wir diese Panzerschlacht, weil wir beweglicher waren, weil wir mehr waren und die Franzosen einen Nachteil hatten: Sie kamen schlecht mit ihrem Turm zurecht.

---

182 Die Carden-Lloyd Tankette war ein britischer Kleinpanzer (Tankette) der 1920er- und 1930er-Jahre.

Dann 1941 im Feldzug gegen Russland war die deutsche Panzerwaffe zunächst weit überlegen. Fast alle Divisionen waren mit Panzern III und IV ausgestattet. Der Panzer III verfügte inzwischen im Großen und Ganzen statt der 3,7-Zentimeter-Kanone über eine Fünf-Zentimeter-Kanone. Als aber dann der sowjetische T-34 auftrat, war er uns in der Panzerung und zum Teil in der Bewaffnung überlegen.

Die Heeresführung hat die russische Panzerentwicklung sicher unterschätzt – auch Hitler und mein Vater. Es waren an die 10.000 Panzer. Mein Vater war ja selber 1932 in Russland, hatte auch eine russische Panzerfabrik besichtigt, und wir hatten bis 1933 mit den Russen gemeinsame Ausbildung, ein gemeinsames Ausbildungszentrum[183] bei Kasan an der Wolga. Er kannte die russische Panzerwaffe, aber der Typ T-34 war für uns alle dann doch eine Überraschung. Der T-34 konnte nur mit einer Hohlladungsgranate aus der kurzen 7,5 Kanone des Panzer IV kampfunfähig gemacht werden. Die stand aber erst Weihnachten 1941 in ganz geringer Zahl zur Verfügung.

Mein Vater wollte nicht gegen Russland angreifen, das war ganz eindeutig. Als ich an Neujahr 1941 nach Hause kam aus dem Westen, war mein Vater ungenießbar und man konnte gar nicht recht mit ihm reden. Ich fragte meine Mutter, was ist denn da eigentlich los? Und daraufhin sagte sie: „Der hat vor einiger Zeit alle seine Studien über Nordafrika, über Napoleons Feldzug an den Pyramiden und die Karten in die Ecke geworfen voller Wut, weil das alles nichts wird, sondern weil wir nach Osten gehen wollen." Also, mein Vater jedenfalls wollte auf keinen Fall einen Angriff von uns aus gegen die Russen, weil er Russland kannte. Er war ja selber im Baltikum 1919 und er war dann ja auch eben in Kasan und Moskau und überall und Charkow gewesen und kannte die Weite Russlands und hatte auch Napoleon und Karl XII. einigermaßen im Kopf.

---

183 Nach dem Vertrag von Versailles nach dem Ersten Weltkrieg war es dem Deutschen Reich nicht gestattet, Panzer zu bauen oder zu besitzen. Das Deutsche Reich und die Russische Sozialistische Föderative Sowjetrepublik regelten vertraglich, dass deutsche Privatfirmen in Kasan gemeinsam mit der Roten Armee von 1922 – 1933 ein Testgelände nutzten – die Panzerkampfwagenschule in Kasan, 800 Kilometer östlich von Moskau an der Wolga. Ohne die in Kasan befindlichen Trainings-, Forschungs- und begrenzten Produktionsmöglichkeiten wäre die schnelle Aufrüstung der Wehrmacht ab 1936 nicht möglich gewesen.

Mein Vater wollte keine Panzertruppe, die einfach nur die Infanterie unterstützt, sondern er wollte eine operativ verwendbare Panzertruppe, zusammengefasst in gepanzerten Divisionen, die als Großverband verschiedener Waffengattungen auf große Entfernungen und selbstständig einsatzfähig waren. Nicht nur eine Panzerdivision, sondern möglichst viele Panzerdivisionen.

Widerstände gegen diese Strategie kamen von den Infanteristen und auch stark von vielen Artilleristen, also von den konventionellen Waffengattungen, die glaubten, dass der Panzer nicht das richtige Mittel wäre. Die Franzosen sahen ja auch lange die Weisheit darin, die Infanterie durch den Panzer zu unterstützen. So sind die Franzosen auch noch in den Feldzug 1940 gegangen – mit ganz geringen Ausnahmen, mit noch nicht fertigen Panzerdivisionen, die damals der Oberst Charles de Gaulle[184] propagiert hatte.

Man hätte sich die Zukunft mit starker Bewegung durch die Panzer schon durch die Erfahrungen aus dem Ersten Weltkrieg mit den englischen Tanks ausmalen können, aber anscheinend sind die militärischen Geister manchmal doch sehr konservativ. Mein Vater war in diesen Dingen revolutionär und richtete sich auch an den Gedankengängen einiger Engländer, vor allem des Oberst Fuller[185], aus, der das ja auch propagiert hatte. Die Engländer hatten ja immerhin Versuchsübungen mit einer Panzerbrigade durchgeführt.

Im Dezember 1941 wurde mein Vater als Oberbefehlshaber der Panzergruppe II seines Amtes enthoben. Die Offensive in Russland hatte sich festgerannt und Hitler bestand auf der Verteidigung in Stellungen. Da, wo man nun gerade war, musste man stehen bleiben und kämpfen und keinen Schritt zurück. Mein Vater hatte von Anfang an vor, aus seinen vorgeschobenen Spitzenstellungen, die er südlich [von] Moskau erreicht hatte, zurückzugehen auf die sogenannte Susha-Oka-Linie. Daran hielt er auch fest, flog zu Hitler und versuchte ihm

---

184 Charles de Gaulle, 1890 – 1970, General im Zweiten Weltkrieg, Präsident Frankreichs 1959 – 1969

185 John Fuller, 1878 – 1966, legte, nachdem die britische Armee 1917 ein Panzerkorps gegründet hatte, eine neue Strategie fest, in der die Panzerwaffe eine zentrale Rolle spielte. Fuller war überzeugt davon, dass eine Ära des „mechanischen Krieges" angebrochen war.

klarzumachen, dass das Festhalten an dieser Stelle nicht die einzig wahre Kampfweise war. Das ging schief. Hitler nahm die Opposition meines Vaters nicht an. Sie gingen nicht gerade im Einvernehmen auseinander. Am Weihnachtstage 1941 hat mein Vater dann ein Fernschreiben losgeschickt, dass er sich nicht mehr in der Lage sieht, seine Armee so zu führen, wie er wolle, und er bäte um seine Ablösung. Das ist dann auch geschehen.

Aber nur bis zum 1. März 1943. Dann erfolgte die Ernennung zum Generalinspekteur der Panzertruppen. Dieser Schritt ist Hitler sicherlich nicht leichtgefallen, wenn man die Person Hitlers kennt. Die Lage hatte sich außerordentlich schlecht entwickelt. Weil der Name meines Vaters durch den Polen- und Westfeldzug sowie das erste Russlandjahr überall bekannt war, sollte er zurück, auch weil die Entwicklung der Panzertruppe nicht gerade sehr glücklich verlaufen war, als kein Mann da war, der sie überhaupt richtig vertrat und ihre Entwicklung voranbrachte. Und aus diesen beiden Gründen nehme ich an, dass Hitler sich überwunden hat, meinen Vater wiederzuholen.

1943, nach dem Verlust von Stalingrad und nach dem Rückzug auf die Linie bei Charkow/Orel, wollte Hitler den Frontbogen, den die Russen zwischen Orel und Charkow nach Westen vorgeboxt hatten, abkneifen. Mein Vater fand, dass das ein ziemlich unsinniges Unternehmen sei, weil es zu keinem größeren Erfolge führen konnte. Wenn schon angreifen, dann sollte man zumindest frontal in die Mitte in diese Beule hineinstoßen, aber nicht immer wieder denselben Türken drehen, von den beiden Flanken diesen Wulst abkneifen zu wollen. Außerdem waren die Panther nicht fertig, auf die man wartete, was diesen Angriff immer noch hinauszögerte. Er wollte lieber warten, bis der Russe angriff, und dann mit dem, was man zusammengesammelt hatte, in den russischen Angriff hineinstoßen, so wie das im Frühjahr Manstein bei Charkow als Gegenangriff gelungen war. Mein Vater war ja schon Weihnachten 1941, als er abgelöst wurde, der Meinung, dass der Krieg nun verloren ist, dass man ihn nicht mehr wenden kann. Und seit Stalingrad war er der felsenfesten Überzeugung, dass der Krieg nicht mehr zu gewinnen sei.

Er stellte sich auch gegen die Ardennenoffensive. Denn zuerst einmal war er verantwortlich für den Osten, und der Osten war ja in höchster Bedrängnis im Sommer und Herbst 1944. Er kämpfte also dafür, dass dieser Osten gehalten werden könnte, weil er den Osten für eine sehr viel größere Bedrohung des Deutschen Reichs sah als die Westfront. Natürlich konnte man ganz vage hoffen, dass man mit der Ardennenoffensive einen gewissen Erfolg erringen konnte. Dass man damit den Krieg wenden konnte, war eine völlige Illusion.

Am 28. März 1945 wurde mein Vater erneut seines Amtes enthoben. Es ging um die Verteidigung an der Oder, ob man angreifen könne oder nicht angreifen könne, ob irgendetwas nun schiefgelaufen war oder nicht, eigentlich um banale militärische Probleme. Also ein Streit mit Hitler wie in den letzten drei Monaten mehrfach. Sie hatten sich gegenseitig Vorwürfe gemacht. Und dann hat Hitler meinem Vater gesagt, es ist besser, Sie gehen und nehmen Urlaub und erholen sich ein bisschen. Auf diese Weise gab es nach einem normalen Streit, soweit ein Streit mit dem Oberhaupt des Dritten Reiches normal war, ein Auseinandergehen, das sich halbwegs manierlich vollzog.

Ich selbst bin von Anfang an beim Russlandfeldzug gewesen bei General von Mackensen[186]. Dann kam ich im Frühjahr 1942 zur Akademieausbildung nach Berlin, schließlich war ich wieder in Russland von Mai 1942 bis Mai 1944.

Das Verhältnis der deutschen Soldaten zur russischen Zivilbevölkerung war zu Anfang sehr gut. Wir wurden in der Ukraine überall mit Salz und Brot empfangen. Die Menschen kamen an den Dorfrand und empfingen den kommandierenden General mit Salz und Brot. Ich habe auch im ersten Jahr des Russlandfeldzuges nichts Böses erlebt und später eigentlich auch nicht, außer dass man gewarnt wurde, das Gebiet sei durch Partisanen gefährdet. Und dann gab es ja hinterher, 1943, Eins Dora, das war eine Generalstabsoffiziersstelle beim Panzer AOK[187] III, beim Generaloberst Reinhard. Dort gab es umfangreiche Partisanenbekämpfungen.[188] Da hab ich dann

---

186 Eberhard von Mackensen, 1889 – 1969 (Neumünster), Generaloberst im Zweiten Weltkrieg, 1946 wegen Kriegsverbrechen von einem britischen Militärgericht in Rom zum Tode verurteilt, begnadigt, 1952 freigelassen. Lebte dann zurückgezogen.

187 Panzerarmeeoberkommando

188 Einheiten von SS, Wehrmacht und Ordnungspolizei verübten zahlreiche Massaker an der Zivilbevölkerung bei der Bekämpfung tatsächlicher oder vermeintlicher Partisanen. Der Partisanenkrieg in der Sowjetunion kostete etwa eine halbe Million Menschenleben und zählt zu den größten Verbrechen der

die Partisanen erlebt, bin aber nie persönlich in die Nähe des
– sagen wir mal – Partisanenkampfes gekommen.

Wenn wir eine andere Politik verfolgt hätten, nämlich nicht zu unterdrücken, sondern zu befreien, als Befreier gekommen wären, hätte man wahrscheinlich die Ukrainer, die ja schon einmal nach dem Ersten Weltkrieg versucht hatten, sich selbstständig zu machen und es jetzt wieder getan hatten, um den Finger wickeln können. Genauso konnte man die Balten sicher für sich gewinnen. Aber dies alles ist durch die falsche Politik verdorben worden.

Wir waren in unserer Familie Hindenburgianer[189], wenn ich mal so sagen darf, der alte Herr war eben der Ersatzkaiser oder König von Preußen und Hitler war damals ja absolut nicht salonfähig. Die Machtergreifung, wenn man sie vergleicht mit der russischen Revolution, war eine ganz humane, schlichte Aktion, und der alte Herr, Hindenburg, war auch bis 1934 noch am Leben. In diese Sache hinein platzte allerdings schon der Röhm-Putsch mit seinen hässlichen Nebenerscheinungen. Mein Vater hat ja damals nach dem Tod Hindenburgs einen Brief geschrieben, dass es also doch ein großer Verlust für das deutsche Volk wäre, dass der alte Herr gestorben wäre, und nun wollen wir hoffen, in ähnlichem Sinne jedenfalls, dass es anständig weitergeht. In Hindenburgs Sinne.

Ich habe selbst kein Verbrechen der Wehrmacht erlebt. Daran erinnere ich mich genau, weil ich geheim Tagebuch führte: Ich kannte den Kommissarbefehl[190] und kannte die Gerichts-

---

Wehrmacht. Die Grundlage für das Vorgehen gegen die sowjetischen Partisanen schuf der Kriegsgerichtsbarkeitserlass Barbarossa, der am 14. Mai 1941 vom OKW [Oberkommando der Wehrmacht] erlassen und von Generalfeldmarschall Wilhelm Keitel unterzeichnet wurde. Dieser sah vor, Freischärler „durch die Truppe im Kampf oder auf der Flucht schonungslos zu erledigen", auch „alle anderen Angriffe feindlicher Zivilpersonen [...] auf der Stelle mit den äußersten Mitteln bis zur Vernichtung des Angreifers niederzumachen".
Christian Hartmann: Verbrecherischer Krieg – verbrecherische Wehrmacht? Überlegungen zur Struktur des deutschen Ostheeres 1941-1944, Vierteljahrshefte für Zeitgeschichte 2004, S. 1–75, S. 24 ff., zit. nach Wikipedia

189 Paul von Hindenburg, 1857 – 1934, Generalfeldmarschall, 1925 Reichspräsident der Weimarer Republik, Wiederwahl 1932. Ernannte Adolf Hitler am 30. Januar 1933 zum Reichskanzler.

190 Gemäß dem sogenannten Kommissarbefehl – offiziell „Richtlinien für die Behandlung politischer Kommissare" – vom 6. Juni 1941 sollten Politkommissare der Roten Armee ohne Verhandlung erschossen und nicht als Kriegsgefangene behandelt werden.

barkeit im Osten. Dieser Gerichtsbarkeitsbefehl[191] war so begrenzt, dass man ihn eigentlich als nicht wirksam bezeichnen kann. Diese beiden Befehle habe ich also gelesen. Von ihren Auswirkungen habe ich nichts erlebt außer einer Episode: Es wurde ein gefangener Russe auf den Korpsgefechtsstand gebracht und landete beim Ic, das war der Feindlagebearbeiter. Nun wurde er dort vernommen. Dann wurde beraten, was machen wir nun mit dem Menschen. Nach dem Befehl müssen wir ihn erschießen. Erschießen wollen wir nicht, was machen wir? Über diese Beratung hinaus bin ich nicht informiert worden, sodass ich nicht sagen kann, wie sich die Korpsführung damals aus der Affäre gezogen hat. Ich nehme aber an, dass sie ihn abgeschoben hat, wie ich sie kenne.

Also, von den KZ wusste man. Und zwar wusste ich zum Beispiel über das Lager Dachau Bescheid, in dem nämlich im Herbst 1938 mein damaliger Regimentskommandeur, der damalige Oberstleutnant Eberbach, von Himmler mit anderen Offizieren eingeladen wurde zur Besichtigung des Lagers Dachau. Er kam also aus Dachau zurück und sagte, es ist schon erstaunlich, was uns da vorgeführt worden ist, eine Disziplin ist in dem Lager, das macht einen doch nachdenklich. Woher kommt diese Disziplin? Dann war ihm gezeigt worden, Niemöller[192], der in einem eigenen Zimmer mit seiner eigenen Bibliothek saß und dort arbeitete; sodass er also mit sehr gespaltenen Gefühlen aus diesem Konzentrationslager zurückkam, also das wusste ich jedenfalls. Und es wussten wohl auch die meisten Deutschen, dass es Konzentrationslager gab und dass diese Konzentrationslager kein Zuckerschlecken für die dort Inhaftierten waren. Auch wusste ich, weil ich im Frühjahr 1942 in Berlin auf der Kriegsakademie war, dass die Juden mit einem Judenstern in Berlin herumgingen. Man hörte schließlich auch, dass Juden abtransportiert werden, in Richtung Osten, in Lager. Was aber dort nun geschah in diesen Lagern und wie die waren, davon hatten wir keine Ahnung. Und selbst Verbrechen habe ich also nirgendwo erlebt, wüsste ich auch keine.

---

191 Kriegsgerichtsbarkeitserlass, siehe Anmerkung 188 auf S. 271
192 Martin Niemöller, 1892 – 1984, evangelischer Theologe. Seit 1938 Häftling im KZ Sachsenhausen, 1941 nach Dachau verlegt. 1947 Kirchenpräsident, 1958 Präsident der Internationale der Kriegsdienstgegner.

THEODOR OBERLÄNDER

„Hitler wollte alles alleine machen"

Dr. Theodor Oberländer
1905 – 1998
Doktor der Agrarwissenschaft und Minister in der Regierung Adenauer

1923 Teilnahme am Hitler-Putsch in München
1928 Aufenthalt in der Sowjetunion als Mitarbeiter der deutsch-russischen Saatbau AG DRUSAG
1934 Dozent für Ostfragen beim Außenpolitischen Amt der NSDAP
1936 Gastdozent an der NS-Ordensburg Vogelsang
1937 Professor für osteuropäische Wirtschaft an der Universität Königsberg; nach seiner Entlassung an den Universitäten Greifswald und Prag lehrend; Leiter des Landesverbands Ostpreußen des Volksbundes für das Deutschtum im Ausland (VDA) – dort im selben Jahr entlassen
1941 Eintritt als Oberleutnant der Reserve in das Bataillon „Nachtigall" als „Sachverständiger für die Behandlung fremden Volkstums"
1945 – 1946 Amerikanische Kriegsgefangenschaft
1950 Mitbegründer des Bundes der Heimatvertriebenen und Entrechteten
1951 – 1955 Mitglied im Bundesvorstand des Bundes der Heimatvertriebenen und Entrechteten

1953 – 1960 Bundesminister für Vertriebene, Flüchtlinge und Kriegsgeschädigte in der Regierung Adenauer
1953 – 1961 und 1963 – 1965 Mitglied des Deutschen Bundestages

„Wir waren 1933 alle völlig mit Hitler einig, aber heute wissen wir, dass er uns betrogen hat."

Oberländer nimmt als Student 1923 am Hitler-Putsch in München teil. Er sei über einen Kommilitonen da so reingerutscht. Beim Einmarsch in die Ukraine 1940 sei er nur Berater gewesen.
Oberländer kritisiert Hitler, dieser hätte den Krieg im Osten besser führen können, indem er die Ukrainer auf seine Seite gezogen hätte und auch die vielen Generäle und Offiziere der russischen Armee, deren Familien unter Stalin gelitten hatten. Er beruft sich auf Wilhelm Canaris, den Chef der Abwehr, dessen Vorstellung es war, Russland zu zerreißen. In einer Denkschrift schlug Oberländer vor, Russland könne nur durch die Russen selbst befreit werden.
Anfang 1945 wurde er zum russischen General Wlassow geschickt, der mit den Deutschen gegen Stalin und den Kommunimus kämpfen wollte. Am Kriegsende schickte Wlassow ihn zu den Amerikanern, damit sein Luftkorps, 6.000 Mann, in amerikanische Gefangenschaft gehen konnte, nicht in russische.

Oberländer äußert sich ausführlich über seine Tätigkeit als Agrarwissenschaftler, während er seine Angehörigkeit im Bataillon „Nachtigall", das bei der Besetzung der Stadt Lemberg schwere Verbrechen beging, nur streift: „Wir haben den Ukrainern dort keine Versprechungen machen dürfen, sondern ihnen sagen müssen: Was ihr erhofft, ist bis jetzt noch nicht zu machen."

Das Interview fand statt am 5.7.1996.

Ich bin geboren in Meiningen, in Thüringen. Mein Vater war Oberregierungsrat und Jurist. Dort habe ich das Gymnasium besucht, 1923 Abitur gemacht und wollte Landwirt werden – das bin ich ja auch geworden. Praxis habe ich dann erlebt in Schleswig-Holstein, in Oberbayern, in Thüringen, anschließend Landwirtschaft studiert in München, Hamburg und Berlin. In Berlin habe ich mein Diplom sowie den Doktor gemacht und bin dann nach Königsberg, dort habilitiert. Die Doktorarbeit war über Litauen und die Habilitationsschrift war über die agrarische Überbevölkerung Polens. Das wird heute dafür benutzt, um mich für Auschwitz verantwortlich zu machen. Weil ich schon 1935, als das Buch erschienen, Auschwitz vorausgesehen haben soll.

Ich bin in München am 9. November 1923[193] mitmarschiert. Das vergisst man ja nicht. Ich war da mit Friedrich Weber[194] gut bekannt. Ich kam nach München zum Studieren, traf nach zwei Tagen einen Freund oder Kameraden aus der Jugendbewegung, der sagte: „Mensch, in den nächsten Tagen, da gehen wir auf Nachtübung." Und das war dann der Putsch. So bin ich reingerutscht damals. Ich habe positiv damals in keiner Weise für Hitler gestanden. Ich kannte ihn überhaupt nicht. Eigentlich wollten wir auf der Nachtübung schießen. Scharf schießen. Das war doch die Sache. Und plötzlich wurden wir auf einmal in Uniformen gesteckt und marschierten. Ich fragte, was das solle – na ja, wir können nicht anders die Übung machen, nur in Uniform. Also machten wir es in Uniform. Da war es schon keine Nachtübung mehr, aber da konnte ich natürlich nicht mehr weg. Ich habe im Grunde gar nicht gewusst, dass es da um einen Putsch geht. Es waren vielleicht Hunderte dabei, keinesfalls Tausende, also relativ überschaubar. Aber dann ging es eben etwas woanders hin. Ich habe die Schießerei direkt mitbekommen.

Wer damals zuerst geschossen hat, kann ich nicht sagen. Ich hörte die Schüsse, war ein ganzes Stückchen weit weg, aber es schlug direkt über mir eine Kugel ein. Wir waren auch bewaffnet. Natürlich. Und gar nicht mal schlecht. Ich wurde dann wie alle festgesetzt – alle wurden noch ein paar Tage festgesetzt. Wir

---

193 Gescheiterter Hitlerputsch mit 18 Toten. Nach 9 Monaten Festungshaft wurde Hitler aufgrund guter Führung entlassen.
194 Friedrich Weber, 1892 – 1955 (München), Veterinärmediziner, Freikorps Oberland, SS-Führer, 1945 als Minderbelasteter, dann als Mitläufer eingestuft.

wurden nach zwei Tagen nachts um zwei einfach auf die Straße gesetzt und nach Hause geschickt. Den Heimweg habe ich kaum gefunden, weil ich mich in München noch nicht auskannte.

Nach der Entlassung konnte ich studieren. Es war also keine große Geschichte. Damals war ich nicht in der Partei. Das ist ja auch unwichtig gewesen. Ich hab in Königsberg dann natürlich gesagt: „Jawohl, ich hab da mitgemacht." Und das ist bis heute nicht vergessen. Wenn die Linke irgendwie Gelegenheit hat, etwas gegen mich zu sagen, heißt es: „Ja, der Mann hat doch den Putsch mitgemacht." Die Putschisten fühlten sich sehr geschlagen, aber gaben nicht auf. Ich habe ja mit der Sache dann nichts weiter zu tun gehabt, denn ich habe dann erst mal studiert.

1937 habe ich über die Rote Armee eine Arbeit geschrieben, die in Ungnade behandelt wurde, weil sie für die Rote Armee sehr günstig ausfiel. Daraufhin wurde ich nach Berlin bestellt und habe vor dem Generalstab der Reichswehr einen Vortrag gehalten, auch über die Rote Armee. Damit fiel ich absolut durch. Aber im Krieg nachher erinnerten sich verschiedene Generale dieses Vortrags und gaben mir recht, dass ich die Dinge nicht ganz falsch gesehen habe. Nach einem Vortrag auf der Marienburg[195] wurde ich zum Bund Deutscher Osten geholt und blieb bei der Abwehr den ganzen Krieg über. Dadurch entstand mein Kontakt zu Wlassow[196] und anderen maßgebenden Leuten. Das hatte alles mit Canaris[197] zu tun.

---

195 Marienburg, heute Malbork in Polen. An der Nogat gelegene mittelalterliche Ordensburg des Deutschen Ordens aus dem 13. Jahrhundert, seit 1933 von NSDAP und SS für Tagungen, Feiern und Aufmärsche genutzt.

196 Andrei Andrejewitsch Wlassow, 1901 – 1946, sowjetischer Generalleutnant. In deutscher Gefangenschaft wechselte er die Seiten und baute die Russische Befreiungsarmee ROA auf, auch Wlassow-Armee genannt, die auf der Seite des Deutschen Reichs gegen Stalin kämpfte.
Am 14. November 1944 verlas Wlassow vor Himmler auf der Prager Burg sein Manifest, das mit dem Programm einer Exilregierung zu vergleichen war. Es beinhaltete den Sturz Stalins, die Beendigung des Krieges und den Abschluss eines ehrenvollen Friedens sowie die Errichtung einer neuen, freien, nationalen Staatlichkeit ohne Bolschewismus und Ausbeutung. Später wurde das „Komitee zur Befreiung der Völker Rußlands (KONR)" gegründet.
Wlassows Russischer Befreiungsarmee ROA unterstanden befehlsmäßig bis zum Kriegsende mehr als 50.000 Mann. Am 10. Februar 1945 übernahm er in Münsingen den Oberbefehl über die 1. und 2. Division in einem großen Appell.

197 Wilhelm Canaris, 1887 – 9.4.1945 (KZ Flossenbürg), wegen Kontakt zum Widerstand als Leiter der Abwehr, des militärischen Geheimdienstes der Wehrmacht, entlassen und gehängt.

Zu Beginn des Krieges sollte ich in der Ukraine helfen. Ich war da nur Berater. Nachtigall[198] war eine aus Ukrainern 1940 gebildete Einheit, geführt von Oberleutnant Herzner[199]. Das war ein Bataillon, das für den Einmarsch in der Ukraine werben sollte. Da Herzner nicht Russisch konnte, hieß es: „Für kurze Zeit gehen Sie jetzt an die Einheit ab." Und da habe ich ihn beraten, militärische Funktionen[200] hatte ich in dieser Zeit nicht.

Am Russlandkrieg, an Barbarossa, habe ich teilgenommen. Es besteht ja nach Joachim Hoffmann[201] kein Zweifel daran, dass der Russe wenig später gekommen wäre.

---

191 Das Bataillon „Nachtigall" bestand aus ukrainischen Nationalisten unter der Führung Stepan Banderas. Schon seit Dezember 1939 hatten die Bandera-Leute bewaffnete Überfälle in der sowjetisch besetzten Westukraine verübt und mit Unterstützung von Admiral Wilhelm Canaris, Chef der deutschen Abwehr, einen bewaffneten Aufstand vorbereitet. Die deutsche Seite versprach sich davon eine große propagandistische Wirkung auf die Bevölkerung der Ukraine bei dem geplanten Krieg gegen die Sowjetunion. Die ukrainischen Nationalisten wiederum sahen in der Aufstellung militärischer Einheiten einen wichtigen Schritt in Richtung auf eine militärische Selbstständigkeit. Hitler kam ihren nationalen Zielen jedoch nicht entgegen. So versuchte die jeweils eine Seite, die andere für ihre Zwecke zu instrumentalisierten. (Nach Wikipedia, abgerufen am 27.2.2019)

199 Hans-Albrecht Herzner, 1907 – 1942 (Hohenlychen), Abwehroffizier. Eine Woche vor Beginn des Überfalls auf Polen leitete er das erste Kommandounternehmen der Wehrmacht. Er war Chef der Spezialeinheit „Brandenburger" und Kommandeur des Bataillons „Nachtigall".

200 Das Bataillon „Nachtigall" sollte beim geplanten Angriff auf die Sowjetunion der Kommandoeinheit „Brandenburger" unterstellt werden. Demzufolge sollte der Stab der Einheit „Brandenburger" aus Oberleutnant Dr. Hans-Albrecht Herzner (ebenfalls „Brandenburger"), Oberleutnant Theodor Oberländer (als politischer Berater und Verbindungsoffizier zur Abwehr II) und einem evangelischen Pfarrer bestehen. Am 30.6.1941 erreichte die Kampfgruppe zusammen mit einem Bataillon des Gebirgsjägerregiments 99 die westukrainische Stadt Lemberg, die ohne Widerstand besetzt wurde. Dort waren Angehörige des Bataillons „Nachtigall" an Pogromen gegen die jüdischen Einwohner der Stadt beteiligt.

201 Joachim Hoffmann, 1930 – 2002, Historiker, 1960 – 1995 am Militärgeschichtlichen Forschungsamt (MGFA) der Bundeswehr, zuletzt als Wissenschaftlicher Direktor. Hauptvertreter der Präventivkriegsthese, nach der Stalin im Vorfeld des deutschen Überfalls auf die Sowjetunion am 22.6.1941 selbst eine offensive Militärpolitik gegen den Westen plante und gegenüber der Wehrmacht dann einen Vernichtungskrieg geführt hätte. Die Aufstellung der Roten Armee im Sommer 1941 lasse nicht auf Verteidigungsmaßnahmen, sondern auf eine Bedrohung schließen. Nach seiner Pensionierung beim MGFA versuchte Hoffmann, die Präventivkriegsthese mit seinem Buch „Stalins Vernichtungskrieg" (1995) zu untermauern. Zwar sei Stalins damaliger Angriffsplan auf das Deutsche Reich weder Grund noch Anlass für Hitlers

Ich bin damals nach Neuhammer[202], das ist ein Sturmübungsplatz in Schlesien. Dort wurde das Bataillon „Nachtigall" aufgestellt, das dann die Stadt Lemberg[203] in der Ukraine einnahm.

Wir haben den Ukrainern dort keine Versprechungen machen dürfen, sondern ihnen sagen müssen: „Was ihr erhofft, ist bis jetzt noch nicht zu machen."

Und von Lemberg marschierte das Bataillon über Solotschiw[204] und Tarnopol [heute Ternopil] bis Juswin [?]. Ein kleiner Ort. Dort kam Canaris plötzlich mit dem Flugzeug und sagte: „Herr Oberländer, nach Hause, kommen Sie mit. Sie

---

Entschluss zum Überfall auf die Sowjetunion gewesen. Aber beide Diktatoren hätten unabhängig voneinander einen Krieg vorbereitet und Hitler sei Stalin nur zuvorgekommen. Deutsche, russische, angelsächsische und israelische Fachhistoriker überprüften die Präventivkriegsthese nochmals und verwarfen sie bei einem internationalen Moskauer Historikertag 1997 im Ergebnis einhellig als unzutreffend. (Nach Wikipedia, abgerufen am 27.2.2019)

202 Neuhammer, Schlesien (heute Polen), nach 1933 einer der größten Truppenübungsplätze des Deutschen Reiches, auf dem Großverbände mit mehr als 60.000 Soldaten Gefechtsübungen abhalten konnten.

203 Infolge des deutschen Angriffs auf die Sowjetunion am 22.6. kam es zu mehreren Massenmorden in der bis Kriegsbeginn zu Polen gehörenden, inzwischen aber von der Sowjetunion okkupierten Stadt Lemberg. Einige Wochen nach dem Beginn des deutschen Angriffs auf Polen im September 1939 wurde Lemberg infolge des Hitler-Stalin-Pakts von der Roten Armee besetzt. Zu der Zeit lebten in der Stadt etwa 160.000 Polen, 110.000–150.000 Juden und 50.000 Ukrainer. Nach dem deutschen Angriff auf die Sowjetunion am 22.6.1941 wurde Lemberg am 30.6.1941 von der Wehrmacht besetzt. Am 25. und 26.6.1941 hatte es einen Aufstand ukrainischer Nationalisten gegeben, die in den Deutschen die Befreier ihres Landes von der Sowjetherrschaft sahen. Im weiteren Verlauf der deutschen Besatzung wurden 110.000 bis 120.000 Lemberger Juden von den Besatzern ermordet. Eine unmittelbare Mitwirkung des späteren Bundesministers für Vertriebene, Theodor Oberländer, vom ukrainischen Bataillon „Nachtigall", dessen Soldaten an den Verhaftungen beteiligt waren, gilt heute als unwahrscheinlich.
(Nach Wikipedia, abgerufen am 27.2.2019)
Anders dagegen der polnisch-israelische Autor Tuviah Friedman: „Der Nazi-Minister Theo Oberländer begann als Erster mit den Massen-Erschießungen der Juden in Lemberg, Anfang Juli 1941." Institute of Documentation in Israel for the Investigation of Nazi War Crimes, Haifa 2004
Siehe auch: Hannes Heer: Blutige Ouvertüre. Lemberg, 30. Juni 1941: Mit dem Einmarsch der Wehrmachttruppen beginnt der Judenmord. In: Die Zeit, Nr. 2001/26

204 Die erste Kompanie des „Nachtigall"-Bataillons verließ am 7.7.1941 Lemberg mit den „Brandenburgern" in Richtung Solotschiw. Der Rest der Einheit schloss sich später während ihres Ostmarsches nach Solotschiw, Ternopil und Winniza an. Während des Marsches wurden in drei Dörfern der Region Winniza „alle Juden, die getroffen wurden" erschossen.
(Quelle: Nachtigall Bataillon, englische Wikipedia, abgerufen am 27.2.2019)

sind hier nicht nötig. Hitler hat gesagt: Kein Ukrainer darf an der Befreiung seiner Heimat beteiligt sein. Und wenn das so ist, dann wird dieses Bataillon vielleicht in ein Polizeibataillon umgewandelt."

Ich bin dann von Canaris mit nach Berlin genommen worden, wurde später zum Stab der Heeresgruppe Süd bestellt und machte den Vorschlag, eine Einheit von Kaukasiern zu bilden, die vor allen Dingen den Kreuzpass[205] nehmen sollte, der ja von hoher militärischer Bedeutung war und nur in Art eines Überfalls überhaupt einnehmbar war.

Daraufhin hab ich von Canaris den Befehl bekommen, ein Bataillon aufzustellen aus zwei Kompanien Georgiern, einer Kompanie Aserbaidschaner und 600 Deutschen – zum großen Teil Leute, die im Hochgebirgsbergsteigen geübt waren, also eine Elitetruppe. Sie hat sich auch gut bewährt, konnte leider dann durch den Rückzug, der sich aus Stalingrad ergab, nicht mehr an die Aufgaben rangehen. Wir hätten es auch nicht mehr geschafft, denn wir lagen zu lange vor dem Pass. Die Russen haben ihn bis zum letzten Quadratmeter befestigt. Wir haben zu lange gewartet.

Ich habe diese Einheit aufgebaut, wir waren erst in Mittenwald [bei Garmisch-Partenkirchen/Bayern], wurden im Ötztal auf Gletschergehen ausgebildet, kamen dann in den Kaukasus und hatten ziemliche Verluste. Wir haben gekämpft, aber nicht da, wo wir kämpfen sollten, nämlich am Pass. Dann kam der Rückzug am 1. Januar 1943.[206] Wir blieben auf der Krim.

Auf der Krim schrieb ich eine von den bekannten sieben Denkschriften, aufgrund derer ich dann aus der Armee entlassen wurde. Die fünfte hieß: „Bündnis oder Ausbeutung?" Die war schon sehr konkret, das gebe ich zu, Canaris erlaubte mir das. Wir haben die Dinge besprochen. Plötzlich sah ich mich wieder als Dekan der Fakultät der Rechtswissenschaft an der

---

205 Ein Gebirgspass im Kaukasus im Norden Georgiens, der durch die Darialschlucht nach Wladikawkas in Russland führt. Am Kreuzpass befindet sich heute ein Friedhof von deutschen Kriegsgefangenen.

206 Die Rote Armee griff mit einer Gesamtstärke von 1.000.000 Soldaten, 11.341 Geschützen, 1.278 Panzern und 900 Flugzeugen an und sollte die deutschen Truppen mit zusammen etwa 764.000 Soldaten, 5.290 Geschützen, 700 Panzern und 530 Flugzeugen zwischen zwei Flüssen, Kuban und Manytsch, einschließen und vernichten. Im Kern ging es um die Erdölfelder von Grosny. Die deutschen Pläne zur Eroberung des Kaukasus mussten endgültig aufgegeben werden.

Universität Prag, befördert zum Reservehauptmann. Und dann hat mich Wlassow[207] holen lassen. Das ist der Punkt, um den es ja eigentlich geht.

Das war wenige Wochen vor Kriegsende. 1945, im Januar oder Februar, kam Heinrich Aschenbrenner[208], deutscher General bei Wlassow, Chef des Nachrichtenwesens der Luftwaffe, zu mir nach Prag.

Er setzte sich mir gegenüber, obwohl der ganze Saal leer war. Ich saß da alleine, aß zu Abend. Das fand ich etwas erstaunlich. Aber ich sagte nichts. Und da sagt er auf einmal: „Wollen wir ein bisschen kegeln?" Ich sage: „Ich kann nicht kegeln, ich hab auch keine Zeit dazu." – „Na ja, ich wollte Sie von Ihren Freunden grüßen." – Ich sage: „Und wer sind meine Freunde?" Er nannte Klaus Bojes und verschiedene andere. Da merkte ich, dass das echt war. Dann sagte er: „Gehen Sie nicht mehr nach Hause, kommen Sie mit mir nach Marienbad[209]. Himmler hat genehmigt, dass Sie wieder in die Wehrmacht gehen zur Verwendung für Wlassow." Ich bat ihn um seine Ausweise, er wies sich tadellos aus, war gar kein Zweifel. Ich willigte ein. Ich hab meine Wohnung in Prag nie wiedergesehen. Wir fuhren nachts sofort nach Marienbad und am nächsten Morgen wollte mich Wlassow von der Russischen Befreiungsarmee[210] sprechen. Ich weiß bis heute nicht, warum er gerade mich wollte. Er sagte mir ganz klar: „Also, ich schicke acht Leute in die Welt, in der Hoffnung, dass sie mir helfen. Und Sie schicke ich zu den Amerikanern, damit Sie erreichen, dass das Luftkorps[211]

---

207 vgl Anmerkung Wlassow auf S. 278
208 Heinrich Aschenbrenner, 1895 – 1960 (Bielefeld), Generalleutnant der Flieger. Kommandeur Fliegergruppe Ost, vom 28.6.1944 an Inspizient für ausländisches Personal Ost.
209 Marienbad, tschechisch Mariánské Lázně, Ort in der Nähe von Karlsbad
210 vgl Anmerkung Wlassow auf S. 278
211 Luftkorps unter Maltschew: Ihre Vorläufer hatten sich unter Regie der deutschen Luftwaffe ähnlich den Heeresverbänden entwickelt – allerdings mit größerer Freiheit als beim Heer. Der Aufstellungsbefehl für die Luftwaffe der ROA war am 19.12.1944 von Göring ergangen. Entsprechend damaliger deutscher Organisationsgrundsätze, wurden 4500–5000 Mann gegliedert in fliegende Verbände (Bomber, Stukas, Jäger, Transportmaschinen und Kurierflugzeuge), Flakartillerie, Fallschirmjäger und Luftnachrichtentruppe. Dem deutschen Verbindungsoffizier General Aschenbrenner wurde bestätigt, dass er den Russen volle Selbstständigkeit lassen solle.
(Quelle: http://schutz-brett.org/3x/de/23-archiv/geschichte-archiv-2012-13/591-ostfreiwillige-an-deutscher-seite.html, abgerufen am 1.3.2019)

unter Maltschew[212] nicht an die Russen ausgeliefert wird. Ich hoffe, dass Ihnen das gelingt." Das waren wohl 6000 Mann – mindestens.

Ich lag ja hinter der Front. Aber von Marienbad aus habe ich die Nacht genutzt, um durch die Stellung einer SS-Division, ich weiß nicht, welcher, durchzukommen, habe dann einen Wehrmachtsgeneral gebeten, mir ein Krad zu leihen mit Schützen. So wurde ich schneller nach Hause gebracht und erwartete die Amerikaner auf Schloss Nabburg[213]. Im Schloss Nabburg wurde ich von Amerikanern überrannt, also fiel in Gefangenschaft, wies mich aus mit den Papieren von Wlassow – und die Amerikaner erkannten sie erstaunlicherweise an. Ein General verhörte mich eingehend und nahm mich ernst. Es kam dann zu einem langen Gespräch.

Er konnte nicht begreifen, dass die Russen nicht in ihre Heimat wollten. Aber die Russen hatten ja Angst davor, ausgeliefert zu werden. Sie wussten, würden sie ausgeliefert, kämen sie entweder fünfzig Jahre nach Sibirien oder würden zu einem großen Teil gleich erschossen. Das erschien ihm zweifelhaft, aber er glaubte es allmählich doch. Und er wollte meinen General sprechen. „Sie sind ein Hauptmann, wenn Sie mit General Kennedy reden wollen, ich werde es versuchen. Aber im Grunde genommen müssen Sie von sich aus drüben einen General schicken." Ich reiste zurück, wurde von Aschenbrenner begeistert empfangen. Er fuhr sofort mit weißer Fahne die Strecke zurück, wobei wir manchmal Panzerhindernisse besei-

---

212 Maltschew, Oberst. Viele höhere Offiziere, die 1937 in den stalinistischen Schauprozessen verurteilt nach Sibirien geschickt und zu Beginn des Krieges rehabilitiert wurden, sind auf die Seite Hitlers übergegangen. (Vgl. Martens, Ludo, Stalin anders betrachtet https://0800.files.wordpress.com/2012/10/stalin-anders-betrachtet-von-ludo-martens1.pdf, abgerufen 1.3.2019)

213 Wahrscheinlich Schloss Guteneck bei Nabburg, 90 Kilometer südwestlich von Marienbad. Bei Wikipedia wird die Nazi-Zeit von Schloss Guteneck übergangen: *Der Besitz wurde 1937 an den Erbprinzen Leopold von Coburg, Sachsen und Gotha verkauft. Graf Albrecht Beissel von Gymnich kaufte 1961 das Schloss.*
Es handelt sich um Johann Leopold von Sachsen-Coburg und Gotha, 1906 bis 1972, entmündigter und verstoßener Sohn von Carl Eduard von Sachsen-Coburg und Gotha. Johann Leopold erhielt das Schloss als Ausgleich für die Entmündigung. Er trat 1932 der NSDAP bei, wurde 1943 als unzuverlässig aus der Wehrmacht entlassen.
(Vgl. Harald Sandner: Hitlers Herzog – Carl Eduard von Sachsen-Coburg und Gotha, 2011).

tigen mussten. Der amerikanische Posten schlief zwar, aber wir haben ihn aufgeweckt. Wir wurden nachts untergebracht und am nächsten Morgen war die Besprechung. Die Amerikaner waren bereit, das Maltschew-Luftkorps nach Niederlegung der Waffen unter weißen Fahnen marschierend nach Münsingen aufzunehmen. Das hatte ich mit den Amerikanern verhandelt. Darauf gingen sie ein, obwohl es gegen die Beschlüsse von Jalta war. Es gelang mir nur, indem ich den Amerikanern sagte: „Meine Herren, wenn Sie diese Truppe ausliefern wollen, können Sie sich überlegen, welche Verluste Sie dadurch haben werden. Wenn Sie morgen hier einen Friedhof mit tausend Gräbern haben wollen, Kleinigkeit." Das schlug bei den Amerikanern durch. Sie wussten, dass sie gegen ihre Regierung handelten, aber sie machten es so. Die Sache hat geklappt.

Ich bin 1955 bei Vizepräsident Nixon im Weißen Haus zu Besuch gewesen, da bekam ich eine Einladung in ein Hotel zu einer Feier der Überlebenden aus dem Maltschewschen Luftkorps. Und erst dabei habe ich erfahren, dass die Amerikaner Wort gehalten und sehr sauber gehandelt hatten. Ich selbst wurde Kriegsgefangener, habe mich von Aschenbrenner verabschiedet, meine Mission war beendet. Ich wurde nach Dijon gebracht und nach England in ein Geheimlager geflogen.

Wlassow war einer der klügsten russischen Offiziere. Er hat Moskau verteidigt. Ohne Wlassow hätten wir Moskau wahrscheinlich glatt überrannt. Dann kam er in die Sümpfe und fiel bei Stalin in Ungnade. Als er keine Post mehr von seiner Regierung bekam, ging er zu uns über. Wlassow hat immer wieder betont: „Ich bin Russe, ich bleibe Russe, ich will auch, dass Russland zusammenbleibt, aber dass wir echte Verbündete der Deutschen werden. Die Deutschen und ich, wir haben einen Feind, das ist Stalin. Stalin müssen wir niederkämpfen. Wenn wir ihn niedergekämpft haben, setzen wir uns zusammen. Wir wollen von den Deutschen nichts Unrechtes, sondern wir freuen uns, dass sie heute diese Erfolge hier haben. Aber ich muss natürlich Vollmachten haben, Waffen bekommen, Zusagen bekommen, wenn man von mir will, dass ich die russische Armee zum Abfall von Stalin gewinnen soll."

Er war tief enttäuscht, aber er war innerlich eindeutig erbitterter Gegner von Stalin. Die deutsche Seite hat diese große Chance nicht aufgenommen. Hitler wollte ja, das habe ich schon bei den Ukrainern gesagt, dass kein Ukrainer bei der Befreiung seiner Heimat beteiligt sein soll, also sollte auch kein Russe an der Befreiung Russlands beteiligt sein.

Hitler wollte alles alleine machen. Aber er hat dann umgelernt, denn er hat ja dem Wlassow nachher drei Divisionen bewilligt. Da war schon alles zu spät. Zwei Jahre zu spät. Es bestand eine große Chance, aber Hitler wollte alles alleine machen. Wenn man Wlassow von Anfang an unterstützt hätte, wäre eine kriegsentscheidende Wendung nicht unmöglich gewesen. Denn als der Krieg begann, gab es in Russland kaum eine Familie, die nicht einen Angehörigen verloren hatte – durch Stalin. Wie die Armee gelitten hat! Wie die ganze Führung durch Morde dezimiert wurde! Ich könnte mir vorstellen, wenn wir nicht als solche Wundermenschen gekommen wären … Im Ersten Weltkrieg hatten wir uns durch unsere gute Behandlung der Gefangenen in der Ostdeutschland-Landwirtschaft in Russland einen guten Ruf erworben. Kein Augenblick wäre günstiger für eine psychologische Kriegsführung gewesen als der Beginn dieses Weltkrieges. Aber wir haben ja alles kaputtgemacht. Nur Hitler hat das verhindert. Es gab in der Armee eine ganze Menge Leute, die meine Denkschriften sehr positiv aufgenommen haben: Die Russen müssen ihr Land selber befreien, wir müssen sie als gleichwertige Menschen anerkennen – das war meine Position. Russland kann nur durch den Russen selbst befreit werden. Das Auswärtige Amt druckte davon dreitausend Stück und verteilte die Denkschrift. Das führte dazu, dass ich aus der Armee entlassen wurde. Erst sollte ich liquidiert werden. Durch verschiedene Umstände wurde ich gerettet. An sich war ich vorgesehen, dass ich im KZ liquidiert werden sollte.

Ich habe Hitler von Anfang an nicht verstanden. Ich hätte von Anfang an eine Reservearmee geschaffen. Der vorgesehene Kriegsminister für die Ukraine machte uns damals das Angebot: Ihr gebt uns zwei Millionen Gewehre, wir kämpfen an eurer Seite, aber es gibt eine freie Ukraine. Man hat das überhaupt nicht ernst genommen. Ich hab das alles miterlebt. Ich war in Lemberg damals mit Koch dazu beauftragt, diese Dinge zu beruhigen, im Auftrag von Canaris. Verstehen kann man viele Dinge in dieser Zeit nicht. Die kann man nur verstehen, weil Hitler es sich in den Kopf gesetzt hatte: Alles alleine machen. Wir sehen ja, wo die Dinge hingegangen sind.

Ich war in Ostpreußen Vorsitzender des Vereins für das Deutschtum im Ausland, des VDA. Hitler hielt uns in Berlin einen ausgezeichneten Vortrag damals. Das war am 7. Dezember 1933.[214]

Die Rede war erstaunlich. Das haben alle zugegeben, die da waren. Ich kam von Ostpreußen. Wir waren alle völlig mit ihm einig, aber heute wissen wir, dass er uns betrogen hat. Nicht erst heute, aber das ist ein langes Thema. Vor ein paar Tagen hat in Weimar der VDA getagt, da kam auch wieder die Sache mit Hitlers Rede zur Verhandlung. Diese Geschichte ist noch nicht zu Ende. Beileibe nicht. Und die Geschichte hat wesentliche Dinge aus dem Volksdeutschen umgangen, ausgelassen, nicht behandelt. Das sind Tatsachen. Himmler habe ich übrigens nie kennengelernt, ich hab mit der SS überhaupt nie etwas zu tun gehabt.

Der Bund Deutscher Osten wollte die Kenntnis über den Osten in Deutschland verbessern. Das war eigentlich die Hauptaufgabe. Er gab die Zeitschrift „Ostland" heraus, die Hakenkreuz und christliches Kreuz ineinander verwob in dem Wappen des Bundes Deutscher Osten. Der Bund Deutscher Osten hat also, sagen wir mal, dazu beigetragen, die Kenntnis über den Osten etwas zu verbessern. Sie war miserabel, das muss ich leider sagen. Wir sind ja überhaupt in diesen Ostkrieg geistig unvorbereitet hereingegangen. Und es hat auch niemand gefragt: Was wird daraus? Sondern als Hitler sagte: Wir marschieren, da marschierten wir eben. Und so sind wir dann auch letztendlich bis an die Wolga marschiert, aber das Ergebnis war eben dann auch entsprechend.

Ich hatte den Eindruck, auch als wir in Lemberg einmarschierten, dass die Russen bereit waren zum Angriff. Aber dass sie eben durch unseren Hineinstoß in die Vorbereitung völlig durcheinanderkamen. Hitler hat es im letzten Augenblick noch geschafft, in die Bereitstellung einzugreifen. Wenn die Bereitstellung fertig gewesen wäre, wäre uns das alles überhaupt nicht gelungen. Die Aktion hatte völlig eindeutig einen gewissen präventiven Charakter. Damals war mir das als einfacher Soldat nicht klar. Es kam an diesem Abend noch ein großer Zug mit Getreide und Erdöl an. Die Russen erfüllten noch ihre Pflicht – natürlich auch, um nicht entdeckt zu werden. Ich habe diese Zu-

---

214 Hitler sprach im Sportpalast anlässlich eines SS-Konzerts zugunsten des Winterhilfswerks. (Vgl. Sandner, Hitler – Das Itinerar II, S. 1128)

sammenhänge zunächst überhaupt nicht gesehen, sondern ich nahm diese Kompanie, das waren diese Ukrainer, marschierte mit denen, bis mich Canaris abholte. Also, mehr habe ich mit dem Bataillon „Nachtigall" nicht im Sinn gehabt.

Dann kam mir eine Idee, da ich den Kaukasus kannte, ich war ja im Frieden dort. 1928 kam ich als Saatzüchter nach Russland und habe dort 1928, 1930, 1932 gearbeitet. 1934 wurde ich von der russischen Regierung zu einem Besuch eingeladen. Ich war zu dieser Zeit Persona gratissima, höchst erwünscht bei den Russen. Aber das änderte sich natürlich mit einem Schlag im Kriege.

Ich habe Canaris sehr gut gekannt und bin auch von ihm aufgefordert worden, diese Denkschriften weiter zu schreiben. Deswegen habe ich auch sechs fertiggebracht und nicht nur eine. Für mich ist Canaris nach wie vor ein Ehrenmann, gegenüber allen Anfeindungen, die da gemacht worden sind. Ich halte auch von den ganzen NS-Klagen nichts, aber ich freue mich, gestern in der Presse wieder gelesen zu haben, dass man jetzt das Verfahren auch gegen Canaris und andere aus dieser Zeit aufarbeiten will, damit man mal herausbekommt, aus welchem Grund, wie konnte man überhaupt diesen Ehrenmann am 9. April 1945 in Flossenbürg hinrichten. Den Vorwurf, Canaris sei ein Verräter, habe ich von einem Admiral der Marine, unserer Bundesmarine, gehört. In Santiago in Chile bei einem Essen. Und da habe ich ihm gesagt: „Herr Admiral, können Sie irgendetwas beweisen? Denn ich müsste ja, ich wäre ja sogar verpflichtet, Sie, wenn Sie das gesagt haben, anzuzeigen." Da wurde er auf einmal ganz klein. Das kenne ich alles. Ich kann über Canaris, mit dem ich eine Menge erlebt habe, nur Gutes sagen. Sein Ende ist wirklich einfach tragisch.

Die Vorstellung von Canaris war, Russland zu zerreißen. Das, was heute da ist, aber leider schon wieder langsam zusammenwächst. Ein zerrissenes Russland, das heißt also Russland den Russen, aber die übrigen Völker alle frei. Das war Canaris. Deswegen hat er ja auch die Denkschriften unterstützt. Deswegen war er für Henlein[215] im Sudetenland und für die deut-

---

215 Konrad Henlein, 1898 – 10.5.1945 (Pilsen), sudetendeutscher Politiker, der in Absprache mit Hitler 1938 die Sudetenkrise forcierte, die zur Einverleibung des tschechischen Sudetenlandes in das Deutsche Reich führte

schen Volksgruppenführer, aber auch für die anderen, er war für die Freiheit der Völker. Das steht fest. In diesem Punkt unterschied er sich von Heydrich und von Hitler sehr. Ich habe mit Canaris zahlreiche Gespräche über diese Sachen gehabt. Hitlers Ostpolitik hat Canaris nicht gut beurteilt. Aber er hat nie irgendetwas gegen Hitler gesagt. Das konnte er ja auch gar nicht. Unser Verhältnis war so, dass wir uns über diese Dinge sehr offen unterhielten.

Canaris und Wlassow, das ist eine schwierige Frage. Als Wlassow nun endlich kam, war ja alles zu spät. Und das wusste natürlich auch ein Mann wie Canaris. Irgendwie größere positive Hilfe ist von Canaris zu Wlassow nicht ausgegangen. Er hat das laufen lassen. Seien wir mal ehrlich – er wusste doch von Anfang an, dass der Krieg im Osten verloren war. Das hat er mir ziemlich unverblümt sehr früh gesagt. Und ich wusste es ja auch. Ich sah das Ganze als totgeborenes Kind, als Wlassow bei uns gefangen war und Hitler überhaupt keine Anstalten machte und auch Himmler ihn zunächst überhaupt nicht empfing. Wir haben dem Mann gegenüber eine schwere Schuld auf uns geladen und auch der Armee gegenüber, die ja immerhin drei Divisionen stark war. Das war der Grund, warum ich aktiv wurde, als Wlassow mich bat, das Luftkorps zu retten. Obwohl ich mich selbst für nicht sehr geeignet hielt, habe ich sofort Ja gesagt – obwohl es ein Himmelfahrtskommando war. Das waren wir diesen – na ja, 6000 Mann ist nicht viel, aber immerhin, das waren wir ihnen schuldig, sie zu retten. Und wir haben sie gerettet.

Die Amerikaner haben diese Möglichkeit mit Wlassow nicht genutzt, weil Roosevelt den Stalin nicht nur schätzte, sondern weit über die Pflichten eines Verbündeten hinaus unterstützte. Roosevelt hatte zweifellos in diesem Punkt keinen Weitblick. Aber ich kann sagen, dass ich von Amerika auf diesem ganzen Gebiet nichts erwartet hatte, dann jedoch erstaunt war, dass dieser amerikanische General meinen Vorschlägen zustimmte.

Ich kam in amerikanische Gefangenschaft, dann in ein Geheimlager nach England, wurde nach mehr als einem Jahr normal entlassen und fing an, mich in der Vertriebenenarbeit zu betätigen. Eigentlich wollte ich Theologie studieren, aber dazu kam es nicht, weil die Vertriebenen mich in den Bayerischen Landtag wählten.

Es kam die Frage auf, ob ich als Vertreter dieser 27 Abgeordneten des BHE[216] Staatssekretär werden kann. Der amerikanische Generalkonsul in München fragte in Washington an, und es kam von der Armee eine günstige Antwort wegen meiner Denkschriften, die ich ja im Krieg geschrieben hatte, aufgrund derer ich aus der Armee entlassen wurde, sodass ich Staatssekretär im Innenministerium wurde.

Nach drei Jahren holte mich Adenauer nach Bonn. Ich wurde Vertriebenenminister, von 1953 bis 1960. Dann ist der Osten derartig gegen mich aufgetreten[217] und hier war eine derartige Schwäche an Verteidigung, dass ich zu Adenauer sagte: „Unter diesen Umständen hat die Sache gar keinen Sinn."

Wenn ich heute als 92-jähriger teils erfolgreicher Politiker, der bewegte Zeitgeschichte miterlebt hat, auf mein Leben zurückblicke, kann ich das ganz genau zusammenfassen: Ich komme aus der Jugendbewegung. Ich habe in der Jugendbewegung viel Gutes gelernt. Und ich habe in der Jugendbewegung zur Frage Patriotismus, nicht zur Frage Chauvinismus, immer eine klare Haltung gehabt. Dieser Haltung bin ich nie

---

216 Der Gesamtdeutsche Block/Bund der Heimatvertriebenen und Entrechteten (GB/BHE) war eine von 1950 – 1961 aktive politische Partei. Sie richtete sich an die aus ihrer Heimat vertriebenen Deutschen und betrieb eine entsprechende Klientelpolitik. Bei der Bundestagswahl 1953 erreichte der BHE 5,9 Prozent der Zweitstimmen, zog in den Deutschen Bundestag ein und wurde von Konrad Adenauer an der Regierung beteiligt. Bei den Landtagswahlen in Bayern erreichte der BHE 1950 12,3 Prozent und 26 Sitze; 1954 10,2 Prozent und 19 Sitze; 1958 noch 8,6 Prozent und 17 Sitze.

217 Überlebende des Holocaust warfen Oberländer vor, für Pogrome im galizischen Lemberg 1941 die Verantwortung zu tragen. In einer ihrer größten Kampagnen prangerten die DDR-Medien den westdeutschen Minister an. Ost-Berlin machte ihm in Abwesenheit den Prozess wegen „fortgesetzt begangenen Mordes" und „fortgesetzter Anstiftung zum Mord" und verurteilte ihn zu lebenslangem Zuchthaus. Die SED wollte am Ende der Fünfzigerjahre, wie es in einer Politbürovorlage hieß, mit der Oberländer-Kampagne die „Wesensgleichheit des Bonner Systems mit dem Hitlerfaschismus beweisen". Um ihn zu beschuldigen, begnadigte die Kreml-Führung Überlebende des Kaukasier-Verbandes, die im Gulag saßen und gegen Oberländer aussagten. Renommierte Antifaschisten wie die Schriftsteller Arnold Zweig und Ludwig Renn unterstützten die Kampagne. 1960 wurde Oberländer in Ost-Berlin in Abwesenheit der Prozess gemacht. In der Gauck-Behörde liegen ein gutes Dutzend Aktenordner, die belegen, wie Zeugenaussagen gefälscht, Verteidigerrechte beschnitten, Weggefährten Oberländers unter Druck gesetzt wurden. 1960 musste Oberländer als Minister zurücktreten.
Quellen: http://www.spiegel.de/spiegel/print/d-16810569.html sowie Philipp-Christian Wachs: „Der Fall Theodor Oberländer (1905 bis 1998)"

untreu geworden. Im Nationalsozialismus nicht, da habe ich die Denkschriften geschrieben. Unter Adenauer nicht, ich hatte damals im BHE eine sehr eindeutige, klare Haltung. Wenn mich Gott heute fragen würde: Was hast du eigentlich in deinem Leben geschafft? Geschafft habe ich nicht viel, aber ich kann eins sagen: Ich bin meiner Grundhaltung treu geblieben. Und das ist für mich die Hauptsache.

OTTO KUMM

"Er strahlte Siegeszuversicht aus"

Otto Kumm
1909 – 2004
Generalmajor der Waffen-SS und Kommandeur des SS-Regiments „Der Führer"

1925 Beginn einer Lehre als Schriftsetzer
1931 Eintritt in NSDAP und SS
1935 Chef der 4. Kompanie der SS-Standarte „Germania"
1936 Chef der 2. Kompanie der SS-Standarte „Deutschland"
1939 Teilnahme am Polenfeldzug als Kompaniechef der SS-Standarte „Der Führer"
1940 Nach der Teilnahme am Westfeldzug in Holland und der Ernennung zum Kommandeur Beförderung zum SS-Sturmbannführer
1941 Teilnahme am Balkanfeldzug in Jugoslawien, anschließend Bereitstellung für den Angriff auf die Sowjetunion mit dem SS-Regiment „Der Führer"
1943 Chef des Stabs des V. SS-Gebirgs-Korps

1944 Beförderung zum SS-Oberführer und Ernennung zum Kommandeur der 7. SS-Freiwilligen-Gebirgs-Division „Prinz Eugen"
General der Waffen-SS
1945 Internierungslager Dachau, Flucht angesichts der drohenden Auslieferung nach Jugoslawien
1949 Mitbegründer der „Kameradschaftsgruppe der Waffen-SS", später umbenannt in „Hilfsgemeinschaft auf Gegenseitigkeit (HIAG)"
In den Folgejahren Veröffentlichung von kriegsverherrlichenden Erinnerungen

Kumm war erst im Werwolf – zu unpolitisch. Er besuchte als junger Mann Versammlungen von links bis rechts, entschied sich für Hitler, ging zur SA, die ihm „zu unsoldatisch" war, dann zur SS und hatte 1931, im Alter von 22 Jahren, schon 500 Mann unter sich.

Er schildert in diesem Interview seinen Aufstieg in der SS und mehrere persönliche Treffen mit Hitler. Dazu heißt es über eine Begegnung Ende Februar 1942: „Hitler wirkte auf mich an jenem Abend absolut souverän; keine Spur von Nervosität oder Zweifel am militärischen Sieg. Er kannte jedes Detail aus der Geschichte meines Regiments, das hat mich schon sehr erstaunt. Während Hitler eine Aura besaß, der man sich nicht entziehen konnte, war Himmler Hitler gegenüber absolut unterwürfig. Wir nannten ihn ja unter uns den ‚Reichsheini'. Für mich war er eine glatte Fehlbesetzung. Offensichtlich besaß Hitler keine gute Menschenkenntnis."

Das Interview fand statt am 28.6.1996.

Geboren bin ich am 1. Oktober 1909 in Hamburg. Dort besuchte ich auch die Realschule bis zur Mittleren Reife. Damals nannte man diesen Abschluss auch das „Einjährige", weil man mit diesem Abschluss nicht zwei Jahre Dienstzeit beim Militär absolvieren musste, sondern nur ein Jahr. Mein Vater besaß einen Kunstverlag in Hamburg, in dem er Bilder im Vierfarbdruck reproduzierte. Nachdem das während des Ersten Weltkrieges nicht mehr so gut lief, hat er sich spezialisiert auf Postkarten. Er hat vor allen Dingen Motive in der Lüneburger Heide fotografiert und diese Fotos als Postkarten verkauft. Ich selber machte eine Ausbildung als Schriftsetzer.

Ich habe noch gute Erinnerung an den Ersten Weltkrieg, vor allem aber an die Jahre danach mit Inflation, Hunger und Elend vor allem in den größeren Städten. Die endlosen Schlangen von Arbeitslosen, die anstanden, um sich ihre Unterstützung abzuholen. Und arbeitslos zu sein war damals ein anderes Los als heute. Wenn damals einer arbeitslos war, dann hatte die ganze Familie ein elendes Leben.

Ich war schon als Junge politisch interessiert und wurde, wie mein älterer Bruder, 1925 Mitglied im Werwolf. Die genaue Bezeichnung war „Werwolf – Bund Deutscher Männer". Wir gaben uns beide als 18 aus, weil das das Mindestalter war, um in diesen Bund eintreten zu können. In diesem Bund blieb ich fünf Jahre lang. Man machte dort quasi eine vormilitärische Ausbildung mit kleinen Übungen in der Lüneburger Heide: Geländezeichnungen, Entfernungen schätzen und ähnliche Aufgaben. Es war eine phantastische Kameradschaft in diesem Verband und wir waren praktisch die ganze Woche zusammen.

Durch mein Interesse an der Politik habe ich bei jeder sich bietenden Möglichkeit politische Versammlungen besucht, und zwar von ganz rechts bis ganz links, um festzustellen, was die einzelnen Parteien und Organisationen in dieser elenden Lage anzubieten hatten. Schnell kam ich zu der Überzeugung, dass es nur zwei Möglichkeiten gab: entweder mit den Kommunisten unter russischer Flagge zu gehen oder mit Adolf Hitler einen neuen Anfang zu suchen. Ich habe mich für Hitler entschieden, bin aus dem Werwolf aus- und in die SA bzw. die NSDAP eingetreten. Wir waren damals in Hamburg ein verlorener Haufen, allen anderen politischen Gruppen hoffnungslos unterlegen.

Auf Dauer war mir die SA aber zu unsoldatisch und daher bin ich am 1. Dezember 1931 in die SS eingetreten. Ich war damals Truppführer und führte einen Sturmbann, etwa 500 Mann. Ich wurde nach und nach befördert und war im September 1936 SS-Hauptsturmführer. Das entsprach dem Dienstrang eines Hauptmanns in der Wehrmacht.

Ende 1936 wurde ich versetzt zum Regiment „Deutschland", im März 1938 als Chef einer Kompanie in die SS-Standarte „Der Führer", mit der ich den Anschluss Österreichs und später den Feldzug gegen Holland mitmachte. Am 12. Juli 1941 wurde ich Kommandeur des SS-Regiments „Der Führer" und im gleichen Jahr erfolgte die Beförderung zum SS-Obersturmbannführer. Mit diesem Regiment machte ich den Russlandfeldzug mit und wurde mit dem Ritterkreuz und dem Eichenlaub ausgezeichnet.

Im Jahr 1944 wurde ich Kommandeur der 7. SS-Gebirgs-Division „Prinz Eugen", mit der ich auf dem Balkan kämpfte.[218] Am 9. November 1944 erfolgte meine Beförderung zum SS-Brigadeführer und Generalmajor der Waffen-SS. Vom Balkan aus ging der Rückzug in verlustreichen Kämpfen nach Ungarn, wo ich noch Anfang Februar 1945 zum Kommandeur der 1. SS-Panzerdivision „Leibstandarte Adolf Hitler" ernannt wurde. Am 17. März 1945 erhielt ich die Schwerter zum Ritterkreuz und geriet am 8. Mai 1945 in amerikanische Gefangenschaft. So weit mein militärischer Lebensweg in kurzen Sätzen.

Hitler selbst bin ich vier Mal begegnet. Wie bereits erwähnt, habe ich schon als Junge Veranstaltungen der verschiedenen politischen Parteien besucht und habe dabei, ich meine, es war Ende Oktober 1931, auch Hitler in Hamburg sprechen hören. Er machte auf mich den Eindruck eines Mannes, der von seiner politischen Mission geradezu missionarisch erfüllt war. An Einzelheiten seiner Rede kann ich mich nicht mehr erinnern, aber die Art, wie er sprach, war außergewöhnlich. Seine Idee einer Volksgemeinschaft als Gegenmodell zum kommunistischen Klassenkampf hat mich angesprochen, und am Ende seiner Rede, die zu Beginn noch von Protesten politischer Gegner begleitet war, hatte er das Publikum und auch mich gewonnen. Hitler war nach der Rede schweißnass und verließ die Versammlung recht schnell.

---

218 Ausführlich über den brutalen Einsatz dieser SS-Einheit in Jugoslawien: „Liebste Janni! – Briefe von Hans S. aus dem Krieg 1940–1945", Berlin Story Verlag 2019

Das zweite Mal traf ich Hitler im Februar 1942. Nach schweren Kämpfen in Russland, bei denen wir drei Wochen lang eine Stellung gegen zahlenmäßig weit überlegene Kräfte der Roten Armee gehalten hatten, wurde ich am 16. Februar abgelöst. Für diesen Einsatz erhielt ich das Ritterkreuz, das mir General Model[219] zusammen mit einer Flasche Rotwein überreichte. Model fragte mich, ob ich noch einen Wunsch hätte. Ich sagte: „Jawohl, Herr General, ich möchte mein Regiment in der Heimat neu aufstellen." „Ausgeschlossen", sagte Model, „Sie bekommen von mir Ersatz, so viel Sie brauchen, aber ich kann Sie nicht aus der Front entlassen." Ich sagte ihm, dass alle meine Kommandeure und Zugführer gefallen seien und ich mit Ersatz nichts anfangen könne. Model schaute mich an und fragte mich: „Wie stark ist denn Ihr Regiment noch?" Ich zeigte nach draußen und sagte ihm: „Da draußen steht es. Wir sind noch 35 Mann. Das ist alles." Model konnte das nicht entscheiden und verwies mich an Himmler. Ich flog also von Smolensk ins Führerhauptquartier und traf Himmler in seinem Sonderzug in der Nähe von Rastenburg. Ich trug ihm meinen Wunsch vor und Himmler antwortete: „Wir können dem Führer nicht zumuten, in dieser Situation ein SS-Regiment aus der Front zu entlassen." Ich sagte: „Reichsführer, das ist kein SS-Regiment, das sind 35 Mann." Daraufhin sagte Himmler: „Ich fahre heute Abend zum Abendessen beim Führer. Ich nehme Sie mit und stelle Sie dem Führer vor. Sprechen Sie selbst mit dem Führer." Das muss etwa der 20. Februar 1942 gewesen sein.

Damals aß Hitler noch mit rund 30 Generalen und Admiralen in einem großen Raum. Wir warteten da in kleinen Gruppen, bis Hitler mit Himmler zusammen in den Raum kam. Himmler winkte mich zu sich und stellte mich Hitler vor. Der legte mir zu meiner großen Verwunderung seinen Arm um die Schulter und führte mich an den Tisch. Keitel rutsche ein Stück weg und ich saß neben Hitler. Dann erzählte Hitler mir, was mein Regiment alles geleistet hatte – er kannte jede Einzelheit vom Einsatz in Holland bis zu den letzten Kämpfen in Russland. Als er mich fragte, wie es meinem Regiment gehe, erzählte ich ihm die Wahrheit und äußerte meinen

---

219 Walter Model, 1891 – 21.4.1945 (Duisburg, Selbstmord), Generalfeldmarschall, Oberbefehlshaber mehrerer Armeen und Heeresgruppen, Hitlers „Feuerwehrmann" an der Ostfront

Wunsch, das Regiment in der Heimat neu aufzustellen. Hitler hörte sich meine Schilderung in aller Ruhe an und genehmigte die Neuaufstellung; verpflichtete mich aber, dass das Regiment in vier Monaten wieder einsatzfähig sein musste. Das versprach ich ihm. Hitler wirkte auf mich an diesem Abend absolut souverän; keine Spur von Nervosität oder Zweifel am militärischen Sieg. Er kannte jedes Detail aus der Geschichte meines Regiments, das hat mich schon sehr erstaunt. Während Hitler eine Aura besaß, der ich mich nicht entziehen konnte, war Himmler Hitler gegenüber absolut unterwürfig. Wir nannten ihn ja unter uns den „Reichsheini". Für mich war er eine glatte Fehlbesetzung. Offensichtlich besaß Hitler keine gute Menschenkenntnis.

Die nächste persönliche Begegnung mit Hitler fand im April 1943 anlässlich der Verleihung des Eichenlaubs statt. Wir waren eine Gruppe von 12 oder 13 Mann, die alle am gleichen Tag das Eichenlaub verliehen bekamen. Ich wollte Hitler aber alleine sprechen, um ihm die unmöglichen Zustände bei der Räumung von Charkow zu schildern. Mir war klar: Wenn wir so weitermachen, verlieren wir den Krieg, und das wollte ich ihm klar und deutlich sagen. Nun kannte ich Fritz Darges, den Adjutanten Hitlers, gut, weil ich ihn 1934 in Hamburg in die allgemeine SS aufgenommen hatte. Dem sagte ich: „Fritz, ich möchte alleine zum Führer rein, geht das?" Das machte er. Als die anderen Hitler verließen, kam ich alleine zu ihm. Ich meldete mich und schilderte ihm die unhaltbaren Zustände bei der Räumung von Charkow. 120.000 deutsche Soldaten, die nicht kämpfen sollten, sondern nur für irgendwelche anderen Aufgaben eingesetzt waren[220], während unsere paar Bataillone den Riesenansturm der Russen abwehren mussten. Ich konnte Hitler eine ganze Zeit lang die Ereignisse schildern und er hörte sich das auch in Ruhe an. Hitler war sehr betroffen und auch erbost. Das waren Dinge, die er offensichtlich nicht kannte. Mir wurde in dem Moment klar, dass ihm nicht alles gesagt wurde, was er hätte wissen müssen. Er wirkte bei diesem Treffen ernster und schweigsamer als beim letzten Treffen. Er machte aber keineswegs den Eindruck eines kranken oder gebrochenen Mannes. Er bedankte sich für meine Offenheit und verabschiedete mich höflich.

---

220 Gemeint: für den Nachschub eingesetzt, nicht für den Kampf.

Das letzte Zusammentreffen mit Hitler fand einige Monate später statt. Ich war inzwischen als Generalstabsoffizier zu General Phleps[221] versetzt worden, mit dem ich das V. SS-Gebirgskorps aufstellen sollte. Hitler wollte Phleps persönlich kennenlernen und bestellte ihn ins Führerhauptquartier. Phleps sagte zu mir: „Sie kennen sich da besser aus, kommen Sie mit." Ich fuhr also mit.

Wir trafen zunächst Himmler und fuhren gemeinsam mit ihm ins Führerhauptquartier. Er fuhr damals noch seinen BMW. Himmler saß am Steuer, Phleps neben ihm und ich saß hinten drin. Wir kamen ins Führerhauptquartier, wurden von Hitler empfangen und Hitler unterhielt sich lange und sehr angeregt mit Phleps über Jugoslawien, die Verhältnisse und auch über die Kampfführung.

Phleps war ein sehr einfallsreicher Mann. Er breitete vor Hitler eine Karte aus, nahm sein Portemonnaie und stellte mit 10- und 5-Pfennig-Stücken seine Regimenter und Bataillone auf dieser Karte auf. Diese Münzen schob er über die Karte, um Hitler zu zeigen, wie er sich das weitere militärische Vorgehen vorstellte. Hitler sah sich das einen Augenblick an, deutete dann auf einen ganz bestimmten Punkt der Karte und sagte: „Da passen Sie besonders auf, sonst geht Ihnen der Gegner genau an dieser Stelle durch." Und genau das ist später tatsächlich auch passiert. Da kann man doch nicht sagen, dass Hitler keine Ahnung in strategischen Fragen gehabt hätte. Das ist nicht wahr.

Hitler machte auch bei diesem Treffen einen ruhigen und gefassten Eindruck. Wie gesagt: Phleps konnte ihm die Lage offen schildern, ohne unterbrochen zu werden. Hitler stellte einige Fragen, die mir zeigten, dass er die militärische Gesamtlage gut kannte. Er wirkte an diesem Tag keineswegs müde oder mutlos. Im Gegenteil: Er strahlte Siegeszuversicht aus und entließ uns mit einem Gefühl, dass der Krieg noch nicht verloren war.

Nach diesem Treffen habe ich Hitler nie wieder gesehen. Die Nachricht seines Todes bei Kriegsende war für mich der Abschluss eines unfassbaren Dramas, das ich vom ersten bis zum letzten Kriegstag miterlebt hatte.

---

221 Artur Martin Phleps, 1881 – September 1944 (wahrscheinlich gefallen). General der Waffen-SS, bekannt für seine brutale Kriegsführung in Jugoslawien.

ALFONS SCHULZ

„Hier Wolfsschanze"

Alfons Schulz
1922 – 2013
Telefonist im Oberkommando der Wehrmacht

1940 Meldung als Kriegsfreiwilliger, eingezogen zur Nachrichtentruppe
1942 Versetzung zum Oberkommando der Wehrmacht in die Nachrichtenzentrale des Führerhauptquartiers Wolfsschanze
1945 Aus der Nachrichtenzentrale ausgeflogen zum Oberkommando Süd der Wehrmacht in Berchtesgaden
1945 Freilassung aus dem Internierungslager
Nach dem Krieg Lehramtsstudium, später Rektor einer katholischen Grundschule
1996 Veröffentlichung des Buches „Drei Jahre in der Nachrichtenzentrale des Führerhauptquartiers: Vom Untergang Hitlers und seiner Komplizen"

Er hörte heimlich ein Gespräch zwischen Hitler und Eva Braun ab. Und er kann sich genau daran erinnern, vor dem Attentat auf Hitler am 20. Juli 1944 Telefonate zwischen dem Oberkommando des Heeres und dem Oberkommando der Wehrmacht mitgehört zu haben, bei dem es um einen „Patienten" ging, der in den nächsten Tagen sterben würde. „Erst hinterher ging uns auf, dass mit dem Patienten niemand anders gemeint war als Adolf Hitler selbst." Schulz berichtet genau, wie die telefonische Kommunikation von Hauptquartier zu Hauptquartier und zwischen den Führungsorganen funktionierte.

Schulz erklärt, dass er sich freiwillig zur Wehrmacht meldete, um durch die Anerkennung als „wehrwürdig" sein Abitur ablegen zu dürfen. Über das fehlgeschlagene Attentat vom 20. Juli 1944 heißt es: „Und dann kam dieser Knall ... dann ertönten Alarmsirenen, und ich meine, der Adjutant vom Führer, Oberst Below, oder Wachtmeister Adam stürzte herein und gab den Befehl, sofort sämtliche Verbindungen zu unterbrechen."

Das Interview fand statt am 6.8.1999.

Als Hitler an die Macht kam, war ich elf Jahre alt. Ich war Mitglied der katholischen Jugend und erlebte, dass mein Vater als Beamter strafversetzt wurde, weil er für einen Pastor, der zu einer Gefängnisstrafe verurteilt worden war, ein Gnadengesuch eingereicht hatte. 1939 erklärte mir der Direktor des Gymnasiums, das ich besuchte, dass ich wegen „politischer Unreife" nicht zum Abitur zugelassen werden würde. Dabei muss man wissen, dass ich bis dahin nicht der Hitlerjugend beigetreten war. Um doch noch das Abitur machen zu können, meldete ich mich freiwillig zur Luftwaffe. Nachdem ich als „wehrwürdig" anerkannt war, konnte ich 1940 doch noch meinen Schulabschluss machen.

Ich wurde dann aber nicht zur Luftwaffe eingezogen, sondern zur Nachrichtentruppe, bei der ich verschiedene Lehrgänge absolvierte. Im Februar des Jahres 1942 wurde ich zum Oberkommando der Wehrmacht, kurz OKW, nach Rastenburg versetzt. Ich hatte keine Ahnung, was da auf mich zukommen würde. Als ich am Bahnhof ankam, musste ich die Geheimnummer 851 in Rastenburg anwählen. Ich erklärte, dass ich hierher versetzt worden bin, gab meine Personalien durch, erhielt nach einer Weile den Befehl zu warten; ich würde gleich abgeholt. Auf diese Weise kam ich als Betriebsfernsprecher ins Führerhauptquartier. Meine Aufgabe war es, Gespräche innerhalb und außerhalb des Führerhauptquartiers nicht nur zu allen militärischen, sondern auch zu allen privaten Dienststellen und auch zu Privatpersonen herzustellen und einlaufende Gespräche zu verbinden. Neben allem anderen hatten wir fünf Leitungen zum Sonderamt Berlin, damals eine der größten Fernsprechanlagen Europas, und fünf Direktleitungen zum OKW in Berlin. Außerdem konnten wir jederzeit direkte Verbindungen in das neutrale Ausland herstellen. Für Ortsgespräche hatten wir ein zusätzliches Telefon. Wenn darüber ein Anruf kam, meldeten wir uns immer mit „Rastenburg 851". Wenn einer fragte, ob er das Führerhauptquartier hätte, sagten wir nur „falsch verbunden" und hängten ein.

Die Vermittlung der Anrufe ging folgendermaßen vor sich: Wenn ein Anruf kam, fiel in den sogenannten Klappenschränken, von denen wir 15 hatten, eine Klappe. Wir mussten dann einen Hebel, der auf dem Tisch vor uns stand, zurücksetzen. Wir waren in der Leitung und es ertönte gleichzeitig ein Ticken, solange wir in der Vermittlung mithörten. Dann meldeten wir uns mit „Hier Wolfsschanze" und der Anrufer sagte beispielsweise: „Hier ist Oberst Soundso, ich möchte gerne General X sprechen." – „Einen Augenblick bitte." Dann haben wir den Anrufer einen Augenblick stillgesetzt und mit der zweiten Schnur den gewünschten Teilnehmer angerufen. „Herr General X, Oberst Soundso möchte Sie sprechen, darf ich verbinden?" Wenn er Ja sagte, wurde verbunden. Ich sagte dann noch dem Anrufer: „Herr Oberst, der Herr General ist am Apparat, bitte sprechen Sie." Gleichzeitig mussten wir den Hebel wieder gerade setzen, wir waren aus der Leitung ausgeklinkt und das Ticken verschwand. Dann wussten die Gesprächspartner, dass in der Vermittlung niemand mehr mithörte.

Nun gab es aber die Möglichkeit, durch ein Streichholz, das man an einer gewissen Stelle des Hebels einsetzen musste, mitzuhören, ohne dass ein Ticken ertönte. Das war natürlich streng verboten und darauf stand, wie uns offiziell bekannt gemacht wurde, die Todesstrafe. Aber wir hatten darin eine gewisse Geschicklichkeit erworben, denn nie wurde einer erwischt, geschweige denn bestraft.

Wenn allerdings Hitler selbst telefonierte, war die Sache noch komplizierter. In der Regel rief uns ein Adjutant aus dem Führerbunker an und sagte: „Der Führer möchte mit dem Regiment X oder dem Kommandeur Y sprechen." Bei einem solchen Führergespräch wurde sofort der LdN, der Leiter des Nachrichtendienstes, informiert, dessen Aufgabe es war, zu überprüfen, dass niemand mithörte. Dann gingen wir in jede Verbindung und versuchten, das Führergespräch herzustellen. Das Einzige, was wir sagten, war: „Ich muss trennen für ein Führergespräch, legen Sie bitte sofort auf." Dann hatte jeder, ob einfacher Soldat oder Generalfeldmarschall, sofort aufzulegen und die Leitung freizumachen. Die Leitungen waren blockiert, bis wir den oder die gewünschten Teilnehmer erreicht hatten, dem wir sagten: „Warten Sie bitte, es ist ein Führergespräch." Danach wurde das Gespräch über einen sogenannten Inverter geleitet. Ein Inverter ist ein Sprachverzerrer und jeden Tag wurde dafür eine neue Frequenz festgelegt, die an sich nur dem LdN bekannt war. Aber auch da gab es Möglichkeiten für uns, mitzuhören. Auf diese Weise habe ich einmal ein Gespräch zwischen Hitler und Eva Braun mitgehört. Eva Braun hatte angerufen, um sich für neue Vorhänge in ihrem Haus in München und für Schmuck zu bedanken. Während sie begeistert schwärmte, wie halt eine junge Frau schwärmt, wenn sie sich freut und Zuneigung empfindet, antwortete Hitler ganz ruhig: „Schön, dass es dir gefällt." Nicht wie ein Liebhaber, eher wie jemand, der sachlich feststellt, dass ein anderer mit den gelieferten Dingen zufrieden war.

Anfang Juni 1942 wurde ich zusammen mit einigen Kameraden nach Berchtesgaden befohlen, wo wir im Ortsteil Strub in der dortigen Gebirgsjägerkaserne Quartier bezogen, die das Oberkommando der Wehrmacht für sich in Beschlag genommen hatte. Ich blieb allerdings nur vier Wochen dort, ehe ich wieder in die Wolfsschanze zurückbeordert wurde.

Wenig später hatte ich noch ein besonderes Erlebnis. Ich hatte gerade meinen Nachtdienst beendet und wollte mich schlafen legen, als mein Kompaniechef mich fragte: „Schulz, sind Sie schon mal geflogen?" Als ich verneinte, sagte er mir: „Packen Sie das Nötigste zusammen, in einer halben Stunde werden Sie abgeholt; Sie sind abkommandiert." Auf dem Flugplatz Rastenburg waren außer mir noch einige andere Männer versammelt, und gemeinsam flogen wir zunächst nach Shitomir[222], wo wir zwischenlandeten.

Da wir in Russland waren, flogen wir in einer ziemlichen Höhe. Wir hatten aber keine Sauerstoffmasken wie heute, um den Sauerstoffmangel auszugleichen. Es gab nur die Möglichkeit, über spezielle Schläuche, die an den Sitzen angebracht

---

222 Shitomir (Shytomyr), Ukraine. Nach dem Überfall auf die Sowjetunion war Shitomir 1941 – 1944 Bestandteil des deutschen Reichskommissariats Ukraine und rückwärtiges Heeresgebiet. Im nördlichen Teil, durch den auch die „Nordbahn" nach Brest führte, war die deutsche Kontrolle durch Partisanenverbände erheblich beeinträchtigt. 1943/44 kam es im Großraum Shitomir zu heftigen und sehr verlustreichen Kämpfen zwischen der deutschen Wehrmacht und der letztlich siegreichen Roten Armee. (Quelle: Wikipedia)
Im Juli 1941 besetzte die deutsche Wehrmacht Shitomir. Kurz darauf begannen deutsche Einheiten aus SS und Wehrmacht damit, Juden zu terrorisieren und in mehreren »Aktionen« zu erschießen. 2001 wurde ein Denkmal für die ermordeten Juden von Shitomir eingeweiht. (Quelle: Gedenkstättenportal Europa)
Bei Shitomir legte die deutsche Wehrmacht während des Zweiten Weltkrieges einen Soldatenfriedhof für etwa 2700 Gefallene an. Dieser etwa 1,7 Hektar große Friedhof konnte vom Volksbund wieder hergerichtet werden. Auf dem Gräberfeld ruhen nach Unterlagen des Volksbundes für Kriegsgräberfürsorge 3143 Gefallene.

waren, Außenluft in das Innere zu leiten. Ich war von meinem Nachtdienst so müde, dass ich eingeschlafen bin. Wach geworden bin ich erst, als draußen ein Gewitter losbrach. Ich dachte zumindest zunächst, dass es sich um ein Gewitter mit Hagel handeln würde, bis ich den strahlend blauen Himmel sah und merkte, dass wir von Partisanenflak beschossen wurden. Dort habe ich zum ersten Mal die neuen großen Transportmaschinen gesehen, die „Giganten", mit denen sogar Panzer transportiert werden konnten.

Mit einem Wagen fuhren wir in das etwa vierzig Minuten entfernt liegende Dorf Kalinowka bei Winniza[223], wo sich Hitlers Hauptquartier Werwolf[224] befand.

Unser Quartier lag außerhalb des eigentlichen Hauptquartiers, das in einem Waldgelände lag. Es bestand aus zwei Sperrkreisen mit zwei Bunkern, einigen Blockhäusern sowie etlichen Baracken und war weit weniger gesichert als die Wolfsschanze. Ich versah dort meinen Dienst bis Mitte Oktober 1942. Wenig später wurde das Hauptquartier wieder in die Wolfsschanze zurückverlegt. Mitte Februar 1943 flog ich noch einmal nach Russland. Wieder hatte ich gerade eine Nachtschicht hinter mir, als ich zum Kommandeur befohlen wurde. Er teilte mir mit, dass ich mich in einer Stunde kriegsmäßig ausgerüstet am Flugplatz einzufinden hätte. Über die endlose russische Weite flogen wir zunächst nach Shitomir. Nachdem dort die Maschinen aufgetankt waren, ging es sofort weiter nach Saporoschje, zum Hauptquartier des Oberbefehlshabers der Heeresgruppe Süd, Generalfeldmarschall von Manstein[225]. Beim dortigen Armeestab musste ich zwei Tage ununterbrochen als Fernsprecher Dienst tun, um die Verbindung zur Wolfsschanze aufrechtzuerhalten.

Draußen herrschte eisiger Winter, Schneestürme, als plötzlich Alarm gegeben wurde: feindliche Panzerspitzen hatten den Stadtrand von Saporoschje erreicht, wir sollten uns sofort

---

223 Einsatzgruppen der Sicherheitspolizei haben in Winniza im September 1941 mindestens 10.000 Juden getötet. Am 16. April 1942 wurden weitere 4800 Juden getötet.
224 Das Führerhauptquartier Werwolf wurde errichtet, weil es ein Hauptquartier näher an der Front geben sollte als die Wolfsschanze in Ostpreußen. Es wurde von 8000 Arbeitern der Organisation Todt und 1000 Ukrainern erbaut. Das FHQ befand sich dort von Juli 1942 bis Februar 1943. Hitler hielt sich nur dreimal dort auf: 16.7. bis 30.10.1942; 19.2. bis 13.3.1943; 27.8.1943.
225 Erich von Manstein, 1887 – 1973, siehe Anmerkung auf S. 258.

zum Flugplatz begeben. Es blieb keine Zeit, um seinen Haufen zu finden, jeder suchte sich auf einem der LKWs einen Platz und dann ging es zum Flughafen. Wegen des Schneesturms war Startverbot, aber wir flogen trotzdem. Jeder suchte sich eine Maschine, und ich bin gleich in die nächstliegende Ju eingestiegen, hab mich auf einen der freien Plätze gesetzt und bin vollkommen übermüdet eingeschlafen. Was dann passiert ist, haben mir meine Kameraden später erzählt, ich selbst habe das nicht mitbekommen. Ohne es zu wissen, war ich in die sogenannte Führermaschine eingestiegen, in der auch Adolf Hitler saß. Unser Pilot war Flugkapitän Hans Baur. Auch während des Fluges tobte noch der Schneesturm, und als wir in ein Luftloch gerieten und absackten, soll ich im Schlaf so nach Luft geschnappt haben, dass die Mitreisenden Angst hatten, ich würde mich übergeben, und mich aufwecken wollten. Da soll Hitler eingegriffen und gesagt haben: „Lassen Sie den Mann schlafen, der hat es verdient." Wie gesagt, ich selber habe es nicht gehört, aber es wurde mir von mehreren Seiten bestätigt. Wir erreichten Shitomir und bezogen Quartier im Führerhauptquartier Werwolf.

Dort bin ich allerdings nach nur einem Tag Dienst körperlich zusammengebrochen und wenig später zurück in die Wolfsschanze versetzt worden. Hitler selbst kehrte erst Mitte März nach Ostpreußen zurück.

Erinnern kann ich mich noch gut an die Geschehnisse vom 20. Juli 1944. Wir hatten natürlich vorher keine Ahnung, aber ich kann mit Bestimmtheit sagen, dass in Gesprächen zwischen dem Oberkommando des Heeres und dem Oberkommando der Wehrmacht, die wir mithörten, oft von einem „Patienten" gesprochen wurde, der sehr krank sei und in den nächsten Tagen sterben würde. Am Tag vor dem Attentat habe ich noch ein Gespräch mitbekommen, ich glaube von General Fellgiebel[226], bin mir da aber nicht sicher, in dem gesagt wurde, dass der Patient wohl am kommenden Vormittag sterben würde. Wir bezogen diese Andeutungen auf Generalfeldmarschall Rommel[227], der einige Tage zuvor an der Invasionsfront in

---

226 Erich Fellgiebel, 1886 – 4.9.1944 (hingerichtet in Berlin-Plötzensee), General der Nachrichtentruppe
227 Erwin Rommel, 1891 – 14.10.1944 (Herrlingen, zum Selbstmord gezwungen), genannt „Wüstenfuchs", Generalfeldmarschall

Frankreich schwer verwundet worden war. Erst hinterher ging uns auf, dass mit dem „Patienten" niemand anders gemeint war als Adolf Hitler selbst.

Beim Attentat selber, es war ein herrlicher warmer Sommertag, war ich in der Telefonzentrale. Leiter des Nachrichtendienstes war Oberleutnant Hornbogen, ein ruhiger, sachlicher Hamburger. Und dann kam dieser Knall. Wir haben uns dabei zunächst nichts gedacht. Wir saßen ja im Bunker und draußen knallte es schon öfter mal. Zum einen war die Organisation Todt[228] dabei, die Bunker zu verstärken, zum anderen ging ab und zu mal eine Mine aus dem Minengürtel hoch, weil ein Stück Wild daraufgetreten war. Der Knall an sich war also nicht so ungewöhnlich. Aber dann ertönten Alarmsirenen, und ich meine, der Adjutant vom Führer, Oberst Below, oder Wachtmeister Adam stürzte herein und gab den Befehl, sofort sämtliche Verbindungen zu unterbrechen. Danach mussten wir aufstehen und uns etwa einen Meter vom Tisch entfernen und aufstellen. Erst dann erfuhren wir, dass es ein Attentat auf Hitler gegeben hatte und dass Hitler lebt. Es war sehr hektisch und darum sind mir die Einzelheiten nicht mehr so erinnerlich. Auf jeden Fall erhielten wir den Befehl, alle Verbindungen wieder herzustellen und unsere Plätze einzunehmen. Wir mussten in den folgenden Stunden zahlreiche Gespräche vermitteln, die vor allem von Keitel und Bormann geführt wurden. Wachtmeister Adam soll dann auch den ersten Hinweis auf Stauffenberg gegeben haben. Ihm war aufgefallen, dass Stauffenberg den Lageraum mit seiner Aktentasche betreten, ihn aber wenige Minuten vor der Explosion ohne Tasche wieder verlassen hatte.

Bormann war überhaupt eine willensstarke Persönlichkeit, die Macht ausstrahlte. Er war vielleicht auch der fleißigste Arbeiter im Hauptquartier. Er wusste alles, kannte alles, ließ alles durch seine Hände laufen und bearbeitete alles bis ins Kleinste. Er liebte aber auch den Luxus, aß gut und gerne und war gerne mit schönen Frauen zusammen. Er wurde von allen gefürchtet, aber wahrscheinlich von niemandem geliebt.

---

228 Organisation Todt, benannt nach Fritz Todt, die Baumaßnahmen wie Westwall und Atlantikwall verantwortete

Da war Hitler doch anders. Einmal, als Hitler nicht in Ostpreußen war, hatte ich Gelegenheit, die Privaträume Hitlers zu sehen, genauer gesagt, sein Schlafzimmer. Ein Bekannter vom Reichssicherheitsdienst nahm mich nach meinem Nachtdienst mit in Hitlers Bunker. Ich musste dabei eine SD-Uniform anziehen, damit ich nicht auffiel, und viel Zeit war nicht, weil mein Bekannter auf heißen Kohlen stand. Im Schlafzimmer Hitlers stand ein Feldbett und darüber ein Regal mit zwei oder drei Büchern. Da ich selber ein Büchernarr war, hat mich interessiert, was Hitler las. Es waren alles Bücher über Magenkrankheiten. Dann gab es noch ein einfaches Waschbecken, nicht einmal einen Waschraum, einen einfachen Tisch und ein Telefon. Der Raum entsprach in etwa einer etwas luxuriöser ausgestatteten Gefangenenzelle.

Eine andere Geschichte habe ich in der Küche erlebt. Wenn wir in der Vermittlung Nachtdienst hatten, durften wir so gegen 22 Uhr, wenn die hohen Herren ihre Führerlage beendet hatten und im Kasino saßen, aus der Küche eine Sonderration Verpflegung für die Nacht abholen. Einmal habe ich den Koch, er hieß Günther, gefragt, ob Hitler auch das normale Kasinoessen serviert bekäme. Er erklärte mir, dass eine eigene Diätköchin für ihn die Speisen zubereiten würde, und zeigte dabei auf einen Topf mit Apfelreis. „Kann ich mal probieren?" – „Sicher, Hitler hat ja seine Portion bekommen." Obwohl ich normal sehr gerne Reis gegessen habe, muss ich sagen, dass das Essen sehr fade schmeckte. Es fehlte vor allem der Zucker. Also, aus den Dingen, die ich persönlich erlebt habe, kann ich nur sagen, dass Hitler offensichtlich sehr asketisch gelebt hat.

Aber noch einmal zurück zum Attentat: Ich sah Hitler kurz nach dem Attentat zusammen mit Mussolini auf dem Weg zum Führerbunker. Es war nur ein kurzer Moment, aber ich kann mich erinnern, dass Hitler sehr gebückt ging und die beiden so eng zusammen waren, dass man den Eindruck haben konnte, sie würden sich gegenseitig stützen.

Im August 1944 wurde ich wieder nach Berchtesgaden versetzt. Ich tat Dienst in der Fernsprechvermittlung des Oberkommandos der Wehrmacht. Wir meldeten uns mit „Frankenstrub". Das war die offizielle Vermittlung des Oberkommandos der Wehrmacht für das Führerhauptquartier. Der Berghof besaß zwar in der sogenannten Bormann-Siedlung[229] eine eigene SS-Vermittlung, aber auch die Führergespräche von dort wurden alle über uns geführt, denn das Führerhauptquartier hatte seine Vermittlung in der Strubkaserne. Hier war auch der gesamte Generalstab untergebracht, wenn der Führer in Berchtesgaden war. Zu dieser Zeit lief das Leben in Berchtesgaden noch ab, als gäbe es keinen Krieg. Wann immer möglich, besuchten wir die Oper in Salzburg. Zu dieser Zeit gingen alle davon aus, dass Hitler irgendwann sein Hauptquartier in Berchtesgaden aufschlagen würde.

Ende September wurde ich zurück in die Wolfsschanze beordert. Die Stimmung dort hatte sich angesichts des unaufhaltsamen Vormarsches der Roten Armee sehr verändert. Ich blieb allerdings nur bis zum 20. November 1944, dann versetzte man mich zusammen mit den meisten Kameraden nach Zossen bei Berlin[230]. Mitte Januar 1945 wurde ich wieder nach Berchtesgaden versetzt.

Hitler selbst war ja inzwischen in den Bunker unter der Reichskanzlei gezogen. Die dortige Nachrichtenzentrale war klein und unzureichend, sodass nur einige wenige Nachrichtenmänner dort Dienst tun konnten. Da zwei meiner Kameraden darunter waren, mit denen ich gelegentlich telefonieren konnte, bin ich über die dortigen Ereignisse gut informiert gewesen.

Mitte April quartierte sich Feldmarschall Kesselring, den Hitler zum Oberbefehlshaber Süd ernannt hatte, mit seinem Stab in Berchtesgaden im Hotel Schiffmeister am Königssee ein. In diesem Hotel wurde eine weitere Nachrichtenzentrale eingerichtet, sodass ich meinen Dienst von da an abwechselnd in der Strubkaserne und im Hotel Schiffmeister versah.

Gegen Mittag des 25. April 1945 heulten plötzlich die Sirenen. Der Alarm kam so unerwartet, dass die vorgesehene Vernebelung nicht mehr klappte. Nach dem Bombardement

---

229 Martin Bormann, 1900 – 2.5.1945 (Berlin), Leiter der Reichskanzlei, hatte auf dem Obersalzberg einen ganzen Komplex von Gebäuden errichten lassen. Siehe auch Anmerkung auf S. 111
230 Zossen bei Berlin: Amt 500, seit Mai 1939 Fernsprechvermittlung und Nachrichtenzentrale „Zeppelin" des Oberkommandos des Heeres, der wichtigste, größte und modernste Fernmeldeknoten im Verbindungssystem der Wehrmacht, siehe auch Anmerkung auf S. 403

lag oben am Berg alles in Trümmern. Auch Hitlers Berghof war schwer getroffen.

Unsere Verbindungen nach Berlin wurden immer schlechter und waren schließlich nur noch über Funk herzustellen. Zu dieser Zeit funktionierten allerdings noch die meisten Telefonverbindungen in Süddeutschland und Österreich.

Ich kann mich noch genau erinnern, dass eines Tages, ich meine, es war der 28. oder 29. April 1945, als ich ins Hotel Schiffmeister kam, alle Hitlerbilder entfernt waren und an ihrer Stelle Hirschgeweihe an den Wänden hingen. Hintergrund soll ein aufgefangener verstümmelter Funkspruch gewesen sein, in dem von Hitlers Tod die Sprache war. Am Spätnachmittag gelang uns aber eine kurze Verbindung nach Berlin, die klarmachte, dass Hitler noch lebte. Am nächsten Morgen hingen wieder die Hitlerbilder an gewohnter Stelle und es wurde kein Wort mehr darüber verloren.

In den späten Abendstunden des 30. April 1945 erfuhren wir dann durch eine schlechte, immer wieder gestörte Funkverbindung nach Berlin vom Tode Hitlers. Offiziell bekannt gegeben wurde die Nachricht erst am 1. Mai. In ihr hieß es dann, Hitler sei an der Spitze seiner Truppe, bis zum letzten Atemzuge kämpfend, gefallen. Ich selbst habe mich zwei Tage später mit meinem Verband von Berchtesgaden nach Österreich abgesetzt, wo wir am 11. Mai 1945 in Saalfelden in Kriegsgefangenschaft gingen.

HEINZ HEUER

„Er war ein gebrochener Mann"

Heinz Heuer
1918 – 2002
Leutnant der Feldgendarmerie

1936 Freiwilliger Eintritt in die Luftwaffe
1938 Polizeischule Potsdam Eiche, Ordnungspolizei
1939 Division „Brandenburg" des militärischen Geheimdienstes der Wehrmacht
1942 Verleihung des Kraftfahrbewährungsabzeichens in Gold durch Adolf Hitler
1945 Verleihung des Ritterkreuzes durch Adolf Hitler für die Zerstörung von 13 sowjetischen Panzern bei der Schlacht um Berlin
Nach 1945 Internierung in Sibirien
Um 1952 Eintritt in den Polizeidienst in West-Berlin

Heuer war Kraftfahrer und als Kurier viel in Russland unterwegs, meist für Geheimdienstchef Canaris.
Als er im April 1945 Hitler im Bunker zum zweiten Mal sah, hatte er einen anderen Menschen vor sich: gebrochen, gebeugt, schweigsam. „Es war eine sehr gedrückte Stimmung unten im Bunker ... Hitler kam ja immer wieder mal aus seinen engen Räumen und ging durch die Flure. Er machte keine Inspektionen, sondern wandelte durch den Bunker. Er konnte ja nirgendwo mehr hin."

Das Interview fand statt am 3.11.1997.

Ich bin 1918 in Berlin geboren in einer Kaufmannsfamilie, bin 1936 freiwillig zur Luftwaffe gegangen, 1938 ausgeschieden, danach Polizeischule Potsdam Eiche, technische Polizeischule besucht, dort dem Reichsministerium des Inneren unterstellt und der Kommandoabteilung zbV[231] zugeteilt. Zu Beginn des Krieges kam ich zur Division „Brandenburg"[232], die ich als Hausabteilung von Canaris[233] bezeichnen möchte. Diese Division war aus vielen Einheiten zusammengesetzt, bestand im Wesentlichen aus Spezialisten und wurde immer da eingesetzt, wo es brannte, eine Art Feuerwehr an allen Fronten. In meinem Kommando befanden sich beispielsweise vorwiegend Südafrikaner; Spezialisten, Ingenieure, Männer, die mehrere Sprachen beherrschten und so weiter.

Ich war dann später der erste Polizeibeamte, der das sogenannte Kraftfahrbewährungsabzeichen in Gold erhielt. Dieses Abzeichen hatte Hitler im Oktober 1942 gestiftet, um die Leistung von Kraftfahrern im Kriegseinsatz zu würdigen. Dafür musste man seine gefahrenen Kilometer genau nachweisen; allerdings muss man wissen, dass die Kilometer erst ab der russischen Grenze zählten. Wir führten bei der Polizei ein Fahrtenheft, und in dieses Fahrtenheft wurden alle gefahrenen Strecken und Kilometer eingetragen. Als ich eines Tages nach Berlin zurückkam, sagte mir General Daluege[234]: „Heuer, du hast ja schon so viel Kilometer in Russland gefahren, da kommt was." Als ich später wieder an der Wolchow-Front[235] war, kam

---

231 zur besonderen Verwendung
232 Der umgangssprachlich als „Brandenburger" bekannte Verband stellte eine Sonderformation der Wehrmacht dar. Die „Brandenburger" wurden für Kommandounternehmen ausgebildet: im Partisanenkrieg, der insbesondere im Osten teilweise bewusst als Deckmantel zur Ermordung von Minderheiten genutzt wurde; für den getarnten Einsatz hinter den feindlichen Linien und die getarnte Aufklärung im feindlichen Hinterland. Sie werden für gewöhnlich unterschiedlich betrachtet und bewertet. Die eine Seite sieht den Verband als einen Wehrmachtsverband besonderer Art, der bewunderungswürdige Leistungen vollbracht habe. Die andere Seite sieht in ihm einen „Terrorverband", der gegen Kriegsrecht verstoßen und Kriegsverbrechen begangen habe. (Quelle Bundesarchiv)
233 Wilhelm Canaris, 1887 – 9.4.1945 (KZ Flossenbürg), Leiter der Abwehr, siehe auch Anmerkung auf S. 278
234 Kurt Daluege, 1897 – 23.10.1946 (gehängt in Prag), Polizeigeneral, SS-Oberst-Gruppenführer, Chef der Ordnungspolizei, Stellvertreter von Heinrich Himmler
235 Wolchow-Front: eine militärische Formation der Roten Armee, Dezember 1941 – Februar 1944, östlich von Leningrad/Sankt Petersburg

General Wünnenberg[236], der gerade die Division übernommen hatte und selbst Eichenlaubträger war, er gratulierte mir und teilte mir mit, dass ich der erste Polizist in Deutschland sei, der dieses Kraftfahrbewährungsabzeichen in Gold bekäme. Wenig später, das war 1942, bekam ich auch eine Einladung vom Führer auf den Obersalzberg und war einer von 17 Männern, die die ersten goldenen Auszeichnungen bekommen hatten. Rudel[237] war auch dabei, er bekam damals das erste Flugzeugführerabzeichen in Gold, wenn ich mich richtig erinnere.

Hitler hat sich Zeit für uns genommen und mit uns Kaffee getrunken und Kuchen gegessen. Dann hat er beim Ersten angefangen, der neben ihm saß, das war Hans-Ulrich Rudel, und hat ihn gefragt, was er sich denn wünscht. Und da sagte Rudel: „Ich wünsche mir ein Fahrrad." Hitler fragte: „Wofür?" Rudel sagte: „Damit komme ich schneller beim Alarmeinsatz von meiner Baracke an mein Flugzeug. Bis ein Wagen kommt, vergeht zu viel Zeit." Der nächste wünschte sich einige Möbel, weil er heiraten wollte, und dann wurde der Führer ans Telefon gerufen. Als Hitler den Raum verlassen hatte, sprang Bormann auf und sagte: „Wo gibt es denn so was, mitten im Krieg ein Fahrrad und was Sie sich sonst alles wünschen!"

Irgendwann kam Hitler zurück und fragte den nächsten, was er sich wünsche. Der sagte: „Adolf Hitler Mein Kampf". Der nächste „Adolf Hitler Mein Kampf", der nächste „Adolf Hitler Mein Kampf", und ich war der siebte und sagte ebenfalls: „Adolf Hitler Mein Kampf". Hitler sagte: „Ich glaube, Sie haben das doch schon von mir", worauf ich antwortete: „Ich darf mir ja nichts anderes wünschen." – „Was", fragte Hitler, „wer hat das angeordnet?" – „Herr Bormann." Ich habe nicht Reichsleiter gesagt, sondern Herr Bormann. Dann ist Hitler mit Bormann aus dem Zimmer gegangen und da habe ich zum ersten Mal etwas erlebt, was mich nachdenklich gemacht hat. Denn ich hörte, wie Hitler draußen schrie: „Wehe, dem Jungen passiert was." Dann

---

236 Alfred Wünnenberg, 1891 – 1963 (Krefeld), SS-Obergruppenführer und General der Waffen-SS

237 Hans-Ulrich Rudel, 1916 – 1982 (Rosenheim), Jagdflieger, Stukageschwader „Immelmann"; Griechenland, Ostfront. 2530 Feindflüge, drei Schiffe versenkt, 70 Landungsfahrzeuge, 519 Panzer zerstört. Ging 1948 nach Argentinien, war Mitglied der Colonia Dignidad in Chile und Auslandsvertreter von Siemens in Südamerika. Bei seiner Beisetzung 1982 in Deutschland sollen Starfighter der Bundeswehr als Ehrbezeugung über sein Grab geflogen sein.

kam der Führer wieder herein, fing noch einmal von vorne an. Rudel bekam sein Fahrrad, andere einige Möbelstücke und was sie sich so wünschten. Ich bekam einige Möbelstücke für ein Wohnzimmer. Genauer gesagt, ich bekam einen Schein, dass ich diese Möbelstücke kaufen konnte. Bezahlt habe ich sie später selber.

Im weiteren Verlauf wurde ich im Rahmen der „Brandenburger" vor allem als Kurier zum Überbringen von Sonderbefehlen eingesetzt. Wir hatten 52 Kuriere, von denen haben nur drei den Krieg überlebt: Major Kösse, Major Klein und ich. Nach 1941 war es aus Sicherheitsgründen so, dass man als Kurier einen Brief bekam, in dem jedes zweite Wort fehlte. Ein zweiter Kurier hatte ebenfalls einen Brief und dieser Brief enthielt das jeweils fehlende zweite Wort. Der vollständige Befehl konnte also nur übermittelt werden, wenn beide Kuriere ihr Ziel erreichten und die beiden Briefe zusammen vorlagen.

Als ich am 22. April 1945 für den Abschuss von 13 sowjetischen Panzern mit Panzerfäusten im Raum Bernau im Führerhauptquartier das Ritterkreuz erhielt, hat Hitler mir persönlich gratuliert und mir gesagt: „Wir sehen uns noch." Ich wollte eigentlich weg, aber General Krebs[238] sagte: „Nein, der Führer will Sie noch mal sehen." So musste ich also in dem Bunker in Berlin bleiben und warten.

Und so war es auch. Am 23. April wurde ich aufgefordert, bei Hitler zu erscheinen, und da bekam ich einen letzten Auftrag vom Führer. Ich sollte versuchen, zu General Steiner[239] durchzubrechen, um ihm einen Auftrag Hitlers zu überbringen. Zu dieser Zeit war praktisch alles schon abgeriegelt durch die Rote Armee.

Hitler gab mir einen kleinen handschriftlichen Zettel für Steiner, auf dem stand nur: „Entsetzen Sie Berlin. Ihr Adolf Hitler". Hitler sagte mir: „Ich vertraue Ihnen. Sie müssen versuchen, zu General Steiner durchzubrechen und grüßen Sie General Steiner persönlich von mir." Den Durchbruch zu Stei-

---

238 Hans Krebs, 1898 – 1.5.1945 (Berlin, Selbstmord im Führerbunker), Generalstabschef des Heeres, unterzeichnete am 29. April 1945 im Bunker Hitlers politisches Testament. Siehe auch Anmerkung auf S. 55

239 Felix Steiner, 1896 – 1966 (München), General der Waffen-SS, ab Ende März 1945 Befehlshaber der „Armeegruppe Steiner", die nur auf dem Papier im Norden von Berlin bestand und die Reichshauptstadt nicht entsetzen konnte

ner habe ich nicht mehr geschafft und den Zettel mit der handschriftlichen Anweisung von Hitler habe ich, als ich in Gefangenschaft kam, verschluckt.

Von der Atmosphäre im Führerbunker habe ich nicht viel mitbekommen. Es war eine sehr gedrückte Stimmung unten im Bunker. Es gab auch einige, denen man ansah, dass sie etwas zu viel Alkohol getrunken hatten. Aber Saufgelage, wie nach dem Krieg behauptet wurde, habe ich dort nicht erlebt. Das konnte sich auch niemand erlauben. Hitler kam ja immer wieder mal aus seinen engen Räumen und ging durch die Flure. Er machte keine Inspektionen, sondern wandelte durch den Bunker. Er konnte ja nirgendwo mehr hin. Er konnte ja auch nicht mehr ohne Weiteres nach oben ins Freie. Der Artilleriebeschuss zielte ja schon auf die Reichskanzlei. So ging er manchmal durch Flure, begleitet von General Krebs oder General Burgdorf[240] oder auch Fegelein[241], der wenige Tage später noch auf seinen Befehl hin erschossen wurde.

Dass Berlin verloren war, wenn Busse, Steiner und Wenck[242] den Durchbruch nicht schaffen würden, war uns Frontsoldaten klar. Hitler selber wirkte auf mich sehr ruhig. Er hat kaum gesprochen, nur zugehört, keine Fragen gestellt.

Ich habe Hitler zum ersten Mal 1939 und zum letzten Mal im April 1945 getroffen. Es war nicht zu übersehen: Er war ein völlig veränderter und gebrochener Mann. Er lief gebeugt, war sehr stumm, was er früher nie war. Das Lebhafte, das ihn sonst auszeichnete, gab es im April 1945 nicht mehr. Als General Krebs ihm in meinem Beisein die Lage erklärte, ihm auf einer Karte zeigte, wo noch deutsche Einheiten standen und wo der Angriff der Roten Armee zu erwarten sei, hat Hitler ihm aufmerksam zugehört und geschwiegen. Ganz im Gegensatz zu früher, da hat er stets zusätzliche Fragen gestellt oder Kommentare abgegeben. Er war im wahrsten Sinne des Wortes ein gebrochener Mann.

---

240 Wilhelm Burgdorf, 1895 – 1.5.1945 (Berlin, Selbstmord im Führerbunker), Chefadjutant des Oberkommandos der Wehrmacht bei Hitler, Unterzeichner des politischen Testaments von Hitler
241 Hermann Fegelein, 1906 – 24.4.1945 (hingerichtet), SS-Gruppenführer, heiratete am 3. Juni 1944 Gretl Braun, die Schwester von Eva Braun
242 Busse, Steiner, Wenck: Geisterarmeen, die nur noch in der Phantasie Hitlers bestanden, längst aufgerieben waren und Berlin nicht entsetzen konnten

PHILIPP FREIHERR VON BOESELAGER

„Es ist ein langer Weg von der Skepsis über die Ablehnung bis zum Widerstand"

Philipp Freiherr von Boeselager
1917 – 2008
Offizier der Wehrmacht und Mitwisser der Verschwörung vom 20. Juli 1944

Großneffe von Clemens August von Galen

1936 Eintritt in ein Reiterregiment der Wehrmacht
1938 Beförderung zum Leutnant
1941 Als Ordonnanzoffizier von Generalfeldmarschall Günther von Kluge an der Ostfront
1942 Anschluss an die Widerstandsgruppe um Henning von Tresckow
1943 Erster, nicht ausgeführter Versuch eines Attentats auf Hitler
1944 Mitverschwörer des Attentatversuchs vom 20. Juli
Nach dem Krieg Jura- und Volkswirtschaftsstudium
1946 Mitbegründer des Malteser Hilfsdienstes
1950er Jahre Mitglied des Personalgutachterausschusses zur Beurteilung der Einstellung ehemaliger Wehrmachtsoffiziere in die Bundeswehr; selbst Oberstleutnant der Reserve der Bundeswehr
Jahrelanger Einsatz in der deutschen Forstwirtschaft und Ehrenvorsitzender der Arbeitsgemeinschaft Deutscher Waldbesitzerverbände

1968 Verleihung des Bundesverdienstkreuzes am Bande des Verdienstordens der Bundesrepublik Deutschland
1989 Großes Bundesverdienstkreuz der Bundesrepublik Deutschland
2004 Ernennung zum Offizier der Französischen Ehrenlegion
2007 Verdienstorden des Landes Rheinland-Pfalz

Von Boeselager schildert seinen militärischen Werdegang, seine Begegnungen mit Hitler in der Reichskanzlei und im Führerhauptquartier und seinen wachsenden Zweifel an seinem Tun: „Man hatte Gerüchte gehört, aber im Juli 1942 war es das erste Mal, dass ich authentisch hörte, dass die Ermordung von Juden und Zigeunern von oben befohlen war ... Man wusste aber ganz genau, Hitler und diese SS-Leute konnte man nicht abwählen, es gab keine demokratische Möglichkeit. Es war klar, die konnte man nur umbringen."

Von Boeselager traf Hitler immer wieder und ist in der Lage, politisch reflektiert zu schildern, wie er selbst auf den Diktator reagierte, wie dessen charismatische Ausstrahlung auf andere wirkte. Er bewunderte Hitlers enormes Gedächtnis, was Waffensysteme, Situationen und Menschen anging, seine psychologische Raffinesse. Dabei kennzeichnet er die Rollen Hitlers als Privatmann – bayerisch, witzig, persönlich – und als „Führer" – unnahbar, nachtragend. „Der Mensch spielte für Hitler keine Rolle, ob Zigeuner oder Pole, Russe oder Deutscher."

Das Interview fand statt am 16.4.1997.

Verleihung des Großen Verdienstkreuzes des Verdienstordens der Bundesrepublik Deutschland an Philipp Freiherr von Boeselager, 1989

Ich bin mit Generalfeldmarschall von Kluge[243] mehrmals in den verschiedenen Führerhauptquartieren gewesen.

Hitler war natürlich eine Persönlichkeit, aber vor allem wurde vorher so ein Bohei um die ganze Sache gemacht: Es wurde tagelang telefoniert, wohin er kommt, wann er kommt, wohin die Autos fahren sollten, wohin Hitlers Autokolonne kommen würde, wie der Sicherheitsdienst zu organisieren war, sodass man den Eindruck hatte, da kommt eine ganz wichtige, einmalige Persönlichkeit.

Das war so wie in der Reichskanzlei. Wenn Sie in die Reichskanzlei gekommen sind, ich war selber einige Male darin, dann gingen Sie durch eine große leere Halle. Da war dir klar, wenn du so weit laufen musst, bis du zu Hitler kommst, dann muss das was ganz Besonderes sein. Das war der Zweck der Sache. Wenn man dann so ging, überall standen SS-Wachen, deine Schritte hallten in der Halle, da wurde dir suggeriert, du kommst hier zu einer ganz wichtigen Besprechung. Man wurde kleiner und kleiner, wenn man da hinkam. Als Ordonnanzoffizier, wie ich es war, brauchte man nicht kleiner zu werden, man hatte ja keine Verantwortung. Für mich war das äußerst aufregend und interessant. Ich guckte rechts und links und habe mir das alles sehr genau gemerkt.

Unter Hitler hatte ich mir eine besonders charismatische, ausstrahlende Persönlichkeit vorgestellt. Auch weil wir oft beim Heeresgruppenstab erlebt haben, dass hohe Offiziere zu Hitler flogen und vorher von uns noch aufgeheizt wurden und Tresckow[244] ihnen sagte, was sie Hitler alles sagen müssten.

Sie waren auch bereit, Hitler dies und das zu sagen, kamen aber immer vollkommen bekehrt zurück. Haben nie das gesagt, was sie vorher besprochen hatten, sondern ganz im

---

243 Generalfeldmarschall Günther von Kluge, 1882 – 1944, im WK I Hauptmann, im WK II während des Feldzuges gegen die Sowjetunion Oberbefehlshaber der 4. Armee. Hatte Kontakt mit den Verschwörern um von Tresckow. Hitler setzte ihn während der Invasion der Alliierten in der Normandie ab, Kluge beging Selbstmord.

244 Henning von Tresckow, 1901 –21.7.1944 (Selbstmord), Militärfamilie, mit 16 Jahren Freiwilliger im WK I, 1918 Westfront. Studium, Bankkaufmann, Weltreise. 1926 Reichswehr, 1933 Offizier beim „Tag von Potsdam". WK II: Polenfeldzug, Frankreich, Russlandfeldzug, Generalmajor der Wehrmacht. An der Vorbereitung des Hitler-Attentats am 20. Juli 1944 beteiligt; anschließend Selbstmord.

Gegenteil. Sie kamen mit der Überzeugung wieder zurück, dass der Krieg in Kürze gewonnen wäre. Was mich sehr erstaunt hat, denn ich kannte die Leute ja, ich hatte sie vorher gesehen.

Und deshalb war ich, als ich das erste Mal zu Hitler kam, sehr gespannt, wie das wohl sein würde, was für eine Ausstrahlung er hätte. Nun muss ich natürlich sagen, ein Ordonnanzoffizier ist jemand, der immer drei Schritte zurücksteht, der die Aktentasche trägt, der genau weiß, worum es geht, aber nichts zu sagen hat. Der nach altem Landserjargon „Leutnants stets verbrecherlich, finden alles lächerlich" dahinter steht. Der alles genau beobachtet, ohne irgendwie eingreifen zu können. Das ist natürlich eine ganz andere Situation als für denjenigen, der mit Hitler persönlich redet. Und ich war immer enttäuscht, dass Hitler auf mich keine charismatische Ausstrahlung besaß. Er sprach ein bisschen einen bayerisch-österreichischen Dialekt, der mir schon etwas fremd war. Beeindruckt hat mich auch die Servilität der Umgebung Hitlers. Das gab es bei uns im Heeresgruppenstab nicht. Da war natürlich der Feldmarschall, dem gegenüber man die Ehrenbezeugung machte, aber man war innerlich frei. Während man von der Umgebung Hitlers den Eindruck hatte, dass sie alle vollkommen in seinem Bann standen. Das war eine fremde, eine etwas feindliche Atmosphäre. Man war immer froh, wenn man da wieder weg war.

Überrascht hat mich aber, dass ich gesehen habe, wie intelligent er war, technisch hochbegabt. Hitler besaß ein enormes militärisches Wissen. Er wusste jede Einzelheit, egal ob von den U-Booten, den Panzern oder Flugzeugen; er kannte Einzelheiten, die er besser wusste als die entsprechenden Kommandeure und Kommandanten des U-Bootes, des Panzers oder des Flugzeugs. Dennoch waren seine Entscheidungen oft realitätsfremd und wurden von uns auch als realitätsfremd empfunden.

Er war auch psychologisch äußerst geschickt. Ich habe das mehrmals erlebt bei Telefongesprächen mit Hitler. Die passierten natürlich nur, wenn ganz dringende Fragen geklärt werden mussten, oft bevor man ins Führerhauptquartier fuhr, um diese Fragen endgültig zu klären. Dann wurde vorher ausgemacht mit der Adjutantur bei Hitler, wann und wo diese Gespräche geführt wurden. Dann wurde zu einem bestimmten Zeitpunkt zwischen unserer Vermittlung und der Vermittlung im Führerhauptquartier eine Leitung aufgebaut und dann sagte unsere Vermittlung: „So, jetzt verbinden wir." Dann gab es einen besonderen Ton, so ein Knacken, und dann wussten wir, jetzt ist Hitler in der Leitung. Dann stöpselten wir durch zu Feldmarschall Kluge und sagten: „Herr Feldmarschall, der Führer ist am Apparat." Dann hörten wir auf der einen Seite Hitler schon atmen und Kluge sagte: „Hier Feldmarschall von Kluge, ist da jemand?" Hitler meldete sich nicht, obwohl wir ganz genau hörten, dass er atmete. Das ging so drei-, viermal und dann sagte Kluge zu uns: „Der Führer ist nicht am Apparat." Wir sagten: „Doch, der Führer ist am Apparat." Unser Gespräch konnte Hitler hören. „Nein", sagte Kluge, „er ist nicht am Apparat, bitte verbinden Sie mich erst, wenn er wirklich am Apparat ist." Dann klingelten wir wieder zurück, bauten das Gespräch auf und so weiter. Und das ging jedes Mal zwei oder drei Mal so, bis Hitler sich wirklich meldete. Wir gingen schon Wetten ein, wie oft wir dieses Mal warten müssten, bis er sich tatsächlich melden würde. Was das sollte, weiß ich nicht, das war wahrscheinlich irgendein psychologisches Spiel, das Hitler da spielte. Irgendwann sagte Hitler dann doch: „Heil, mein Feldmarschall!", und dann ging das Gespräch los. Er stellte sich selbst nie vor, was sollte er auch sagen, „Hier Adolf Hitler" oder „Hier ist der Führer"? Also, irgendwie wusste er nicht das Gespräch zu beginnen. Es begann dann „Heil mein Führer", „Heil mein Feldmarschall" und dann ging es ganz normal los.

Bei diesen Telefongesprächen war Hitler schon sehr geschickt. Es ging ja immer um ernste Fragen, und wenn der Feldmarschall nicht mit den Ansichten von Hitler übereinstimmte, dann kämpfte er sehr scharf für seine Vorstellungen, und wir dachten mehrmals, wenn es hart auf hart ging, jetzt wird Hitler Kluge absetzen, weil es zu einem Eklat kam. Aber immer, bevor es dazu kam, wenn man schon den Atem anhielt, dann bog Hitler das Gespräch ab, ganz geschickt, und sagte: „Wir müssen das mal überlegen, mein Feldmarschall, ich habe im Übrigen Ihrer Frau zum Geburtstag einen Blumenstrauß geschickt, ich habe mich erkundigt, sie mag Rosen besonders gerne und ich darf nachträglich noch meine herzlichen Glückwünsche aussprechen", sodass die Luft raus war, man nicht mehr zum Gespräch zurückfinden konnte und es nicht mehr zum Knall kam. Irgendwann sagte Kluge dann: „Aber mein Führer, wir müssen doch noch diesen Punkt besprechen." Hitler wiegelte dann ab, sagte, er würde es sich noch mal überlegen und noch einmal anrufen; er würde ihn verständigen.

Hitler rief natürlich nicht mehr an und es gab auch keine Möglichkeit, ihn zurückzurufen. Wenn man anrief im Führerhauptquartier, dann war er nie zu sprechen. Am Ende geschah es dann so, wie Hitler es wollte. Den Knall hat er immer im letzten Moment abgebogen; er war psychologisch äußerst geschickt. Er war zudem rachsüchtig, ich würde sogar sagen, zutiefst rachsüchtig und verbrecherisch. Aber man spürte schon: Der Mann hat Macht. Alles um ihn herum war auch so aufgebaut: Hitler war ein Mann mit Macht. Der Kreis um ihn, die Sicherheitsmaßnahmen um ihn; all das machte deutlich, hier ist ein Mensch mit Macht.

Ich habe ihn einmal erlebt, ich denke, er hat gar nicht wahrgenommen, dass ich dabei war, da war er im Gespräch mit seinem Fahrer, seinem Piloten Kapitän Baur[245] und persönlichen alten Freunden.

Da sprach er dann bayerisch. Und er konnte sogar komisch sein, was ich nie gelesen oder gehört habe. Ich habe das selbst erlebt, ich habe gelacht über seine Witze. Da war er ganz privat, ganz persönlich. Da war kein Offizier sonst dabei, nichts.

Man konnte mit Hitler offen reden; aber oft ohne Erfolg. Vor dem Angriff bei Kursk 1943[246] beispielsweise waren die Oberbefehlshaber alle beim Stab der Heeresgruppe Mitte und Hitler wollte sie überzeugen, dass dieser Angriff richtig, notwendig und erfolgreich sein würde.

Und alle Oberbefehlshaber, mit Ausnahme von Model[247], trugen Bedenken vor und Hitler wurde wütend.

Kluge entgegnete ihm dann, die Soldaten wären jetzt schon seit drei Jahren an der Front, wir hätten nicht genug Panzer und so weiter, worauf Hitler ihn unterbrach und sagte: Er könne das

---

245 Johann Peter Baur, genannt Hans Baur, 1897 – 1993, Generalleutnant der Waffen-SS, Hitlers Chefpilot und Führer der Flugstaffel „Reichsregierung"
246 Panzerschlacht um den Kursker Bogen im Juli 1943 (also nach Stalingrad), die letzte deutsche Großoffensive im Krieg gegen die Sowjetunion, größte Panzerschlacht der Weltgeschichte, eine der größten Luftschlachten
247 Walter Model, 1891 – 21.4.1945 (Duisburg, Selbstmord), Generalfeldmarschall, siehe auch Anmerkung auf S. 295

ja gar nicht beurteilen. Er hätte ja gar keine Erfahrung, er sei ja nie Frontsoldat gewesen. Worauf der Generaloberst Schmidt[248], ein großer, sehr bekannter Panzergeneral, sich umdrehte und zu Hitler sagte: „Mein Führer, die Erfahrung, die Sie haben, trägt ein Spatz auf seinem Schwanz gegen den Himmel".

Ich dachte, die Erde tut sich auf und verschlingt uns alle. Hitler drehte sich nur um und es passierte nichts. Das gab es auch, zugegeben sehr selten, dass ihm einer widersprochen hat. Ich habe auch erlebt, dass Kluge hart mit Hitler gerungen hat, aber [um] rein militärische Fragen. Da kannte Kluge auch keine Angst, und wie gesagt, ich hatte mehrfach das Gefühl, er würde jetzt entlassen, aber dann bog Hitler das Gespräch ab und es geschah am Schluss immer das, was Hitler wollte.

Ein taktisches Talent in militärischen Fragen besaß Hitler meiner Einschätzung nach nicht. Ich habe mehrfach erlebt, dass wir für Pläne der Heeresgruppe Mitte, die ich für vernünftig hielt, hart kämpfen mussten, damit sie erfüllt wurden. In einem Fall ging es um die Rücknahme der 9. Armee, die im Winter 1941/42 nordwestlich von Moskau in einem großen Frontbogen stand. Die Front sollte durch diese Zurücknahme verkürzt werden, es sollten Reserven gebildet werden und so weiter. Also eine vernünftige Lösung. Aber man musste die Truppen dafür um zwanzig oder dreißig Kilometer zurücknehmen. Das war ein ganz erbitterter Kampf um diese Kilometer, weil Hitler stur war. Es durfte keine Front, kein Gelände aufgegeben werden. Er verstand nichts von Taktik. Er sah die ganze Sache rein politisch. Für den Soldaten hatte er kein Verständnis. Ich habe das auch im Führerhauptquartier mehrmals gesehen: Der Mensch spielte keine Rolle. Ob das der Jude war, der Zigeuner oder Pole, der Russe oder der Deutsche – der Mensch spielte für Hitler keine Rolle. Das war das Schreckliche, was ich da langsam erfahren musste und was für mich vorher undenkbar war.

Die Frage, warum so viele Menschen und auch Militärs Hitler trotz allem gefolgt sind, erklärt sich mir so: Es kann sich heute niemand mehr vorstellen, wie tief der Abgrund war, in den die Deutschen, wir alle, nach dem Ersten Weltkrieg ge-

---

248 Rudolf Schmidt, 1886 – 1957, Generaloberst, Armee-Oberbefehlshaber der Panzertruppe. 1943 entlassen. Bis 1955 in russischer Gefangenschaft, gesundheitlich stark angeschlagen zurück nach Deutschland.

fallen waren. Es gab keine deutsche Ehre mehr, es gab kein deutsches Heer mehr, es gab nichts mehr. Wir hatten sechs Millionen Arbeitslose, alles war verschuldet. Hohe Inflation, das Bürgertum war verarmt. In den Dreißigerjahren die Weltwirtschaftskrise. Und dann kam Hitler. Die Arbeitslosen verschwanden, die Rüstung begann, Versailles wurde zerschlagen. Der Vertrag von Versailles mit seiner Behauptung, dass die Deutschen alleine die Kriegsschuld hätten, wurde von keinem Deutschen akzeptiert. Das hat Hitler zerrissen. Da waren alle dafür. Ich bin überzeugt, Ende 1933 standen 90 Prozent der Deutschen zu 100 Prozent hinter Hitler. Es ging in allen Bereichen aufwärts und die Idee der Volksgemeinschaft war etwas, was die Soldaten sehr ansprach, auch die Offiziere. Aus dem ersten Krieg war man als eine Gemeinschaft herausgekommen, da gab es nicht mehr diesen Kastenunterschied wie früher. Man sah, dass diese Volksgemeinschaft notwendig war. Und auch der Ausgleich zwischen Arm und Reich, die ganze soziale Komponente der Nazis, wurde begrüßt. Das andere hat man zuerst nicht gesehen und dann hat man es übersehen. Man hat ja schon beim Röhm-Putsch angefangen, die Augen zuzumachen. Denn es wurde ja nicht nur Röhm erschossen, sondern auch sehr viele andere.

Das war ein langer Weg von der Skepsis über die Ablehnung bis zum Widerstand. Und man muss auch ehrlich sagen, ich werde danach heute immer wieder von jüdischen Mitbürgern befragt, ob ich das alles erlebt hätte. Das Beamtengesetz beispielsweise, in dem stand, dass man nur als Arier Beamter sein durfte. Ein Gesetz, das die Militärs kaum berührte, aber von Manstein hat damals widersprochen, als einziger deutscher Offizier. Das habe ich damals nicht mitbekommen. Ich war damals in der Untersekunda, das hat mich gar nicht interessiert. Ich habe gar nicht gewusst, was dieses Gesetz bedeutet. Aber so schlitterte man langsam in das Unrecht rein. Mit der Machtübernahme Hitlers meinte man, dass ein positiver Weg eingeschlagen würde, und man hat nicht gleich bemerkt, dass das Unrecht aufgebaut wurde und die Juden verfolgt wurden und Kommunisten ins KZ kamen und verprügelt wurden und dergleichen mehr.

In meiner Jugend war ich in einem Internat in Godesberg und am Sonntag wurden wir von unserem Pfarrer öfter zu ihm nach Hause geholt. Auf dem Weg sagte er uns: In dem Ort ist ein kommunistischer Aufmarsch, in dem anderen ein Naziaufmarsch. Da hatten wir eine Entschuldigung, warum wir später zurückkamen, denn man konnte nicht ohne Weiteres durch diese Orte durchfahren. Es war damals ganz normal, dass am Montag in der Zeitung stand, da waren zwei SA-Leute erstochen worden und an anderer Stelle waren zwei Kommunisten erstochen worden. Wir standen 1933 am Rande eines Bürgerkrieges. Und das hörte mit Hitlers Machtergreifung auf. Es kam Ordnung. Das wurde alles von den Soldaten begrüßt. Man hat wirklich geglaubt nach dem Tag von Potsdam, das wäre die Fortführung des nationalen Erbes.

Und man hat lange das Auge zugedrückt, das andere Auge, das hätte sehen müssen, dass das Unrecht wuchs und immer stärker wurde. Wie gesagt, es ist ein langer Weg von der Skepsis über die Ablehnung bis zum Widerstand.

Für einen Offizier war es noch relativ einfach. Der Weg war weit, man hat das nicht so gesehen. Wir waren in der Kaserne. Ich bin oft gefragt worden, ob ich je eine Jüdin mit einem gelben Stern gesehen hätte. Ich kann mich nicht entsinnen. Ich war an der Front, im Lazarett, und wenn ich nicht im Lazarett war, humpelte ich durch zwei Straßen ins nächste Café. Ich bin nicht durch Berlin gelaufen und als ich später durch Berlin lief, 1944/45, da gab es keine Juden mehr in Berlin. So ist vieles einfach nicht in das Gesichtsfeld hineingekommen bei den Soldaten.

Ich kam im Sommer 1942 zur Heeresgruppe Mitte als Ordonnanzoffizier zu Tresckow. Da kam nach einigen Tagen eine Meldung vom rückwärtigen Bereich. Also nicht aus unserem Bereich, sondern aus dem Bereich des Ostkommissariats. Das unterstand der SS, dem SS-Obergruppenführer von dem Bach-Zelewski[249].

---

249 Erich von dem Bach-Zelewski, 1899 – 1972, SS-Obergruppenführer, General der Waffen-SS. Mord aus persönlicher Rache nach der „Röhm-Affäre", verantwortlich für den Völkermord in Weißrußland, maßgeblich an Massenmorden in Polen und in der Sowjetunion beteiligt. Regte die Errichtung von Auschwitz an, befehligte 1944 die Niederschlagung des Warschauer Aufstands. Belastet bei den Nürnberger Prozessen Mitangeklagte, um sich reinzuwaschen. Bericht für US-Geheimdienst über Partisanenkampf in Russland, Freilassung. Er wurde für seine Beteiligung am Holocaust nie zur Rechenschaft gezogen. 1962 in Deutschland wegen Mordes zu lebenslanger Haft verurteilt.

Diese Meldungen interessierten uns wegen der Straßen und Brücken, die gesprengt worden waren, wegen des Nachschubs. Und am Schluss dieser Meldung stand „fünf Zigeuner sonderbehandelt". Ich war ein harmloser Mensch damals und fragte den Feldmarschall von Kluge, dem ich damals diese Nachricht vortragen musste: „Am Schluss steht, fünf Zigeuner sonderbehandelt, ich weiß nicht, was das heißt."
„Das weiß ich auch nicht", sagte Kluge, „aber wir werden den Bach-Zelewski fragen, erinnern Sie mich daran, er kommt ja in einigen Tagen." Bach-Zelewski kam und am Ende seiner Vortrages erinnerte ich den Kluge: „Herr Feldmarschall wollte noch fragen, was sonderbehandelt ist." Er fragte dann den Bach-Zelewski danach. „Die haben wir erschossen", sagte der. Kluge fragte: „Wieso erschossen, gab es denn ein kriegsgerichtliches Urteil?" – „Nein, nein", sagte Bach-Zelewski, „alle Juden und Zigeuner, die wir kriegen, erschießen wir, das sind Feinde des Reiches." Es gab einen lebhaften Disput zwischen Kluge und Bach-Zelewski; Kluge wies ihn auf die Haager Landkriegsordnung hin, auf das damit begangene Unrecht und dass dadurch Partisanen herangezogen würden. Bach-Zelewski ließ sich davon nicht abbringen. Im Gegenteil, am Ende des Gespräches schaute er Kluge an und sagte scharf: „Wir erschießen *alle* Feinde des Reiches." Darin lag eine deutliche Drohung.

Kluge warf ihn beinahe raus, telefonierte sofort mit Halder[250] und sagte, dass müsse gestoppt werden, weil dadurch Partisanen herangezüchtet würden. Mit der Widerrechtlichkeit zu argumentieren, war schon nutzlos. Das war das erste Mal, dass ich authentisch gehört habe, dass Juden und Zigeuner umgebracht wurden. Vorher gab es Gerüchte, wir wussten von der Euthanasie, der Predigt von Kardinal von Galen, dass „unwertes Leben" umgebracht würde. Und wir hatten alle Kameraden, die Kopfschüsse hatten und nach einem Lazarettaufenthalt auch in diese Kategorie „lebensunwert" fallen würden.

---

250 Franz Halder, 1884 – 1972, Chef des Generalstabs des Heeres. Militärfamilie, WK I: Generalkommando, Westfront, Ostfront. Wollte Hitler 1938 zusammen mit anderen absetzen. Strategische Planung WK II: alle Fronten, alle Offensiven. Entlassung aus der Wehrmacht am 31. Januar 1945 aufgrund der bekannt gewordenen Ereignisse von 1938. Arbeitete 1946 – 1961 für die kriegsgeschichtliche Forschungsgruppe der US Army, Auszeichnung dafür 1961.

Das konnte doch nicht sein. Es gab dann auch Proteste der Soldaten und das wurde dann ja auch gestoppt.

Wie gesagt, man hatte Gerüchte gehört, aber im Juli 1942 war es das erste Mal, dass ich authentisch hörte, dass die Ermordung von Juden und Zigeunern von oben befohlen war. Das hat mich umgetrieben und ich habe mich umgehört und habe immer mehr davon erfahren. Das konnte nicht sein. Man wusste aber ganz genau, Hitler und diese SS-Leute konnte man nicht abwählen, es gibt keine demokratische Möglichkeit; es war klar, die konnte man nur umbringen. Eine andere Alternative gab es nicht mehr.

WINRICH BEHR

„Von diesem Mann kann man nicht mehr irgendwelche Entscheidungen verlangen"

Winrich Behr
1918 – 2011
Major und Panzerkommandant

1936 Panzeraufklärungsabteilung 3 der Wehrmacht
1938 Teilnahme am Einmarsch in das Sudetenland, zum Leutnant befördert
1939 Teilnahme am Polenfeldzug
1940 Frankreichfeldzug
1941 Oberleutnant im Afrikafeldzug; Verleihung des Ritterkreuzes des Eisernen Kreuzes
1942 Als 1. Ordonnanzoffizier beim Befehlshaber der 6. Armee, General Friedrich Paulus, vor Stalingrad
1943 Im Januar aus Stalingrad ausgeflogen, um Hitler im Auftrag von Paulus um Handlungsfreiheit zu bitten; Verweigerung der Rückkehr nach Stalingrad durch Hitler
1945 Kampf bei der eingeschlossenen Heeresgruppe B im Ruhrkessel
1950er Jahre Tätigkeit für die Hohe Behörde in Luxemburg
1958/59 Stellvertretender Generalsekretär der Europäischen Kommission
1961 – 1965 Im Vorstand der Erdölgesellschaft Aral
Ausgezeichnet mit dem Verdienstkreuz 1. Klasse der Bundesrepublik Deutschland

Behr, ein mehrfach für Dokumentationen über den Zweiten Weltkrieg befragter Zeitzeuge, erinnert sich hier an seine Meldung im Führerhauptquartier Wolfsschanze.

Er war als Frontoffizier im Alter von 26 Jahren aus Stalingrad ausgeflogen worden, um Hitler im Auftrag von Generaloberst Paulus um größeren Entscheidungsspielraum bis hin zur Möglichkeit der Kapitulation zu bitten. Behr schildert Hitlers Verhalten am 15. Januar 1943, lieber selbst zu reden als sich den Bericht anzuhören: „Als ich in meinem Vortrag, den ich sehr ungeschminkt gehalten habe, denn ich kam natürlich aus dieser verzweifelten inneren Situation aus diesem Kessel heraus, meldete, dass sich auch Desertionen von deutschen Soldaten mehrten, drohte mir Keitel, der hinter Hitler stand, mit dem Finger." Und weiter: „Etwas anderes, was mich beeindruckt hat bei diesem Vortrag, war die unglaubliche Truppenfernheit auch von Hitler."

Noch einmal traf Behr Hitler, am 16. April 1945 im Führerbunker, von der Front im Ruhrgebiet kommend, um zu erfahren, wie sich die eingeschlossene Heeresgruppe B im Ruhrkessel verhalten solle. Hitler sah heruntergekommen aus.

Das Interview fand statt am 15.1.1998.

Mein Vater war aktiver Offizier und wurde im Ersten Weltkrieg schwer verwundet. Er selbst lebte noch ganz in der preußisch-monarchistischen Auffassung und es war für ihn klar, dass auch ich, der Tradition der Familie folgend, Soldat, aktiver Offizier, nicht mehr dem König oder Kaiser dienend, aber dem deutschen Staat in dienender Stellung zur Verfügung stehen würde. Und das war für mich eigentlich auch selbstverständlich, obwohl ich auf einem internationalen Gymnasium in Berlin, im Französischen Gymnasium in französischer Sprache unterrichtet und in Frankreich auch eine Zeitlang im Internat gewesen und nicht gerade in einer strengen nationalistischen Welt erzogen worden bin.

Aber ich bin 1936 in die Panzeraufklärungsabteilung 3 in Stahnsdorf eingetreten. Ich bin Jahrgang '18, gerade am Ende des Krieges im Januar 1918 geboren, und ich bin in einer Panzeraufklärungsabteilung in der Tradition des Kavallerieregiments 4 aus Potsdam erzogen worden und dann mit den ganzen Entwicklungen des Dritten Reiches groß geworden, das heißt, ich habe am Einmarsch in das Sudetenland teilgenommen, ich bin mit meiner Panzeraufklärungsabteilung als Vorausabteilung in Prag mit einmarschiert, ich habe am Polenfeldzug teilgenommen, ich habe am Frankreichfeldzug teilgenommen. Dort bin ich ziemlich schwer verwundet worden.

Dann ist meine Abteilung nach Nordafrika verlegt worden, wir sind also mit dem Eisenbahntransport und dann mit dem Schiff erstaunlicherweise heil über das Mittelmeer nach Tripolis rübergekommen. Ich habe den Feldzug in Afrika eigentlich nur von der positiven Seite, also von der Siegerseite her kennengelernt, weil ich nach etwa einem Jahr als Ritterkreuzträger und als einziger Sohn herausgezogen wurde, um für ein Jahr zur Kavallerieschule nach Krampnitz als Inspektionschef und um dann zur 6. Armee einige Wochen vor der Einkesselung [Stalingrads] durch den Russen als 1. Ordonnanzoffizier der Armee versetzt zu werden.

Ich bin aus Stalingrad heil herausgekommen, weil ich am 13. Januar 1943 auf Befehl des Generaloberst Paulus[251] ausge-

---

251 Friedrich Paulus, 1890 – 1957 (Dresden), Oberbefehlshaber der Schlacht von Stalingrad. 1910 zum Militär. WK I: Westfront, Serbien, Mazedonien, Westfront, Rumänien, Vogesen, Flandern. WK II: Polenfeldzug, Westfeldzug, Ausarbeitung des operativen Vorgehens gegen die Sowjetunion. Kommando

flogen wurde, um im Führerhauptquartier vor Hitler über Stalingrad Bericht zu erstatten.

Es war so, dass Generaloberst Paulus der Meinung war, dass zu diesem Zeitpunkt, nachdem mehrere Generalstabsoffiziere und Generäle bei Hitler vergeblich versucht hatten, dem Befehlshaber vor Stalingrad freie Möglichkeiten zu lassen, also auch zur Kapitulation, dass vielleicht ein Frontoffizier in Panzeruniform, mit Ritterkreuz geschmückt, Hitler noch im letzten Moment beeindrucken könnte. Was zweifellos nicht der Fall war.

Ich bin nicht wieder nach Stalingrad hineingekommen, weil es auch keine Flugmöglichkeiten mehr gab. Ich bin dann Generalstabsoffizier geworden, nachdem ich ein Dreivierteljahr im Kuban-Brückenkopf[252] gewesen war. Als Generalstabsoffizier wurde ich zum Feldmarschall Rommel geholt, der mich aus der Afrikazeit kannte, dann bei seinem Nachfolger, dem Feldmarschall von Kluge, und schließlich dem Feldmarschall Model bis zum Ende der Heeresgruppe B im Ruhrkessel, wobei die Kapitulation im Raum Düsseldorf stattfand und ich als Major im Generalstab erstaunlicherweise nicht in Kriegsgefangenschaft geriet, sondern ziemlich schnell mit dem Studium beginnen konnte.

Das bereits erwähnte Treffen mit Hitler fand statt am 14. Januar 1943 in der Abendbesprechung und am 15. Januar in der Mittagslage, man nannte das ja Führerlage. Ich bin am 13. abends aus Stalingrad herausgeflogen worden, nach Taganrog. In Taganrog lag die Heeresgruppe Manstein; ich bin dort abends beim Vortrag beim Feldmarschall von Manstein[253] gewesen, der mir sagte: „Behr, über das, was Sie vorgetragen haben, sind wir uns hier klar. Es ist völlig in Ordnung, wie Sie das machen und auch Ihre Art der Darstellung ist richtig, machen Sie das morgen im Führerhauptquartier genau so. Ob es etwas hilft, wagen wir zu bezweifeln, aber es ist ein letzter Versuch."

über die 6. Armee vor Stalingrad, erfuhr dort eine vernichtende Niederlage, auch weil Hitler den Ausbruch ablehnte. Paulus rief zum Durchhalten auf, versteckte sich, der Situation nicht mehr gewachsen, in einem Keller und behauptete: „Ich bin nicht mehr Oberbefehlshaber."

252 Nach dem Zusammenbruch der Kaukasus-Front 1943 zog sich die 17. Armee zur Mündung des Kuban auf die Taman-Halbinsel in Südrussland zurück und konnte sich dort halten. 240.000 Soldaten wurden über die Straße von Kertsch auf die Krim gerettet.

253 Erich von Manstein, 1887 – 1973, siehe auch Anmerkung auf S. 258

Ich bin dann am nächsten Morgen mit einer Verzögerung aus Taganrog abgeflogen, weil der Flugzeugführer sich die Hände erfroren hatte, und bin abends um sechs im Führerhauptquartier in der Wolfsschanze gelandet, dann so um halb acht zum Vortrag bei Hitler gewesen, der mich in einem Vorraum persönlich begrüßte und mich hineinbat. Im Grunde genommen war es so, wie es mir auch schon gesagt worden war, dass zunächst Hitler etwa anderthalb Stunden mir die Lage vortrug. Mir war bekannt, dass auch Hitler Überbringer schlechter Nachrichten nicht besonders gern hatte und es vermied, sie persönlich zum Vortrag kommen zu lassen. Und so war es auch. Als Hitler seinen Vortrag beendet hatte, sagte er zu mir: „So, Herr Hauptmann, wenn Sie jetzt zum Generaloberst Paulus zurückfliegen, berichten Sie ihm, was ich Ihnen gesagt habe."

Ich habe dann, Mut fassen brauchte ich nicht, weil ich fest entschlossen war, es zu tun, aus der ganzen Situation heraus, in der man sich auch persönlich befand, und ich habe dann also gebeten, dass ich das, was mir der Generaloberst Paulus aufgetragen hatte, nun auch zur Meldung vorbringen kann. Das hat Hitler anstandslos zugelassen. Und ich muss sagen, dass er mich dann auch nicht in irgendeiner Weise im negativen Sinn unterbrochen hat. Er hat Fragen gestellt und so. Ich war eher bestürzt durch Zwischenfragen, Zwischenrufe von den Herren, die um Hitler standen, also vor allem Generäle, Keitel[254], Jodl[255], die beispielsweise bei meinem Vortrag über die Anzahl der angekommenen Verpflegungsbomben, die von Flugzeugen abgeworfen wurden, und gelandeten Verpflegungs- und Munitionsmengen mich unterbrachen und sagten, das stimmt ja nicht, es sind am Tage nicht nur so wenige, sondern soundsoviele Maschinen geflogen, sodass ich sagen musste, Verzeihung, Herr General, für uns zählen nicht die abgeflogenen

---

254 Wilhelm Keitel, 1882 – 16.10.1946 (Nürnberg, Tod durch den Strang), siehe auch Anmerkung auf S. 258

255 Alfred Jodl, 1890 – 1946 (Nürnberg, Tod durch den Strang). Militärfamilie, WK I: Westfront, Ostfront, Westfront. Neugliederung Wehrmacht mit Keitel, 1938 ins OKW, Planung des Angriffs auf Dänemark, Norwegen; Sowjetunion. März 1941: Jodl erlässt einen Befehl, nach dem der SS unterstehende Einsatzgruppen sowjetische Kommissare, „Bolschewistenhäuptlinge", „unschädlich" machen sollen. An der Deportation von Juden Osteuropas beteiligt. 28. Oktober 1944 Befehl der vollständigen und rücksichtslosen Deportation der nordnorwegischen Bevölkerung ostwärts des Lyngenfjords.

Maschinen, sondern die Maschinen, die angekommen sind, beziehungsweise die Verpflegungsbomben, die abgeworfen sind.

Ich musste auch, was Hitler sehr beeindruckt hat, beanstanden, dass diese ganzen Verpflegungsbomben mit weißen Fallschirmen abgeworfen wurden und diese weißen Fallschirme im Schnee dann natürlich sehr schnell nicht mehr zu identifizieren waren, also Bomben verloren gingen, sodass bei den Zahlen, die gemeldet waren, auch noch erhebliche Abzüge gemacht werden mussten. Ich wurde also nicht durch Hitler unterbrochen, sondern mehr durch spezielle Fragen von Seiten der Generalität. Als ich in meinem Vortrag, den ich sehr ungeschminkt gehalten habe, denn ich kam natürlich auch aus einer verzweifelten inneren Situation aus diesem Kessel heraus, meldete, dass sich auch Desertionen von deutschen Soldaten mehrten, drohte mir Keitel, der hinter Hitler stand, mit dem Finger. Wie ich später gehört habe, weil er vermeiden wollte, dass das Heer noch mehr in Misskredit bei Hitler kommen würde. Aber das war mir ehrlich gesagt damals egal. Solche Gedanken hatte ich gar nicht, sondern ich musste es melden, um auch den Zustand der Truppe zu schildern.

Etwas anderes, was mich beeindruckt hat bei diesem Vortrag, war die unglaubliche Truppenfernheit auch von Hitler. Es waren auf dieser riesigen Lagekarte auch in Stalingrad natürlich die gleichen Armeefähnchen, diese taktischen Zeichen, Divisionsfahnen und so weiter aufgestellt, wie vor dem Angriff. Aber während eine Division damals 12.000 Mann stark war, waren das jetzt nur noch ein paar tausend Leute, verhungerte, arme Kerle, die da in der Kälte im Schützengraben waren. Und das wurde so behandelt, als ob da noch Divisionen standen.

Und das für mich Tollste war, dass ich wusste vom Feldmarschall von Manstein, dass eine SS-Panzerarmee, die im Raume Charkow ausgeladen werden sollte, um Stalingrad zu entsetzen – die Entfernung von Charkow bis Stalingrad waren ungefähr 350 bis 400 Kilometer –, dass diese SS-Panzerarmee bereits bei der Auslandung von russischen Panzertruppen beschossen und an der Ausladung behindert worden war. Und Hitler schilderte mir diese Divisionen als friedlich dort ausgeladene, eine Truppe, die bereitstehen würde, um nun in den nächsten Wochen zum Entsatz von Stalingrad anzutreten. Bei

Winter 400 Kilometer, das war für jeden kleinen Mann, 1943 war ich 26 Jahre alt, fronterfahren natürlich, aber für einen jungen Menschen wie mich, der ich wusste, was ein Kilometer im Frost und im Schnee bedeutet, war das etwas so Idiotisches, dass man sich sagte, Herrgott, dieser Mann hat zu entscheiden, ob Stalingrad entsetzt wird oder nicht entsetzt wird. Alles was ich hörte, waren Phantomzahlen, und das war etwas, was mich doch an der Fähigkeit unserer obersten Führung zweifeln ließ. Innerlich war für mich mit diesen Leuten der Krieg verloren, wenn ich früher doch anderer Meinung gewesen war, das muss ich offen gestehen.

Ich bin Hitler noch einmal am 16. April 1945[256] in Berlin begegnet, weil mich General Model, bei dem ich inzwischen als Generalstabsoffizier meinen Dienst tat, kurz bevor sich der Ruhrkessel schloss, noch mal mit einem Wagen nach Berlin geschickt hat.

Ich bin noch nach Berlin reingekommen, war zunächst bei Guderian[257] und dann mit meinem Freund Freytag Loringhoven[258] zusammen bei Hitler.

Eigentlich bestand meine Aufgabe darin, den Führer zu fragen, wie der Auftrag für die Heeresgruppe B lautet. Guderian sagte mir, diese Frage hat keinen Sinn, ich werde sie stellen, Sie brauchen sie also nicht selber stellen. Freytag und ich, wir standen in dem schon ziemlich zerstörten Führerhauptquartier in Berlin. Hitler war schon ziemlich heruntergekommen, möchte ich mal sagen, seine Haare waren ungepflegt, man merkte, dass sein Arm seine Tätigkeit nicht mehr richtig ausführte, er sah leichenblass aus. Hitler war wirklich so, dass

---

256 An diesem Tag begann mit dem Angriff der Roten Armee auf den Seelower Höhen an der Oder die Schlacht um Berlin mit 2,5 Millionen sowjetischen Soldaten, 6250 Panzern, 7500 Flugzeugen, die nach dem Selbstmord Hitlers am 30. April 1945 im Führerbunker am 2. Mai 1945 mit der bedingungslosen Kapitulation Berlins (nicht Deutschlands) endete.

257 Heinz Guderian, 1888 – 1954, Panzergeneral, siehe auch Anmerkung auf S. 53 und Interview mit seinem Sohn Heinz Günther auf S. 265

258 Bernd Freiherr Freytag von Loringhoven, 1914 – 2007 (München), zuletzt Generalleutnant des Heeres der Bundeswehr als stellvertretender Generalinspekteur. Baltisches Adelsgeschlecht. Kompaniechef in Stalingrad, ausgeflogen, Adjutant bei Heinz Guderian und Hans Krebs. Bereitete vom Juli 1944 bis 30. April 1945 die tägliche militärische Lagebesprechung im Führerbunker vor. Britische Kriegsgefangenschaft bis 1948, kein Nachweis von Verstrickung in Kriegsverbrechen. 1956 Bundeswehr. Siehe Interview auf S. 401

man feststellen musste, von diesem Mann kann man nicht mehr irgendwelche Entscheidungen verlangen. Aber das ist am 16. April 1945 natürlich auch ein Bild aus der Endphase dieses ganzen Unternehmens.

Ich habe bei dieser Gelegenheit selber nicht mit Hitler gesprochen. Mein Anliegen wurde von Generaloberst Guderian vorgetragen und ich stand vielleicht in zwanzig Metern Entfernung zu Hitler in diesem großen Saal, in dem noch fabelhafte Wandteppiche hingen, während ringsherum mehr oder weniger alles schon zerstört war. Das war meine letzte Begegnung mit Hitler.

WALDEMAR VON GAZEN

„Er sprach in einem charmanten Plauderton"

Waldemar von Gazen
1917 – 2014
Major im Generalstab der Wehrmacht

1936 Eintritt in die Wehrmacht als Offiziersanwärter
1938 Beförderung zum Leutnant
1939 Teilnahme am Polenfeldzug; Verleihung der Eisernen Kreuze II. und I. Klasse
1940 Verlegung nach Rumänien
1941 Teilnahme am Russlandfeldzug und an der Schlacht um Rostow
1942 Oberleutnant und Chef der 2. Kompanie des Panzer-Grenadier Regiments 66; ausgezeichnet mit dem Ritterkreuz des Eisernen Kreuzes
1943 Hauptmann und Führer der 1. Kompanie des Panzer-Grenadier Regiments 66; ausgezeichnet mit dem Eichenlaub zum Ritterkreuz und den Schwertern zum Eichenlaub
1944 Beförderung zum Major im Generalstab der Wehrmacht
1945 Generalstabsoffizier der 13. Panzerdivision und Kommandeur der 2. Panzerdivision
1945/46 In westalliierter Kriegsgefangenschaft
Nach dem Krieg als Rechtsanwalt und Notar tätig, Mitglied der Ordensgemeinschaft der Ritterkreuzträger

Waldemar von Gazen wurde nach dem Abitur 1936 im Alter von 19 Jahren Offiziersanwärter. Er beschreibt die bemerkenswert genauen Kenntnisse Hitlers der Waffensysteme und bemerkt, dass beim Militär keineswegs Kadavergehorsam gefordert gewesen sei, im Gegenteil habe das Prinzip der Auftragstaktik den Einheitsführern weitgehend freie Hand gelassen.

Von Gazen, hochdekorierter Wehrmachtsoffizier, schildert unter anderem seine Auszeichnung mit den Schwertern zum Eichenlaub in der Wolfsschanze im Januar 1943: „Als ich dann vor Hitler stand, hatte ich noch mein Koppel umgeschnallt, eine Pistole mit Magazin, aber nicht durchgeladen. In dem Moment dachte ich noch, was würde passieren, wenn plötzlich jemand auf Hitler schießen würde. Das kann man doch eigentlich gar nicht zulassen. Daran sieht man aber, dass durchaus die Möglichkeit bestanden hat, auf ganz andere Weise ein Attentat auf Hitler durchzuführen, als das später Stauffenberg gemacht hat."

Das Interview fand statt am 16.3.1998.

Ich bin im Jahre 1917 in Hamburg geboren. Meine Mutter war Hamburgerin, mein Vater stammte aus einer Offiziersfamilie. Von 1918 bis 1925 habe ich in Magdeburg gelebt und wir sind dann ganz in die Nähe des Schlosses von Bismarck, zum Sachsenwald, verzogen. Nach meinem Abitur bin ich im Dezember 1936 als Offiziersanwärter in das damalige Infanterie-Regiment 66 eingetreten. Da bin ich praktisch bis Ende 1943 geblieben, als ich aus der Front zurückgezogen wurde.

1938 kam ich als Oberfähnrich von der Kriegsschule zur 2. Kompanie, der ich zwei Jahre angehört habe. In dieser Kompanie habe ich die Feldzüge gegen Polen und Frankreich mitgemacht. Danach mit Beginn des Russlandfeldzugs bis Ende 1943 war ich nur noch an der Ostfront.

Nach dem Frankreichfeldzug wurden wir nach Österreich verlegt in die Gegend nördlich von Wien. Da bezogen wir für zwei Monate Quartier und wurden umgerüstet zur Panzerdivision. Wir hatten hauptsächlich Panzer III und IV. Am zuverlässigsten davon war der Panzer IV. Später, im Jahr 1943, bekamen wir auch noch eine Panther-Abteilung.

Im Oktober 1940 wurden wir als sogenannte Lehrtruppe nach Rumänien verlegt. In dieser Zeit wurden Teile der Division eingesetzt, um einen Aufstand der Legionärsbewegung[259] eines religiös-nationalistischen Führers namens Corneliu Codreanu niederzuschlagen.

In Rumänien sind wir geblieben bis Mai 1941, von wo wir dann nach Oberschlesien, nach Reinersdorf im Bezirk Kreuzburg, verlegt wurden. Einen Tag vor Beginn des Ostfeldzuges wurden wir an die Grenze vorgezogen. Die erste Stadt auf russischem Gebiet war Luzk in der Ukraine und von da ging es über Rowno, Dubno, Shitomir nach Kiew. Befestigte Verteidigungslinien der Roten Armee haben wir nicht angetroffen, aber wir waren erstaunt über die Massen an Soldaten der Roten Armee, die uns auf dem Weg von Luzk in Richtung Kiew gegenüberstanden. Von einem Überraschungsmoment konnte man nach meiner Erfahrung nicht sprechen. Die erste wirklich gut befestigte Verteidigungslinie, die sogenannte Stalinlinie mit Bunkern und so weiter, lag gut 250 Kilometer in Richtung Osten.

---

259 Durch die Niederwerfung der faschistischen, antisemitischen und esoterischen Legionärsbewegung nach dem Tod von Corneliu Codreanu (1899 – 30.11.1938) konnte sich Ion Antonescu als Diktator in Rumänien etablieren.

An dieser Stalinlinie hatten wir große Verluste. Damals war ich eingesetzt als Verbindungsoffizier von der Brigade zur Division. Als der Chef der 2. Kompanie, Oberleutnant Niemann, einen Beinschuss abbekam und die Truppe verlassen musste, übernahm ich einfach, ohne Vorgesetzte zu fragen, die Führung dieser Kompanie. Das Ziel des Angriffs war die Rollbahn, die bis Kiew durchführte. Von solchen gut betonierten Straßen von Westen nach Osten gab es in Russland nur zwei oder drei und das war eine davon. Und es gelang mir dann am nächsten Tag mit dieser Kompanie, als Erster diese Rollbahn zu erreichen. Nachdem uns der Durchbruch gelungen war, sind wir in einer Nacht rund 150 Kilometer bis dicht vor Kiew gezogen. Da hatten wir dann sehr starke Angriffe zu bestehen, konnten aber drei, vier Tage einen Brückenkopf halten, bis die Infanterie-Division, übrigens eine rein schwäbische Division, zu unserer Entlastung eintraf. Im Zuge dieser Kämpfe bekam ich am 18. September 1942 das Ritterkreuz verliehen. Das bekam ich aber nicht von Hitler persönlich verliehen.

Die schnellen Erfolge der deutschen Wehrmacht während der verschiedenen Feldzüge hatten viele Gründe, einer war sicher das Prinzip der Auftragstaktik. Es wurden nur die Aufträge erteilt, die Art der Ausführung wurde möglichst weitgehend den Einheitsführern überlassen. Wenn also der Divisionskommandeur oder Regimentskommandeur die einzelnen Einheiten einsetzte, hatten die unter ihm stehenden Einheitsführer viel freie Hand. Das war sehr vernünftig, denn man konnte nie wissen, wie sich eine Lage entwickelte, und je mehr Untergebene es gab, die selbstständig mitdachten und in einem günstigen Moment aus eigenem Entschluss einen Erfolg erringen konnten, dann war das natürlich besser, als starr an einen Befehl gebunden zu sein. Es gab also keinen Kadavergehorsam, wie heute oft behauptet wird, sondern genau das Gegenteil war der Fall.

Als ich das Eichenlaub am 18. Januar 1943 erhielt, bekam ich zunächst keinen Urlaub, sondern musste noch bis zum Juni, Juli warten. Dann hatte ich meine erste persönliche Begegnung mit Hitler im Führerhauptquartier Wolfsschanze bei Rastenburg. Wir waren neun Mann, einer bekam die Schwerter, die anderen bekamen das Eichenlaub. Auf der Fahrt von Berlin zum Führerhauptquartier nach Ostpreußen hatte mich im Zug ein Oberst Löwrick[260] angesprochen, der ebenfalls das Eichenlaub verliehen bekommen hatte. Er war Kommandeur einer Infanterie-Division an der Ostfront. Er fragte mich, ob ich die Maschinenpistole 43 kennen würde. Ich hatte von dieser Waffe gehört, kannte sie aber selbst nicht. Löwrick sagte mir, dass sei eine ausgezeichnete Waffe, die Hitler aber abgelehnt hätte. Er habe den ausdrücklichen Auftrag seines Divisionskommandeurs, Hitler darauf aufmerksam zu machen, welche guten Erfahrungen sie an der Front mit dieser Maschinenpistole gemacht hätten.

Wir mussten zunächst etwas warten, weil noch irgendjemand bei Hitler war. Es war von Leni Riefenstahl die Rede. Der Heeresadjutant bei Hitler, Major Engel[261], bezeichnete sie uns gegenüber als „Reichsgletscherspalte". Engel gab uns keine Verhaltensmaßregeln vor, sagte vielmehr, dass, wenn wir mit Hitler reden wollten, wir alles sagen könnten, was uns wichtig war.

Dann kam Hitler aus seinem Arbeitszimmer heraus und begrüßte uns. Er machte auf mich nicht den Eindruck eines strahlenden Feldherrn, sondern eher den Eindruck eines Künstlers oder Gelehrten. Er gab jedem von uns die Hand, eine schmale Hand mit langen Fingern, und gab uns dann ein Zeichen, ihm in sein Zimmer zu folgen. Hitler sagte zunächst nicht viel. Wir saßen dann an einem länglichen Tisch und Hitler hielt uns einen Vortrag über die augenblickliche Kriegslage und die damit verbundenen Probleme. Er sprach nicht, wie man ihn sonst kannte, wie ein Volksredner, sondern in einem charmanten Plauderton mit einer sonoren Stimme und leichtem bayerischen Akzent.

Hitler hielt uns also einen Vortrag und sprach davon, dass wir weite Küstenfronten hätten, Waldfronten und viele andere und dass wir deshalb Waffen haben müssten, die wir nicht nur speziell in einer Kampfart gebrauchen könnten, sondern in möglichst vielen Kampfarten, und da hakte nun Oberst Löwrick ein und sagte: „Verzeihung, mein Führer, darf ich

---

260 Karl Löwrick, 1894 – 8. April 1945 (Unfall in Pillau) übernahm zunächst an der Westfront, dann an der Ostfront das Infanterie-Regiment 272, wurde im Oktober 1943 Divisionskommandeur, im Juli 1944 zum Generalleutnant befördert.
261 Gerhard Engel, 1906 – 1976, Verbindungsoffizier des Heeres zu Hitler, siehe auch Anmerkung auf S. 119

dazu etwas sagen? Wir haben diese MP 43, die haben wir ausprobiert und das ist wirklich eine ganz ausgezeichnete Waffe." Hitler sah auf, etwas erstaunt, dass er unterbrochen wurde, aber nicht unwillig. Danach hielt er seinen Vortrag, der dauerte etwa eine halbe Stunde, und dann verabschiedete er jeden Einzelnen von uns. Als er zum Oberst Löwrick kam, sprach er ihn sofort mit seinem Namen an und sagte: „Sie haben doch von der Waffe gesprochen, meinten Sie diesen Typus oder diesen Typus?" – also, er war waffentechnisch umfassend informiert und kannte jede technische Einzelheit.

Diese Waffe ist tatsächlich auch eingeführt worden – ob aufgrund dieses Gespräches, kann ich nicht sagen. Es ist ja vielleicht nur ein Stein des Anstoßes gewesen. Aber wie gesagt, es war erstaunlich, welche Details Hitler sofort parat hatte, wenn es um Waffen und technische Einzelheiten ging.

Ich habe Hitler dann noch einmal getroffen, als mir die Schwerter zum Eichenlaub verliehen wurden. Das war am 30. Oktober 1943. Ich hatte die Nacht vorher im OKH[262] Hotel übernachtet; irgendwo an einem masurischen See in der Nähe des Führerhauptquartiers. Am nächsten Tag wurde ich von einem Hauptmann von Ledebur abgeholt. 200, 300 Meter um das engere Hauptquartier war noch einmal ein hoher Zaun und ein Kontrollposten, an dem wir uns meldeten. Da saß ein Feldwebel, der las eine Liste durch, zeigte auf mich und fragte: „Wer ist das?" Ledebur sagte: „Das ist Major von Gazen, der soll die Schwerter verliehen bekommen." Der Feldwebel guckte noch mal auf seine Papiere und sagte: „Der steht aber auf der Liste nicht drauf." Ledebur sagte ihm, das geht schon in Ordnung, schreiben Sie ihn mal dazu. Das hat mich schon gewundert, denn es war ja nicht ganz korrekt. Aber er setzte mich auf die Liste und so kam ich in den innersten Bereich des Führerhauptquartiers.

Als ich dann vor Hitler stand, hatte ich noch mein Koppel umgeschnallt, eine Pistole mit Magazin, aber nicht durchgeladen. In dem Moment dachte ich noch, was würde passieren, wenn plötzlich jemand auf Hitler schießen würde. Das kann man doch eigentlich gar nicht zulassen. Daran sieht man aber, dass durchaus die Möglichkeit bestanden hat, auf ganz ande-

---

262 Oberkommando des Heeres

re Weise ein Attentat auf Hitler durchzuführen, als das später Stauffenberg gemacht hat.

Wir waren bei dieser Gelegenheit unter sechs Augen: Hitler, ein Major Johannmeyer[263] und ich. Hitler fragte mich, wo ich herkäme, von welcher Front und so weiter, offenbar hat man ihn vorher nicht genau informiert. Er fragte mich auch, wo meine Eltern wohnten. Ich sagte, Hamburg. Hitler fragte, ob sie ausgebombt wären. Ich sagte, zum Glück nicht. Hitler sagte dann noch, es sei ja bedauerlich wegen der vielen Opfer, die diese Angriffe erfordern, aber nach dem Kriege hätte man ja sowieso viel neu bauen müssen, hätte viele Stadtteile ohnehin mal abreißen müssen. Das war ein relativ kurzes Gespräch. Hitler hat dabei auf mich keinen wesentlich anderen Eindruck gemacht als beim ersten Treffen.

Später habe ich noch die Kriegsakademie in Hirschberg besucht, war nach dem Attentat auf Hitler einige Wochen beim Allgemeinen Heeresamt, bin dann als 1 A, also als erster Generalstabsoffizier, zur Division zurückgekommen, war einige Zeit bei einem Panzerkorps in Italien, habe dann Anfang April 1945 für kurze Zeit die 2. Panzerdivision kommandiert und kam schließlich an der tschechischen Grenze in amerikanische Gefangenschaft. Ich hatte großes Glück und bin bereits nach drei Wochen aus der Kriegsgefangenschaft entlassen worden.

---

263 Willy Johannmeyer, 1915–1970, siehe Anmerkung auf S. 55

WILHELM NIGGEMEYER

„Er ließ keinen Zweifel daran, noch eine Wende des Krieges herbeiführen zu können"

Wilhelm Niggemeyer
1918 – 2008
Oberleutnant der Reserve

1937 Arbeitsdienst
1938 Eintritt in die Wehrmacht in das Pionier-Bataillon 26
Teilnahme am Westfeldzug und Beförderung zum Leutnant
1941 Führer der 2. Kompanie seines Bataillons

1942 Oberleutnant der Reserve und Bataillons-Adjutant
1943 Im Führerhauptquartier Wolfsschanze von Hitler mit dem Eichenlaub zum Ritterkreuz ausgezeichnet
Diente nach 1955 in der Bundeswehr

Ihm war bewusst, dass der Eid auf eine Person, auf Hitler, äußerst zweischneidig ist. Niggemeyer erinnert sich: „Hitler wirkte ruhig. Ich hatte den Eindruck, dass er sehr genau über alle militärischen Fragen informiert war und sich auch um Kleinigkeiten kümmert ... Das war im Mai 1943, also nach der Niederlage von Stalingrad." Durch seinen in der Rüstungsproduktion tätigen Schwiegervater erfuhr er, dass die von Hitlers genannten Produktionszahlen nicht realistisch waren, dass der Krieg verloren war.

Das Interview fand statt am 16.9.1996.

Ich bin 1918 in Haan im Rheinland geboren, also in der letzten Phase des Ersten Weltkriegs. Im Dritten Reich war ich als Schüler eines erzbischöflichen Gymnasiums in Opladen zunächst in einer Außenseiterposition. Dieses Gymnasium wurde ein Jahr nach meinem Abitur von den Nazis mit der Begründung geschlossen, einer unserer geistlichen Lehrer sei homosexuell. Das war der Vorwand, um eine Schule zu schließen, die andere Ziele als der Nationalsozialismus hatte, nämlich die Vermittlung humanistischer Ziele.

Nach meinem Abitur 1937 und dem Arbeitsdienst in Wermelskirchen bin ich 1938 als vorzeitig Dienender in die Wehrmacht eingetreten. Der Grund war ein familiärer: Meine Eltern hatten neben vier eigenen Kindern vier Waisenkinder aufgenommen und ich wollte meine Eltern durch diesen Schritt finanziell entlasten. Da ich sportlich sehr aktiv war, bin ich zu den Pionieren gekommen. Ich war nie ein politischer Soldat, sondern habe meinem Vaterland gedient. Die Ausbildung war kein Zuckerschlecken, sondern sehr hart. Abiturienten und Studenten wurden manchmal Opfer willkürlicher Vorgesetzter. Ich selber habe im ersten Jahr jedes Sonderkommando mitmachen müssen und stand im Landserjargon kurz vor der Verleihung des goldenen Messers für gutes Kartoffelschälen.

Dennoch kann ich „Kadavergehorsam", wie heute manchmal behauptet wird, nicht bestätigen. Allerdings war es als Untergebener schwer, sich gegen Willkür zur Wehr zu setzen. Schwer, aber nicht unmöglich.

Wir waren auch keine kriegslüsternen Soldaten. In Wahrheit hatten wir genauso viel Angst vor einem Krieg wie jeder andere junge Mensch. Diejenigen, die glaubten, sie könnten auf leichte Art einen Orden erwerben, sind bitter enttäuscht worden. Ich hatte jedenfalls das Gefühl, dass die meisten Menschen noch wussten, was Krieg bedeutet, und deshalb nachdenklich und betroffen waren, als der Krieg begann. Man musste gerade als Soldat starke Nerven haben, um mit diesem außergewöhnlichen Ereignis fertigzuwerden, und ich habe selber Kommandeure erlebt, die in bestimmten Situationen vor Angst zitterten.

Die Person Hitler war für uns Soldaten schon deshalb von besonderer Bedeutung, weil wir ja den Eid auf ihn ablegen mussten. Und jeder denkende Mensch weiß, dass ein Eid auf eine Person eine äußerst zweischneidige Sache ist. Die meisten Menschen denken aber wenig, damals wie heute.

Persönlich bin ich Hitler begegnet anlässlich der Verleihung des Eichenlaubs zum Ritterkreuz im Mai 1943. Damals wurde in Berlin eine Gruppe von etwa einem Dutzend Eichenlaubträgern zusammengefasst und wir fuhren dann mit einem Sonderzug zur Wolfsschanze bei Rastenburg. Dort angekommen, wurden wir in einen größeren Raum geführt. Meiner Erinnerung nach war es der Raum, in dem die Lagebesprechungen stattfanden.

Hitler kam, und jeder von uns musste sich bei ihm melden mit der Dienststellung, in der er das Eichenlaub erworben hatte. Hitler gab uns die Hand und anschließend einen kurzen Überblick, wie er sich die weitere Entwicklung des Krieges vorstellte. Unter anderem sagte er uns, wie viele Tiger- und Panther-Panzer jetzt jeden Monat gefertigt und an die Fronten ausgeliefert würden. Das waren Panzer, mit denen wir zum ersten Mal den russischen Panzern überlegen waren. Danach fragte er uns, was uns interessieren würde, und wir konnten ihm Fragen stellen.

Ein Oberst Griesbach[264], der ebenfalls das Eichenlaub erworben hatte, sagte bei dieser Gelegenheit, dass die deutsche Infanterie im Vergleich zum Gegner zu schlecht bewaffnet sei. Der Gegner besaß in der Regel Maschinengewehre, während bei uns der Soldat in der Regel mit dem Karabiner 98k ausgerüstet war und jede Gruppe nur ein Maschinengewehr hatte. Hitler sagte daraufhin mit einem leicht bayerischen Tonfall, das ist eine Frage der Munitionierung. Für automatische Waffen würde zu viel Munition gebraucht. Er hätte schon alle Metallarbeiter aus den besetzten Ländern zur Arbeit einberufen, mehr Arbeitskräfte stünden nicht zur Verfügung. Oberst Griesbach ließ aber nicht locker und sagte, an der Ostfront geht es jetzt um Tod und Leben. In einer solchen Situation müssten eben auch alle Offiziersfrauen eingezogen werden,

---

264 Franz Griesbach, 1892 - 1984, war Kommandant von mehreren Infanterie-Bataillonen, wurde für seine Leistungen in der 2. Ladoga-Schlacht (bis 30.1.1944) vor Leningrad ausgezeichnet, übernahm Mitte Februar den Großverband 170. Infanterie-Division, der an der Narva an der Ostgrenze Estlands zusammen mit Verbänden der Waffen-SS die Rote Armee monatelang aufhielt. Am ersten Tag wurde er schwer verwundet und geriet im Lazarett im April 1945 in sowjetische Gefangenschaft.

um weitere Arbeiter freizustellen und die Munitionsproduktion zu steigern. Wenige Wochen später wurde tatsächlich das Sturmgewehr eingeführt. Hitler hat offenbar diese Kritik ernst genommen und entsprechende Befehle herausgegeben.

Hitler wirkte ruhig. Ich hatte den Eindruck, dass er sehr genau über alle militärischen Fragen informiert war und sich auch um Kleinigkeiten kümmert. Er ließ keinen Zweifel daran, dass er fest überzeugt sei, noch eine Wendung des Krieges herbeiführen zu können. Das war im Mai 1943, also nach der Niederlage von Stalingrad.

Ich habe wenige Wochen später meinen Schwiegervater angesprochen, der damals bei der Demag[265] arbeitete. Er hatte 400 ausländische Metallarbeiter, Franzosen, Belgier, Holländer, unter sich, die im Panzerbau eingesetzt waren. In einem Gespräch mit dem Direktor der Werkes erfuhr ich, dass die Produktionszahlen, die Hitler uns bei dem Treffen in der Wolfsschanze genannt hatte, nicht haltbar seien, weil in der Zwischenzeit verschiedene Panzerproduktionswerke in Deutschland und die Škoda-Werke in der Tschechei durch Luftangriffe zerstört worden waren. Seines Wissens nach wurde nur die Hälfte der Produktionszahlen erreicht, die Hitler uns genannt hatte.

Ob Hitler das wusste und uns bewusst höhere Produktionszahlen genannt hatte, kann ich nicht beurteilen. Für mich war diese Information eine schwere Belastung, weil mir in diesem Moment klar wurde, dass der Krieg nicht mehr zu gewinnen war.

---

265 Die Demag (Deutsche Maschinenbau-Aktiengesellschaft) ist ein 1920 gegründetes und bis heute bestehendes Kranbauunternehmen. Lokomotiven und Güterwaggons ergänzten das Programm. Während des „Dritten Reichs" wurden auch Panzerfahrzeuge gebaut. Dazu zog man Zwangsarbeiter aus dem KZ Sachsenhausen heran.

JOHANN ADOLF GRAF VON KIELMANNSEGG

„Hitler war ein Genie des Bösen"

Johann Adolf Graf von Kielmannsegg
1906 – 2006
Oberst der Wehrmacht

1926 Eintritt in die Reichswehr
1937 Hauptmann
Während des Krieges tätig in der Operationsabteilung des Oberkommandos der Wehrmacht, ab 1944 Oberst
Als Mitwisser des Attentatsversuchs vom 20. Juli 1944 verhaftet, im November 1944 freigelassen
1950 berufen in das Amt Blank zu Vorbereitung und Aufbau der Bundeswehr
1955 Brigadegeneral der Bundeswehr
1967 NATO-Oberbefehlshaber der Alliierten Streitkräfte Europa Mitte

Von Kielmannsegg berichtet von seinen Begegnungen mit Hitler in der Wolfsschanze und seiner Reise in dessen Auftrag nach Bukarest zum rumänischen Verbündeten Antonescu. „Hitler sagte zu mir wörtlich: ‚Verbreiten Sie eine Wolke von Optimismus in Rumänien.'"

Kielmannsegg war Mitwisser des Attentatversuchs im Juli 1944. „Stauffenberg, den ich ja gut kannte, sprach selbst nie von Widerstand. Wir alle nicht. Stauffenberg sprach von Erhebung ... Der Krieg im Osten wäre weitergegangen, die Soldaten, auch die Waffen-SS hätten weiter gekämpft. Das war ja auch die Grundüberlegung von Stauffenberg: im Westen die Tür aufmachen und im Osten weiterkämpfen. Auf keinen Fall die Russen nach Deutschland lassen."

Das Interview fand statt am 3.12.1999.

Ein Punkt, den ich deutlich herausstellen möchte, ist: Hitler war im Bewusstsein des Volkes und der Soldaten etwas anderes als Partei und Regime und die ganzen kleinen Bonzen und all das Unangenehme, was das Dritte Reich an sich hatte. Ob das berechtigt war, ist eine ganz andere Frage, aber es war so.

Er war derjenige, der Deutschland wieder nach vorne gebracht hat. Man darf doch nicht vergessen die Tatsache: Da kommt ein Mann, der hinter sich eine Partei hat, die vielfach abgelehnt wurde, auch von mir von Anfang an, und sagt: Ich werde Versailles beseitigen und ich werde die Millionen Arbeitslosen von der Straße bringen, und vier Jahre später war es so weit. Du lieber Gott, das soll einen doch wohl beeindrucken.

Die Bonzen und das alles konnte man, vorsichtig ausgedrückt, von Anfang an nicht leiden. Aber Hitler war eben derjenige welcher, der das machte, und von daher war das was anderes. Sie können das nennen, wie Sie wollen, Mythos oder was auch immer, aber das war ganz zweifellos da mit einer sehr großen Auswirkung. Das hat sich ja auch erhalten bis weit in den Krieg hinein. Hitler war das eine und alles andere war das andere. Für die Soldaten sowieso. Denken Sie nur an den Satz „Wenn das der Führer wüsste." Diesen Spruch halte ich für den größten Propagandaerfolg von Goebbels, den er ja bewusst gepflegt hat. Wenn der Führer das wüsste, dann wäre das alles anders. Ich kann Ihnen dazu nur sagen, eine weit verbreitete Vorstellung im Heer, ich kann nicht für die Marine oder Luftwaffe sprechen, während des Feldzugs in Russland war, wenn der Krieg zu Ende ist, dann räumen wir für den Führer mit den anderen auf. Vieles habe ich am Anfang auch mitgetragen, den Österreich-Anschluss, den Einmarsch ins Sudetenland und so weiter. Die ersten Zweifel kamen mit dem Einmarsch nach Prag. Das war ein durch nichts gerechtfertigter Schritt über die Grenze und in meinen Augen nicht gerechtfertigt.

Für mich hatte ein Satz immer besondere Bedeutung: „Du wirst König sein, wenn du recht tust, und wenn du nicht recht tust, wirst du kein König mehr sein." Das bedeutet im Umkehrschluss, wenn der König oder in diesem Fall Hitler unrecht tut, bist du von der Gehorsamspflicht entbunden.

Das hat noch nichts mit aktivem Widerstand zu tun. Über den Widerstand wird heute vieles berichtet, was so nicht zutrifft. Wenn ich dazu kurz Stellung nehmen soll: Stauffenberg, den ich ja gut kannte, sprach selbst nie von Widerstand. Wir alle nicht. Stauffenberg sprach von Erhebung. Und wir sahen uns nicht als Mitglieder des Widerstands, so als ob es sich um einen Verein gehandelt hat, in den man ein- und wieder austreten konnte. In Wahrheit war es eine große Zahl von kleinen und kleinsten Gruppen verschiedenster Auffassungen, die nur lose und stets gefährdete Kontakte miteinander hatten und oft überhaupt nichts voneinander wussten, oder es gab Verbindungen von Personen zu Personen.

Natürlich hätte, wenn man Hitler auf welche Art und Weise auch immer ausgeschaltet hätte, ein Staatsstreich in Berlin stattfinden müssen. Und dieser Staatsstreich bedeutete einen revolutionären Umsturz. Ich selber habe nie angenommen, dass es nach einem erfolgreichen Attentat auf Hitler zu einem Bürgerkrieg gekommen wäre. Das ist eine posthume Beurteilung der Lage. Im Gegenteil: Die SS war in Paris mindestens ebenso stark wie im Reich, und was ist in Paris passiert: Innerhalb weniger Stunden haben sich alle gefangen nehmen lassen.[266] Die Waffen-SS-Divisionen und die SS-Polizei-Divisionen waren eingegliedert in die Front oder, wenn sie Reserve waren, direkt hinter der Front. Die unterstanden in operativen Fragen der Heeresführung und nicht der SS-Führung. Der Krieg im Osten wäre weitergegangen, die Soldaten, auch die Waffen-SS hätten, weitergekämpft. Das war ja auch die Grundüberlegung von Stauffenberg: im Westen die Tür aufmachen und im Osten weiterkämpfen. Auf keinen Fall die Russen nach Deutschland lassen.

Hitler selbst hatte eine unglaubliche Ausstrahlung, die wirkte so stark auf andere Menschen und Massen, dass sie allein mit Charisma nicht zu erklären ist. Ich kam im Mai 1942 in das Oberkommando des Heeres. Innerhalb weniger Monate übernahm ich die Führung der Abteilung 1, die für die Führung der Operationen zuständig war. Das war im September 1942. Von da ab kriegte ich Hitler jeden Tag auf den Tisch. Jeden Tag. Denn was aus dem Führerhauptquartier an Weisungen kam, an

---

266 Unmittelbar nach dem Attentat vom 20. Juli 1944 wurden in Paris 1200 SS- und SD-Männer verhaftet. Der Widerstand gegen Hitler war für einige Stunden erfolgreich – angeführt vom deutschen Kommandanten von Groß-Paris, Generalleutnant Hans Freiherr von Boineburg-Lengsfeld. Er tarnte die Aktion anschließend als Übung und wurde nicht als Mitverschwörer erkannt.

Anfragen kam, das war von mir umzusetzen in Operationsbefehle, in Antworten und so weiter. So gesehen, habe ich Hitler zweieinhalb Jahre jeden Tag erlebt.

Dass ich ihm persönlich näher begegnet bin, das hat eine ganze Weile gedauert. Bei den Lagebesprechungen waren normalerweise nur der Chef des Generalstabes und der Chef der Operationsabteilung und der Generalquartiermeister des Heeres. Das lag an der Art und Weise, wie Hitler führte, vor allem nach dem 9. Dezember 1941, wo er sich, was er de jure durchaus konnte, zum Oberbefehlshaber machte. Damit war er auch der oberste militärische Vorgesetzte und konnte de jure befehlen. Das darf man nicht vergessen. Und was das für einen normalen Soldaten heißt: Hitler ist mein oberster Befehlshaber, ist mein oberster General.

Später, von 1943 ab, habe ich ihn gelegentlich bei dieser oder jener Gelegenheit direkt erlebt, wenn ich mitgenommen oder abgeordnet wurde, bei Vorführungen von irgendetwas, aber auch noch nicht so, dass ich ihm die Hand gegeben habe. Im Januar 1944 bekam ich dann aber einen persönlichen Auftrag von Hitler. Hitler behandelte, das war einer seiner Fehler, und er hat viele Fehler gemacht, seine Verbündeten schlecht und informierte sie nicht. Das gehörte zu seinem Regierungsstil: Der andere sollte immer nur so viel wissen, wie nötig war, um seine Aufgabe zu erfüllen. Das machte er mit allen so. Als es im Süden Russlands immer kritischer wurde, hat sich Antonescu beschwert. Marschall Antonescu[267], Führer des besten Verbündeten, den wir im Krieg gehabt haben, nämlich Rumänien. Und Antonescu wollte jetzt mal genauer Bescheid wissen. Hitler hat dann Zeitzler[268] den Befehl gegeben, einen Generalstabsoffizier zu Antonescu zu schicken. Der konnte ja bei Bedarf jederzeit

---

267 Ion Antonescu, 1892 – 1946 (als Kriegsverbrecher durch Erschießen), war 1940 bis 1944 Diktator im Königreich Rumänien. Er stand auf der Seite der Nationalsozialisten. Hunderttausende Juden kam durch Massaker, ethnische Säuberungen, in Arbeitslagern und im Holocaust um – ebenso zwischen 11.000 und 25.000 Roma.

268 Kurt Zeitzler, 1895 – 1963, ging nach dem Abitur in Luckau zur Reichswehr; WK I, Wehrmacht, seit 1937 OKW, Polenfeldzug, Westfeldzug, Generalmajor 1942, zuletzt Generalstabschef des Heeres. Meldete sich Mitte 1944 nach der verlorenen Schlacht bei Kursk krank, die Leitung der Operationsabteilung übernahm Adolf Heusinger, bis er durch das Attentat vom 20. Juli 1944 verletzt wurde. Nach dem Stauffenberg-Attentat gab Zeitzler eine Treuebekundung gegenüber Hitler ab.

desavouiert werden. Der soll die Lage vortragen, aber bitte vorsichtig, und den will ich vorher sprechen, denn er bekommt von mir noch einen persönlichen Auftrag für Antonescu.

Zeitzler suchte nun mich, den Ia der Operationsabteilung, dafür aus und sagte mir: „Morgen Abend kommen Sie mal mit zur Abendlage, der Führer will Ihnen noch einen persönlichen Auftrag geben. Außerdem will er die Karten sehen."

Nun hatte Hitler schon vorher angeordnet, dass auf den Karten nur die Korps und die Armeen zu sehen sein dürften, keine Divisionen und keine Einzelheiten. Solche Karten hatte ich also gemalt. Im Übrigen: Wenn Hitler zu beeinflussen war, nicht zu überzeugen, das war wesentlich schwerer, dann war er es optisch. Durch Worte und durch Personen nie, wenn er nicht wollte. Optisch bis zu einem gewissen Grade: mit Statistiken, Zeichnungen, bestimmten Einzeichnungen auf den Karten. Das führte bisweilen dazu, dass Heusinger[269], wenn er von einer Lagebesprechung kam, bei der Hitler mal wieder irgendetwas nicht akzeptiert hatte, zu mir sagte: „Kieler", so nannte er mich, „Sie müssen mal wieder einen Bilderbogen für Laien malen."

Ich fuhr also am Abend mit Zeitzler rüber, der machte zunächst seinen kurzen Abendvortrag und dann sagte er: „Mein Führer, hier ist Graf von Kielmannsegg, Sie wollten ihm ja noch einen persönlichen Auftrag für Feldmarschall Antonescu geben." Wir waren nur zu dritt: Hitler, Zeitzler und ich.

Hitler sagte dann zu mir: „Zeigen Sie mir doch mal Ihre Karten." Und ich zeigte ihm die Karten. Zu diesem Zeitpunkt war es an der Ostfront, es war ja auch tiefer Winter, ziemlich friedlich. Es passierte nicht viel. Es war nur eine lokale Operation im Südabschnitt von zwei Divisionen. Die sollten irgendwo einen Frontabschnitt begradigen und griffen damals in einer überschaubaren Zangenbewegung an. Da stand also keine große Absicht dahinter. Das hatte ich nun eingezeichnet mit den entsprechenden Pfeilen. Hitler guckte sich das alles an und dann sah er das. Hitler hatte immer eine Brille auf mit leicht gefärbten Gläsern und immer in der linken Hand Bunt-

---

269 Adolf Heusinger, 1897 – 1982 (Köln). 1915 – 1920 im Heer des Deutschen Kaiserreichs, 1920 bis 1935 Reichswehr, 1935 – 1945 Wehrmacht, 1937 – 1944 Operationsabteilung im Oberkommando des Heeres. „Trotz der Einsicht, dass der Krieg verloren sei, war der Generalleutnant der Meinung, seine Soldatenpflicht erfüllen zu müssen." (Wikipedia) 1955 – 1964 Aufbau der Bundeswehr, zuletzt Vorsitzender des NATO-Militärausschusses.

stifte. Er nahm dann seinen blauen Stift für deutsche Truppen und malte diese Angriffspfeile mindestens doppelt so groß, als der tatsächliche Angriff war. Frage: Radiert man das wieder aus, gerade auch, wenn man schon zum Widerstand gehörte? Eine Karte, die der Oberbefehlshaber des Reiches eigenhändig für den Marschall Antonescu gemalt hat?

Dann wandte sich Hitler mir zu. Ich stand rechts von ihm. Und ich erwartete nun von ihm irgendeine politisch gefärbte Mitteilung oder einen Auftrag für Antonescu. Aber Hitler sagte zu mir wörtlich, so etwas vergisst man nicht: „Verbreiten Sie eine Wolke von Optimismus in Rumänien." Aus. Das war der Auftrag des Führers des Großdeutschen Reiches mitten im Krieg an seine besten Bundesgenossen. Ich als Oberstleutnant sollte nun eine Wolke von Optimismus in Rumänien verbreiten.

Und wie ich da so neben Hitler stand, da guckte er mir, das machte er sowieso gerne, zuerst in die Augen. Man hatte den Eindruck, das waren eine oder zwei Minuten, das war es natürlich nicht. Und ich konnte mich dessen nicht erwehren, anders kann ich es nicht ausdrücken: Der weiß, was du denkst. Wusste er natürlich nicht und das war mir auch klar, aber erst hinterher.

Ich setzte mich also in ein Flugzeug, musste einen Umweg über Budapest fliegen. Ich kam in Bukarest an, die Rumänen haben mich fabelhaft behandelt, haben mir alles gezeigt. Hatten auch noch während des Krieges schicke Lokale in Bukarest. Und am nächsten Tag war der Vortrag bei Antonescu. Antonescu war ja gleichzeitig Staatschef und Oberbefehlshaber, insofern das Gleiche wie Hitler.

Zu der Zeit standen zwei rumänische Armeen bei der Heeresgruppe Süd. Diese Lagebesprechung fand aber nicht im Generalstabsgebäude statt, in dem ich am Vortag schon gewesen war, sondern in seinem Regierungsgebäude. In einem relativ großen Saal, in dem in der Mitte ein großer Tisch stand für die Lagekarten und an der Seite große Fenster, die bis zum Boden gingen. Ich meldete mich und begann dann auf Deutsch, ein Dolmetscher übersetzte, mit meinen Karten den Vortrag. Bei der deutschen Armee ist es die Regel seit Friedrich dem Großen, dass man bei einer Lagebesprechung auf der Karte rechts anfängt und links aufhört. Ich fing also an am Schwarzen Meer, und da war es nicht sehr weit bis Issum, wo Hitler die größeren Pfeile eingezeichnet hatte.

Auf einmal sah ich, wie Antonescu, der neben mir stand, von meiner Karte rüber zu den Fenstern guckte. Ich guckte also auch zu den Fenstern und da sah ich, dass zwischen den Fenstern eine große Lagekarte hing, nämlich seine und zwar richtig. Mit den richtigen Pfeilen drauf, den kleineren. Da stand ich jetzt mit der von Hitler persönlich gefälschten Karte. Da konnte ich nicht lange nachdenken und Fehler durften nicht zugegeben werden. Angriff ist da die beste Verteidigung. Ich habe gesagt: „Herr Marschall, ich sehe, Sie sehen auf Ihre Lagekarte und Sie werden feststellen, dass meine Lagekarte nicht mit ihrer Lagekarte übereinstimmt. Dazu darf ich sagen, Ihre Lagekarte ist die richtige, sie zeigt die tatsächliche Entwicklung der Operation. Meine Lagekarte, und das wollte ich Ihnen gerade vortragen, zeigt die Absicht, die nicht funktioniert hat." Damit war Antonescu völlig zufrieden.

Im Sommer 1944 kam Antonescu selber nach Ostpreußen. Antonescu flog nicht gerne und so machte er die ganze lange Reise von Bukarest bis Ostpreußen mit der Bahn. Er kam, das wussten wir, um sich zu beschweren und auf die immer schlechtere Lage in seinem Land hinzuweisen. Hitler wirkte, und das wird oft verkannt, auch durch das Medium des Dolmetschers. Kurzum: Antonescu reiste, durch das, was ihm der Führer gesagt hatte, völlig zufrieden wieder ab. Allerdings reichte das, ich weiß das zufälligerweise, nur bis Breslau. Dann hat [er] nämlich wieder anfangen können, nachzudenken. Was man nämlich nicht konnte, wenn Hitler einem gegenüberstand. Und von Breslau kam dann ein Fernschreiben bei mir auf den Tisch, und da widerrief er alles, was er gesagt hatte unter Hitlers Einfluss. Das war die Wirkung von Hitler. Ich kann sie nicht erklären, ich kann sie nur schildern.

Hitler besaß tatsächlich eine gewissen Faszination, aber auch eine Überlegenheit. Er hatte ein unglaubliches Zahlengedächtnis, unglaublich. Der wusste die Sachen auswendig, die wir nicht wussten, wenn er die Karte ansah. Er sagte, hören Sie mal, bei der und der Division waren doch gestern noch 18 Panzer, wieso sind es heute nur noch elf? Wusste keiner von uns, er wusste es. Und es stimmte, es stimmte immer. Und er hatte eine Gabe, zu erkennen, wenn andere – ich spreche hier nur über militärisch-operative Fragen – etwas übersehen hatten, wenn andere einen Fehler gemacht haben. Ich gebe Ihnen ein

Beispiel, ich glaube es war 1943. Damals war der Oberbefehlshaber der Heeresgruppe Mitte Feldmarschall Busch[270]. Es war gerade wieder eine der Abwehrschlachten vorbei und Hitler ließ sich das ja immer ganz genau vortragen. Am Ende sagte Hitler dann: „Da stimmt was nicht, da müssen Fehler gemacht worden sein. Die Gesamtverluste an Panzern in den letzten vier Wochen, die sind viel zu hoch. So viele Panzer dürfen bei dieser Art von Kämpfen nicht verloren gehen. Ich will das wissen. Soll mir Busch vortragen."

Ich rief Tresckow[271] an und sagte ihm, dass Hitler Feldmarschall Busch sprechen wolle. Busch erschien, gefolgt von seinem in diesem Fall zuständigen Quartiermeister und einem Adjutanten und hielt einen langen Vortrag über die Panzerlage, a vorher, b nachher, Verluste an den einzelnen Tagen und so weiter. Und sagte dann abschließend: „Mein Führer, so sieht das aus und Sie müssen zugeben, das ist nicht zu viel."

Hitler stand Busch gegenüber, ich stand an der Seite zwischen ihnen und dann stieß Hitler Busch – das tat er gerne – mit seiner Hand an die Schulter und sagte: „Nee, nee, Herr Busch, mit so einer Milchmädchenrechnung dürfen Sie mir nicht kommen. Und wo sind die Panzer, die ich Ihnen aus der Heimat, aus der Instandsetzung geschickt habe?" Die hatten sie in der Tat vergessen, Hitler hatte recht. Und das änderte das ganze Bild.

Und dann habe ich Hitler erlebt, und zwar gründlichst erlebt, vom 21. Juli 1944 bis zum Tag meiner Verhaftung. Zeitzler war umgefallen[272], Heusinger war krank und ich war Chef der Operationsabteilung. Die Lagevorträge zur Ostfront habe ich bei Hitler gehalten. Und das tat ich mehrere Tage lang jeden Tag zwei Mal. Also, ich kann schon sagen, dass ich ihn erlebt habe.

Mein Urteil über Hitler lässt sich in wenige Worte zusammenfassen: Hitler war ein Genie des Bösen, im wahrsten Sinne ein Genie des Bösen.

---

270 Ernst Busch, 1885 – 17.7.1945 (Adelshot, England, Angina pectoris), zuletzt Generalfeldmarschall. Mit 12 Jahren Kadettenanstalt, Preußische Armee, Im WK I an der Westfront. Vor 1933 Anhänger Hitlers. 1938 General. Im WK II Polenfeldzug, Westfeldzug, Sowjetunion. Mit Wilhelm Keitel und Alfred Jodel einer der treuesten Anhänger Hitlers.
271 Henning von Tresckow, 1901 –21.7.1944, siehe auch Anmerkung auf S. 319
272 Vgl. Anmerkung zu Zeitzler auf S. 353

WILHELM ZEYSS

„Schießen Sie, auf meine Verantwortung"

Wilhelm Zeyss
1908 – 2002(?)
Ingenieur im Reichswehrministerium

1929 Studium Elektrotechnik und Maschinenbau an der Technischen Hochschule München
1935 Anstellung im Reichswehrministerium, Abteilung Raketentechnik an der Herresversuchsstelle Kummersdorf; Forschung zur Entwicklung von Flugabwehrraketen bei Generalmajor Walter Dornberger

Wilhelm Zeyss beschäftigte sich während des Zweiten Weltkrieges mit der Entwicklung von Raketen mit Feststoffantrieb und hatte als Ingenieur des Reichswehrministeriums die Aufgabe, die Spitzen der Wehrmacht und Hitler persönlich über die aktuellen Waffenentwicklungen zu informieren. „Ohne Zweifel bestand in der Generalität des Heeres, bis hinauf zu Brauchitsch, die Auffassung, wir sind nicht identisch mit der Partei. Offenbar führte das dazu, dass sie nicht bereit waren, der Partei und Hitler als Führer diese Erkenntnisse zu offenbaren. Ich dachte da anders: Hitler war der Führer, trug die Verantwortung und war selbstverständlich über alles zu informieren, was wir wussten."

Das Interview fand statt am 26.9.1995.

Ich bin 1908 geboren und kann mich noch gut an den Ersten Weltkrieg erinnern. Als er 1914 begann, war ich sechs Jahre alt. Ich bin damals neben den ausrückenden Truppen in Bayreuth zum Bahnhof gewandert und wir sangen „Die Wacht am Rhein". Die Soldaten hatten in ihren Gewehrläufen Blumensträuße. Für sie war ja nach 1870/71 kein Krieg mehr real gewesen und sie hatten das Gefühl, dass es in einen kurzer Krieg geht, in dem man sich als Mann bewähren konnte. Bei diesem Marsch nahm mich ein junger Leutnant zur Seite und sagte: „Wir tauschen die Adressen und ich schicke dir Feldpostkarten." Das hat er auch tatsächlich gemacht.

Ich bin in Mannheim geboren und mein Vater war damals Major in der Eisenbahnabteilung des Großen Generalstabs. Ihm unterstand ein Teil der Eisenbahnlinien, die für die Mobilmachung von Bedeutung waren. Mit sechs zogen wir nach Bayreuth; da blieb ich bis 1929.

Der Erste Weltkrieg ist mir noch in guter Erinnerung: Die Lebensmittel wurden rationiert, die persönliche Bewegungsfreiheit war eingeschränkt, das ganze Leben stellte sich um. Von jeder Familie waren die Söhne, teilweise auch die Väter eingezogen und die Frauen mit ihren Kindern mussten, weitgehend unvorbereitet, alleine weitermachen.

Am Ende des Krieges war ich in der Volksschule in Bayreuth. Als es hieß, dass die beiden Bayreuther Regimenter vom Westen zurückkehren würden, nahmen wir als Schüler auf der Bahnhofstraße zu beiden Seiten zur Erwartung der Truppen Aufstellung. Wir hatten unsere bayerischen Papierfähnchen. Dann kamen die Truppen noch voll bewaffnet zurück. Die Soldaten wurden erst in Bayreuth entwaffnet. Sie waren alle tiefernst und es gab kein Gefühl der Fröhlichkeit.

Als nach dem Krieg Kommunisten auch in Bayreuth die Macht übernahmen, fuhren Lastwagen mit aufgebockten Maschinengewehren durch die Stadt. Es passierte Gott sei Dank nichts, aber es war eine angespannte Situation, in der sich die politischen Ereignisse überschlugen.

Ich habe Hitler zum ersten Mal im Frühjahr des Jahres 1921[273] in der Bayreuther Wirtschaft „Zur Sonne" reden gehört.

---

273 Wilhelm Zeyss irrt sich. Hitler war 1922 und 1923 in Bayreuth, hielt seine erste Rede dort 1925. (Quelle: Harald Sandner, Hitler-Itinerar, sowie Nachfrage beim Stadtarchiv Bayreuth.)

Er sprach da vor den Bürgern der Stadt nur über die Frage des Versailler Vertrages. Der Raum war gesteckt voll, darunter auch viele ehemaligen Soldaten und auch Arbeiter. Hitler erörterte in dieser Rede den „Schandvertrag von Versailles" und brachte die Zuhörer dazu, darüber nachzudenken, was in diesem Vertrag beschlossen worden war; vor allem die Übernahme der alleinigen Kriegsverantwortung und Kriegsschuld. Das war mir schon als Kind unmöglich, zu denken, dass wir alleine schuld am Krieg gewesen sein sollten und alle anderen wären reine Engel gewesen. Das, was Hitler sagte, schien nicht nur mir richtig, sondern allen Zuhörern. Was mir weniger gefiel, war, dass er alles in einem ziemlich schreienden Ton vortrug und polemisch wirkte. Aber das empfanden andere wohl nicht so, denn Hitler bekam am Ende einen rauschenden Beifall. Vor allem, weil er über Dinge sprach, die jedermann nachempfinden konnte. Er packte den Stier bei den Hörner und brachte genau das zur Sprache, was in den Zeitungen nicht mehr zu lesen war. Das gefiel den Menschen.

Mir selber schwebte schon früh ein technischer Beruf vor. Der Offiziersberuf wie bei meinem Vater schied aus, denn es gab ja keine reguläre Armee mehr, sondern nur das sogenannte Hunderttausend-Mann-Heer. 1929 machte ich das Abitur und beschloss, auf die Technische Hochschule München zu gehen und Elektrotechnik zu studieren. Ich studierte parallel Maschinenbau und etwas Staats- und Rechtslehre, weil es meine Absicht war, nach dem Studium in den bayerischen Staatsdienst zu gehen. Nachdem ich das Studium beendet hatte, begann ich Bewerbungen zu schreiben, aber immer ohne Erfolg. Es hieß damals, mit Ingenieuren kann man die Straßen pflastern – wir haben keine Posten.

Durch Zufall habe ich dann die Bekanntschaft einer jungen Gräfin gemacht, deren Mann in Berlin im Reichswehrministerium im Heeres-Waffenamt, Abteilung technische Entwicklung, tätig war. Der prüfte mich eines Tages fünf Stunden lang in Mathematik, Physik, Technologie und so weiter. und am Ende sagte er: „Ich weiß noch nicht, wie ich Sie in Berlin im Reichswehrministerium unterbringe, aber Sie gefallen mir; Sie können was. Warten Sie ab." Und tatsächlich, irgendwann kam ein Brief von ihm aus Berlin vom Reichswehrministerium, es wäre eine Stelle in der Maschinengewehr-Abteilung frei; aber es wäre was im Gange, ich sollte noch warten. Wenig später kam auch ein zweiter Brief, in dem es hieß, ich sollte mich am 8. Oktober 1935 in Berlin im Reichswehrministerium vorstellen. Ich wurde tatsächlich eingestellt und bekam den Auftrag, mich im Reichswehrministerium um Raketentechnik zu kümmern. Ich wurde Militäringenieur, und meine erste Aufgabe war es, zu erkunden, was ist im Inland und im Ausland auf diesem Gebiet als Ansatz brauchbar. Vielleicht darf ich noch erwähnen, dass ich weder zu dieser Zeit noch später Mitglied der NSDAP war. Das hat sicher später manche Beförderung verhindert, aber das war mir egal. Ich war nie Parteimann.

Im Laufe der Zeit lernte ich Generaloberst Milch[274] kennen und der wiederum kommandierte mich zu Dornberger[275]. Dornberger hatte zu dieser Zeit den Auftrag, Raketen zu entwickeln mit Feststoffantrieb. Im Gegensatz zu Wernher von Braun[276], den ich auch kennenlernte, der sich spezialisierte auf Wasserstoff und Sauerstoff, also Flüssigkeitsantrieb. Teil meiner Tätigkeit war auch die Erforschung von Möglichkeiten von Flugabwehrraketen. Dazu musste ich den militärisch Verantwortlichen einen Vortrag halten: dem Chef des Waffenamtes, von Brauchitsch[277] und schließlich auch Hitler.

Vor Hitler persönlich musste ich alle halbe Jahre erscheinen, um ihm eine Beurteilung der Waffenentwicklung des Auslandes, von Russland bis Amerika, von England über Frankreich bis Italien, vorzutragen und ihm vorzuschlagen, was ich dazu meine. Was wir machen könnten, wen wir beauftragen könnten. So hatte ich eine selbstständige Stellung, die nicht zu vergleichen war mit der Wernher von Brauns.

---

274 Erhard Milch, 1892 – 1972 (Wilhelmshaven), Generalinspekteur der Luftwaffe. Im Januar 1943 wurde Milch per Führerbefehl beauftragt, die eingeschlossene 6. Armee vor Stalingrad zu versorgen. Diese Aufgabe war unerfüllbar. Im April 1947 als Kriegsverbrecher zu lebenslanger Haft verurteilt. 1954 entlassen.
275 Walter Dornberger, 1895 – 1980, Generalmajor, zuständig für das gesamte deutsche Raketenwaffenprogramm. Britische Gefangenschaft im August 1945, Ausreise in die USA 1947, Berater der US-Air Force
276 Wernher von Braun, 1912 – 1977, hatte mit Dornberger die Pläne der V2 in der britischen Besatzungszone versteckt, wo sie von den Amerikanern in einer Geheimaktion beiseite geschafft wurden. 1947 in die USA
277 Walther von Brauchitsch, 1881 – 1948 Hamburg, Generalfeldmarschall, im Dezember 1941 auf eigenen Wunsch entlassen

Bei der Entwicklung von Flugabwehrraketen gab es zwei Möglichkeiten: als Massenwaffe mit rauchschwachem Pulver, sodass sie wie jede andere Artilleriemunition gelagert werden konnte, oder mit anderen Treibstoffen. Da dachte ich zunächst an Wasserstoffsuperoxid. Wir mussten aber mit kleineren Kalibern experimentieren, die man als Massenwaffe einsetzen konnte. Und darüber wollte Hitler persönlich informiert werden.

Nun war es am Anfang so, dass wenn Hitler zu uns nach Kummersdorf kam, in die alte kaiserliche Artillerieversuchswerkstatt, Dornberger persönlich Vortrag vor Hitler hielt. Hitler wollte sich aber immer im Versuch selbst ein Bild machen, um zu sehen, wie weit die Entwicklung gediehen war.

Nun müssen Sie wissen, dass uns vor und während des Krieges wichtige Informationen oder neue gegnerische Waffen, wie ein in unsere Hände gefallenes rückstoßfreies russisches Schlittengeschütz oder die amerikanische Panzerbüchse Bazooka, automatisch nach Berlin zugestellt wurden. Mein Auftrag war, diese Beutewaffen zu prüfen, damit ins Hauptquartier zu Hitler zu fahren und, wenn möglich, diese Beutewaffen im scharfen Schuss vorzuführen.

Lange vor dem Krieg, im Jahre 1936, wurde uns aus Finnland ein streng geheimes Zukunftspapier der Russen in die Hand gespielt. Ein Ergebnis der Allunionskonferenz 1934/35, auf der die Sowjets eine Generalübersicht über ihre gesamte Raketenentwicklung erstellten. Das betraf sowohl Waffensysteme wie den späteren Raketenwerfer Katjuscha als auch Großraketen. Dieses ganze Papier mit wissenschaftlichen Berechnungen und so weiter hatten die Finnen auf geheimnisvolle Weise erbeutet und Dornberger überlassen. Dornberger gab es mir, damit ich mir ein Bild vom Stand der russischen Entwicklung machen konnte. Ich habe die Unterlagen studiert und war erschrocken über die Perfektion der russischen Raketenentwicklung.

Als Hitler 1936, 1937 in Kummersdorf war,[278] hat er vor dem innersten Kreis seine Fragen gestellt.

Er wollte vor allem wissen, wie weit die Amerikaner, Engländer und Russen in ihrer Entwicklung waren. Dornberger

---

278 Hitler war am 6. Februar 1935 in Kummersdorf. (Quelle: Harald Sandner, Hitler-Itinerar III, S. 1260)

hat dann vorgetragen, dass wir Blaupausen der Amerikaner besäßen, sagte aber nichts von den Russen. Obwohl er mir persönlich dieses unglaubliche Papier über die russische Raketenentwicklung gegeben hatte, schwieg er. Und ich schwieg natürlich auch. Hitler wurde unruhig und sagte schließlich: „Meine Herren, das interessiert mich alles nicht. Mich interessiert nur, wie weit sind die Russen?" Alle schwiegen. Hitler schaute uns an und dann habe ich meine Hand gehoben, Hitler gab mir das Wort und dann habe ich vor dieser inneren Runde mein Wissen über das aus Finnland uns zugespielte Grundsatzpapier kundgetan. Hitler wurde ungeheuer lebendig und sagte am Ende: „Da sehen Sie, meine Herren, was ich immer sage, die Russen sind auf allen Gebieten mit vorne dran."

Nachdem Hitler gefahren ist, fuhr mich Dornberger zornig an: „Wie können Sie es wagen? Sie haben doch gemerkt, wir wollen nicht." Ich sagte: „Warum wollen Sie nicht? Das sind doch entscheidende Informationen, die wir Hitler nicht vorenthalten dürfen." Dornberger kanzelte mich ab: „Das verstehen Sie nicht!" und schloss mich als Strafe sogar vom Essen im Offiziers-Kasino aus.

Ich weiß aber aus vielen persönlichen Gesprächen mit Dornberger, dass er froh war, nichts mit der Partei zu tun zu haben. Vielleicht wollte er Hitler auch nicht mit Material versehen, dass Hitler aus seiner Sicht zu unvorsichtigen Schritten veranlassen könnte. Ohne Zweifel bestand in der Generalität des Heeres, bis hinauf zu Brauchitsch, die Auffassung, wir sind nicht identisch mit der Partei. Offenbar führte das dazu, dass sie nicht bereit waren, der Partei und Hitler als Führer diese Erkenntnisse zu offenbaren. Ich dachte da anders: Hitler war der Führer, trug die Verantwortung und war selbstverständlich über alles zu informieren, was wir wussten.

Mein persönlicher Eindruck von Hitler war: Er ist ein einsamer Mann ohne echte Freunde, die ihm die Wahrheit sagen. Das ganze Gerede, Hitler habe einen dämonischen Einfluss auf seine Umgebung gehabt, kann ich nicht teilen. Für mich war Hitler ein Mann wie du und ich, dem man offen die Wahrheit sagen konnte. Ich erinnere mich in diesem Zusammenhang an ein Erlebnis mit Hitler im Jahre 1943. Ich hatte die schon erwähnte von Professor Goddard entwickelte amerikanische Bazooka zur Untersuchung bekommen, die sowohl an der Ostfront von der Roten Armee als auch in Afrika als Versuchswaffe eingesetzt war und von Rommel als Beutestück zu uns nach Berlin geschickt wurde. Ich hatte zwei Waffen und fünf Raketen. Ich wusste inzwischen, diese Raketen arbeiten mit einem Innendruck von 1000 Atmosphären[279], sie besaßen eine hohe Ladung und eine mächtige Durchschlagskraft. Diese Waffe sollte ich Hitler im Hauptquartier persönlich vorschießen.

Ich habe einen alten Panzer als Ziel aufstellen lassen und kam am 13. Mai 1943[280] zu Hitler, der umgeben war von ungefähr 200 Leuten vom Reichskriegsminister bis zu Parteifunktionären.

Hitler bat mich, Vortrag zu halten, und erteilte mir das Wort. Ich hielt zwei Stunden lang Vortrag und führte auch aus, was wir machen wollten, um feindliche Panzer zu bekämpfen. Es war klar, das ging nur auf Raketenbasis; es musste eine enorme Durchschlagswirkung besitzen und dennoch ein ganz leichtes Gerät sein, das notfalls auch von Zivilisten zu bedienen ist.

Am Ende meines Vortrages sagte Hitler zu allen: „Bitte gehen Sie in die Sicherheitsbunker. Ich bleibe hier, denn das möchte ich mir alleine ansehen." Da stand ich also allein mit Hitler. Er stand neben mir, ich hatte einen Stahlhelm auf, hatte die amerikanische Bazooka, die ich noch niemals geschossen hatte, und fünf Raketen. Dann sagte Hitler zu mir: „Schießen Sie." Ich sagte: „Nein." Er fragte: „Warum schießen Sie nicht?" Daraufhin sagte ich: „Sie beachten ja die mindesten Vorschriften nicht. Es besteht doch keine Sicherheit, die Waffe kenne ich nicht, das ist eine Versuchswaffe, die habe ich noch nie geschossen, die ist scharf und Sie stehen neben mir. Was passiert bei einem Rohrkrepierer?" – „Sie haben recht", sagte Hitler und ging ziemlich genau fünf Meter weit weg, nahm eine militärische Haltung ein und sagte: „Es besteht Sicherheit. Ich befehle Ihnen: Schießen Sie, auf meine Verantwortung."

Dann habe ich mich hingelegt. Das Ziel war ungefähr hundert Meter entfernt, die Einstellung der Bazooka waren in Yard, sodass ich mir nicht sicher war, wie genau ich zielen musste, schoss und traf. Hitler rief: „Noch einen Schuss!" Also zweite Rakete rein, Schuss, wieder ein Treffer.

---

279 Druckeinheit; 1000 (physikalische) Atmosphären = 1.013,25 Bar = 1.013.250 hPa
280 Am 14.5.1943, 11.30 Uhr (Quelle: Harald Sandner, Hitler-Itinerar IV, S. 2096)

Danach kam Hitler auf mich zu, ging mit mir zu dem Panzer und sagte: „So, Herr Zeyss, jetzt möchte ich mal sehen, was die Amerikaner können." Wir guckten und stellten fest, dass etwa 3,5 Zentimeter Panzerung durchschlagen war, nicht mehr. Hitler schaute mich an und sagte: „Wehe, wenn Sie mir was Schlechteres anbieten." Ich sagte ihm, dass wir eine Waffe planten, die mindestens 20 Zentimeter Panzerung durchschlagen könnte. Inzwischen waren auch die anderen Herren wieder eingetroffen und ich beschrieb die von uns entwickelten Modelle zur Panzerabwehr: die Panzerfaust und die Raketenpanzerbüchse, besser bekannt als „Panzerschreck".

Bei dieser Gelegenheit gab es noch einen heftigen Disput zwischen Guderian[281] und Hitler über taktische Fragen des Panzereinsatzes, wenn es dem Russen gelingen würde, eine dieser neuen Waffen zu erbeuten und nachzubauen. Bei Hitler schwoll die Zornesader, aber Guderian ließ sich nicht einschüchtern. Am Ende schaute Hitler Guderian lange an, und sagte: „Also, Guderian, vertagen wir die Sache. Ich muss mir das noch mal überlegen."

Zu mir sagte Hitler: „Sie erhalten jetzt und hier von mir die Dringlichkeitsstufe 1 vor allen anderen Entwicklungen. Machen Sie mir die Waffe, die Sie vorgeschlagen haben, frontfähig. Sie bekommen jede Vollmacht." Wir haben das in Blitzeseile umgesetzt, sodass beide Waffensysteme noch im Jahr 1943 beziehungsweise im Frühjahr 1944 mit großen Erfolgen an die Truppe ausgeliefert werden konnten. Abgesehen von diesen Panzerabwehrwaffen haben wir noch an einer Fernlenkrakete mit Drahtlenkung gearbeitet, die auf eine Entfernung bis zu 1000 Meter den feindlichen Panzer treffen konnte. Diese Waffe hieß „Rotkäppchen", kam aber nicht mehr richtig zum Einsatz.

Mein letztes Zusammentreffen mit Hitler fand statt im Herbst 1944, also nach dem Attentat vom 20. Juli 1944. Ich musste vor ihm einen Vortrag halten über die neuesten Entwicklungen, und Hitler machte da auf mich einen erschütternden Eindruck. Er ging leicht vornübergeneigt und ich hatte das Gefühl, er war irgendwie gebrochen und zerbrochen. Er war nach wie vor höflich und aufmerksam, aber nicht mehr mit dem Hitler zu vergleichen, den ich aus früheren Jahren kannte.

---

281 Heinz Guderian, 1888 – 1954, Panzergeneral, siehe auch Anmerkung auf S. 53

HANS GOTTHARD PESTKE

„Die technischen Kenntnisse Hitlers waren erstaunlich"

Hans Gotthard Pestke
1914 – 2001
Major und Kommandeur des I. Bataillons des Infanterie-Regiments 176

1943 von Hitler mit dem Eichenlaub ausgezeichnet
1945 – 1947 britische Kriegsgefangenschaft
Nach 1955 Eintritt in die Bundeswehr, zuletzt Brigadekommandeur und Oberst
1972 Ausgezeichnet mit dem Verdienstkreuz 1. Klasse des Verdienstordens der Bundesrepublik Deutschland

Hans Gotthard Pestke beschreibt, wie einfache Soldaten zum Kanonenfutter wurden und mit Entsetzen reagierten, als im Juli 1941 die neuen sowjetischen Panzer T-34 mühelos die deutschen Linien durchbrachen.
Er schildert seine Jahre bei der Wehrmacht und kommt zu dem Schluss: „Dass man heute allgemein der Wehrmacht zuschreibt, es seien Zivilisten wahllos erschossen oder Frauen vergewaltigt worden, ist für mich wie für viele andere Soldaten empörend und trifft uns ganz tief in unserem Ehrgefühl, weil wir – ich wie viele andere Kameraden, vor allem aber diejenigen, die gefallen sind – unmöglich etwas getan haben, was gegen die Ehre eines anständigen deutschen Soldaten ging."

Das Interview fand statt am 5.11.1998.

Aus Ostpreußen stammend, hat der Zweite Weltkrieg für mich eine längere Vorgeschichte. Man muss einen Unterschied machen zwischen der Atmosphäre, in der man groß geworden ist und die man in seiner unmittelbaren Umgebung, dem Elternhaus, der Schule, anfangs auch bei der Wehrmacht wahrgenommen hat, und der Stimmung am Beginn des Krieges, also am 1. September 1939.

Zur Stimmung in Ostpreußen oder meinem Wohnort Marienwerder gehörte ständig die Spannung, man müsse früher oder später mit dem Überfall der Polen rechnen. Darüber gibt es nun auch belegtes Schrifttum, dass das nicht nur Phantasiegebilde waren, sondern dass wir mit einiger Begründung als 17-Jährige oder 18-Jährige in der Schwarzen Reichswehr, damals hieß das bei uns UWG, unabhängige Wehrgemeinschaft, unseren Dienst als Soldaten machten, um im Heimatschutz kämpfen zu können, falls der Umstand eintrat. Also die Bereitschaft, die Heimat zu verteidigen, hat mich meine ganze Jugend stark beeinflusst und stark in Spannung gehalten.

Ich gehörte der Wehrmacht vom Tage ihrer Gründung an. 1932 bin ich im November vereidigt worden und am 8. Mai 1945 bin ich vom Lazarett in Gefangenschaft gegangen. Ich habe also die Wehrmacht vom allerersten bis zum allerletzten Tag oder man kann sagen: bis zur allerletzten Stunde während des Krieges miterlebt – und noch zwei Jahre Gefangenschaft obendrauf. Dass man heute allgemein der Wehrmacht zuschreibt, es seien Zivilisten wahllos erschossen oder Frauen vergewaltigt worden, ist für mich wie für viele andere Soldaten empörend und trifft uns ganz tief in unserem Ehrgefühl, weil wir – ich wie viele andere Kameraden, vor allem aber diejenigen, die gefallen sind – unmöglich etwas getan haben, was gegen die Ehre eines anständigen deutschen Soldaten ging.

Die Wehrmacht war wohl die Armee im letzten Krieg, die am allerwenigsten auf dem Führungsprinzip Kadavergehorsam aufgebaut war. Gehorsam oder sehr exakter Gehorsam war natürlich ein Erziehungsziel und wurde auch gefordert. Aber ein Gehorsam, der darüber hinaus ging, etwas gegen sein Gewissen zu tun, ist mir jedenfalls weder in meiner eigenen Ausbildung noch in der Ausbildung derjenigen, die mit mir oder nach mir gekämpft haben, begegnet. Wie wir uns gegenüber der Zivilbevölkerung des Gegners verhalten sollten, das war sehr allgemein gehalten. Ich glaube, es gab auch nirgends eine Vorschrift oder einen Befehl, sondern es war das Verhalten eines anständigen Menschen anderen Menschen gegenüber. Der Kommissarbefehl[282] ist mir selbst merkwürdigerweise damals nie bekannt gewesen. Ich habe mir von meinem damaligen Regimentskommandeur hinterher erzählen lassen, dass es diesen Befehl gegeben hat. Bei der Vorbesprechung für den Kriegsbeginn gegen Russland hat der damalige Divisionskommandeur diesen Befehl vorgelesen und mit der Bemerkung abgetan, in meiner Division wird dieser Befehl wohl nicht ausgeführt. Damit war die Debatte darum abgeschlossen.

Der Kriegsbeginn 1939 selbst war für mich wie für viele andere dann letzten Endes doch eine Überraschung, die ganz und gar nicht mit Begeisterung aufgenommen wurde, sondern mit großem Misstrauen, mit großem Bedenken. Zumal ich dann mit einer Truppe ins Feld gezogen bin, in den Krieg gezogen bin, die 14 Tage vorher aufgrund von Mob-Kalendern, Mobilisierungs-Kalendern, aufgestellt wurde; also das waren im Grunde genommen – wir nannten sie in Ostpreußen Askaris – kurz ausgebildete, vierteljährig ausgebildete junge Leute, die zu dieser Mob-Aufstellung kamen, mit denen wir dann mit scharfem Schuss in den Krieg zogen. Da war alles andere als Begeisterung, im Gegenteil, als Zugführer einer Infanterie-Geschütz-Kompanie, immerhin schon beritten, zog ich beklommen in den Krieg und hatte mehr das Gefühl, einen Zigeunerhaufen zu führen als eine Truppe, die ich vorher aus Friedenszeiten gekannt hatte.

Ich persönlich habe die graue Uniform der Wehrmacht sehr gerne angezogen, um nicht die braune anziehen zu müssen. Aus der Bündischen Jugend stammend, war ich Idealist und habe dann noch den Übergang in die HJ kennengelernt, die mir gar nicht passte. Obwohl ich dann noch im Deutschen Jungvolk Fähnleinführer wurde, hat mir diese Art von Vaterlandsliebe und dieses Getrommle und Getute so keineswegs gefallen. Lieber habe ich dort angeknüpft, wo ich schon vorher als Soldat in der UWG war, also als Wochenendsoldat. Der Kameradenkreis war mir lieber und die Ernsthaftigkeit, mit der dort vorbereitet und gearbeitet wurde.

---

282 Kommissarbefehl siehe Anmerkung auf S. 272

Mein erster ernsthafter Kampf war an der Westfront, dafür habe ich mein EK I bekommen, dass ich einen MG-Carrier der Engländer außer Gefecht gesetzt habe, indem ich eine Handgranate oben hineingeworfen habe. Als Infanterist kamen wir uns zwar mit der Erde eng verbunden vor, aber dennoch etwas hilflos, plötzlich einer mechanisierten Truppe gegenüberzustehen. Die Engländer waren uns in der Beziehung damals erheblich überlegen. Aber von diesem ersten Erlebnis, wie hilflos der Mann im Grund genommen hinter dem Panzer ist, konnte ich im Osten gut Gebrauch machen. Da ist es mir öfter passiert, Panzerverbänden gegenüberzustehen. Abscheulich ist es natürlich. Das Schlimmste war, so Anfang Dezember 1941, als wir den östlichsten Punkt unseres Kampfes noch ostwärts des Wolchows[283] beendeten, zum ersten Mal Bekanntschaft mit dem T-34[284] zu machen. Gegen den war kein Kraut gewachsen.

Die stärkste Waffe, die wir hatten, war die 3,7 Pak. Diese Panzerabwehrkanone nannten wir damals schon Panzeranklopfgerät. Es blieb uns nichts anderes übrig als Deckung in der Erde – und List und Tücke, um von hinten oder von irgendwo an das Ungetüm heranzukommen, um ihm eine Hafthohlladung[285] anzukleben.

In der von mir geführten oder ausgebildeten Truppe herrschte diese Angst vor dem Panzer nicht vor, von der gelegentlich berichtet wird. Man musste jemanden in einen Panzer hineinsetzen, um den Männern klarzumachen, wie eingeschränkt die Sichtverhältnisse und wie eingeschränkt die Handlungsverhältnisse in einem solchen gepanzerten Ungetüm aussehen. Dann vergeht einem die Angst, dann weiß man, wie man da rankommt. Dann weiß man, was man dagegen machen kann. Später hatten wir ja auch entsprechende Waffen.

Im Westfeldzug waren wir eine gute Truppe. Mit dieser sehr gut ausgebildeten Truppe sind wir auch in die Sowjetuni-

---

283 Wolchow: Fluss in Nordwestrussland zwischen Sankt Petersburg und Moskau
284 „Der T-34-Panzer traf die Wehrmacht wie ein Monster." Mit Entsetzen reagierten die deutschen Truppen, als im Juli 1941 sowjetische Panzer mühelos ihre Linien durchbrachen. Das neue, mittelschwere Modell T-34 wurde zum Angstgegner. (Quelle: Johann Althaus, Die Welt, 6.7.2016)
285 Hafthohlladung: Sprengkörper mit drei Magneten zur Befestigung an einem Panzer. Zündung nach wenigen Sekunden. Es wurden mehr als 500.000 gefertigt. Zuerst verwendet 1942 an der Wolchow-Front.

on marschiert. Aber wir haben bereits am ersten Tag, aus dem Memelgebiet antretend, gegen ein sogenanntes russisches Vernichtungsbataillon gekämpft. Am ersten Tage hatten wir so viele Verluste zu beklagen wie im ganzen Frankreichfeldzug nicht. Am ersten Tag sind allein drei Kompaniechefs gefallen. Die Zahlen habe ich jetzt im Einzelnen nicht im Kopf, aber das war schon ein erheblicher Verlust an der Substanz in dieser ersten Zeit.

Dann kamen Siegeszüge und Erfolgsmeldungen im Baltikum, wo wir mit offenen Armen bei den Litauern empfangen wurden, vor allem von den Letten und den Esten. Damit konnten wir unsere Ausfälle weitgehend ausgleichen. Beim Angriff auf Reval, die Hauptstadt von Estland, hatte ich eine zusätzliche Kompanie, die damals so groß war wie meine eigene. Ich hatte 300 Mann, das waren Esten, die aus den Wäldern kamen und sich uns anschlossen und mitkämpften, bis ihre Hauptstadt befreit war. Das war für uns natürlich eine ganz große Hilfe und Erleichterung. Es ging ja gegen eine befestigte Stadt. Die Russen hatten die ganze Panzerausstattung der estnischen Armee, britische und französische Panzer, als Bunker in dieses Verteidigungssystem eingebaut.

Aber mit dem Winter '41 ist der Elan unserer Truppe, der deutschen Infanterie erfroren – ich glaube, das ist keine Übertreibung. Allein die Erfrierungsschäden waren so hoch. Wir sind ja mit Kommissstiefeln und Kunststoffmäntelchen in diesen Winter gezogen. Diese Verluste, die dann mit dem Rückzug hinter den Wolchow verbunden waren! Es war der erste Rückzug, den wir überhaupt erlebt hatten, der uns böse Verluste gekostet hat. Es war schon beinahe eine Heldentat, dass diese Front am Wolchow noch einmal zum Stehen gebracht wurde. Danach haben wir uns praktisch von diesen Verlusten nie recht erholt, weil praktisch das, was nachkam, schnell wieder verbraucht war. Und ausgeglichen wurden diese Verluste nur dadurch, dass fast alle Kameraden, die verwundet oder mit Erkrankungen oder Erfrierungen nach Hause gekommen waren, sich bemühten, alles daransetzten, zum alten Haufen zurückzukommen, sodass wir unsere alten Unteroffiziere und Feldwebel nach und nach zurück und damit ein Skelett in die Truppe bekamen. Je weiter man nach Osten kam, umso mehr wurde einem klar, dass man in eine bereitgestellte oder sich bereitstellende Truppe hineingestoßen war. Dieses Urteil ist uns auch von den Angehörigen der Litauer, Letten und Esten immer wieder bestätigt worden, dass sie damit gerechnet hatten, dass es umgekehrt laufen würde, dass die Russen uns und nicht etwa wir sie angreifen würden. Wenn die Russen defensiv eingestellt gewesen wären, hätten sie sicherlich so etwas ähnliches wie den Westwall oder die Siegfriedlinie oder sonst eine Befestigungslinie bauen können, zumal ihnen ja auch die Möglichkeiten gegeben waren, die Zivilbevölkerung dafür in Anspruch zu nehmen. Bei der Verteidigung von Reval haben wir gesehen, wie schnell und wie hervorragend in ihrem Stellungsbau etwas zustande kam. Erst auf den Inseln, also Ösel [Saarema] und Dagö [Hiiumaa] in der Ostsee vor Estland, sind wir wieder auf fest ausgebaute, zum Teil auch mit Betonbunkern ausgestattete Befestigungsanlagen gestoßen.

Ich gebe ehrlich zu, dass ich am ersten Tag im wahrsten Sinne des Wortes die Hosen voll hatte, in der Befürchtung dessen, was geschehen könnte, wenn man dieses Riesenreich auf dem Globus, auf der Karte sah und die eigene Truppe kannte – und die Möglichkeiten von Fußinfanterie richtig beurteilte. Das war natürlich eine Zumutung. Als die ersten Siegesfanfaren kamen, haben wir nicht so recht daran glauben können. Ich bin nicht der Einzige gewesen, der [die] Befürchtung hatte, dass wir da auf Napoleons Spuren wandelten. Eine Diskussion hat es bei mir frühestens bei meinem Lehrgang an der Kriegsakademie in Hirschberg gegeben, 1943.

Ich habe mit eigenen Augen gesehen, dass Kameraden von Partisanen verstümmelt oder ermordet worden sind. In der Beziehung bin ich einseitig geprägt, weil ich nur im Norden eingesetzt war, also praktisch immer die Baltenvölker im Hintergrund hatte. Die konnten wir als unsere Freunde betrachten. Allerdings, als wir dann für Jahre mehr oder weniger am Wolchow kämpften, machte sich dahinter auch immer mehr und immer weiter die Partisanentätigkeit bemerkbar. Die Eisenbahnlinien wurden gesprengt und auch das eine oder andere Depot überfallen. Aber ich bin unmittelbar daran, Gott sei Dank, nie beteiligt gewesen.

Solange der graue Heeressoldat da war, war das Verhältnis zur Bevölkerung wenn nicht freundschaftlich, dann doch wenigstens neutral. Diese Feindseligkeit und dieses immer weitere

Anschwellen der Partisanentätigkeit ist nach meiner Meinung, auch rückschauend betrachtet, eine Schuld der politischen Führung. Die Goldfasanen[286] waren für uns keine Lichtgestalten.

Ritterkreuz und Eichenlaub. Nehme ich mal das Ritterkreuz vorweg. Das war eine einmalige Chance, die Eroberung einer Insel in der Ostsee, nämlich Dagö. Da war meine Kompanie als erste Welle in der Landung. Am ersten Tag hatten wir praktisch bereits genommen, was das Regiment in den nächsten zwei oder drei Tagen nehmen sollte. Das waren besondere Glücksumstände. Aber das gehört eben auch zum Soldatsein, zumindest in solchen Situationen.

Mit dem Eichenlaub war das schon sehr viel schwieriger. Das war südlich vom Ladogasee[287], also die Nordflanke der Ostfront, die wir dort verteidigten.

Das ging alles auch verhältnismäßig glatt, bis die russische Armee von der Krim nach Norden gekarrt wurde, um die Befreiung Leningrads herbeizuführen. Wir wurden also mit einer zwanzigfachen Übermacht angriffen. Tag und Nacht. Die Verluste wurden groß und immer größer. Bei einer solchen Gelegenheit konnte ich einen Durchbruch an einer sehr kitzligen Stelle, Poselok 5, dadurch verhindern, dass ich mit meinem Bataillon den Russen mit Panzern in die Flanke fuhr und vorne den Laden wieder dicht machte. Dadurch habe ich den Angriff der Russen von hinten abgeschnürt, sodass sie keine Munition und keinen Nachschub mehr bekamen. Aber Glück gehört dazu: Ich habe einen russischen Oberst gefangen genommen, der hatte in seiner Kartentasche den gesamten Angriffsplan. Den konnte ich abliefern und damit beweisen, was meine Truppe wirklich gegen eine vielfache Übermacht geleistet hat.

Als mir das Eichenlaub verliehen wurde, habe ich Hitler persönlich kennengelernt. Für mich war das einerseits sehr interessant, andererseits doch eine Enttäuschung. Aber ich glaube, man sollte es aussprechen: Also, wir waren drei Hauptleute, alle drei Bataillonskommandeure, einer vom Mittelabschnitt, einer vom Südabschnitt und ich vom Nordabschnitt. Und wir

---

286 Volksmund für ranghöhere Parteifunktionäre, oft im Zusammenhang mit Korruption
287 Ladogasee: größter See Europas, in Nordwestrussland zwischen Sankt Petersburg und dem Süden von Karelien, nahe der Grenze zu Finnland

warteten da also eine halbe Stunde oder eine Stunde im Vorzimmer, bevor wir an diesen runden Tisch gebeten wurden. Dieses unmittelbare Gegenübertreten ... heute ist Tag der großen Kerle, wir hatten alle drei mindestens SS-Maße, dann der Handschlag. Der Handschlag war für mich körperlich unangenehm, eine weiche, schwammige Hand. Für einen alten Soldaten war das nicht so angenehm. Dann wurden wir an den Tisch gesetzt. Dabei saß übrigens Sepp Dietrich, an dem Tag Befehlshaber der Leibstandarte. Das Gespräch wurde von Hitler insoweit geführt, als er sich erst einmal berichten ließ, wie sieht es im Süden aus, wie sieht es in der Mitte aus, wie sieht es im Norden aus. Wobei wir alle drei, obwohl wir uns nicht kannten, darin einig waren, lange können wir das nicht mehr. Was der Infanterie an der Ostfront abverlangt wird, nun schon Jahre, mit diesen Verlusten, darüber haben wir unseren Ärger deutlich zum Ausdruck gebracht. Das hat er sich auch angehört und erläutert, dass neue Luftwaffenfelddivisionen und SS-Truppenteile aufgestellt werden. Im Feld wurden wir nur noch mit Beutedeutschen[288] gefüttert. Das ist ein böses Wort. Das waren zum Teil großartige Menschen. Aber es waren eben vielfach körperlich und auch geistig zurückgebliebene oder einfache Menschen, die dann, ob sie es wollten oder nicht, früher oder später zum Kanonenfutter wurden.

Hitler hat uns versprochen, die Infanterie bekommt jetzt den besten, den großen Mörser und die neue 8,8 Pak. Die technischen Kenntnisse Hitlers waren erstaunlich, bewundernswert – aber das hören Sie wahrscheinlich bei jedem Interview. Er kannte sich in den Waffen meines Bataillons beinahe besser aus als ich selbst. Er hatte dafür ein besonderes technisches Verständnis. Und obwohl für dieses ganze Gespräch eine Stunde angesetzt war, hat sich das auf über zwei Stunden ausgedehnt. Diese Stunde allerdings gehörte Adolf Hitler. Und obwohl ich mit Skepsis und traurig ins Führerhauptquartier gereist bin, bin ich mit Siegeszuversicht abgereist. Also ich meine, mit dem, was er in der letzten halben oder Dreiviertel-

---

288 Als „Beutedeutsche" oder „Beutegermanen" wurden abwertend die „Volksdeutschen" bezeichnet, die nach der Besetzung des Sudetenlandes und dann im Zweiten Weltkrieg in weiteren Gebieten als „Deutsche" oder „als Deutsche Brauchbare" eingestuft wurden. Die Männer mussten in der Wehrmacht dienen.

stunde von sich gab als Zukunftsbild der restaurierten Wehrmacht, das ging jedenfalls ein, das überzeugte uns.

Die Tatsachen waren aber leider ganz anders. Es wurden mehrere Heere nebeneinander aufgebaut statt ein Heer richtig. Das war ein Ärgernis für uns alte Frontsoldaten, die das nun in Polen, Frankreich, Russland, Baltikum, Wolchow alles mitgemacht hatten. Wir hatten das Gefühl, ausgeblutet zu sein, verheizt zu werden, während man dann feststellte, wenn man im Lazarett oder auf Urlaub war, dass junge stramme Leute in einer schönen neuen Uniform daherstolzierten, SS-Uniform oder Luftwaffen-Uniform, als Angehörige der Luftwaffen-Felddivision, als Volksgrenadier-Divisionen. Wir bekamen unsere alten Unteroffiziere nicht zurück, die verwundet waren, eigentlich zurück wollten, sondern die wurden nun in diese neuen Verbände gesteckt. Das war so offensichtlich eine Fehlleistung, dass man darüber ärgerlich und traurig und beinahe verzagt werden konnte.

Im Jahre 1942 zu 1943 war ich als Zauberlehrling in Italien. Das bedeutet, ich war ausgeguckt für die Generalstabsausbildung. Für diese Ausbildung vorgesehene Offiziere mussten ein vierteljähriges Kommando im Stab einer anderen Truppe absolvieren. Also, ich als Infanterist kam zur 16. Panzerdivision. Und damit habe ich dann Italien und auch noch die Verlegung in den Mittelabschnitt Winniza kennengelernt, also die Ukraine. Auf der Fahrt nach Italien habe ich zwei Tage in Rom zubringen müssen, ehe ich weitergereicht wurde. So hatte ich das Vergnügen und den großen Vorzug, Rom kennenzulernen. Ich kam mir beinahe wie ein KdF-Tourist[289] vor. Die andere Seite der Medaille: In Russland habe ich nie so gefroren wie in Italien. Ich kam in den Winter, es gab keine Heizung, nirgends eine Heizung. Ich hatte mich auf Italien eingestellt, wo die Zitronen blühen, und kam in die Abruzzen, in ein raues, kaltes Klima ohne die Möglichkeit, irgendwoher Wärme aufzunehmen. Das war ein etwas eigenartiges Erlebnis.

Von der ganzen Geschichte der Befreiung Mussolinis habe ich direkt nichts mitbekommen. Das war kurz zuvor. Indirekt allerdings doch. Diese 16. Panzerdivision hat mindestens ein

---

289 Kraft durch Freude, KdF, organisierte die Freizeit des Volkes, um zu indoktrinieren und zu überwachen.

italienisches Korps entwaffnet und ihnen alles Gute und Schöne abgenommen – unter anderem einen Waggon mit Schinken. Dieser Waggon wurde unserem Wehrmachtstransport in die Ukraine angehängt. Genau mit diesem italienischen Schinken, schön in Blech eingelötet, habe ich mir dann in Russland eine Trichinose geholt und bin todkrank, wirklich todkrank nach Deutschland gekommen, nur noch als Klappergestell.

Ich wurde am 1. Dezember 1944 aus der Kriegsakademie als Major im Generalstabsdienst entlassen, bekam also die schönen roten Biesen, flog damit nach Kurland. Kurland war gerade vorher eingeschlossen. Ich wurde dort Ia [Erster Generalstabsoffizier] einer Luftwaffen-Felddivision. Aber nach der ersten, zweiten, dritten Kurlandschlacht – das waren männermordende Auseinandersetzungen gegen große Überlegenheit – kam der Bescheid, die Division wird nach Danzig verlegt. Ich habe dort den Einsatz meiner Division, die mit Seetransport, also über Wasser mit Frachtschiffen nach Danzig gebracht wurde, angesetzt. Und diese Division [hat] den russischen Angriff die Weichsel abwärts aufgehalten – zuletzt einsam und verlassen, nachdem rechts und links alles weggebrochen war, also die Russen Richtung Gotenhafen oder Gdingen, wie es heute heißt, durchgebrochen waren. Die Verbindung nach Pommern war abgeschnitten. Da war es uns allen natürlich klar, dass es nunmehr im wahrsten Sinne des Wortes kein Entrinnen mehr gab. Wir haben Danzig bis zur letzten Patrone verteidigt. Obwohl die Stadt von Hitler zur Festung ernannt worden war, war von Festungswerken nicht zu sehen. Über die Einzelheiten dieses Untergangs der Stadt, die ich in allen Phasen nun an Ort und Stelle miterlebt habe, ersparen Sie mir [die] Worte. Es war das letzte und schrecklichste Kriegserlebnis, diese Stadt untergehen zu sehen.

Ich traf in Danzig in den letzten Tagen, als das noch möglich war, den Regierungspräsidenten von Marienwerder-Westpreußen, meiner eigentlichen Heimatstadt, auch in der entsprechenden braunen Uniform, die er sich inzwischen angeschafft hatte. Wir sind dann tatsächlich noch in einer Kneipe dazu gekommen, ein paar Biere miteinander zu schlürfen. Obwohl er nun der unmittelbare Mitarbeiter des Gauleiters war und ich ein kleiner Generalstabsoffizier einer Division, war uns beiden klar, dass wir keine Chance mehr hatten. Damals hatte ich übrigens die gleiche Einstellung, die ich heute noch habe: Dass ich noch lebe, ist gegen alle Regeln der Wahrscheinlichkeit. Als Kompaniechef, als Infanterist, Kompaniechef, Bataillonskommandeur und nun unter diesen Bedingungen am Wolchow, südlich des Ladogasees, in Danzig den Krieg überstanden zu haben, das ist völlig unwahrscheinlich.[290] Ich bin zwar fünfmal verwundet gewesen, aber ich bin immer wieder, immer wieder auf die Beine gekommen.

Nach der Aufgabe von Danzig sind wir mit den Resten unserer Truppe in die Weichselmündung gegangen. Zwischen den vielen Weichselarmen konnten wir uns auch noch einigermaßen unserer Haut wehren. Von da aus gelang es uns auch noch, mit der Division eine neue Front aufzubauen. Da kam der Befehl, wir sollten die Division ablösen, die den Westrand von Hela, der Halbinsel Hela verteidigte. Und Pestke, also ich, bekam die Führung des Vorkommandos. Auf einem Weichselprahm, auf einem Flussschiff, habe ich dann mit meinem Stab und den Vorkommandos der Regimenter die Danziger Bucht überquert. Links bei Nacht eine phantastische Feuerwerkskulisse. Hinter uns das brennende Danzig. Vor uns die Halbinsel Hela, an der wir beinahe noch vorbeikutschiert wären, weil wir die Orientierung verloren hatten. Ich stieg auf mein Krad, fuhr zum Oberbefehlshaber und meldete, dass wir bereit sind, die Front zu übernehmen. Daraufhin: „Morgen kapitulieren wir. Sehen sie zu, was Sie von Ihrer Division noch auf das Schiff bringen, lassen Sie sich vom Chef des Korps den entsprechenden Befehl ausfertigen. Ihre Truppe hat in Danzig hervorragend gekämpft. Ich muss leider hierbleiben, aber Sie sollen auf das Schiff." Mehr oder weniger lag das, was von der Division noch da war, entlang des Bahndamms, der von Hela in Richtung Festland führte. Aber ich habe dann tatsächlich alles, was von dieser Division noch vorhanden war, aufs Schiff gekriegt.

Dann wollte ich mir eigentlich den Schuss in den Kopf geben, weil das eben der Verlust der eigenen Heimat war, doppelt

---

[290] Rund jedes zehnte militärische Opfer des Zweiten Weltkriegs war ein deutscher Soldat. Von den deutschen Männern der Jahrgänge 1906 bis 1920 starben zwischen 27 und 30 Prozent, von den Jahrgängen 1921 bis 1927 starben 32 Prozent, also fast jeder Dritte. Hinzu kommen die körperlich und seelisch versehrten Soldaten. Sie alle waren Opfer von Hitlers Krieg. (Quelle: nach Die Welt, Sven Felix Kellerhoff, 12.5.2015, abgerufen am 1.5.2019)

schwer. Da hat mich der Divisions-Kommandant, ein großartiger Wiener, mit einer Flasche französischem Sekt empfangen: „Herr Major, auf den Sieg können wir nicht mehr trinken, dafür war diese Flasche eigentlich bestimmt. Aber darauf, dass wir noch leben, darauf nehmen wir jetzt einen." Er hat mich besoffen auf ein Minenräumboot gebracht. Ich habe also da eine Lücke. Ob er noch irgendetwas mit reingetan hat, weiß ich nicht. Jedenfalls ich bin aufgewacht in der Kajüte des Kommandanten im Minenräumboot – und unter dramatischen Verhältnissen über die Ostsee geschippert. Die Kapitulation habe ich schlafend im Schiff zugebracht.

In Schleswig-Holstein war Himmelfahrtstag. Als ich in Flensburg, vom Schiff kommend, auf mein Motorrad stieg und zur Kommandantur fuhr, gab es da große Aufregung. Die Engländer waren noch nicht da, aber angekündigt, schon am Stadtrand. Und es wäre gerade gemeldet worden, dass eben Schiffe mit der Reichskriegsflagge eingelaufen wären. Daraufhin hat mir der Kapitän zur See gesagt, also der Kommandant von Flensburg: „Macht bloß schnell kehrt, wir haben Unannehmlichkeiten. Seht zu, dass ihr in Eckernförde an Land kommt, aber macht vorher eine Flaggenparade." Diese Flaggenparade[291] haben wir in der Flensburger Förde gemacht, in hervorragender Disziplin, wie man sich das nur wünschen konnte. Dann bin ich ins Lazarett in Eckernförde gegangen.

Was meine Männer angetrieben hat, bis zum letzten Moment zu kämpfen – ich glaube das Wesentliche war immer noch das Vertrauen zu ihren unmittelbaren Führern. Das Verhältnis zwischen Offizier und Mann, zwischen Offizier und Unteroffizier, zwischen Unteroffizier und Mann war in der Wehrmacht das beste, was sie zustande gebracht hat. Wenn man sich vorstellt, dass nach dem Ersten Weltkrieg den Offizieren die Epauletten von den Uniformen gerissen wurden – das hat es bei uns nicht in einem einzigen Fall gegeben, im Gegenteil, auch in Gefangenschaft bin ich von meinen jüngeren Kameraden immer nur mit Achtung und Respekt behandelt worden.

---

291 Flaggenparade: das feierliche Hissen bzw. in diesem Fall Niederholen einer Flagge im Rahmen eines militärischen Zeremoniells. Jedes militärisch besetzte Schiff der Marine ist laut Dienstvorschrift zur täglichen Flaggenparade verpflichtet.

JOHANNES GÖHLER

„Mein Führer, das muss ich erst prüfen"

Johannes Göhler
1918 – 2003
SS-Obersturmbannführer

1937 Eintritt in die SS und die NSDAP
1941 Besuch der NS-Junkerschule in Braunschweig, anschließend Kommandeur der 3. Kompanie des SS-Kavallerie-Regiments
1942 Beförderung zum Obersturmbannführer der Waffen-SS

1943 Verleihung des Ritterkreuzes des Eisernen Kreuzes
1944 Beteiligung an der Niederschlagung des Warschauer Aufstands, anschließend Adjutant von Hermann Fegelein im Führerhauptquartier Wolfsschanze, später im Führerbunker
1945 Internierung im Gefangenlager Ludwigsburg
1951 Mitglied der Hilfsgemeinschaft auf Gegenseitigkeit der Angehörigen der ehemaligen Waffen-SS (HIAG) und 1. Vorsitzender der Truppenkameradschaft der Kavallerie-Divisionen
Göhler lebte nach dem Krieg in Schwarzenbach an der Saale und starb am 21. Februar 2003 in einem Krankenhaus in Bayreuth.

Göhler kam im August 1944 ins Führerhauptquartier Wolfsschanze. „Wenn Hitler schließlich schlafen ging, konnten wir die liegen gebliebene Arbeit erledigen. Ich holte mir oft noch etwas im Kasino zu trinken und telefonierte anschließend mit den verschiedenen Divisionen der Waffen-SS über die Fragen, die während der Lagebesprechungen angesprochen worden waren."

„Hitler schien mir bis zum Schluss siegesgewiss. Ich hatte zumindest den Eindruck, dass er an die Armee Wenck und den Steiner geglaubt hat. Und immer wieder sprach er von Friedrich dem Großen, dessen Herrschaft auch schon zu Ende schien und der dann doch noch gesiegt hat. Angst jedenfalls hatte er meiner Einschätzung nach nicht."

Das Interview fand statt im August 1996.

Nachdem ich im elterlichen Betrieb eine kaufmännische Lehre absolviert habe, bin ich im Jahre 1937 als Soldat zur Verfügungstruppe „Deutschland" gegangen. Von da durchlief ich verschiedene Ausbildungskurse und kam schließlich als Ordonnanzoffizier in den Bataillonsstab des Brigadeführers Bittrich[292]. Die SS-Division „Florian Geyer", der ich schließlich angehörte, lag Mitte 1944 in Polen. Ich wurde verwundet und kam ins Lazarett nach Warschau, wo ich später einen Versetzungsbefehl als Ordonnanzoffizier zu Feldmarschall Model erhielt. Ich konnte diesem Befehl aber nicht nachkommen, weil am 1. August 1944 der Warschauer Aufstand[293] begann und ich in der Stadt festsaß. Als ich mich nach Niederschlagung des Aufstandes etwa Mitte August in Berlin meldete, sagte man mir, dass ich eine andere Aufgabe bekäme. Ich bekam dann auch einen Marschbefehl und entsprechende Fahrkarten und fuhr mit dem Kurierzug nach Rastenburg[294].

Dort angekommen, wies man mir ein Zimmer zu und ich erhielt einen Ausweis für den sogenannten Sperrkreis A. Das war der unmittelbare Führersperrkreis, zu dem nur wenige Zutritt hatten. Es war ein sonniger Spätsommertag, als ich mich dort meldete. Die Lageteilnehmer standen vor der Baracke – es war die gleiche Baracke, in der im Juli das Attentat stattgefunden hatte –, bis Linge, der Chefdiener[295], sagte: „Meine Herren, der Führer kommt." Hitler kam aus seinem großen Bunker und ging die etwa dreißig Meter bis zu uns hinauf und dann gingen alle Herren in die Baracke. Außer mir blieb nur Feldmarschall Keitel[296] draußen stehen. Er stellte mich Hitler vor und sagte: „Mein Führer, das ist der Hauptsturmführer Göhler, der heute seinen Dienst antritt." Adolf Hitler gab mir die Hand und sagte: „Ich hoffe, wir arbeiten gut zusammen." Ich war schon etwas erschüttert. Er ging langsam und vornübergebeugt. Er war nicht mehr der Hitler, den ich früher bei den Vor-

---

292 Wilhelm Bittrich, 1894–1979 (Wolfratshausen), General der Waffen-SS
293 Der Warschauer Aufstand war die militärische Erhebung der Polnischen Heimatarmee gegen die deutschen Besatzungstruppen in Warschau vom 1. August bis zum 1. Oktober 1944. Auf Seiten der Aufständischen gab es 15.000 Tote, 25.000 Verwundete sowie 150.000–225.000 Opfer in der Zivilbevölkerung.
294 Rastenburg: Bahnstation beim Führerhauptquartier Wolfsschanze
295 Heinz Linge, 1913–1980, Kammerdiener Hitlers
296 Wilhelm Keitel, 1882–16.10.1946, siehe Anmerkung auf S. 258

beimärschen auf den Reichsparteitagen gesehen hatte. Geistig war er aber völlig in Ordnung. Danach gingen wir gemeinsam in die Baracke und Hitler begrüßte – er tat dies übrigens jeden Tag – alle Anwesenden mit Handschlag.

Für mich war natürlich alles neu.[297] Hitler setzte sich an einen Riesentisch, setzte seine goldene Brille auf und dann ging es los. Links von ihm saß Feldmarschall Keitel. Er war der Einzige außer Hitler, der sich setzte; alle anderen standen. Rechts von Hitler stand jeweils der Vortragende. Damals war es Generaloberst Guderian[298] als Chef des Stabes. Nach ihm kam der Vortragende der Marine, Puttkamer[299], danach Below[300] für die Luftwaffe. Ich stand an der Stirnseite des langen Tisches und merkte, dass Hitler mich immer so mit halbem Auge anschaute. Später stand ich dann hinter ihm und schaute auf die Karten, die eine nach der anderen vorgelegt wurden. Wie gesagt, alle bis auf Hitler und Keitel und übrigens auch Göring, der aber nur selten anwesend war, standen. Die Lagebesprechung dauerte in der Regel zwei, oft auch drei und in Ausnahmefällen auch schon mal vier Stunden und fand jeden Nachmittag statt. Dazu gab es noch eine Mittagslage, die zwischen eins und zwei begann, und eine sogenannte Nachtlage, die meist kurz nach Mitternacht anfing. Bei dieser Nachtlage hielten meist zwei Oberste für das Heer und die Luftwaffe Vortrag.

---

297 Brief von Johannes Göhler an seine Frau Ursula am 27.8.1944:
Den Führer sehe ich jeden Tag mehrere Stunden. Dann bin ich nur ein oder zwei Meter von ihm entfernt. Es ist jedes Mal und jeden Tag aufs Neue ein großes, besonderes Erlebnis für mich, das ich nie in meinem Leben vergessen werde. Ich bin voll allergrößter Bewunderung für ihn, er ist einmalig, als Mensch, als Politiker, als militärischer Führer.
Er strahlt so eine wohltuende Ruhe aus. Einige Male habe ich ihn aber auch in dieser kurzen Zeit, seit ich hier bin, sehr heftig werdend erlebt, und zwar jedes Mal dann, wenn ihm wissentlich oder vielleicht sogar unwissentlich nicht die volle, auch härteste Wahrheit oder sogar die Unwahrheit gesagt worden ist. Er spürt und weiß das meines Erachtens immer sofort, es ist unwahrscheinlich beeindruckend und frappierend für mich. Manche Leute glauben, sie müssten ihm sofort antworten, ohne dass sie sich vorher ausreichend informiert hätten. Das stimmt aber einfach nicht, das Gegenteil ist der Fall. Ich habe das selbst schon mehrere Male erlebt, [man] sagt, man müsse sich erst (sofort natürlich) informieren, bevor man seine Frage beantworten könne. (Quelle: http://www.fpp.co.uk/Hitler/docs/adjutants/Goehler/letters_1944_5.html)

298 Heinz Guderian, 1888 – 1954, Panzergeneral, siehe Anmerkung auf S. 53

299 Karl-Jesko von Puttkamer, 1900 – 1981 (bei München), Marineadjutant Hitlers, 1948 entnazifiziert, siehe Anmerkung auf S. 125

300 Nicolaus von Below, 1907 – 1983, siehe Anmerkung auf S. 192

Wenn diese Nachtlage beendet war, begab sich Hitler in seine Privaträume und dort fand dann die sogenannte Teestunde statt, von der auch Christa Schröder und andere berichtet haben. In dieser Runde wurde über alles Mögliche gesprochen, nur nicht über den Krieg. Wenn Hitler schließlich schlafen ging, konnten wir die liegen gebliebene Arbeit erledigen. Ich holte mir oft noch etwas im Kasino zu trinken und telefonierte anschließend mit den verschiedenen Divisionen der Waffen-SS über die Fragen, die während der Lagebesprechungen angesprochen worden waren. So war der Tagesablauf im Führerhauptquartier. Man saß fest und kam nicht heraus.

Zu Anfang meiner Tätigkeit durchsuchten die Wachposten noch meine Aktentasche. Ich hatte oft Kartenmaterial und die Tagesmeldungen der einzelnen Divisionen bei mir, die genau aufschlüsselten, über wie viele Panzer und einsatzfähigen Männer die Division verfügte, wie die Verpflegungsstärke aussah, welche Einheiten an der Frontlinie standen usw. Diese Unterlagen benötigte ich, weil Hitler manchmal fragte: Was hat diese Division noch zur Verfügung und was hat jene noch an Panzern? Das konnte ich natürlich nicht immer alles parat haben und dann musste ich in den entsprechenden Unterlagen nachschlagen. Es war also nicht so, wie es heute immer behauptet wird, dass Hitler sagte: So wird das gemacht, aus, basta! Es war durchaus möglich, dass ich ihm sagte: „Mein Führer, das muss ich erst prüfen." Während ich in meinen Akten nachschaute, ging die Lagebesprechung weiter, und wenn sich dann die Gelegenheit bot, sagte ich ihm: „Mein Führer, die Division, nach der Sie vorhin fragten, verfügt noch über soundsoviel Männer oder Panzer oder Geschütze." So verliefen für mich die Lagebesprechungen.[301]

Hitler hat sich nicht, wie man so sagt, um jeden Dreck gekümmert. Aber bei wichtigen Entscheidungen hat er natürlich seine Meinung geäußert. Lassen Sie mich zur Erläuterung eine

---

301 Brief von Johannes Göhler an seine Frau am 17.9.1944:
Meinen Geburtstag [15.9.1944] habe ich sehr gut verlebt. Stell Dir nur vor: der Führer gratulierte mir persönlich. Ich hielt es kaum für möglich. Wer mag es ihm nur gesagt haben. Am Mittagstisch bekam ich dann den Ehrenplatz zwischen Generaloberst [Alfred] Jodl und dem Reichspressechef [Otto Dietrich]. Es war nicht nur eine große Überraschung für mich, sondern auch hochinteressant. Hier bekommt man einen Blick, der einfach durch keine Arbeit in einem anderen Stabe zu erlangen ist. Immer wieder bin ich froh und dankbar, dass ich hier arbeiten kann.

Geschichte erzählen, die ich selbst miterlebt habe: Meine alte Division war in Budapest eingeschlossen[302] und innerlich war ich natürlich bei den eingeschlossenen Kameraden. Bei einer Besprechung entwickelte Hitler einen Plan, wie die Stadt entsetzt werden könnte. Er schlug vor, die Panzerverbände südostwärts in einem bestimmten Ort abzuladen, auf flachem Gebiet bis zur Donau vorzustoßen und dann durch einen Schwenk Budapest vom Süden her freizukämpfen. Alle Anwesenden, auch Sepp Dietrich[303], stimmten dagegen und bedrängten ihn, die Truppen in Stuhlweißenburg[304] auszuladen, weil in dem von ihm vorgesehen Ort die Auslandekapazität zu gering sei. Hitler ließ daraufhin Rudel[305] kommen und befragte ihn nach der Beschaffenheit des Geländes und der Einsatzmöglichkeit für Panzer. Rudel gab Hitler recht, auch er hielt das Gebiet um Stuhlweißenburg für nicht panzergeeignet.

Dennoch lagen alle Hitler wegen der fehlenden Ausladekapazität weiterhin in den Ohren, und der sagte schließlich: „Also, meine Herren, wenn Sie meinen, dann machen Sie es so, wie Sie es denken. Aber ich fürchte, Sie werden" – und dabei markierte er ein Gebiet auf der Karte – „hier hängen bleiben." Und genauso ist es gekommen. Auf wenige hundert Meter genau sind sie zum Stehen gekommen, wo Hitler es ihnen vorausgesagt hatte. Dann kamen sie und sagten: „Mein Führer, wir müssen umgruppieren, wieder zurück nach Stuhlweißenburg, einladen und die Panzer dort wieder ausladen, wo Sie es ursprünglich vorgesehen haben." Aber da war es zu spät. Es hatte zu schneien angefangen und Budapest fiel, nachdem das letzte Pferd gegessen und die letzte Patrone verschossen war. Beim Ausbruch haben die Russen dann schlimm gehaust; jeden, den sie kriegen konnten, haben sie erschossen. Wären die verantwortlichen Militärs gleich auf Hitlers Vorschlag eingegangen, wäre Budapest möglicherweise entsetzt worden.[306]

---

302 Als Schlacht um Budapest werden die Kämpfe in und um die belagerte ungarische Stadt zwischen der sowjetischen Roten Armee und ungarischen und deutschen Truppen vom 29. Oktober 1944 bis 13. Februar 1945 in der Endphase des Zweiten Weltkrieges bezeichnet.
303 Sepp Dietrich, 1892–1966, siehe Anmerkung auf S. 133
304 heute Székesfehérvár, Ungarn
305 Hans-Ulrich Rudel, 1916–1982, siehe Anmerkung auf S. 313
306 Während der Schlacht um Budapest beging Johannes Göhler das Weihnachtsfest im Führerhauptquartier und berichtete seiner Frau am 25. Dezember 1944:

Oder ein anderer Fall aus der letzten Kriegsphase, der deutlich macht, warum Hitler im Laufe der Zeit immer misstrauischer und zurückgezogener wurde: Trotz der sowjetischen Übermacht hielten wir südlich von Stettin noch einen Brückenkopf jenseits der Oder. Hitler hatte vor, aus diesem Brückenkopf heraus den Russen, die an der Oder standen, in den Rücken zu stoßen und diesen Teil der russischen Front von hinten aufzurollen. Auf Nachfrage nach dem Ausrüstungsstand der Truppe war ihm gemeldet worden, dass die Truppe über zwei volle Munitions- und Betriebsausstattungen verfügen würde. Die Ausstattung war eine feste Größe, zu der bestimmte Ausrüstungsgegenstände gehörten. Hitler war skeptisch und sagte zu mir: „Göhler, fahren Sie heute Nacht noch dorthin und prüfen Sie die Angaben nach." Weil Felix Steiner Gelbsucht hatte, kommandierte vor Ort ein gewisser General Unrein[307].

Ich bin hingefahren, habe mich beim General gemeldet, meinen Ausweis vorgezeigt und ihm mitgeteilt, dass mich der Führer beauftragt hätte, die Lage zu überprüfen. Er gab mir einen Hauptmann mit, rief die Division an und ordnete an, dass man mir haargenau sagen sollte, wie die Lage sei. Und so stellte sich schnell heraus, dass die Divisionen, ich glaube, es handelte sich um die Nordland, die Westland und einige Heeresdivisionen, nicht über zwei, sondern nur über 0,2 dieser Betriebs- und Munitionsausstattungen verfügten. Ich bin sofort

---

Einen kleinen Weihnachtsbaum habe ich auch. Er ist nicht groß und steht in einer mit buntem Papier umwickelten Konservendose. Er ist mit Silberpapier und Tannenzapfen geschmückt. Sogar ein paar Geschenke liegen darunter. Vom Adjutanten des Befehlshabers des Ersatzheeres bekam ich ein Buch, von Generaloberst Guderian einige gute Flaschen Wein, von Gruppenführer Fegelein zu rauchen und eine Mappe mit Pferdefotos. [...] Vom Fest selbst haben wir nicht sehr viel erlebt. Gestern war ein Tag wie alle anderen, das heißt voller Arbeit und Anstrengung. In der Nacht wurde mit kurzer Unterbrechung durchgearbeitet. Zum Abendessen gab es ein recht gutes Essen. Dabei hielt Feldmarschall Keitel eine kurze schöne Ansprache. Dann saßen wir bei einem brennenden Weihnachtsbaum noch ein wenig zusammen, um dann wieder an die Arbeit zu gehen. Heute war es auch nicht sehr viel anders. Heute am Vormittag begegnete ich meinem höchsten Chef. Er gab mir wieder die Hand und sprach mit mir, fragte auch nach Euch, nach meiner Familie. Sein Gedächtnis ist sagenhaft, sein auch menschliches Interesse unendlich beglückend. Er wusste noch, dass wir zwei Kinder haben, dass unsere Tochter an dem Tage geboren ist, als ich hierher kam. Für diesen Mann könnte ich alles tun und alles geben. Er ist so wunderbar, dass ich es überhaupt nicht mit Worten beschreiben kann.

307 Martin Unrein, 1901–1972 (München), Generalleutnant

zurück und habe Hitler die Sachlage geschildert. Daraufhin hat er den Angriff abgeblasen, weil unter diesen Umständen ein Angriff sinnlos gewesen wäre.

In dieser Zeit habe ich natürlich viele Dinge unmittelbar miterlebt. Eines Nachts habe ich mitbekommen, wie Hitler den Göring furchtbar anschrie. Ich war noch wach, weil ich mit den beiden Stenographen, die während der Lage jedes Wort mitschreiben mussten, noch einmal die Mitschriften durchging. Das war oft notwendig, weil sie bei den schnellen Vorträgen bestimmte Ortschaften und Bezeichnungen nicht verstanden hatten. Ich habe mir damals gedacht, du bist gerade Sturmbannführer geworden, da kannst du doch nicht dableiben, wenn Hitler Göring anschreit, und habe den Raum verlassen. In meiner Anfangszeit hat Hitler auch einmal im kleinen Kreis geäußert, dass er Göring zu viele Ämter aufgehalst habe, sodass er sie gar nicht mehr beherrschen könne. Ein anderes Mal sagte er: „Es gab zwei große Propagandisten. Der eine war Jesus und der andere ist Goebbels."

Eine Episode ist mir noch genau erinnerlich. Ich war noch im Lagebesprechungsraum; eigentlich ein enger Raum mit einem großen Tisch. Es war morgens gegen vier. Hitler war noch da und die Stenographen. Auf einmal sagte Hitler zu mir: „Göhler, rufen Sie mal den Reichsamtsleiter Sauer an, ich muss mit ihm sprechen." Ich bin raus zu den beiden Telefonzellen und zur Vermittlung und meldete ein Blitzgespräch zu Sauer an. Danach bin ich wieder zurück zu Hitler. An den Tischen im Raum hingen an kleinen Häkchen Muscheln, die man ans Ohr klemmen konnte, um mitzuhören. Es klingelte also, ich nahm ab und gab dem Führer den Hörer. Dann entspann sich folgendes Gespräch: „Hallo!", rief einer auf der anderen Seite. „Hallo", sagte auch Hitler. Daraufhin wieder der andere: „Hallo, wer ist denn da?" – „Der Führer", sagte Hitler. Daraufhin wieder der andere: „Ja, und hier ist der Kaiser von China." Hitler gab mir daraufhin den Hörer und sagte: „Ich glaube, wir sind falsch verbunden."

Um noch einmal auf Göring zurückzukommen. Er war ein eitler Mann. Manchmal kam er mit roten Stiefeln und goldenen Sporen, obwohl er ja mit der Reiterei nichts zu tun hatte. Er brachte immer einen Arzt mit, ich glaube, sein Name war Ondarza³⁰⁸. Beide waren parfümiert. Und in den kleinen Räumen stach einem das Parfüm natürlich in die Nase. Hitler wollte ihm das wohl nicht so direkt sagen, aber einmal sprach er Göring an und sagte: „Mein Göring, diesen stinkenden Ondarza, den bringen Sie mir nicht mehr mit." Danach hat sich Göring nicht mehr parfümiert, wenn er zu uns kam.

Mit Bormann³⁰⁹ hatte ich in der ganzen Zeit übrigens wenig zu tun. Bei den Lagebesprechungen war er nicht ein einziges Mal anwesend. Er schickte immer einen Vertreter, einen Standartenführer Zander. Ich bin überhaupt der Meinung, dass der Einfluss, den man heute Bormann unterstellt, nicht zutrifft. Es war nicht so, dass ein Feldmarschall, der zum Führer wollte, erst bei Bormann vorstellig werden musste, um sich dort anzumelden. Das mag im Falle der Gauleiter anders gewesen sein; die konnten vielleicht nur über Bormann zu Hitler vordringen. Aber in den militärischen Bereichen besaß Bormann überhaupt keinen Einfluss.

Gut gekannt habe ich natürlich Fegelein³¹⁰, der kam ja auch aus der SS. Im Zusammenhang mit ihm erinnere ich mich lebhaft an eine Geschichte, die sich etwa im Februar 1945 abgespielt hat. Zu der Zeit waren wir schon in Berlin. Fegelein war mit zwei Leuten im Führerhauptquartier per Du; das waren Bormann und General Burgdorf³¹¹. Eines Morgens nach der Nachtlage, die sich bis gegen vier Uhr hingezogen hatte, sagte Fegelein zu mir: „Komm, Göhler, wir gehen noch mal zu mir und nehmen den Burgdorf mit." Fegeleins Wohnung lag ja in unmittelbarer Nähe des Reichstagsgebäudes. Wir sind also rüber zu ihm und Fegelein hat mächtig getrunken, obwohl er eigentlich wenig vertrug. Und als so etwa eine Stunde vergangen war, sagte Fegelein zu Burgdorf: „Hör mal, Wilhelm, wenn der Krieg zu Ende ist, dann müssen wir als Erstes den Bormann

---

308 Ramón de Ondarza, 1908 – 1972, Oberstabsarzt der Luftwaffe, der seit Mitte der 1930er-Jahre Hermann Göring behandelte und ab 1939 dessen Begleitarzt wurde.

309 Martin Bormann, 1900 – 2.5.1945, siehe Anmerkung auf S. 111

310 Hermann Fegelein, 1906 – 24.4.1945 (hingerichtet), SS-Gruppenführer, siehe auch Anmerkung auf S. 319

311 Wilhelm Burgdorf, 1895 – 1.5.1945 (Selbstmord im Führerbunker), Chefadjutant des Oberkommandos der Wehrmacht bei Hitler, siehe auch Anmerkung auf S. 315

beseitigen." Ich bin fast vom Stuhl gefallen, als ich das hörte. So viel zu den Duzfreundschaften von Fegelein. Er ist ja in den letzten Tagen in Berlin noch von den Leuten von Rattenhuber[312] erschossen worden.

Etwa zu dieser Zeit ereignete sich auch die Geschichte mit Speer. Speer hat ja nach dem Krieg mehrfach gesagt, dass er vorhatte, Hitler in seinem Berliner Bunker zu vergiften. Dazu muss man Folgendes wissen: Das Führerhauptquartier in Berlin war ja kein Bunker im eigentlichen Sinne, sondern mehr eine befestigte unterirdische Wohnung. Und während einer Lagebesprechung roch es plötzlich nach Benzin. Hitler sagte zu mir: „Was ist denn da los? Schauen Sie doch bitte mal nach!" Ich bin rauf und da stand an der Mauer der Reichskanzlei der Horch vom Göring mit seinem Fahrer; der hieß Schulz oder Schulze. Und weil ihm kalt war, hatte er den Motor laufen lassen. Und dabei gingen die Benzindämpfe durch den Ansaugstutzen, der etwa einen Meter über dem Boden angebracht war, in die unterirdische Belüftung. Ich sagte dem Fahrer, er solle ein Stück mit dem Wagen vorfahren, weil er die Luft verpeste. Er hat sich vielmals entschuldigt, hat den Wagen weggefahren und damit war die Sache erledigt. Ich bin dann wieder runter und habe Hitler den Sachverhalt erklärt. Hitler hat sich sofort nach der genauen Lage und Größe des Ansaugstutzens erkundigt und gesagt: „Da kann ja jeder Gift reinlegen." Er hat dann den Befehl gegeben, den Ansaugstutzen zu verlegen. Und so geschah es auch. Schon am nächsten Tag wurde der Stutzen sechs Meter nach oben verlegt, sodass ihn niemand mehr erreichen konnte. Insofern ist die Geschichte, die Speer in seinen Erinnerungen über sein geplantes Giftattentat auf Hitler veröffentlicht hat, mit Vorsicht zu genießen. Ich habe ihm das lange nach dem Krieg auch vorgehalten und wir sind dann auseinandergegangen, ohne uns darüber zu einigen.

Anfang März war es den Amerikanern gelungen, bei Remagen einen Brückenkopf zu bilden.[313] In diesem Zusammenhang

---

312 Johann Rattenhuber, 1897 – 1957 (München), SS-Gruppenführer, Leiter des „Kommandos zum Schutz des Führers"

313 Die Brücke von Remagen über den Rhein sollte beim Rückzug der Wehrmacht gesprengt werden. Das gelang nicht. Die Amerikaner nutzten sie, um schnell ins Ruhrgebiet vorzudringen.

rief mich Kammhuber[314] an und sagte: „Fragen Sie den Führer, ob ich heute Nacht acht V1 reinschießen kann." Ich weiß bis heute nicht, warum Kammhuber ausgerechnet mich anrief, ich war dafür in keiner Weise zuständig. Ich ging also zu Hitler in den Bunker runter und ließ mich durch einen Oberscharführer anmelden. Er sprach mit Hitler, kam zu mir und sagte: „Sie können reinkommen, der Führer lässt bitten."

Hitler saß auf seinem kleinen roten Sofa, ich sehe es noch heute genau vor mir, auf dem er sich später erschossen hat. Ich machte Meldung und trug die Bitte Kammhubers vor. Hitler schloss seine Augen. Weil ich befürchtete, er sei eingeschlafen, hustete ich. Darauf Hitler: „Sie brauchen nicht husten, ich schlafe nicht, ich überlege bloß. Meinen Sie, die treffen?" Ich sagte ihm: „Mein Führer, der General behauptet es." Daraufhin sagte Hitler: „Auf dem sumpfigen Rheingelände sind die Einschläge wahrscheinlich ohne große Wirkung. Aber gut, soll er schießen. Aber er soll die vorgeschobenen Beobachter anweisen zu überprüfen, ob sie getroffen haben oder nicht." So ist es gewesen. Heute wird ja immer wieder behauptet, Hitler habe nicht mit sich reden lassen. Aber das stimmt so nicht.[315]

Mit Himmler[316] bin ich einige Male zusammengekommen. Ich verstehe bis heute nicht, wie er geglaubt haben kann, nach dem Kriege noch eine politische Rolle spielen zu können. Ich kann auch nicht viel über ihn sagen. Er hat einige Male an den Lagebesprechungen teilgenommen und dann habe ich ihn be-

---

314 Josef Kammhuber, 1896 – 1986 (München), Luftwaffengeneral, baute das Verteidigungssystem gegen nächtliche Angriff auf, die „Kammhuber-Linie". Nach 1945 tätig beim Aufbau der Luftwaffe der Bundeswehr, dann deren Inspekteur.
315 Brief von Johannes Göhler an seine Frau Ursula, 9.3.1945:
Vor drei Tagen wurde ich vom „Oberchef" persönlich an die Front geschickt. Es war für mich wie eine Reise in die Vergangenheit. Unter den Frontlandsern fühle ich mich einfach wohl, trotz allem. Bei der Truppe selbst wollte man natürlich vom Kommandierenden General bis zum letzten Mann, mit dem ich sprach, hören, wie es dem Führer geht und wie denn die Lage an allen Frontabschnitten ist, vor allem auch, ob denn mit weiteren V-Waffen zu rechnen sei. Was sollte ich sagen? Ich versuchte, so viel Optimismus auszustrahlen, wie mir das nur möglich war. Wie viele so sehr junge Gesichter sieht man unter den Soldaten, und wie sind diese jungen Menschen bei der Sache. Bei den Divisions-Kommandeuren war manche Skepsis, aber auch der unbedingte Wille zum Durchhalten und zur Pflichterfüllung herauszuhören.
316 Heinrich Himmler, 1900 – 23.5.1945 (Lüneburg, Selbstmord), Reichsführer SS, Chef der Deutschen Polizei, Reichsinnenminister, Chef der Gestapo

gleitet. Für mich war er ein hoher Vorgesetzter, das muss man wissen; aber eine Anerkennung in der Truppe hatte er eigentlich nicht. Wir nannten ihn ja immer den „Reichsheini", das sagt eigentlich alles. Das Verhältnis zwischen Himmler und Hitler war unpersönlich, rein dienstlich.

Hitler war ja mit allen Leuten per Sie. Mit Ausnahme von Eva Braun natürlich. Jodl, Keitel oder Krebs sprach er immer nur mit Namen an, nie mit Dienstgrad. Eine Ausnahme war Großadmiral Dönitz[317], den sprach er immer mit „Herr Großadmiral" an. Himmler habe ich noch einmal indirekt erlebt, als er mit Hitler telefonierte. Das war zu einer Zeit, als im Osten schon alles in Auflösung war. Er rief Hitler an und fragte, was mit den Insassen von Buchenwald geschehen sollte. Und Hitler sagte nur: „Wenn die freikommen, vergewaltigen die nur unsere Mädchen und Frauen." Und dann befahl er: „Alle erschießen!"

Hitler schien mir bis zum Schluss siegesgewiss. Ich hatte zumindest immer den Eindruck, dass er an die Armee Wenck[318] und den Steiner geglaubt hat. Immer wieder sprach er von Friedrich dem Großen, dessen Herrschaft auch schon zu Ende schien und der dann doch noch gesiegt hat. Angst jedenfalls hatte er meiner Einschätzung nach nicht. Er hat mehrfach gesagt, dass er auf keinen Fall aus Berlin herausgehen würde. Und alle Versuche, ihn umzustimmen, sind ja auch fehlgeschlagen.

Zuletzt gesehen habe ich Hitler persönlich am 20. April 1945, an seinem Geburtstag. Wir standen vor einer Lagebesprechung im Vorraum und gratulierten ihm. Er war hinfällig, aber geistig absolut wach und verfolgte die Geschehnisse an den Fronten genau. Man konnte ihm alles sagen, auch die unangenehmsten Dinge. Er musste nur überzeugt sein, dass es den Tatsachen entsprach. Zu diesem Zeitpunkt war er körperlich angeschlagen. Er zitterte mit der rechten Hand und hatte immer seine linke Hand auf seiner zitternden Rechten liegen.[319]

---

317 Karl Dönitz, 1891 – 24.12.1980 in Aumühle, Marineoffizier (ab Januar 1943 Großadmiral), Nationalsozialist, NSDAP-Mitglied, enger Gefolgsmann Adolf Hitlers und nach dessen Tod unter dem Titel des Reichspräsidenten letztes Staatsoberhaupt des Deutschen Reichs

318 Armee Wenck, Großverband des Heeres, existierte zum genannten Zeitpunkt fast nicht mehr, ebenso die Armeegruppe von Waffen-SS-General Felix Steiner, die Ende April 1945 allenfalls theoretisch bestand

319 Tatsächlich zitterte Hitler mit der linken Hand

So um den 24./25. April bekam ich den Auftrag, mit einer sogenannten Führermaschine Berlin zu verlassen, um Hitlers persönliche Unterlagen auf dem Obersalzberg zu verbrennen. Zu dieser Zeit war unten im Bunker noch alles in Ordnung; keine Untergangsstimmung, alles verlief in völliger Ordnung. Nachdem die Maschine wegen der russischen Flugzeuge lange nicht einfliegen konnte, gelang es dem Piloten schließlich doch noch, während einer Feuerpause auf dem Flugplatz Tempelhof zu landen. Ich sprang in die Ju und wir flogen nach Salzburg. Von dort fuhr ich nach Berchtesgaden und bezog ein Zimmer in der Kleinen Reichskanzlei. Auf dem Weg zum Berghof kam mir ein Oberleutnant der Luftwaffe, Walter Frentz[520], entgegen. Frentz war Fotograf im Führerhauptquartier. Ich kannte ihn und wir waren per Du.

Bei ihm waren noch zwei Zivilisten. Als ich fragte, wo er hinwolle, sagte er mir, dass er verhaftet sei. Die beiden Männer waren, wie sich dann herausstellte, Kriminalbeamte, die den Auftrag hatten, alle Angehörigen der Luftwaffe, die sich in der Umgebung des Berghofes befanden, zu verhaften. Nachdem ich ihnen schriftlich gegeben habe, dass ich die Verantwortung für Frentz übernehmen würde, haben sie ihn mir überstellt. Wir sind dann gemeinsam zum Berghof gefahren. Es gab dort noch eine Feldkiste aus Blech mit Hitlers persönlichen Aufzeichnungen und Briefen. Die habe ich gegen Bestätigung übernommen und am folgenden Tag einem Hauptsturmführer übergeben, ich glaube, sein Name war Hauflus, der sie verbrannt hat.

Nachdem ich die Kiste mit Hitlers privaten Unterlagen übernommen hatte, bin ich zusammen mit Frentz zurück zur Kleinen Reichskanzlei. Die Wachen wollten mich erst gar nicht reinlassen, weil Frentz eine Luftwaffenuniform trug. Hintergrund der ganzen Sache war Görings Brief an Hitler im eingeschlossenen Berlin und dessen Befehl, Göring festzunehmen. Das habe ich dann alles von Frank[321] erfahren, der die Verhaftung Görings durchführen musste.

Ich habe mich noch zu meiner Familie in Zell am See durchgeschlagen und dort bin ich dann in amerikanische Ge-

---

320 Walter Frentz, siehe Interview S. 261
321 Bernhard Frank, 1913 – 2011, SS-Obersturmbannführer, zuletzt SS-Kommandant auf dem Obersalzberg

fangenschaft geraten. Ein amerikanischer General, Kommandeur der 38. US-Infanteriedivision, sagte mir, dass ich meine Pistole und meine Orden behalten dürfte, und mit seinem Dienstauto fuhr ich dann in Gefangenschaft. Vor uns fuhr Göring in seinem Horch, den hatten die Amerikaner inzwischen auch verhaftet. Sie haben uns dann irgendwo in Österreich ausgeladen. Göring wurde den wartenden Fotografen und Journalisten vorgeführt. Ich hatte eigentlich nichts mit ihm zu tun, aber aus welchen Gründen auch immer haben die Amerikaner mich immer wieder in seine Nähe geschoben, sodass ich wahrscheinlich auf vielen Fotos mit abgelichtet wurde. Das war für mich das Ende des Krieges.[322]

---

322 Göhler blieb nach dem Zweiten Weltkrieg aktiv. Das Magazin *Der Spiegel* berichtet am 24. Mai 1976 darüber, wie alte Kameraden von der Waffen-SS im bayerischen Sonthofen einen Kampfgefährten von einst mit dem Ritterkreuz ehrten:
„Im Januar 1945 focht Friedrich Buck, Oberscharführer der 5. Schwadron des SS-Kavallerie-Regiments 18, im Budapester Kessel, als ihn Belobigung erreichte. Per Funk verlieh der Führer seinem Frontsoldaten die Goldene Nahkampfspange und das Ritterkreuz. Buck heute: ‚Da muss mer scho viel mache, bis mer eines kriegt.'
Doch ein Kreuz war gerade nicht zu kriegen, und so legte Bucks Befehlshaber, Budapest-Verteidiger General Karl von Pfeffer-Wildenbruch, sein eigenes Ritterkreuz ab und reichte es dem 23-jährigen Soldaten. Buck geriet in Gefangenschaft, der Orden in Russenhand.
Erst jetzt kam Buck, mittlerweile 54 und Gießereitechniker bei Bosch in Stuttgart, zum eigenen Ehrenzeichen überreicht von alten Kameraden. Ex-Regimentskommandeur Johannes Göhler, Vorsitzender einer ‚Truppenkameradschaft der Kavallerie-Einheiten der ehemaligen Waffen-SS', arrangierte die ‚kameradschaftliche Geste'. Und die Ehrung selbst nahm gar ein einstiger Generalmajor der Waffen-SS vor, Gustav Lombard, 81 und kein bisschen leise: ‚Der junge Mann machte einen ausgesprochen guten Eindruck.' Es geschah bei einem Veteranen-Treffen im bayerischen Sonthofen, wo Ende April 1976 500 Ehemalige der Waffen-SS zur Pflege kriegsseliger Erinnerungen zusammenkamen. Die ‚Hilfsgemeinschaft auf Gegenseitigkeit der Soldaten der ehemaligen Waffen-SS' (Hiag) hatte die Reste der früheren Divisionen ‚Maria Theresia', ‚Lützow' und ‚Florian Geyer', zu der auch Bucks Regiment gehörte, in das Soldatenheim des bayerischen Luftkurorts gerufen."
(http://www.spiegel.de/spiegel/print/d-41213414.html, abgerufen am 2.12.2019)

HANS-JOACHIM („HAJO") HERRMANN

„Er wünschte mir weiterhin viel Glück"

Hans-Joachim Herrmann
1913 – 2010
Oberst der Luftwaffe

1933 Eintritt in die Hamburger Polizei
1935 Luftwaffe
1936 Angehöriger der 9. Staffel des Kampfgeschwaders 253
1936 – 1937 Bomberpilot der Legion Condor im Spanischen Bürgerkrieg
1938 Beförderung zum Oberleutnant
1940 Staffelkapitän der 7. Staffel des Kampfgeschwaders 4, Teilnahme an der Luftschlacht um England; Beförderung zum Hauptmann
1941 Gruppenkommandeur der III. Gruppe des Kampfgeschwaders 30
1943 Ernennung zum Major; nach der Entwicklung des Luftwaffen-Tagjägerverfahrens und Aufstellung des Jagdgeschwaders 300 „Wilde Sau" Ernennung zum Geschwaderkommodore und Divisionskommandeur
1945 Initiator des Sonderkommandos Elbe („Rammjäger"), das feindliche Bomber durch Rammen zum Absturz brachte

Nach 1945 Kriegsgefangenschaft in der Sowjetunion
1955 Rückkehr in die Bundesrepublik Deutschland, Studium der Rechtswissenschaften
1965 Niederlassung als Rechtsanwalt in Düsseldorf, auch tätig als Verteidiger von Holocaustleugnern und Rechtsextremisten
Mitglied der Ordensgemeinschaft der Ritterkreuzträger

Herrmann absolvierte 370 Feindflüge, wobei er viermal abgeschossen wurde.

„Hitler war ausgesprochen höflich und hörte mir aufmerksam zu. Danach sprach er, skizzierte mir in groben Zügen die Kriegslage und seine Pläne … Er machte auf mich trotz der schwierigen Lage einen sehr ruhigen und souveränen Eindruck."

Das Interview fand statt am 10. und 11.9.1996.

Ich bin am 1. August 1913 in Kiel geboren. Mein Vater war Ingenieur. Ursprünglich hatte ich mich für den Polizeiberuf entschieden, wechselte aber 1935 zur Luftwaffe, die nach der Ernennung Adolf Hitlers auf- und ausgebaut wurde.

Im Zuge des Spanischen Bürgerkrieges hatte General Franco Hitler um Hilfe gebeten. Ich wurde gefragt, ob ich bereit sei, drei Wochen als Transportflieger in Spanien tätig zu werden. Ich hatte von den Grausamkeiten gehört, mit denen Francos Gegner Priester und Nonnen ermordet und Kirchen zerstört hatten und willigte ein. Ich wurde daraufhin aus der Luftwaffe entlassen, bekam einen zivilen Pass und reiste als Kaufmann nach Spanien. Dort flog ich zunächst als Transportflieger in der Legion Condor[323] Moros[324] aus Nordafrika auf das spanische Festland. Das ging jeden Tag einige Male hin und her. Nach Abschluss dieser Aufgabe wurden wir auch als Bomberpiloten eingesetzt. Wir waren dabei streng gehalten, die spanische Zivilbevölkerung zu schonen. Das galt auch für die mit uns eingesetzten italienischen Piloten. Von einer Absicht, zielgerichtet auf Wohnplätze Bomben zu werfen, kann keine Rede sein.

Der nächste größere Einsatz war die sogenannte Luftschlacht um England. Der heute oft erhobene Vorwurf, die deutsche Seite haben mit der Bombardierung von britischen Städten angefangen, ist eine glatte Lüge. Wahr ist, dass die Engländer schon vor dem 10. Mai 1940 deutsche Städte bombardierten. Unter anderem meine Heimatstadt Kiel im Juli 1940, wobei es auch zivile Opfer gab. Unsere Aufgabe als Schlachtflieger war eine Hilfsoperation im Zuge des Unternehmens „Seelöwe", also der von Hitler geplanten Invasion Englands mit dem Ziel, rein militärische Ziele zu zerstören: Hafenanlagen, Fabriken und Flugplätze. Und das haben wir auch mit großem Erfolg getan. Unsere Ausgangslage war aber von Anfang an schlecht. Die englischen Flieger lernten schnell und fügten uns schwere Verluste zu. Sie warteten ab, bis die uns begleitenden eigenen Jagdflugzeuge infolge Treibstoffmangels umkehren mussten, und griffen uns dann mit geballter Macht an.

---

323 Legion Condor, deutsche Soldaten ohne erkennbare Uniform oder Abzeichen, die in Spanien während des Bürgerkriegs 1936 bis 1939 den faschistischen General Francisco Franco unterstützten. Der Luftangriff der Legion Condor auf Guernica am 26.4.1937 wurde zum Symbol des Terrors gegen die Zivilbevölkerung.
324 Moros: arabische Soldaten, meist aus Algerien oder Marokko

London und andere Städte haben wir erst bombardiert, nachdem die Engländer mehrere Luftangriffe auf Berlin geflogen hatten und nicht aufhörten, zivile Ziele in Deutschland zu bombardieren.[325] Ich bekam erst am 5. oder 6. September 1940 den Befehl, Randgebiete von London anzugreifen. Meinen letzten Einsatz gegen England flog ich am 31. Dezember 1940, danach wurde ich nach Sizilien versetzt, um im Mittelmeerraum Einsätze zu fliegen. Dort flogen wir zur Unterstützung des deutschen Afrikakorps Einsätze gegen Tobruk, gegen alliierte Geleitzüge, gegen Malta und verschiedene Häfen, unter anderem auf Piräus.

Weihnachten 1941 wurde ich nach Norwegen versetzt, wo ich das nächste halbe Jahr blieb, um Angriffe gegen alliierte Nordmeer-Geleitzüge zu fliegen. Der Einsatz war von vielen Problemen begleitet: Es war kalt und dunkel, schwierige Starts und Landungen im hohen Schnee, die Motoren froren ein und mussten vor dem Einsatz aufgewärmt werden. Dazu kam, dass keiner, der über dem Nordmeer abgeschossen wurde oder aussteigen musste, im eiskalten Wasser überlebte.

Im Juli 1942 musste ich mich nach Berlin zum Luftwaffenführungsstab begeben, wo ich in der Operationsabteilung die technische und taktische Weiterentwicklung der deutschen Bomberverbände vorantreiben sollte. Die militärische Gesamtlage war zu diesem Zeitpunkt nicht schlecht: Der Angriff der Engländer bei Dieppe[326] war zurückgeschlagen und im Osten ging der Vormarsch Richtung Stalingrad und Kaukasus.

---

325 Arthur Neville Chamberlain, der bis dahin die Appeasement-Politik vertreten hatte, war am 10.5.1940 als britischer Premierminister zurückgetreten, und der energische Winston Churchill trat an seine Stelle. Er stellte am 13.5. klar, dass der „Krieg gegen eine monströse Tyrannei, wie sie nie übertroffen worden ist, im finsteren Katalog der Verbrechen der Menschheit" nur mit einem „Sieg um jeden Preis" beendet werden dürfe. Die Angriffe der britischen RAF auf deutsche Städte begannen mit dem Angriff auf Mönchengladbach am 11.5.1940 mit 35 Bombern.

326 Dieppe ist eine kleine Stadt in der Normandie in Frankreich, an der Küste zu England. Zwei Jahre vor dem D-Day, der erfolgreichen Invasion der Alliierten ab dem 6.6.1944, fand am 19.8.1942 ein Invasionsversuch der Alliierten statt, der vollkommen zurückgeschlagen wurde. 6000 Mann, überwiegend Kanadier, versuchten am Strand zu landen, der von deutschen Truppen besetzt war. 907 Kanadier und mehrere hundert Soldaten aus Britannien, USA sowie Deutsche fielen; 119 alliierte Flugzeuge gingen verloren, davon 106 der Royal Air Force. Es war der größte Tagesverlust der RAF im Zweiten Weltkrieg. 2000 Soldaten kamen in deutsche Gefangenschaft. Von den 4963 Kanadiern kehrten 2210 zurück, viele davon verwundet.

Was mich aber erschreckte, waren die amerikanischen Produktionszahlen. Deren Steigerung war im Vergleich zu unserer eigenen Produktion bedrohlich. Ich arbeitete auf dieser Erkenntnis eine Denkschrift aus, in der ich vorschlug, unsere Kampfbomberproduktion einzustellen und die Produktion von Jagdfliegern zu erhöhen, um den Alliierten auf Dauer etwas Gleichwertiges entgegensetzen zu können. Das lehnten die Bomber natürlich entschieden ab. Ich sprach auch mit Generalfeldmarschall Milch[327] darüber und sagte ihm, wenn mein Ansatz richtig sei, dann müsste die Deichsel umgehend umgestellt werden. Milch antworte mir daraufhin: „An dieser Deichsel drehen zu viele. Die kann ich alleine nicht bewegen."

Als ich wenig später in Berlin mit der Straßenbahn fuhr, schaute ein schlauer Berliner Junge auf mein Ritterkreuz und sagte dann zu mir: „Was machste denn hier unten? Warum biste denn nicht am Himmel?" Der Junge hatte absolut recht. Denn bei Nachtangriff flogen nur unsere Nachtjäger, während alle Tagjäger schliefen. Das musste sich schnell ändern.

Ich flog daraufhin einen Nachtangriff mit einer Me gegen eine He 11[328] als Zielflugzeug, die von unserer Flak angeleuchtet wurde. Dieser Angriff klappte und ich dachte mir: Das Ding geht gut.

Ich sprach daraufhin mit Generaloberst Weise[329] von der Flak und schlug ihm vor, die Flak nur bis zu einer bestimmten Höhe schießen zu lassen, während wir darüber mit unseren Flugzeugen Jagd auf die alliierten Bomber machen würden. Der fuhr mich an: „Wir haben einen Führerbefehl, alles Eisen muss raus. Wir schießen unbeschränkt in alle Höhen. Das sind Tonnen von Eisensplittern, die da herumfliegen. Wollen Sie wirklich fliegen, wenn wir schießen?" Ich sagte ihm: „Herr Generaloberst, ich bin überall geflogen und habe über England gelegentlich mal einen Kratzer bekommen." – „Was", blaffte er mich an, „meine Flak vergleichen Sie mit der englischen? Sie unverschämter Kerl!" Als ich sagte, dass wir trotzdem fliegen

---

327 Erhard Milch, 1892–1972 (Wilhelmshaven), Generalinspekteur der Luftwaffe, siehe auch Anmerkung S. 362
328 Wahrscheinlich Messerschmidt Me 210 und Heinkel He 111
329 Hubert Weise, 1884 – 1950, Generalobert der Luftwaffe, von März 1941 bis Januar 1944 als Luftwaffenbefehlshaber Mitte für die Luftverteidigung des Reichsgebietes verantwortlich, nach dem Krieg bis 1947 in alliierter Kriegsgefangenschaft

würden, schaltete sich sein Generalstabsoffizier ein und sagte: „Das ist das Verfahren ‚Wilde Sau'."

Wir begannen mit zwölf Freiwilligen und hatten unseren ersten Einsatz bei einem englischen Angriff gegen Köln-Mülheim. Die Flak schoss aus allen Rohren und wir jagten in dem ganzen Feuerwerk die britischen Bomber. Am Ende hatte die Flak zwei Engländer abgeschossen, es lagen aber 12 Flugzeuge am Boden! Das war der erste große Erfolg, der viele Türen öffnete.

Als ich später Adolf Hitler darüber informierte, sagte er zu mir: „Die Japaner haben für solche Einsätze immer so schöne Namen wie der ‚Götterwind'. Muss es denn ausgerechnet ‚Wilde Sau' sein?" Ich antwortete: „Mein Führer, die Männer wollen Wilde Sau heißen und nichts anderes." Dabei blieb es dann auch.

Als die Engländer beim Angriff auf Hamburg Stanniolstreifen abwarfen und damit unsere gesamten Nachtjagdgeräte ausschalteten, war die „Wilde Sau" das einzige Gegenmittel, das wir besaßen, um die Bomberströme anzugreifen. Da unsere Abschusszahlen nicht schlecht waren, gab mir der Reichsmarschall [Göring] den Auftrag, weitere Geschwader aufzubauen. Wir statteten unsere Flugzeuge mit Zusatzbehältern aus und erhöhten damit unsere Flugzeit von etwa 75 Minuten auf bis zu drei Stunden. Unsere Taktik wurde weiter verbessert und wir konnten in vielen Einsätze achtbare Abschusserfolge erzielen.

Diese Erfolge änderten aber auf lange Sicht nichts daran, dass wir ein, zwei eigene Flugzeuge verloren, um einen alliierten Flieger abzuschießen. Es war also der Tag abzusehen, wann der Punkt eintreten würde, an dem wir keine Flugzeuge mehr besaßen und die Alliierten die uneingeschränkte Lufthoheit über dem Reichsgebiet besitzen würden.

Im Januar 1944 erhielt ich von Adolf Hitler die Schwerter zum Eichenlaub zum Ritterkreuz. Von Below, der persönliche Luftwaffenadjutant von Hitler, rief mich vorher an und teilte mir mit, dass der Führer mich alleine sprechen wollte. Wir hatten kurz vorher einen britischen Nachtangriff auf Berlin abgewehrt, bei dem unter der Bezeichnung „Adolf Hitler" das Regierungsviertel in Berlin ausgelöscht werden sollte. Ich hatte mir vor dem Termin vom Berliner Polizeipräsidenten eine Karte geben lassen, auf der die Einschläge der abgeworfenen Bomben eingezeichnet waren. Das war kein konzentrierter Bombenabwurf, wie geplant, sondern eine Kleckerei bis hin nach Cottbus. Das trug ich Hitler vor und er war sehr zufrieden und bedankte sich für meinen Einsatz.

Hitler war ausgesprochen höflich und hörte mir aufmerksam zu. Danach sprach er, skizzierte mir in groben Zügen die Kriegslage und seine Pläne. Wenn ich ihn unterbrach, was ich ein-, zweimal tat, guckte er nur hoch und sprach dann weiter. Er machte auf mich trotz der schwierigen Lage einen sehr ruhigen und souveränen Eindruck. Er wirkte vollkommen selbstsicher und geradezu gelassen. Erstaunlich waren seine sachbezogenen präzisen Fragen. Er besaß ohne Zweifel großes technisches Wissen und formulierte eigene Verbesserungsvorschläge.

Ich habe ihm bei dieser Gelegenheit die Art unserer Einsätze detailliert beschrieben und dabei auch auf das Missverhältnis zwischen der alliierten und unserer eigenen Flugzeugproduktion hingewiesen. Als Fazit schlug ich ihm vor, zwei Drittel der Bomber abzuwracken und dafür die Produktion von Jagdflugzeugen hochzufahren. Davon wollte Hitler aber nichts wissen. Er vertrat die Auffassung, dass Terror nur durch Gegenterror zu brechen sei. Ein Prinzip, das er möglicherweise aus der Kampfzeit übernommen hatte, das aber angesichts der Übermacht der alliierten Flugzeuge in der Reichsverteidigung nicht mehr gelten konnte. Hitler fragte mich, wer die englischen Schiffe im Mittelmeer stoppen solle, wenn es keine Bomber mehr gäbe. Ich antwortete, dass man Jäger als Mehrzweckwaffe einsetzen und mit Bomben ausstatten könne, um von Sizilien aus die Angriffe zu fliegen. Hitler hörte sich meine Ausführungen an, blieb aber stur und war meinen Argumenten gegenüber nicht zugänglich. Er verabschiedete mich schließlich höflich und wünschte mir weiterhin viel Glück.

Alle weiteren Versuche, die Luftüberlegenheit der Alliierten durch neue Flugzeugtypen wie die Me 262, die allen feindlichen Maschinen haushoch überlegen war, doch noch zu stoppen, wurden im Bombenhagel der Alliierten erstickt und endeten schließlich in der bedingungslosen Kapitulation. Ich selber geriet in sowjetische Kriegsgefangenschaft, aus der ich erst nach mehr als zehn Jahren entlassen wurde, im Oktober 1955.

BERND FREIHERR FREYTAG VON LORINGHOVEN

„Er war ein körperliches Wrack"

Bernd Freiherr Freytag von Loringhoven
1914 – 2007
Adjutant des Chefs des Generalstabs des Heeres

1942 Kompaniechef eines Panzerregiments in Stalingrad
1943 Mit der letzten Maschine aus Stalingrad ausgeflogen; Verleihung des Deutschen Kreuzes in Gold
1944 – 1945 Major und Adjutant bei den Generalstabschefs des Heeres Heinz Guderian und Hans Krebs, in dieser Funktion Vorbereitung der täglichen militärischen Lagebesprechung im Führerbunker
1945 Britische Kriegsgefangenschaft
1948 Entlassung aus der Kriegsgefangenschaft
1956 Eintritt in die Bundeswehr
1963 Brigadegeneral und Kommandeur einer Panzerbrigade der Bundeswehr
1966 Stellvertreter des Generalinspekteurs der Bundeswehr, später auch Offizier im Planungsstab der NATO
1973 Aus der Bundeswehr ausgeschieden im Rang eines Generalleutnants

2005 Veröffentlichung der autobiographischen Erinnerungen „Mit Hitler im Bunker"

Von Loringhoven nahm 1944/45 an fast allen militärischen Lagebesprechungen im Führerbunker teil und kann die letzten Bunkerinsassen anschaulich charakterisieren. „Am Nachmittag dieses Tages, der Ring um Berlin war noch nicht ganz geschlossen, fand eine letzte große Lagebesprechung statt... Das Gesamtbild war katastrophal, Berlin stand kurz vor der Einschließung und die Niederlage war absehbar. Die Lagevorträge habe ich selbst miterlebt. Nach Abschluss der Vorträge befahl Hitler, dass bis auf Jodl, Keitel, Krebs, Burgdorf und Bormann alle den Raum verlassen sollten. Krebs erzählte mir später, dass Hitler danach zusammengebrochen sei und zum ersten Mal zugegeben hätte, dass der Krieg verloren sei."

Als er keine Lageberichte mehr abgeben konnte, weil es keine Kommunikationskanäle nach außen mehr gab, wollte von Loringhoven nicht „wie eine Ratte im Keller" umkommen, bat um Versetzung an die Front und wurde von Hitler zu Wenck geschickt, um Hilfe zu holen – mit dem Faltboot.

Das Interview fand statt im Jahr 1996.

Als Adjutant des Chefs des Generalstabs des Heeres, zunächst Generaloberst Guderian, ab März 1945 General Krebs, habe ich seit dem Sommer 1944 fast täglich an den Lagebesprechungen bei Hitler teilgenommen. Meine Aufgabe war es, meinen Chef zu diesen Lagebesprechungen zu begleiten, das dafür nötige Material, vor allem Karten, mitzubringen und bereitzuhalten und während der Lage gegebene Weisungen auszuführen.

Als Hitler sich im April 1945 entschied, in Berlin zu bleiben und nicht – wie alle damals gedacht hatten – nach Bayern zu gehen, entschied er auch, dass seine bisherigen hauptamtlichen Paladine Keitel[330] und Jodl[331] nicht in Berlin bleiben, sondern die Gegenmaßnahmen gegen die Einschließung Berlins von außen leiten sollten. Als seinen militärischen Ratgeber in Berlin hat er sich meinen Chef General Krebs ausersehen und das bedeutete für mich, dass ich bei meinem Chef bleiben und im Bunker verbleiben musste.

Es war natürlich sehr schwierig, die täglichen Lageberichte zusammenzustellen. Das machten normalerweise Dutzende von Generalstabsoffizieren beim Wehrmachtsführungsstab, bei Jodl oder im Generalstab des Heeres. Das war zu diesem Zeitpunkt alles weggefallen. Die Einzigen, die diese Arbeit im Führerbunker erledigten, waren mein Ordonnanzoffizier Rittmeister Boldt und ich. Die Erstellung der Lageberichte war besonders schwierig, weil wir keine Fernmeldeverbindungen mehr hatten. Wir waren angewiesen auf die Fernmeldeverbindung des Kommandanten von Berlin und es bestand nur noch eine einzige Funkfernsprechverbindung[332] vom Funkturm in Berlin zu einem Fesselballon in Rheinsberg in der Mark.

---

330 Wilhelm Keitel, 1882 – 16.10.1946, siehe Anmerkung auf S. 258
331 Alfred Jodl, 1890 – 1946, siehe Anmerkung auf S. 333
332 Das Amt 500, die Nachrichtenzentrale für Fernmeldeverbindungen, der wichtigste, größte und zu jener Zeit modernste Fernmeldeknoten im Verbindungssystem der Wehrmacht im Süden von Berlin in Wünsdorf, war von der Roten Armee am 20.4.1945 überraschend schnell überrannt worden und deshalb ausgefallen. Die Soldaten des Führernachrichtenbataillons des Amt 100 unter Major Lohse in der Neuen Reichskanzlei hatten sich in der Nacht zum 24.4.1945 abgesetzt und waren spurlos verschwunden. Vom Propagandaministerium wurde daraufhin eine Richtfunkstrecke zum Funkturm im Westen Berlins aufgebaut. In Rheinsberg, knapp 100 Kilometer nördlich von Berlin, wurden Sender und Empfänger an einem Fesselballon hochgezogen, um den Funkturm über 10-Zentimeter-Kurzwelle zu erreichen. (Quellen: Joachim Beckh, Blitz & Anker, Band 2, Informationstechnik, Geschichte & Hintergründe, Seite 260 f.; Harald Sandner, Hitler – Das letzte Jahr, S. 458 und 471)

In Rheinsberg befand sich das Oberkommando der Wehrmacht OKW, also Keitel und Jodl, bei dem noch einige Meldungen zusammenliefen. Über diese auch akustisch außerordentlich schlechte Verbindung bekamen wir noch militärische Nachrichten. Da aber auch das OKW nicht mehr genau Bescheid wusste, was sich wirklich in Deutschland abspielte, kam ich auf den Gedanken, mir die ohnehin im Führerhauptquartier abgehörten Nachrichten der britischen Agentur Reuters, die natürlich auch militärische Elemente beinhalteten, geben zu lassen, auf militärische Ereignisse zu überprüfen und daraus meine Lageberichte zusammenzustellen. So ergab sich die absurde Situation, dass das, was Hitler vorgetragen wurde, zum Teil nicht aus eigenen Quellen stammte, sondern aus britischen.[333]

Der Lageraum im Führerbunker, in dem die Besprechungen stattfanden, war sehr klein. In der Zeit vor dem 22. April, als noch mehr Teilnehmer zusammenkamen, war es hier sehr eng. Obgleich es eine Klimaanlage gab, war die Luft stickig. Die Einrichtung bestand nur aus einem großen Kartentisch; an diesem saß Hitler, während alle anderen stehen mussten. Da diese Lagebesprechungen sich manchmal über viele Stunden erstreckten, war es sehr anstrengend und ermüdend. Manchmal musste man einfach raus, um ein bisschen Sauerstoff zu atmen, und ging dann wieder hinein.

Aber wie gesagt, bis auf meinen Gehilfen Rittmeister Boldt und mich hatte keiner mehr richtig etwas zu tun und viele lungerten einfach in den Gängen der Bunker herum. Der eigentliche Führerbunker war ja nicht der einzige Bunker. Das ganze Gebiet der Neuen Reichskanzlei war unterkellert und unterbunkert und in diesen Kellergängen liefen die Menschen herum, tauschten untereinander Nachrichten aus und Gerüchte flogen hin und her. Je düsterer die Aussichten wurden, umso mehr drehten sich die Gespräche um den Tod. Man überlegte, auf welche Weise man sich umbringen wollte; schießt man sich in den Kopf oder nimmt man die Zyankali-Kapsel, die die meisten schon bei sich trugen.

---

333 Von der BBC stammte die letzte wichtige Nachricht, die den Führerbunker am 29.4.1945 erreichte: Partisanen hatten den ehemaligen italienische Diktator Benito Mussolini auf der Flucht am Comer See aufgegriffen, im Dorf Mezzegra erschossen und an einer Tankstelle in Mailand an den Füßen kopfüber aufgehängt.

Bormann[334], eine der wichtigsten Personen des Dritten Reiches, hatte sein Quartier nicht im Führerbunker. Er hatte an anderer Stelle einen weniger geschützten Bunker und dort hat er sich aufgehalten. Es fiel mir auf, dass Bormann in den ersten Monaten, in denen ich an den Lagebesprechungen teilgenommen habe, also Ende Sommer, Herbst und Winter 1944, relativ selten anwesend war. Doch von der Jahreswende 1944/45 an, als es dem Ende zuging, ist er immer häufiger erschienen, um zu erfahren, was sich auf dem militärischen Gebiet abspielte. Er hatte sicherlich den unmittelbarsten Draht zu Hitler. Er war immer da, wenn Hitler ihn brauchte. Wahrscheinlich war er derjenige, mit dem Hitler am intensivsten die anstehenden Fragen besprach. Er hat eine Barriere um Hitler errichtet und genau kanalisiert, wer zu ihm herankam. Ein Mann, der im Geheimen arbeitete und nie in der Öffentlichkeit auftrat.

Ich will versuchen, die Einflüsse, die um Hitler herum bestanden und so weit ich sie beobachten konnte, zu beschreiben: Ich glaube, bis zu Beginn des Winters 1944 war neben Hitler Himmler der mächtigste Mann im Staat, der mit seinem SS-Apparat in immer weitere Kreise des Staates eingedrungen ist. Sein Ehrgeiz, auch noch als Feldherr zu erscheinen, war ein Fehler und kostete ihn letztlich seinen Einfluss. Den dadurch entstehenden Freiraum hat Bormann besetzt und damit seine Macht noch ausgebaut. Das zeigte sich auch bei der Lagebesprechung vom 22. April 1945.

Am Nachmittag dieses Tages, der Ring um Berlin war noch nicht ganz geschlossen, fand eine letzte große Lagebesprechung statt, an der noch einmal die meisten der führenden Persönlichkeiten des Reiches teilnahmen. Jodl trug die Lage im Westen, Krebs die im Osten vor. Das Gesamtbild war katastrophal, Berlin stand kurz vor der Einschließung und die Niederlage war absehbar. Die Lagevorträge habe ich selbst miterlebt. Nach Abschluss der Vorträge befahl Hitler, dass bis auf Jodl, Keitel, Krebs, Burgdorf und Bormann alle den Raum verlassen sollten. Krebs erzählte mir später, dass Hitler danach zusammengebrochen sei und zum ersten Mal zugegeben hätte, dass der Krieg verloren sei. Er hätte hasserfüllt auf das Heer geschimpft und das Heer und die Generäle des Ver-

---

334 Martin Bormann, 1900 – 2.5.1945„ siehe Anmerkung auf S. 111

rats beschuldigt. Während die anwesenden Generäle stumm geblieben wären, hätte ausgerechnet Bormann, von dem wir wussten, dass gerade er immer gegen die Generalität und den Generalstab intrigiert hatte, das Wort ergriffen und Hitler korrigiert. Insbesondere die Generäle, die um ihn stünden, hätten das Äußerste getan, was man tun konnte, und im Übrigen wäre die Situation ja noch nicht hoffnungslos, weil die Armee Wenck in der Lage wäre, im Kampf um Berlin eingesetzt zu werden. Die Situation sei umgeschwungen, Hitler habe wieder Hoffnung geschöpft und man habe überlegt, wie man doch noch eine Schlacht um Berlin schlagen könnte.

Aus dieser Situation ergaben sich nun verschiedene Konsequenzen. Die erste war, dass Hitler entschied, er würde nicht nach Bayern fliegen, sondern in Berlin bleiben, um von dort aus die Schlacht zu leiten. Als zweite befahl er Keitel und Jodl, Berlin zu verlassen, um von außen die Operation zum Entsatz von Berlin zu leiten. Als dritte befahl er, dass General Krebs, Chef des Generalstabs des Heeres, bei ihm bleiben sollte. Vielleicht hoffte er, dass Krebs, der als Generalstabsoffizier einen ausgezeichneten Ruf hatte, mit seinen 45 Jahren weniger verbraucht wäre als die wesentlich älteren Generäle Keitel und Jodl.

In den wenigen Tagen, die dann noch blieben, konnte ich verschiedene Beobachtungen machen, die für die Atmosphäre im Bunker und das Persönlichkeitsbild Einzelner von Bedeutung sind.

Es gab im Bunker umfangreiche Vorräte an Lebensmitteln, aber auch an Alkohol. Da viele keine richtige Aufgabe mehr hatten, sind manche auch an diese Alkoholvorräte gegangen und haben getrunken, was Hitler selbst übrigens nie getan hat. Zu denen, die dem Alkohol zusprachen, gehörten auch Bormann und General Burgdorf, der Adjutant Hitlers[335]. Einmal, ich kann heute den Tag nicht mehr genau sagen, es war aber ziemlich kurz vor dem Ende im Bunker, vielleicht der 27. April 1945, saßen mein Gehilfe Boldt und ich noch gegen Mitternacht in unserem Bunkerraum, telefonierten und malten eifrig auf unseren Karten, als sich die Bunkertüre öffnete und Bormann hereinkam. Ich merkte gleich, dass er einiges getrun-

---

335 Wilhelm Burgdorf war Chefadjutant des Oberkommandos der Wehrmacht bei Hitler, nicht Hitlers Adjutant, siehe auch Anmerkung auf S. 315

ken hatte. Seine Aussprache war nicht mehr so ganz klar. Er schaute uns an und sagte: „Das ist ja fabelhaft, dass Sie immer noch so fleißig arbeiten. Ich verspreche Ihnen, wenn wir noch einmal hier herauskommen, dann werde ich dafür sorgen, dass Sie Rittergüter bekommen." Uns war allerdings nicht nach Rittergütern zumute. Wir dachten mehr daran, ob es uns gelingen würde zu überleben.

Hitler selbst hat meiner Ansicht nach in der Nacht vom 28. auf den 29. April mit allem abgeschlossen. Als durch eine Reuter-Meldung bekannt wurde, dass Himmler über den schwedischen Grafen Bernadotte ein Kapitulationsangebot an die Westmächte gerichtet hatte, war das für Hitler das Signal, dass es nun wirklich zu Ende ging. Nachdem sich der angeblich Treueste der Treuen, Heinrich Himmler, von ihm abgewandt hatte, war ihm klar, dass das Ende unmittelbar bevorstand. Er hat daraufhin seine Testamente geschrieben und Eva Braun geheiratet. Zu diesem Zeitpunkt war unsere letzte Funksprechverbindung vom Funkturm nach Rheinsberg ausgefallen, weil der Fesselballon, über den diese Verbindung lief, abgeschossen worden war. Es gab also weder Telegraphenverbindungen noch Telefonverbindungen nach außen. Es existierte nur noch eine Parteifunkstelle, die nach draußen funken konnte.

Für mich ergab sich daraus die Situation, dass jede militärische Verbindung vollkommen ausgefallen war und sich damit meine Aufgabe, Lageberichte herzustellen, erledigt hatte. Ich bin deshalb zu General Krebs gegangen und habe ihm gesagt, dass ich keine Lust hätte, mich wie eine Ratte im Keller totschlagen zu lassen. Entweder sollten Boldt und ich in die kämpfende Truppe eingereiht werden oder man sollte uns die Chance geben zu versuchen, aus Berlin auszubrechen. General Krebs hat das mit General Burgdorf besprochen, der wieder hat es Hitler vorgetragen, und Hitler, der mit allem abgeschlossen hatte, hat es uns genehmigt. Wir erhielten den offiziellen Auftrag, uns zur Armee Wenck durchzuschlagen, um dort über die Lage in Berlin zu berichten.

Nachdem wir freigestellt waren, hat Burgdorf mir gesagt, dass wir uns noch bei Hitler abmelden müssten. Wir sind in den Mittagsstunden des 29. April 1945 zu Hitler gegangen, haben uns bei ihm abgemeldet und ihm gesagt, welchen Auftrag wir hätten. Daraufhin hat er mich gefragt: „Wie wollen Sie denn aus Berlin rauskommen, die Stadt ist doch vollkommen eingeschlossen?" Ich habe ihm geantwortet, dass es zwei Möglichkeiten gäbe: Die eine wäre, zu versuchen, sich durch den Grunewald durchzuschlagen. Diese Möglichkeit hielt ich allerdings für ausgeschlossen, weil sich dort schon die Fronten so ineinander verbissen hatten, dass ein Durchkommen unmöglich war. Die andere bestünde darin, sich nach Pichelswerder, das zu dieser Zeit noch in deutscher Hand war, zu begeben, sich dort ein kleines Boot zu besorgen, um nachts die Havel zu überqueren. Hitler fand diesen Gedanken interessant und riet uns, uns nach einem elektrischen Motorboot umzusehen, mit dem man geräuschlos durch die russische Front fahren könne. Ich habe mich nicht weiter mit ihm darüber unterhalten, weil ich es für unwahrscheinlich hielt, mit einem derartigen Schiff durchzukommen. Ich hatte mehr eine Art Faltboot im Auge, das sich kaum von der Wasseroberfläche abhob, und so haben wir es dann auch gemacht. In der Nacht vom 30. April auf den 1. Mai sind wir tatsächlich noch mit einem Faltboot auf der Havel aus Berlin herausgekommen.

Bei diesem letzten Gespräch wurde mir noch einmal deutlich, dass Hitler ein körperliches Wrack war. Die linke Hand zitterte dauernd, er zog den linken Fuß nach, konnte schlecht gehen, hatte einen krummen Rücken, war aschfahl im Gesicht und sah wirklich krank aus. Er war ein körperliches Wrack und wir hatten den Eindruck, dass er mit einem gewissen Neid auf uns blickte: zwei noch junge Leute um die dreißig und kräftig, die vielleicht noch eine Chance besaßen, durchzukommen, während er selbst ein solches Wagnis physisch nicht mehr auf sich nehmen konnte.

Im Bunker selbst herrschte Endzeitstimmung. Es war jedermann vollkommen klar, dass es kein Entkommen mehr gab, wenn man nicht selber die Initiative ergriff. Als Boldt und ich den Bunker verließen und in Richtung Tiergarten vorstießen, lagen wir bereits unter russischem Maschinengewehrfeuer. Es war also nur noch eine Frage von Stunden, bis die Russen in den Bunker eindringen würden – und so ist es dann ja auch geschehen.

RUDOLF VON RIBBENTROP

„Hitler war in diesem Fall unser Schicksal"

Rudolf von Ribbentrop
1921 – 2019
SS-Obersturmbannführer, Sohn des Reichsaußenministers Joachim von Ribbentrop (1946 in Nürnberg zum Tod durch den Strang verurteilt)

1938 Abitur an der Napola Ilfeld
1939 Eintritt in das SS-Regiment „Deutschland"
1943 Teilnahme an der Schlacht um Charkow („Unternehmen Zitadelle") und Auszeichnung mit dem Ritterkreuz zum Eisernen Kreuz
1944 Versetzung zur SS-Division „Hitlerjugend"
1945 Amerikanische Kriegsgefangenschaft
Nach der Entlassung aus der Kriegsgefangenschaft Mitinhaber der Henkell & Co Sektkellerei
1958 Eintritt als Bankier in das Bankhaus Lampe
1972 – 1980 Sprecher der Geschäftsleitung des Bankhaus Lampe
2008 Veröffentlichung des Buches „Mein Vater Joachim von Ribbentrop"

Rudolf von Ribbentrop, hochdekorierter SS-Offizier, schildert im Interview ausführlich seine militärischen Leistungen, insbesondere in der Schlacht um Charkow.

„Wir fuhren fünf Meter an dem russischen Panzer vorbei und haben ihm dann natürlich – mit einer gewissen Wollust, gebe ich zu – hinten eine drauf gesetzt, worauf der ganze Panzer auseinanderflog. Wir blieben stehen und schossen dann wieder einen von hinten ab. Einmal überholte uns ein T-34 und hatte eine angehängte Pak und Infanterie drauf. Die guckten plötzlich entsetzt. Ich sehe die Augen, das Gesicht noch, guckten entsetzt in unsere Mündung. In dem Moment war natürlich Feierabend. Da war es für die armen Kerle passiert. Teilweise überfuhren wir von hinten russische Infanteristen, die runtergesprungen waren. Es war ein Höllensabbat, wie Sie es sich nicht vorstellen können."

Ribbentrop kannte Hitler von klein auf. Beim Fackelzug zur „Machtergreifung" am 30. Januar 1933 stand er an der Hand seines Vaters auf dem Balkon des Hotels Kaiserhof. Zuletzt begegnete ihm der körperlich gebrochene „Führer" im Bunker – wenige Tage vor dem Ende.
Ribbentrop wirft Hitler vor, den Krieg nicht richtig vorbereitet, die Rüstungsproduktion viel zu spät in Gang gesetzt und Entscheidungen getroffen zu haben, die einem Vabanque-Spiel gleichen. Er teilt die Auffassung seines Vaters, nach der die Freundschaft oder zumindest ein ertragbares Verhältnis zur Sowjetunion der Eckpfeiler der deutschen Außenpolitik hätte sein sollen – um freie Hand im Westen zu haben.
Als sein Vater, Reichsaußenminister, ihm von Plänen berichtete, „auch im Westen die Genfer Konvention zu kündigen", will er geantwortet haben: „Es wird die gegenteilige Wirkung haben bei den Amerikanern, ihr habt es ja am Kommissarbefehl gesehen." Und fügt hinzu: „Obwohl ich nie erlebt habe in Russland, dass ein Kommissar erschossen wurde."

Das Interview fand statt im Jahr 1997.

Ich habe mich eigentlich nicht unmittelbar zur Panzerwaffe gemeldet, ich war im Westfeldzug Infanterist, wurde als Offizier auf eigenen Wunsch zur Aufklärungsabteilung versetzt, war Kradschütze, also auf Motorrädern im finnischen Urwald, wurde schwer verwundet, und bei der Entlassung aus dem Lazarett ergab es sich, dass die drei Waffen-SS-Divisionen Panzerabteilungen aufstellen durften. Bis dahin hatten die Waffen-SS-Divisionen keine Panzer. Die brauchten Führer eines Krad-Erkundungszuges, der die Straßenverhältnisse erkundet. Dorthin wurde ich versetzt, aber sehr bald dann einer Panzer-Kompanie zugeteilt – und damit wurde ich Panzermann.

Die große Bedeutung des Panzers entstand dadurch, dass man motorisierte Großverbände schuf, deren Kernstück Panzerregimenter waren, und damit die Verbände operativ einsetzte, während die französische Militärdoktrin am Ersten Weltkrieg hängen blieb und die Panzer als reine Infanterieunterstützung einsetzte. Die deutschen militärischen Erfolge der Jahre 1939 bis 1941 beruhten auf dieser neuen Strategie, in dem man große Großverbände, gepanzerte Großverbände einsetzte, die durch die feindlichen Linien stießen, gleich weit ins Hinterland vorpreschten und damit die feindliche Front zum Einsturz brachten. Das war der Mythos der deutschen Panzerwaffe.

Im Russlandkrieg haben die Russen sehr schnell das Einsetzen von operativen Panzerverbänden gelernt – nunmehr wurde der Panzer eigentlich zum Rückhalt des Erdkampfes.

Hitler hat bereits 1925 in Landsberg in „Mein Kampf" geschrieben, ein zukünftiger Krieg wird sich weitgehendst motorisiert abspielen. Sehr bemerkenswert für einen Gefreiten aus dem Ersten Weltkrieg. Ich habe selbst gehört, wie er 1939 anlässlich des Geburtstages meines Vaters sagte: „Im Ersten Weltkrieg war der Verteidiger in großem Vorteil, weil der Angreifer sich durch sein eigenes Trichterfeld durchwürgen musste, während dem Verteidiger die ganzen intakten Verbindungswege zur Verfügung standen, um Reserven heranzuführen, um den Einbruch abzuriegeln." Und er folgerte dann: „Mit den modernen motorisierten Großverbänden wird ein Einbruch sehr schnell zu einem Durchbruch ausgeweitet und wird damit ganz neue strategische Maßstäbe setzen." Hitler hat gegen großen Widerstand innerhalb des konservativen Heeres diese motorisierten Großverbände durchgesetzt. Einer seiner Hauptmitarbeiter in diesem Sinne war Guderian[336]. Man darf nicht vergessen, das deutsche Heer war bei Ausbruch des Krieges ja zum weitaus größten Teil bespannt.[337]

Es gab wenige motorisierte oder gar Panzerdivisionen, und es gab einen Unterschied zwischen motorisierten Infanterie-Divisionen und reinen, richtigen Panzerdivisionen. Der Großteil des deutschen Heeres war den ganzen Krieg über bespannt, auch nach Russland sind die bespannt gezogen. Natürlich haben die Generäle, die ihr ganzes Leben lang in bespannten Einheiten gedacht haben,[338] aus Selbsterhaltungstrieb eine gewisse Scheu vor dieser neuen Waffe gehabt, für die ja auch keine Erfahrung bestand.

Guderian war der Vordenker der modernen Panzerwaffe. Es gab aber vor allem in England schon Überlegungen, neue strategische Konzeptionen im Sinne dieser motorisierten Großverbände zu schaffen. Guderian war einer der Maßgeblichen auf der deutschen Seite, die versucht haben, das konsequent durchzusetzen, und der, das ist das Entscheidende, im Westfeldzug den Erfolg dadurch erzielt hat, dass er losgefahren ist, ohne sich um seine Flanken zu kümmern. Das heißt, ohne dass die Infanterie-Verbände aufschlossen. Er riskierte dabei Flankenangriffe und sagte: „Die älteren Herren haben Seitenstechen."

Der Blitzkrieg, das war die Panzerwaffe, einen Einbruch sofort zu einem Durchbruch auszuweiten, dann eben wirklich durchzustoßen, weit ins feindliche Hinterland und damit die

---

336 Heinz Guderian, 1888 – 1954, Panzergeneral, siehe Anmerkung auf S. 53

337 Am 30. Juni 1939 verfügte die Wehrmacht über 170.488 Pferde. Bis zum Überfall auf Polen am 1. September wurden weitere 393.000 Pferde mobilisiert. Bis zum Ende des Krieges taten 2,75 Millionen Pferde Dienst in der Wehrmacht. (Wilhelm Zieger, „Das deutsche Heeresveterinärwesen im Zweiten Weltkrieg", 1973. Militärgeschichtliches Forschungsamt der Bundeswehr, zit. nach Berthold Seewald, Die Welt vom 24.11.2016, abgerufen am 11.5.2019)

338 Vor dem Angriff auf die Sowjetunion am 22.6.1941 wurden jeder Division noch 200 bis 300 leichte, landesübliche Wagen für den Transport kleinerer Lasten zugeteilt. Als die Schlammperiode anbrach, waren es gerade die Panjepferde, die die Versorgung der Truppen aufrechterhalten konnten. Panzerdivisionen, die normalerweise immerhin 1500 Pferde im Bestand hatten, griffen in großem Stil auf russische Tiere zurück. „Soweit die Truppe beweglich war, war sie es in der Hauptsache dank des an den russischen Winter gewöhnten, äußerst anspruchslosen Panjepferdes, das mit wenig Pflege und Futter, meist im Freien stehend, zum Helfer der Truppe wurde." Pferde, in großer Zahl auf dem Vormarsch erbeutet, erwiesen sich „als die unbedingt zuverlässigen Helfer in allem", schreibt Wilhelm Zieger, a.a.O.

ganze Logistik, das ganze Hinterland des Gegners zum Zusammenbruch zu bringen.

Es gab natürlich nicht nur Panzerdivisionen. Panzerdivisionen bestanden aus ein bis zwei Panzerregimentern und ein bis zwei motorisierten Infanterieregimentern, zuzüglich der üblichen Waffen, wie Artillerie, Pioniere usw. Es gab aber auch reine Infanterie-Divisionen mot. Also eine reine motorisierte Infanterie-Division, der ich als Landser im Westfeldzug angehörte. Das war die sogenannte V-Division der Waffen-SS, die keinerlei Panzer hatte.

Beim Westfeldzug denke ich natürlich an Dünkirchen. Warum blieben die deutschen Panzer vor Dünkirchen stehen? Eine bis heute nicht geklärte Situation. Die eine Version sagt, Hitler hätte die Divisionen angehalten, eine andere Version sagt, dass von Rundstedt[339], der Oberbefehlshaber West, aus Vorsichtsgründen den Panzerdivisionen die Zeit geben wollte, ihr Material zu überprüfen, technischen Dienst zu haben. Mein Vater sagte mir einmal, er sei Zeuge gewesen, als Göring zu Hitler sagte: „Den Rest, mein Führer, mache ich mit der Luftwaffe."

Ich kann nicht sagen, was eigentlich der Grund war; auf jeden Fall war es der ganz entscheidende Fehler, denn dadurch ist es den Engländern gelungen, einen Großteil ihrer Mannschaften nach England zu retten, die später das Rückgrat für die Verteidigung gegen eine deutsche Landung gebildet haben.

Als ich zur Panzerwaffe kam, war die deutsche Panzerwaffe in einem sehr tiefgreifenden Umbruch begriffen. Die deutschen Panzer waren ja schon vor dem Kriege entwickelt worden, und es hatte keine weitere Entwicklung gegeben; bis man plötzlich im Russlandfeldzug auf den T-34 stieß, der sowohl bezüglich Bewaffnung wie auch Panzerung wie auch Geschwindigkeit den deutschen Wagen eindeutig überlegen war – eine ganz gefährliche Waffe gegen die deutschen Panzer. Jetzt wurde Hals über Kopf umgestellt. Die ganzen leichteren Typen, Panzer I, II und III, wurden ausrangiert und der Panzer IV, der mit einer kurzen, wir nannten sie Stummelkanone ausgerüstet war, bekam eine längere Kanone, die ausgezeichnet war, einschließlich der Richtmittel. Aber 1942, als wir diese Panzerabteilung für die Waffen-SS aufstellten, wurden wir noch auf dem Kurzrohr-Panzer ausgebildet, der gegen den

---

339 Gerd von Rundstedt, 1875–1953, Generalfeldmarschall

T-34 kaum eine Chance hatte. Erst im Laufe des Sommers 1942 erhielten auch wir dann die Wagen mit den langen Rohren, mit denen wir 1943 nach Russland gegangen sind.

Es gibt zwei Ressentiments des Heeres gegenüber der Waffen-SS. Das eine ist, die Waffen-SS sei immer besser ausgerüstet gewesen, das zweite, die Waffen-SS sei schlecht geführt worden. Es ist eigentlich unfair, das zu behaupten, denn Sie sehen ja selber, ich selber habe 1942 angefangen als kleiner Offizier, eine Panzerabteilung aufzubauen, d.h. die Waffen-SS-Divisionen hatten bis 1942 überhaupt keine Panzer, bekamen dann nur eine Abteilung und wurden erst Ende 1942 zu regelrechten Panzerdivisionen ausgebaut. Das sagt eigentlich ganz klar, dass sie nicht besser ausgestattet waren, abgesehen davon, dass die Zuweisungen an die Waffen-SS vom Heer erfolgten, denn wir hatten ja keine eigene Rüstungsproduktion. Ich habe selber in meiner Panzerkompanie bei der 12.-SS-Panzerdivision „Hitlerjugend" als ich zur Invasion fahren musste, an Räderfahrzeugen nur italienische Beute-LKWs gehabt. Einen haben wir überhaupt nie zum Laufen gekriegt, den mussten wir mit der Beladung ziehen, schleppen. Also, ich würde ganz eindeutig sagen, das stimmt nicht. Es war natürlich eine Panzerdivision der Waffen-SS genau wie eine Panzerdivision des Heeres besser ausgestattet als eine arme Infanteriedivision, die sich in Russland herumschlagen musste. Aber dass die Panzerdivisionen der Waffen-SS besser ausgestattet waren als die vergleichbaren Divisionen des Heeres, ist sicher nicht der Fall.

Das Gleiche gilt für die Ausbildung. Ich kann durchaus auch das Ressentiment des Heeres gegen die Waffen-SS verstehen. Wozu sollte es zwei Heere geben? Das musste psychologisch schon eine große Belastung sein in einer Zeit, in der alle Kräfte konzentriert werden mussten. Es war Hitlers Prinzip, immer alles zweigleisig zu machen. Wir haben es eigentlich selbst nicht verstanden, warum man die Waffen-SS so stark aufgebaut hat, wobei man sagen muss, wir hatten natürlich gut motivierte Leute, wir hatten gut motivierte Offiziere und hatten vielleicht in manchem den besseren Kampfgeist. Aber heute die Waffen-SS zu diffamieren, wie es zum Beispiel Herr Schmückle[340], der

---

340 Brigadegeneral Gerd Schmückle, 1917 – 2013, diente beim Frankreichfeldzug unter Rommel, 1956 Bundeswehr, 1957 – 1962 Pressesprecher von Verteidigungsminister Franz Josef Strauß

berühmte Adjutant von Strauß, tut, das verstößt gegen die stille Kameradschaft aller Soldaten auf der ganzen Welt, die für ihr Vaterland ihr Leben eingesetzt haben, und ist menschlich sehr abzulehnen. Ein großer Vorwurf, der diesen Leuten zu machen ist.

Die Ausbildung war in unserem besonderen Fall sehr gründlich, weil die Division „Leibstandarte", die ursprünglich an der Sommeroffensive 1942 teilnehmen sollte, im letzten Moment abgezogen und mit anderen Divisionen nach Frankreich verlegt wurde, weil man Sorge vor einer Landung hatte – zu dem Zeitpunkt unbegründet. Man hat damit gegen den Grundsatz verstoßen, an der entscheidenden Stelle so stark wie möglich zu sein. Das war ein Fehler der obersten Führung und endete in der Niederlage von Stalingrad. Wir hatten allerdings ausgiebig Zeit, unsere Leute profund und solide auszubilden.

Der Panzer IV war eine Vorkriegskonstruktion, den gab es meines Wissens schon 1937. Es war ein schwerfälliger Wagen, dessen PS-Tonnen-Verhältnis im Vergleich zum T-34 ausgesprochen ungünstig ausfiel. Erst im Kriege begann man mit Neuentwicklungen, zum Beispiel dem sogenannten Tiger I. Bemerkenswerterweise hatte auch der Tiger I noch keine schräge Bugplatte, was der T-34 schon hatte. Es ist ja einleuchtend, dass eine schräge Bugplatte sehr viel besseren Panzerungsschutz gibt als eine gerade Fläche. Der Unterschied ist, dass die Wagen viel schwerer waren, viel stärker gepanzert waren.

Der Panther, der erst 1943 kam, hatte diese schräge Fläche und war im Verhältnis Geschwindigkeit, Lenkfähigkeit, breiten Ketten und Bewaffnung wesentlich besser als der alte Panzer IV, der immer noch der Standardpanzer der Wehrmacht blieb, bis zum Ende. Der Panther hatte eine wunderbare hydraulische Lenkung, die nur leider dazu führte, dass der Wagen schon bei leichten Treffern schnell brannte, weil Hydraulikflüssigkeit leicht brennt. Die Amerikaner haben erst in den letzten 15 Jahren eine Flüssigkeit entwickelt, die nicht mehr brennt. Und das große Handicap der deutschen Wagen waren die Motoren. Man hatte nicht rechtzeitig neue, stärkere Motoren entwickelt, sondern die alten hochgezüchtet, sodass immer wieder technische Schäden auftraten.

Der T-34 hatte allerdings einen ganz entscheidenden Nachteil. Diesem Nachteil verdanke ich, dass ich mich hier mit Ihnen unterhalten kann. Er hatte nämlich keinen Kommandanten drin. Das heißt, der Panzer war nur mit vier Mann besetzt, wurde geführt durch den Richtschützen, das heißt er sah nur dahin, wohin er die Kanone richtete. Nur so ist es zu verstehen, dass ich hier sitze, denn ich bin am Morgen des 12. Juli 1943 von hundert T-34 mit meinen sieben Panzern überrollt worden und fuhr dann am helllichten Tage im russischen Pulk mit auf die eigene Linie zu, ohne abgeschossen worden zu sein. Die sahen eben sehr wenig, die haben im späteren Verlauf des Krieges dann den Kommandanten eingebaut.

Die Russen hatten nur am Anfang die französische Doktrin, ihre Panzer weitgehend der Infanterie als Unterstützung zur Verfügung zu stellen. Sie haben dann von unseren großen Erfolgen 1942 gelernt. Schukow[341] war ein bedeutender Führer auf russischer Seite, der das sehr schnell begriff. Sie haben zunehmend begonnen, operative Großverbände aufzustellen. Ich selber habe an diesem besagten 12. Juli 1942 erlebt, dass eben wirklich hundert T-34 auf uns losfuhren. Sie waren schlecht geführt – und dadurch sind sie alle hundert abgeschossen worden. Und es gibt eine Fernsehsendung vom WDR von diesem Tag, wo der russische Brigadier sagt, sie fuhren einfach los und fuhren in den Tod. Die Schwierigkeit, Panzer zu führen, ist natürlich, dass der Kommandeur selber im Panzer sitzt und den Überblick behalten, gleichzeitig aber seinen Panzer führen muss und auch die Nachrichtenverbindungen von ausschlaggebender Bedeutung sind. Die waren beim Russen schlecht. Die waren bei uns sehr viel besser. Wir konnten eben laufend mit jedem Wagen sprechen, wenn wir wollten.

Prochorowka[342], das war 1943 im Zuge des „Unternehmens

---

341 Georgi Schukow, 1896 – 1974, Generalstabschef der Roten Armee, erfolgreiche Verteidigung Moskaus (1941/42), Sieger der Schlacht von Stalingrad (1942/43) sowie der Schlacht um Berlin (1945), „Stalins bester Mann", Verteidigungsminister 1955 bis 1957

342 Die Rote Armee stellte die Panzerschlacht um Prochorowka südlich von Kursk am 12.7.1943 als großen Sieg dar. In Wirklichkeit war es eine katastrophale Niederlage. 1500 Panzer, gut zur Hälfte sowjetische und knapp zur Hälfte deutsche, seien auf einer Fläche von einem halben Quadratkilometer aufeinandergestoßen. 400 deutsche Panzer seien vernichtet worden. Nur auf den ersten Blick liefern die Aufzeichnungen des SS-Obersturmführers Rudolf von Ribbentrop einen Hinweis. Der 22-Jährige befehligte am Morgen des 12. Juli jene Panzerkompanie der SS-Division „Leibstandarte Adolf Hitler", die zuerst auf den sowjetischen Angriffskeil stieß. Seinen Aufzeichnungen zufolge befanden sich seine Männer gerade „in tiefstem Schlaf", als der Angriff begann. Den Einheiten der Roten

Zitadelle", wo man versuchte, den Kursker Bogen, einen großen russischen Vorsprung in der deutsche Front, abzukneifen. Das 1. SS- Panzerkorps, dem die drei Divisionen „Leibstandarte", „Reich" und „Totenkopf" angehörten, waren in der Mitte dieser südlichen Angriffsfront angesetzt und sehr weit in den Russen vorgestoßen.

Am 12. Juli 1942 morgens stand meine Kompanie an der Spitze dieses Keils, alldieweil ich den Befehl erhielt, wenn die Infanterie wieder Angst vor Panzern hat, dann gucken Sie mal nach. Als ich noch neben meinem Panzer stand, erhob sich plötzlich vor mir eine violette Rauchwand, das Zeichen für Panzerwarnung, und die Masse dieser abgeschossenen Patronen deutete auf einen massiven Panzerangriff hin. Wir sind sofort mit unseren sieben Panzern einen Hang hinaufgefahren, um uns an den Hinterhang zu stellen und die Kameraden, die Russen, zu erwarten, als die plötzlich hundert Meter vor uns über eine Höhe preschten: zehn, zwanzig, dreißig, vierzig Panzer mit aufgesessener Infanterie – in voller Fahrt einfach auf uns los.

Die beiden Wagen rechts von mir bekamen einen Volltreffer. Ich selbst merkwürdigerweise nicht, obwohl ich nur dreißig Meter weiter stand. Ja, und dann schossen wir natürlich alle, so viele

---

Armee standen an diesem Tag insgesamt 514 Panzer und Selbstfahrlafetten bei Prochorowka zur Verfügung. Ihnen konnten die Deutschen, neben der „Leibstandarte" noch die Division „Das Reich", ebenfalls eine Formation der Waffen-SS, genau 218 Panzer, Sturmgeschütze und Panzerjäger entgegenstellen. Allerdings hatte die SS-Division in diesem Abschnitt am 12. Juli 1943 in Wirklichkeit gerade einmal fünf einsatzbereite Tiger. Die meisten deutschen Panzer waren kampfkräftige neuere Modelle des Panzers IV, die einem T-34 vergleichbar waren, aber schon aus 3000 Meter seitlich schwer beschädigt werden konnten. Ribbentrops sieben Panzer IV leisteten dem Angriffskeil Widerstand, wurden aber schnell bis auf drei getroffen. Doch diese ließen die sowjetischen Panzerkommandanten links liegen, um weiter voranzurollen und die vermuteten Tiger zu überraschen, die es gar nicht in größerer Zahl gab. Die ersten T-34 stürzten dabei in den getarnten Sperrgraben. Nachfolgende Kampfwagen versuchten, das Hindernis in voller Fahrt zu „überspringen", wie der Militärhistoriker Roman Töppel in seinem Buch über „Kursk 1943" schreibt. Das misslang, denn dafür war der Graben zu breit. Die restlichen T-34 stauten sich bald vor dem einzigen passierbaren Übergang – und wurden hier von der Waffen-SS zusammengeschossen. Zwei sowjetische Panzerbrigaden gingen auf diese Weise am 12. Juli 1943 verloren. Zwischen 207 und 235 der 514 Kettenfahrzeuge wurden total zerstört, weitere etwa 150 mussten teils aufwendig repariert werden. Die deutsche Seite verlor nach offiziellen Angaben durch Feindeinwirkung drei Panzer.
(Johann Althaus, Die Welt, 12.7.2018, abgerufen 12.5.2019)

Granaten, wie wir griffbereit hatten. Man hat nur drei, vier, fünf Panzergranaten griffbereit, die anderen muss man dann überall im Panzer zusammensuchen. Wir schossen auf eine Entfernung von dreißig Metern ein paar Russen ab und fuhren dann im russischen Pulk mit. Das war wohl die größte massierte Panzerschlacht, die in diesem Krieg stattgefunden hat. Die Russen hatten nachher auf einem Feld von 800 Metern Tiefe und 300 bis 400 Metern Breite hundert kaputtgeschossene T-34 stehen.

Die beiden anderen Kompanien standen weiter hinten an einem Panzergraben, in den die Russen unverständlicherweise hineinfuhren, obwohl er auf ihren Karten überall verzeichnet war. Wir schossen sie natürlich ab wie die Hasen, als die den Hang herunterfuhren. Dazwischen lag noch ein Schützenpanzer-Bataillon, die haben mit Nahkampfmitteln Panzer außer Gefecht gesetzt. Zusätzlich stand dort noch eine Selbstfahrlafetten-Artillerieabteilung, die natürlich auch wild um sich schoss. Es war ein wahrer Hexensabbat unbeschreiblichen Umfangs.

Wenn man also deutscherseits genug hätte nachschieben können, hätten wir Kursk erreichen können. Aber es gab eben keine Reserven. Die ganze Offensive ist mit viel zu geringen Kräften angesetzt worden. Eigentlich hat man bei den Russen gar nichts gemerkt. Da waren eben zwei, drei Brigaden weg, aber es kamen neue. Die hatten ja eine so unwahrscheinlich hohe Zahl an Panzern mobilisiert nach den Erfahrungen, die sie mit uns gemacht hatten, dass unser erfolgreicher Angriff keine großen Auswirkungen hatte. Sie gaben dann zwei, drei Tage Ruhe an der Stelle; aber entscheidende Auswirkungen haben wir nicht feststellen können.

Warum Hitler den Befehl zum „Unternehmen Zitadelle" gab, das ist eine interessante Frage. Um mal jetzt von hoher Warte anzufangen. Mein Vater als Außenminister hatte Hitler bereits im Herbst 1942 aus Anlass der alliierten Landung in Afrika massiv vorgeschlagen, Gespräche mit den Russen zu beginnen. Damals hat Hitler sehr ungnädig reagiert darauf. Das war noch vor Stalingrad. Während er nach Stalingrad aufgeschlossener war und meinte, er müsste erst einen militärischen Erfolg erringen, um eine Verhandlungsbasis zu haben. Ich könnte mir denken, ich habe das allerdings nicht bestätigt gefunden, dass das Unternehmen Zitadelle, das Abkneifen des Kursker Bogens, wie man das nannte, diesen Sinn gehabt haben soll, das heißt die Russen tatsächlich dort lokal, örtlich zu schlagen. Es war ja eine Offensive mit begrenztem Ziel, um dann aus dieser verhandlungstechnisch verbesserten Position zu versuchen, Gespräche aufzunehmen.

Dazu ist zu sagen, dass trotz dieser Zielsetzung „Zitadelle" ein ganz entscheidender Fehler war: Erstens, die gerade wieder aufgefrischten Panzerdivisionen, die ja die schweren Kämpfe nach Stalingrad hinter sich hatten, wurden zwangsläufig verheizt. Selbst wenn die Offensive gelungen wäre, sind die Ausfälle bei Angriffsdivisionen gegen die Russen so groß, dass diese Divisionen dann zunächst wieder aufgefrischt werden müssen. Das hatte man also riskiert – und es gab keine weiteren großen operativen Reserven, um einen Gegenschlag der Russen aufzufangen.

Zweitens ist die Offensive so phantasielos angesetzt worden, nämlich an den Nahtstellen im Norden und im Süden, wo der Bogen ausgebuchtet war, dass jeder Fähnrich wahrscheinlich durch die Prüfung gefallen wäre, wenn er das vorgeschlagen hätte, weil die Russen ihn genau dort erwartet haben. Noch hinzu kam, drittens – und da standen uns als kleinen Kompaniechefs schon die Haare zu Berge –, dass man immer länger gewartet hat, weil Hitler partout die ersten Panther-Abteilungen, die überstürzt aufgestellt wurden, in die Offensive einbeziehen wollte.

Die Offensive wurde bei uns sehr genau vorbereitet, indem man selbst mit uns Kompaniechefs das Gelände im Sandkasten aufbaute, uns die Feindkarten zur Verfügung stellte, die immer röter, immer röter wurden, also immer neue Abwehrstellungen wurden erkennbar, immer neue Reserven, sodass wir allmählich das Grauen kriegten, denn nichts schätzt man bei der Panzerwaffe weniger, als wenn man sich durch stark ausgebaute Stellungen quälen muss; weil das nicht die Aufgabe der Panzer ist. Die Aufgabe der Panzer ist, möglichst in freiem Feld zu operieren und weit durchzustoßen. Insofern gingen wir mit einer gewissen Skepsis in diese Angriffskämpfe. Das SS-Panzerkorps in der Mitte hat sich dennoch weit durch den russischen Verteidigungsgürtel durchgequält. Allerdings muss ich sagen, ich bin am 5. Juli 1942 mit 22 Panzern in der Kompanie angetreten und am 12. Juli morgens hatte ich noch sieben zur Verfügung. Die anderen waren nicht alle Totalausfälle, aber sie waren beschädigt, waren in der Werkstatt. Ein kleiner Hinweis darauf, wie schnell motorisierte und Panzereinheiten in solchen schweren Angriffskämpfen abgenutzt werden. Insofern war es ganz ohne Zweifel ein Fehler. Man hätte sich an Ludendorff 1917 halten müssen, der eine große Absetzbewegung im Westen in die Siegfriedstellung gemacht und damit Reserven gebildet hat, sich die Handlungsfreiheit wieder gesichert hat. Das wäre ohne Zweifel im Osten auch richtig gewesen.

Es war die Dogmatik der deutschen Truppenführung, mit allen Mitteln die Initiative zu behalten, sich möglichst den Schneid nicht abkaufen zu lassen, das war eine Doktrin bei uns. In diesem Fall war es ein Fehler – soweit ich das als kleiner Kompaniechef, auf dessen Rücken auch diese Schlacht geschlagen wurde, sagen darf. Man hatte nicht ausreichend operative Reserven zur Verfügung, um allen Eventualitäten gewachsen zu sein. Das passierte dann ja auch prompt. Als die Offensive abgebrochen wurde, kam der russische Gegenschlag aus der Hinterhand und führte zu einem vernichtenden Zusammenbruch der gesamten Südfront.

Mit wem Hitler selbst nach einem militärischen Erfolg noch Gespräche hätte führen können, das wusste man natürlich nicht. Man konnte mit Sicherheit nicht mit den Westmächten reden, mit Roosevelt. Churchill war nur noch ein Anhängsel. Mit Roosevelt konnte man nicht reden, der hatte ja bereits in Casablanca die *unconditional surrender* proklamiert, die bedingungslose Kapitulation gefordert. Dessen ganze Propagandawelle verbot es ihm, mit uns zu reden. Also blieben eigentlich nur die Russen. Da gab es wohl einen gewissen Ansatzpunkt mit der russischen Botschafterin in Stockholm. Ob die Russen es getan hätten, ernstlich zu verhandeln, oder ob sie uns auch nur benutzt hätten, um ihre westlichen Verbündeten zu Zugeständnissen zu veranlassen, das musste man herausfinden. Immerhin hatte man ja noch große Teile Russlands besetzt und es kam vielleicht noch eine Überlegung dazu, die immer wieder eine Rolle spielte: dass man sich fragte, ist es Stalins Interesse, Deutschland völlig kaputtzumachen? Er steht dann den Westmächten völlig allein gegenüber, den Amerikanern. Und Stalin wusste sicher über die amerikanischen Kapazitäten besser Bescheid als unsere braven Nachrichtendienste, die ja immer keine Ahnung hatten, oder sehr oft keine Ahnung hatten oder nicht haben wollten. Also eine gewisse Chance sah mein Vater jedenfalls darin, denn man hatte ja weite Teile Russlands in der Hand. Wenn man die ihm ohne Aufwand hätte zurückgeben können, wäre es ihm vielleicht doch noch ganz recht gewesen, Deutschland irgendwie in einer Kombination drin zu haben, das war jedenfalls die Überlegung von Vater.

Hitler wollte sicher keinen Krieg, was sollte ihm ein Krieg bringen? Er wollte eine intakte mitteleuropäische Position erringen ohne Krieg, letztlich in Abwehr Sowjetrusslands. Das hing als große Bedrohung immer über Europa, als Damoklesschwert. Er hätte damit rechnen müssen, dass er möglicherweise in einen Krieg verwickelt wird. Und sich darauf nicht mit allen Mitteln und mit bester Organisation vorbereitet zu haben, ist ein ganz schwerer Vorwurf, den man Hitler machen muss. Ich will es ganz drastisch ausdrücken, wenn man Hitler einen Vorwurf machen will, deutscherseits, einen bitteren Vorwurf, dann den, dass er nicht alle Kräfte, die ihm in Deutschland zur Verfügung standen, in die Rüstung gesteckt hat. Wir waren nicht gerüstet.

Es gibt einen Historiker der militärhistorischen Forschungsstelle, Schustereit[343], der ein Buch geschrieben hat, „Vabanque". Er hat große Schwierigkeiten wegen dieses Buches gehabt, in dem ganz klar drinsteht, es gab deutscherseits keinen Rüstungsplan und demnach auch keinen Kriegsplan. Es handelt sich um den Nachweis dafür, dass eben die deutsche Armee nicht im Rahmen der Möglichkeiten aufgerüstet hat. Es gibt auch eine Studie der Harvard-Universität von Herrn Klein[344], [so] heißt er, glaube ich, 1956 oder 1959 herausgegeben, eine sehr ausführliche Studie, eine sehr umfangreiche, mit allen statistischen Zahlen unterlegte Studie über die deutsche Rüstung, in der der bemerkenswerte Satz steht: Die deutsche Rüstung war ein My-

---

343 Hartmut Schustereit: „Vabanque, Hitlers Angriff auf die Sowjetunion 1941 als Versuch, durch den Sieg im Osten den Westen zu bezwingen", Hamburg, 1988. Die Kernthese: „Bis 1940 gab es keine deutschen Pläne, geschweige denn Vorbereitungen, die Sowjetunion anzugreifen. Die propagandistischen Thesen von angeblichen ‚Welteroberungsplänen' Hitlers erweisen sich vor dem Hintergrund der hier vorgelegten stichhaltigen Fakten als unhaltbar."

344 Burton H. Klein, Germany's Economic Preparations for War, Cambridge (Mass.) 1959, S.78 ff; Milward, Alan S., Die deutsche Kriegswirtschaft 1939-1945, Stuttgart 1966, S. 15 ff
beide zitiert nach Eichholtz, Dietrich, Geschichte der deutschen Kriegswirtschaft 1939-1945, Akademie Verlag Berlin 1969-1996 München 2004, Reprint München 2013.

thos. Hinzuzufügen ist noch, die deutsche Rüstung hat dann im späten Jahre 1944, trotz Bombenangriffen, ihren Gipfel erreicht. Ein Beweis dafür, was vorher versäumt worden ist.

Die Ardennenoffensive, das ist ein umfassendes Thema. Zuerst mal die Panzergängigkeit der Ardennen: Es gab eine Studie des Oberkommandos des Heeres bereits aus dem Jahre 1934, die untersucht die Ardennen hinsichtlich der Befahrbarkeit durch Panzer und größere motorisierte Verbände mit dem Ergebnis, dass das möglich sei. Auf Grundlage dieser Studie hat Manstein[345] seinen Westfeldzugplan aufgebaut, indem er den Schliefenplan ganz phantasielos in motorisierter Ausfertigung neu aufgelegte. Er hatte aber das Pech, dass der Kurier, der diese Pläne zum Oberbefehlshaber West bringen sollte, trotz strikten Verbots wegen eines Mädchens geflogen ist und die ganzen Pläne an den Feind gerieten. Damit war Feierabend, jetzt wusste man nicht mehr, was man tun sollte.

Also, die Ardennen waren im Prinzip für Panzerverbände befahrbar. Ob das allerdings für den Dezember auch galt oder gelten sollte, war nicht ausprobiert worden. Die Ardennenoffensive selbst war ein nicht zu verantwortendes Hasardspiel, das muss ganz eindeutig gesagt sein. Ich war Regimentsadjutant im Panzerregiment der 12.-SS-Panzerdivision. Mir sind die Haare zu Berge gestanden, als ich das erste Mal von diesen Plänen hörte. Wir hatten nicht einmal die Möglichkeit, die neu aufgestellte Division überhaupt in Kompanieverbänden einzuüben. Der Divisionskommandeur hat seinen vorgesetzten Kommandobehörden auch eindeutig erklärt, die Division ist nicht für Angriffsoperationen geeignet. Die Regimentskolonnen, die mir als Regimentsadjutant unterstanden, mussten den Sprit rechtsrheinisch holen, trotz der Luftbedrohung.

Von Lufthoheit war natürlich gar keine Rede. Die großen Anfangserfolge vor allem in der Mitte und im Süden bei der 5. Panzerarmee, aber auch bei der Leibstandarte beruhten darauf, dass das Wetter den Einsatz der alliierten Luftwaffe verhindert hat. Uns ging es ganz schlecht, wir waren die rechte Flügeldivision. Uns haben sie natürlich alle weiteren bereitgestellten Truppen für die weitere Offensive auf Köln entgegen geworfen. Wir hatten gar keine Chance, daran vorbeizukommen.

---

345 Erich von Manstein, 1887 – 1973, siehe Anmerkung auf S. 258

Die Ardennenoffensive war nicht zu verantworten – vor allem im Hinblick auf die abzusehende russische Großoffensive in Polen. Hitler war in diesem Fall unser Schicksal. Er war ohne jeden Zweifel ein gebrochener Mann, körperlich sowieso, das sah man. Rückblickend ist nicht verständlich, warum man ihn letztlich nicht doch entmachtet und ausgeschaltet hat. Heute hat man natürlich gut reden. Was Stauffenberg ja, Hut ab, unter Einsatz seines Lebens versucht hat. Selbst wenn die Ardennenoffensive gelungen wäre, das Ziel war ja Antwerpen, hätte es die große strategische Situation nicht geändert. Die Russen wären trotzdem angetreten.

Die große Konzeption Hitlers 1933 war ja: Ich will mit dem Westen akkordieren über eine unbedingt notwendige Aufrüstung Deutschlands, es sei denn, die ganze Welt rüstet ab, einschließlich des Russen, was ja nicht realistisch war. Ich will mit dem Westen akkordieren, in welchem Maße ich aufrüste, um abwehrbereit gegen eine eventuelle bolschewistische Invasion zu sein. Diese Chance, Hitler festzulegen, als er noch nicht aufgerüstet war, hat der Westen verstreichen lassen. Der Wunschpartner war der Westen. Und es war meines Vaters ureigenste Idee, wie er selber schreibt, als der Westen sich verweigerte, sich mit dem Russen zu einigen. Und Vater war auch der Meinung, diese Linie hätte man konsequent weiterführen müssen. Es wäre auch wahrscheinlich das Richtige gewesen. Aber man muss dazu sagen, mein Vater hat an keiner einzigen Kabinettssitzung teilgenommen. Hitler veranstaltete keine Sitzungen seiner Mitarbeiter, um einen Aspekt von allen Seiten zu beleuchten. Insofern gab es gar kein Forum, in dem Meinungen überhaupt ausdiskutiert werden konnten. Hitler hielt ja immer Einzelbesprechungen ab. Und da konnte man ihm schon ganz massiv etwas sagen. Vater hat böse Auseinandersetzungen mit Hitler gehabt – unter vier Augen. Er war völlig unzugänglich in einem etwas größeren Kreis. Er hat wohl doch eine große Ausstrahlung gehabt, Leute zu überzeugen. Und er hatte natürlich das Charisma des Erfolgs.

Hitler kam immer zu den Geburtstagen meines Vaters, kurz vor dem Essen für eine halbe Stunde. Dann durfte ich dabei sitzen, habe mit großen Ohren zugehört und aufgepasst. Da hatte er auch für mich das Charisma des Erfolgs. Dass er sonst eine überwältigende Ausstrahlung gehabt haben soll, abgesehen von sehr strahlenden, sehr leuchtenden blauen Augen, kann ich eigentlich nicht besonders sagen.

Wir waren klug genug zu wissen, wenn es sich herumspricht, dass wir Gefangene totschlagen, dann gibt sich niemand mehr gefangen. Das ist eigentlich der erste Gedanke, den wir alle schon 1941 hatten, als der berühmte Kommissarbefehl[346] geäußert wurde. Die Offiziere haben schon immer gesagt, tut das nicht, es wäre ganz dumm, es zu tun. Ganz nüchtern lassen wir mal alle Moral beiseite. Man musste die Männer aber manchmal zurückhalten, wenn sie massakrierte Kameraden vorfanden – und das passierte 1941 schon am laufenden Band.

In Finnland gab es ja gar keine Zivilbevölkerung oben im karelischen Urwald. Nördlich des Polarkreises gab es keine Zivilbevölkerung mehr, und wenn, dann waren es Finnen, und die galten natürlich als Kameraden. In der Ukraine stand die Bevölkerung ohnehin mehr auf unserer Seite. Die wollten die Bolschewiken auch nicht wiederhaben, es war gar keine Veranlassung, die schlecht zu behandeln. Natürlich ist man zwangsläufig in die Häuser gegangen und hat sich dort irgendwo einquartiert, weil: Das musste man, im Winter vor allen Dingen. Aber man hat die Ukrainer nicht ausgeplündert, man hat sie nicht schlecht behandelt, im Gegenteil eigentlich. Die waren ja auch rührend, die brachten einem Sachen, die halfen einem, also ich hab es nur im Südabschnitt erlebt, dass wir mit der Zivilbevölkerung eigentlich ein sehr nettes Verhältnis hatten. Darf man wirklich so sagen. Wir waren ja auch nachher in Charkow einquartiert und hatten schon aus eigenem Interesse immer ein nettes Verhältnis zur Bevölkerung. Das mag im Norden, im Partisanengebiet, natürlich anders gewesen sein, aber in der Ukraine, was ich erlebt habe, war das so. Himmler hat bei einer Ansprache an die Junker der Junkerschule Braunschweig gesagt, es sei durchaus denkbar – da hatten wir schon Holländer, direkt nach dem Westfeldzug hatten wir holländische Offiziere, die mit ausgebildet wurden –, dass einmal ein Nichtdeutscher der Führer des Großdeutschen Reiches sein wird. Das wurde sehr in den Vordergrund geschoben. Auf diese Junkerschule Braunschweig kam ein sogenannter Rasse-

---

346 Kommissarbefehl siehe Anmerkung auf S. 272

scheich, wie wir die immer nannten, also von diesem Rasse- und Siedlungshauptamt, der natürlich kein Militär war. Der hat die Offiziersteilnehmer nach rassischen Gesichtspunkten klassifiziert, hinter dem Braunschweiger Schloss in der Orangerie, teils als Turnhalle, teils als Exerzierhalle genutzt, um die besten, die nordischen Köpfe aufzubauen und immer weiter. Die schlechtesten baute er in der Exerzierhalle auf. Die bekamen dann innerhalb der Waffen-SS den Namen „die Exerzierhallenrasse". Ihr seid die Exerzierhallenrasse! Blond, blauäugig und blöd. Das war ein stehender Spruch in der Waffen-SS. Damit wurden die großen blonden Kameraden aufgezogen.

Die unglaublichen Panzerabschusszahlen waren Realität, keine deutsche Propagandaleistung. Bei der Luftwaffe, wenn die einen Abschuss hatten, wurde der ja sehr genau dokumentiert: Wo ist der heruntergefallen, wer ist Zeuge, wer war in der Luft. Es ist ja immer nachweisbar, wer in der Luft war. Am Boden spielte sich das so ab: Sie stehen mit Ihren Panzern irgendwo und dazwischen ist eine Pak-Stellung, Infanteristen, irgendwo ist die Artillerie und am Horizont tauchen dann Feindpanzer auf. Da schießt natürlich alles drauf. Da schießt die Pak drauf, da schießen Sie als Panzer drauf, da schießt die Artillerie möglicherweise drauf und wenn sie näher rankommt, geht möglicherweise sogar die Infanterie mit Nahbekämpfungsmitteln dran, wie das zum Beispiel bei Prochorowka war, bei diesem großen Zauber damals. Und abends wird die Abendmeldung gemacht und jeder meldet dann stolz drei abgeschossene Panzer. Die Flakabteilung möglichst auch noch dabei. Und schon haben sie fünfzehn. Das ist ein großes Problem gewesen.

Bei Angriffskämpfen, wenn Sie das Gelände hinterher selber in die Hand genommen haben, konnte das belegt werden. Da konnte jemand von der Division zählen gehen: Das sind drei, und das ging dann auch in die Divisionsmeldung ein. Bei Rückzugskämpfen aber, da machte sich kein Mensch mehr die Mühe, zurückzulaufen und zu zählen, wie viele es wirklich waren. Da wurden fünf mal drei gemeldet. Das ist natürlich nicht immer vorgekommen, aber es ist manchmal vorgekommen. In unserem Fall bei Prochorowka ist der kommandierende General am übernächsten Tag mit einem Stück Kreide erschienen, hat sich mit dem Ia auf das Gefechtsfeld begeben und hat jetzt gezählt, indem er überall drangemalt hat. Der konnte sich innerhalb von zwei, drei Stunden hundert abgeschossene Feindpanzer gar nicht vorstellen. Das war eine Sensation, damals schon. Ich glaube nicht, dass da viel Propaganda gemacht worden ist, denn der Wehrmachtsbericht wurde ja nicht von Goebbels gemacht, sondern vom Oberkommando der Wehrmacht. Da hatte das Propagandaministerium wenig Einfluss. Die konnten das nachher propagandistisch ausschlachten, aber dieser spezielle Wehrmachtsbericht wurde ja nur im OKW gemacht.

Nach Auffassung meines Vaters war die Freundschaft oder zumindest ein ertragbares Verhältnis zur Sowjetunion der Eckpfeiler der deutschen Außenpolitik. Man musste ja damit rechnen, dass Roosevelt erbitterter Feind war, von Churchill ganz zu schweigen, und Roosevelt irgendwann in den Krieg eintrat, das war abzusehen bei seiner Politik der Hilfe an die Engländer. Er hielt die Russenfreundschaft oder das Verhältnis zu Russland für den Eckpfeiler der deutschen Politik. In diesem Sinne wurde ja noch im Januar 1941 ein sehr weitgehender Handelsvertrag mit den Russen abgeschlossen, den bei Hitler durchzusetzen schon Schwierigkeiten machte. Ein gutes oder tragbares Verhältnis zu Russland hätte Eckpfeiler deutschen Außenpolitik sein müssen, wenn man nicht einen Zweifrontenkrieg riskieren wollte. Im Januar 1941 wurde ein sehr weitgehender Handelsvertrag mit dem Russen abgeschlossen, der uns ermöglichte, überall auf der Welt durch russische Vermittlung einzukaufen, wobei das Transportproblem durch Sibirien durch den Russen selbst gelöst war. Uns stand also eigentlich die ganze Welt offen. Natürlich wollten die Russen Gegenlieferungen haben. Die haben einen halbfertigen Kreuzer namens Lützow von uns gekauft. Der wurde nach Leningrad geschleppt, weil er gar nicht selbst fahren konnte, unter der Bedingung, dass deutsche Ingenieure in Leningrad den Russen beibringen, wie man Feuerleitgeräte und schwere Artillerie einbaut.

Genauso weiß ich es von einem Onkel, der von einem Vorstandsmitglied von Krupp gehört hatte, dass man einer russischen Einkaufskommission auf Weisung von Berlin die letzten Geheimnisse der deutschen Rüstungsproduktion zeigen musste. Und ganz zum Schluss hätte der Leiter der russischen Kommission gesagt, so, jetzt wollen wir euren neuen Panzer sehen.

Erstaunen – denn den gab es nicht. Daraufhin: Dann zeigt uns wenigstens die Pläne. Die gab es auch nicht. Es gab 1940, 1941 keine Neuentwicklung deutscher Panzer. Nur um zu zeigen, wie leichtfertig von deutscher Seite der Krieg vorbereitet wurde.

Die Sorge Hitlers, von Russland und Amerika gleichzeitig angegriffen zu werden, das war immer meine Diskussion mit Paul Carrell[347].

Die Russen wären mit absoluter Sicherheit über uns hergefallen, wenn wir irgendwo schwer engagiert gewesen wären und uns nicht alle Möglichkeiten erhalten hätten, sie abzuwehren. Sie sind ja auch über die Japaner hergefallen, als die in die Knie gingen, obwohl sie einen Nichtangriffspakt hatten mit ihnen. Das ist gar keine Frage. Es ist gar keine Frage, dass die russische Bedrohung immer bestand, vor 1933, nach 1933, vor 1939, nach 1939, vor 1941 und dann sowieso. Die russische Bedrohung in extremer Form bestand und man hat sich deutscherseits über die Stärke dieser Bedrohung noch obendrein bitter getäuscht. Ein bitterer Vorwurf an die Militärs. Wenn der deutsche Militärattaché in Moskau sagt, es dauert vier Jahre, bis die Russen halbwegs wieder ihre alte Qualität haben, und sein Vertreter, Burgdorf gleich von zwanzig Jahren spricht, wenn Halder[348] sagt, im Oktober 1941 ohne ausgebildete Reserve dazustehen, dieser riesige Coup kann laufen, oder Guderian[349] sagt, in den Weiten Russlands, was Paul Carrell selber gehört hat, wird die deutsche Panzerwaffe zeigen, was sie kann, dann ist das eine hanebüchene Unterschätzung der Russen durch die deutschen Militärs gewesen und hat Hitler den Entschluss sicher erleichtert. Ganz ohne Zweifel. Das muss man sich vor Augen halten. Und psychologisch kommt eines noch dazu, die Generalität hat immer ein retardierendes Moment dargestellt. Ich weiß noch, wie mein Vater sich totlachte, dass sie bei der Wiedereinführung der allgemeinen Wehrpflicht 1935 gesagt haben, um Gottes willen,

---

347 Paul Karl Schmidt alias Paul Carell, 1911 – 1997 (Rottach-Egern), Joachim von Ribbentrops Pressechef im Außenministerium, hat, laut Eigenbeschreibung, „mit seinen Bestsellern zum Zweiten Weltkrieg das Bild vom Krieg der Wehrmacht als sauberen, kameradschaftlichen und heldenhaften Kampf geprägt." Bis zum Tode Axel Springers 1985 fungierte Carell als dessen persönlicher Berater und Sicherheitschef.
348 Franz Halder, 1884 – 1972, Chef des Generalstabs des Heeres, siehe auch Anmerkung auf S. 326
349 Heinz Guderian, 1888 – 1954, Panzergeneral, siehe auch Anmerkung S. 53

36 Divisionen, 12 Korps, 36 Divisionen, das werden die nie hinnehmen. Und ein paar Wochen später, ein paar Monate später, als sie es hingenommen hatten, sagten die Generäle, wir hätten viel mehr verlangen sollen.

Bei der Rheinlandbesetzung sowieso, das war ja auch ein großes Risiko. Im Sudetenland waren sie dagegen, das politische Spiel zu spielen. Hitler wollte ja um Gottes willen keinen Krieg wegen des Sudetenlandes, aber er musste bluffen. Er hat ja immer geblufft und das ist ja auch legitim. Denn er musste die Risikophase durchstehen, ohne dass sie über ihn herfielen, bis er aufgerüstet war. Natürlich, vorm Westfeldzug hatten wir alle die Hosen gestrichen voll. Es wurde von unseren Offizieren immer gesagt, selbst bei der Waffen-SS: „Eingraben, eingraben, eingraben, ihr wisst nicht, was euch blüht." Und wieder hat die Generalität Angst gehabt und gewarnt, das geht schief. Nur bei Russland nicht. Der alte Spruch lautet: Generäle bereiten immer den vergangenen Krieg vor. Mit den Russen sind wir im Ersten Weltkrieg trotz Westfront fertiggeworden, mit denen werden wir fertig, jetzt werden wir mal zeigen, was wir können. Das ist psychologisch vielleicht verständlich, aber es rechtfertigt natürlich nicht Hitlers Vabanquespiel. Hitler hat Vabanque gespielt – und verloren. Er hat gehofft, die Russen innerhalb von wenigen Wochen niederschlagen zu können, ehe die Amerikaner sie aufrüsten. Und dann hat der unfehlbare Visionär nicht mehr die Spannkraft gehabt, zu versuchen, auf Anraten seines Außenministers irgendeine diplomatische Lösung zu suchen.

Bei der Schlacht um Prochorowka war meine Rolle eigentlich die eines braven Truppenoffiziers, der seine verdammte Pflicht und Schuldigkeit tut.

Wir waren die Spitze dieses Angriffskeils und wollten eigentlich am Tag vorher schon Prochorowka nehmen, nachdem wir diesen Panzergraben überschritten hatten. Wir wollten eigentlich schon, wir saßen in den Wagen und warteten auf den Befehl zum Angriff. Konnten nur mit unseren starken Ferngläsern rechts und links bei den Nachbarn starke Panzergegenangriffe beobachten. Das war die 5. Garde-Panzer-Armee, die [von] General Pawel Rotmistrow herangeführt worden war, und schritt zu Gegenangriffen.

Am Abend bei der Befehlsausgabe sagte der Kommandeur,

sehr zu meiner großen Freude, die 6. Kompanie, das war meine Kompanie, wird Reservekompanie – weil wir damals sonst eigentlich die ganzen Tage immer Spitze gefahren haben. Wir schliefen also, das wurde strikt eingehalten bei diesen Angriffskämpfen, unter den Panzern, damit nicht durch Streufeuer sinnlose Verluste eintreten, und hörten schon morgens um fünf eine DKW-Maschine[350] vorne vorm Panzer stehen. Dann zog sich schon alles in einem zusammen, denn das war meistens der Melder von der Abteilung, der einen zu irgendwas befahl. Er holte mich zur Abteilung. Der Kommandeur guckte verschlafen aus seinem Wagen raus und sagte: „Ribbentrop, die Infanterie glaubt wieder einmal, überall Panzer zu hören, guckense nach." Das war der ganze Befehl.

Ich fuhr daraufhin zu dem Infanteriekommandeur. „Jaja, die meinen, die hören Panzer, ich weiß auch noch nichts Näheres." Ich sagte: „Gut, ich lass ihnen einen Unteroffizier hier mit einem B-Krad, und wenn was ist, kann er mich gleich in die Lage einweisen."

Ich ging also langsam diesen langen Hang hoch, 800 Meter lang, 400 Meter breit, ging langsam bei strahlendem Wetter wieder runter, kam zu meinem Panzer, die waren natürlich alarmiert inzwischen schon, marschbereit, bekam eine Stulle in die Hand gedrückt, einen heißen Muckefuck, und in dem Moment passierte es, eine violette Rauchwand vor mir, und ich dachte, ach du lieber Gott. Ja, da schmeißt man das Kochgeschirr weg, springt in den Panzer. „Folgen!" Wir fuhren diesen Hang rauf, machten uns breit, alle nebeneinander, und in diesem Moment, da war auch gar keine Zeit zu melden oder Befehle abzuwarten – da musste man reagieren. Dazu war man in der deutschen Armee erzogen, in der Lage mitzudenken. Man wurde voll in die Lage eingewiesen, man wusste, was los war und sagte, jetzt gibt's nur eins, sofort da oben rauf und versuchen, der Infanterie die Panzer vom Halse zu halten.

Ich habe gar keine Meldung mehr an den Kommandeur geschickt, ich habe auch gar keinen Befehl mehr abgewartet, man fährt dann, wie man so sagt, im eigenen Entschluss da oben rauf, und das war auch vollkommen richtig, denn es schlief alles, die eigene Abteilung schlief, die Artillerieabteilung schlief,

---

350 DKW-Maschine: Motorrad der Marke DKW, die später in Audi aufging.

die schliefen alle, denn wir waren alle erschöpft bis zum Letzten nach acht Tagen Angriffskämpfen.

Und oben kamen wir über eine Geländewelle, sahen links russische Panzer, die uns ausflügeln wollten, umflügeln wollten, denn wir hatten keinen Anschluss zur linken Nachbardivision. Da war so ein Flüsschen dazwischen. Wir schossen sofort auf sechs-, sieben-, achthundert Meter drei, vier russische Panzer in Brand.

Und während ich noch nach links schaue, ruft mein Fahrer: „Obersturmbannführer geradeaus, da kommen se." Und da kamen die über eine Geländewelle, es kamen zehn, zwanzig, dreißig, vierzig in voller Fahrt angebraust. So ungefähr muss es vor hundert Jahren der Infanterie zumute gewesen sein, wenn eine Kavallerieattacke auf die losbrach. Der Wagen rechts von mir, ich weiß noch, das war ein Unterscharführer Papke, bekam einen Volltreffer, brannte sofort, der sprang noch raus, wir haben ihn nie wieder gesehen. Der Wagen rechts davon brannte ebenfalls sofort. Wir nicht. Aber die fuhren links und rechts an uns vorbei. Wir schossen noch zwei, drei, vier ab, weil wir noch Granaten hatten, dann mussten die mühsam, vom Fahrer über den Funker zum Ladeschützen, gegeben werden.

Und da blieb einer stehen. Ein T-34. Dreißig Meter rechts vor uns. Die Kanone kam auf uns zu. Ich guckte in das schwarze Loch. Man kann sehr schnell denken in so einem Moment. Ich dachte, das Letzte, was du von dieser Erde siehst, ist ein Feuerball – schrie aber sofort ins Kehlkopfmikrophon: „Vollgas, marsch, marsch!" Der Fahrer, die Kompaniecheffahrer sind immer die guten Fahrer, hatte den Gang drin, fuhr sofort los, dann fuhren wir fünf Meter an dem russischen Panzer vorbei, der immer noch verzweifelt seinen Turm kurbelte, machten zehn Meter hinter ihm kehrt und haben ihm dann natürlich – mit einer gewissen Wollust, gebe ich zu – hinten eine drauf gesetzt, worauf der ganze Panzer auseinanderflog und der Turm beinahe noch auf unsere Kanone gefallen wäre. Dann fuhren wir im russischen Pulk. Die überholten. Immer, wenn vom Fahrer wieder eine Panzergranate, die sind ja über einen Meter lang, mühsam durchgereicht wurde, er wieder eine im Lauf hatte, blieben wir stehen und schossen wieder einen von hinten ab.

Einmal überholte uns ein T-34 und hatte eine angehängte Pak [Panzerabwehrkanone] und Infanterie drauf. Die guckten plötzlich entsetzt. Ich sehe die Augen, das Gesicht noch, guckten entsetzt in unsere Mündung. In dem Moment war natürlich Feierabend. Da war es für die armen Kerle passiert. Teilweise überfuhren wir von hinten russische Infanteristen, die runtergesprungen waren. Es war ein Höllensabbat, wie Sie es sich nicht vorstellen können.

Dazwischen brannten natürlich auch eigene Fahrzeuge. Der schwarze Qualm, das waren die T-34, die brannten lichterloh mit Dieselöl. Links gab es einen Bahndamm, die einzige Brücke über den Panzergraben, den die Russen selbst angelegt hatten. Da mussten die rüber. Sie konnten ja nicht über ihren Panzergraben fahren. Deshalb war der Angriff auch unverständlich angesetzt. Es war ein großer Fehler seitens der Russen. Der hat sie hundert Panzer gekostet. Es drängten also alle zu dieser Brücke. Dort fuhren sie teilweise übereinander, bekamen dabei Treffer von überall her. Wir stellten uns hinter einen abgeschossen T-34, [da] hatten wir wunderbare Deckung und beteiligten uns an diesem Scheibenschießen. Plötzlich schrie der Richtschütze auf, hielt sich verzweifelt sein Gesicht, die ganze Optik war verbogen. Wir hatten einen ganz unglücklichen Treffer direkt auf die kleine Außenöffnung der Optik bekommen. Dadurch wurde sie hinten herausgeschlagen und hat ihn schwer verwundet. Damit war der Panzer kampfunfähig. Der Mann ist später auch gestorben.

Ich hatte keine Funkverbindung, jetzt ist sowieso nichts mehr zu machen, gar nichts mehr. Wir fuhren jetzt selber über den Panzergraben hinter einen Hügel. Dort kam gerade ein wieder instand gesetzter Panzer meiner Kompanie an. Ich bin umgestiegen und habe meine Besatzung natürlich mitgenommen – worauf die Besatzung des anderen Panzers laut schimpfte, sich beschwerte, weil sie aussteigen musste. Ich wollte natürlich meine eingespielte Besatzung haben, nur den Richtschützen musste ich natürlich mitnehmen. So war die Moral damals, dass die sich bitter beschweren, dass die nicht mit durften.

Mein Richtschütze hat gezählt, er behauptet, wir haben mindestens 14 abgeschossen, selber. Wovon sicher zehn oder mehr auf eine Entfernung von dreißig Metern und darunter waren. Gerettet hat uns, dass die Russen keinen Kommandant hatten, sonst hätten wir keine Chance gehabt.

Der Begriff des Kadavergehorsams stammt eigentlich von den Jesuiten, nicht von der deutschen Armee. Die deutsche Armee hat seit Anfang des vorigen Jahrhunderts die sogenannte Auftragstaktik. Ich als Kompaniechef bekam einen Befehl, einen Auftrag von meinem Kommandeur. Wie ich den gelöst habe, wie ich meine Kompanie eingesetzt habe, war einzig und allein meine Sache. Es hätte sich nie ein deutscher Vorgesetzter in eine untergebene Einheit eingemischt, wie die ihren Auftrag ausführt, nie. Außer Herrn Hitler. Der hat das gemacht. Mit bekanntem Erfolg. Nie, also man war völlig selbstständig, wie man den Auftrag ausführte.

Obendrein war man in die große Lage immer eingewiesen, man wusste um den großen Auftrag, den die Abteilung oder das Regiment auszuführen hatte, sodass man auch im Sinne der großen Lage handeln konnte. Das ist ein ganz grundlegender Unterschied zu den Alliierten. Mir hat ein Amerikaner, ein hoher amerikanischer Offizier mal gesagt, in Vietnam muss unsere Armee endlich mal Ihr Führungsprinzip lernen. Es ist ganz falsch, wenn man glaubt, in der deutschen Armee sei man auf Kadavergehorsam erzogen worden. Das stand in der grundsätzlichen Truppenführung, das war die HDV, Heeresdienstvorschrift 300, dort stand der Satz: „Es kann in unklaren Situationen besser sein, etwas Falsches zu tun, als gar nichts zu tun." Sehr bemerkenswert für eine Armee, der man Kadavergehorsam andichtet.

Der englische Soldat kämpfte hervorragend, vor allem in der Abwehr. Die englische mittlere Führung war aber außerordentlich schwerfällig, weil sie ganz stur an gegebenen Befehlen hing und nie Chancen nutzte. Die hätten die Invasionsfront nach vier Wochen aufgesprengt haben können, wenn sie einmal losgefahren wären. Das hat nachher Patton[351] als Amerikaner getan. Aber die Engländer waren sehr schwerfällig.

Für die Verleihung des Ritterkreuzes galt eine eigenständige Entscheidung als Voraussetzung. Das steht in den Verleihungsvorschriften. Aber mit Orden ist es natürlich so, da kommt Verschiedenes zusammen. Das ist ganz selten, dass jemand, der ein unbeschriebenes Blatt ist, eine so einmalige

---

351 George S. Patton, 1885 – 21.12.1945 (Heidelberg), hatte als kämpfender General das Kommando über die 3. US-Armee nach der Landung in der Normandie

Chance hat, dass man sagt, das ist so spektakulär, der kriegt sofort das Ritterkreuz. Man läuft es sich bis zu einem gewissen Grade doch an den Hacken ab. Und wenn man eben überlebt und bei der kämpfenden Truppen ist, ist man dann natürlich auch mal dran. Erst das Eiserne Kreuz, dann das Deutsche Kreuz in Gold. Es hieß immer, fünfmal Eisernes Kreuz Erster Klasse, dann eben das Ritterkreuz. Orden sind natürlich auch etwas Glückssache. Man muss die Chance bekommen, man muss sie erkennen, man muss überleben, ganz wichtiger Gesichtspunkt. Und man muss natürlich auch Vorgesetzte haben, die einen einreichen.

Man hat es schwer bei einer anständigen Truppe, wenn der Vater eine exponierte Stellung hat, also Reichsaußenminister ist. Es war im Winter davor, also nach Stalingrad, da wurde dieses SS-Panzerkorps nach Charkow geworfen, um als Wellenbrecher in der russischen Offensive zu stehen. Die beiden Divisionen „Leibstandarte" und „Das Reich" wurden in Charkow eingeschlossen und hatten laut Führerbefehl, der immer wieder von den vorgesetzten Kommandostellen des Heeres weitergegeben wurde, Charkow bis zum letzten Mann zu halten. Das hätte bedeutet, die beiden Divisionen, die fabelhaft ausgerüstet, fabelhaft ausgebildet [waren], weil die vorher Zeit in Frankreich zur Verfügung hatten, wären mit Sicherheit verheizt worden, wären vom Nachschub abgeschnitten gewesen. Das wäre eine Frage ganz kurzer Zeit gewesen, da wären die Russen über uns gekommen.

Da hat der berühmte Papa Hausser[352], der regierende General des Korps, schließlich aus eigenem Entschluss gesagt, ich breche aus. Und dieser erste Stoß aus dem Einschließungsring des Ausbruches führte der berühmte Panzer-Meyer[353] der Leibstandarte, der – wie soll ich ihn mal charakterisieren – so ein Husarenführer war mit ausgezeichneter Nase, einer außergewöhnlichen Tapferkeit und voller Angriffsgeist. Und los ging

---

352 Paul Hausser, 1880 – 1972, „Papa Hausser", Generaloberst der Waffen-SS. Ignorierte, um seine Leute zu retten, Hitlers Befehl, Charkow bis auf den letzten Mann zu halten. Überraschenderweise wurde er dafür nicht bestraft.

353 Kurt Meyer, 1910 – 1961, „Panzer-Meyer", berichtet selbst davon, drei Dörfer bei Charkow in Brand gesetzt und alle Bewohner umgebracht zu haben (Quelle: Sönke Neitzel, Anmerkungen zur Operationsgeschichte der Waffen-SS, Militärgeschichtliche Zeitschrift 61 (2002) S. 403-429)

es. Den Spitzenpanzer führte ein Kamerad von mir, der bekam sofort einen Volltreffer. Dann übernahm ich die Spitze und im Wagen dahinter, im offenen PKW, fuhr der Panzer-Meyer. So stießen wir nach Südosten tief in das russische Hinterland durch, einen ganzen Tag, sahen immer rechts und links russische Kolonnen in unsere eigene Richtung marschieren. Wir fuhren, waren also sehr schnell abgeschnitten, abgeschlossen. Kamen abends so etwa dreißig Kilometer hinter der Linie in ein Dorf, das wir erst einmal besetzten. Der Panzer-Meyer gab mir den Befehl: „Fahr durch und sichere auf der anderen Seite." Das machte ich auch, stieg aus und wies meine Panzer ein. Wir hatten keine unmittelbare Feindberührung in dem Moment. Da kam von der Feindseite so ein Schlitten angefahren und ich dachte, na ja, das wird so ein Bäuerlein sein, und gehe so auf den zu, greife in die Zügel und sage: „Stoi!" Da saßen acht Russen drauf, bis an die Zähne bewaffnet. Es gab eine wilde Schlacht und zum Schluss bekam ich zwei Schüsse in den Rücken. Die Russen liefen weg und ich hatte zwei Lungensteckschüsse, dachte der Arzt. Ich bekam dann auch Fieber in der Nacht. Man bekommt dann eine Spritze, die einen so duseln lässt. Und am nächsten Morgen kommt der Truppenarzt in diese Panjebude und sagt: „Passen Sie mal auf, da ist ein Fieseler Storch[354] gekommen und hat Sprit gebracht, der nimmt Sie jetzt mit raus." Da lagen aber noch Verwundete. Ich: „Dass ist mir aber nicht angenehm, als Offizier hier als Erster zu fliegen. Lassen Sie den Mann zuerst fliegen." Der Truppenarzt: „Nein, das bestimme ich." Womit er recht hatte, denn das bestimmt immer der Truppenarzt. „Sie sind schwerer verwundet, Sie fliegen." Das ging hin und her, schließlich habe ich gesagt: „Ich fliege nicht." – „Dann gebe ich Ihnen den dienstlichen Befehl zu fliegen." – „Dann muss ich leider den Befehl verweigern." Dann hat er noch gemurmelt: „Sie sind ein sturer Bock und außerdem, der Storch kommt doch wieder, der kann doch gar nicht genug Sprit mitbringen." Da habe ich gesagt: „Na fabelhaft, wenn er wiederkommt, dann

---

[354] Die Fieseler Fi 156, wegen ihres hochbeinigen Fahrgestells Storch genannt, war das Standard-Kurier- und Verbindungsflugzeug der deutschen Luftwaffe im Zweiten Weltkrieg. Er wurde zudem als Beobachtungs- und Sanitätsflugzeug eingesetzt.

kann ich ja dann mitfliegen." Es war eine erregte Diskussion. Sein Wohlwollen merkte ich natürlich. Der Kamerad flog dann heraus, der Storch kam natürlich nicht wieder, und das Wasser stand dann wirklich Oberkante Unterlippe, weil die Russen uns eingeschlossen hatten. In der Nacht kamen so ein paar Versorgungsbomben. Der Schuss war durch den Oberkörper von der linken Schulter zum rechten Ellenbogen, zur rechten Schulter rausgegangen, aber es ging eigentlich so, ich haderte damit so herum, hatte auch noch die ganzen Sachen runtergeschnitten, fror entsetzlich, es war schrecklich kalt, es war Februar. Schließlich holte uns eine Panzerabteilung im wirklich letzten Moment raus, als die Russen eigentlich schon im Dorf standen. Die Löcher waren zugeheilt und ich durfte eine Kompanie übernehmen, bin ja auch nicht ins Lazarett gegangen. Das wurde dann Wochen später geröntgt, weil ich sagte, ich will mal wissen, wo die Dinger eigentlich stecken. Und es wurde dann festgestellt, es waren gar keine Steckschüsse, es war ein Schuss von der rechten Seite zur linken quer durch den Oberkörper gegangen und hatte Gott sei Dank nichts Lebenswichtiges verletzt.

Aber das war nicht das Interessanteste, das Interessante war, kurz darauf gab es einen vergnüglichen Abend bei der Division, wo unter anderem auch Herr Schweimer da war und ein Kommodore der Luftwaffe, der mein späterer Schwager wurde. Ich hatte, gebe ich zu, ziemlich viel Alkohol getrunken, war todmüde, weil ich hatte da eine Ausbildungskompanie, wo ich wahnsinnig arbeiten musste, war also auf meinem Sessel eingenickt und hörte plötzlich hinter mir, wie dieser Kommodore unseren Ia, also den ersten General Stabsoffizier fragte: „Wie ist denn der?" Bei so einer Frage wird man eigentlich schnell wach, denn man konnte sich schnell ausrechnen, wer gemeint war. Und da sagte der: „Ach, der ist ordentlich, den wollten wir aus so einem kleinen Kessel ausfliegen und da ist er nicht geflogen." Ich, wie von einer Tarantel gestochen, habe dem Ia bittere Vorwürfe gemacht. Da sagte der nur ganz ruhig: „Sie sind nicht geflogen. Sie sind einer von uns. Sie sind für uns nicht mehr der Sohn Ihres Vaters."

Die Sorge war natürlich, dass ich in Gefangenschaft kam, denn die Russen machten ja oft viel Propaganda mit den Gefangenen. Die hätten mit mir wahrscheinlich üble Propaganda gemacht. Ich erzähl Ihnen die Geschichte, um zu zeigen, wie leicht man in eine schwierige Situation gekommen ist. Es war eigentlich immer unpraktisch. Die Sippenhaft galt vorher genauso wie nach 1945.

1945, da ging es mir auch so. Ich war bei meinem Vater in Berlin und habe Hitler dann noch einmal durch Zufall Anfang Februar 1945 in der Reichskanzlei gesehen. Da war sein Körper in vernichtetem Zustand. Ich hatte nach der Ardennenoffensive eine Abteilung zu übernehmen, weil der Kommandeur gefallen war. Die sollte wieder aufgestellt werden und ich musste nach Berlin zu Ämtern, zum Führungsamt, um zu hören, ob ich noch Panzer oder irgendwas kriege. Dabei habe ich einen Angriff mitgemacht, den berühmten Angriff am 3. Februar 1945 auf das Regierungsviertel der Reichshauptstadt, als alles brannte. Danach ging ich die Wilhelmstraße mit meinem Vater runter, der mit großer Uniform aus dem völlig zerstörten Auswärtigen Amt kam. Um beruhigend zu wirken, ging er ostentativ durch die Trümmer. Es brannte überall, Leute rannten herum, unbeschreiblich, ich hatte das ja noch nie erlebt bei der Truppe, so einen Terrorangriff. Mich interessierte eigentlich überhaupt nur mein kleiner VW-Kübel, ob der intakt war, sonst wäre ich nämlich nicht zu meiner Abteilung nach Munsterlager zurückgekommen. Vater in großer Uniform sagte: „Komm mit, wir gehen mal zur Reichskanzlei runter." Er wusste ja auch nicht, ob da alles heil war. Plötzlich stand der General Oshima vor uns, der japanische Botschafter, auch in voller Uniform. Und die Leute guckten natürlich, weil sie beide noch relativ gepflegt aussahen – ich Gott sei Dank nicht, was mich etwas tröstete. Da kam eine Frau mit einem Kinderwagen und stieß rücksichtslos die beiden Herren auseinander. Sie war völlig verstört. Wir marschierten weiter, der Oshima verabschiedete sich freundlich lächelnd, wie das ja Japaner selbst bei größten Katastrophen tun, und dann sagte Vater plötzlich zu mir: „Was ist deine Meinung, sag mir deine Meinung, der Goebbels schlägt dem Führer vor, auch im Westen die Genfer Konvention zu kündigen." Ich habe gesagt: „Ihr seid wohl völlig verrückt geworden. Erstens wird es genau die gegenteilige Wirkung haben, die Truppe wird sagen, ihr seid wohl völlig verrückt geworden, zweitens, es wird die gegenteilige Wirkung bei den Amerikanern haben, die nicht wissen, was ihnen blüht, wenn sie in Gefangenschaft geraten, ihr habt es ja am Kommissarbefehl gesehen." Obwohl ich nie erlebt habe in Russland, dass ein Kommissar erschossen wurde, aber ich war wirklich außer mir darüber. Und Vater sagte: „Ja, ich bin ganz deiner Meinung, ich werde tun, was ich kann." Kamen wir zur Reichskanzlei, da stand der berühmte Günsche[355], ohne Koppel, ohne Mütze, wissen Sie, der ihn auch verbrannt hat. Vater fragte: „Ist alles in Ordnung?" – „Ja, Führer ist nichts passiert. Wollen Herr Reichsminister in den Bunker kommen?" Mein Vater: „Ja, ich komme runter, kommst du mit?" Und ich war so wütend, ich sagte: „Nein, ich komm nicht mit." Vater zuckte die Achseln, dann verschwand er.

Ich ging so über den Platz. Dort war ich fast zwölf Jahre zuvor an der Hand meines Vaters abends auf den Balkon des Hotels Kaiserhof gegangen, um den Fackelzug zu sehen. Mutter hat wohl gesagt, nimm den mit, dann kann er sagen, ich bin dabei gewesen. Ich bin dabei gewesen. Jetzt brannte alles, das Propagandaministerium brannte, das Hotel Kaiserhof war sowieso kaputt, das Luftfahrtministerium brannte. Ich dachte, wie heißt es bei Faust so schön, „und dann so herrlich weit gebracht". Man denkt komische Sachen. Da knallen plötzlich hinter mir Hacken zusammen. Es war ein Soldat der Reichskanzlei von der Wache: „Hauptsturmführer, Sie sollen in den Bunker kommen."

Also gut, da bin ich mitgegangen, Treppen runter durch so eine Feuertür – und stand Hitler plötzlich gegenüber. Einen Meter gegenüber. Ich konnte mich gar nicht mehr richtig melden, da ergriff er schon meine Hände, was ja immer eine typische Geste von ihm war, mit seinen beiden Händen ergriff er eine Hand und äußerte sich sehr lobend über unsere Division „Hitlerjugend" – und ich war erstarrt. Ich hatte ihn fünf Jahre nicht mehr gesehen, dann sind ja Unterschiede und Veränderungen sehr viel auffälliger. Ich war erschüttert, was für ein physisches Wrack mir gegenüberstand. Ganz gebeugt, die eine Hand zitterte, die hielt er mit der anderen fest, schlurfte, hatte beinahe einen Buckel, und was er sagte, war auch nicht geeignet, den Eindruck zu verwischen, nämlich: „Jetzt kommt die Wende,

---

355 Otto Günsche, 1917 – 2003 (Lohmar), persönlicher Adjutant Hitlers. Hat Hitlers Leiche nach dessen Selbstmord verbrannt.

jetzt werden die jungen Marschälle die Front zum Stehen bringen." Dann schweifte er ab und sagte: „Der beste Operateur mit Truppenkörpern ist ja Manstein gewesen, aber er kann eine ans Laufen gekommene Front nicht ans Stehen bringen und jetzt geht jeden Tag ein neues Regiment an die Front." Wobei ich natürlich aus dem militärischen Sprachgebrauch wusste, dass es gar keinen realen Hintergrund mehr hatte, denn man schickt nicht jeden Tag ein neues Regiment an die Front. Das ist im militärischen Sprachgebrauch, in der militärischen Organisation überhaupt kein Faktum. Wenn es mir bis dahin nicht schon längst klar gewesen wäre, dass wir den Krieg verlieren würden, war es mir in dem Moment auf jeden Fall klar: Dem Mann würde auch kein Wunder mehr helfen. Und der Tod von Roosevelt hat ihm ja auch nicht mehr geholfen.

Was mich in dem Augenblick wirklich zum Verzweifeln brachte, war, wie verhalte ich mich meinen Männern gegenüber? Ich selber war ja erst 23 Jahre alt und führte eine Abteilung mit fünf Kompanien. Wie verhalte ich mich da?

Wenn man wieder im Osten eingesetzt würde, was ja auch der Fall war, galt es natürlich, der Zivilbevölkerung die Möglichkeit [zu] verschaffen, sich dem Russen zu entziehen. Das war für uns natürlich eine sehr gravierende Motivierung. Dann sind wir als Panzerabteilung ohne Panzer, als Infanteristen in schwarzen Uniformen, im Wienerwald zum letzten Einsatz gekommen. Dann war der Krieg aus. Die Männer sind am 8. Mai singend und in Marschkolonne aus den Stellungen gegangen.

ARMIN DIETER LEHMANN

„Als ich Hitler sah, war ich schockiert"

Armin Dieter Lehmann
1928 – 2008
Hitlerjunge, Melder im Führerbunker

1938 Eintritt in das Deutsche Jungvolk/Hitlerjugend
1940 Ausbildung zum Lagermannschaftsjugendführer der Kinderlandverschickung (KLV)
1945 Dreiwöchige vormilitärische Ausbildung bei der Waffen-SS-Gebirgsdivision Nord
Verwundung bei der Verteidigung der „Festung Breslau"
Verleihung des Schwarzen Verwundetenabzeichens und des Eisernen Kreuzes
Verlegung von Frankfurt/Oder nach Fürstenwalde/Spree, dort ausgewählt von Reichsjugendführer Axmann für eine Präsentation jüngster kampferprobter Soldaten vor Hitler
In den letzten Kriegstagen Melder der Kampfgruppe Axmann im Führerbunker
Nach 1945 Besuch der Deutschen Journalistenschule in München
1953 Emigration in die Vereinigten Staaten
1955 – 1957 Dozent am Institut der amerikanischen Streitkräfte USAFI
1960er Jahre Berater, Direktor und Veranstalter in der Reise- und Tourismusbranche
Friedensaktivist, u.a. in der „Kampagne für Atomwaffenabrüstung"

1977–1981 Vizepräsident Bereich Bildung und Ausbildung der Association of Retail Travel Agents (ARTA)
1993 Ruhestand
2005 Veröffentlichung der deutschen Ausgabe seiner Lebenserinnerungen „Der letzte Befehl. Als Hitlers Botenjunge im Führerbunker"

Lehmann erinnert sich an seine letzten Begegnungen mit Hitler im Führerbunker, wo er in den letzten Kriegstagen als Melder fungierte. Er gibt zu Protokoll: „… nun stand ein alter Greis vor mir. Seine Hände zitterten und die Augen sahen so wässrig aus, als ob sie mit Tränen gefüllt waren. Wahrscheinlich Folge irgendeines Medikaments … Seine beiden Adjutanten Schaub und Günsche standen so nahe rechts und links von ihm, dass es den Eindruck machte, sie sollten ihn stützen oder auffangen, wenn er stolpern würde."

Armin Lehmann berichtet vom Lazarett in der Reichskanzlei, in dem die Gebietsmädelfuhrerin von Berlin lag, Gisela Herrmann, und von Rochus Misch, der immer ein freundliches Wort für ihn hatte. Von beiden sind ebenfalls Interviews in diesem Buch.
Er ist Melder beim Reichsjugendführer Artur Axmann. Er schleppt beim Ausbruchsversuch am 1. Mai 1945, also nach Hitlers Selbstmord, einen Koffer voller Geld von Axmann bis zur Weidendammer Brücke und beobachtet den stark betrunkenen Bormann.

Das Interview fand statt im August 1997.

Ich traf Adolf Hitler am Nachmittag des 20. April 1945 im Ehrenhof der Reichskanzlei in Berlin als Mitglied einer Geburtstagsdelegation von Hitlerjungen, die mit dem Eisernen Kreuz ausgezeichnet waren. Ursprünglich sollten wir Hitler am 19. April gegen Mitternacht vorgestellt werden, aber dann wurde der Termin auf den nächsten Tag um zehn und später noch einmal auf fünf Uhr nachmittags verschoben. Außer uns war auch eine Delegation aus Frundsbergkämpfern[356] und eine weitere aus Kurlandkämpfern[357] angetreten.

Als ich Hitler sah, war ich schockiert. Er war ein sehr alter Mann geworden. Ich hatte Hitler 1938 in Breslau gesehen und nun stand ein alter Greis vor mir. Seine Hände zitterten und die Augen sahen so wässrig aus, als ob sie mit Tränen gefüllt waren. Wahrscheinlich Folge irgendeines Medikaments. Es war schockierend. Seine beiden Adjutanten Schaub und Günsche standen so nahe rechts und links von ihm, dass es den Eindruck machte, sie sollten ihn stützen oder auffangen, wenn er stolpern würde.

Bei diesem Empfang war auch Heinrich Himmler anwesend. Nachdem Hitler uns begrüßt hatte, kam Himmler. Er ging erst zu seinen Frundsbergleuten und dann kam er auch zu uns. Zu mir sagte er: „Also, das ist doch klar, Sie werden Waffenjunker der Waffen-SS." Als ich sagte: „Reichsführer, wir sind bereits von der Waffen-SS übernommen worden", sagte er nur: „Was? Und ihr seid hier in der Uniform der Hitlerjugend? Ihr hättet in SS-Uniform erscheinen sollen." Unsere ganze Panzernahkampfbrigade war ja, ohne gefragt zu werden, in die SS übernommen worden und ich hatte damit eigentlich nichts zu tun. Er machte auf mich keinen soldatischen Eindruck. Sein Gesicht wirkte parfümiert oder eingecremt. Er wirkte wie ein Weichling, anders kann ich das nicht beschreiben.

Hitler sagte uns bei dieser Gelegenheit, dass der Endsieg kommen würde. Er bezeichnete uns gegenüber das deutsche Volk als einen todkranken Patienten, für den aber noch ein Mittel gefunden würde. Das war am 20. April. Ich glaubte damals immer noch an den Führer und war sehr berührt von seinen Worten. Heute weiß ich, dass das eine glatte Lüge war.

---

356 SS-Panzerdivision
357 Die Heeresgruppe Kurland kämpfte bis zum 9. Mai 1945. Hitler hatte ihren Rückzug verboten.

Ich blieb dann in Berlin als Melder des damaligen Reichsjugendführers Artur Axmann, der zu dieser Zeit noch seinen Gefechtsstand in der Reichsjugendführung am Kaiserdamm hatte. Einige Tage später wurde der Gefechtsstand vorübergehend in das Polizeipräsidium und danach in den Luftschutzbunker der Parteikanzlei verlegt. Die Parteikanzlei lag damals in der Wilhelmstraße Nr. 64. Diese Verlegungen waren notwendig, weil die Russen schneller als erwartet vorgedrungen sind. Wegen der schweren Beschießung konnten wir nur die Kellerräume beziehen. Neben unserem Gefechtsstand gab es noch eine Funkzentrale, die Bormann[358] gehört haben soll. In den letzten Kriegstagen waren dort aber Marinesoldaten, und ich hörte auch, dass es sich um eine Marinefunkstation gehandelt haben soll. Bei dieser Verlegung wurden auch zwei Aktentaschen mit dem Geld der Reichsjugendführung, ich glaube, eine halbe Millionen Reichsmark, im Tresor der Parteikanzlei untergebracht. Beim Ausbruch gab mir Gebietsführer Grimm eine der beiden schweren Taschen, die ich auch bis zur Weidendammer Brücke geschleppt habe. Als Axmann mich dann brauchte, gab ich die Tasche an Grimm. Da ich kurz danach verletzt und verschüttet wurde, weiß ich nicht, was weiter mit den Geldtaschen geschah.

Ich wurde als Melder vor allem zwischen Parteikanzlei und Reichskanzlei eingesetzt. Wir hatten ein Notlazarett, verfügten aber nicht über genügend Medikamente und vor allem fehlte sauberes Wasser. Das habe ich von der Reichskanzlei geholt. Anfangs bin ich runter zur Voßstraße zum Haupteingang und dann unterirdisch durch die Keller, bis ich merkte, dass nicht weit vom Auswärtigen Amt ein Notausgang existierte. Es gab zwei Türme mit Wachen, aber da konnte ich direkt runter in den Führerbunker. Obwohl dieser Weg unter ständigem Feuer der Stalinorgeln und auch russischer Scharfschützen lag, habe ich zuletzt immer diese kürzere Strecke genommen.

Der eigentliche Führerbunker hatte ja nichts zu tun mit dem Luftschutzkeller in der Reichskanzlei, wo ein Lazarett eingerichtet war und auch die Männer von der Leibstandarte untergebracht waren. Der eigentliche Führerbunker lag separat und bestand streng genommen aus zwei Bunkern, dem oberen

---

358 Martin Bormann, 1900 – 2.5.1945,, siehe Anmerkung auf S. 111

und dem unteren Teil. Im oberen Bunker war eine Küche und eine kleine Kantine. Dort traf ich mal Rochus Misch[359] und auch Hitlers Diätköchin habe ich einige Male dort gesehen. Zum Schluss waren auch die Goebbels-Kinder da und Traudl Junge[360], die ich zunächst für ein Kindermädchen der Familie Goebbels hielt.

Von dort musste man eine Treppe runter. Ob das eine Wendeltreppe war, wie immer wieder berichtet wird, weiß ich heute nicht mehr. Ich habe sie immer als eine normale Luftschutzkellertreppe in Erinnerung. Dann ging es durch eine Luftschutztür in den unteren Bunker. Als Erstes kam man in einen Raum, den wir Vorzimmerlage nannten, und daran anschließend lag der sogenannte Lageraum. Hierhin brachte ich meine Meldungen, die im Funkraum der Parteikanzlei angekommen waren und für den Führer oder Martin Bormann bestimmt waren. Während Günsche, Misch und die anderen immer ein freundliches Wort für mich hatten, ich war 16 Jahre alt und trug das Eiserne Kreuz, ignorierte Bormann mich. Selbst wenn er mir eine Meldung mitgab, die ich zum Funkraum bringen sollte, sagte er kein Wort zu mir. Die Inhalte der einzelnen Funkmeldungen waren mir natürlich nicht bekannt, sie waren immer in versiegelten Depeschenumschlägen, auf denen entsprechende Initialen standen. Einige Meldungen sind mir aber dennoch gut in Erinnerung geblieben. Einmal brachte ich eine Meldung von Gauleiter Hanke an die Familie Goebbels. Frau Goebbels war mit den Kindern im oberen Bunker, und als ich mit der Meldung ankam, kam Dr. Goebbels gerade vom unteren Bunker herauf. Er öffnete die Funkmeldung und sagte: „Ach, vom Hanke." Und dann las Magda Goebbels die Nachricht und sagte: „Der liebe Karl. Silvester war er noch bei uns."

In den folgenden Tagen habe ich Hitler mehrfach gesehen. Einmal traf ich ihn im Bunker und war erschrocken, weil er ganz allein, ohne Adjutant war. Ich grüßte ihn nicht und tat so, als ob ich zur Bunkerbesatzung gehörte. Er scheint sich auch gar nicht gewundert zu haben, dass ich da war. Besonders gut

---

359 Rochus Misch, 1917 – 2013, Leibstandarte SS, Telefonist des „Führers", siehe Interview auf S. 463
360 Gertraud Junge, 1920 – 2002, Sekretärin Hitlers, siehe Interview auf S. 445

erinnere ich mich an eine Begegnung am 30. April. Ich kam ganz früh morgens mit einer Meldung in den Führerbunker. Es war zwischen vier und sechs Uhr. In der Literatur habe ich später gelesen, er habe zu dieser Zeit Baur[361] und Mohnke[362] empfangen und habe einen Morgenmantel getragen. Als ich ihn sah, trug er seine Uniform. Er tastete sich etwas unsicher an der Wand entlang und als er in meiner Nähe war, schlug oben eine schwere Granate ein. Man merkte jedenfalls unten die Erschütterung. Hitler sagte, ohne mich anzuschauen, sinngemäß: „Wieder ein Treffer" und ging allein weiter den Bunkergang. Es war ja der Morgen nach seiner Heirat. Ich grüßte nicht, er grüßte nicht. Das war das letzte Mal, das ich ihn sah.

Als Hitler gemeinsam mit Eva unten im Bunker Selbstmord verübte, war ich nicht dabei. Ich traf aber kurz danach Axmann, der Hitler tot gesehen hatte. Er sprach zuerst mit Frau Dr. Huhn[363]. Sie begann zu weinen und fragte Axmann, wie es weitergehen würde. Und Axmann antwortete ihr, dass man sich zu einem Durchbruch entschieden habe. Zusammen mit Axmann und seinem Adjutanten Weltzien ging ich dann zum Keller der Reichskanzlei, wo bei Mohnke eine Besprechung über den bevorstehenden Ausbruch stattfand. Ich kann mich erinnern, dass auch Bormann erschien, der sich sichtlich Mut angetrunken hatte. Er trug einen langen Ledermantel, schwankte und hatte eine lautstarke Auseinandersetzung mit irgendeinem der Anwesenden. Weltzien sagte noch zu Axmann: „In diesem Zustand können wir den nicht mitnehmen."

An den Ausbruch selber habe ich keine klaren Erinnerungen mehr. Ich bin dabei ja verletzt und verschüttet worden. Die ganzen Einzelheiten des Ausbruchs habe ich erst viel später erfahren.

---

361 Hans Baur, 1897 – 1993, siehe Anmerkung auf S. 322
362 Wilhelm Mohnke, 1911 – 2001, siehe Anmerkung auf S. 60
363 Dr. Gertrud Huhn, Reichsärztin des BDM

GERTRAUD „TRAUDL" JUNGE

„Es war seine eigene Endlösung"

Gertraud „Traudl" Junge
1920 – 2002
Sekretärin Hitlers

1936 Mittlere Reife, Besuch der Handelsschule in München Tätigkeit als Kontoristin und Sekretärin
1942 Anstellung in der Reichskanzlei in Berlin; ab Dezember Privatsekretärin Adolf Hitlers im Führerhauptquartier Wolfsschanze, in Berchtesgaden und in der Reichskanzlei
1943 Hochzeit mit Hitlers persönlichem Diener Hans-Hermann Junge, Offizier der Waffen-SS
1945 Sekretärin im Führerbunker, wo ihr Hitler sein politisches und persönliches Testament diktiert
Verhaftung durch die Sowjets, als Mitläuferin wieder freigelassen
1947 Niederschrift ihrer Erinnerungen, kein Verlag nimmt das Manuskript an
1950er Jahre und später Sekretärin beim Bayerischen Landesverein für Heimatpflege und bei der Zeitschrift „Quick" sowie Tätigkeit als freie Journalistin
2002 Der Film „Im toten Winkel – Hitlers Sekretärin" von André Heller und Othmar Schmiderer, in dem Junge über ihre Erlebnisse berichtet, erhält den Publikumspreis der Berlinale

Junges Manuskript aus dem Jahr 1947 erscheint unter dem Titel „Bis zur letzten Stunde – Hitlers Sekretärin erzählt ihr Leben".

Traudl Junges Erinnerungen waren eine der Quellen, auf die sich der Spielfilm „Der Untergang" (2004) stützt. Sie selbst, die eigentlich Tänzerin hatte werden wollen und eher durch Zufall eine Anstellung in der Reichskanzlei bekam, berichtet in dem hier abgedruckten Gespräch vor allem von den letzten Tagen im Führerbunker: „Als er dann zu diktieren anfing ‚Mein politisches Testament', da habe ich für einen Augenblick gedacht, jetzt kommt die Stunde der Wahrheit. Jetzt werde ich als Erste erfahren, warum alles zu Ende geht und warum diese Katastrophe passiert ist. Ich dachte mir auch, Hitler würde Worte der Entschuldigung finden ... Und ich bin dann eigentlich ganz erstarrt gewesen und irgendwie auch fassungslos, dass dieses Testament im Grunde nur die alten Floskeln wiederholt hat."

Hier schildert sie lange vor dem Film und ihrem Buch, wie sie durch Zufall zu Hitler kam, wie sich Hitler als Chef verhielt, welche Menschen ihn umgaben, wie sie das Attentat im Führerhauptquartier Wolfsschanze in Erinnerung hat: „Seine erste Reaktion hat mich damals sehr bewegt. Er war fast euphorisch und sagte: ‚Die Vorsehung hat mich bewahrt. Ich bin ein Werkzeug der Vorsehung. Ich bin auf dem Weg, ich muss meine Aufgabe erfüllen.' Als dann später klar wurde, dass die Attentäter aus Wehrmachtskreisen stammten, war er sehr erzürnt: ‚Die Feiglinge sind nicht in der Lage, die Pistole zu ziehen und mir Aug in Aug gegenüberzutreten.'"

Das Interview fand statt im Oktober 1994.

Zu Hitler bin ich eigentlich nur durch einen Zufall gekommen. Ich bin am 16. März 1920 in München geboren und mein Berufswunsch war es, Tänzerin zu werden. Als ich endlich meine Tanzprüfung bestanden hatte, war bereits Krieg und da durfte ich meine inzwischen angenommene Stellung nicht mehr wechseln. Ich war überzeugt, dass die Weigerung meines damaligen Chefs, meine Kündigung anzunehmen, meinen beruflichen Traum, in Berlin als Tänzerin engagiert zu werden, zerstören würde und wollte daher unter allen Umständen die Firma verlassen.

Als mir wenig später über die Vermittlung einer Bekannten meiner Schwester Inge, die damals in Berlin an der Deutschen Tanzbühne ein Engagement hatte, aufgrund ihrer verwandtschaftlichen Kontakte zu Albert Bormann[364] ein Angebot unterbreitet wurde, als Schreibkraft in der Berliner Reichskanzlei zu arbeiten, fuhr ich kurz entschlossen in die Reichshauptstadt. Albert Bormann, der Bruder von Martin Bormann, empfing mich und stellte mich in einer Abteilung ein, in der die an Hitler gerichtete Post sortiert und bearbeitet wurde.

Ich glaube, es war im November oder Dezember 1942, als es hieß, Hitler suche eine neue Sekretärin. Da bin ich zusammen mit neun anderen Mädchen zur Auswahl hingeschickt worden. Wir hatten zuvor in der Reichskanzlei einen Wettbewerb im Schreibmaschinenschreiben gemacht und ich war zufällig unter den besten zehn. Diese zehn Mädchen sind dann ins Führerhauptquartier geschickt worden und wurden dem Führer vorgestellt. Es war das erste Mal, dass ich Hitler persönlich begegnet bin.

Wir waren natürlich alle sehr aufgeregt. Aber als ich Hitler zum ersten Mal sah, beeindruckte mich vor allem seine natürliche, liebenswürdige und bescheidene Art. Er hat dem Image, das er sonst hatte, wenn man ihn als Führer auf großen Veranstaltungen oder bei offiziellen Anlässen als mächtigen Staatsmann sah, gar nicht entsprochen. Ich empfand ihn als einen ganz ruhigen, stillen und sehr freundlichen älteren Herrn. Er war natürlich, verbindlich und sprach mit einer ganz weichen und leisen Stimme. Er hat uns ja nur gefragt, wie wir

---

364 Albert Bormann, 1902 – 1989 (München), jüngerer Bruder von Reichsleiter Martin Bormann

heißen, und hat uns die Hand gegeben. Er hat uns mit seiner Freundlichkeit und Verbindlichkeit die Angst und unsere Hemmungen genommen. Es war ein großer Kontrast zu dem Hitler-Bild, das die Öffentlichkeit von ihm hatte.

Überhaupt war sein Umgangston mit uns immer besonders freundlich und verbindlich, ohne Launen und ohne laut und herrisch zu sein. Allerdings muss ich auch sagen, dass wir Sekretärinnen bei unserer Arbeit kaum Fehler machen konnten. Wir waren ja keine Vorzimmerdamen, die telefonierten, Termine machten oder Besuche abwimmeln mussten. Wir waren mehr Schreib- und später Gesellschaftsdamen und da gab es kaum Fehlerquellen, bei denen der Führer, oder der Chef, wie wir ihn nannten, richtig zornig werden konnte. Aber das hat er sicher bei Lagebesprechungen oder Auseinandersetzungen, bei denen es um politische Fragen ging, gekonnt. Aber privat und als Chef war er von einer ausgesprochen ausgewogenen und gleichmäßigen Freundlichkeit.

Von Eva Braun habe ich erst 1943 gehört. Ich glaube, das war im Frühjahr, bevor wir zum Berghof fuhren. Hitler fuhr immer zur gleichen Zeit, das war meiner Erinnerung nach im Mai, nach Berchtesgaden, um eine Zeit auf dem Obersalzberg zu verbringen. Bei dieser Gelegenheit bin ich darauf vorbereitet worden, dass ich dort auch Eva Braun begegnen würde, der Lebensgefährtin Hitlers, die nur auf dem Obersalzberg als seine, ja als seine Frau sozusagen in Erscheinung tritt. Wer es mir gesagt hat, weiß ich heute nicht mehr, vielleicht Schaub[365], vielleicht auch mein Mann. Ich war völlig überrascht. Es war das bestgehütetste Geheimnis Deutschlands gewesen, dass Hitler eine Freundin hatte. Das hat niemand gewusst, auch ich wäre niemals auf die Idee gekommen.

Mich hat niemand verpflichtet, nicht darüber zu sprechen. Seltsamerweise hat man das instinktiv nicht weitergesagt. Es hat mich aber auch später, beispielsweise wenn ich im Urlaub war, nie jemand gefragt, ob es eine Eva Braun gäbe.

Ich war überrascht, als ich ihr begegnete: Sie war ein sehr natürliches, frisches junges Mädchen, nicht viel älter als ich. Sie wirkte sehr modisch, war sportlich und natürlich. Sie hat gern geschäkert und gescherzt, ein munteres Mädchen mit

---

365 Julius Schaub, 1898 – 1967, siehe Anmerkung auf S. 79

einer etwas bayerischen Art zu sprechen. Ein hübsches Mädchen, aber eigentlich nicht das, was man sich vorstellt unter der Frau des obersten Führers. Ich hatte einen guten Kontakt zu ihr, allerdings etwas distanziert. Ich war neu in dem Kreis, und getroffen habe ich sie eigentlich nur bei den Mahlzeiten und bei den abendlichen Teegesprächen. Dabei ist kein persönlicher Kontakt zwischen uns zustande gekommen. Der entstand erst später in Berlin, kurz vor ihrem Tod. Da waren wir ja nur noch ganz wenige, und da hat sie doch Anschluss an mich gesucht, als Frau, mit der man über bestimmte Probleme sprechen kann.

Das Verhältnis zwischen Adolf Hitler und Eva Braun kann ich nur aus den offiziellen Gelegenheiten heraus beurteilen. Es war eine sehr herzliche und freundliche Art. Sie sind, was die Sprache anbelangt, sehr liebevoll miteinander umgegangen. Hitler hat halt immer gesagt: „Kind, willst du das?" oder „Nimm doch mehr von dem." Er war, genau wie sie, sehr fürsorglich. Aber Zärtlichkeiten hat er nie mit ihr ausgetauscht in Gegenwart anderer.

Eva Braun hat immer erzählt: „Der Führer möchte am liebsten, dass ich immer das gleiche Kleid trage und immer die gleiche Frisur habe. Wenn ihm ein Kleid gefällt, dann möchte er, dass ich mir tausend solcher Kleider machen lasse und immer nur die trage." Das hat sie gestört. Sie war sehr modebewusst und hat sich gerne hübsch angezogen.

Eva Braun ist zu Lebzeiten immer im Schatten gestanden und sie hatte wahrscheinlich auch gar keine Chance, das zu ändern. Ich glaube, sie hat sich vorgestellt, wenigstens als heroische Geliebte in die Geschichte einzugehen. Als Frau des Führers. Ich glaube, das war ihre Vorstellung, die ihr Kraft gegeben hat. Die Ausweglosigkeit ihrer Beziehung zum Führer und die unausweichliche Tatsache, dass sie mit ihm aus dem Leben gehen will, das hat sie nicht so leichtgenommen. Das war schon ein bewundernswerter Entschluss.

Erstaunlich ist überhaupt, wie wenig interne Informationen ich damals mitbekommen habe. Ich dachte, wenn ich im Führerhauptquartier bin, sitze ich an der Quelle. Eigentlich war aber das Gegenteil der Fall. Die Umgebung Hitlers war von allen Einflüssen abgeschirmt. Er selbst hatte die Taktik, dass jeder nur die Dinge erfährt, die er für sein Ressort braucht. Es gab nie eine allgemeine Diskussion politischer oder militärischer Art. Er hat jeden nur so weit eingeweiht, wie es für sein Gebiet nötig war. Wir haben eigentlich überhaupt nichts erfahren. Wir haben nur erfahren, was Hitler gedacht und gesagt hat. Und das war absolut einseitig. Meine Familie, die hat wenigstens Fremdsender hören oder einfach die Gerüchteküche benutzen können. Aber das alles hatten wir nicht. Ich war damals so naiv. Wenn Hitler immer wieder sagte: „Wir werden den Krieg gewinnen, weil wir ihn gewinnen müssen und weil der Bolschewismus besiegt werden muss", dann klang diese Überzeugung so aufrichtig und handfest, dass ich gedacht habe, da steckt was dahinter. Ich habe geglaubt: Der kann doch so was nicht sagen, wenn er davon nicht wirklich überzeugt ist. Heute bin ich der Meinung, und das haben mir auch Kollegen aus der damaligen Zeit bestätigt, dass Hitler schon nach Stalingrad wusste, dass der Krieg nicht zu gewinnen ist. Das ist das, was ich ihm am meisten übel nehme: dass er trotzdem so lange diese Opfer gefordert hat.

Als ich Hitler kennenlernte, ging von ihm durchaus etwas Strahlendes, Umfassendes aus. Später, vor allem in den letzten Wochen und Monaten, ist das ja erloschen. Die Kraft, die er ausgestrahlt hat, auch seine Überzeugungskraft, die war verschwunden. Angefangen hat es nach dem Attentat 1944, da war es eigentlich schon gravierend. Auch die Stimmung änderte sich, das war schon ein gewaltiger Abstieg. Das ist mir heute bewusster als damals, weil es damals so schleichend vor sich ging. Man steckte selbst zu sehr mit drin, aber wenn ich jetzt daran zurückdenke, dann gab es schon einen deutlichen Verlust seiner Strahlkraft.

Ich war ja nur die letzten Jahre bei ihm. In dieser Zeit lag das Hauptgewicht unserer Arbeit mehr auf der gesellschaftlichen Seite; als entspannendes und erholendes Element. Nach den schweren Lagebesprechungen und Entscheidungen, die er zu treffen hatte, hat er seine Mahlzeiten und die abendlichen Teestunden gerne in der Gesellschaft von Damen verbracht. Früher hat er Künstler und Musiker eingeladen oder Filme angeschaut – aber das alles hat er ja nicht mehr gemacht, als die Kriegslage so dramatisch wurde. Und so waren die ganz oberflächlichen Gespräche mit den Damen die einzige Entspannung, die er sich noch gegönnt hat. Denn über Themen wie die Juden oder militärische Entscheidungen oder politische und diplomatische Fragen hat er nie, wirklich nie in diesen privaten Kreisen gesprochen. Meistens wurde über absolut unverfängliche Themen gesprochen.

Wenn Hitler gut gelaunt war, dann hat er selber erzählt, mit Vorliebe von früheren Zeiten. Von seiner eigenen Jugend in Linz oder von der Kampfzeit oder auch von amüsanten Begebenheiten in seiner Umgebung. Er hat oft erzählt, dass er ein Lausbub war und ein recht guter Schüler und dass er seine Schwester immer gehänselt hätte. Lauter so Kleinigkeiten aus seinem Leben. Über seine politische Karriere hat er nie geredet. Wenn überhaupt, dann hat er nur Anekdoten erzählt, die ihm widerfahren sind. Was ihn beeindruckt hat in seiner Jugend, was ihn geprägt hat als Junge, darüber hat er in meinem Dabeisein eigentlich nie gesprochen. Nur über seine Mutter hat er oft gesprochen. Die hat er wohl sehr geliebt. Von seinem Vater war wenig die Rede. Aber die Mutter, die ist immer wieder aufgetaucht, wenn er von seiner Kindheit erzählt hat. „Meine Mutter, die hat alles gut verstanden" oder „Meine Mutter hat Verständnis für mich gehabt" – das waren so Wendungen, die er gebrauchte, wenn er aus seiner Jugend erzählte. Aber auch das wurde im Endstadium immer seltener, bis er dann ganz allein war.

Am besten gefallen hat er mir immer, wenn er jemanden nachgemacht hat. Manchmal hat er auch Frauen nachgemacht, wenn sie einen eleganten Hut trugen, da fand ich ihn eigentlich immer hinreißend. Wenn er ganz locker aus seinem Leben erzählt hat, so kleine Geschichten, die ihn amüsiert haben, habe ich schon bemerkt, dass er Sinn für Humor hatte. Eine dieser Geschichten war folgende: Irgendwo bei einem Essen hat Hitler zu einem mit Namen Müller gesagt: „Müller, reichen Sie mir doch mal das Salzfass rüber." Dieser habe ihm das Salzfass gegeben und Hitler habe sich darauf bei ihm bedankt. Darauf habe der geantwortet: „Keine Ursache, mein Führer." Darüber konnte er sich köstlich amüsieren, dass der gesagt hat „Keine Ursache, mein Führer." Also, wenn er so ganz banale, menschliche Geschichten erzählt hat, dann hat er mir schon sehr gut gefallen.

Möglicherweise hat er vorher über viele persönliche und konkretere Themen mit den anderen Sekretärinnen gesprochen, die lange mit ihm zusammen waren. Ich war ja nur im letzten Stadium des Krieges bei ihm.

Auf dem Berghof waren diese Runden natürlich andere als im Führerhauptquartier. Im Führerhauptquartier war es ein Arbeitsessen im kleinen Kreis seiner engeren Mitarbeiter, meistens einer seiner Adjutanten und oft Botschafter Hewel[366]. Auch die Verbindungsoffiziere zu den Stäben waren ihm, glaube ich, ganz lieb als Gesellschaft und eben wir Sekretärinnen. Manchmal war auch Bormann dabei. Aber der hat lieber gearbeitet, als sich abends noch zu unterhalten. Insgesamt vielleicht sechs, acht Leute. Auf dem Berghof war die Gesellschaft größer. Da hat er den Kreis auf die Ehefrauen seiner Mitarbeiter und auch auf die Minister erweitert. Auf dem Berghof führte Hitler stets die Dame des Ehrengastes zu Tisch und Martin Bormann immer die Eva Braun. Die anderen haben sich zwanglos gruppiert.

Hitler hatte eine Aversion gegen körperliche Berührungen. Es war allgemein bekannt, dass auch die Ärzte große Schwierigkeiten mit ihm hatten, weil er sich nicht gerne anfassen ließ. Er hat sich auch nie massieren lassen wollen – in dieser Hinsicht war er absolut zurückhaltend. Es hat ihn ja auch nie jemand unangezogen gesehen; auch seine Diener nicht. Er wollte keine Berührungen. Auch beim Essen hat er höchstens mal seine Hand auf den Arm seiner Nachbarin gelegt.

Im Führerhauptquartier haben wir dann aus der Kantine ein bescheidenes, aber recht schmackhaftes bürgerliches Essen bekommen und Hitler hat seine vegetarische Mahlzeit verzehrt. Danach hat dann irgendjemand ein Gespräch angefangen, übers Wetter beispielsweise. Hitler hat sich immer beklagt, dass das Hauptquartier ein ausgesprochenes Mückennest sei und dass man dafür das schlimmste Morastgelände ausgesucht hätte. Es kamen manchmal aktuelle Tagesanlässe zur Sprache, aber die Gespräche plätscherten im Allgemeinen sehr locker und belanglos dahin.

Manchmal hat Hitler über seinen Hund gesprochen oder über Künstler, die er sehr geschätzt hat. Wenn er aber mit Sorgen aus einer Lagebesprechung kam, dann mussten die

---

366 Walter Hewel, 1904 – 2.5.1945 (Berlin, Selbstmord), SS-Brigadeführer, Staatssekretär im Auswärtigen Amt, siehe Anmerkung auf S. 171

anderen irgendwie die Stimmung aufrechterhalten und die Gespräche führen. Nun gab's ja nicht viel zu berichten aus dem Führerhauptquartier; wir waren ja alle irgendwo in dem gleichen Bereich eingeschlossen ohne Stimulanz von außen. Da gab es dann halt ein bissel Hauptquartiersklatsch oder wir sprachen über die Filme, die wir im Lagerkino gesehen hatten. Sein Lieblingsthema war, was alles nach dem Krieg passieren würde, vor allem, was er dann alles aufbauen wollte. Sein Lieblingsprojekt war Linz. Er wollte dieser Stadt eine großartige Bildergalerie geben und sie besonders schön machen. Oft hat er erwähnt, dass er sich dorthin zurückziehen wolle, um seine Memoiren zu schreiben.

Worüber wir zu sprechen hatten, ist uns eigentlich nicht vorgeschrieben worden. Natürlich hat der Schaub oder die anderen Adjutanten uns gesagt: „Belastet den Führer nicht mit irgendwelchen Fragen, die ihm nicht behagen oder die ihm unangenehm sind." Aber wir haben auch keine derartigen Dinge gefragt. Wenn wir ihn mal gefragt haben, wie lange der Krieg noch dauere und wann er zu Ende sein würde, hat er uns immer die gleiche stereotype Antwort gegeben: „Bis wir gesiegt haben." Das ging so bis zum Schluss.

Dieses Wissen, dass man ihm nichts Unangenehmes sagen konnte, ohne sein Wohlwollen zu verlieren, zeugt ja davon, dass keine echte Beziehung existiert hat. Es war schon ausgeprägt, dass man sich sagte, das hört er sicher nicht gerne, das sagst du ihm besser nicht. Das empfand ich schon als ein Zeichen von Distanz. In diesem Zusammenhang ist auch die Geschichte mit Henriette von Schirach[367] interessant. Sie war früher oft Gast auf dem Berghof. Es war an einem Abend, zur Teestunde am Kamin. Ich selbst war nicht im Raum. Aber mein Mann, der ja Hitlers Diener war, hat im Raum bedient. Er erzählte mir, Frau von Schirach hätte Hitler gegenüber geäußert, dass sie am Bahnhof einen Zug mit deportierten Juden gesehen habe und es sei schauerlich gewesen, wie diese Menschen behandelt worden wären. Ob Hitler davon wisse und Derartiges erlaube. Mein Mann sagte mir, Hitler sei aufgestanden, hätte etwas gesagt von „Gefühlsduselei" und „Mischen Sie sich nicht in Din-

---

367 Henriette von Schirach, 1913 – 1992 (Schwabing), Ehefrau des Reichsjugendführers und späteren Gauleiters von Wien, Baldur von Schirach

ge, die sie nicht verstehen", habe den Abend abgebrochen und sich zurückgezogen. Seitdem ist Frau von Schirach nie mehr auf den Berghof eingeladen worden.

Ganz merkwürdig war er auch, als mein Mann gefallen ist. Da hatte ich zwei Tage lang das Gefühl, ich hätte irgendwas Dummes getan oder gesagt. Hitler war ausgesprochen reserviert zu mir, hat mich überhaupt nicht angeschaut, hat nicht mit mir gesprochen. Bis ich dann erfahren habe, dass er sich vergewissern wollte, ob mein Mann wirklich gefallen ist. Da habe ich sein Verhalten missgedeutet. Er hat Recherchen angestellt, um festzustellen, dass es keine Falschmeldung war. Dann hat er es mir gesagt. Den genauen Wortlaut habe ich vergessen. Er hat jedenfalls meine beiden Hände genommen und mir gesagt, es täte ihm schrecklich leid. Der Hans, mein gefallener Mann, sei ein so toller und guter Mann gewesen und ich sollte bei ihm bleiben, er würde für mich sorgen. Da hat er sich wirklich sehr väterlich verhalten. Mein Mann hatte mir, bevor er an die Front ging, schon gesagt, dass der Führer sein Ersuchen immer abgelehnt hatte, weil er nicht wollte, dass Witwen in seiner Umgebung sind. Das war Hitler schon sehr unangenehm, dass er mir das sagen musste.

Manchmal, wenn er von der Lagebesprechung zum Mittagessen oder zum Abendessen kam, hatte er noch ein sehr ernstes oder auch mürrisches Gesicht, da wussten wir schon, dass er sich geärgert hat. Aber ich habe ihn nie zornig erlebt. Ich habe auch niemals erlebt, dass er Wutanfälle bekommen hat oder dass er, wie es nach dem Krieg behauptet wurde, in den Teppich gebissen hat. Die Offiziere erzählten manchmal, dass er bei den Lagebesprechungen sehr ungehalten war, sicher auch mal geschrien und die Farbstifte auf den Tisch geschmissen hat – aber welcher Chef, der sich ärgert, macht das nicht auch mal? Ich habe auch von dieser Seite nie gehört, dass er sich extrem gebärdet hätte.

Zur mir persönlich war er ausgesprochen väterlich und freundlich. Da ich die Jüngste in dem Kreis war, hat er immer gesagt „Kind" oder „junge Frau". Später, als ich verheiratet war, hat er nie „Frau Junge" zu mir gesagt, sondern immer „junge Frau". Er hat sich mir gegenüber immer sehr väterlich und fürsorglich verhalten und ich glaube heute, dass er damals schon so etwas wie eine Vaterfigur für mich war.

Ich glaube nicht, dass er mich besonders gemocht hat. Er hat auch die anderen Sekretärinnen sehr gemocht. Ich muss „sehr" sagen, denn er hat auch ein bisschen geflirtet, vor allem mit Frau Christian, die eine sehr hübsche Frau war. Zu ihr hat er einmal gesagt: „Was haben Sie für entzückende Öhrchen." Sie hatte gerade eine neue Frisur, die Haare waren nach oben gekämmt, und das hat er dann bemerkt. Hitler hat keine mageren Frauen gemocht, er hat eigentlich die mollige Figur bevorzugt. Darum hat ihn auch das Ballett nicht interessiert, weil da lauter so magere Gestelle waren. Ich habe einige Bemerkungen von ihm zu Frauen in Erinnerung behalten, die mich schon damals als junges Mädchen irgendwie befremdet haben. Zum Beispiel der Satz: „Dem größten Helden gebührt die schönste Frau." In einem anderen Fall hat er ganz begeistert von Frau Ley gesprochen, die eine wunderschöne Frau von klassischer Schönheit gewesen sein muss. So eine kühle Blonde. Er konnte nicht verstehen, dass Ley trotzdem eine Freundin hatte, die weniger schön, vielleicht auch ganz unscheinbar war. Für Hitler zählte die äußere Schönheit. Er konnte sich nicht vorstellen, dass auch andere Dinge eine Frau attraktiv machen können.

Doch noch mal zurück zu uns Sekretärinnen: Die beiden älteren, das waren seine treuen Gefährtinnen, und die Christa Schröder, die zwölf Jahre mit ihm zusammen war, war eine, die manchmal auch vielleicht unangenehme Fragen stellte. Die hat sich manchmal unbeliebt bei ihm gemacht, das hat man schon gemerkt. Wenn sie so fragte: „Glauben Sie denn, dass wir den Krieg noch gewinnen können?", dann hat er sich schon etwas von ihr distanziert und ist ein bisschen abgerückt von ihr. Aber er war immer Kavalier. Hitler hat jeder verheirateten Frau die Hand geküsst, auch uns Sekretärinnen. Die Christian und ich, wir bekamen einen Handkuss, Frau Wolf und Frau Schröder, die beiden älteren, nicht. Da war er ganz formell. Er war sehr höflich und konnte sehr charmant sein.

Ich glaube, alle seine Angestellten, die mit ihm zusammengearbeitet haben und die mit ihm persönlich in Berührung kamen, die haben ihn eigentlich alle sehr verehrt und zu denen war er freundlich und gleichmäßig gerecht, sodass sie eigentlich für ihn durchs Feuer gingen.

Wir waren vier Sekretärinnen: Frau Christian, Frau Schröder, Frau Wolf und ich. Und später ist dann ja die Dara[368] zurückgekommen, weil die Johanna Wolf wirklich schon etwas älter und nicht mehr so stabil war. Obwohl wir nichts für ihn zu tun hatten, mussten immer zwei von uns erreichbar sein. Es war ja ganz selten, dass er uns zum Diktat gebraucht hat. Der wahre Sekretär war Martin Bormann. Das war auch sein offizieller Titel. Er war nicht nur die rechte Hand, er war tatsächlich der Sekretär des Führers. Wir haben mehr für die Adjutanten getippt; beispielsweise die Fliegermeldungen. Die wurden dann von uns auf der großen Schreibmaschine getippt, damit Hitler sie lesen kann. Auf diese Weise haben zwei von uns mit ihm zu Mittag gegessen und die beiden anderen zu Abend. Die beiden vom Mittagessen haben dann wieder nachts mit ihm Tee getrunken und so haben wir uns diese Arbeit aufgeteilt.

Freunde im eigentlichen Sinne hatte Hitler nicht. Ich glaube, Eva Braun war sein einziger Freund. Und Speer, ja Speer hat er wohl für seinen Freund gehalten. Zumindest hat er eine Sonderstellung eingenommen unter den Mitarbeitern. Die beiden verband ja das gemeinsame Interesse für Kunst und Architektur. Dieses Interesse war bei Hitler stark ausgeprägt. Irgendwann hat er uns gesagt, dass er nach dem Krieg keine Uniformen mehr neben und um sich haben wollte, sondern nur noch musische und künstlerische Menschen. Nur noch Zivilisten, keine Militärs. Auf der einen Seite hat er in seiner Umgebung Leute gehabt wie den Schaub, den Ley[369] oder den Weber[370]; ich möchte fast sagen, proletische Naturen. Wo man sich gedacht hat, wie kann er nur auf Dauer mit solchen Leuten umgehen, sie in seiner Umgebung dulden? Das war so zwiespältig. Aber da war für ihn die Treue der alten Kämpfer ausschlaggebend. Die haben mit ihm die Anfangszeit geteilt und das hat ihm schon etwas bedeutet. Aber das habe ich alles erst richtig viel, viel später gemerkt, als ich über bestimmte Dinge

---

368 Dara, gemeint ist die Sekretärin Gerda Christian, geb. Daranowski, 1913 – 1997
369 Robert Ley, 1890 – 25.10.1945 (Nürnberg, Selbstmord vor Prozessbeginn). Reichsarbeitsführer, siehe auch Anmerkung auf S. 46
370 Christian Weber, 1883 – 11.5.1945. Einer der korruptesten SS-Führer. Kam ums Leben, als auf der Fahrt zu US-Verhören nach Heilbronn der Anhänger des Armee-Lastwagens mit offener Ladefläche umkippte.

nachgedacht habe und versucht habe, die Person Hitlers zu verstehen. Erst da ist mir klargeworden, dass eine echte Freundschaft eigentlich nicht existiert hat.

Ich habe ihn ja auch nie erlebt als Redner im tosenden Beifall der Menge, sondern immer nur als sehr zurückhaltenden Menschen. Als ich zu ihm kam, war die Zeit seiner großen öffentlichen Reden schon vorbei. Je mehr sich der Krieg seinem dramatischen Ende näherte, desto weniger hat er zum Volk gesprochen. Früher hat er ja oft seine großen Reden zum 1. Mai oder zum Parteitag weitgehend frei gesprochen; im Krieg wurde das dann alles sehr viel schwieriger. Er hat dann wohl auch aus diplomatischen Gründen die Worte mehr auf die Waagschale gelegt und sich Manuskripte schreiben lassen. Aber die großen Reden wurden immer weniger. Es gab noch die Neujahrsproklamationen und einige andere Standardgelegenheiten, bei denen er gesprochen hat. Aber diese Ansprachen hat er nur noch über den Rundfunk gehalten, nicht mehr vom Balkon aus oder auf öffentlichen Plätzen.

Das Attentat vom 20. Juli 1944 habe ich noch gut in Erinnerung. Ich war in meinem Zimmer, als der Knall kam. Wir hatten zwar im Führerbunker unsere Schlafkabinen, aber das war unerträglich und wir haben deswegen in einer der Baracken gewohnt. Der Bunker wäre nur für den Fall eines Fliegeralarms unser Aufenthaltsort gewesen. Also diese Baracke, in der ich mich befand, war vielleicht 150 Meter von der Lagebaracke entfernt. Es war ein heißer Sommertag, alle Fenster waren offen und dann gab es plötzlich einen Knall. Ich glaube, es war früher Nachmittag. Es war nicht ungewöhnlich, dass es knallte, denn im Sperrgebiet gab es Minen und manchmal ist Wild darübergelaufen und dann gab es kleine Explosionen. Ich habe mir deshalb im Moment gar nichts Böses gedacht, bin aber rausgelaufen, um zu sehen, was passiert war. Aber dann lag so eine eigenartige Stimmung in der Luft; und plötzlich schrie jemand: „Arzt" oder etwas in dieser Art. Da war klar, dass etwas passiert war. Dann liefen auch schon die Leute auf den Wegen zusammen, die zwischen den einzelnen Baracken verliefen, und alles war aufgeregt und hektisch. Dann kam Günsche[371] aus der

---

371 Otto Günsche, 1917 – 2003 (Lohmar), persönlicher Adjutant Hitlers, siehe auch Anmerkung auf S. 165

Baracke, er blutete und war angeschlagen: „Es ist eine Bombe explodiert. Der Führer ist aber bewahrt geblieben."

Am Abend hat Hitler uns noch empfangen. Ich glaube, wir haben sogar noch eine Tasse Tee mit ihm getrunken. Da war noch nicht klar, dass es sich um ein Attentat aus Offizierskreisen handelt. Hitler glaubte noch, es war jemand von der Organisation Todt[372], die in den Baracken gearbeitet hat. Seine erste Reaktion hat mich damals sehr bewegt. Er war fast euphorisch und sagte: „Die Vorsehung hat mich bewahrt. Ich bin ein Werkzeug der Vorsehung. Ich bin auf dem Weg, ich muss meine Aufgabe erfüllen." Das Ganze verlief leger, nicht militärisch. Dann haben wir ihm die Hand gegeben und ihm gratuliert. Ich hatte schon den Eindruck, dass er erleichtert und bewegt war. Ich weiß heute nicht mehr genau, ob er dann noch am gleichen Abend oder am nächsten Tag eine Rundfunkansprache gehalten hat. Dafür wurde im Kasino des Führerhauptquartiers ein Mikrofon eingebaut und da hat er dann eine Rede gehalten, die über den Rundfunk verbreitet wurde.

Als dann später klar wurde, dass die Attentäter aus Wehrmachtskreisen stammten, war Hitler sehr erzürnt. In diesem Zusammenhang hat er auch noch von „Feiglingen" gesprochen, die nicht in der Lage seien, die Pistole zu ziehen und ihm Aug in Aug gegenüberzutreten.

Richtig klar geworden, dass der Krieg verloren gehen würde, ist mir eigentlich erst nach Hitlers letztem Geburtstag. Am 21. oder 22. April 1945 gab es eine entscheidende Lagebesprechung, bei der er das erste Mal sagte, dass alles verloren ist. Das war für mich ein Schock. Die Offiziere und die Teilnehmer an den offiziellen Lagebesprechungen haben sicher früher gewusst, dass das nicht gutgehen kann. Aber ich war irgendwie sehr vertrauensselig. Ich konnte mir einfach nicht vorstellen, dass jemand sagt: „Wir siegen, wir müssen siegen. Es ist gar keine andere Möglichkeit. Wir müssen den Bolschewismus besiegen, denn wir sind das einzige Bollwerk gegen den Bolschewismus", um dann von einem auf den anderen Tag zu sagen: „Nein, wir haben alles verloren. Es geht dahin."

Zum Schluss waren nur noch Frau Christian und ich bei ihm. Warum er mich dann gewählt hat, um sein Testament zu

---

372 Organisation Todt, paramilitärische Bautruppe unter Leitung von Fritz Todt

schreiben, weiß ich nicht. Ich bin zur Tür hinein, Frau Christian war wahrscheinlich hinter mir, und da sagte Hitler: „Haben Sie ein bisschen geruht? Kommen Sie doch bitte nach nebenan, ich möchte etwas diktieren." Ich war sehr überrascht, denn das hatte er nicht angekündigt. Es war ganz merkwürdig. Als er dann zu diktieren anfing „Mein politisches Testament", da habe ich für einen Augenblick gedacht, jetzt kommt die Stunde der Wahrheit. Jetzt werde ich als Erste erfahren, warum alles zu Ende geht und warum diese Katastrophe passiert ist. Ich dachte mir auch, Hitler würde Worte der Entschuldigung finden für alles, was am Ende passiert ist, oder dass es einfach so missglückt ist. Und ich bin dann eigentlich ganz erstarrt gewesen und irgendwie auch fassungslos, dass dieses Testament im Grunde nur die alten Parolen wiederholt hat. Und obwohl er deutlich sagte, dass der Nationalsozialismus mit ihm zu Ende geht, hat er noch eine Nachfolgeregierung ernannt. Das alles fand ich, noch während er das diktiert hat, ungeheuer verwirrend. Aber ich habe einfach geschrieben, was er mir diktiert hat. Es war das erste Mal, dass er im Stenogramm diktiert hat. Früher hat er alles immer in die Maschine diktiert.

In diesem Moment hat Hitler natürlich schon irgendwie einen erloschenen und erstarrten Eindruck gemacht. Aber für uns, die wir täglich mit ihm zusammen waren, war das ein schleichender Prozess. Wahrscheinlich haben sich alle in dieser Zeit irgendwie verändert, sind etwas grau und zerfallen gewesen, aber bei ihm war es schon sehr deutlich zu erkennen. Seine ganze Körperhaltung, sein ganzer Gesichtsausdruck – er hatte kein Leben mehr. Seine Augen, die früher doch so intensiv strahlten, waren verloschen. Es war erkennbar, dass da ein hoffnungsloser Mann vor einem stand. Aber bei dem Diktat selbst, daran erinnere ich mich, stand er am Tisch, die Hände aufgestützt, und hat den Text monoton und mit ausdruckslosem Gesicht eigentlich ganz fließend und ohne Stocken diktiert. Und zwar sowohl sein privates wie auch sein politisches Testament. Ich habe genauso automatisch alles niedergeschrieben, war konzentriert auf die Aufgabe, die ich in dem Moment hatte. Da sind meine Emotionen gar nicht zum Tragen gekommen. Auch später nicht, als ich den Text noch einmal abgetippt habe. Es lief alles sehr mechanisch ab, wir funktionierten wie Marionetten, und deshalb gab es auch keine Panik in Hitlers Umgebung. Ich war wie erstarrt.

Ich glaube, man kann es mit einem Schockzustand beschreiben, wenn man nicht denkt und fühlt, sondern automatisch handelt. Ich habe das Stenogramm genommen, bin in den Nebenraum gegangen und habe angefangen abzutippen.

In Hitlers Testament wurde ja Dr. Goebbels noch zum Kanzler ernannt. Er war ein wirklich fanatischer Nationalsozialist und der treueste Anhänger Hitlers. Aber nachdem Hitler mir sein Testament diktiert hatte, kam Dr. Goebbels zu mir und sagte: „Ich kann den letzten Befehl Hitlers nicht ausführen. Hitler hat so viele Entscheidungen zu spät getroffen; diese eine ist zu früh." Damit meinte er seinen Tod. Und dann hat er mir diktiert, dass er den letzten Befehl Hitlers nicht ausführen kann, weil er aus Treue zu Hitler seinen Gauleiterposten in Berlin nicht aufgeben kann. Als Gauleiter von Berlin müsse er mit der Stadt untergehen. Er wollte sich entschuldigen, dass er Hitlers letztem Befehl nicht gehorcht. Dr. Goebbels war tief bewegt. Mit zitternder Stimme hat er diesen Passus diktiert und ich habe ihn auf eine eigene Seite geschrieben. Ich weiß, dass das Testament in dreifacher Ausführung geschrieben worden ist, aber was mit dem Zusatz von Goebbels geschehen ist, wusste ich damals nicht.

An diesem Tag hat Eva Braun etwas ganz Merkwürdiges zu mir gesagt. Sie sagte: „Heute werden Sie noch weinen." Ich hab gedacht, jetzt ist es so weit, denn sie hat immer gesagt, der Führer wird es schon sagen, wenn der Tag kommt, wo er sich umbringen wird. Sie muss es mir angesehen haben, denn sie sagte noch: „Nein, nein, nein, nicht das." Sie meinte ihre Heirat. Sie wusste ja, dass sie heute noch heiraten würde. Im Erdgeschoss der Reichskanzlei hatte man dafür in einem Raum notdürftig eine Art Traualtar oder Tisch hergerichtet. Bei der eigentlichen Trauung war ich nicht dabei. Ich habe nur erlebt, wie sie nach der Trauung zurückkamen und die Glückwünsche entgegengenommen haben. Da stand ich dann mit in der Reihe. Als dann der kleinere Kreis in das Arbeitszimmer von Hitler ging, um noch ein Glas Sekt zu trinken und die Hochzeit zu feiern, bin ich nicht dabei gewesen. Ich kann mich nicht mehr genau erinnern, aber die Adjutanten, die bis dahin immer „gnädiges Fräulein" oder „Fräulein Braun" gesagt haben, mussten sie plötzlich mit „Frau Hitler" anreden. Ich glaube, das hat manchem noch Schwierigkeiten gemacht.

Eva Braun war vielleicht nicht sehr tiefgründig, aber diese Verehrung, diese wirkliche Hingabe an den Führer, die war wirklich echt. Er war ihre große Liebe und es war ihre Mission. Irgendwann hat sie mal geäußert, sie lebe wie in einem goldenen Käfig. Man muss sich ihre Situation vorstellen: Eine Frau wird auserwählt als Geliebte des mächtigsten Mannes Europas und darf es niemandem zeigen. Da ist ein großer Teil des Glücks nicht erfüllt. Als sie dann nach Berlin kam, hat sie wohl gedacht, dass sie wenigstens in der Geschichte eine Rolle spielt. Die Hochzeit und der Tod – das war die Erfüllung, die sie im Leben nicht gefunden hat.

Erschüttert hat mich damals ein Satz in seinem Testament, in dem er sagt, dass das deutsche Volk nicht reif gewesen sei für die Aufgabe, die er ihm zugedacht hat. Das hat mich wirklich erschüttert, weil ich schon der Meinung war, dass das deutsche Volk bis an die Grenzen des Möglichen gegangen ist.

Die Situation, als Hitler dann wenig später den Selbstmord ausgeführt hat, war so extrem, dass wir uns alle, die noch im Bunker waren, irgendwie in einem irrealen Zustand, in einer Art Schockzustand befanden. Er hat sich ja offiziell von uns verabschiedet. Hitler hat mir die Hand gegeben und auch irgendetwas gesagt. Aber ich weiß nicht mehr, was er mir gesagt hat. Ich habe das wohl gar nicht richtig wahrgenommen. Er hat so einen erloschenen Ausdruck gehabt.

Eva hat mir auch noch die Hand gegeben und gesagt: „Ach, schauen Sie, dass Sie durchkommen, Frau Junge, und grüßen Sie mir Bayern." Wir haben uns alle wie Marionetten bewegt, normale Reaktionen waren nicht mehr erkennbar. Sein Tod wurde nach außen hin ruhig hingenommen, aber innerlich hat jeder von uns mit seiner Angst und seinen Sorgen gekämpft.

Hitlers Tod selbst war, obwohl wir an den letzten Abenden oft über die Ausweglosigkeit der Lage und den Tod gesprochen haben, ein Schock. Ich habe mich auch betrogen gefühlt, weil ich ihm so lange geglaubt habe. Ob es der richtige Weg war, weiß ich nicht; aber es war der einzig mögliche. Es gab gar keine Alternative. Ob es eine Erlösung für ihn war, kann ich nicht sagen, es war seine Endlösung, seine eigene Endlösung.

Interessant ist vielleicht in diesem Zusammenhang, dass seine Köchin weiter seine Mahlzeit zubereitete, als sei nichts geschehen. Zwar wusste der kleine Kreis um Hitler, dass er Selbstmord begangen hatte, aber in der Reichskanzlei waren ja viele Menschen und die sollten offenbar nicht sofort davon erfahren.

Nach dem Tode Hitlers habe ich Goebbels nur noch ganz kurz gesehen, ebenso wie Bormann. Die Räumlichkeit, in der sich das alles abgespielt hat, war hauptsächlich ein breiter Korridor, von dem rechts und links ein paar Räume abgingen. In Hitlers Arbeitszimmer ist niemand mehr gegangen. Auf dem Korridor standen Tisch und Stühle und da haben sich die Leute getroffen, die sich noch was zu sagen hatten. Goebbels und seine Frau haben sich in ihre Räume zurückgezogen und sehr bald auch Selbstmord verübt.

Es war ein Kommen und Gehen, wer genau noch da war, kann ich heute nicht mehr mit Bestimmtheit sagen. Ich saß zusammen mit meiner Kollegin, Frau Christian, und mit Elke Krüger, der Sekretärin von Martin Bormann. Wir haben gewartet, was weiter geschehen würde. Wir wussten, dass man einen Ausbruchsversuch beschlossen hatte, und darauf hat man gewartet. Nach Hitlers Tod war ja niemand mehr da, der Befehle geben konnte. Alle saßen herum, haben die Köpfe zusammengesteckt und über irgendetwas beraten, aber man hat ganz deutlich gespürt, dass der Marionettenspieler, der die Fäden in der Hand hatte, fehlte.

Ich kann mich kaum noch an Einzelheiten erinnern; wie unser Tagesablauf war, ob und wo ich geschlafen habe und dergleichen Dinge – es ist alles weg, verschwunden in einer grauen Vergangenheit.

ROCHUS MISCH

„Hitler ist tot, wer ist jetzt mein Chef?"

Rochus Misch
1917 – 2013
Angehöriger der Leibstandarte Adolf Hitler und des Führerbegleitkommandos

1940 – 1945 Telefonist im Führerhauptquartier
1945 – 1953 Kriegsgefangenschaft in der Sowjetunion
1954 – 1985 Besitzer eines Geschäfts für Maler- und Raumausstattungsbedarf in Berlin
Veröffentlichte 2006 seine Lebenserinnerungen „Der letzte Zeuge"

Rochus Misch, ab den Achtzigerjahren ein oft befragter Zeuge, galt nach dem Tod von Hitlers Adjutant Otto Günsche 2003 als „letzter Zeuge" der Ereignisse im Führerbunker. Im Interview berichtet er unter anderem über die letzten Tage dort: „Gedacht habe ich damals in der Situation nicht viel. In dem Zustand ... Man war übermüdet ... dann ist das alles so egal. Hitlers Tod. Die Goebbels-Kinder wurden zurechtgemacht. Aber ein bisschen Hoffnung hat man immer noch."

Das Interview fand statt am 15.1.1996.

Ich war von der Truppe versetzt worden zum Begleitkommando des Führers. Der Dienst war vielseitig. Alles, was sich in der allernächsten Nähe um Hitler bewegte und tat, da waren wir immer Augen- und Ohrenzeugen, mehr oder weniger.

Auf dem Obersalzberg, da waren wir eigentlich eine Familie. Wir waren dann sechs Leute von der Begleitung für Telefondienst und für sonstige andere Sachen, die erledigt werden mussten, was unmittelbar für den Führer war, ob Gäste einladen zum Essen oder Gäste empfangen, also wir waren immer die Letzten. Nach uns kam dann nichts mehr, dann kam nur noch der Chef, der Hitler. Aber diese vielen Arbeiten wurden dann von uns verrichtet.

Wir waren immer im engsten Kreis. In den Hauptquartieren war es aber nicht mehr so familiär, dann hat die Oberhand doch mehr oder weniger das Heer, die Wehrmacht gehabt. Die Zentrale, die Telefonzentrale als solche, die war in den Händen der Wehrmacht, wohingegen sie auf dem Berghof [bei] uns war und in der Reichskanzlei in Berlin auch.

Im Hauptquartier, in der Wolfsschanze, da waren die einzelnen Bunker. Ein Bunker war für Jodl[373] und Keitel[374], also Wehrmachtsache. Dann war ein Bunker für die Presse und die Stenographen. Hitler sprach ja kein Wort ohne Stenographen. Das ist ja im Grunde genommen alles da, aber leider versteckt, alles im Pentagon, dieses Material, was die ältesten Stenographen täglich, Tag und Nacht, aufgenommen haben. Das wurde von den Sekretärinnen dann ins Reine geschrieben und alle zwei bis drei Monate ging das Material nach Berchtesgaden. Dort wurde es in einem stillgelegten Salzbergwerk untergebracht. Aufgenommen wurde alles. Sobald Hitler irgendwie jemanden empfangen hatte, ob das der Reichsleiter oder Schütze Sowieso von der Front war, weil er ausgezeichnet wurde, weil er aus irgendeinem Grund belobigt wurde, sprach der Führer mit niemandem ohne diese zwei Stenographen. Es mussten immer zwei sein, falls sich einer verhörte. Die wurden nach der Auseinandersetzung mit dem Wehrmachtführungsstab geholt, die Reichstagsstenographen. Von dem Tag an wurde alles festgehalten. Das ist da, das ist im Pentagon.[375]

---

373 Alfred Jodl, 1890–1946, siehe Anmerkung auf S. 333
374 Wilhelm Keitel, 1882–16.10.1946, siehe Anmerkung auf S. 258
375 Rochus Misch ging davon aus, dass das amerikanische Militär alle Unterlagen gefunden, mitgenommen und nicht veröffentlicht hat. Anfang Mai 1945

Bis auf die letzten Protokolle, bis auf die letzte Maschine, wo das letzte Material drin war – das ist auch so ein Problemfall. Ich hatte noch Kontakt gehabt mit dem Flugzeug, das als letztes Berlin verlassen hat mit diesem Material. Die Westalliierten wussten, dass das Material da ist. Die Maschine flog zwei Stunden später. Aus Richtung Köln kamen Flugzeuge der Alliierten und haben dieses Flugzeug südlich von Jüterbog eingekreist und wollten es zwingen, nach Köln zu fliegen. Das hat der nicht gemacht, der Flugzeugführer, Friedrich Gundlfinger, der ist dann weiterhin Richtung Reichenhall, wo der Regierungsflugplatz für den Obersalzberg war. Und dann ist das Flugzeug vor Dresden abgestürzt – meiner Meinung nach abgeschossen werden, weil der Flugzeugführer nicht drauf reagiert hat.

Es ist nicht verbrannt, also muss das Material irgendwo sein, bei den Russen oder sonst irgendjemandem.[376] Auf dem Friedhof sind die Gräber vorhanden.[377] Das Flugzeug ist nicht verbrannt. Also müsste dieses letzte Material, die Kisten aus den letzten zwei Monaten, das muss da sein.

Das Führerhauptquartier war ja klein. Da waren ein paar Leute von der Presse, der Keitel und der Jodl mit seinen Mitarbeitern, mehr ist nicht. Die Leute, die dem Wehrmachtführungsstab etwas mitzuteilen hatten, die kamen aus Mauerwald, aus dem Hauptquartier des Heeres. Die kamen zur Besprechung. Die längste war wohl sieben Stunden, wegen Stalingrad. Über sieben Stunden, bis Hitler gesagt hat: „Paulus,

---

wurden die Protokolle auf Befehl von Bormanns persönlichem Referenten, Senatspräsident am Volksgerichtshof, Hans Müller, 1906 – nach 1947, in einer Mulde bei Hintersee westlich von Berchtesgaden verbrannt. Die Amerikaner retteten 52 angebrannte, aber noch lesbare Lageberichte aus der Zeit vom 1.12.1942 bis zum 23.3.1945. (Quelle: https://archiv.berliner-zeitung.de/berlin/70-jahre-kriegsende-hitlers-protokolle--1299852)

376 Bericht des MDR: „Komisch kommt den Börnersdorfern auch der Umgang mit der Fracht vor. Viele Kisten werden unmittelbar nach dem Absturz abtransportiert und gelten bis heute als verschwunden. Die Kinder von Börnersdorf haben diese Kisten und ihre Verladung aber gesehen. Was darin war?!" (https://www.mdr.de/zeitreise/boernersdorf-flugzeugabsturz-hitler-tagebuecher-100.html, abgerufen am 24.2.2019)

377 Auf dem Grabstein von Börnersdorf, wo die Ju 352 abstürzte, wird gedacht an Eugen Bassler, Friedrich Gundlfinger, Wilhelm Budack, Hermann Schleef, Max Fiebes und Wilhelm Arndt sowie einer unbekannten Frau und eines unbekannten Soldaten.

die Herren sind anderer Meinung, wir können uns hier nicht durchsetzen. Ich muss Ihnen den Befehl geben, Sie bleiben in Stalingrad." So ist das gelaufen. Und nicht anders. Die Besprechung zwischen Hitler und Paulus, ich habe selbst Paulus aus dem Kasino geholt, bin zum Keitel rüber, da sagte die Ordonnanz, der ist im Kasino, bin ins Kasino, habe zum Paulus gesagt: „Sie möchten jetzt zum Führer kommen", habe ihn noch begleitet – und da haben die ungefähr [eine] Dreiviertelstunde miteinander korrespondiert; debattiert über was wird mit Stalingrad. Und da hieß es, dass die Armee sich zurückzieht bis an die Kaukasus-Armee. Das war zum Anfang so gedacht mit Keitel, mit Hitler und Paulus, dass die Stalingrad-Armee sich zurückzieht, bevor der Winter kommt bis zu der Armee Kaukasus. Und das ist dann alles anders geworden. Aber das ist die Wahrheit. Sieben Stunden hat die Lage gedauert. Und Hitler und Paulus konnten sich nicht durchsetzen. Es ging nicht immer, das ging nicht immer. Da waren die ganzen Chefs da, ob das der Dönitz war oder der Keitel und der Göring, alle, alle waren der Meinung, dass die Armee dort bleibt an der Wolga.

Übrigens, die Stenographen haben nachher in Bonn weitergearbeitet. Ich kenne sie doch alle, und auch der Lorenz[378], der die ganzen Depeschen [weitergegeben hat], was muss der Chef wissen, das und das und das, alles andere ist unwichtig. So werden die Chefs alle kurz informiert. Das sind immer bloß zwei, drei Sätze. Das hat der Lorenz gemacht und hat dann beim Adenauer weitergearbeitet. Ist vor langer Zeit gestorben. Die haben dann in Bonn weitergearbeitet, die Stenographen auch.

In der Zeit des Attentats vom 20. Juli 1944 war ich nachts unterwegs als Kurier und kam nach Berlin nach Hause, habe mich hingelegt – und dann haben die angerufen, ich soll sofort in die Reichskanzlei kommen. Was [ist] denn los? Hat man mir nicht gesagt. „Du hast doch verstanden, du sollst sofort in die Reichskanzlei kommen." Todmüde, ich bin ja eben erst als Kurier nach Hause gekommen. Und da bin ich hin, und da war die Reichskanzlei bereits besetzt. Aber die Soldaten kamen da

---

378 Heinz Lorenz, 1913 – 1985 (Bonn), Hitlers Pressesekretär im Führerhauptquartier, einer der engsten Mitarbeiter von NSDAP-Reichspressechef Otto Dietrich. 1947 – 1953 Privatsekretär im Haus Hugo Stinnes, Mülheim. 1953 – 1958 Parlamentsstenograph im Deutschen Bundestag, dann bis 1978 Leiter des Stenographischen Dienstes des Deutschen Bundestags

nicht zurecht mit der Vermittlung, wir hatten eine ganz moderne Vermittlung gehabt, nicht mit Stöpselei, deswegen sollte ich da sofort hinkommen, um in der Telefonzentrale zu arbeiten. Wir waren im Bunker nur eine Vermittlungsstelle fürs Telefonieren. Von der Telefonzentrale in der Wilhelmstraße, wo unsere Geschäftsräume früher waren, unter dem Balkon, von dort aus konnte man überallhin telefonieren.

Es wurde von uns telefoniert aus der Reichskanzlei mit Goebbels, Goebbels mit dem Remer[379]. Hitler hat gesagt: „Können Sie mich erkennen, bin ich das?!" So haben wir das mitbekommen. Da antwortete der, der die Reichskanzlei besetzt hat: „Jawoll, mein Führer, ich erkenne Sie an der Stimme." Hitler: „Ja, ich kann dazu nichts weiter sagen, das müssen Sie in Berlin mit Goebbels ausmachen." Goebbels hat dann gesagt: „Also Remer, da gibt es nur eins, sofort zum Funkhaus." Und das hat der Remer dann gemacht. Hat sich dort getroffen mit jemandem von der Unteroffiziersschule in Potsdam. Die haben da auch von der anderen Seite den Befehl bekommen und dann haben sie sich geeinigt.

Abends bin ich wieder zurückgefahren, da war ich nicht mehr in Berlin, war am nächsten Tag wieder im Führerhauptquartier Wolfsschanze. Da habe ich mir das angesehen, die Trümmer, die Baracke habe ich mir angesehen. War ziemlich zerfleddert, der Raum. Fenster herausgerissen, ein Teil von der Decke heruntergefallen, stückweise.

Ab Anfang 1945 kamen wir dann nach Berlin. Ich hatte meinen Arbeitsplatz im Tiefbunker, im Führerbunker. Am 22. April 1945 hat Hitler endgültig gesagt, dass er Berlin nicht verlassen will. Man hat immer die Hoffnung gehabt, jeder hat die Hoffnung gehabt, den Bunker im letzten Moment noch zu verlassen. Vielleicht, vielleicht nicht. Es wurde nichts vorbereitet. Bormann oder die Führungsspitze – nichts vorbereitet. Die sind dann in ganz kleinen Gruppen raus aus dem Bunker. Irgendwelche Vorbereitungen, dass man sie noch hätte herausbringen können – war nicht. Der Axmann hätte die Möglichkeit gehabt, der Reichsjugendführer, der dann plötzlich auch auftauchte. Seine Leute [von] der Hitlerjugend, die hätten Schleichwege gehabt.

---

379 Otto Ernst Remer, 1912 – 1997 (bei Marbella/Spanien), Wehrmachtsoffizier, an der Niederschlagung des Umsturzversuchs beteiligt

Als der Fegelein[380] am 29. April 1945 nicht zur Lagebesprechung kam, ist der Reichssicherheitsdienst in seine Wohnung gefahren – und kam zurück ohne den Fegelein. Da war Bormann recht laut: „Nichts wie hin, festnehmen und herbringen." Das sind die Worte von Bormann. So wurde der Reichssicherheitsdienst wieder geschickt, die Leute sind hingefahren, kamen wieder ohne Fegelein, weil Fegelein inzwischen von alleine gekommen ist.

Aber wer angeordnet hat, der Führer wolle ihn erschießen lassen – das glaube ich wieder nicht. Das hätte der Hitler bestimmt nicht gesagt, sofort erschießen, oder so etwas. Fegelein war ja Hitlers Schwager. Es ist dann ein Gericht zusammengestellt worden von Generalen und Offizieren, da wurde er verurteilt und dann erschossen. In einem Keller in der Neuen Reichskanzlei von Beamten des SD[381]. Ich habe es selbst nicht gesehen, aber da war der Gestapo-Müller[382] dabei, der war am Urteil beteiligt.

Ab dem 22. April 1945 hat man immer wieder die Hoffnung gehabt, dass irgendwas noch passieren könnte zwischen den Westalliierten und Russen. Das sind so Hoffnungen – es passiert noch was. Denn Hitler hat sich einmal dahingehend geäußert. Er war ja ein Pro-Engländer, das wussten wir. Das ist so ein kaufmännisches Volk, die Engländer, die können sich doch nicht mit den Bolschewisten zusammentun und Deutschland vernichten. Hat er nicht geglaubt. Aber das war so.

Hitler konnte sich auf seine Begleitung verlassen. Er hat gesagt: „Damit man mit mir nicht das Gleiche macht wie mit dem Mussolini, dass man mich hier auf dem Alexanderplatz hinhängt mit dem Kopf nach unten oder sonst was mit mir veranstaltet" – dann sollten wir ihn verbrennen. Und das wurde dann auch gemacht. Aber keine Vorbereitung. Er hat doch gesagt, wir sollen ihn verbrennen, aber da hätten der Reichssicherheitsdienst oder die Leute von uns einen Holzstapel errichten müssen oder so etwas. Aber nichts. Ganz primitiv in

---

380 Hermann Fegelein, 1906 – 24.4.1945, siehe Anmerkung auf S. 319
381 Sicherheitsdienst des Reichsführers SS, Geheimdienst der NSDAP bzw. der SS
382 Heinrich Müller, 1900 – 1.5.1945 (für tot erklärt), SS-Gruppenführer. Er inszenierte 1939 den angeblichen Überfall polnischer Soldaten auf den deutschen Sender Gleiwitz. Müller war an nahezu allen Verbrechen, die im Reichssicherheitshauptamt geplant wurden, führend beteiligt.

einen Bombentrichter rein, mit Benzin begießen ... das verbrennt doch nicht. Benzin brennt doch nach oben weg. Das ist schlecht gemacht worden.

Gedacht habe ich in der Situation damals nicht viel. In dem Zustand ... Man war übermüdet, können Sie sich das vorstellen? Das ist dann alles so egal. Hitlers Tod. Die Goebbels-Kinder[383] wurden zurechtgemacht und alles. Aber ein bisschen Hoffnung hat man immer noch, vielleicht kann man ja doch ... vielleicht. Aber auf der anderen Seite hat man auch gedacht, man wird umgebracht als Zeitzeuge oder Kronzeuge, dass die Gestapo-Leute, Gestapo-Müller, auch die Letzten beseitigen. Oder der Bunker explodiert. Ich weiß es nicht. Wir hatten keine Unterhaltung da, kein Kamerad da, nichts. Der Hannes Hentschel[384] und ich, wir mussten miteinander zurechtkommen.

Goebbels war derjenige, der gesagt hat, wenn Hitler tot ist, bin ich auch tot. Hat er auch zu mir gesagt, der Goebbels, als Schluss war. Und dann sagt er nach zehn Minuten: „Na ja, wir haben verstanden zu leben, da werden wir auch verstehen zu sterben. Ich gehe Schluss machen." Ich habe ja immer wieder gebohrt. Ich wollte ja auch weg. Das war unheimlich da unten. Kein Mensch mehr da, kein Hitler, kein gar nichts, alle

---

383 Magda Goebbels zog am Nachmittag des 22. April 1945 mit ihren Kindern in den Führerbunker. Am 1. Mai 1945 wurden die sechs Kinder des Ehepaares Goebbels im Führerbunker mit Gift ermordet.
Am 28. April 1945 schrieb Magda Goebbels einen Abschiedsbrief an ihren Sohn Harald Quandt, damals 23 Jahre alt, der sich in einem Kriegsgefangenenlager in Bengasi befand: „Mein geliebter Sohn! Nun sind wir schon 6 Tage hier im Führerbunker, Papa, Deine sechs kleinen Geschwister und ich, um unserem nationalsozialistischen Leben den einzig möglichen, ehrenvollen Abschluss zu geben. ... Unsere herrliche Idee geht zu Grunde – mit ihr alles, was ich Schönes, Bewundernswertes, Edles und Gutes in meinem Leben gekannt habe. Die Welt, die nach dem Führer und dem Nationalsozialismus kommt, ist nicht mehr wert, darin zu leben, und deshalb habe ich auch die Kinder hierher mitgenommen. Sie sind zu schade für das nach uns kommende Leben, und ein gnädiger Gott wird mich verstehen, wenn ich selbst ihnen die Erlösung geben werde. ...."
Harald Quandt, 1921 – 1967 (Flugzeugabsturz), kämpfte als Fallschirmjäger in der Schlacht um Monte Cassino im Frühjahr 1944. Anfang September 1944 geriet er bei Kampfhandlungen an der Adria im Raum Bologna in Italien schwer verwundet in britische Gefangenschaft und wurde in ein Gefangenenlager (Camp 305) in die libysche Hafenstadt Bengasi gebracht.
(Wikipedia nach Rüdiger Jungbluth: Die Erben der Magda Goebbels. Cicero, 28.10.2004)
384 Hannes Hentschel, 1908 – 1982, Bunkerhausmeister

weg. Aber die Technik musste immer noch funktionieren. Der Hentschel musste dafür sorgen, dass Licht, Luft und Wasser funktionieren und ich Telefon und Fernschreiber, wenn da was kam, noch entgegennehmen konnte.

Das war unten ein Drama. Das wird gar nicht so richtig gezeigt, auch hier die Amerikaner, was die im Film gezeigt haben, das war ja mehr Operette, als wie es da wirklich zuging – ob das die Eva Braun war oder die Frau Goebbels, die da miteinander wenig harmonisiert haben. Es musste ja jeder den anderen ein wenig stützen.

Frau Goebbels, die konnte ja überall hin. Es gab ja für sie die Möglichkeit. Ich kann mich noch daran erinnern, wie der Dr. Naumann[385] mit mir gesprochen hat, weil die Kinder bei mir zurechtgemacht wurden. Als sie weg waren, da sagte ich zu dem Dr. Naumann: „Das ist ja furchtbar grausam." Drama. Da waren die Frauen aus der Küche und dem Büro, die haben wirklich auf den Knien gelegen und geweint um die Kinder: „Frau Goebbels, Sie können doch die Kinder ... Lassen Sie die Kinder raus. Kein Mensch weiß, wer die Kinder sind. Bitte, bitte, lassen Sie uns die Kinder." Und der Dr. Naumann sagte, und so sehe ich ihn noch, wenn es nach ihm gegangen wäre, dann wären die Kinder weg. Auch wenn es nach Goebbels gegangen wäre. Hanna Reitsch[386] sagte: „Und wenn ich zwanzigmal kommen muss, um die Kinder herauszuholen, ich komme."

---

385 Werner Naumann, 1909 – 1982 (Lüdenscheid), SS-Brigadeführer und persönlicher Referent von Joseph Goebbels. Magda Goebbels widmete Naumann im letzten Kriegsjahr „Liebesgedichte"; sie hatte sich in ihn verliebt. (Quelle: Beate Baldow: Episode oder Gefahr? Die Naumann-Affäre. Ungedruckte Dissertation, FU Berlin 2012, S. 23, Anmerkung 123, abgerufen 23.2.2019)

386 Hanna Reitsch, 1912 – 1979 (Frankfurt), Fliegerin, 40 Rekorde aller Klassen und Flugzeugtypen, begeisterte Anhängerin Hitlers. Sie flog, nachdem Göring abgesetzt war, dessen designierten Nachfolger Robert Ritter von Greim am 26. April 1945 mit einem Fieseler Storch in das von der Roten Armee weitgehend besetzte Berlin ein. Sie bot an, Hitler oder Magda Goebbels mit ihren sechs Kindern auszufliegen. In der Nacht vom 28. auf den 29. April 1945 flog sie Greim mit einer kleinen Arado, dem letzten Flugzeug, nach Plön aus, wo sich Hitlers Nachfolger Karl Dönitz aufhielt. Startbahn war die Charlottenburger Chaussee. Im Anschluss flogen Reitsch und Greim weiter nach Kitzbühel in Tirol, wo sie von Amerikanern verhaftet wurden.

Also, Bormann. Von uns aus gesehen war Bormann ein Arbeitstier. Der war vollkommen auf Hitler eingestellt und immer da. Wir haben manchmal auch gesagt, der Bormann ist nicht der richtige Mann, der um Hitler herum tätig ist. Bormann raus, Goebbels rein – weil wir oft erlebt haben, dass das Gespräch zwischen Hitler und Goebbels doch irgendwie interessanter war. Und Goebbels hatte auch Mut, Hitler die Meinung zu sagen, was Bormann bestimmt nicht getan hat. Er war völlig hitlerhörig, kann man nur so sagen. Das wissen mehr die Adjutanten, die Adjutanten sind Gesprächspartner, was wir ja nicht waren, deswegen kann ich nicht so ein Urteil über einen Menschen geben, also nur vom Sehen und hin und wieder, dass man ein Wort gewechselt hat. Die waren alle sehr nett, der Bormann auch. Wir waren Angehörige im engsten Kreis von Hitler, und da waren die automatisch alle recht nett und freundlich zu uns.

Bormann war auf dem Obersalzberg der mächtige Mann. Wahrscheinlich hat er vieles selbst so gemacht, meiner Ansicht nach. Der Chef wollte das gar nicht so haben, dass sich das da oben so entwickelt, das ist alles Mache von Bormann. Er war da der Bauherr. Er war da der bestimmende Mann. Vielleicht hat er geglaubt, Hitler eine Freude zu bereiten, aber unserer Meinung nach nicht. Er hat mehr gemacht, als eigentlich nötig – den Eindruck haben wir alle gehabt. Der Machtbereich, den er sich selbst angeschafft hat, auf dem Berghof zu regieren. Er war der Kaiser da vom Obersalzberg.

Allerdings, als bei Hitler da oben auf dem Platterhof im großen Saal mehr als 200 Generale zusammen waren, da hat Hitler ganz eindringlich die Generale eingeschworen, da war aber Bormann nicht dabei. Das ging ohne Bormann. Da war die Generalität anwesend, aber ich habe ihn da nicht gesehen. Na ja, das war Wehrmachtsache, da wurde Bormann nicht eingeladen.

Eva und Bormann gingen sich aus dem Weg. Wenn Bormann auf der Terrasse war, dann war bestimmt die Eva nicht da. Das hat man gesehen. Ich kam prima mit Eva aus. Wenn Hitler nicht da war, dann hat die Eva gleich fürs Personal eine Party gemacht. Da war Eva eine ganz andere. Ich kenne die Eva zweigesichtig, einmal so und einmal wenn der Chef da war. Zurückhaltend. Aber [war der] Chef nicht da, dann war das eine fröhliche Frau.

Zu seinen Untergebenen war Bormann nicht so schlimm. Das wird zum Teil sehr übertrieben. Er war sehr vorsichtig, dass er vielleicht irgendwelche Fehler macht, [etwas] was Hitler vielleicht nicht gewollt hätte. Wenn jemand als Gast kam, ist Bormann da gewesen. Vielleicht hat er uns beobachtet, ob wir auch alles richtig machen. Hitler hat immer wiederholt, wir würden die Sache immer recht gut ausführen. Das war ja auch für die anderen, wie für Bormann, ein Hinweis, dass der Führer auf uns nichts kommen lässt.

Martin Bormann, der Reichsleiter, und sein Bruder Albert haben sich gemieden, das haben wir gemerkt, das haben wir auch gesehen. Das waren zwei Brüder mit verschiedenen Charakteren, ganz offensichtlich. Ich war unter den jungen Leuten einer der Lieblinge von Albert Bormann. Wenn er was wollte, also zur Mutter Bormann zu fahren, da war Albert Bormann tätig, wogegen der Reichsleiter Martin Bormann sich überhaupt nicht drum gekümmert hat. Wir haben es überhaupt nie gemerkt, dass er da für die Mutter mal jemanden geschickt hätte oder irgendwas. Das hat alles der Albert Bormann gemacht. Die hatten miteinander nichts gemein.

Ich hatte allerdings Martin Bormann auch mal angesprochen, weil ich von seinem Fahrer gehört habe, dass er irgendwo in Vorpommern zu seinem Gutshof[587] hingefahren ist. Das war in Richtung Lindow[588] in der Mark. Dort war meine Frau, zu der Zeit schwanger, und mein Kind wurde geboren. Da bin ich natürlich zu Martin Bormann hingegangen und habe gesagt, Herr Reichsleiter, ich habe gehört, Ihr Fahrer fährt da und da hin, da sagt er, ja, was ist denn, sag ich, würde mich freuen, wenn der Fahrer meine Frau mitbringen würde. Da hat er gesagt, aber Herr Misch, selbstverständlich, ich will das dem Fahrer auch gleich sage. Das hat funktioniert. Und nachher hat er mich angesprochen und sagte, na, wie war es denn, ist Ihre Frau gesund, Kind? Ja, sag ich und hab mich noch mal bedankt, dass er das veranlasst hatte. War freundlich, war nett.

---

387 Martin Bormann erwarb im Juni 1942 Gut Rollenhagen bei Blankensee für 420.000 Reichsmark (insgesamt 457,25 ha mit Rödlin, Watzendorf und die Fischereien Wanzka und Rödlin). (Quelle: http://blankensee-mst.de, abgerufen am 23.2.2019)

388 Lindow (Mark) liegt zwischen Berlin und Rollenhagen

Reichsleiter Bormann kam nur zur Besprechung und war wieder weg. Der war nur momentweise da, paar wenige Minuten oder vielleicht mal [eine] halbe Stunde zu irgendeinem Vortrag. Oder Hitler hat ihn verlangt, da war es auch unsere Aufgabe, Bormann anzurufen, der Führer wünscht Sie zu sprechen, und dann ist er gekommen. Aber der Albert Bormann nicht, der Albert Bormann, der war Adjutant, und seine Aufgabe war eben, beim Führer zu sein. Wenn der Führer Fragen hatte oder irgendwas veranlasst hatte, das ging dann an Albert Bormann. Der Albert Bormann war quasi auch ein Sekretär des Führers.

Martin Bormann hatte in der Nähe vom Führerhauptquartier seinen Bunker gehabt, mit den Sekretärinnen zusammen. Das Führerhauptquartier Wolfsschanze war doch verhältnismäßig klein. Man muss sich nicht vorstellen, das sei ein Ministerium gewesen. Das war in Angerburg, da war das Hauptquartier des Heeres, das war ein Ministerium, das war groß. Und die Leute, die zur Besprechung kamen, zu Lageberichten, die kamen von Angerburg, Mauerwald[389] ist so der Spitzname. Die kamen zur Besprechung und sind wieder weg. Und Bormann war ja in dem Fall immer dagewesen. Aber nicht im Bunker des Führers. Viele glauben, dass Bormann dort Zimmer hatte.

Reichsleiter Bormann hatte auch im Bunker in der Reichskanzlei in Berlin keinen Raum. Auch dort kam er nur zur Besprechung und dann ist er wieder gegangen. Wir hatten da auch keinen Aufenthaltsraum. Als Frau Exner wegkam[390], hat man gemunkelt, sie sei von Bormann irgendwie belästigt worden. Aber ich weiß es nicht. Ich bin zu sehr realistisch, und wenn da so gesprochen wurde, ob er sie nun wirklich belästigt hat, dass sie sich dann bei Hitler nicht beschwert hat, sondern sie hat sich entlassen lassen. Die wohnte dann eine ganze Zeit lang hier in Berlin in der Reichskanzlei. Nein, also wenn da was war, haben wir es nicht mitbekommen. Viel erlebt, viel gesehen, aber alles auch nicht.

Wenn der Chef Bormann haben wollte, das musste funktionieren, das ist ja logisch, habe ich zugesehen, so schnell wie

---

389 Mauerwald war das Hauptquartier des Oberkommandos des Heeres im Mauerwald, unweit des Mauersees in der Masurischen Seenplatte. Es bestand von 1941 bis 1944 und war bedeutend größer als das 20 Kilometer entfernte Führerhauptquartier Wolfsschanze bei Rastenburg.
390 Helene von Exner, 1917–1995, war von Juli 1943 bis Mai 1944 die Diätköchin Hitlers.

möglich den Bormann zu erreichen. Egal wie: Nicht dass der Führer sagt, wo bleibt der denn, wo bleibt Bormann. Na ja, da waren wir froh, wenn wir ihn gleich erreicht haben. Dann war die Sache für mich erledigt. Wenn ich ihn erreicht habe, habe ich gesagt: „Der Führer möchte Sie gerne sprechen." Dann kam er. Mit Adjutanten oder ohne Adjutanten, das war verschieden. Wenn die Besprechung zu Ende war, ein Wort, ein Wortwechsel mit Goebbels oder mit Krebs[391] und Burgdorf[392], aber sonst nichts. Dann ist er wieder gegangen. Ich habe nie erlebt, dass er irgendwelche Befehle erteilt hätte, oder zumindest Zeugen dabei waren, sonst hätten wir es mitbekommen.

Es wird viel zusammengeworfen: Die Reichskanzlei, was die Neue Reichskanzlei[393] war, und die Reichskanzlei, was ja auch Reichskanzlei ist, die Alte Reichskanzlei[394], wo Hitler gewohnt hat, dort war auch der Bunker. Aber da waren keine Arbeitsräume oder Aufenthaltsräume, wo man sich aufhalten könnte, das war viel zu wenig, viel zu klein.

Von der Neuen Reichskanzlei aus konnte er raus auf den Wilhelmplatz und von dort aus, ungefähr 150 Meter weiter, war dann die Parteikanzlei. Da war er auch erreichbar, ich kann mich erinnern, dass ich ihn auch in der Parteikanzlei erreicht habe. Wenn ich aufgefordert worden bin, Bormann soll zum Chef kommen, habe ich hier versucht und da versucht. Erst die Parteikanzlei, dann in der Neuen Reichskanzlei, ob er sich da aufhält. Ich nehme an, dass er da auch geschlafen hat in der Parteikanzlei, Wilhelmstraße 64. Das war ja vorher die Kanzlei von Heß.

Bormann war oft in der Neuen Reichskanzlei. Die hatten ja von unserem Bunker, also vom Tiefbunker, einen Durchgang gehabt zur Neuen Reichskanzlei, einen unterirdischen Gang. Von dort kam auch der Bormann, wenn er verlangt wurde. Dann habe ich angerufen und dann kam er zur Besprechung

---

391 Hans Krebs, 1898 – 2.5.1945, siehe Anmerkung auf S. 55
392 Wilhelm Burgdorf, 1895 – 1.5.1945, siehe Anmerkung auf S. 315
393 Neue Reichskanzlei in der Voßstraße, nach den Plänen von Albert Speer erbautes Repräsentations- und Verwaltungsgebäude, unterbunkert und mit einem unterirdischen Gang zum Führerbunker
394 Alte Reichskanzlei in der Wilhelmstraße mit einem kleinen Büro, einer kleinen Wohnung Hitlers und dem Wintergarten, unter dem sich der Bunker befand, bevor daran anschließend Hitlers tieferer und soliderer Führerbunker gebaut wurde

und dann ist er wieder gegangen. Er konnte sich nicht einmal wo hinsetzen. Der mittlere Gang im Führerbunker, das war alles, wo man sich hätte aufhalten können. Ob die Hanna Reitsch da war oder sonst jemand, einen Aufenthaltsraum hatten wir nicht. Und da konnte sich auch Bormann nicht aufhalten. Ich habe ihn dort erst längere Zeit gesehen, als Hitler tot war. Da hat er sich dann unten aufgehalten mit Goebbels und General Krebs und General Burgdorf. Das ist wieder ein Gebiet, worüber ich [etwas] schildern kann, das war ja mein Arbeitsbereich. Auch von uns kam niemand da rein – außer zur Arbeit. Zuletzt hat Goebbels den Raum genommen, den vorher Professor Morell[395] und der Diener Hitlers hatten. Die waren neben meinem Raum, da hat sich dann auch Bormann aufgehalten.

Nach dem Tod von Hitler war Bormann ein ganz anderer – ängstlich, und er hat nicht gewagt zu sprechen.

Er war sehr, sehr zurückhaltend gegenüber Goebbels und den anderen, die noch unten waren im Bunker. Die haben kaum miteinander Gespräche geführt. Auch dann nicht, als der General Krebs von den Russen zurückkam. War der führende Mann Goebbels und Bormann eine Nebenfigur? Ob er was zu sagen hatte, weiß ich nicht. Aber er war dann ein Zuhörer, zu sagen hat er nichts mehr gehabt: Hitler war tot und Goebbels wird ihn nicht akzeptiert haben. Und die anderen auch nicht, vermute ich, weil er so zurückhaltend war. Als der General Krebs zum zweiten Mal von den Russen zurückkam und sagte, dass die Russen nicht mitmachen, dann ist Bormann weg.

Es muss gegen Mitternacht gewesen sein. Am 1. auf den 2. Mai 1945, also die Uhrzeiten weiß ich nicht mehr so genau. Im Bunker war Tag und Nacht gleich, also, ich könnte die Zeit nicht mehr sagen. Da waren die alle weg. Der Bormann war früher weg, als der Burgdorf und Krebs sich umgebracht haben. Der war schon vorher weg. Er hatte die ganze Zeit Feuer, er war sehr ängstlich, das hat man gesehen. Der war so still, stumm, der hat kein Wort riskiert den Generalen gegenüber beziehungsweise dem Goebbels gegenüber. Soweit ich gemerkt habe, nicht ein Wort hat der riskiert. Bloß als sie Hitler hinausgetragen haben, da war er unten, da war der Bormann

---

395 Theo Morell, 1886–1948, siehe Anmerkung auf S. 130

unten. Bormann war zu feige, sich selbst umzubringen. Wenn er so ein Hitler-Anhänger gewesen war und ihn als Gott angesehen hat, meinetwegen. Dann hätte er auch den Mut haben können ... „Wenn Hitler tot ist, bin ich auch tot."

Ich glaube, er hat mehr Angst gehabt als wir alle zusammen. [Am] späten Abend kam Bormann aus dem Raum von Goebbels, also neben meinem, kommt auf mich zu und sagt: „Mach's gut, mein Jung. Sie werden ja hier noch gebraucht, und Sie werden dann mit Ihren Kameraden, mit einer Gruppe ..." Aber ich wusste nichts von irgendeiner Gruppe, kein Mensch hat sich um mich gekümmert da unten. Die waren irgendwie in Gruppen eingeteilt. Der Bormann auch, hat sich auch zu irgendeiner Gruppe von einem SS-General Mohnke[396] eingeteilt.

Ich weiß nur, dass ich den Bunker am 2. Mai in den Morgenstunden verlassen habe. Da war Bormann schon weg – schon ein paar Stunden. So bis Mitternacht etwa, so um diese Zeit muss er wohl den Bunker verlassen haben. Er ist alleine aus dem Tiefbunker weggegangen. Ich habe ihn zumindest in keiner Begleitung gesehen.

Er ging dann in den oberen Bunker [den Vorbunker unter dem Wintergarten der Alten Reichskanzlei] und dann ist er in den unterirdischen Gang in die Reichskanzlei. In der Neuen Reichskanzlei waren dann die Dienst- bzw. Arbeitsräume sowie Schlafen. Dort war alles in Ordnung. Telefonanschlüsse haben funktioniert, die haben übrigens bis ans Ende funktioniert. Was mir aufgefallen ist, dass Bormann schon Tage vorher ein ziemlich mieses Gesicht gemacht hat. Also, er hat das Ende gesehen. Aber ohne besondere Vorbereitung. Er hätte vielleicht mit Axmann oder einem Panzerwagen irgendwie noch rauskommen können, aber es war nichts vorbereitet, gar nichts vorbereitet.

Ich sehe ihn noch vor mir, als er sich verabschiedete. Er hat einen schwarzen Ledermantel angehabt und drunter eine Militäruniform und eine schwarze Ledertasche, vierzig mal dreißig. Keine Mütze auf dem Kopf. So hat er den Bunker verlassen, den Tiefbunker. Wo es feststand, es ist nichts mehr zu machen. Nachdem der Führer veranlasst hat, den Dönitz als seinen Nachfolger einzusetzen.

---

396 Wilhelm Mohnke, 1911 – 2001, siehe Anmerkung auf S. 60

Bormanns Flucht, das war primitiv. Er hätte ja auch Zivil anziehen können und sich irgendwo verstecken oder was. Aber so auf eine primitive Art versuchen herauszukommen aus Berlin, ohne Konzept, ohne Wohin? Das muss doch organisiert werden, dass mir da und da jemand entgegenkommt. Und denen weiterhilft. Nichts. War nichts. [Es gab] die Möglichkeit wegzukommen. Wir haben nördlich von Berlin schon im November 1942 Flugzeuge besichtigt, die konnten 18.000 Kilometer fliegen, ohne zu tanken. Hitler hätte weggehen können. Alle hätten weggehen können. Die Kinder hätten auf alle Fälle weggebracht werden können. Die Möglichkeit war vorhanden.

Dann wusste man auch nicht recht, Hitler ist jetzt tot, wer ist jetzt mein Chef? Oder wem bin ich verantwortlich unter Eid als Soldat. Ganz allgemein. Waren ja alle weg. [Ich] war der Letzte. Die haben sich doch in ihren Gruppen da verabredet. Ich musste zusehen, wie ich rauskam. Habe mich vor der U-Bahn noch umgesehen, wie das da aussieht, wie zerbombt die Reichskanzlei ist. Makaber da unten. Da bin ich in die U-Bahnstation[397] reingekommen – und da spielten dann drei mit der Gitarre. Haben flotte Musik gemacht. Ich komme aus dem Bunker raus mit Todesängsten und übermüdet und dann gehe ich in die U-Bahn und da stehen drei Gitarristen und machen flotte Musik. Deutsche.

Da waren viele Menschen in dem U-Bahntunnel. Da bin ich dann weitergegangen, bis Bahnhof Friedrichstraße, hatte uns unser Kommandochef gesagt. Sieh zu, dass du zur Friedrichstraße kommst. Bis dahin bin ich gekommen und dann traf ich den Linge, den Diener von Hitler, und noch einen von uns. Dann versuchten wir, über die Weidendammer Brücke zu gehen, aber das war unmöglich.

---

397 Die U-Bahn in Berlin fuhr seit dem 25. April 1945 nicht mehr. In den Bahnhöfen und Tunneln befanden sich Schutz suchende Menschen und U-Bahnwaggons, in denen Menschen schliefen oder die als Lazarett genutzt wurden. In der Nacht zum 2. Mai 1945 sprengten fanatische SS-Männer den Tunnel der S 1 unter dem Landwehrkanal. Binnen kurzer Zeit war der größte Teil des innerstädtischen Tunnelsystems überflutet, die U-Bahnhöfe liefen bis unter die Decke voll. Ein Befehl zu dieser Sprengung ist nicht bekannt, ein Grund auch nicht. Die Rote Armee war zu diesem Zeitpunkt längst am Reichstag und hätte nicht mehr aufgehalten werden können. Die 12.000 Menschen aus dem Anhalter Bunker wurden in den Stunden vor der Sprengung evakuiert und herausgebracht, weil der Bunker durch einen Tunnel mit der S-Bahn verbunden ist.

Der Hofbeck, Hans Hofbeck vom Reichssicherheitsdienst, hat mir gesagt, er hat Bormann noch an der Weidendammer Brücke gesehen. Geduckt, versteckte sich hinter einem Panzer. Man musste sich ja auch verstecken, denn die Russen haben von den gegenüberliegenden Häusern aus den Fenstern heraus die Weidendammer Brücke beherrscht. Man [hat] gesehen, es war zwecklos, hier rüberzukommen, wie das im Bunker festgelegt wurde.

So weit bin ich gekommen. Das waren nur wir drei aus der Reichskanzlei, der Diener Linge, einer von uns, der Helmut Frick[398] und ich. Wir waren ja eingeteilt, in diese Richtung zu gehen. Man hat die Hoffnung gehabt, dass man rauskommt bis zur Armee Wenck. Davon wurde noch viel gesprochen, aber da war nichts, am Stettiner Bahnhof war Feierabend. Schluss.

Ich sah eine Frau auf der Brücke, die war tot. Das war unmöglich, da rüberzugehen, denn von der gegenüberliegenden Seite haben die Russen andauernd geschossen. Dann sind wir wieder runter in die U-Bahn und haben uns einigen Soldaten angeschlossen und sind in der U-Bahn weitergegangen. Das war schlimm. Das werde ich nie vergessen. Wir mussten unter der Spree durch und da waren die Schotten so weit auseinander. Ich dachte, wenn wir durchkriechen und achtzig, hundert Meter laufen, unter der Spree, und dann irgendjemand auf den Knopf drückt und die Schotten schließen sich, dann sind wir drin. Aber es ging gut.

Jeder einzeln sind wir gelaufen. Unterwegs hat auch eine Bombe durchgeschlagen. Bis auf die U-Bahngleise. Man konnte durchsehen. Und da haben die Russen immer Handgranaten reingeschmissen. Und nach jeder Detonation ist wieder einer von uns einzeln durchgelaufen. Unter dem Loch. Es ist auch gut gegangen bis zum Stettiner Bahnhof. Dann hörten wir Stimmen. Durch die Luftschächte der U-Bahn hörten wir Stimmen – auf Deutsch. Da ist einer von den Soldaten an der Stegleiter da rauf und konnte durch das Gitter deutsche Soldaten sehen. Da sagte er, wir sind durch, wir sind unter den Russen durch. Jetzt aber raus.

---

398 Helmut Frick, SS-Sturmführer. Frick sollte vorher Fegelein holen, vergeblich. (Quelle: Joachimsthaler, Anton, Hitlers Ende, S. 463)

Wir dachten, wir sind schon aus dem Russenkreis raus, dass wir nach Norden durchgehen können. Aber das waren gefangene Deutsche, die da rumstanden. Und die Russen haben uns entsprechend empfangen. Einen nach dem anderen. Und dann kam ich in die Gefangenschaft. Na ja, ich hatte auch Zivilkleidung, ich hatte ja mein Zimmer oben, hätte mich umziehen können, vorher schon. Aber man war ja Soldat.

ERNST GÜNTHER SCHENCK

„Um 15 Uhr wird der Führer aus dem Leben scheiden"

Ernst Günther Schenck
1904 – 1998
Ernährungsinspekteur in Wehrmacht und SS,
Arzt in der Reichskanzlei

1933 Eintritt in die SA
1937 Eintritt in die NSDAP und Referent im Hauptamt für Volksgesundheit der NSDAP-Reichsleitung
1939 Berater des Reichsgesundheitsführers Leonardo Conti
1940 Ernährungsinspekteur der Waffen-SS
1943 – 1944 Mitarbeiter des SS-Wirtschafts- und Verwaltungshauptamts; Teilnahme an „Ernährungsversuchen" im KZ Mauthausen
1944 Ernährungsinspekteur der Wehrmacht
1945 – 1955 Sowjetische Kriegsgefangenschaft
Nach der Rückkehr aus der Gefangenschaft Tätigkeit in der pharmazeutischen Industrie der Bundesrepublik Deutschland
1968 Strafermittlungsverfahren wegen der Beteiligung an KZ-Versuchen, das Verfahren wurde eingestellt

Schenck beschreibt hier die letzten Tage im Führerbunker, insbesondere seine Bemühungen um die Versorgung der verbliebenen Mitarbeiter mit Lebensmitteln und der Verwundeten, sowie seine letzten Begegnungen mit Hitler: „Er war buchstäblich ein lebender Leichnam.

Eine tote Seele. Ein vollkommen verlorener, in sich zerstörter Mann."

Ernst Günther Schenck war der letzte praktizierende Arzt in der Reichskanzlei. Er war im Ernährungsministerium verantwortlich für die Zivilbevölkerung, bestand am 20. April 1945 darauf, in Berlin zu bleiben und übernahm die Lebensmittelverteilung. Schenck sollte für die 3000 [!]Mann in der Reichskanzlei für 30 Tage Lebensmittel besorgen – das gelang. Er gab die Verpflegungslager der Truppe für die Zivilbevölkerung frei. Im Lazarett gab es neben zwei Krankenschwestern BDM-Helferinnen, darunter Johanna Ruf*.

Schenck hatte während seiner Tätigkeit im Ernährungsministerium durch eine illegale Medikamentenanalyse herausgefunden, dass Hitler von seinem Leibarzt Theo Morell geringe Dosen Pervitin verabreicht wurden.

Prof. Haase vertraute Schenck an, dass Hitler sich umbringen würde und berichtete später über den Selbstmord. Das sprach sich in der Neuen Reichskanzlei herum. In der Nacht vom 1. zum 2. Mai 1945 setzte Schenck sich mit der Gruppe Mohnke über den Bahnhof Friedrichstraße und die Spree nach Norden ab. Dabei waren die Sekretärinnen und Hitlers Diätköchin Constanze Manziarly.

Das Interview fand statt im Juli 1995.

---

* Johanna Ruf, „Eine Backpfeife für den kleinen Goebbels", Berlin Story Verlag 2017

Dass ich am Ende des Krieges in den Führerbunker kam, war Zufall. Ich gehörte zum Ernährungsministerium und war verantwortlich für die Zivilbevölkerung. Als unser Amt auf Anordnung von Obergruppenführer Pohl[399] Berlin verlassen sollte, habe ich ihm gesagt: „Obergruppenführer, ich bitte, in Berlin bleiben zu dürfen." Pohl guckte mich an, sagte zunächst nichts, gab dann aber die Anweisung an einen seiner Mitarbeiter: „Ja, Schenck kann bleiben, stellen Sie die entsprechenden Befehle aus, und ich bleibe auch in Berlin." Das muss um den 20. oder 21. April gewesen sein. Unser Amt wurde geräumt, es war totenstill, vereinzelt hörte man schon Schüsse. Ich war jetzt verantwortlich dafür, dass die Berliner Lebensmittel hatten und dass die noch vorhandenen Vorräte richtig verteilt und nicht gehortet wurden. Obwohl es kaum noch intakte Telefonverbindungen gab, bekam ich zu dieser Zeit einen Anruf von Mohnke[400] aus der Reichskanzlei.

Er teilte mir mit, dass die Reichskanzlei nicht verproviantiert sei, und gab mir den Auftrag, aus den verschiedenen Lebensmittelämtern, die es zu dieser Zeit in Berlin noch gab, für 3000 Mann und dreißig Tage Verpflegung zu beschaffen, die in die Reichskanzlei gebracht werden sollten. Da ich als einziger Arzt in einer Verwaltungsbehörde eine Art Sonderstellung besaß, konnte ich die Reichskanzlei tatsächlich in den nächsten vier, fünf Tagen mit den gewünschten Lebensmitteln versorgen. Parallel dazu wurde auch Munition dorthin gebracht und gleich neben den Lebensmittelvorräten gelagert. Wäre nur eine dieser Granaten explodiert, wäre alles mit in die Luft gegangen.

Danach hatte ich selber eigentlich keine konkrete Aufgabe mehr. Die Stadt wurde schon ziemlich beschossen und in der Reichskanzlei war es höchst unangenehm.

Ich selber bin auf Anweisung hin auch in ein Zimmer in die Reichskanzlei gezogen und sah zum ersten Mal die vielen Verwundeten im Bunker unter der Reichskanzlei.

---

399 Oswald Ludwig Pohl, 1892 – 1951 (Landsberg, als Kriegsverbrecher hingerichtet). SS-Obergruppenführer, General der Waffen-SS, Leiter des SS-Wirtschaftsverwaltungshauptamtes (WVHA), maßgeblich an der Durchführung des Holocaust beteiligt.
400 Wilhelm Mohnke, 1911 – 2001, siehe Anmerkung auf S. 60

Zu dieser Zeit zogen viele hohe Offiziere, SS-Offiziere und Verwaltungsleute mit Koffern und Riesengepäck in die Reichskanzlei. Möglicherweise glaubten sie, dass sie in unmittelbarer Nähe Hitlers einen gewissen Schutz finden würden.

Die Lebensmittelzuteilung für die Berliner Bevölkerung war zu diesem Zeitpunkt sehr mäßig. Aber im letzten „Panzerbär"[401] finden sie noch Zuteilungen für den Monat Mai. Ich hatte mit Minister Backe[402], der ein sehr ordentlicher Mann war, über die Lebensmittelproblematik gesprochen, und wir sahen beide voraus, dass eine Hungersnot kommen würde. Am 6. April kam noch eine Schrift für alle Berliner und die noch erreichbaren Bezirke des Reiches heraus, in der beschrieben wurde, wie man sich unter einfachsten Verhältnissen, wenn man praktisch nichts mehr hat, doch noch ernähren kann. Am 20. April war ich noch einmal bei Minister Backe und hatte ihn gebeten, dass er für Berlin, wo ja noch große Mengen Lebensmittel lagerten, die Rationierung aufgeben möge, sodass jeder noch das essen konnte, was er bekäme. Ich selbst hatte die Verpflegungslager der Truppe für die Zivilbevölkerung freigegeben und konnte dadurch auch die Reichskanzlei versorgen. Aber es waren schließlich so viele Leute in der Reichskanzlei, dass dadurch die Versorgungslage schon wieder angespannt war.

Ich war also nun in einem kleinen Zimmer in der Reichskanzlei und wartete. Da ich wusste, dass es in der Neuen Reichskanzlei ein kleines Krankenrevier mit zwei Zimmern mit Materialien und einem kleinen Operationstisch gab, meldete ich mich dort. Der frühere Begleitarzt Hitlers, der

---

401 Frontzeitung des Berliner Deutschen Verlages (ehemals Ullstein Verlag), wurde in den letzten Tagen des Zweiten Weltkrieges während der Schlacht um Berlin ausgegeben und war die letzte Zeitung, die in der Zeit des Nationalsozialismus in Groß-Berlin erschien

402 Herbert Friedrich Wilhelm Backe, 1896 – 6.4.1947 (Nürnberg, erhängte sich im Kriegsverbrechergefängnis), Leiter des Ministeriums für Ernährung und Landwirtschaft, im April 1944 Reichsminister ohne Geschäftsbereich. Er propagierte den Backe- oder Hungerplan, die sowjetische Bevölkerung verhungern zu lassen – mit bis zu 30 Millionen Toten. In seiner zurückgewiesenen Doktorarbeit vertrat er die These, dass die Unterentwicklung Russlands aus der rassischen Minderwertigkeit der Slawen und deren genetischer Disposition hervorgehe: „Die russische Rückständigkeit [...] ist auf Erbanlagen des russischen Volkes begründet, die nicht ‚entwickelt' werden können."

Chirurg Prof. Dr. Haase[403], kümmerte sich dort um die Verwundeten, obwohl er selbst eine schwere Lungentuberkulose hatte und todkrank war. Ich bin zu ihm gegangen und habe gesagt, dass ich ihm helfen wolle. Wir beide haben dann in den letzten zehn Tagen etwa vier- bis fünfhundert verwundete Zivilisten und Soldaten versorgt. Haase selbst konnte kaum noch arbeiten. Ich bin Internist und nur angelernter Chirurg, aber ich habe Tag und Nacht gearbeitet und operiert. Das ist auch der Grund, warum ich die Daten nicht mehr so exakt parat habe.

Nach ein paar Tagen war das allermeiste an Medikamenten und Verbandsmaterial verbraucht. Wir selbst waren vollkommen verdreckt und unsere Sachen mit Blut überströmt. Außer Professor Haase und mir gab es zwei Krankenschwestern, eine Rote-Kreuz-Schwester und eine Braune Schwester. Etwas später kamen noch etwa 12 bis 15 junge BDM-Führerinnen. Die haben wir als Rote-Kreuz-Schwestern eingekleidet und sie haben sich ausgesprochen gut bewährt. Mit dem sogenannten Führerbunker hatten wir nichts zu tun, der lag etwa fünfzig Meter von uns entfernt. Es kam von dort auch niemand zu uns herüber, auch nicht Dr. Stumpfegger[404], der Begleitarzt von Hitler, der ein guter Chirurg war. Allerdings ging Haase jeden Tag ein- oder zweimal zu Hitler.

Da Doktor Morell[405] aus Berlin weggegangen war, war Haase Hitlers letzter Arzt. Da er sich in den letzten Tagen des Krieges freiwillig bei Hitler in Berlin gemeldet hatte, um zu helfen, vertraute Hitler ihm sehr. Zu Stumpfegger, einem an sich guten Gelenkchirurgen, hatte Hitler nie ein richtiges Vertrauensverhältnis. Haase war somit der letzte Arzt, dem Hitler vertraute und der ihn bis zum Schluss in allen Fragen beraten hat. Er

---

403 Prof. Werner Haase, 1900 – 1950 (Moskau), Chirurg, einer von Hitlers Begleitärzten. Leibstandarte SS Adolf Hitler, SS-Obersturmbannführer. Im April 1945 Arzt im Bunker unter der Reichskanzlei. Am 29.4.1945 half er im Führerbunker Dr. Ludwig Stumpfegger, Hitlers Hund Blondi zu vergiften und damit die Giftkapsel für Hitler zu testen. Von Soldaten der Roten Armee festgenommen. Am 6.5.1945 identifizierte er mit anderen die Leichen von Joseph Goebbels, seiner Frau Magda Goebbels und ihrer sechs Kinder.

404 Ludwig Stumpfegger, 1910 – 2.5.1945 (Berlin), nach Theo Morell der zweite Leibarzt von Hitler. Stumpfegger brach Gefangenen, meist polnischen Frauen, im KZ Ravensbrück die Knochen, um das Zusammenwachsen zu studieren.

405 Theo Morell, 1886–1948, Leibarzt Hitlers, siehe auch Anmerkung auf S. 130

selbst sagte mir bei einem unserer Gespräche, dass er Hitler bei einem dieser Treffen beraten hat, wie dieser absolut sicher Selbstmord begehen könnte.

In der Nacht vom 29. auf den 30. April wurden die beiden Schwestern und ich zum ersten Mal von Haase zu Hitler rübergeholt. Wir wurden den Bunker hinabgeführt in den unteren Bunkerteil, in dem Hitler wohnte. Auf der Wendeltreppe[406], die nach unten führte, hat Haase uns dann aufgestellt. Als Hitler aus [seinem] eigenem Bunker zu uns heraufkam und uns begrüßte, nahmen wir natürlich Haltung an.

Er sagte nur: „Es tut mir leid, dass ich euch noch so spät herausgetrommelt habe", sonst nichts. Dann kam er langsam die Wendeltreppe herauf und gab jedem von uns die Hand. Eine der Schwestern verlor die Nerven und fing an mit den üblichen Rufen wie: „Mein Führer, wir folgen bis zum Ende. Sieg Heil!" und so weiter. Haase konnte sie nur mit Mühe zur Ruhe bringen. Hitler wandte sich stillschweigend ab und sagte noch im Weggehen: „Man soll sich, man darf sich seinem Schicksal nicht feige entziehen." Dann ging er in seinen Raum. Ich war entsetzt. So nah hatte ich Hitler nie zuvor gesehen. Er war buchstäblich ein lebender Leichnam. Eine tote Seele. Ein vollkommen verlorener, in sich zerstörter Mann. Das war das Ende. Er war praktisch schon tot. Das war kein Mann mehr, der regieren oder Anordnungen treffen konnte. Er war verloren, praktisch schon jenseitig. Ich war erschüttert und begriff, dass alles vorbei war. In diesem Moment begriff ich mit allen Fasern, dass es jetzt ganz vorbei war.

Danach wurden wir wieder nach oben geladen. Der Bunker hatte ja zwei Etagen. Im Mittelgang der oberen Etage stand ein größerer Tisch, an dem zehn oder zwölf Personen saßen, die ich nicht kannte. Ich war ja vollkommen fremd in dieser Welt. Wir wurden dazu geladen und bekamen ein Glas Wein gereicht. Irgendjemand sagte mir, da sitzt Eva Braun, Hitlers Frau. Ich hörte in diesem Moment zum ersten Mal, dass Hitler eine Verbindung zu einer Frau hatte. Sie wirkte recht elegant und unterhielt sich angeregt über die schönen alten Zeiten in München und am

---

406 Es handelte sich eigentlich um eine Treppe mit mehreren Absätzen, die vielen als Wendeltreppe in Erinnerung blieb.

Obersalzberg. Das war mir alles ganz fremd und ich habe mich dann auch ziemlich schnell abgemeldet und bin gegangen.

Vorher habe ich allerdings noch eine Toilette aufsuchen müssen und dafür musste ich noch einmal die Wendeltreppe runter in den unteren Bunkertrakt. In der Toilette war noch ein Schäferhund. Als ich dann zurückging, sah ich in einem kleinen schmalen Gang Haase und Hitler an einem runden Tisch sitzen. Und dabei fiel mir auf, dass Hitler den Fuß um ein Tischbein gewunden hatte und zitterte. Typisches Anzeichen der Parkinsonschen Krankheit. Ich bin ganz vorsichtig geschlichen, weil ich Angst hatte, aber die beiden sprachen leise miteinander und haben mich gar nicht bemerkt. Besondere Wachen gab es hier unten keine. Wenn man im Bunker war, konnte man sich praktisch frei bewegen.

Am 30. April 1945 stand ich am Vormittag am Operationstisch, als Haase kam, mir auf den Rücken klopfte und sagte: „Um 15 Uhr wird der Führer aus dem Leben scheiden." Dann ging er wieder rüber in den Führerbunker. Einige Stunden später kam er vollkommen erschöpft, selbst sterbenskrank, wieder zu mir und sagte: „Der Führer ist aus dem Leben geschieden." Obwohl die Lage hoffnungslos war, waren wir alle ziemlich erledigt. Erleichtert waren wir eigentlich nicht. Ich glaube, die Schwestern haben sogar geweint. Aber uns blieb keine Zeit, lange darüber nachzudenken. Wir mussten weiterarbeiten. Die Nachricht wurde nicht offiziell verkündet, verbreitete sich aber als Gerücht in den Räumen der Reichskanzlei unter den Hunderten von Verwundeten und Kranken. Ich selber habe bei dieser Nachricht nichts empfunden, außer dass ich dachte, jetzt ist wohl alles endgültig vorbei. Und dann ging es weiter. An diesem 30. April schossen die Russen unablässig auf die Reichskanzlei. Ich nehme an, sie wollten sie am 1. Mai 1945 Väterchen Stalin zu Füßen legen.

Mit Haase habe ich danach nicht mehr über Hitlers Selbstmord gesprochen. Ich habe ihn kaum noch gesehen. Es kam noch zu dem sogenannten Ausbruch, bei dem die Leute, die noch in der Reichskanzlei waren, etwa sechzig bis siebzig Leute, in sechs oder sieben Gruppen eingeteilt wurden. Ich wurde als Revisionsarzt eingeteilt und sollte mit raus. Haase blieb drin, um die Verwundeten den Russen zu übergeben, wenn sie kämen. Danach habe ich nie wieder etwas von ihm gehört. Er hat die Verwundeten tatsächlich an die Russen übergehen und soll dann nach Russland gebracht worden sein, wo er in einem Gefängnis an seiner Krankheit gestorben sein soll.

In der Nacht vom 1. zum 2. Mai 1945 sind wir dann raus. Wir gehörten zur ersten Gruppe, die Mohnke führte. In meiner Begleitung waren auch die vier Damen, die noch da waren: drei Sekretärinnen und Hitlers Diätköchin. Wir sind dann von der Wilhelmstraße durch ein Fenster rausgekrochen, an den Ruinen des Kaiserhofes vorbei und dann runter in die U-Bahn. In diesen dunklen U-Bahnschächten haben wir uns dann langsam vorgeschlichen. Ich hatte furchtbare Angst, dass ich meine Leute verlieren würde. Auf diese Weise kamen wir bis zum Bahnhof Friedrichstraße. Da konnten wir nicht weiter. Da gab es ein Gitter im Schacht und irgendwelche Leute haben uns preußisch-pedantisch zurückgewiesen. Wir sind dann den Bahnhof Friedrichstraße hinaufgegangen. Die Brücke am Bahnhof war mit Stacheldraht gesichert, aber Mohnkes Leute konnten den Weg freimachen und dann sind wir da rüber, etwa ein gutes Dutzend Leute. Die Häuser hatten untereinander Durchgänge, wohl zu Verteidigungszwecken, und so konnten wir von Haus zu Haus weitermarschieren. Vorbei an der Charité, durch irgendwelche Ruinen zum Schlesischen Bahnhof und von hier weiter in Richtung Gesundbrunnen.

Wir wollten zur Armee Steiner[407] kommen, um mit denen gemeinsam weiterzukämpfen. Aber wir kamen nur bis zur Brauerei Schultheiss-Patzenhofer[408].

Da versammelten wir uns allmählich. Bei dieser Gelegenheit kam ich mit Botschafter Hewel[409] in ein langes Gespräch. Er war der Verbindungsmann Ribbentrops zu Hitler, mit dem er als ganz junger Student in Landsberg inhaftiert war. Eine sonderbare Situation, 24 Stunden nach Hitlers Tod. Im Luftschutzkeller der Brauerei erzählte er mir von den Methoden

---

407 Die Armeegruppe Steiner, benannt nach ihrem General Felix Steiner, sollte nach Hitlers Vorstellung das eingekesselte Berlin im April entsetzen. Sie bestand aber nur auf dem Papier.

408 Heute Kulturbrauerei an der Schönhauser Allee. Schultheiss-Patzenhofer hatte 1938 6380 Mitarbeiter, 11 Braustätten und 85 eigene Ausschanklokale. Pro Tag wurden 1 Million Flaschen Bier abgefüllt.

409 Walter Hewel, 1904 – 2.5.1945 (Selbstmord). Staatssekretär im Auswärtigen Amt, siehe Anmerkungb auf S. 171

Morells, der Hitler über die Jahre mit Tausenden von Spritzen behandelt hat. Hitler litt ja an Coronarsklerose, also einer Herzkranzverengung, die von 1943 bis 1945 sehr stark und schnell voranschritt. Er hätte jederzeit auch an einem Herzinfarkt sterben können. Außerdem litt er an der Parkinsonschen Krankheit, die sich zunehmend verschlimmerte, die Morell aber nicht erkannt hatte, weil er dazu meiner Ansicht gar nicht fähig war. Außerdem litt er an wahnsinnig schmerzhaften Magen-Darm-Krämpfen oder Gallenkrämpfen, deren Ursachen man nicht kannte. Auch Morell konnte sie nicht erkennen, weil Hitler sich nie von ihm untersuchen ließ. Wenn überhaupt, konnte er Hitler nur übers Hemd abtasten. Diese Magenkrämpfe behandelte Morell mit einem Morphiumpräparat. Sie hörten plötzlich im Dezember 1944 auf und blieben das ganze Jahr 1945 aus.

Morells Methoden sind mir ja schon früher einmal aufgefallen. Ich war als Berater in medizinischen Ernährungsfragen im Ernährungsministerium der Vertreter von Reichsgesundheitsführer Conti[410]. Eines Tages bekam ich einen Brief „Der Führer und Reichskanzler" und darunter „Prof. Dr. Theodor Morell, Leibarzt des Führers". In diesem Brief wurden unglaublich große Mengen Vitaminpräparate angefordert, die auch von Reichsernährungsminister Darré[411] bewilligt wurden. Das machte mich misstrauisch gegen Morell. 1942 oder '43, ich kann mich nicht mehr genau erinnern, kam ein Mann von der Reichskanzlei zu mir. Er brachte einige Medikamente mit und sagte mir: „Das sind die Medikamente, die Dr. Morell speziell für den Führer entwickelt hat und die nur der Führer bekommt." Das war ein Vitamultin F, F wohl für Führer, kleine Täfelchen, in Goldpapier eingewickelt, und ein Vitamultin RK, für Reichskanzlei, in silbernes Papier eingewickelt. Ich habe sie in einem Mörser zerstampft und unter irgendeinem Geheimcode an das große Labor des Wehrmachtsanitätsamtes

---

410 Leonardo Conti, 1900 – 6. Oktober 1945 (Nürnberg), SS-Obergruppenführer, Mediziner, Reichsgesundheitsführer, gleichzeitig Vorsitzender der Reichsärztekammer, Leiter des Nationalsozialistischen Deutschen Ärztebundes (NSDÄB) und NSDAP-Leiter des Hauptamtes für Volksgesundheit.
411 Richard Walther Darré, 1895 – 1953, SS-Obergruppenführer, „Reichsbauernführer" und 1933 bis 1942 „Reichsernährungsminister" (Reichsminister für Ernährung und Landwirtschaft)

zur Untersuchung gegeben. Aus dem Bescheid der Untersuchung ging hervor, dass die Täfelchen Pervitin und ziemlich viel Koffein enthielten. Ich war sehr erschrocken und habe das Conti gemeldet, der wohl dem Himmler, und dann kriegte ich eines auf den Deckel. Ich hätte mich da nicht einzumischen, und es wurde mir verboten, irgendjemandem von diesen Medikamenten zu erzählen. Pervitin ist ein Medikament, das 1936 auf den Markt kam und bereits 1942 unter das Opiumgesetz gestellt wurde, weil es abhängig machte und eine Wesensveränderung herbeiführte. Also ein gefährliches Mittel. Bei der Wehrmacht gab es Pervitin in Dropsform. Vor allem Flieger haben es eingenommen.

Das nahe Ende erwartend, sagte mir Hewel auch, dass er dem Führer versprochen habe, sich das Leben zu nehmen. Dieser habe ihm dafür eine Blausäurekapsel gegeben. Hitler habe ihm gesagt, dass wir von den Russen so ausgepresst und ausgequetscht würden, dass wir die ungeheuerlichsten Dinge über Hitler behaupten würden und dass das nicht ginge. Ich riet ihm natürlich ab, er selbst sei noch so jung und seine Frau in anderen Umständen. Aber er blieb bei seinem Entschluss. Er habe es dem Führer versprochen und er werde sich auf die gleiche Weise das Leben nehmen, wie dieser es getan habe. Während wir miteinander sprachen, verhandelte ein Parlamentär von uns, ein Oberst Klausen, mit den Russen. Als er später mit einigen Russen zurückkam, nahm Hewel die Kapsel und schoss sich im gleichen Augenblick auch in den Kopf.

Das war ja genau die Methode, die Haase Hitler empfohlen hatte. Hitler wollte absolut sicher tot sein. Haase sprach vor Hitlers Selbstmord mit mir darüber, allerdings sehr diskret, ohne Namen zu nennen. Er fragte mich: „Wie können wir es wohl am besten machen?" Und ich sagte ihm: „Blausäure." Ich wusste ja, dass es dafür spezielle Kapseln gab. Die hatte der Hauptsanitätspark des Heeres schon im November 1944 auf Befehl in größeren Mengen herstellen müssen. Für wen, war mir unbekannt. Ich habe mir auch gar keine Gedanken gemacht, dass es sich um Hitler handeln könnte. Ich dachte damals, dass Hitler, wenn es zu Ende geht, aus seinem Bunker herauskommt und im Kampf stirbt. Das war der allgemeine trotzige Glaube der Leute, die noch kämpften. Keiner glaubte, dass er sich umbringen würde. Für mich war dieser Schritt auch eine Enttäuschung.

GISELA HERRMANN

„Er brachte mir Hitlers Pistole"

Gisela Herrmann
1915 – ?
Gebietsführerin des Bund Deutscher Mädel Berlin

1937 Eintritt in die NSDAP, Unterguppenführerin im BDM – Obergau Moselland
1939 Tätig im Obaugau Berlin
1942 Kommissarische Mädelführerin des JH-Gebietes Berlin
1943 Beförderung zur Gaumädelführerin
Verantwortlich für den Kriegseinsatz des BDM in der Reichshauptstadt; vertrat den Gebietsführer Hamann bei der Führung des HJ-Volkssturm-Regiments „Berlin"

Gisela Herrmann hat Hitler nicht getroffen. Sie bekam kurz vor der Stürmung der Reichskanzlei von Artur Axmann Hitlers Pistole. „Das ist die Pistole, die der Chef immer bei sich getragen hat. Die ist jetzt zu deiner Selbstverteidigung." Herrmann äußert: „Ich selbst habe nie an Selbstmord gedacht. Das war ganz unmöglich, mit einem solchen Gedanken zu spielen. Es waren ja 24 Führerinnen, die da gearbeitet haben, da kann ich nicht Selbstmord begehen. Und ehe die Russen die Reichskanzlei übernahmen, kamen alle zu mir und wir haben von ihrer Dienstkleidung die Abzeichen abgemacht, haben sie in weiße Blusen verwandelt, neutralisiert."

Johanna Ruf*, damals 15 Jahre alt, war eines der Mädchen, die in diesem Interview mehrmals als Helferinnen in den Lazaretts vorkommen.

Das Interview fand statt am 12.2.1995.

---

* Johanna Ruf, „Eine Backpfeife für den kleinen Goebbels", Berlin Story Verlag 2017

Die Aufgaben des BDM in den letzten Tagen des Krieges waren eigentlich auf zwei Gebiete beschränkt: Das erste war die Versorgung der Bombengeschädigten. Hauptsächlich bestand sie darin, Verpflegung herbeizuschaffen. Die zweite Aufgabe war die, in den Lazaretten einzuspringen, die sehr schlecht mit Pflegepersonal, Ärzten, Sanitätern ausgestattet waren. Lebensmittel gab es reichlich. Die hätten für viele Jahre gereicht. Es wurde praktisch nach jedem Bombenangriff eine heile Stelle in einem Park oder in einem Keller dazu benutzt, in großen Kesseln zu kochen – meistens Nudeln mit Gänsefleisch, das war die Berliner Bombengeschädigten-Verpflegung.

Unsere BDM-Führerinnen wurden niemals für den Straßenkampf ausgebildet. Als die Gerüchte von den Übergriffen der Russen auf die Zivilbevölkerung aus Ostpreußen und aus den Ostprovinzen nach Berlin kamen, fasste ich den Beschluss, Führerinnen an der Waffe ausbilden zu lassen, ausschließlich zur Selbstverteidigung. Das habe ich auch durchgeführt. Es waren ungefähr 200, die sich freiwillig meldeten, und es kamen dann noch viele mehr dazu. Die wurden 14 Tage in einem Wehrertüchtigungslager ausgebildet. Dann kehrten sie nach Hause in ihre Einheiten zurück, zu ihren Aufgaben während des Krieges. Geschlossene Kampfeinheiten des BDM hat es nie gegeben, jedenfalls nicht in Berlin.

Die Einsatzplanung wurde mit dem Gauleiter von Berlin abgesprochen, Dr. Goebbels. Er hat jede Woche eine zweistündige Besprechung gemacht mit allen leitenden Berliner Einheiten-Führern und -Führerinnen. In diesen Besprechungen äußerte er sich zur Lage und verteilte Aufgaben zur Verteidigung oder Versorgung Berlins. Dabei machte er keinen anderen Eindruck als in den Monaten oder Jahren zuvor – gefasst, intelligent und überlegen. Allerdings war er zuletzt nicht mehr so optimistisch, was die Siegeschancen anging. Er hat einmal Wochen vor dem Ende eine entsprechende Äußerung gemacht: „Wir haben den russischen Panzerarmeen und den englischen und amerikanischen Bombern nichts entgegenzusetzen." Ich habe dann bei zwei nächtlichen Einsätzen miterlebt, wie Goebbels, in einem offenen Wagen stehend, durch die Straßen fuhr und durch eine Lautsprecheranlage zu der Bevölkerung sprach. Er forderte die Familien auf, Berlin zu verlassen. Das hatte er wiederholt auch über Rundfunk schon

gemacht. Außerdem forderte er die Geschäftsleute auf, ihre Waren auf die Bürgersteige zu legen, damit die Bevölkerung sie bekäme, ehe die Russen kommen. Die haben dieser Aufforderung Folge geleistet. Und um noch was zur Bevölkerung zu sagen: Die Leute haben gewinkt und viele haben geweint.
[Gisela Herrmann kämpft mit den Tränen. Nach einer kurzen Pause erlangt sie die Fassung wieder.]

Im Olympiastadion war ich am 25. und 26. April 1945. Dort fanden keine Kämpfe statt. Entsprechende Angaben in der Nachkriegsliteratur, dass dort 2000 Hitlerjungen gefallen seien, kann ich nicht bestätigen. Es waren zwar viele Hitlerjungen dort versammelt, auch Soldaten, die versprengt waren von anderen Einheiten, aber es gab keine Kämpfe, weder im Olympiastadion noch auf dem Reichssportfeld. Außerhalb, auf einer frei befahrbaren Straße, lagen allerdings Tote, verbrannte Tote, wahrscheinlich mit Flammenwerfern verbrannt.

Danach wurde ich in der Wilhelmstraße, also mitten im Regierungsviertel, schwer verwundet. Es war inzwischen so, dass sich die meisten Verwundeten in Stadtmitte zusammengesammelt hatten. In Ministerien, auch in der Neuen Reichskanzlei, wurden Behelfslazarette eingerichtet. Dort fehlte es genau wie sonst auch an Schwestern, Ärzten und Pflegepersonal. Es wurden BDM-Führerinnen eingesetzt. Wir waren auf dem Wege durch die Wilhelmstraße zu einem Lazarett im Landwirtschaftsministerium, wo Pflegerinnen fehlten und wo mir berichtet worden war, dass sogar ungelernte Sanitäter Notamputationen durchführen mussten.

Auf dem Weg dorthin wurden Gebietsführer Hamann und ich von derselben Granate verwundet. Es passierte erst mal gar nichts. Wir lagen da eine Weile, bis uns jemand fand und uns ins Propagandaministerium trug. Dort befand sich eine Behelfslazarettstelle. Einige der dort Tätigen kannte ich, erkannte ich. Von dort wurden wir nach der Erstversorgung auf einem offenen LKW oder einem Wagen mit einer offenen Pritsche zum Eingang zur Bunkeranlage unter der Neuen Reichskanzlei gefahren. Und zwar war das eine Tür, ein erdbodenebenes Tor, das hydraulisch hochgedreht wurde. Wir wurden da heruntergezogen von dem Wagen und getragen. Ich habe heute den Eindruck, dass es ein sehr weiter Weg war. Getragen von einem Sanitäter oder Soldaten immer schrittweise über Verwundete, durch einen langen oder mehrere lange Gänge bis zur Apotheke. Und dort wurden wir dann auf den Boden, auf eine Matratze gelegt. Es war alles sonst überfüllt. Das war ein relativ kleiner Raum, vielleicht vier mal fünf Meter, der voller Regale mit Medikamenten stand. Es waren wohl einige Ärzte da. Das einzige Medikament, das nicht da war, war das gegen Gasbrand. Es war inzwischen aufgebraucht, sodass der Gebietsführer Hamann nicht damit versorgt werden konnte und starb. Das war am 28. April 1945.

Als bekannt wurde, dass wir da verwundet lagen, kam Reichsjugendführer Artur Axmann[412], es kam Mohnke[413], schließlich auch – vielleicht zwei Tage später – Dr. Goebbels. Da waren die Russen ja noch nicht da. Die hatten ja am 28. April 1945 die Reichskanzlei noch nicht erreicht, sondern waren drumherum in einem Kreis von vielleicht einem Kilometer Durchmesser, würde ich sagen. Es gab starken Beschuss aus allen Rohren, Straßenkämpfe und Bomben. Goebbels machte einen gefassten Eindruck. Ich hatte nicht das Gefühl, dass das kurz vor einer Katastrophe war, als er kam. Er war eigentlich wie immer, brachte mir das Kriegsverdienstkreuz Erster Klasse *[Gisela Herrmann wird von ihren Gefühlen überwältigt, Pause]* und verabschiedete sich: „Wünsche alles Gute!" und ging wieder. Das war kurz vor seinem Selbstmord im Bunker.

Artur Axmann verabschiedete sich von mir direkt vor dem Ausbruch am 1. Mai 1945.[414] Er brachte mir Hitlers Pistole – nicht die Walther PPK 7,65 Kaliber, mit der er sich erschossen hatte, sondern die andere, die kleinere, die er immer in der Hosentasche hatte, die Walther PPK 6,35 Kaliber. Artur sagte:

---

412 Artur Axmann, 1913 – 1996 (Berlin), Reichsjugendführer der Hitlerjugend. Im Wedding aufgewachsen, 1928 HJ, 1934 Führung der HJ in Berlin, 1940 Stellvertreter des Reichsjugendführers Baldur von Schirach, dann dessen Nachfolger. Verlor beim Russlandfeldzug 1941 den rechten Arm. Floh nach Hitlers Selbstmord zusammen mit Martin Bormann, der Selbstmord in der Nähe des heutigen Hauptbahnhofs beging. Siehe Interview auf S. 31

413 Wilhelm Mohnke, 1911 – 2001 (Damp bei Eckernförde), Generalmajor der Waffen-SS. In der Nacht vom 22. zum 23. April 1945 wurde er von Hitler zum Befehlshaber über die Verteidigungskräfte des Regierungsviertels ernannt, der „Zitadelle".

414 Mohnke, Hitlers Sekretärin Gerda Christian, seine Diatköchin Constanze Manziarly, Hitlers Adjutant Otto Günsche und andere unternahmen einen Ausbruchsversuch aus dem eingekesselten Regierungsviertel über die Weidendammer Brücke.

„Das ist die Pistole, die der Chef immer bei sich getragen hat. Die ist jetzt zu deiner Selbstverteidigung."

Mohnke kam auch noch, also Generalmajor Wilhelm Mohnke, der Kommandeur der Zitadelle. Er überreichte mir das Eiserne Kreuz Zweiter Klasse *[brüchige Stimme, tränenerstickt, Pause]*. Er machte auch einen zuversichtlichen und gar nicht niedergeschlagenen Eindruck.

Ich war durch die Verwundung mit dreizehn Granatsplittern in einem sehr argen Zustand, als eine Braune Schwester[415] kam, eine ältere Frau, die mehrere Tage in den Bunkern Dienst geleistet hatte. Sie brachte mir den Ausweis von Eva Braun nach deren Selbstmord.

Ich selbst habe nie an Selbstmord gedacht. Das war ganz unmöglich, mit einem solchen Gedanken zu spielen. Es waren ja 24 Führerinnen, die da gearbeitet haben, da kann ich nicht Selbstmord begehen. Und ehe die Russen die Reichskanzlei übernahmen, kamen alle zu mir und wir haben von ihrer Dienstkleidung die Abzeichen abgemacht, haben sie in weiße Blusen verwandelt, neutralisiert. Sie hatten lange Hosen an. Da war kein Gedanke an aussteigen.

Die Russen kamen. Ziemlich viele Russen kamen zuallererst in die Apotheke, um sich Medikamente geben zu lassen. Sie kamen mit rußgeschwärzten Gesichtern, mit Pelzmützen, haben aber keinen Blick auf mich oder die anderen Verwundeten geworfen. Es gab keine Übergriffe, weder auf die Verwundeten noch auf das Pflegepersonal. Also, das möchte ich ausdrücklich erwähnen.

Bevor wir verlagert wurden, habe ich alles unter die Matratze gesteckt, den Ausweis von Eva Braun und die Pistole von Adolf Hitler. Bekleidet war ich allerdings mit einem Hemd mit dem Monogramm A.H. Das stammte aus dem Bestand von Hitler. Es war da herausgeschafft worden.

Die Russen haben dann sofort angefangen, Sprengungen vorzunehmen, alles zu durchsuchen. Also, es war eine Menge los unten in den Bunkern. Und bei diesen Suchaktionen gingen die Leitungen entzwei, die Lichtleitungen und die Was-

---

415 Im NS-Reichsbund Deutscher Schwestern waren seit 1942 alle Krankenschwestern organisiert, nachdem sämtliche andere Verbände aufgelöst worden waren. Sie trugen braune Schwesterntracht, daher „Braune Schwestern".

serleitungen. Das Lazarett war nach zwei Tagen schon nicht mehr zu halten. Die Russen haben alle Verwundeten herausgeholt, mich auch, auf Lastwagen geladen und nach Lichterfelde gefahren in eine Anstalt für geistig Behinderte, die leer stand. Dort errichteten die Russen ein Sammellazarett. Wahrscheinlich waren da inzwischen 4000 Verwundete.

Die Führerinnen, die in der Reichskanzlei im Bunker Schwesterndienste taten, sind von den Russen mit nach Lichterfelde transportiert worden und haben dort ihre Tätigkeit wieder aufgenommen – bei einer unvergleichbar höheren Anzahl an Verwundeten. Es gab ganz wenig Pflegepersonal. Einmal bin ich in einen sogenannten Operationssaal transportiert worden, wo mir ein russischer Arzt aus der Schulter einen Splitter herausgeschnitten hat – ohne Betäubung übrigens. Dort sah ich nur die eine Russin und den Arzt. In den Gängen, berichteten mir meine Führerinnen, war so gut wie gar kein anderes Pflegepersonal, Militär natürlich und einige Ärzte.

An den ersten Tagen gab es Schwierigkeiten. Es war eine Bannmädelführerin bei den Führerinnen, die organisiert hat, wer was tut. Es ging darum, dass die Mädel sich nachts in einen Raum einschließen wollten, um sicher schlafen zu können. Die Auseinandersetzung ging um die Zimmertür. Eine russische Leutnantin, schwer bewaffnet, auf der einen Seite und die Bannmädelführerin Schmidt, eine sehr temperamentvolle Frau, stritten sich heftig. Die BDM-Führerin warf der russischen Leutnantin die Zimmertür auf die Finger. Wir hatten schon das Schlimmste befürchtet, aber es geschah gar nichts. Die Mädchen durften sich nachts einschließen. Die Russen hielten auch das Versprechen, die Mädchen einige Zeit später von Küstrin, wo sie dann waren, wieder zurück nach Berlin zu schicken.[416]

---

416 Vor dem Transport nach Küstrin konnte Gisela Herrmann sich absetzen, wurde von den Ulbricht-Leuten gesucht, also der in Moskau auf den Einsatz in Deutschland vorbereiteten Gruppe Ulbricht, konnte sich an verschiedenen Orten verstecken, wurde über die Elbe in den Westen gerudert, kam kurz bei ihrer Tochter in Kochstedt unter, kurz bei ihrer Schwester und zog dann weiter gen Westen.

HEINZ STENDTKE

„Der deutsche Soldat im Osten war ein ritterlicher Soldat"

Heinz Stendtke
(keine Lebensdaten ermittelt)
Fahnenjunkerunteroffizier beim Artillerieregiment der
5. Panzerdivision

1943 Einberufung zum Artillerieregiment 1 in Königsberg, Reserveoffiziersbewerber, Frontbewährung im Osten
1945 Marschbefehl zu Fahnenjunkerschule in Jüterbog; Sonderurlaub in Königsberg, von dort abkommandiert zum Artillerieregiment der 5. Panzerdivision zur Verteidigung Königsbergs

„Ich bin mit meiner Einheit durch Dörfer gekommen, die vorher von der russischen Armee besetzt waren. Es fällt mir sehr schwer, darüber zu sprechen." Heinz Stendtke schildert Grausamkeiten, die von Soldaten der Roten Armee begangen wurden. Gräueltaten deutscher Soldaten hält er für Ausnahmen: „Ich würde das etwa so sagen, nach meinen Erfahrungen waren Ausschreitungen deutscher Soldaten die Ausnahme. Die Ausschreitungen der sowjetischen Soldaten, das war die Regel. Der anständige russische Soldat war die Ausnahme."

Das Interview fand statt am 17. Oktober 1999.

Ich bin in Willenberg in Ostpreußen geboren und bin mit dem zehnten Lebensjahr nach Königsberg gekommen. Mein Vater war Kriminalkommissar beim Polizeipräsidium in Königsberg. Ich bin dann zwischen dem zehnten und dem 18. Lebensjahr in Königsberg aufgewachsen und wurde gleich nach dem Schulbesuch zur Wehrmacht einberufen. Meine Einberufung erfolgte Ende des Jahres 1943, zum Artillerieregiment 1 nach Königsberg. Meine Grundausbildung habe ich dann beim Artillerieregiment 47 in Heilsberg absolviert. Nach der Grundausbildung wurde ich zum Reserveoffiziersbewerber vorgeschlagen, machte zunächst einen Lehrgang mit und kam anschließend zur Frontbewährung an die Ostfront, die dann später zur Kurlandfront wurde. Nach Beendigung der Frontbewährung, das war so etwa Anfang Januar 1945, bekam ich einen Marschbefehl nach Jüterbog zur Offiziersschule oder Fahnenjunkerschule, wie man das damals nannte. Da mein Bruder zu der Zeit in Italien vermisst war, bekam ich Sonderurlaub von 14 Tagen, sodass ich von der Kurlandfront nicht direkt nach Jüterbog fuhr, sondern zunächst nach Königsberg in Heimaturlaub.

Ich bin in der Kurlandfront abgefahren in Libau und bin mit dem Schiff in Danzig-Neufahrwasser angekommen, das war ungefähr am 18. Januar. Ich habe dann noch eine Nacht bei meiner Schwester verlebt, die in Danzig-Langfuhr wohnte, und bin dann am 19. Januar mit dem Zug von Danzig nach Königsberg gefahren, mit Urlaubsschein. Als ich auf dem Hauptbahnhof in Königsberg ankam, erfolgte eine Lautsprecherdurchsage mit dem Hinweis, dass sämtliche Urlauber sich sofort an der Frontleitstelle zu melden hatten. Da ich jetzt mehrere Monate an der Front gewesen war und jetzt kurz vor meinem Elternhause, dachte ich zunächst nicht daran, mich sofort zu melden, sondern blieb auf dem Bahnhof und überlegte, was ich jetzt am besten tun kann. Wäre ich aus der Sperre gegangen, hätten mich die Feldjäger sofort geschnappt. Ich blieb also auf dem Bahnhof und kam dann auf die Idee, mit einem Vorortzug Richtung Pillau zu fahren, bis zum Bahnhof Königsberg-Ratshof.

Dieser Bahnhof lag in der Nähe meines Elternhauses. Wir wohnten auf den Hufen in der Steinmetzstraße. Ich bin also mit dem Vorortszug rausgefahren und konnte unbehelligt meinen Weg ins Elternhaus antreten. Meine Eltern waren natürlich freudig überrascht, als ich so plötzlich auftauchte. Ich habe dann die Folgezeit damit zugebracht, meiner Mutter beim Packen des Flüchtlingsgepäcks zu helfen und sie auch noch nach Großkuren zu verschaffen, an die Samlandküste, wo meine Mutter Verwandtschaft hatte. Auch mein Vater, der bei der Kripo war, war noch im Dienst im Polizeipräsidium. Als mein Urlaub sich dann seinem Ende zuneigte, habe ich mich auf den Weg zur Frontleitstelle begeben.

Ich traf dann bei der Frontleitstelle ein, meldete mich dort, und die Offiziere dieser Frontleitstelle waren natürlich sehr erstaunt zu hören, dass ich als Urlauber mich erst jetzt melde. Ich konnte ihnen aber klarmachen, dass ich vorher weder Rundfunkaufrufe noch sonst etwas gehört hatte. Mein Fernbleiben blieb also ohne Folgen. Ich wurde abkommandiert zum Artillerieregiment der 5. Panzerdivision. Diese 5. Panzerdivision lag Anfang Februar, das war also der 1. Februar 1945, in Königsberg-Ponarth am Stadtrand in Verteidigungsstellung. Ich meldete mich beim Bataillons-Kommandeur und der sagte mir: „Sie sind vorgeschobener Beobachter." Ich hatte diese Erfahrung schon an der Kurlandfront gehabt. „Unser vorgeschobener Beobachter ist schwer verwundet worden, übernehmen Sie gleich seinen Posten." Ich bin dann eingewiesen worden an der Frontstelle, und dort lagen wir so drei Tage in Bereitschaft in vorderster Front und drei Tage hatten wir als vorgeschobene Beobachter dann immer Ruhe.

Wir konnten von dieser vorgeschobenen Beobachterstelle sehen, wie der Russe den Angriff auf die Stadt vorbereitete und mit Fahrzeugen in Stellung fuhr. Das geschah vielfach mit aufgeblendeten Scheinwerfern. Wir durften mit unserer Truppe aber nicht schießen, weil wir die Munition aufsparen mussten für einen tatsächlichen Angriff der Russen. Wir hatten nämlich so wenig Munition, dass wir jede Granate schonen mussten, um sie im Ernstfall einsetzen zu können. Ich bin dann gefragt worden, ob ich als Königsberger nicht bereit wäre, Fahrzeuge durch die Stadt zu jonglieren, zu steuern, als Lotse. Denn zu dieser Zeit waren natürlich viele Straßen plötzlich unpassierbar geworden und der Verkehr innerhalb der Stadt mit Munition und Nachschub war für die Fahrer damals recht problematisch geworden. So hat man den Fahrern dann meist Lotsen zur Seite gestellt, die in der Regel aus erfahrenen Königsbergern bestanden. Ich wurde eine Zeit lang von der Tätigkeit als vorgeschobener Beobachter entbunden und im Lotsendienst in der Stadt Königsberg eingesetzt. In dieser Zeit bin ich in fast allen Stadtteilen herumgekommen, war zwei- oder dreimal im Schloss, wo wir Material anlieferten, Baumaterial, es wurden dort also wohl auch Schäden durch Luftangriffe repariert.

Eigentlich war der Schrecken nicht feststellbar. Die Bevölkerung glaubte an die Propaganda, die sagte, Königsberg wird gehalten, Königsberg wird nicht preisgegeben. Und so war die Bevölkerung relativ ruhig. In der Stadt verkehrte die Straßenbahn, die Wasserversorgung war gewährleistet, auch die Elektrizität war noch vorhanden. Die Familien konnten also sehr gut noch in ihren Wohnungen verbleiben und den Dingen ins Auge schauen. Panik unter der Bevölkerung habe ich seinerzeit selbst nicht beobachten können.

Der Name des Gauleiters Koch[417] war mir persönlich natürlich gut bekannt, auch in der Bevölkerung war der Name Koch ein Begriff. Er spielte allerdings bei der Verteidigungsplanung der Festung keine Rolle. Die Entscheidungen auf diesem Sektor lagen bei den Militärs. Ob sich Koch da auch mal eingemischt hat, das kann ich natürlich von meiner Warte aus nicht beurteilen. Eine Parteipräsenz habe ich in der ganzen Zeit der Festung nicht erlebt. Ich habe also auch keine Uniformträger in der Stadt gesehen, sondern was zu sehen war, war entweder Zivilbevölkerung oder Militär.

Es gab neben der regulären Truppe Volkssturmeinheiten, auch einige Einheiten der Hitlerjugend, das waren so Schüler von 15, 16 Jahren.

Wir waren mit der Panzertruppe eigentlich noch recht gut besetzt, allerdings in der Stadt war sie meines Erachtens zu unbeweglich, vor allem im Häuserkampf wäre sie kaum einsetzbar

---

417 Erich Koch: Im Nachruf des Magazins Spiegel am 17. November 1986 heißt es zum Tod des 90-Jährigen, der ehemalige Gauleiter von Ostpreußen und Reichskommissar der Ukraine habe als einer der brutalsten Satrapen des Führers eine der prototypischen Nazi-Karrieren hinter sich: vom bleistiftspitzenden Kleinbürger, nämlich als Lohnbuchhalter der Reichsbahn, zum massenmörderischen Herrenmenschen. Koch wurde 1959 wegen der Ermordung von 72.000 Polen und der Deportation von 200.000 weiteren Opfern in KZs zum Tode verurteilt. Vor der Hinrichtung bewahrte den auch im polnischen Gefängnis als herrischer Ideologe auftretenden Koch körperliche Gebrechlichkeit. Vgl. auch Armin Fuhrer: Erich Koch, Hitlers brauner Zar

gewesen. Es war auch wohl das Bestreben, die 5. Panzerdivision irgendwann mal, wenn das irgendwie geht, aus der Stadt herauszubringen. Das geschah dann auch, als der Festungsring am 19. Februar 1945 mit einem Angriff, der gleichzeitig auch von der Seite aus Pillau her ansetzte, aufgebrochen wurde.

Als der Angriff auf Königsberg einsetzte, das war der 6. April 1945, war ich mit der 5. Panzerdivision nicht mehr in der Stadt, sondern wir waren zu der Zeit im Bereitstellungsraum von Fischhausen und wurden erst in den frühen Morgenstunden bei einem Gegenangriff von außen her auf die Stadt Königsberg eingesetzt. Dieser Angriff scheiterte allerdings daran, dass der Russe im Waldgebiet zahlreiche Bäume über die Straße gefällt hatte und unsere Panzerverbände da nicht mehr durchkamen. Das dichte Waldgebiet ließ im Übrigen auch keine Panzeroperationen zu, sodass wir dort stecken geblieben sind. Bei dieser Gelegenheit, das war der 7. April 1945, wurde ich auch verwundet, blieb zunächst bis zum 19. Februar, war dann Teilnehmer an dem Durchbruch der 5. Panzerdivision in Richtung Pillau, wo wir [die] Verbindung Königsberg Pillau wieder herstellten. Der Angriffskeil setzte nicht nur von Königsberg an, sondern es kam ein anderer Keil aus Richtung Pillau. Die Verbände trafen sich in der Gegend von Großheidekrug. Das Bestreben der militärischen Führung bestand darin, der Zivilbevölkerung den Fluchtweg nach Pillau und dann weiter über die Ostsee zu ermöglichen.

Ich bin mit meiner Einheit durch Dörfer gekommen, die vorher von der russischen Armee besetzt waren *[sehr berührt, Stendtke kann kaum noch sprechen, atmet schwer, Tränen in den Augen]*. Es fällt mir sehr schwer, darüber zu berichten: Es war wie ein Weltuntergang. Alle Frauen waren vergewaltigt, das Mobiliar, Bettfedern, alles war auf die Straße geworfen, die Häuser ausgeraubt. Es fanden sich auch einige Soldaten, die sich in einer Scheune verschanzt hatten, die uns dann als Befreier begrüßten. Auch die Bevölkerung selbst hat uns sehr freudig begrüßt, als wir wieder einrückten. Sie haben uns von ihrem Erlebten, von den Gräueltaten der Roten Armee berichtet. Wir haben Frauen zurückhalten müssen, die sich mit Messern auf die Russen stürzen und sie umbringen wollten. Ich habe auch erlebt, wie deutsche Soldaten einen Russen aus dem Bett einer deutschen Frau holten und ihn stehenden Fußes kastrierten.

Das waren Erlebnisse, die mir heute noch sehr nahegehen. Der deutsche Soldat im Osten war ein ritterlicher Soldat, der sich auch anständig gegenüber der Zivilbevölkerung benommen hat; es gab sicherlich auch Ausnahmefälle. Ich würde das so etwa sagen, nach meinen Erfahrungen waren Ausschreitungen deutscher Soldaten die Ausnahme. Die Ausschreitungen der sowjetischen Soldaten, das war die Regel. Der anständige russische Soldat, das war die Ausnahme. Wenn so etwas publik wurde, wurde der deutsche Soldat verhaftet und dem Feldrichter überstellt. Das heißt, Ausschreitungen deutscher Soldaten, die von den Vorgesetzten festgestellt wurden, wurden weitergegeben an die zuständige Justiz, die Militärjustiz. Das ist aber, wie gesagt, die Ausnahme gewesen.

Ich bin am 16. April 1945 im Landkreis Fischhausen im Lazarett in Kriegsgefangenschaft gekommen. Die Gefangennahme verlief in unserem Marinebunker eigentlich recht friedlich. Das war ein umfunktioniertes Lazarett, ein ehemaliger Marine-Verpflegungsbunker. Ich habe in anderen Bunkern erlebt, in Nachbarbunkern, dass die sowjetischen Soldaten auch geschossen und Gefangene und Verwundete niedergemacht haben. Das lag wahrscheinlich auch an einzelnen Soldaten, die gerade in das Lazarett hineinkamen. Es wurde natürlich gefilzt, das heißt, es wurde nach Wertsachen gesucht, nicht so sehr nach Waffen, sondern die legten Wert auf Wertsachen, Uhren, Goldringe und dergleichen mehr.

Wir sind dann am nächsten Morgen, das war der 17. April 1945, im Fußmarsch in Richtung Königsberg marschiert. Im Gefangenentransport, zu Fuß. Wir kamen in Königsberg in den Kanonenweg, das war ein riesiger Kasernenbereich, da war früher Artillerie und deutsche Infanterie untergebracht. Das war als Gefangenenlager umfunktioniert. Dort wurden wir dann untergebracht. Das waren Mannschaftsstuben, die für vier, fünf Soldaten vorgesehen waren. Wir waren mit vierzig Personen in so einer Stube drin, sodass man in der Nacht, wenn wir in den Räumen schliefen und zur Toilette mussten, immer über mehrere Leiber steigen musste. Es waren also ziemlich beengte Verhältnisse in diesem Gefangenenlager. Wir bekamen in den ersten Tagen überhaupt keine Verpflegung. Später dann einmal am Tag eine Mahlzeit, die zu sehr unterschiedlichen Zeiten verabreicht wurde.

Ich selbst hatte dann das Glück, in ein Sonderkommando zu kommen. Wenn ich sage Glück, dann meine ich, dass ich mit diesem Sonderkommando die Möglichkeit hatte, an bessere Verpflegung zu gelangen und mich damit auch etwas besser körperlich zu halten. Ich bin mit einer Reihe von Kameraden eingesetzt gewesen, in verschiedenen Stadtteilen Leichen zu beseitigen, vorwiegend deutsche Zivilpersonen, deutsche Soldaten, deutsche Beamte, die wir aus den einzelnen Behörden sammeln und zum Transport bereit machen mussten. Diese Leichen wurden dann auf LKWs verladen, die dann in Rothenstein bei Königsberg in Massengräbern verscharrt wurden.

Ich war selbst beteiligt an der Leichenbeseitigung in der Kriminalpolizei Königsberg, beim Amtsgericht Königsberg, beim Landgericht, bei der Oberpostdirektion und beim ehemaligen Sender der Stadt Königsberg. Überall waren da noch Beamte, die wir mit Genickschuss erschossen an den Schreibtischen vorfanden. Diese Leute haben schon eine Woche oder länger dort gelegen und waren in Verwesung übergegangen. Wir mussten also diese Leichenbeseitigung durchführen ohne irgendwelche Schutzmasken oder Handschuhe. Wir mussten das mit bloßen Händen verrichten.

Was mich in dieser Zeit besonders erschüttert hat, war die Reinigung der früheren Turnhalle im Königsberger Schauspielhaus. Diese Turnhalle war in den letzten Tagen des Krieges zu einem Lazarett umgebaut worden und lag eine Zeit lang auch ziemlich dicht an der Frontlinie. Auch dieses Lazarett mussten wir von Leichen und Leichenteilen säubern. Der Russe hatte dieses Lazarett mit Flammenwerfern angegriffen und die ganzen Verwundeten dort mit Flammenwerfern ausgeräuchert. Wir fanden in dieser Turnhalle nur noch Leichenteile, angesengte Köpfe, Torsi, Arme, einzelne Beine, aber verkohlt und natürlich stark in Verwesung übergegangen.

Die Übergriffe gegen die deutsche Bevölkerung waren voll im Gange, auch noch weit über den 8. Mai 1945 hinaus. Mord, Totschlag, und wir haben sehr viele Frauen aus den Vorgärten aufsammeln müssen oder sie lagen in Rinnsteinen, ermordet. Die Übergriffe der russischen Soldaten machten nicht vor Frauen halt, sondern sie gingen auch auf ältere Leute, auf Säuglinge, auf Babys, überhaupt auf alles, was deutsch war.

Das waren alles Übergriffe seitens der Roten Armee. Die deutsche Bevölkerung durfte nicht in den Wohnungen bleiben. Alles, was an Häusern und Wohnungen noch ordentlich geblieben war, war von deutschen Familien geräumt worden. Der Russe ist da systematisch vorgegangen und hat alle Häuser und Wohnungen von Deutschen freigemacht, hat sie auf Fußmärsche geschickt, teils wurden sie auch in Schulen untergebracht. Ich hatte den Eindruck, dass der Russe dies machte, um ungestört Häuser und Wohnungen besser plündern zu können. Die deutsche Bevölkerung hielt sich in Ruinengrundstücken oder in Kellerräumen auf.

Ich habe am 8. Mai 1945 die Friedensfeiern der Russen in Königsberg erlebt, wo sie massenweise deutsche Frauen vergewaltigten, plünderten, Häuser anzündeten. Was sie nicht gebrauchen konnten, wurde aus dem Fenster geworfen oder angezündet. Ich muss nach meinen Feststellungen klar sagen, dass der Russe nach Einnahme der Stadt mehr durch Brandschatzung vernichtet hat, als vorher durch Kampfhandlungen an Schäden entstanden war.

Ich möchte noch etwas sagen zu der Not, in der sich die deutsche Bevölkerung in Königsberg befunden hat. Gerade die alten Menschen, die keine Möglichkeiten mehr hatten, an Lebensmittel heranzukommen, sind elendig verhungert. Ich habe erlebt, wie kleine Jungen, vielleicht von sieben oder acht Jahren, sich in Trümmergrundstücken in die Ruinen hochhangelten, um an die noch stehen gebliebene Küche zu gelangen, wo sie noch kleine Lebensmittelreste aufspüren konnten. Ich habe auch eine junge deutsche Frau auf den Höfen in Amalienau getroffen, die uns Brot und Lebensmittel brachte, weil sie gesehen hat, was wir machten. Sie erzählte mir ganz kurz, dass sie die Geliebte eines Russen geworden sei, um den ständigen Vergewaltigungen zu entgehen, denen sie vorher ausgesetzt war.

ERIKA MORGENSTERN

„Wir waren die Verschollenen, uns gab es nicht"

Erika Morgenstern
1939 – ?
Zivilistin aus Königsberg

Erika Morgenstern erlebte als Sechsjährige die Flucht aus Königsberg und die Einnahme der Stadt durch die Rote Armee. Sie schildert in diesem Interview die letzten Stunden, als deutsche Soldaten ihre Uniformen wegwarfen, die Schrecken der unmittelbaren Besetzung und der folgenden Jahre aus der Sicht eines Kindes. „Ich merkte, dass ich stolperte über irgendwelche Menschen, die tot am Boden lagen. Ich wusste nicht, ob es nun tote Soldaten waren, denn die ganze Stadt war ja voller Toten."

Morgenstern hat die Vergewaltigungen als Kind miterlebt. Nicht einmal, immer wieder. Das schildert sie so, wie es sich ihr in die Erinnerung eingebrannt hat. Sie traute sich damals nicht, um eine Häuserecke zu gehen, weil dahinter ein neues Grauen liegen konnte: Verstümmelte, verkohlte Leichen. Im Hafenbecken wurden aufgedunsene Menschen angeschwemmt. Sie berichtet aber auch, dass russische Offiziere freundlicher waren und ein polnischer Aufseher ihnen Öl zuschusterte.

Das Interview fand statt am 2.5.1998.

Ich wurde 1939 in Königsberg geboren, Lange Reihe 15. Dort wohnten wir auch bis 28. Januar 1945. Mein Vater hatte ein Ofenbaugeschäft und war ja zu diesem Zeitpunkt nicht mehr bei uns. Die Erlaubnis zur Flucht erhielten wir aber in Hindenburg bei Labiau[418] bei den Großeltern. Die hatten uns dorthin eingeladen zu einer Familienfeier. Wir waren aber gerade dort angekommen, da hieß es, wir müssen flüchten. Also traten wir unsere Flucht an mit der ganzen Landbevölkerung in den Trecks. Da fing es schon an, ganz furchtbar zu werden.

Wir waren mitten im Treck. Die Russen schossen von allen Seiten, auch aus der Luft. Die ersten großen Geschreie fingen an. Kinder wurden getroffen, Pferde wurden getroffen, Treckwagen fielen um. Es war also ein furchtbares Durcheinander. Von da an hat man uns dann bis zur Kapitulation, am 9. April 1945[419] in Ostpreußen regelrecht herumgetrieben – wie Wild auf der Treibjagd. Es war natürlich Schnee, Frost, 20 Grad Frost, wie es in Ostpreußen so üblich war im Januar. Und überall, wo wir hinkamen, stand Militärpolizei. Dann hieß es: Dort lang oder da lang, keiner wusste eigentlich mehr richtig, wo es hingehen sollte. Immer große Schneegestöber und schreiende Menschen, die Sterbenden. Es wurden ja immer mehr, die an den Straßenrändern hingelegt wurden. Zum Beerdigen war gar keine Zeit.

Plötzlich mussten wir, weil es keinen Ausweg mehr gab, übers Wasser. Das Haff ist zugefroren im Winter mit einer Stärke von vierzig Zentimeter dickem Eis – normalerweise. Aber jetzt mussten Treckwagen darüber. Es war eine furchtbare Situation. Wer gehen konnte, ging vom Treckwagen runter, nur die Alten, Kranken und Kinder blieben drauf. An vielen Stellen war das Eis so dünn, dass die Wagen einbrachen. Innerhalb von Sekunden war so ein ganzer Treck und die ganze Familie im Eis versunken. Das sah man natürlich. Und es musste weitergetreckt werden, man musste dieses Loch umfahren, nicht wissend, wo das nächste dünne Eis ist, wo der nächste Wagen einbrach. Und es wurde eingebrochen im Eis. Und wer das dann überlebt hatte und endlich an Land war, war den russischen Tiefffliegern ausgesetzt, die in diese Trecks hineinschos-

---

418 Amtsbezirk Hindenburg (1939 mit 1.215 Einwohnern) im Kreis Labiau, der zum Regierungsbezirk Königsberg in der preußischen Provinz Ostpreußen gehörte – heute Belomorskoje (2010 mit 50 Einwohnern)

419 Am 9.4.1945 kapitulierte Königsberg

sen. Es waren ja Zivilisten! Aber sie kamen im Tiefflug und richteten dort noch einmal ein Blutbad an. Das war grausam – und immer hieß es weiter, weiter, weiter.

Dann plötzlich waren wir wieder am Rand von Königsberg. Irgendjemand sagte, hier waren wir doch schon ein paar Mal. Man hatte uns also um Königsberg drumherum getrieben. Da merkte man langsam, dass es gar keinen Ausweg mehr gab. Meine Mutter trennte sich von dem Treck. Das war ja eigentlich der Treckwagen meiner Großeltern. Sie sagte, wir wollen noch einmal versuchen, reinzukommen in unsere Stadt, in unser Haus, wir hatten ja kaum Kleidung und Gepäck bei uns.

Alle rieten uns ab, denn es war ganz, ganz starker Beschuss. Aber meine Mutter machte es dann doch irgendwie möglich, dass wir nach Königsberg reinkamen. Und nur Beschuss. Wir merkten es immer, wenn es links und rechts an unseren Ohren pfiff, dann war eine Kugel vorbeigeflogen, aber hatte uns Gott sei Dank nicht getroffen. Aber wirklich mit den größten Schwierigkeiten kamen wir dann endlich wieder an, in unsere Straße, in die Lange Reihe.

In der ganzen Straßenreihe stand kein Haus mehr. Auf der linken Seite befand sich die chirurgische Klinik, die wollte man wahrscheinlich treffen – hatte man aber nicht getroffen. Aber auf der rechten Seite standen alle privaten Häuser. Die waren weg – alle. Auch das Haus, in dem wir gewohnt haben. Nur ein einzigen Haus ganz hinten stand noch – und das steht heute noch. Da war immer der Briefkasten dran, dort habe ich immer die Post eingeworfen. Das war nicht verletzt, gar nichts, das hatte nicht einmal einen Granatsplitter abbekommen. Also, mysteriös. Und meine Mutter, die schon ein aufgeschlagenes Knie hatte und meine Schwester auf dem Arm trug, ich bin ja immer neben ihr hergetippelt, sagte, da gehen wir rein. Und da gingen wir rein. Der Beschuss war immer noch fürchterlich draußen. Wir gingen natürlich in den Keller. Im Keller waren deutsche Soldaten, die sagten, der Krieg wird wohl gleich vorbei sein. Und ein Soldat gab meiner Mutter seine Aktentasche: „Geben Sie das doch bitte meiner Frau, da sind persönliche Papiere drin und meine Uhr. Ihnen wird es jetzt bestimmt besser gehen als uns."

Meine Mutter fragte: „Welches Datum haben wir denn?" Und irgendjemand sagte: „Heute ist der 9. April 1945." Sie legte sich auf eine Bank, weil ihr Knie so verletzt war.

Es kamen dann noch einige Männer herein, braun angezogen, die wechselten ganz schnell ihre Uniformen, versteckten sie irgendwo in einer Ecke und zogen Zivilkleider an, ohne ein Wort zu sprechen, und waren so schnell wie möglich wieder draußen. Draußen wurde immer noch geschossen. Und auf einmal war es bedenklich still, so still, wie wir es gar nicht mehr gewöhnt waren. Ich ging, ein Kind eben, ein bisschen auf und ab in diesem Kellerraum. Plötzlich wurde die Tür aufgestoßen. Mit einem Krach flog sie gegen die Wand. Vor mir stand ein Ungeheuer, dachte ich. Das ist ein Ungeheuer. So einen Menschen hatte ich noch nie gesehen, mit dieser seltsamen Kopfbedeckung, so schmutzig und das Gewehr, das Maschinengewehr, auf mich gerichtet. Ich fing laut an zu schreien, in Todesangst. Da sagte dieser russische Soldat, und ich danke ihm noch heute: „Nix Angst, nix Angst." Da wusste ich natürlich, das war ein Russe. Er gab uns mit seinem Maschinengewehr zu verstehen, dass wir den Keller zu verlassen hatten.

Draußen ging die Hölle für uns erst richtig los. Es war zwar kein Beschuss mehr, aber die Straßen waren voll mit diesen Ungeheuern, wie ich sie damals sah. Ganz fürchterlich aussehende Soldaten, schmutzig und die Zähne schwarz oder abgefault oder gar keine mehr. Einfach ganz unmögliche Gestalten. Und die kamen auf uns zu und schrien jeden an: „Uri, Uri", und rissen [uns] alles aus den Händen. Wir hatten gar kein Gepäck mehr, die Aktentasche vom Soldaten nicht mehr und auch ich mit meiner Butterkanne – nichts mehr, wo noch etwas Proviant drin war. Sie rissen den Frauen die Haare auf, weil sie vermuteten, dass dort Schmuck drin war. Sie nahmen Frauen den Pelzmantel und die Stiefel weg – auch wenn sie mehrere Kinder dabeihatten und froren, das machte denen gar nichts aus. Die mussten alles hergeben.

Und so wurden wir dann in einer Kolonne entlanggetrieben. Seltsamerweise wussten die Russen ganz genau, wo sie uns hinzutreiben hatten. Sie sagten immer „dawei, dawei" und zeigten in eine Richtung. Es wurden immer mehr Menschen. Inzwischen war es schon dunkel. Ich merkte, dass ich stolperte über irgendwelche Menschen, die tot am Boden lagen. Ich wusste nicht, ob es nun tote Soldaten waren, denn die ganze Stadt war ja voller Toten. Oder waren es Menschen, die gerade erst umgefallen waren.

Und immer wieder kamen Soldaten und leuchteten deutschen Frauen in die Gesichter. Entweder sie hatten eine Taschenlampe oder sie hatten vorne in ihrem Sowjetstern an ihren Mützen so raffinierte Beleuchtung angebracht, dass da ein kleines Lämpchen aufleuchtete, wenn sie in ihrer Tasche auf etwas draufdrückten. Das merkten wir, dann leuchtete es oben an ihrem Kopf. Sie sahen dann noch unheimlicher aus. Diese schmutzigen, schwarzen Gesichter – und meistens waren es Schlitzäugige. Und dann diese schlechten Zähne, so etwas hatte ich noch gar nie gesehen. Und immer hieß es: „Frau komm, Frau komm."

Meine Mutter war in diesem Treck Gott sei Dank verschont geblieben. Sie trieben uns eine ganze Weile, es war schon sehr dunkel, bis wir bei großen Hallen ankamen. Es müssen Autos darin gestanden haben, denn es roch nach Benzin. Jemand sagte: „Die gehören zu einer Brauerei. Hier standen die Brauereifahrzeuge." Der Boden war aus Beton und jeder war froh, dass er sich erst einmal hinlegen konnte. Aber da ging es erst recht los.

Da fingen die Vergewaltigungen an. Die Russen kamen dann und bloß immer: „Frau komm, Frau komm." Die Kinder schrien. Es war fürchterlich. Die Russen hatten alle ihr umgehängtes Gewehr. Und jetzt in diesen Anfangsstunden nicht nur das Gewehr, sondern auf dem Gewehr noch das Bajonett. Meine Mutter legte sich hin, weil sie noch das kaputte Knie hatte, und meine Schwester und ich, wir setzten uns auf sie. Ich auf die Hüften, weil ich ja etwas größer und schwerer war, und meine Schwester auf den Oberarm. Und die Russen, wenn sie kamen und sagten: „Frau komm", dann habe ich, wie man es mir später berichtete, dermaßen geschrien, als würde man mich lebendig umbringen. So ein furchtbares Schreien soll ich gehabt haben, dass die Russen jedes Mal bei diesem Schreien von meiner Mutter abgelassen haben. Und dann natürlich vor uns ausgespuckt haben, das war klar. Aber das haben wir in Kauf genommen. Ich wusste nichts von Vergewaltigung mit sechs Jahren. Ich dachte immer, dieses Gewehr und darauf diese Spitze, das Messer, die töten jetzt die Mutti. Darum habe ich immer so schrecklich geschrien.

Das war jetzt die erste Nacht. Am nächsten Tag kam ein ziemlich normaler Russe, der hatte nichts mit Vergewaltigung im Sinn, das sah man dem gleich an. Der stellte einen Arbeitstrupp zusammen von den Frauen. Er sagte: „Frau komm, Frau komm, Frau komm" und führte sie nach Ponarth, einem vorgeordneten Stadtteil von Königsberg. Dort hieß es, die Frauen sollten die Wohnungen ausräumen, die instand gehalten und noch möbliert waren. Alles, was in den Schränken war, zum Fenster rauswerfen. Meine Mutter sagte, jede Frau bekam eine Wohnung zugeteilt. Aber das tat ihr richtig weh, dieses ganze gute Geschirr zum Fenster rauszuwerfen. Wenn alle Schränke leer waren, kam dann dieser eine Russe wieder und sagte, jetzt müssen alle Möbelstücke umgedreht werden, mit der Vorderseite an die Wand.

Na ja, hat meine Mutter auch gemacht, mit den anderen zusammen. Und dabei hat sie gemerkt, dass in einem der Schränke ein Kanister war. Es war Öl, Speiseöl. Dann kam der Russe wieder, nein, es war ein Polnischer, der sie beaufsichtigt hatte, und die Mutter sagte, das hat sie gefunden. Es war ein guter polnischer Soldat, die Frauen sollten alle Flaschen besorgen und jede bekommt etwas Öl. Nun musste man aber sehen, dass man mit diesen Flaschen auch wieder in diese Lagerhallen kam, denn die Russen durften das ja nicht sehen. Sie haben es gut versteckt und es konnte dann auch so reingebracht werden.

Dann kam die Nacht, zu essen gab es ja nichts, die Deutschen bekamen nichts zu essen. An diesem zweiten Tag kam ein junger Russe. Meine Mutter sagte, es war ein Jüngling. Der wollte ihren Ehering haben. Meine Mutter sagte, den kriege ich aber nicht runter. Bei anderen, hatte man gehört, dass die Russen sagten, wenn der Ehering nicht runtergeht, wird der Finger abgehackt. Aber sie haben [es] dann doch versucht, es ging dann doch einigermaßen, mit Schwierigkeiten, den Ring runterzubekommen.

Es waren auch Offiziere da. Die erkannte man an diesen großen Hüten und diesen vielen Orden an ihrer Brust. Sie beteiligten sich nicht an den Vergewaltigungen. Im Gegenteil, die hielten Abstand und verhielten sich diszipliniert. Meine Mutter ging gedankenverloren durch die Hallen und auf die Wiese, sieht dort auf einmal einen Ehering blitzen. Oh, denkt sie, einen Ehering, da könnte ich doch versuchen, meinen einzutauschen. Sie fand den jungen Russen tatsächlich und versuchte, es ging ja nur mit Handzeichensprache, ob sie ihren Ring wiederbekommt – sie würden ihm diesen Ring geben. Es war ein ganz anständiger Russe, er machte sein Portemonnaie auf – es war voller goldener Eheringe. Dann durfte sie suchen, wo ihr Ehering ist, und konnte den eintauschen.

Die Nacht kam und es ging wieder los mit den Vergewaltigungen. Das vergisst man gar nicht als Kind, es ist grausam, diese Schreie. Nun kam der zweite Tag. Da wurde wieder ein Trupp zusammengestellt, Frauen, arbeiten, rabottat, das hatten wir also schon gelernt, rabottat heißt arbeiten. Wir hatten also jetzt schon zwei Worte gelernt: Uri, Uri und rabottat.

Meine Mutter ging wieder mit und wir zwei kleinen Mädchen setzten uns, weil es ja so groß war und so viele Menschen, in eine Ecke, damit sie uns wiederfindet. Sie kam an diesem Tag zurück und war sehr verändert. Es sei ihr schlecht. Und weil sie keinen Menschen hatte, mit dem sie sich unterhalten konnte, und ich ihre Große war, erzählte sie mir, was sie hatte erleben müssen. Königsberg war ja voller Bombenkrater, das wussten wir, ein Krater am anderen. Sie sind hinbeordert worden an den Nordbahnhof. Dort müssen ganz besonders schwere Kämpfe stattgefunden haben. Da lagen so viele tote Soldaten, sagte sie, gerade so, als wenn tote Fliegen vom Himmel gefallen wären. Sie mussten diese toten Soldaten in diese Bombenkrater hineinhieven. Immer zwei Frauen einen Soldaten anfassen und dann sagte der Russe mit Maschinengewehr im Anschlag, es dürfen keine Erkennungsmarken und keine persönlichen Gegenstände abgenommen werden, die müssen so beerdigt werden.

Dann bekamen die Frauen Spaten und mussten Erde drüberschaufeln. Bei einem jungen deutschen Soldat ließen sich die blonden Locken gar nicht unter die Erde bringen. Es war einfach zu voll, dieses Grabloch. Da hat eine deutsche Frau ihm mit der Hand diese blonden Locken runtergeschoben und gesagt: Jungchen, wo wird deine Mutter um dich weinen.

Das bewegt mich bis zum heutigen Tag, wenn ich bedenke, dass unter dem Asphalt, es wurde ja später asphaltiert, unter dem Asphalt vom Nordbahnhof noch die deutschen Soldaten liegen mit ihren Erkennungsmarken. Und so viele Schicksale hätten aufgeklärt werden können, hätte man ihnen die Erkennungsmarken abnehmen dürfen. Königsberg war in jeder Hinsicht tot. Wir sind dann aus dieser Lagerhalle geflüchtet, raus, wir müssen raus, raus aus diesem Königsberg. Da ist nur noch Tod und Verderben und keine Lebensmittel, nichts. Wir gehen über diese Trümmerberge, da war ja keine Straße mehr, wir wussten gar nicht, wo wir sind. Es war eine Mondlandschaft, wo immer noch viele tote Deutsche lagen, auch Zivilisten.

Wir kamen in eine Straße hinein, da lagen viele, viele junge deutsche Mädchen, vielleicht sechzehn, siebzehn, achtzehn, würde ich so schätzen – nackt und den ganzen Körper voll mit Bajonettstichen. Man muss sie erst gezwungen haben, sich auszuziehen, und hat sie dann getötet. Meine Mutter hielt mir die Augen zu, aber ich hatte schon genug gesehen.

Dann gehen wir in die nächste Straße. Ich hatte immer Angst, um eine Ecke zu gucken, weil um jede Ecke ein anderes Grauen lag. Wieder gingen wir um eine Straßenecke und dort war die ganze Straße entlang eine verkohlte Leiche neben der anderen aufgereiht. Da sagt meine Mutter: „Hier war einmal ein Krankenhaus." Wir gingen näher ran an die verkohlten Leichen und sahen, dass es wirklich ein Lazarett gewesen sein muss, denn es waren Armamputierte, Beinamputierte, die hatte man hinausgeschafft. Und draußen sind sie verbrannt.

Ich weiß jetzt, wie eine verkohlte Leiche aussieht. Man kann nicht mehr identifizieren, ob es ein Mann oder eine Frau ist. Man sieht nur noch den aufgerissenen Mund, zum letzten Schrei, die Augen noch auf, weil die Lider ja auch verbrannt waren. Es war grauenhaft. Und dann stank es natürlich nach Verkohltem, einfach [nach] Verkohltem. Das waren furchtbare Eindrücke. Einerseits dieses Tote, überall Tote, dann um die nächste Ecke ging ich herum, da lag ein erschossener Deutscher, um die nächste Ecke wieder gucken, vorsichtig, da war ein deutscher Soldat, dem hatte man auf der Stirn das Hakenkreuz eingebrannt und [ihn] dann erst erschossen. Also lauter Verstümmelte. Oder ich bin wieder um die Ecke herum, da waren Menschen, Deutsche, also Zivilisten, die hatten einen aufgerissenen Leib oder einen weggerissenen Kopf. Oder ein Baum, erinnere ich mich, natürlich keine Blätter dran, in dem Baum hing ein Bein, von irgendwo daraufgeflogen. Furchtbare Situationen, dauernd mit diesem Tod konfrontiert zu sein.

Das war alles nach dem 9. April 1945, kurz danach, alles noch im April 1945. Weiter auf der Flucht aus Königsberg kommen wir auf eine Straße, da hatten die Russen auf den

Trümmern einen Markt aufgebaut mit dem, was sie erbeutet hatten. Das verkauften sie jetzt untereinander, tauschten das aus. Meine Mutter sagte: „Sprecht jetzt nicht, damit die nicht merken, dass wir Deutsche sind." Vor mir sitzt eine Russin auf einem Trümmerhaufen und hat eine einzige Schachteln Pralinen. Eine Praline für 6 Rubel. Wir hätten natürlich gerne eine gehabt, aber hatten sowieso kein Geld.

Dann gehen wir eine lange, lange Straße entlang nach Schönfließ, auch ein Vorort von Königsberg, und sehen wieder ein unbeschädigtes Haus. Meine Mutter sagte, da gehen wir rein. Jetzt muss es schon Anfang Mai gewesen sein, denn die Sonne war schon ziemlich heiß, sie brannte. Wir gehen rein und es lagen dort einige Matratzen auf dem Fußboden. Wir wollten uns ein bisschen ausruhen. Als ich aber ans Fenster ging, sah ich Entsetzliches: Der ganze Garten war voll mit Frauen, noch nicht beerdigt, aber alle ganz deutlich vergewaltigt, mit angewinkelten und gespreizten Beinen, eine neben der anderen, kreuz und quer. Der Unterleib zerstört. Also, man muss mit dem Bajonett hineingestochen haben oder, wie es damals üblich war, hineingeschossen haben. Meine Mutter bemerkte mich, aber ich hatte schon zu viel gesehen.

Wir kamen auch zum Hafen. Das war auch ganz furchtbar – alles verbrannt und verkohlt. Im Hafenbecken lagen angeschwemmte Leichen, aufgedunsene Menschen und natürlich auch Pferde. Das ganze Hafenbecken voll. Alles totenstill. Und da sagte meine Mutter auch: „Bloß schnell weg von hier."

Wir mussten immer auf der Hut sein, es war ganz komisch. Die russischen Soldaten waren nicht deutlich sichtbar. Plötzlich kam einer aus einer Ruine. Der hatte uns schon gesehen, wir ihn aber noch nicht.

Man hörte schon, weil ja jetzt alles totenstill war, die Geräusche von vielen Schritten, als wenn eine Kolonne kommt. Einmal konnten wir uns ganz schnell auf einem Trümmergrundstück verstecken. Einmal nicht, die waren zu nahe dran, um die Ecke herum kam eine Kolonne, vorne dran ein Russe mit Gewehr und dahinter eine Kolonne deutscher Zivilisten, die er irgendwohin führte. Wir haben später erfahren, dass sie in einem Lager gesammelt wurden. Meine Mutter ahnte schon so etwas Ähnliches. Sie sagte, bloß das nicht. Der russische Soldat gab uns aber mit dem Daumen ein Zeichen, so, hinten anschließen. Meine Mutter nickte, und als das Ende der Kolonne gekommen war, tat sie so, als wenn wir uns anschließen, ging auch ein paar Schritte – und ruckzuck warfen wir uns in den nächsten Straßengraben. Meine Mutter sagte, ducken, ducken, ducken, bloß nicht hier mitgehen. Und dadurch waren wir wieder einmal den Häschern entkommen.

Es gab kein Internationales Rotes Kreuz, es gab nirgendwo Hilfe. Niemand kümmerte sich um uns, obwohl die westlichen Alliierten wussten, dass es am Tag der deutschen Kapitulation noch so viele deutsche Zivilisten gab. Da hatten es die deutschen Kriegsgefangenen besser, wenn man überhaupt hier von gut und schlecht sagen kann. Die wurden wenigstens registriert, konnten Kontakt aufnehmen zu ihren Verwandten. Wir waren die Verschollenen, uns gab es nicht.

Später, nach unserer Entlassung 1948, haben unsere Großeltern gesagt, die durchgekommen waren bis nach Mecklenburg, wir haben euch unzählige Male suchen lassen über das Rote Kreuz, es hieß aber immer: verschollen. Es gab nichts, weder von Schweden, es hieß einmal, ein Gerücht kam auf, schwedische Schiffe würden kommen, um die Deutschen abzuholen. Aber das war nur ein Gerücht. Es war nichts, keine Hilfe, kein Essen. Wir wurden auch nicht registriert, auch nicht von den Russen. Uns gab es nicht. Wir waren einfach nicht existent, wir waren lebendig Begrabene.

Wir haben drei Jahre außerhalb Königsbergs auf einer Kolchose gelebt, bis wir 1948 entlassen wurden, eigentlich rausgeworfen, weil wir für die Arbeit unbrauchbar waren. Kranke, Alte und Faule wurden ausgewiesen. Wir waren so krank, also waren wir im Sinne der russischen Behörden Faule. Da wurden wir zu nächtlicher Stunde mit russischen LKWs wieder nach Königsberg gefahren. Dort hatte sich noch nichts geändert, es war noch eine tote Stadt, es waren noch die Trümmer so, wie wir die Stadt 1945 verlassen hatten.

Als ich 1993 erstmals wieder nach Königsberg fahren durfte, stand ich lange auf diesem Vorplatz vom Nordbahnhof und habe gedacht, hier liegen sie und ich bin die Einzige, die das weiß. Ich bin hingegangen und habe gesehen, wo die Massengräber damals waren, sind heute Autoabstellplätze, Kinderspielplätze, Grünanlagen. Erst wo die Massengräber aufhören, hat man angefangen, Häuser hinzusetzen für die russische Bevölkerung. Aber die russische Bevölkerung von jetzt weiß natürlich nicht, dass ihre Autos auf Massengräbern stehen. Für mich ist Königsberg der größte Friedhof dieser Welt, denn es sind ja hunderttausend Menschen innerhalb dieser kurzen Zeit dort umgekommen. Ich könnte nie mehr in Königsberg leben, um keinen Preis der Welt. Das ist für mich heilige Erde.

ANHANG

THOMAS WEBER

Hitlers Antisemitismus schon vor dem Krieg

Thomas Weber[1] erhielt die Transkription der Videoaufnahmen von Karl Höffkes vor der Veröffentlichung dieses Buchs, weil er der weltweit anerkannte Fachmann besonders für die frühe Zeit von Hitler ist. Er erkannte die Bedeutung des Interviews mit Elisabeth Grünbauer, geb. Popp für die Geschichtswissenschaft. Das Original des Videos half ihm dabei weiter, die Aussagen richtig einzuordnen. Veröffentlicht wurde Webers Abhandlung in *The Journal of Holocaust Research* 33 Nr.1 (2020)[2] kurz vor Erscheinen dieses Buchs. Für den Berlin Story Verlag eröffnete sich dadurch die Möglichkeit, den Beitrag Webers in diesem Buch aufzunehmen. Demzufolge ist Hitlers Antisemitismus bereits sechs Jahre früher nachzuweisen als bisher angenommen und beschrieben.

Webers Artikel befasst sich mit den Wurzeln des Antisemitismus von Adolf Hitler. Er wirft die Frage auf, ob es wirklich glaubwürdig ist, zu argumentieren, dass Hitler vor der postrevolutionären

1 Professor an der University of Aberdeen, Chair in History and International Affairs und Direktor des Centre for Global Security and Governance
Sein Buch „Hitlers erster Krieg. Der Gefreite Hitler im Weltkrieg – Mythos und Wahrheit" (Propyläen 2011) erregte internationales Aufsehen. Es wurde in zehn Sprachen übersetzt und gewann den ‚Arthur Goodzeit Book Award' vom New York Military Affairs Committee für das beste Buch in Militärgeschichte. Wie es zur Metamorphose Hitlers vom ehemaligen Gefreiten zum Führer der nationalsozialistischen Bewegung kam, schildert er in „Wie Adolf Hitler zum Nazi wurde. Vom unpolitischen Soldaten zum Autor von ‚Mein Kampf'" (2016). Bisher erschien das Buch in vier Sprachen und es stand auf der Shortlist für den Elizabeth Longford Prize for Historical Biography.
2 'The Pre-1914 Origins of Hitler's Antisemitism Revisited'

Zeit nach dem Ersten Weltkrieg keine antisemitischen Gefühle hegte. Er stellt den Leserinnen und Lesern bisher unbekannte Aussagen von Elisabeth Grünbauer vor, der Tochter der Familie, bei der Hitler vor dem Ersten Weltkrieg in München wohnte. Nach ihrer Aussage war Hitler bereits mindestens sechs Jahre früher als bisher angenommen ein Antisemit. Entscheidend ist, dass sie behauptet, dass Hitlers Judenhass schon vor dem Ersten Weltkriegs bestand. In ihrer Aussage hat Grünbauer antisemitische Äußerungen Hitlers gegenüber ihrem Vater festgehalten, die Hitlers Entscheidung, Österreich zu verlassen, mit seinem Antisemitismus in Verbindung bringen. Es handelt sich um eine kritische Einschätzung von Grünbauers Aussage. Darüber hinaus versucht Thomas Weber, die Entstehung von Hitlers Antisemitismus in der Vorkriegswelt und seine mögliche Mutation im nachkriegszeitlichen, nachrevolutionären München zu erklären.

DIE URSPRÜNGE VON HITLERS ANTISEMITISMUS VOR 1914

Eine Neubewertung[1]

von Thomas Weber[2]

1994 bat Karl Höffkes, Sammler historischen Filmmaterials und Chronist der dunkelsten Kapitel des 20. Jahrhunderts, eine fast neunzigjährige Frau zum Gespräch. Die akkurat gekleidete Frau mit ihrer großen Goldrandbrille, sorgfältig frisierten grauen Locken, rotem Lippenstift und altmodischen, aber eleganten Ohrringen hatte Mühe, Blickkontakt zu halten. Ohne Zweifel konzentrierte sie sich darauf, sich in die Welt von vor acht Jahrzehnten zurückzuversetzen. Dann begann sie, ihre persönlichen Erinnerungen und die ihrer Familie an das Leben in München zur Zeit des Ersten Weltkriegs zu erzählen. Nach Abschluss der Dreharbeiten zu seinem Interview mit Elisabeth Grünbauer hatte Höffkes die, soweit bekannt, früheste antisemitische Äußerung Hitlers, die in irgendeiner Weise Glaubwürdigkeit beanspruchen kann, auf Band.[3]

Elisabeth Grünbauer war die Tochter der Familie Popp, bei der Hitler in den 15 oder 16 Monaten in München gewohnt hatte, bevor er in den Ersten Weltkrieg aufbrach. In dieser Zeit kamen sich Hitler und die Popps – Elisabeths Eltern Anna und Josef, ihr Bruder Josef Jr. und sie selbst – recht nahe, wie aus den sieben

---

1 Der Artikel 'The Pre-1914 Origins of Hitler's Antisemitism Revisited' erschien in *The Journal of Holocaust Research* 33 Nr.1 (2020), S. 70–86.
Deutsch von Marion Schweizer, Textpraxis Hamburg

2 Ich danke Wieland Giebel, Andreas Heusler, Gerhard Hirschfeld, Karl Höffkes, Nicole Jordan, Kolja Kröger, Harold Marcuse, Gavriel Rosenfeld, Ulrich Schlie und Dirk Walter für Feedback, Hilfe und Inspiration bei den Recherchen und beim Verfassen dieses Artikels.

3 Wesentliche Passagen dieses Interviews finden sich auf den Seiten 61–65 dieses Buchs.

noch erhaltenen Briefen und Postkarten hervorgeht, die Hitler Ende 1914 und Anfang 1915 von der Front an sie geschickt hatte.[4]

Elisabeth Grünbauer, geboren am 13. Mai 1905,[5] war erst acht Jahre alt, als Hitler Untermieter ihrer Familie wurde. Ihr Zeugnis sollte jedoch weniger als persönliche Erinnerung eines jungen Mädchens gelesen werden, sondern vielmehr als Bericht über die gemeinsamen Erinnerungen ihrer Familie an die Zeit mit Hitler. Tatsächlich besteht ihr Interview mit Höffkes aus zwei Teilen: Der eine fokussiert auf das, was sie von ihren Eltern erfahren hatte, der andere gibt ihre eigenen Erinnerungen wieder, zum Beispiel an die harmlosen Streiche, die sie und ihre Freundinnen Hitler gespielt hatten.

Soweit wir wissen, verlief Grünbauers Leben in ruhigen Bahnen. Als sie erwachsen war, heiratete sie einen Herrn Steindl, zog von München nach Hamburg und lebte dort von 1931 bis 1935.[6] In diesem Zeitraum gab ihre Mutter dem Autor der ersten großen englischsprachigen Hitler-Biographie, *Germany's Hitler*, die 1934 in London publiziert wurde, ein Interview. Für dieses hagiographische Buch wurde das Interview mit ihrer Mutter so bearbeitet, dass es genau mit der Geschichte übereinstimmte, die Hitler von sich selbst zu verbreiten suchte. Ansonsten verrät das Interview mit ihrer Mutter nichts von politischer Bedeutung. Was die nicht dezidiert politischen Beobachtungen betrifft, so stimmen das Interview von 1930 mit ihrer Mutter und das von 1994 mit ihr selbst weitgehend überein. Dies passt zu der Einschätzung, dass Grünbauers Interview als Schilderung der gemeinsamen Erinnerungen ihrer Familie, so wie diese an sie weitergegeben wurden, anzusehen ist.[7]

Zu einem nicht leicht feststellbaren Zeitpunkt während der Jahre des Dritten Reichs ließen sich Grünbauer und Steidl scheiden und Grünbauer kehrte nach München zurück. Sie

---

4   Adolf Hitler, *Sämtliche Aufzeichnungen: 1905–1924*, hrsg. von Eberhard Jäckel und Axel Kuhn (Stuttgart: Deutsche Verlags-Anstalt, 1980), Dokumente Nr. 24, 25, 26, 28, 29, 33 und 34.

5   *Münchner Merkur*, Todesanzeige Elisabeth Grünbauer, September 1999. Ich danke Dirk Walter, der die Todesanzeige gefunden und an mich weitergegeben hat.

6   Spruchkammerakte „Popp, Elisabeth", Staatsarchiv München, Spruchkammern, Karton 1340; Meldekarte für Ludwig Grünbauer, Stadtarchiv München, Meldeunterlagen, EWG 78.

7   Heinz A. Heinz, *Germany's Hitler* (London: Hurst & Blackett), S. 49–53.

nahm nun eine Stelle als Sachbearbeiterin bei der Industrie- und Handelskammer an und zog wieder in die Wohnung ihrer Eltern. 1933 trat sie in die NSDAP ein und wurde 1938 außerdem Mitglied der Deutschen Arbeitsfront (DAF). 1969 heiratete sie erneut und wurde die Gattin des Taxiunternehmers Ludwig Grünbauer. Er verstarb im Jahr 1978, sie selbst am 10. September 1999.[8] Ihr Gespräch mit Karl Höffkes, der damals Aussagen von Tätern und Opfern sammelte, fand also fünf Jahre vor ihrem Tod statt. Auch wenn Grünbauers Interview vor allem für die Erfoschrung der Genese zu Hitlers Antisemitismus von Belang ist, förderte Höffkes' Unterhaltung mit ihr viele andere wichtige Informationen über den späteren Führer der Nationalsozialisten zutage. Beispielsweise bestätigt es implizit, dass Hitler – aus Gründen, die wir bis heute nicht schlüssig erklären können – stets gelogen hat, was seinen Umzug von Österreich-Ungarn nach Deutschland betraf. Seltsamerweise behauptete Hitler immer und immer wieder, er sei 1912 nach München gezogen, in Wahrheit ging er aber erst im Jahr darauf nach Deutschland.[9] Das Interview offenbart auch, dass Grünbauer noch immer von Hitler gebannt war, viele Jahre, nachdem sie zuletzt mit ihm zu tun hatte. Ferner kommt hier ihr deutsches Faible für Sauberkeit und Ordnung zum Vorschein, als sie beschreibt, wie Hitler 1913 aus Wien kommend in der Wohnung ihrer Eltern in der Schleißheimer Straße ankam und zusammen mit seinem Bekannten Rudolf Häusler[10] den Raum im Treppenhaus neben der Wohnung ihrer Familie bezog:

---

8   Spruchkammerakte „Popp, Elisabeth", Staatsarchiv München, Spruchkammern, Karton 1340; Meldekarte für Ludwig Grünbauer, Stadtarchiv München, Meldeunterlagen, EWG 78. *Münchner Merkur*, Todesanzeige Elisabeth Grünbauer, September 1999; die Informationen wurden am 25. November 2019 von der Friedhofsverwaltung der Stadt München zur Verfügung gestellt.

9   Hitler behauptet dies z.B. in einem Artikel für den *Völkischen Beobachter* vom 12. April 1922, bei seiner Gerichtsverhandlung Anfang 1924 sowie in *Mein Kampf*, s. *Hitler, Mein Kampf: Eine kritische Edition*, Bd. 1, hrsg. von Christian Hartmann et al. (München, Institut für Zeitgeschichte, 2016), S. 373; Othmar Plöckinger, „Frühe biographische Texte zu Hitler: Zur Bewertung der autobiographischen Teile in „Mein Kampf", *Vierteljahrshefte für Zeitgeschichte*, Nr. 1 (2010): S. 93–114, auf den Seiten 96 und 104. Die Behauptung wurde außerdem von der Nazi-Propaganda mehrfach wiederholt, siehe Philipp Bouhler, *Adolf Hitler: Das Werden einer Volksbewegung* (Lübeck: Verlag Charles Coleman, 1932), S. 9. Siehe auch Heinz, *Hitler*, 49.

10 Rudolf Häusler, 1893-1973, siehe Anton Joachimsthaler, *Hitlers Weg begann in München 1913–1923* (München: Herbig, 2000), S. 322f., Anm. 9.

> „Als er von Wien kam, ... hat [er] einen Koffer mitgebracht, da war alles wunderbar und seine Wäsche und alles, also dass man sagen muss, als wäre er gerade von der Mutter gekommen, die ihm den Koffer eingepackt hat. Ja, also sehr, sehr sauber. ... [Er war] äußerst angenehm. Ein so in seiner Gesinnung möchte ich sagen vornehmer Mensch. ... Er war ein, ich möchte beinahe sagen, ein Gerechtigkeitsfanatiker. ... [Er war] sehr, sehr diszipliniert. Also ich könnte da nur das beste sagen."

Grünbauer berichtete Karl Höffkes auch, wie es Hitler gelungen war, im Ersten Weltkrieg in der Bayerischen Armee (und damit in den Streitkräften des Deutschen Reichs) zu dienen, obwohl er rechtlich gesehen Ausländer und Untertan des Habsburger Kaisers war:

> „Da hat er dieses Immediatsgesuch gemacht, an den König, und das hat sehr lange gedauert. ... Fieberhaft hat er gewartet, also jeden Tag hat er zweimal im Laden nachgefragt, ob denn noch keine Post da ist. Und dann kam sie doch. ... Da hat er fast einen Luftsprung gemacht, dass er dann im deutschen Heer hat dienen können."

Grünbauers Aussage ist wohl die erste plausible Erklärung dafür, wie es Hitler gelang, als Österreicher in den deutschen Streitkräften zu dienen und damit einen Weg einzuschlagen, der schließlich in seine politische Laufbahn mündete. Oberflächlich gesehen bestätigt ihre Aussage Hitlers eigene Angaben, denn auch er selbst behauptete in *Mein Kampf*, er habe sich direkt an den König gewandt:

> „Am 3. August reichte ich ein Immediatgesuch an Seine Majestät König Ludwig III. ein mit der Bitte, in ein bayrisches Regiment eintreten zu dürfen. Die Kabinettskanzlei hatte in diesen Tagen sicherlich nicht wenig zu tun; um so größer war meine Freude, als ich schon am Tage darauf die Erledigung meines Ansuchens erhielt. Als ich mit zitternder Hand das Schreiben geöffnet hatte und die Genehmigung meiner Bitte mit der Aufforderung las,

mich bei einem bayrischen Regiment zu melden, kannte Jubel und Dankbarkeit keine Grenze."[11]

Diese Behauptung Hitlers wurde bisher allgemein als nicht plausibel verworfen, weil es unwahrscheinlich ist, dass die Kanzlei des Königs zwei Tage nach Kriegsausbruch nichts Dringenderes zu tun hatte, als sich unverzüglich dem Gesuch eines jungen österreichischen Freiwilligen zu widmen. Außerdem war für solche Anfragen das Kriegsministerium zuständig und nicht der König selbst.[12] Allerdings gibt es zwischen Grünbauers und Hitlers Darstellung dieser Geschichte einen bedeutsamen Unterschied. Während Hitler behauptet, er habe innerhalb eines Tages Antwort erhalten, beschreibt Grünbauer sein ungeduldiges Warten darauf, dass sein Ersuchen um eine Sondergenehmigung für den Dienst in der Bayerischen Armee beantwortet würde, und dass es eine Weile gedauert habe, bis er Antwort erhielt.

Dass die Antwort auf Hitlers Ersuchen erst nach einiger Zeit eintraf, verleiht der Aussage Grünbauers Plausibilität und Glaubwürdigkeit zugleich. Das würde darauf hindeuten, dass das Ersuchen nicht beschleunigt bearbeitet wurde, die Kabinettskanzlei also nicht unmittelbar nach Kriegsausbruch dringendere Angelegenheiten aufschieben musste. Außerdem erklärt sich damit auch, warum Hitler erst am 16. August bei der Rekrutierungsstelle des 2. Bayerischen Infanterieregiments vorsprach, um sich freiwillig zu melden.[13] Dies würde bedeuten, dass es einen simplen Grund gab, warum er sich erst Mitte August beim 2. Infanterieregiment meldete: Er musste abwarten, bis seiner Bitte um Sondergenehmigung für den Dienst in den deutschen Streitkräften entsprochen wurde. Diese

---

11   *Hitler, Mein Kampf: Eine kritische Edition*, Bd. 1, S. 459.
12   Thomas Weber, *Hitler's First War: Adolf Hitler, the Men of the List Regiment, and the First World War* (Oxford: Oxford University Press, 2010), S. 15f (Zitatverweis bezieht sich auf die englische Version des Buchs, weil diese von der deutschen abweicht); *Hitler, Mein Kampf: Eine kritische Edition*, S. 458, Anm. 41; Peter Longerich, *Hitler: A Life* (Oxford: Oxford University Press, 2019), S. 34, 976 Anm. 144 (Zitatverweis bezieht sich auf die englische Version des Buchs, weil diese von der deutschen abweicht).
13   Zum Tag seiner Meldung als Freiwilliger beim 2. Infanterieregiment siehe Joachimsthaler, *Weg*, S. 105.

Erklärung erscheint plausibler als die frühere Spekulation, dass er zuvor möglicherweise von anderen Regimentern abgelehnt worden war und sich deshalb erst am 16. August als Freiwilliger beim 2. Infanterieregiment meldete.¹⁴

Und als das Bayerische Kriegsarchiv vom Bayerischen Staatsministerium des Innern beauftragt wurde, zu untersuchen, wie Hitler es geschafft hatte, in die Bayerische Armee aufgenommen zu werden, bestätigte das Gutachten des Archivs, dass der König von Bayern dem Kriegsministerium per Dekret die Zulassung ausländischer Freiwilliger gestattet hatte. In dem Gutachten wurde auch dargelegt, dass das Kriegsministerium zu Beginn des Krieges tatsächlich mehrere Österreicher als Freiwillige zugelassen hat. Das Kriegsarchiv konnte in den Akten über ausländische Freiwillige allerdings kein Schriftstück finden, das sich speziell auf Hitler bezog.¹⁵ Diese Tatsache ist jedoch von weit geringerer Bedeutung als die Existenz einer politischen Direktive, die die Aufnahme Hitlers in die Bayerische Armee ermöglichte. Schließlich sind auch keinerlei Schriftstücke über seine Aufnahme in das 2. Infanterieregiment erhalten.

Es stimmt auch nicht, dass Hitler nach Österreich-Ungarn hätte zurückgeschickt werden müssen, weil er als Österreicher der dortigen Wehrpflicht unterlag, wie es an anderer Stelle heißt.¹⁶ Weil ihn die habsburgischen Behörden Anfang des Jahres aus gesundheitlichen Gründen freigestellt hatten, war er in Österreich-Ungarn ganz einfach nicht mehr wehrpflichtig.¹⁷ Auch dass für die Freiwilligen das Kriegsministerium und nicht der König zuständig war, ist bedeutungslos. Ganz abgesehen davon, dass sich diese Politik erst in den ersten Kriegstagen und -wochen entwickelte, bedeutete ein *„Immediatgesuch"* ja gerade, dass Antragsteller den üblichen Verwaltungsweg umgehen und sich direkt an die höchstmögliche Behörde wenden. Überdies kann es in Anbetracht der zeitlichen Verzögerung, mit der Hitlers Antrag genehmigt wurde, immer noch sein, dass das Kriegsministerium im Nachgang ebenfalls daran beteiligt war.

---

14   Dazu siehe Longerich, *Hitler*, S. 976 Anm. 144.
15   Joachimsthaler, *Weg*, S. 103-105.
16   Zu dieser Annahme siehe ebd. S. 103, „Anmerkung des Verfassers".
17   Thomas Weber, *Hitler's First War*, S. 45.

Damit liefert Elisabeth Grünbauers Interview erstmals die bisher plausibelste und glaubwürdigste Erklärung dafür, wie es Hitler gelang, in den deutschen Streitkräften zu dienen und von dort aus in die Politik zu gehen. Die eigentliche Bedeutung von Grünbauers Interview liegt jedoch in ihren Aussagen über Hitlers antisemitische Äußerungen. Sie sind folgendermaßen:

> „Und er hat sich immer beschwert, dass zum Beispiel in Österreich also eine Lage herrscht, die ihm nicht passt, und vor allen Dingen, dass er auch nie in Österreich zum Militär will, ..., weil ihm Österreich zu verjudet war. ... Das war ein Hauptthema von ihm, dass er eben gesagt hat, daß eben Wien ... Wien und Österreich sei[en] so verjudet, das ist ein Grund gewesen, dass er gegangen ist. Und er auch nicht für Wien oder beziehungsweise für Österreich in den Krieg gehen wollte. ... Das hat sich halt im Gespräch immer wieder ergeben. Er ist ja sehr oft zu meinem Vater in den Laden gekommen. ... Die Debatten waren oft stundenlang, dass es für meinen Vater, der ja hat arbeiten müssen, nicht immer gerade angenehm war. Aber sonst haben sie sich schon gut vertragen. ... [Sein Antisemitismus war] in keiner Weise auffällig. Nur gesprächsweise, wenn er eben mit meinem Vater sich unterhalten hat, dann hat er das schon durchblicken lassen, also dass ‚die Juden die Leute ausbeuten'. ... Und die Firma Stuffler am Lenbachplatz war ja auch jüdisch. Die haben ja eben ihm für die Bilder so wenig bezahlt. ... Tja, er hat ja eben nur gesagt, also Österreich, die Börse, die haben die Juden in der Hand, und auch sonst, ... [sie] sind Ausbeuter. Aber, ich persönlich war da nicht dabei, sondern im Gespräch mit meinen Eltern [haben die es gesagt.] ... Er hat nur eben von Ausbeutung gesprochen, dass sie eben ausgebeutet werden da drüben, und in Deutschland war es dann eben auch nicht anders."

Bemerkenswert an Grünbauers Aussage sind zum einen der Zeitpunkt der antisemitischen Äußerungen Hitlers, zum anderen die Argumente zu deren Rechtfertigung.

Bis das Interview mit Grünbauer auftauchte, war nie ein belastbares Dokument über Hitlers Antisemitismus in der Zeit vor Sommer 1919 ans Licht gekommen. Mit anderen Worten:

Wenn man Grünbauers Zeugnis trauen kann, dann haben wir jetzt einen Beleg für antisemitische Aussagen Hitlers, die etwa sechs Jahre früher datieren als alle anderen nachgewiesenen antisemitischen Äußerungen von ihm. Entscheidend ist, dass die von Höffkes dokumentierten antisemitischen Äußerungen aus der Zeit vor dem Ersten Weltkrieg stammen. Und sie sind eine Aufforderung an uns, erneut danach zu fragen, was Hitler in seinen letzten Jahren in Wien erlebt hat.

Zwar behauptete Hitler selbst, er sei als junger Mann in Wien zu einem politisch motivierten Antisemiten geworden. Doch seit die verstorbene deutsch-österreichische Historikerin Brigitte Hamann ihre bahnbrechende Studie *Hitlers Wien: Lehrjahre eines Diktators* (1998) veröffentlicht hat, eine Chronik seiner Jahre in der österreichischen Hauptstadt von 1907 bis 1913, gelten Hitlers eigene Behauptungen über die Entstehung seines Antisemitismus als politisch clevere Fiktion.[18]

Zwischen Herbst 1922, als Hitler begann öffentlich über sein Leben zu reden und dem Verfassen von *Mein Kampf* erfand er mit viel Geschick eine alternative Vergangenheit für sich, die ihm politisch nützlich war.[19] Als Bestandteil dieser Geschichte erklärte er, sein Antisemitismus entstammte nicht seiner Familie, und hob hervbor – was plausibel ist –, dass sein Vater kein Antisemit gewesen sei.[20] Tatsächlich leitete seine Halbschwester Angela nach dem Ersten Weltkrieg die jüdische Studentenkantine an der Universität Wien. Diese Tatsache spricht dafür, dass es keine Pfadabhängigkeit von Hitlers Kindheit und familiärem Hintergrund zu seinen späteren glühend antisemitischen Überzeugungen gab. Das folgt auch aus dem Umstand, dass sich Angela und Hitlers Schwester Paula wegen Hitlers Antisemitismus zunächst weigerten, ihn nach seinem gescheiterten Putsch im Gefängnis zu besuchen.[21]

---

18 Brigitte Hamann, *Hitlers Wien: Lehrjahre eines Diktators* (München, Piper, 1996); English-language edition: *Hitler's Vienna: A Dictator's Apprenticeship* (Oxford: Oxford University Press, 2000).

19 Thomas Weber, *Becoming Hitler: The Making of a Nazi* (New York, Basic Books, 2017), Teil III (Zitatverweis bezieht sich auf die englische Version des Buchs, weil diese von der deutschen abweicht); Thomas Weber, „Inleiding", in *Adolf Hitler, Zijn Leven, Zijn Redevoeringen: Eerste Autobiografie uit 1923* (Hilversum: Uitgeverij Verbum, 2018), S. 7-40.

20 *Hitler, Mein Kampf: Eine kritische Edition*, Bd. 1, S. 199.

21 Weber, *Becoming Hitler*, S. 203, 315.

Während Hitler also – zumindest an dieser Stelle – hinsichtlich des Beginns seines politischen Werdegangs bei der Wahrheit blieb, wich er davon ab, kaum dass er mit seiner Geschichte im Jugendalter angelangt war. Und den Kern seines Narrativs bildete die Erzählung, wie er zum Antisemitismus gekommen war. Dabei folgte er den literarischen Konventionen des deutschen Bildungsromans und der zeitgenössischen Faszination für „Genies", wenn er erzählte, wie er als jugendlicher Niemand, aufgetaucht aus dem Nichts, in seiner Zeit in Wien häufig Not gelitten hatte. Diese Erfahrungen hätten ihm angeblich tiefe Einsichten über die Natur des Lebens vermittelt. Mit diesem Ansatz konnte Hitler die Not, die er angeblich durchgemacht hatte, so darstellen, als habe diese ihn befähigt, die verborgene Architektur der Welt zu erkennen. Dies wiederum habe ihn in die Lage versetzt, völlig neuartige Lösungen für die Probleme der Menschheit zu finden. So schuf er sich raffiniert und clever einen Platz in der Politik im Deutschland der 1920er-Jahre. Normalerweise hätte damals ein Schulabbrecher aus bescheidenen Verhältnissen keinen Zugang zur Politik gefunden. Er nutzte die nach dem Ersten Weltkrieg verbreitete Sehnsucht nach neuen „Genies" aus, die Deutschland aus dem Elend führen sollten. Als Genies betrachtete man Männer von überragender Kreativität und Originalität, die in der Lage waren, mit der Vergangenheit zu brechen und gänzlich neue Antworten zu finden. Wichtig dabei ist, dass Genies meist aus dem Nichts kommen und über angeborene Eigenschaften verfügen, die sie als Heranwachsende weiterentwickeln.[22]

So behauptete Hitler – in der Form eines Quasi-Bildungsromans –, die Schwierigkeiten, die er in der österreichischen Hauptstadt überwinden musste, hätten ihm gezeigt, welche Bedeutung der Antisemitismus für die Erklärung der Welt habe. Er wollte die Leserinnen und Leser glauben machen, sein politischer Antisemitismus sei zu dem Zeitpunkt, als er von Wien

---

22 Ibid., Teil II und III, insbesondere Kap. 8; Weber, „Inleiding"; Wolfram Pyta, „Adolf Hitler's (Self-)Fashioning as a Genius: The Visual Politics of National Socialism's Cult of Genius," in Udo Hebel und Christoph Wagner, (Hrsg.), Pictorial Cultures and Political Iconographies (Berlin: de Gruyter, 2011), S. 163–175. Zur verbreiteten Sehnsucht nach Genies siehe auch Carolin Lange, Genies im Reichstag: Führerbilder des republikanischen Bürgertums in der Weimarer Republik (Hannover, Wehrhahn Verlag, 2012).

nach Deutschland ging, bereits voll ausgebildet gewesen.²³ So schrieb er in *Mein Kampf*: „Indem ich den Juden als Führer der Sozialdemokratie erkannte, begann es mir wie Schuppen von den Augen zu fallen. Ein langer innerer Seelenkampf fand damit seinen Abschluß. [...] Es war für mich die Zeit der größten Umwälzung gekommen, die ich im Inneren jemals durchzumachen hatte. Ich war vom schwächlichen Weltbürger zum fanatischen Antisemiten geworden." Hitler schloss mit den Worten: „Siegt der Jude mit Hilfe seines marxistischen Glaubensbekenntnisses über die Völker dieser Welt, dann wird seine Krone der Totenkranz der Menschheit sein, dann wird dieser Planet wieder wie einst vor Jahrtausenden menschenleer durch den Äther ziehen."²⁴

Bereits in den 1930er-Jahren versuchte Rudolf Hanisch, von Ende 1909 bis August 1910 Hitlers Weggefährte in Wien, Hitlers Darstellung als Fiktion zu entlarven. Im April 1939 veröffentlichte *The New Republic* posthum einen dreiteiligen Artikel Hanischs, den er mit ziemlicher Sicherheit vier Jahre vor seinem Tod 1937 in einem österreichischen Gefängnis verfasst hatte. In dem Artikel erinnerte er sich an die Zeit, als er „Hitlers Freund" gewesen war. Die amerikanische Zeitschrift listete die vielen jüdischen Freunde und Geschäftspartner auf, mit denen Hitler in Wien Kontakt hatte. Laut Hanisch hatte Hitler damals auch die Gleichsetzung von jüdischem Kapitalismus mit Wucher zurückgewiesen. Er habe die Wohltätigkeit der Juden gelobt, den Ritualmordvorwurf gegen sie als Unsinn abgetan, sich für die Errichtung eines Denkmals für den deutsch-jüdischen Dichter Heinrich Heine in Deutschland ausgesprochen und Gotthold Ephraim Lessings berühmtes Stück *Nathan der Weise* gelobt, dessen jüdischer Protagonist die Toleranz zwischen Juden, Christen und Moslems rühmt. Darüber hinaus gab Hanisch an, Hitler habe sich bei Diskussionen in dem Männerheim, in dem sie wohnten, gegen Antisemiten positioniert, Moses und die zehn Gebote als Grundlage aller Zivilisation gepriesen, mit Ehrfurcht von den Rothschilds gesprochen und die Widerstandskraft der Juden bewundert, die es geschafft hatten, ihre Verfolgung über alle Epochen hinweg zu überleben.²⁵

---

23 *Hitler, Mein Kampf: Eine kritische Edition*, Bd. 1, S. 199-231.
24 *Hitler, Mein Kampf: Eine kritische Edition*, Bd. 1, S. 219, 229, 231.
25 Reinhold Hanisch, „I Was Hitler's Buddy", *New Republic*, 5. April 1939, S. 193-199; 12. April 1939, S. 270-272; 19. April 1939, S. 297-300, online verfügbar bei Ha-

Bis zur Veröffentlichung von Brigitte Hamanns Buch wurde Hanischs Bericht als das Werk eines Mannes abgetan, der mit Hitler noch eine Rechnung offen hatte und sowohl Antisemit als auch ein verurteilter Betrüger war. In der Tat können einige Behauptungen Hanischs unmöglich stimmen – beispielsweise schilderte er Hitlers Reaktion auf einen Film, der in Wahrheit erst 1915 erstmals gezeigt wurde.[26] Doch Hamann ging Hanischs Behauptungen minutiös nach. Sie fand zahlreiche Belege, die seine Beobachtungen über Hitlers jüdische Kontakte erhärteten, und kam zu dem Schluss, dass diese im Wesentlichen der Wahrheit entsprachen. Der Hitler, der aus den Seiten von Hamanns Buch hervorspringt, ist jemand, der fast zwanghaft katholikenfeindlich war, aber kein Problem im Umgang mit seinen jüdischen Freunden und Geschäftspartnern hatte, und der viele Aspekte des Judentums bewunderte.[27] Ebenso demontierte Hamann die Behauptung von Hitlers früherem Freund August Kubitzek, Hitler sei während seiner Wiener Zeit in den Antisemitenbund eingetreten, indem sie klarstellte, dass der Bund in Österreich erst nach dem Ersten Weltkrieg gegründet wurde.[28]

Nach dem Erscheinen von Hamanns Buch ging man Ende der 1990er-Jahre und Anfang des neuen Jahrtausends allgemein davon aus, dass Hitlers Antisemitismus während des Ersten Weltkriegs gereift sein musste. In meinem Buch zu diesem Thema, *Hitlers Erster Krieg*, habe ich jedoch aufgezeigt, dass Hitler während des Krieges mit Juden Beziehungen pflegte, die anscheinend von keinerlei Animositäten getrübt waren; ferner führe ich aus, dass es keine belastbaren Belege für antisemitische Äußerungen Hitlers während des Krieges gibt und alle gegenteiligen Behauptungen dem späteren Versuch Hitlers zuzuschreiben sind, sich eine alternative Vergangenheit zuzulegen, die ihm politisch dienlich sein sollte.[29]

---

rold Marcuses 'Hitler in History Project', http://marcuse.faculty.history.ucsb.edu/projects/hitler/sources/30s/394newrep/394NewRepHanischHitlersBuddy.htm. Auf seiner Website berichtet Marcuse auch darüber, wie Hanischs Bericht zustande gekommen war. Siehe auch Joachimsthaler, *Weg*, S. 331.

26 Hanisch, „Buddy", S. 242, 300.
27 Hamann, *Hitler's Vienna*, S. 23, 164-68, 185, 191, 347-59. Zu Hitlers Antikatholizismus siehe Hamann, *Hitler's Vienna*, S. 164, 249f., 302; Hanisch, „Buddy", S. 271.
28 Hamann, *Hitler's Vienna*, S. 56f.; Longerich, *Hitler*, S. 17, 22f.
29 Weber, *Hitler's First War*.

In den letzten Jahren verlagerte sich daher das Augenmerk darauf, die Entstehung von Hitlers Antisemitismus in der Nachkriegszeit, im München des Jahres 1919, zu verorten. Derzeit gibt es drei konkurrierende Erklärungsansätze zum Ursprung von Hitlers politischem Antisemitismus. Der erste verortet Hitlers fanatischen Antisemitismus im Chaos der sechsmonatigen Revolution in der Stadt, insbesondere in der kurzen Zeit der Münchner Räterepublik im April 1919. Dieser Lesart zufolge stand der Antibolschewismus im Zentrum, wenn Hitler antisemitische Reden schwang. Dies fußt auf der Annahme, dass Hitler den weit verbreiteten Glauben teilte, die Revolution sei von den Juden angezettelt worden.[30] Der zweite und der dritte Erklärungsansatz gehen davon aus, dass Hitlers Verhalten während der Revolution auf etwas anderes hindeutet, nämlich darauf, dass Hitler kein revolutionsfeindlicher Antisemit gewesen sei, sondern in den sechs Monaten der Revolution neutral oder sogar bereit gewesen sei, diese zu unterstützen.

Folgt man der aktuell einflussreichsten Erklärung, wandte sich Hitler dem Antisemitismus erstmals während seiner Zeit in der nachrevolutionären Armee (Reichswehr) in München zu, wo er sich für eine Tätigkeit als konterrevolutionärer Propagandist schulen ließ. Hitler, so heißt es, habe lediglich den Antisemitismus seines Umfelds aufgesogen. Seine Politisierung sei ein passiver Prozess gewesen, der keiner Eigeninitiative bedurft habe. Es wird darauf hingewiesen, dass alle antisemitischen Ansichten, die Hitler in den folgenden Wochen und Monaten äußerte, auch in den ihm zugänglichen Pamphleten zu finden gewesen seien. Sehr wahrscheinlich waren diese auch unter den Leuten diskutiert worden, mit denen Hitler im Sommer 1919 zusammen war. Und genau wie bei anderen Rechten habe sich Hitlers neuer Antisemitismus vor allem gegen die Linke und, in nur geringerem Maße, auch gegen die Kapitalisten gerichtet. Kurz, sein Antisemitismus sei zu Beginn absolut nicht originär gewesen, er habe lediglich den Antisemitismus der nachrevolutionären Armee in München übernommen.[31]

---

30 Ralf Georg Reuth, *Hitlers Judenhass* (München, Piper, 2009).
31 Longerich, *Hitler*, S. 57-62; Volker Ullrich, *Adolf Hitler: Biographie. Bd. 1, Die Jahre des Aufstiegs*, Kindle Edition (Frankfurt: Fischer, 2013), Kap. 4; Othmar Plöckinger, *Unter Soldaten und Agitatoren: Hitlers prägende Jahre im deutschen Militär 1918–1920* (Paderborn: Schöningh, 2013). Eine gemäßigtere Ver-

Wie ich schon in meinem Buch *Becoming Hitler* dargelegt habe, bin ich überzeugt, dass diese Theorie den Wandel Hitlers zum Antisemiten lediglich beschreibt, aber nicht erklärt. Sie erklärt nicht, warum Hitler im Sommer 1919 plötzlich so sehr an einer nachhaltigen und umfassenden antisemitischen Indoktrination interessiert und dafür empfänglich war. Im Gegensatz dazu erläutere ich, warum Hitler die Ideen, die in der nachrevolutionären Armee kursierten, unmöglich einfach so passiv absorbiert haben kann. Tatsächlich war er einem reichhaltigen Buffet rechter Ideen ausgesetzt, die einander manchmal ergänzten und manchmal widersprachen.

Hitlers Kurs für antirevolutionäre Propaganda in der Reichswehr sollte eigentlich von Fritz Gerlich geleitet werden, einem konservativen Katholiken und entschiedenen Gegner des Antisemitismus, der 1934 von den Nazis ermordet wurde. Die Dozenten, die den Kurs am Ende tatsächlich abhielten, propagierten auffallend unterschiedliche Ansichten. Dabei lernte Hitler eine ganze Reihe konservativer und rechter Vorstellungen kennen. Die eigentliche Frage ist daher nicht, ob in Hitlers ersten antisemitischen Äußerungen der Widerhall von ihm zugänglichen Pamphleten und von Ideen aus seinem Propagandakurs erkennbar ist. Sie lautet vielmehr, warum Hitler überhaupt anfing, sich an dem vorhandenen Buffet rechter Ideen zu bedienen. Sehr wichtig ist auch die Frage, warum er gerade die Speisen auswählte, für die er sich entschieden hat, und andere verschmähte, die er ebenso hätte haben können.[32]

Um den ersten Teil der Frage zu beantworten, muss man sich daran erinnern, dass Hitler erst mit einiger Verspätung realisierte, dass Deutschland den Krieg verloren hatte. Diese Erkenntnis scheint ihm erst zum Zeitpunkt der Ratifizierung des Versailler Vertrags gekommen zu sein. Hitler stellte sich nun zwei Fragen: Wie konnte es dazu kommen, dass Deutschland den Krieg verlor? Und, wichtiger noch, wie müsste Deutschland neu aufgestellt werden, damit es nie wieder eine Niederlage hinnehmen muss? Entlang diesen beiden Fragen beschäftigte sich Hitler ernsthaft mit der Ideenwelt. Er wollte die überzeugendsten Antworten auf

---

sion dieses Erläuterungsmusters findet sich bei Hans-Ulrich Thamer, *Adolf Hitler: Biographie eines Diktators* (München, Beck, 2018), S. 60-67.
32 Weber, *Becoming Hitler*, Kap. 4-7.

die Frage finden, welche Gründe für Deutschlands innere und äußere Schwäche ausschlaggebend waren, letztlich mit dem Ziel, eine Richtschnur auszumachen, wie Deutschland gerettet werden könnte. An diesem Punkt wandte sich Hitler dem politischen Antisemitismus zu. Er sah in dem vermeintlich verderblichen Einfluss jüdischer Ideen den Hauptgrund für Deutschlands innere Schwäche, Zersplitterung, Uneinigkeit und Armut.[33]

Aber all dies erklärt immer noch nicht vollständig, warum Hitler zu Beginn seiner Politisierung die von ihm gewählten Erklärungen anderen vorzog. Der bloße Hinweis auf die Verbreitung antisemitischer Ideen im rechten Milieu der Armee, in dem er sich nach der Revolution in München bewegte, ist nicht überzeugend. Tatsächlich entschied sich Hitler zunächst nicht für die in der damaligen Armee am weitesten verbreitete Form des Antisemitismus: den antibolschewistischen Antisemitismus. Und während später zahlreiche rechte Agitatoren die Linke bezichtigten, der deutschen Armee während des Krieges in den Rücken gefallen zu sein, benutzte Hitler kaum jemals den Begriff „Dolchstoß". Außerdem richtete sich Hitlers Antisemitismus, im Gegensatz zu seinen Ausführungen in *Mein Kampf*, zunächst viel stärker gegen den Kapitalismus (vor allem gegen den angeblichen jüdischen Finanzkapitalismus) als gegen den Bolschewismus.[34]

Die nächste Frage lautet also, warum Hitler bestimmten antisemitischen Antworten den Vorzug vor nicht antisemitischen und anderen antisemitischen Antworten gab, als er nach den Gründen für Deutschlands innere Schwäche forschte. Hier stellt sich die Frage, ob die These, dass Hitler vor dem Sommer 1919 keine antisemitischen Ansichten vertreten habe, wirklich

---

33 Ebd., Kap. 5. Ähnliche Erklärungen liefern Joachim Rieckers Argument, dass das Ergebnis des Ersten Weltkriegs Hitler politisiert und am Ende zum Holocaust geführt habe, und Brendan Simms' Argument, dass Hitler zum Antisemiten wurde, als er nach dem Ersten Weltkrieg die geopolitischen und strategischen Herausforderungen der angloamerikanischen Welt zu verstehen suchte; siehe Joachim Riecker, *Hitlers 9. November: Wie der Erste Weltkrieg zum Holocaust führte* (Berlin: WJS, 2009); Brendan Simms, *Hitler: Only the World Was Enough* (London, Allen Lane, 2019).
Die Gründe für Deutschlands äußere Schwäche sah Hitler in einem zu kleinen Staatsgebiet sowie im Mangel an Arbeitskräften und Ressourcen.

34 Weber, *Becoming Hitler*, Kap. 5 und 8. Unter dem Einfluss von Alfred Rosenberg und Max Erwin von Scheubner-Richter Anfang der 1920er-Jahre rückte sein antibolschewistischer Antisemitismus immer stärker in den Vordergrund.

glaubhaft ist. Bei der Beantwortung dieser Frage ist Elisabeth Grünbauers Interview potenziell von großer Bedeutung.

Natürlich wird es wohl weitgehende Einigkeit darüber geben, wie unwahrscheinlich es ist, dass Hitler bis 1919 keinerlei antisemitische Ressentiments hegte. In einem Europa und Nordamerika, in dem antisemitische Vorurteile überall grassierten – selbst unter Leuten, die sich für die Emanzipation der Juden einsetzten –, widerspräche die Annahme, Hitler sei die große Ausnahme gewesen und habe sich keinerlei antisemitische Stereotype zu eigen gemacht, dem gesunden Menschenverstand.

Zudem herrscht Einigkeit darüber, dass sich Hitler in Wien ausgiebig sowohl mit antisemitischer als auch mit judenfreundlicher Literatur beschäftigt hat,[35] ein Indiz dafür, dass das Wissen um antisemitisches Gedankengut allermindestens in Hitlers Vorstellungswelt mit eingeflossen ist, während er in Wien lebte. Egal ob sich Hitler während seines Aufenthalts in der österreichischen Hauptstadt mit diesem Gedankengut identifizierte oder nicht, konnte er nach seiner politischen Bekehrung zum Antisemitismus darauf zurückgreifen und sich davon inspirieren lassen.

Darüber hinaus war Hitler während seiner Wiener Zeit wahrscheinlich ein Bewunderer des Bürgermeisters Karl Lueger und der alldeutschen Politiker Georg von Schönerer und Karl Hermann Wolf, die allesamt Antisemiten waren.[36] Dass er die drei Männer unterstützte, beweist jedoch nicht, dass Hitler während seiner Wiener Zeit Antisemit war. Lueger war sowohl Antisemit als auch, anders als Hitler, ein großer Katholikenfreund, Schönerer war sowohl antisemitisch als auch gegen die katholische Kirche eingestellt, während Wolf sich dafür einsetzte, Juden, die sich als Deutsche verstanden, in die alldeutsche Bewegung mit einzubeziehen.[37] Anders gesagt: Die drei Politiker unterschieden sich in ihrer Haltung gegenüber Katholiken und Juden und – so viel ist sicher – Hitlers Antikatholizismus hat ihn offenbar nicht daran gehindert, sich mit zentralen Aspekten ihrer politischen Ideen zu identifizieren.

---

35 Siehe z.B. Hamann, *Hitler's Vienna*, passim.
36 Ebd., S. 165.
37 Zu Wolfs Einstellungen gegenüber Juden siehe z.B. Wolfgang Benz, *Handbuch des Antisemitismus: Judenfeindschaft in Geschichte und Gegenwart. Bd. 5: Organisationen, Institutionen, Bewegungen* (Berlin, de Gruyter, 2012).

Es ist daher sehr wahrscheinlich, dass Hitler die drei Politiker bewunderte, nicht wegen ihrer Einstellungen zum Katholizismus und zum Judentum, sondern weil sie das Ziel verfolgten, alle Deutschen unter einem nationalen Dach zu einigen; schließlich ist die Identifizierung mit diesem Ziel die einzige politische Konstante in Hitlers Leben von seiner Jugendzeit bis zum Todestag. Gleichwohl hat zweifelsfrei das Wissen um die antisemitischen Aspekte der Ideologien Luegers und Schönerers Eingang in Hitlers Gedankenwelt gefunden, als er in Wien lebte, sodass er auf dieses Wissen zurückgreifen konnte, falls er sich selbst dem politischen Antisemitismus zuwenden sollte.

Hanisch zufolge hat Hitler trotz seiner vielen positiven Beziehungen zu Juden und seiner judenfreundlichen Äußerungen dennoch Dinge gesagt, die deutlich antisemitisch gefärbt waren. Wenn man Hanisch glauben kann, bezeichnete Hitler die Juden als „andere Rasse". Ferner soll er gesagt haben, Juden hätten „einen anderen Geruch" und Juden seien „sehr radikal und haben terroristische Neigungen".[38] Allerdings gilt es zu bedenken, dass der Begriff „Rasse" damals eine doppelte Bedeutung hatte und je nach Kontext entweder „ethnische Zugehörigkeit" oder „Rasse" im heutigen Sinn bedeutete.

Glaubt man allerdings den Aussagen Elisabeth Grünbauers, dann war Hitlers Einstellung Juden gegenüber in der Zeit, als er Untermieter ihrer Familie war, bereits weitaus radikaler und politisch gefärbter als die eines Mannes, der davon überzeugt war, dass Juden eine andere Ethnie mit eigenen Merkmalen darstellten. Insbesondere hat ihre Aussage, Hitler habe sein Herkunftsland verlassen und sei nicht bereit gewesen, in der habsburgischen Armee zu dienen, klare politische Konnotationen und geht damit weit über den beiläufigen Antisemitismus hinaus, der damals von den meisten Europäern und Amerikanern geteilt wurde.

Grünbauers Aussage widerspricht offenbar den vorherrschenden Erklärungen über die Entstehung von Hitlers Antisemitismus, passt aber zu den jüngsten Diskussionen über die Ursprünge von Hitlers politisch motiviertem Judenhass im 'Scholars Forum' über *Becoming Hitler* in dieser Zeitschrift [also im *Jounal of Holocaust Research*]. Diese beschäftigten sich unter an-

---

38 Hanisch, „Buddy".

derem mit dem Rätsel, wie es Mark Roseman in seinem Forumsbeitrag formulierte, warum „das Entstehen von Hitler als Antisemiten so schnell vonstatten ging".[39]

Harold Marcuse zog in seinem Forumsbeitrag den Schluss: „Aber ich glaube, dass ein relevanter Mosaikstein fehlt und verhindert, dass wir Hitlers Drang zum Genozid voll und ganz verstehen: Hitlers Privatleben. Die meisten wissenschaftlichen Biografen konzentrieren sich auf Hitlers politische und ideologische Entwicklung und betrachten sein Privatleben als nebensächlich oder irrelevant. Auch Weber erliegt der Versuchung, eine ernsthafte Auseinandersetzung zu vermeiden, und geht nie über die Feststellung hinaus, dass Hitlers ‚Bestreben, der Einsamkeit zu entkommen' der Antrieb für seinen Opportunismus war." Marcuse fügte hinzu: „So überzeugend Webers akribische und nuancierte kontextuelle Rekonstruktion von Hitlers Antisemitismus nach dessen voller Entfaltung im Sommer 1919 auch ist, so sehr glaube ich, dass irgendein früheres Puzzleteil fehlt. Es erklärt vielleicht nicht, wie es zur Shoah kam, aber es würde ein Licht darauf werfen, wie der sogenannte Schmetterlingseffekt am Ende einen Taifun des Hasses hervorrufen kann."[40]

Ich stimme Marcuse vollkommen zu. Um die volle Bedeutung von Grünbauers Interview in diesem Kontext zu verstehen, lohnt es sich, meine ursprüngliche Antwort auf seinen Einwand zu reproduzieren. Ich hatte darauf hingewiesen, dass ich in *Becoming Hitler* tatsächlich ähnlich argumentiert hatte wie Marcuse – es also für wichtig erachte, nach älteren Puzzleteilen zu suchen, dass ich „aber in der Befürchtung, mein Argument habe nicht genügend Substanz, in der Art und Weise, wie ich diese Frage aufgebracht hatte, eindeutig zu zaghaft und zurückhaltend gewesen war." Ich hatte hinzugefügt:

> Tatsächlich dachte ich, ein Buch auch über Hitlers Privatleben geschrieben zu haben, weil ich überzeugt war, dass Hitlers politische Entwicklung nur zu verstehen ist, wenn wir sein Privatleben ernst nehmen. Meiner Ansicht nach

---

39 Roseman, Mark, „Late Obsessions," *Dapim: Studies on the Holocaust*, Bd. 32, Nr. 2 (2018): S. 138-143, auf S. 142.

40 Marcuse, Harold, „The Political without the Personal," *Dapim: Studies on the Holocaust*, Bd. 32, Nr. 2 (2018): S. 130-37, auf S. 137.

gibt es gute Gründe für die Annahme, dass in dem Jahr vor Hitlers Ankunft in München in seinem Privatleben etwas passiert sein könnte, das ihn schwer traumatisiert hat und zu einem Schmetterlingseffekt führte. Da ich keine belastbaren Belege dafür habe, welcher Art dieses traumatische Ereignis gewesen sein könnte, habe ich in meiner Abhandlung über seinen Kontakt mit Helene Hanfstaengl lediglich angedeutet, dass Hitler 1912 oder 1913 ein sehr einschneidendes Erlebnis hatte. Ich wollte den Gedanken, dass aus Hitlers Leben tatsächlich ein Jahr fehlt, wieder aufgreifen und den Versuch der meisten jüngeren Hitlerbiografen, dies beiseite zu lassen, hinterfragen. Dabei hoffte ich, dass sich Leserinnen oder Leser meines Buches melden würden, die über bisher nicht oder zu wenig berichtete Fakten über Hitlers Verbleib in den Jahren 1912 und 1913 Bescheid wissen. Ohne Frage habe ich mir selbst hier einen schlechten Dienst erwiesen, dass ich nicht deutlicher gemacht habe, was ich erreichen wollte."[41]

Die Stelle in *Becoming Hitler* über Hitlers Kontakte mit Helene Hanfstaengl – eine genau wie Hitler im Ausland geborene Volksdeutsche, die sich nach dem Krieg in München angesiedelt hatte und der Hitler damals emotional vermutlich näher stand als jeder andere Mensch[42] – im Jahr 1923 lautet:

Bei ihr wurde er im Gegensatz zu seinen Parteikameraden nicht wütend, wenn sie ihn nach seiner Vergangenheit fragte. Obwohl er gern über seine Kindheit und Jugend in Österreich redete und auch über die Zeit nach seinem Umzug nach München, erwähnte er seine Erfahrungen in Wien kaum. Der einzige Verweis auf Wien waren gelegentliche Hasstiraden gegen die dortigen Juden. Helene Hanfstaengl glaubte, dass etwas sehr Persönliches in Wien geschehen sein musste, über das Hitler nicht reden wollte. 1971 erklärte sie dazu: „Er war sehr verschlossen,

---

41 Weber, Thomas, „Response", in *Dapim: Studies on the Holocaust*, Bd. 32, Nr. 2 (2018): S. 149-153, auf S. 150.
42 Siehe Weber, *Becoming Hitler*, Kap. 11.

wenn es darum ging, was er dort eigentlich machte." Helene glaubte, dass etwas Persönliches in Hitlers Leben in Wien passiert sein müsste, etwas, für das er die Juden verantwortlich machte, über das er nicht reden konnte oder wollte. Er hat bei ihm sich aufgestaut – dieser Hass. Ich hörte ihn oft gegen Juden hetzen – das war nicht nur politisch, das war absolut persönlich.

Helene Hanfstaengl hatte hier wohl recht mit ihrer Vermutung. Doch er schwieg sich nicht nur über seine Wiener Jahre aus, er nannte auch immer wieder ein falsches Datum, wann er nach München gekommen war. Alle Quellen deuten darauf hin, dass Hitler nicht vor 1913 nach München kam. Doch in einem Artikel für den *Völkischen Beobachter* vom 12. April 1922 behauptete Hitler, er sei schon 1912 von Wien nach München gegangen. Diese Aussage machte er auch vor Gericht nach seinem gescheiterten 1923er-Putsch.

Hitler hat nicht einfach zweimal den gleichen Fehler gemacht, da er in einem kurzen Lebenslauf, den er 1921 in einem Brief an Emil Ganser, den künftigen wichtigsten Spendensammler der Partei im Ausland, sandte, die gleiche Behauptung aufstellte. Und er tat dies auch 1925 gegenüber den österreichischen Behörden, als er aus der österreichischen Staatsangehörigkeit entlassen werden wollte. Bisher ist noch nie überzeugend gelöst worden, wieso Hitler mit Absicht seine Ankunft in München um ein Jahr vordatiert hat.[43]

Eine nähere Untersuchung der letzten Jahre, die Hitler in Wien verbrachte, verspricht nicht nur Aufklärung darüber, warum er seine Ankunft in München so konsequent und grotesk falsch datierte. Sie hätte vor allem das Potenzial zu klären, ob in dieser Zeit etwas in seinem Leben passiert ist, das einen Schmetterlingseffekt zur Folge hatte, ob er in seinen letzten Jahren in Wien eine allgemeinere und allmählichere Wandlung zum Antisemiten vollzogen hat oder ob die orthodoxe Ansicht, dass Hitler bis nach dem Ersten Weltkrieg wohl keine gravierenden antisemitischen Ressentiments hegte, Bestand hat.

---

43 Ebd., S. 258

Hitlers Unwille, Fragen über seine Vergangenheit in Wien zu beantworten, die Falschdatierung seines Umzugs nach Deutschland und Helene Hanfstaengls Beobachtungen unterstützen Marcuses Annahme, dass „ein früheres Puzzleteil fehlt, das ein Licht darauf werfen [könnte], wie der sogenannte Schmetterlingseffekt am Ende einen Taifun des Hasses hervorrufen kann."

Die Schwierigkeit, Hitlers letzte Jahre in Wien zu klären, liegt nicht zuletzt darin, dass nur wenige belastbare Schriftstücke aus dieser Zeit erhalten geblieben sind. Wie der Historiker Peter Longerich schrieb: „Für den Zeitraum 1910 bis 1913 gibt es kaum gesicherte Informationen über Hitlers Leben."[44] Die meisten vertrauenswürdigen Belege über Hitlers Aufenthalt in Wien stammen aus seinen ersten Jahren in der Stadt, darunter auch Hanischs Bericht über seine Einstellungen zu Juden (obwohl Hamann nachgewiesen hat, dass Hitler noch lange nach dem Bruch zwischen Hanisch und Hitler positive Beziehungen zu Juden pflegte und sich entsprechend äußerte). Trotzdem: Was sein letztes Jahr in Wien betrifft, so sind die erhaltenen Dokumente hoch problematisch: zwei Seiten anonyme Erinnerungen eines Hitler-Gefährten aus dem Männerheim, in dem er in Wien gewohnt hatte, 1935 in einer tschechischen Illustrierten veröffentlicht, ein vom NSDAP-Archiv erbetener Bericht eines anderen ehemaligen Kameraden Hitlers aus demselben Männerheim und die Familienerinnerungen der Nachkommen von Rudolf Häusler.[45]

In dem anonymen tschechischen Artikel geht es vor allem um Hitlers ärmliche Kleidung, seine Kopien von Wiener Ansichten und seine Begeisterung für den Abenteuerschriftsteller Karl May, aber auch um Hitlers Antikatholizismus. Der vom NSDAP-Archiv in Auftrag gegebene Bericht singt Lobeshymnen auf Hitler und betont seinen Antikatholizismus und seinen Antisozialismus. Und Häuslers Tochter erzählte Hamann von den Begegnungen ihres Vaters mit Hitler, wobei sie vor allem darauf abhob, dass er bei ihrem Vater die Liebe zu Wagners Musik geweckt habe, ging aber nicht näher auf Politik oder sein Verhältnis zu Juden ein.[46]

---

44 Longerich, *Hitler*, München 2015, S. 27
45 Hamann, *Hitlers Wien*, Kap. 12. Rudolf Häusler zog am 15. Februar 1914 aus, siehe Joachimsthaler, *Weg*, S. 323 Anm. 9.
46 Anonymer Verfasser, „Muj Prítel Hitler", *Moravsky ilustrovany zpravodaj*, 40 (1935): S. 10-11; Hamann, *Hitler's Vienna*, S. 379-81, 395-402.

Es ist sehr schwer zu beurteilen, welche dieser Aussagen vertrauenswürdig sind. Und selbst wenn, dann bilden sie Hitlers letzte Jahre in Wien wahrscheinlich nur zum Teil ab. Der Verfasser des von der NSDAP beauftragten Berichts behauptet, er sei Hitler Anfang 1913 begegnet, während sich Häusler und Hitler anscheinend im Februar desselben Jahres getroffen haben. Der anonyme Verfasser des tschechischen Artikels erwähnt, dass Hitler sich im März 1912 eine Rede Karl Mays in Wien anhören wollte, doch davon abgesehen ist schwer zu ermitteln, über welchen Zeitraum er schreibt.

Merkwürdigerweise schrieb Hanisch – der vom 28. November 1912 bis zum 29. März 1913[47] wieder in dem gleichen Männerheim wohnte, in dem Hitler zur Zeit seiner Abreise aus Wien im Mai 1913 gemeldet war – in seinem Artikel für die *New Republic* eigentlich nichts über Begegnungen mit oder Beobachtungen über Hitler im Zeitraum von Ende 1912 bis Anfang 1913. Er ließ sich in großer Ausführlichkeit über sein Zusammensein und seinen Streit mit Adolf Hitler in den Jahren 1909 und 1910 aus und schrieb dann ohne weitere Überleitung: „Das letzte Mal traf ich Hitler im August 1913 auf der Wiedner Hauptstraße."[48] Es macht beinahe den Eindruck, als wäre Hanisch in der Zeit, als er wieder im Männerheim wohnte, Hitler überhaupt nicht begegnet.

Kaum hatte Hitler Anfang der 1920er-Jahre die Münchner politische Bühne betreten, kamen jede Menge Spekulationen darüber auf, ob Hitler vor seiner Ankunft in München etwas Einschneidendes erlebt habe – etwas, das er aus seiner Lebensgeschichte eliminiert hatte. Als er 1921 Parteichef der NSDAP werden wollte, versuchten innerparteiliche Gegner, ihn zu diskreditieren, indem sie behaupteten, er unterstütze insgeheim die Habsburger, was nicht plausibel war.[49] Tatsächlich war er zweifellos ein erbitterter Gegner der Dynastie.

Noch bevor die Beschuldigungen laut wurden, er hege Sympathien für die Habsburger, kamen im Januar 1921 Gerüchte auf, für Hitlers Umgang mit Juden habe es nicht nur gesellschaftliche

---

47 Siehe Hamann, *Hitler's Vienna*, S. 380.
48 Hanisch, „Buddy", S. 300. Es ist sehr unwahrscheinlich, dass Hanisch im August 1913 mit Hitler zusammentraf, da Hitler im Sommer 1913 wahrscheinlich gar nicht nach Wien zurückkehrte.
49 Ernst Deuerlein (Hrsg.), *Der Aufstieg der NSDAP in Augenzeugenberichten* (Düsseldorf, Karl Rauch Verlag, 1968), S. 138-40.

und politische, sondern auch romantische Gründe gegeben. Die *Münchener Post*, die sozialistische Zeitung, die am längsten versucht hat, Hitler als Betrüger und gefährlichen Demagogen zu entlarven, brachte damals eine Geschichte über die NSDAP. Darin ging es um den Prozess gegen Hitler, der vor Gericht stand, weil er eine Versammlung einer anderen politischen Gruppierung unter Einsatz von Gewalt gestört hatte. Der Geschichte in der *Münchener Post* zufolge war Hitler einst mit der Tochter jüdischer Einwanderer aus dem osteuropäischen Galizien verlobt und wollte sie heiraten.[50]

Was der ungarisch-jüdische Schriftsteller Paul Tabori (alias Peter Stafford), dessen Vater in Auschwitz ermordet wurde, im Vorwort der von dem Alpinisten und Schauspieler Luis Trenker gefälschten und 1949 veröffentlichten Tagebücher der Eva Braun schreibt, geht in eine ähnliche Richtung wie die Behauptungen von 1921:

> Erna Hoffmann, die Gattin von Hitlers „Hoffotograf", erklärte in einem später in einer Schweizer Illustrierten abgedruckten Interview gegenüber einem französischen Reporter, Eva Braun sei keinesfalls Hitlers wichtigste Geliebte, sondern nur „eine seiner zwölf Geliebten" gewesen. Frau Hoffmann sagte, Hitler habe Eva verlassen, „genau wie er seine erste Geliebte, das jüdische Mädchen Johanna Wachsmann, verlassen habe, die 1913 aus ihrem reichen Elternhaus ausgezogen war, um mit Hitler im fünften Stock des Wiener Gasthauses „Zur Schwarzen Katze" zusammenzuleben. [...] Die von Erna Hoffmann aufgezählten „zwölf Geliebten" sind nicht wirklich ernst zu nehmen. Hitlers Faible für hübsche, blonde Mädchen hatte viele derartige Legenden zur Folge.[51]

Ich sollte noch erwähnen, dass ich vor einigen Jahren gebeten wurde, Dokumente zu bewerten, die sich in Privatbesitz befinden und in die gleiche Richtung weisen wie die 1921 und 1949 aufgebrachten Geschichten. Darüber hinaus schrieb die ge-

---

50 Georg Franz-Willing, *Die Hitlerbewegung: Der Ursprung, 1919-1922* (Hamburg, R. v. Decker's Verlag G. Schenk, 1962), S. 121.
51 Paul Tabori, (Hrsg.), *The Private Life of Adolf Hitler: The Intimate Notes and Diary of Eva Braun* (London, Ishi Press, 1949), Part One: The Women in Hitler's Life', S. 9-58, auf S. 11.

schiedene Ehefrau von Hitlers Halbbruder Alois, die gebürtige Irin Bridget Dowling, in ihren in den 1970er-Jahren veröffentlichten Memoiren, Hitler habe Alois und sie von November 1912 bis April 1913 in Liverpool besucht.[52]

Keine dieser Geschichten geht wirklich auf. Dowlings Buch strotzt nur so vor Lügengeschichten, sodass sie als Quelle völlig unglaubwürdig ist. Und den Leuten, die mir vor einigen Jahren ihre Dokumente gezeigt haben, habe ich gesagt, dass ich die darin enthaltenen Behauptungen für unwahrscheinlich halte, auch wenn es schwierig sei, ein sicheres Urteil zu fällen. Erna Hoffmann versuchte, vor Gericht eine einstweilige Verfügung gegen ein anderes Buch zu erwirken, in dem ebenfalls aus der von Tabori herangezogenen Schweizer Illustrierten zitiert worden war. Sie bestritt, jemals mit dieser Zeitschrift gesprochen zu haben.[53] Und die Geschichte in der *Münchener Post* erschien in einer Zeit, in der bekanntlich viele Leute in München versuchten, Hitler zu beschädigen.

Das alles widerlegt aber nicht die Möglichkeit, dass in den letzten Jahren von Hitlers Aufenthalt in Wien etwas geschehen sein kann, das einen Schmetterlingseffekt auslösen konnte. Hätte sich Hitlers Antisemitismus in seinen letzten Jahren in Wien einfach nur allmählich radikalisiert, dann wäre zu erwarten, dass sich dieser in den wenigen erhaltenen Quellen wiederfindet. Und er hätte keinen – oder jedenfalls weniger – Anlass gehabt, Lügen über sein Abreisedatum aus Wien zu verbreiten. Und aller Wahrscheinlichkeit nach wäre Hitler dann eher bereit gewesen, über seine Wiener Zeit zu sprechen. Aber vor allem: Wäre sein politischer Antisemitismus bereits voll entwickelt gewesen und einfach nur nicht öffentlich zum Ausdruck gekommen, dann gäbe es Ähnlichkeiten zwischen Art und Qualität von Hitlers Antisemitismus in der zweiten Jahreshälfte 1919 und dem Antisemitismus, der im Wien der Vorkriegszeit am weitesten verbreitet war. Das ist aber nicht der Fall.

Kurz, es bleiben tatsächlich nur zwei Möglichkeiten: Entweder ereignete sich in Wien etwas Entscheidendes in Hitlers Leben, wodurch sich seine Einstellungen gegenüber den Juden veränderten und erst mit zeitlicher Verzögerung – keineswegs

---

52 Bridget Hitler, *My Brother-in-law Adolf* (London, Duckworth, 1979); Michael Unger, *The Hitlers of Liverpool* (Liverpool, Bluecoat, 2011), S. 29.
53 „Hitler und die Frauen", *Der Spiegel*, Nr. 45 (1952), 5. Nov. 1952, S. 32.

zwangsläufig – nach dem Ersten Weltkrieg eine Wirkung entfalteten, oder die Ansicht, dass Hitlers Meinungen über die Juden bis 1919 wirklich vorurteilsfrei waren, lässt sich aufrechterhalten. Dass Hitler 1919 ganz plötzlich zu einem radikalen Verfechter des politischen Antisemitismus wurde, dass er offensichtlich keinesfalls über seine Erfahrungen in Wien sprechen wollte und eindeutig Lügen über sein letztes Jahr in Wien verbreitete, all dies scheint zusammen mit den Aussagen von Helene Hanfstaengl und Elisabeth Grünbauer die erste der beiden Optionen zu stützen, nämlich dass sich seine Einstellungen gegenüber den Juden durch etwas in Hitlers Vergangenheit, über das er nicht sprechen wollte, veränderten.

Hanfstaengl und Grünbauer stimmen in einem zentralen Punkt überein: Wenn Hitler auf Wien zu sprechen kam, dann erging er sich häufig in Hassitraden über die Juden, wollte aber nichts Genaueres dazu sagen. Hanfstaengl sagt, dass er wiederholt gegen die Juden der Stadt hetzte, ansonsten aber über seine Zeit in Wien nicht sprechen wollte. Grünbauer indessen erzählte Höffkes, Hitler habe oft betont, wie sehr Wien „verjudet" oder von Juden überschwemmt sei und dass er von dort wegwollte, sich aber nicht weiter über seinen Antisemitismus ausließ. Grünbauer erinnerte sich, dass er, abgesehen von seinen Hasstiraden darüber, dass er aus einer „verjudeten" Stadt wegwollte, nichts Antisemitisches sagte. Hinzuzufügen wäre noch, dass Hitler für den Rest seines Lebens selten nach Wien zurückkehrte und für die Stadt nur Verachtung übrig hatte.

All dies deutet darauf hin, dass Helene Hanfstaengl mit ihrer Vermutung, in Wien müsse etwas geschehen sein, was Hitlers Einstellung zu den Juden änderte und „nicht nur politisch" war, sondern etwas, das Hitler als „absolut persönlich" empfand, recht haben könnte. Sein Verhalten deutet auf eine Art tief sitzenden, unterdrückten Antisemitismus hin, der auf seine Wiener Zeit zurückgeht.

Damit will ich nicht sagen, dass ihm etwas objektiv Einschneidendes passiert sein muss, sondern lediglich, dass Hitler dieses Ereignis so wahrgenommen hat. Ich sage auch nicht, dass eine direkte Linie von Hitlers Wiener Jahren bis zum Auftreten seines politischen Antisemitismus nach dem Krieg führt. Um bei Marcuses Bild zu bleiben: Der Flügelschlag eines Schmetterlings löst selten einen Taifun aus. Wären die politischen Verhältnisse von 1919 in München nicht gewesen, dann wäre egal welches Ereignis in Hitlers letzten Wiener Jahren nicht in einem Taifun des Hasses kulminiert. Anders gesagt: Vielleicht war es ganz einfach so, dass ihn seine veränderte Einstellung aus der Vorkriegszeit gegenüber den Juden später, als er sich für eine von mehreren Erklärungen über die hauptsächlichen Gründe für Deutschlands innere Schwäche entscheiden musste, für antisemitische Erklärungen empfänglicher machte. Und das Hervorbrechen eines unterdrückten, tief sitzenden Antisemitismus im Jahr 1919 würde die überraschende Vehemenz seiner Hinwendung zum politischen Antisemitismus 1919 sehr gut erklären.

Es ist nicht so, dass die hier aufgestellte Erklärung mit Grünbauers Zeugnis steht oder fällt. Doch das Interview mit ihr ist der deutlichste Beleg dafür, dass Hitlers politischer Antisemitismus 1919 nicht aus dem Nichts kam, sondern eine Mutation einer früheren Form des politischen Antisemitismus in seinem Leben darstellte. Ohne diesen früheren Antisemitismus wäre Hitler bis 1919 weniger empfänglich für den Antisemitismus gewesen und hätte ihn, sehr wahrscheinlich, nicht derart unerbittlich durchgesetzt.

Dies wirft die Frage auf, wie sehr wir uns angesichts der Tatsache, dass Grünbauer sich als alte Frau an die Zeit von vor achtzig Jahren erinnert, auf ihre Aussagen verlassen können. Sicher ist das Interview mit ihr alles andere als eine ideale Quelle. Doch im Kontext von Hitlers Radikalisierung ist diese Quelle nicht schlechter als jede andere überlieferte Quelle, weil Hitler vor dem Ersten Weltkrieg eine bedeutungslose Person war, die kaum Spuren hinterlassen hat. Zudem vernichtete er später, als er sich eine für ihn politisch zweckdienliche Vergangenheit ausdachte, alle erhaltenen Belege. Wenn wir wissen wollen, was Hitler vor uns verbergen wollte, und wenn wir verstehen wollen, wie er es geschafft hat, sich einen Platz in der Politik zu erobern – kurz, wenn wir verstehen wollen, wie Leute seines Schlages in Krisenzeiten an die Macht kommen können –, dann bleibt uns nichts anderes übrig, als nach bestem Wissen und Gewissen spätere Erinnerungen auszuwerten, auch wenn diese nicht perfekt sind. Dabei sind die meisten Quellen, auf die sich die Geschichtswissenschaft in dem Versuch, Hitler zu entlarven, seit Jahrzehnten bezieht, weitaus problematischer als Grünbauers Erinnerungen.

Was die Zeit zwischen Hitlers Geburt und dem Ausbruch des Ersten Weltkriegs betrifft, basieren sämtliche Hitler-Biographien auf sehr wenigen Berichten, die äußerst problematisch und fehlerhaft sind: das Zeugnis von Hitlers Freund August Kubitzek, den Artikel Hanischs, die drei Berichte über sein letztes Jahr in Wien, das Interview von Elisabeth Grünbauers Mutter aus den 1930er-Jahren und eine Handvoll anderer Berichte. Im Fall Kubitzek verlassen sie sich auf jemanden, der während des Dritten Reichs einen nazifreundlichen Bericht verfasst hatte und in einem weiteren Bericht in der Nachkriegszeit zu beweisen versuchte, dass er politisch mit Hitler nichts zu tun gehabt habe. In anderen Fällen haben wir es mit anonymen Quellen aus den 1930er-Jahren zu tun, mit von Nazibehörden aufgezeichneten Berichten, mit einem Interview, das bearbeitet wurde, um es mit der von Hitler selbst erzählten Geschichte in Einklang zu bringen, mit den Erinnerungen der Tochter eines Zeitgenossen von Hitler, die damals noch gar nicht gelebt hat, sowie mit den Aussagen anderer Zeugen, die entweder Hitler schmeicheln wollten, als er an der Macht war, oder danach eine Distanz zu Hitler vorgaben, um in den späten 1940er- und den 1950er-Jahren ihre Haut zu retten. Kurz gesagt: Was wir über Hitlers politische und persönliche Entwicklung von seiner Geburt bis in die Zeit des Ersten Weltkriegs wissen oder zu wissen glauben, beruht auf Zeugnissen, die oft sogar noch problematischer sind als Grünbauers Aussage.

Wie wir gesehen haben, gibt sie in dem Interview nicht nur die Erinnerungen eines kleinen Mädchens achtzig Jahre später wieder. Vielmehr ist dieses Zeugnis als kollektive Erinnerung ihrer Familie zu betrachten. Ebenso haben wir gesehen, dass sich das Interview mit Grünbauer mit anderen Quellen, etwa mit Helene Hanfstaengls Bericht, deckt und deshalb glaubwürdig ist. Außerdem ist sie sich ihrer eigenen Unzulänglichkeiten bewusst. Weder erzählt sie übertrieben detaillierte Geschichten, noch gibt sie wörtliche Zitate wieder. Beides würde die Glaubwürdigkeit ihrer Aussage mindern. Und sie hatte auch kein Problem damit, Höffkes an bestimmten Stellen zu sagen, sie sei sich nicht sicher und wünschte, ihr Bruder wäre noch da, weil der sich ihrer Meinung nach an mehr erinnert hätte als sie. Was vielleicht am wichtigsten ist: Grünbauer versucht mit ihrem Bericht nicht, sich und ihre Familie reinzuwaschen. Seit 1945 behaupten Menschen, die Hitler kannten, gern, sie hätten ihn nur flüchtig gekannt und seien nie bei politischen Diskussionen dabei gewesen. Auf Grünbauer trifft das jedoch nicht zu. Sie gibt bereitwillig Informationen über Hitler preis, die die meisten Leute entweder unterschlagen oder heruntergespielt hätten. Aus all diesen Gründen ist Elisabeth Grünbauers Aussage über den Ursprung von Hitlers Antisemitismus plausibel und glaubhaft.

Genau wie bei allen anderen erhaltenen Belegen zu Hitlers Leben vor dem Ersten Weltkrieg bleiben Zweifel an einigen Aussagen Grünbauers, aber diese sollten nicht dazu führen, dass wir das Interview mit ihr für wertlos erachten. Vielmehr sollten sie uns veranlassen, näher hinzuschauen. In ihrem wundervoll geschriebenen Buch *Paper Love: Searching for the Girl My Grandfather Left Behind* [Liebe auf Papier: Die Suche nach dem Mädchen, das mein Großvater zurückgelassen hat] begab sich die amerikanisch-jüdische Schriftstellerin Sarah Wildman auf die Suche nach der Geschichte des jüdischen Mädchens, das ihr Großvater geliebt hatte, aber zurücklassen musste, als er Ende der 1930er-Jahre von Wien nach Amerika emigrierte. Hitlers Vergangenheit in Wien und die Geschichte von Wildmans Großvater in der österreichischen Hauptstadt könnten nicht unterschiedlicher sein. Und doch sind beide geheimnisumwittert. Beide Geschichten berühren das jüdische Leben in Wien oder waren Teil davon. Doch während Hitler für den Rest seines Lebens gegen die Juden der Stadt hetzte und Wien für den Rest seines Lebens hasste, kehrte der andere, Wildmans Großvater, in die Stadt zurück, wann immer er konnte. Trotz des Traumas, das er in Österreich erlitt, und all der Familienmitglieder und Freunde, die er in der Shoah verlor, war das Wien seiner Jugend für ihn immer „die wunderbare Stadt". Sarah Wildman schreibt: „*Schöner kann es nicht werden*, habe [ihr Großvater] sein damaliges Empfinden beschrieben, wenn er das Leben in Wien durch seine rosarote Brille betrachtete."[54]

Wenn wir den Missing Link zwischen Hitlers Zeit in Wien und seinem späteren Leben aufspüren wollen – wenn wir wissen wollen, ob Grünbauers Erinnerungen wirklich in die richtige Richtung weisen –, dann muss jemand genauso geistreich über die letzten drei verschütteten Jahre Hitlers in Wien schreiben,

---

54 Sarah Wildman, *Paper Love: Searching for the Girl My Grandfather Left Behind* (New York, Riverhead Books, 2014, S. 45, 49).

wie Wildman über ihren Großvater schrieb. Warum war Wien für Hitler keine „wunderbare Stadt"? Warum hasste er sie so sehr? Warum wollte er dort weg und gab wiederholt ein falsches Datum für seine Abreise an? Warum weigerte er sich fast immer, über seine Zeit dort zu sprechen? Warum kehrte er kaum jemals zurück? Was hat dazu geführt, dass sein Antisemitismus irgendwann mutierte? Und schließlich müssen wir nicht nur die Ursprünge von Hitlers Antisemitismus neu beleuchten, sondern auch die Vehemenz, mit der dieser im Jahr 1919 durchbrach. Wir müssen der Frage nachgehen, ob Hitler schon Anfang der 1920er-Jahre eine „Endlösung" bevorzugte, die genozidal war.[55]

---

[55] Siehe meinen unveröffentlichten Beitrag zur Jahreskonferenz 2018 der German Studies Association über „Hitler's preferred ‚final solution' of the early 1920s and the evolution of the Holocaust: A neo-intentionalist interpretation", in dem antisemitische Aussagen Hitlers im privaten und halbprivaten Umfeld aufgefächert sind.

MOSHE ZIMMERMANNS STELLUNGNAHME ZU WEBERS ARTIKEL

von Wieland Giebel

Im *Journal of Holocaust Research* erscheint auch eine Einschätzung des Beitrags von Thomas Weber durch den „weltbekannten Historiker des Antisemitismus"[1] Moshe Zimmermann[2]. Seine Eltern flohen 1937 von Hamburg ins britische Mandatsgebiet Palästina. Er promovierte an der Hebräischen Universität Jerusalem, war von 1986 bis 2012 Direktor des Richard-Koebner-Minerva-Zentrums für deutsche Geschichte an der Hebräischen Universität Jerusalem und unterrichtet als Gastprofessor in Jena, Halle, Heidelberg, Kassel, München und Princeton. Prof. Zimmermanns wissenschaftliche Forschung konzentriert sich auf die Sozialgeschichte Deutschlands im 18. und 20. Jahrhundert sowie auf die Geschichte der deutschen Juden und des Antisemitismus. Zimmermann veröffentlichte zahlreiche Publikationen.

"The Pre-1914 Origins of Hitler's Antisemitism Revisited Response"

Moshe Zimmermann lobt Webers wegweisenden Bücher über die früheren, weniger dokumentierten Zeiten vor Hitlers Aufstieg – „Hitlers Erster Krieg – Der Gefreite Hitler im Weltkrieg, Mythos und Wahrheit" (2010) und „Wie Adolf Hitler Nazi wurde – Vom unpolitischen Soldaten zum Autor von Mein Kampf"" (2016). Weber sei immer außerordentlich gründlich vorgegan-

---

1 Tagesspiegel 9. Januar 2020
2 geb. 1943 in Jerusalem

gen und nie auf Fälschungen hereingefallen. In der Biografie Hitlers, darauf weist Zimmermann hin, habe eine Lücke bestanden, wann er zum Antisemiten wurde. Weder Brigitte Hamann in ihrem Buch „Hitlers Wien – Lehrjahre eines Diktators" (1996) noch Thomas Weber in „Hitlers Erstem Krieg" konnten direkte antisemitische Äußerungen Hitlers nachweisen. Das Interview mit Elisabeth Grünbauer, geb. Popp, werfe ein neues Licht auf Hitlers erste dokumentierte antisemitische Aussagen, die – nach Weber – etwa sechs Jahre älter sind als alle anderen von ihm bekannten, zuverlässigen Äußerungen. Damit werde das Höffkes-Grünbauer-Dokument zu einer Quelle von großer Bedeutung. Weber liefere in seinem Beitrag eine differenzierte Interpretation der Aussage von Elisabeth Grünbauer. Offensichtlich gehe Hitlers Hinwendung oder Bekehrung zum Antisemitismus auf die Zeit 1912 bis 1913 zurück, dem Jahr also, in dem er laut seinen eigenen biographischen Angaben bereits in München gewesen sein wollte, tatsächlich aber noch in Wien war. In diesem Jahr, so schlussfolgere Weber, müsse in Hitlers persönlichem Leben etwas zutiefst Traumatisches geschehen sein.

Moshe Zimmermann unterstützt die Position von Thomas Weber: „Weber hat Recht, wenn er sagt, ... es muss die antisemitische Neigung in seiner [Hitlers] Weltanschauung schon lange vorher [vor 1919] bestanden haben ... Wir dürfen zweifelsohne annehmen, dass Hitlers Wiener Erfahrung ihn mit Antisemitismus sowie mit radikalen Lösungen des ‚jüdischen Problems' bekannt gemacht hat. Gleichzeitig dürfen wir auch annehmen, dass Antisemitismus kein dominierendes Element seiner Weltanschauung bis nach dem Ersten Weltkrieg war." Zimmermann gibt aber zu bedenken, ob Hitlers Weg zum Antisemitismus nicht auch ein gradueller gewesen sein könnte, wie dies etwa bei dem bekannten Antisemiten Wilhelm Marr gewesen war.

ARTIKEL IN DER „HAARETZ"

Dina Kraft, 16. Februar 2020

A young Adolf Hitler with his WWI comrades of the
Bavarian Reserve Infantry Regiment 16, 1914-1918.

"When Did Hitler Start Hating Jews?
New Evidence May Change What We Know

A German historian says Hitler was making hateful comments
about Jews before World War I, suggesting that his anti-Semitic epiphany occurred years earlier than previously thought"

In 1994, a German woman in her late 80s, elegantly dressed and wearing large gold-rimmed glasses, sat down for a videotaped interview to share her memories of Adolf Hitler as a young man. The future Führer had boarded in her family home in Munich for over a year before volunteering in August 1914 to fight in the Great War.

In the interview in Munich, Elisabeth Grünbauer recalled that Hitler, while living with her family, had commented on his dislike of Jews, suggesting that his anti-Semitic outlook had been cemented even before the war. Until now, the consensus among historians has been that it came to the fore only after World War I, as Thomas Weber, a German historian and Hitler biographer, notes in a new article in The Journal of Holocaust Research.

Grünbauer's recollections could potentially help fill in gaps in Hitler's biography, making it possible to date more precisely the timing of his evolution as an anti-Semite. Her testimony, writes Weber, was "evidence of anti-Semitic statements by Hitler that predate any other known reliable anti-Semitic expressions by him by about six years."

Historians usually date Hitler's becoming a radical hater of Jews to his tumultuous years in Munich following World War I, a period when anti-Semitic sentiment raged in the city. Jews were blamed for the conditions under which Germany agreed to end the war, as well as for the economic ruin and political upheaval that followed.

But according to Grünbauer, who died in 1999, the young Hitler "always complained about what was going on in Austria, and, above all, he [said] that he did not want to serve in the military in Austria because Austria was too swamped with Jews [verjudet]. ... That was one of his recurring themes, that he said that Vienna and Austria were so 'verjudet' that he had left the country and was unwilling to fight in the war for Austria." Hitler ultimately was able to sign up to fight for Germany, even though he was not German-born.

She says these complaints came up repeatedly in Hitler's conversations with her father, who, like her mother, appeared to have become close with the future tyrant. Hitler, she adds, "also said that the Jews were exploiters, as they controlled Austria and the stock exchange."

Hitler's comments describing Jews as exploiters were not something Grünbauer had heard personally – she was 8 at the time Hitler rented a room in her family's home – but she says it was a sentiment clearly recounted to her by her parents.

Weber, a professor at the University of Aberdeen and author of "Hitler's First War" and "Becoming Hitler: The Making of a Nazi," defends Grünbauer's credibility as a historical witness. He wrote in his article, "The Pre-1914 Origins of Hitler's Anti-Semitism Revisited," how, "her testimony should be read less as the personal recollections of a young girl... than as an account of the collective memories of her family about Hitler's time with them. In fact, her interview... really has two parts: one focusing on things that her parents shared with her and another in which she shares her own personal recollections – for instance, of how she and her friends had tried to play harmless tricks on Hitler."

Weber came across the transcripts of the interview conducted by Karl Hoeffkes, a German author and collector of personal accounts of the Nazi era, when a publisher and editor he knows, Wieland Giebel, shared it with him this past July. The transcript was part of a manuscript of a forthcoming book based on transcripts of interviews conducted by Hoeffkes of 1,500 people, among them perpetrators and victims, who had direct access to Hitler and had also been interviewed by Hoeffkes. Giebel is editing and publishing the book. Hoeffkes had not previously shared the Grünbauer interview and transcript, which was kept with his collection of other interviews and research materials.

"As it turned out," Weber told Haaretz in an email, "neither Wieland nor Karl Hoeffkes had realized what the significance of the interview is. I suggested that I would try to explore the full significance of the interview and publish it ahead of the publication of their book."

Grünbauer was the daughter of Anna and Joseph Popps, with whom Hitler lodged for 15-16 months before enlisting in the Bavarian army at the start of World War I. As evidence that Hitler became close with the family, Weber cites several letters and postcards that he sent the Popps, most of them from the front in Belgium along the French border, the first two from his time in training and en route to the front in late 1914 and early 1915.

"What makes Grünbauer's statement significant is both the date of Hitler's anti-Semitic remarks and the arguments used to justify them. Prior to the surfacing of Grünbauer's interview, no reliable document had ever come to light relating to Hitler's anti-Semitism prior to the summer of 1919," Weber writes, "Crucially, the anti-Semitic statements Hoeffkes recorded pre-date World War I and thus call into question the accepted wisdom of how Hitler turned into an anti-Semite. And they invite us to revisit the question as to what happened to Hitler in his final years in Vienna."

Hitler had moved to that city in 1908, at age 18, with a plan to attend the art academy there, where he hoped to become a great artist. Instead, he was greeted with rejection and poverty.

In "Mein Kampf," Hitler's 1925 autobiographical manifesto, he writes that he became an anti-Semite before moving from Vienna to Munich – which this new evidence appears to back up. Nonetheless, Weber argues that Hitler's account of his anti-Jewish epiphany at the end of World War I, as described in "Mein Kampf," appears to be more a case of grandstanding and presenting his own version of his political evolution as a "genius," than the truth. What we do know, the historian says, is that Hitler's views about Jews changed over time while he was in Vienna. Hitler writes that his political awakening was sparked by hearing in 1918 about the beginning of what would become known as the German Revolution, inspired by socialist ideas. Jews ranked among its leaders and supporters. It was then, he wrote, that he decided to become a politician who could "save" Germany.

Other historians respond

Robert Jan van Pelt, a Holocaust historian and professor at the University of Waterloo, in Ontario, says Weber has raised an important question about the formation of Hitler's ideology.

In an email exchange with Haaretz, van Pelt wrote that "it appears increasingly clear that Hitler's anti-Semitism, or better anti-Semitisms (plural), evolved into a complex, many-layered phenomenon that contained earlier strata that embraced popular tropes about Jews as having too much influence, etc., to what turned out to be the genocidal version that did not focus on particular Jews, or for that matter the Jewish people, but on 'the Jew' – a nefarious ogre-like pestilence that somehow had acquired some human form."

He noted that the latter form of Hitler's anti-Semitism evolved around 1920 in an ongoing dialogue with Alfred Rosenberg, a key ideologue of the Nazi Party, whom he met in Munich and who went on to become one of the masterminds of the Holocaust.

Moshe Zimmermann, emeritus professor of German history at the Hebrew University of Jerusalem, wrote an article for the Journal of Holocaust Research entitled "The Riddles of Conversion to Anti-Semitism" that was published as a response to Weber's article.

Zimmermann notes that historians and laypeople alike have become suspicious of new revelations and documents about Hitler, in particular those relating to Hitler as a youth and young man, both because there have been cases of fraud in the past and because of the challenges of corroborating information.

In his article, however, he takes less issue with the validity of Grünbauer's account regarding the timing of Hitler's anti-Semitic conversion, than with its significance, suggesting that what still matters most was his post-war formulation of a radicalized, virulent anti-Semitism, despite the more "garden variety" anti-Semitism that may have preceded it.

"We may assume beyond any doubt that Hitler's Viennese experience acquainted him with anti-Semitism, as well as with radical solutions to the 'Jewish problem.' At the same time," Zimmerman writes, "we may also assume that anti-Semitism was not a dominant element in his Weltanschauung until after the war."

PERSONEN-, SACH- UND ORTSREGISTER

8. Mai 1945 20, 194, 211, 294, 505f.
9. November 1938 132, 178
20. Juli 1944 siehe Attentat vom 20. Juli 1944

A
Adenauer, Konrad 275f., 289, 290, 466
Adolf Heusinger 353f.
Afrikafeldzug 329, 331
Albers, Hans 129
Alte Reichskanzlei 56, 115f., 125f., 132, 135, 169, 199, 218f., 228, 252, 255, 263, 308, 391, 474, 476, 482f.
Althaus, Johann 417
Amt 500 308, 403
Angerburg 473
Anhalter Bahnhof 29
Antisemitismus 20, 25f., 44, 63, 75, 159, 194, 218, 242, 339, 523, 527-537, 543ff., 548, 550
Antonescu, Ion 339, 349, 353ff.
Apfelstrudel 19, 115, 117f., 169
Ardennenoffensive 55, 133, 251, 259, 265, 270, 271, 422f., 436
Argentinien 215
Armeegruppe Steiner 314f., 390, 488
Armee Wenck 54, 380, 390, 406f., 478
Arnold, August 263
Arolsen 242
Aschenbrenner, Heinrich 282ff.
Attentat vom 20. Juli 1944 24, 86, 120, 165f., 193, 234, 237, 257, 299, 300, 305ff., 317, 319, 349, 352f., 366, 450, 457f., 466
Auftragstaktik 340, 432
Auschwitz 20, 25, 194, 228, 277, 325
Axmann, Artur 11, 17, 29, **31**, 264, 440, 442, 444, 467, 491, 495, 561
Axmann, Kurt 43

B
Baarova, Lida 177
Bach-Zelewski, Erich von dem 325f.
Backe, Herbert Friedrich Wilhelm 484
Balkanfeldzug 191, 291
Baltikum 268
Bankhaus Lampe 20, 409
Barbarossa 272, 279
Barkhausen, Hans 29, **89**, 561
Bataillon „Nachtigall" 275f., 279ff., 287
Baur, Hans 305, 444
Bayreuth 96-99, 189, 233f., 360, 379
Bazooka 364
Bechstein, Helene 193
Begleitkommando 83
Behr, Winrich **329**
Below, Nicolaus von 192, 233f., 236, 264, 306, 382, 398
Below, Tilla Maria von 21, **233**
Berchtesgaden 128, 134, 136f., 168, 173, 176, 178, 182, 184, 252, 299, 303, 307ff., 391, 445, 448, 464f.

Berghof 19, 75, 90, 92f., 127f., 131, 136f., 149, 153ff., 157ff., 160f., 163-167, 170f., 174f., 177ff., 182ff., 186, 190f., 193, 234-237, 252-255, 307, 309, 391, 448, 452ff., 464, 471
Berlin 11, 17, 22, 24-29, 31, 33f., 36ff., 40f., 43, 46, 48, 53ff., 57, 59f., 71, 75f., 80, 89, 91, 95, 107, 111, 116, 120, 125f., 129, 131, 138, 142, 145f., 157, 159, 160, 165f., 169, 178, 186ff., 191, 194, 196, 205, 221, 223f., 227, 240f., 243-247, 249, 251f., 259, 261, 263ff., 267, 271, 273, 277ff., 281, 286, 289, 294, 301, 305, 308f., 311f., 314f., 325, 331, 335, 340, 347, 352, 361ff., 365, 381, 387f., 390f., 396ff., 402f., 405-408, 416, 421, 426, 436, 440ff., 445, 447, 449, 452, 460f., 463-467, 470, 472f., 477, 482-485, 488, 491ff., 495, 497, 500
Berliner Schloss 253
Bernau 314
Beutedeutsche 374
Bier, August 38f., 40
Bismarck, Otto von 84, 339
Bismarck, Schlachtschiff 237
Bittrich, Wilhelm 381
Blomberg, Werner von 173
Blondi 181, 452, 485, 487
BMW R750 83

Boeselager, Philipp Freiherr von 24, **317**
Böhme, Gisela **195**
Boineburg-Lengsfeld, Hans Freiherr von 352
Boldt, Gerhard 55
Bormann 179
Bormann, Albert 119, 147, 256, 447, 472f.
Bormann, Martin 56, 59f., 109, 111, 117, 119f., 138, 147, 156f., 161, 163f., 174ff., 178, 184f., 188f., 234f., 252, 256, 258, 306, 308, 313, 387, 402, 405ff., 440, 442ff., 447, 452, 456, 462, 467f., 471-478, 495
Börnersdorf 465
Brandt, Karl 41, 115, 119, 236, 256
Brauchitsch, Walther von 359, 362, 364
Braunes Haus 131, 188f.
Braun, Eva 26, 59f., 79f., 97, 115, 117, 120, 123, 127, 130, 137, 153-158, 161, 163-167, 170-173, 180, 186, 189f., 194, 216ff., 220, 231, 233, 235f., 253, 264, 299, 303, 315, 390, 407, 444, 448f., 452, 456, 460f., 470f., 486, 496, 542
Braun, Gretl 159, 189
Braunschweig 379
Braun, Wernher von 362
Brecht, Bert 240, 245f.
Breslau 356
Bruckmann, Elsa 78, 218
Brückner, Wilhelm 79, 126, 132f., 136, 191, 217, 252, 263
Buchenwald 23, 390
Buch, Hermann **109**
Büchse der Pandora, Film 243
Buch, Walter 109, 111f.
Buck, Friedrich 392
Budapest 355, 384, 392

Buddrus, Anders Michael 39
Bund Deutscher Osten 286
Bundesarchiv Koblenz 89
Bund Deutscher Mädel 17, 27, 32, 43, 45f., 49ff., 444, 482, 485, 491, 493f., 497
Bund Oberland 105
Burckhardt, Carl Jacob 253
Burgdorf, Wilhelm 315, 387, 402, 405ff., 474f.
Burgenland 201, 204ff.
Bürgerbräu (-keller) 69, 86, 102, 107
Busch, Ernst 357

C
Canaris, Wilhelm 22, 215, 229, 276, 278-281, 285, 287f., 311f.
Capri 186
Carden-Lloyd Tankette 267
Carell, Paul 427
Carl Eduard von Sachsen-Coburg und Gotha 283
Casablanca 52
Chamberlain, Arthur Neville 248, 396
Chamberlain, Houston Stewart 218
Charité 39
Charkow 133, 268, 270, 296, 334, 409, 424, 433
Chiemsee 147
Christian, Gerda 455f., 458, 459, 462, 495
Churchill, Winston 83, 226, 247, 396, 420, 426
Clemenceau, Georges 78
Coburg 101
Cognac 136, 164
Conti, Leonardo 489f.
Coventry 216, 230

D
Daluege, Kurt 312
Dänemark 257, 262, 264, 333

Danzig 28, 253, 376f., 500
Darges, Fritz 20, **185**, 296
Darré, Richard Walther 489
Deutsche Arbeiterpartei 82, 105f.
Deutsche Arbeitsfront 44
Deutschnationaler Handlungsgehilfen-Verband 44
Dieppe 396
Dietrich, Otto 466
Dietrich, Sepp 133, 183, 374, 384
Disneys, Walt 93
Division Frundsberg 56
Dohnanyi, Hans von 229
Döhring, Herbert 155, 163, **167**
Dönitz, Karl 390, 466, 470, 476
d'Ora, Daisy siehe Daisy Schlitter
Dornberger, Walter 359, 362ff.
Dreigroschenoper 245
Dresden 125, 216, 230, 331, 465

E
Ebert, Frida 120
Edward VIII., König 170f.
Egon Hanfstaengl 24
Eher-Verlag 61, 66
Eichholtz 421
Eisenberg, Daisy Charlotte Freiin von Freyberg zu siehe Daisy Schlitter
Elser, Johann Georg 86
Engel, Gerhard 115, 119f., 341
England 48, 69, 71f., 93, 170f., 181, 223, 225f., 249, 284, 288, 357, 362, 393, 395ff., 412f.
Ensikat, David 23
Esser, Hermann 159
Estland 243, 371f.
Ettersberg 23
Euthanasie 326
Exerzierhallenrasse 425
Exner, Helene von 473

F

Fegelein, Hermann 159, 315, 379, 385, 387f., 468, 478
Feldherrnhalle 27, 101, 104-107
Fellgiebel, Erich 305
Ferdinand, Prinz Louis 225
Festung Landsberg 77, 112, 162, 411, 488
Fieseler Storch 434
Finnland 424
Florian, Karl Friedrich 139-143
FPÖ 201
Franco, Francisco 221f., 395
Frank, Bernhard 391
Frankfurt an der Oder 46, 439
Frankreich 21, 71f., 78, 103, 133, 170, 181f., 255, 258, 306, 319, 331, 339, 362, 375, 396, 415, 433
Frankreichfeldzug 21, 36, 40, 53, 55, 168, 176, 181, 191, 265, 267, 269f., 291, 329, 331, 339, 345, 353, 357, 370f., 411- 414, 424, 428
Freikorps Oberland 105
Frentz, Walter 21, 145, **261**, 391
Frick, Helmut 478
Frundsbergkämpfer 441
Fuhrer, Armin 502
Führerbunker 17, 19, 54-60, 76, 80, 111, 115, 120, 234, 302, 307f., 311, 314f., 330, 335, 379, 387f., 391, 401-406, 408, 410, 437, 439, 440, 442, 444-457, 461, 463, 467, 469, 474-477, 481, 483, 485ff., 565f.
Führerhauptquartier 19, 76, 92, 109, 113f., 150, 164, 184ff., 194, 237, 251, 255-259, 262ff., 295, 297, 299-308, 314, 318, 320-323, 330, 332f., 335, 338, 340, 342, 345, 347ff., 352, 363, 365, 374, 379ff., 383f., 387f., 391, 404, 445ff., 449, 452f., 458, 463-467, 473
Führerschutzkommando 169
Führersperrkreis 381
Fuller, John 269

G

Galen, Clemens August von 317
Garmisch-Partenkirchen 281
Gaulle, Charles de 47, 83, 269
Gaulle, de 47
Gau- und Reichsleitertagung 56
Gazen, Waldemar von 24, **337**
Georgien 281
Gerlich, Fritz 533
Gesamtdeutsche Block/ Bund der Heimatvertriebenen und Entrechteten 289
Gestapo 69, 175, 389, 469
Giebel, Wieland 29, 521
Giesler, Hermann 21, **145**
Godesberg 324
Goebbels, Joseph 27, 33, 49, 56, 59f., 93, 115, 120, 127, 130, 132, 140, 177f., 195, 198f., 208, 212, 223, 233f., 236, 246f., 249, 351, 386, 426, 436, 443, 460, 462f., 467, 469ff., 474ff., 482, 485, 492f., 495
Goebbels, Magda 127, 233, 236, 443, 462, 469f., 485
Göhler, Johannes **379**
Gohrbandt, Erwin 41
Göring, Hermann 26, 52, 85, 121, 125, 140, 183, 212, 219, 222f., 234, 237, 253, 282, 382, 386ff., 391f., 398, 413, 466, 470

Goslar 204f.
Gotha, Carl Eduard von Sachsen-Coburg und 283
Göttingen 40, 204
Greifswald 275
Grosny 281
Gruber, Kurt 36
Grünbauer, Elisabeth, geb. Popp 25f., 29, **61**, 519-522, 524f., 527f., 535ff., 544-547, 550
Guderian, Heinz 53, 265f., 268-271, 335f., 366, 382, 401, 403, 412, 427
Guderian, Heinz Günther **265**
Günsche, Otto 59, 117f., 165, 437, 440f., 443, 457, 463, 495

H

Haase, Prof. Werner 115, 119, 482, 485ff., 490
Hadamovsky, Eugen 224
Hadeln, Dr. Hans-Joachim Freiherr von 239, 248f.
Halder, Franz 326, 427
Hamann, Brigitte 99
Hamburg 44, 163, 187, 188, 277, 293f., 296, 339, 343, 362, 398, 421
Hanfstaengl, Egon 24, 26, **67**
Hanfstaengl, Ernst Franz Sedgwick 22, 24, 67, 69, 73, 75, 76, 79, 84, 86, 87, 193, 222, 223, 224
Hanfstaengl, Helene 538f., 544, 546
Hanisch, Rudolf 530f., 536, 540f., 546
Häusler, Rudolf 62, 523, 540f.
Hausser, Paul 433
Haus Wachenfeld 69, 75, 80, 154, 158, 169
Haus Wahnfried 96f.
Heines, Edmund 162
Henderson, Nevile 96, 99f., 183

Henkell & Co 20
Henlein, Konrad 287
Hentschel, Hannes 469f.
Herrmann, Gisela 17, 27, 60, 440, **491**, 497
Herrmann, Hans-Joachim **393**
Herzner, Hans-Albrecht 279
Heß, Rudolf 48, 80, 85, 173f., 188f., 207, 211f., 474
Heuer, Heinz **311**
Heusinger, Adolf 353f., 357
Hewel, Walter 171, 227f., 230, 452, 488, 490
Heydrich, Reinhard Tristan Eugen 229, 255, 288
HIAG 392
Himmler, Heinrich 56, 58, 113, 114, 119, 121, 124, 135, 194, 229, 248f., 253, 262, 273, 278, 282, 286, 288, 292, 295ff., 312, 389f., 405, 407, 424, 441, 490
Hindenburg, Paul von 103, 241, 272, 508
Hirschberg 343
Hitler
- Geburtstag 54, 56, 80, 178, 188, 267, 390, 441, 458
- Putsch 19, 27, 75, 89, 92, 101f., 106, 111f., 159, 162, 171, 180, 210, 275ff.
- Rede am 30.1.1939 183
Hitler, Alois jun. 543
Hitlerjugend 20, 31-35, 37-45, 48-53, 55f., 67, 101f., 112, 162, 196, 246, 301, 369, 439, 441, 467, 491, 495, 502
Hitler, Paula 528
Hofbeck, Hans 478
Hofbräuhaus 105
Höffkes 521
Höffkes, Karl 16f., 19, 21f., 28f., 32, 58, 521-524, 544
Hoffmann, Heinrich 79, 130, 256, 257, 542
Hübner, Wilhelm 262
Hugo Stinnes 466

Huhn, Dr. Gertrud 444
Hundepeitsche 112

I
Immediatsgesuch König 62, 524, 526
Italien 186f., 189ff., 343, 362, 375, 469, 500

J
Joachim Hoffmann 279
Jodl, Alfred 258, 333, 383, 390, 402-406, 464f.
Johannmeyer, Willy 55
Johann Peter Baur 322
Joppich, Gerhard Paul Waldemar 40
Judenfrage 183, 194
Jugoslawien 297
Junge, Gertraud „Traudl" 443, **445**
Junge, Hans-Hermann 117, 137, 156, 178, 448, 453f.
Jungen Freiheit 21
Jünger, Ernst 187
Junkerschule 109, 112, 185f., 188, 259, 379, 424
Jury, Hugo 206
Jüterbog 465, 499f.

K
Kadavergehorsam 346
Kaiserhof, Hotel 437
Kalifornien 72
Kamillentee 118, 157f.
Kammhuber, Josef 389
Kasan an der Wolga 268
Kasan, Ausbildungszentrum 268
Katjuscha 363
Kaufmann, Günther 45
Kaukasus 226, 281, 287, 332, 396, 466
Keitel, Wilhelm 258, 272, 295, 306, 330, 333f., 357, 381f., 385, 390, 402-406, 464ff.
Kellerhoff, Sven Felix 377
Kempka, Erich 80f., 83, 133, 322
Kershaw, Ian 26, 29
Kesselring, Albert, Feldmarschall 308
Kiel 395

Kielmannsegg, Johann Adolf Graf von 21, **349**
Kiew 53, 242, 339f.
Kissinger, Henry 69
Kitzbühel 470
Klein, Burton H. 421
Klein, Emil 27, **101**
Kleist, Heinrich von 53
Kluge, Günther von 24, 317, 319, 321ff., 326
Knappertsbusch, Hans 80, 255
Knoop, Friedrich 44
Koch, Erich 502
Kommer, Rudolf 71
Kommissarbefehl 27, 272, 369, 410, 424, 437
Königgrätz 84
Königsberg 10, 27, 275, 277f., 499-509, 512-517
Konzentrationslager 20, 23, 146, 162, 186, 194, 202f., 206, 213, 229, 251, 259, 266, 273, 278, 285, 312, 324, 348, 481, 485, 502
Körner, Oskar 92
Kraft durch Freude 46, 168, 176, 375
Kraftfahrlehrkommando Orlow 267
Krampnitz 331
Krause, Fritz 42, 117
Krause, Karl-Wilhelm 26, **123**, 156
Krebs, Hans 55, 314f., 390, 401ff., 406f., 474f.
Kreta 210
Kreuzpass 281
Kriegsgerichtsbarkeitserlass 273
Kriegsschuld-Lüge 106
Krim 281
Krupp 249, 426
Kuban-Brückenkopf 332
Kubitzek, August 531, 546
Kummersdorf 359, 363
Kumm, Otto 187, **291**
Kurland 376
Kurland-Armee 56
Kursk 418
Kursker Bogen 322
Küstrin 497

L

Ladogasee 373, 377
Landeshauptmann 205
Landverschickung 43
Lappland 210
Leander, Zarah 93
Leberknödel 117
Legion Condor 395
Lehmann, Armin Dieter **439**
Leibnizkekse 135
Leibstandarte Adolf Hitler 125, 133, 138, 154, 167, 169, 186, 188, 191, 198, 251, 252, 255, 294, 374, 415ff., 422, 433, 442f., 463, 485
Lemberg 276, 279f., 285f., 289
Ley, Robert 46, 145, 455f.
Lichterfelde 497
Liebenow, Prof. Dr. Richard Franz 38
Lindbergh, Charles 72
Linge, Heinz 156, 178, 182, 193, 381, 475, 477f.
Linz 21, 145ff., 149, 151, 172, 451, 453
Lloyd George, David 170
Lombard, Gustav 392
London 99, 171, 215, 217, 239, 248, 396
Lorenz, Heinz 466
Loringhoven, Bernd Freiherr Freytag von 335, **401**
Ludendorff, Erich 103, 107, 112, 420
Lueger, Karl 194, 535f.
Luftfahrtministerium 437
Luftschlacht um England 393, 395

M

„Machtergreifung" 11, 19, 22, 33, 37, 140, 147, 187, 207, 272, 324f., 410
Mackensen 103
Mackensen, Eberhard von 271
Mackensen, Hans-Georg von 47
Maltschew, Oberst 284
Manstein, Erich von 258, 304, 324, 332, 334, 422, 438
Manziarly, Constanze 115, 117, 443, 482, 488, 495
Marienbad 282f.
Marienburg 278
Marienwerder 368
Marr, Wilhelm 550
Meiningen 277
„Mein Kampf" 143, 191, 313, 411, 523f., 528, 530, 534
Memminger, Gustav 52
Meyer, Kurt 433f.
Milch, Erhard 362, 397
Minsk 262
Misch, Rochus 440, 443, **463**
Miss Germany 239f., 244f.
Mitford, Unity 223
Mittenwald 281
Mittlstrasser, Margarete 26, **153**, 161
Mittlstrasser, Wilhelm **161**
Model, Walter 295, 322, 332, 335, 381
Mohnke, Wilhelm 60, 444, 476, 482f., 488, 495f.
Moll, Erna **139**
Mönchengladbach 396
Mooslahner Teehaus 136, 158, 174, 235, 254
Morell, Theodor Gilbert 130, 159, 184, 186, 190, 226f., 475, 482, 485, 489
Morgenstern, Erika 27, **507**
Moskau 33, 242, 268f., 284, 323, 370, 427, 485, 497
Müller, Albert 45
Müller, Alexander von 72
Müller, Heinrich 468f.
München 19, 25ff., 38, 43, 50, 61ff., 65f., 67, 69, 71, 75f., 78ff., 89, 91, 101-104, 106, 111f., 119, 124-128, 130, 134f., 145, 149, 152, 154-157, 159, 162, 164ff., 175, 180, 188f., 191, 210, 252, 263f., 275-278, 289, 303, 314, 335, 359, 361, 382, 385, 388f., 421, 439, 445, 447, 487, 523, 532, 538f., 541, 543, 545, 550
Murmansk 210
Mussolini, Benito 177, 186f., 190, 231, 255, 307, 375, 404, 468

N

Napola 109, 112
Nationalsozialistische Erziehungsanstalten 109, 112
Nationalsozialistische Volkswohlfahrt 43
Naumann, Werner 470
Neapel 190
Neitzel, Sönke 433
Neue Reichskanzlei 21, 27, 56, 115, 120, 145, 151, 228, 255, 308, 315, 319, 388, 403f., 436f., 441f., 444, 447, 460, 464, 466ff., 473f., 476f., 482ff., 494ff.
Neukölln 33
Neurath, Konstantin Hermann Karl Freiherr von 127
Neurath, Konstantin von 221
Nichtangriffspakt 47
Niemöller, Martin 273
Niggemeyer, Wilhelm **345**
Nixon, Richard 284
Nordafrika 331
Norkus, Herbert 34
Normandie 32
Norwegen 210, 333, 396
NSDAP 20, 22, 31, 33-36, 38ff., 44ff., 54, 69, 89, 91ff., 101f., 105f., 108f., 111f., 126f., 140, 145, 147, 159, 162, 180, 201f., 204ff., 209, 213, 215, 224ff., 239, 246, 275, 278, 283, 291, 293, 362, 379, 390, 466, 468, 481, 489, 491
NS-Junkerschule 109, 112, 185f., 188, 259, 379, 424

Nürnberg 46, 75, 80, 111, 113, 139ff., 169, 173, 186, 189, 207, 217, 234, 239, 248, 258, 261, 263, 333, 409, 456, 484, 489

O

Oberkommando der Wehrmacht 21, 48, 215, 258, 272, 299, 301, 303, 305, 307, 315, 333, 349, 353, 387, 404, 406, 426
Oberländer, Theodor 22, 27, **275**
Obersalzberg 26, 51, 67, 75f., 97, 123, 127, 129, 132, 153f., 157, 164, 167, 169, 173-176, 191, 194, 216f., 228, 233f., 237, 251ff., 308, 313, 391, 448, 464f., 471, 487
Oberschlesien 47
Oberst 283
Ohnesorge, Wilhelm 50
OKW 301
Oldenburg 204
Olympiastadion 55, 195-198, 494
Ondarza, Ramón de 387
Onkel Dolf 26, 68, 74ff.
Oral History 12ff.
Orel 270
Organisation Gehlen 265
Organisation Todt 114, 145, 304, 306, 458
Oster, Hans Paul 229
Osteria Bavaria 65f., 154
Österreich 25, 61-64, 69, 82, 84, 175, 177, 180, 194, 205ff., 212f., 215, 219, 221, 243, 258, 263, 294, 309, 339, 351, 392, 527, 538, 547
Ostmark 205
Ostpreußen 92, 116, 169, 174, 184, 230, 259, 275, 286, 304f., 307, 340, 356, 368f., 493, 500, 502, 508

P

Pabst, Georg Wilhelm 239, 243f.

Panther, Panzer 183, 270, 339, 347, 415, 419
Panzerbär 484
Panzerfaust 366
Panzer I 267, 413
Panzer II 267, 413
Panzer III 267, 268, 339, 413
Panzer IV 267, 268, 339, 413, 415, 417
Paris 352
Parteikanzlei 57
Parteitag des Friedens 248
Patton, George S. 432
Paulus, Friedrich 329, 331ff., 465f.
Pazifik 72
Pearl Harbour 73
Pervitin 93, 482, 490
Pestke, Hans Gotthard 20, 27, **367**
Petacci, Clara 231
Pfeffer-Wildenbruch, Karl von 392
Phleps, Artur Martin 297
Pillau 341, 500, 503
Piłsudski, Józef, Marschall 47, 171
Platterhof 156, 471
Plön 109, 470
Pohl, Oswald Ludwig 483
Polen 21, 47, 53, 55, 133, 137f., 171, 194, 216, 226, 228, 244, 267, 270, 278f., 280, 325, 339, 368, 375, 381, 412, 423, 502
Polenfeldzug 21, 48, 109, 112, 123, 135f., 234, 258, 263, 265, 267, 291, 319, 329, 331, 337, 353, 357
Pölking, Hermann 28
Pommern 53, 206, 224, 376
Popp, Josef 25, 61-66, 520f., 527
Portschy, Dr. Tobias 20, **201**
Potsdam 28, 37, 55, 223, 311f., 319, 325, 331, 467
Prag 45, 180, 227, 229, 275, 282, 312, 331, 351

Pranz, Erna 46
Prinzregentenstraße 66, 127, 130, 134, 165
Prochorowka 416f., 425, 428
Propagandaministerium 89, 91, 123, 129, 159, 224, 254, 403, 426, 437, 494
Pullach 163
Putsch 86
Puttkamer, Karl-Jesko von 125, 382

R

Rastenburg 150, 184, 251, 259, 295, 301, 303, 340, 347, 381, 473
Rattenhuber, Johann 388
Raubal, Angela Franziska Johanna 69, 154, 528
Raubal, Angela Maria „Geli" 69, 79, 132, 166, 172
Reichsberufswettkampf 44f., 48
Reichsfilmarchiv 90
Reichsgesundheitsamt 39
Reichsgletscherspalte 341
Reichsjugendführer 11, 17, 31f., 36f., 42, 48, 54, 58, 209, 439f., 467, 495
„Reichskristallnacht" 132, 159, 178
Reichsparteitag 38, 113, 139ff., 186, 189, 207, 234, 239, 248, 261, 382, 457
Reichssicherheitsdienst, SD 175, 307, 468, 478
Reichssicherheitshauptamt 20, 215, 229, 468
Reichssportfeld 196ff., 494
Reichswehr 278
Reichswehrministerium 362
Reiter, Hans 40
Reitsch, Hannah 470, 475
Remagen, Brücke von 388
Remarque, Erich Maria 240, 245f.
Remer, Otto Ernst 467
Rheinsberg 403f., 407

Ribbentrop, Joachim von 215ff., 220f., 226ff., 253, 259, 409ff., 418, 421, 423, 426ff., 433, 435f., 488
Ribbentrop, Rudolf von 20, 27, 217, **409**
Riefenstahl, Leni 93, 261ff., 341
Roelofs, Gretel 21, 26, **115**
Röhm-Affäre 257, 325
Röhm, Ernst 75, 180
Röhm-Putsch 87, 112, 161, 162, 180, 193, 272, 324
Röhm-Revolte 125, 127, 162
Rökk, Marika 255
Roller, Alfred 99
Rom 190
Rommel, Erwin 305, 332, 365, 414
Roosevelt, Franklin D. 52, 69, 73, 83, 227, 288, 420, 426, 438
Rote Armee 22, 31, 268, 272, 278-281, 295, 303, 308, 312, 314f., 335, 339, 365, 384, 403, 416, 470, 477, 485, 499, 503, 506f., 564
Rotmistrow, Pawel 428
Rudel, Hans-Ulrich 313, 384
Ruf, Johanna 27
Rühmann, Heinz 92, 129, 254
Ruhrgebiet 77, 330, 388
Ruhrkessel 329f., 332, 335
Rumänien 339
Rundstedt, Gerd von 413
Russland 21, 24, 27, 40, 55, 181, 183f., 194, 240ff., 245, 247, 255ff., 266, 268f., 271, 276, 281, 284f., 287, 294f., 279, 303f., 311f., 319, 325, 337, 339f., 351, 353, 362, 369ff. 375f., 410-414, 426ff., 437, 488, 495
Russlandfeldzug 21, 40, 181, 183f., 255f., 265f., 268-271, 279, 294, 319, 337, 339, 351, 370f., 411, 413, 495

Russlandkrieg siehe Russlandfeldzug
Rust, Bernhard 39

S
Saarwellingen 48
Sachsen-Coburg, Johann Leopold von 283
Salzburg 82, 168, 171, 176, 221, 235, 308, 391
Sandner, Harald 25
Saporoschje 304
Sauckel, Fritz 148
Sauerbruch, Ernst Ferdinand 38, 40f.
Schaub, Julius 79, 113, 125, 132, 191, 440f., 448, 453, 456
Schenck, Ernst Günther **481**
Schirach, Baldur von 31, 36f., 40, 42, 45f., 48, 54, 209, 453f., 495
Schirach, Henriette von 453
Schlacht um Berlin 57
Schlageter, Albert Leo 77, 140
Schleißheimer Straße 61
Schlitter, Daisy 23, **239**
Schlitter, Oswald 243
Schlünder, Ernst 55
Schmidt, Paul Karl 427
Schmidt, Rudolf 323
Schmückle, Gerd 414
Schneider, Willi 20, 26, **251**
Schönerer, Georg von 194, 535f.
Schröder, Christa 383, 455f.
Schukow, Georgi 416
Schulz, Alfons **299**
Schulze-Kossens, Richard 259
Schuschnigg, Kurt 177
Schustereit, Hartmut 421
Schwarze Reichswehr 368
Schwede-Coburg, Franz 206
Schweiz 69, 150, 223, 257
Schweppenburg, Leo Dietrich Franz Reichsfreiherr Geyr von 53
Seelower Höhen 31
Seewald, Berthold 412

Seldte, Franz 225
Serkin, Rudolf 243
Serrano, Rosita 178
Shitomir 303ff., 339
Shoah Foundation 12
Siemensstadt 35
Silbermann, Justizrat 242
Soldatensender Belgrad 257
Solingen 206
Sonnenschein, Carl 37
Sonthofen 145, 147, 392
Spanien 215, 221ff., 262, 264, 395, 467
SPD 105
Speer, Albert 56, 114, 127, 146, 193, 236, 255, 262f., 388, 456, 474
Spielberg, Steven 12
Spitzweg 131
Spitzy, Reinhard 20, 69, **215**
SS-Verfügungstruppe 252
Stadelheim 162
Stalingrad 52, 83, 90, 93, 184, 270, 281, 322, 329, 330ff., 334f., 345, 348, 362, 396, 401, 415f., 418f., 433, 450, 465f.
Stalin, Josef 27, 83f., 226, 276, 278ff., 283ff., 288, 416, 420, 487
Stauffenberg, Claus Schenk Graf von 24, 227, 306, 338, 343, 350-353, 423
Steiermark 201, 206
Steiner, Felix 314f., 380, 385, 390, 488
Stendtke, Heinz 26, 499
Stettin 53, 385
Stieglitz, Ludwig Baron 242, 243
Stift Admont 206
Stinnes, Hugo 249, 466
Strasser, Gregor 162, 180, 193
Straße von Kertsch 332
Strauß, Franz Josef 414
Streicher, Julius 75, 211
Stuhlweißenburg 384
Stumpfegger, Ludwig 485
Sudetenland 258, 287, 329, 331, 351, 374, 428

T

T-34 20, 268, 367, 370, 410, 413-418, 430f.
Taganrog 332f.
Tarnopol 280
Tempelhofer Ufer 90
Thyssen, Fritz 249
Tiger (Panzer) 347, 415, 417
Todt, Fritz 114
Tölz 109
Treitschke, Heinrich von 222
Trenker, Luis 129
Tresckow, Henning von 319, 325, 357
Troost, Gerdy 127

U

Udet, Ernst 93
Ukraine 84, 249, 271, 276, 279f., 285, 303, 339, 375f., 424, 502
Universität Wien 201
Unrein, Martin 385
Unternehmen Zitadelle 416, 418, 419
Untersuchungshaft 76
US Holocaust Memorial Museum 28

V

Verband der Auslandsdeutschen (VDA) 204
Versailler Vertrag 69f., 89, 91, 106, 112, 162, 227, 247, 253, 268, 324, 351, 361
Versailles 106
Volkssturm-Bataillon 32

W

Wachsmann, Johanna 542
Wagner, Adolf 101
Wagner, Richard 95ff., 131
Wagner, Siegfried 95
Wagner, Wieland 95, 98
Wagner, Winifred 95ff., 126f., 218
Wagner, Wolfgang **95**
Warschau 47, 381
Warschauer Aufstand 381
Wasserburgstraße 164
Weber, Christian 456
Weber, Friedrich 277
Weber, Thomas **521**, 549f.
Wedding 33
Weidling, Helmuth 55
Weigel, Helene 245
Weimar 23, 36f., 49, 145, 147f., 286
Weise, Hubert 397
Wenck, Walther 54, 402
Werwolf 292f., 304f.
Wessel, Horst 34
Westfeldzug 370, 422
Westpreußen 47
Westwall 372
Wien 20, 25, 36, 45, 54, 62ff., 74, 84, 99, 149, 194, 201, 205, 209f., 215, 220, 226, 243, 339, 453, 523f., 527-530, 535f., 538-541, 543ff., 547f., 550
Wilde Sau 393, 398
Wilhelmstraße 436
Winniza 304, 375
Winterhilfswerk 136
Wlassow, Andrei Andrejewitsch 27, 276, 278, 282-285, 288
Wolchow 312, 370ff., 375, 377
Wolchow-Front 312
Wolf, Johanna 455
Wolf, Karl Hermann 535
Wolfsschanze 19, 76, 109, 114, 150, 184, 237, 251, 256, 262, 299, 302-305, 308, 330, 333, 338, 340, 345, 347ff., 379ff., 445f., 464, 467, 473
Wünnenberg, Alfred 313
Wünsche, Max 191

Y

Yad Vashem 13, 28

Z

Zeitzler, Kurt 353f., 357
Zeyss, Wilhelm **359**
Zieger, Wilhelm 412
Zigeuner-Anhaltelager Lackenbach 206
Zimmermann, Moshe 549
Zirkus Krone 89, 91f., 162
Zossen 308
„Zum Türken" 163, 175

ABBILDUNGSNACHWEIS

Archiv Karl Höffkes AKH: S. 17; Archiv Verlag; ullstein bild – Walter Frentz: S. 145, 185; ullstein bild - Kiesel: S. 239; ullstein bild – Süddeutsche Zeitung Photo / Scherl: S. 95; Wikimedia commons (public domain): S. 31, 101, 201; Wikimedia commons / Bundesarchiv, Bild 146-1988-106-29 / CC-BY-SA 3.0**: S. 261, Bild 183-23645-0002 / CC-BY-SA 3.0**: S. 275, Bild 101III-Zschaeckel-195-21 / Friedrich Zschäckel / CC-BY-SA 3.0**: S. 291, Bild 146-1999-003-32A / o.Ang / CC-BY-SA 3.0**: S. 317, B 145 Bild-F081237-0014 / Engelbert Reineke / CC-BY-SA 3.0**: S. 318, Bild 146-2005-0025 / CC-BY-SA 3.0*: S. 393, Bild 146-1974-082-44 / CC-BY-SA 3.0**: S. 551; Wikimedia commons / Bundeswehr-Fotos / CC-BY 2.0*: S. 349.
Leider konnten nicht alle Rechteinhaber ermittelt werden. Wir bitten ggf. um Rückmeldung an den Verlag.

* Verwendung unter der Creative Commons Lizenz CC BY 2.0 DE (https://creativecommons.org/licenses/by/2.0/de/deed.en)
** Verwendung unter der Creative Commons Lizenz CC BY-SA 3.0 DE (https://creativecommons.org/licenses/by-sa/3.0/de/deed.en)

BERLIN STORY VERLAG
Leuschnerdamm 7, 10999 Berlin

Harald Sandner
HITLER – DAS ITINERAR
Aufenthaltsorte und Reisen 1889–1945
2432 Seiten, 17 x 24 cm,
2211 Abbildungen, 4 Bände im Schuber,
499 Euro inkl. Daten-CD
ISBN 978-3-95723-095-9

Diese vier Bände beinhalten die weitgehend vollständige Chronologie der Aufenthaltsorte und Reisen des deutschen Diktators Adolf Hitler (1889-1945).
Die wesentlichen politischen, militärischen und persönlichen Ereignisse, die die Gründe für eine Reise Hitlers, einen Aufenthalt oder sogar den einfachen Tagesablauf erst nachvollziehbar werden lassen, sind direkt am jeweiligen Tag und – soweit überliefert – auch mit der Tageszeit in chronologischer Reihenfolge dargestellt. Exkurse über den Verbleib der Leiche Hitlers, seine Reisegewohnheiten, seine Wohnorte, die von ihm benutzten Verkehrsmittel sowie Statistiken über die Häufigkeit seiner Besuche und Aufenthalte in ausgewählten Städten und über die Bilanz des Zweiten Weltkrieges ergänzen das Werk.

Hermann Pölking
WER WAR HITLER
3-DVD-Box, 450 Minuten, 39,99 Euro
ISBN 978-3-95723-152-9

Der umfassendste Film zu Adolf Hitler – siebeneinhalb Stunden. So ist seine Biographie noch nie erzählt worden. Die Originalzitate aus Briefen, Tagebüchern, Reden, Büchern und Autobiographien werden mit neuem, vielfach unveröffentlichtem Archivmaterial montiert – zur Hälfte in Farbe.
Hitlers Leben und Wirken spiegelt sich auf einmalige Weise im Gesellschaftsbild der Jahre 1889 bis 1945. Er selbst und seine Zeitgenossen kommen in diesem Film zu Wort – eine Sprecherin verbindet die Aussagen durch kurze Erläuterungen. Keine vermeintlich allwissenden Experten, keine erklärenden Grafiken, keine nachgestellten Szenen und keine technischen Spielereien. Hermann Pölking, ein Meister der Dokumentation, wertete für diesen Film 120 Archive in 14 Ländern aus.

WWW.BERLINSTORY.DE

BERLIN STORY VERLAG
Leuschnerdamm 7, 10999 Berlin

Wieland Giebel (Hg.)
„WARUM ICH NAZI WURDE"
Biogramme früher Nationalsozialisten
930 Seiten, zahlreiche Faksimiles
17 x 24 cm, Gebunden,
49,95 Euro
ISBN 978-3-95723-129-1

In diesem Buch geht es um die große Menge kleiner Nazis. Die Sammlung von Berichten des amerikanischen Professors polnischer Abstammung, Theodore Fred Abel, ist einmalig, sie ist die wertvollste Primärquelle zur Frage, warum Menschen zu Nazis wurden, was zu ihrer Radikalisierung beitrug. Von den im Sommer 1934 im Rahmen eines Preisausschreibens geschriebenen ursprünglich 683 Berichten sind 581 erhalten. Es gibt keine vergleichbaren Quellen, die auch nur annähernd an die Fülle des Materials von 3.700 Seiten, den Reichtum an Details, die Freimütigkeit der Darstellung und die Intensität der Lebensbeschreibungen heran kommt. In diesen unmittelbaren Schilderungen findet sich ungefiltertes Gedankengut, nicht durch Scham späterer Erkenntnisse getrübt, durch Holocaust, Krieg und Untergang. Abel wollte wissen, wer diese Menschen sind, wie die Hitler-Bewegung in ihr Bewusstsein trat. Diese Biogramme offenbaren erstmals in die Tiefe gehend Beweggründe und Haltung der Nazis.

Das Buch „Warum ich Nazi wurde" versammelt eine alle Bevölkerungsschichten umfassende Auswahl der aussagekräftigsten Berichte, es analysiert das Weltbild der „Alten Kämpfer", bestehend aus einem Konglomerat aus Engstirnigkeit, Minderwertigkeitsgefühlen, Überlegenheitsdünkel, Rassismus, Gewalt und „paranoidem Judenkoller". Die extreme Gewalt der Nazis schüchterte die Menschen ein. Wiederkehrende Motive der Biogramme sind angeschlagener Nationalstolz; die Angst vor sozialem Abstieg; Hass auf Kommunisten. Dagegen steht der Glaube an die Volksgemeinschaft und die Hoffnung auf den Führer, den Erlöser. Diese einzigartige Sammlung von unschätzbarem Erkenntniswert ist Grundlage der Dokumentation „Hitler – wie konnte es geschehen" im Berlin Story Bunker.

„Zum Verständnis des Aufstiegs der Nazi-Partei und zum ungeheuren Anwachsen ihrer Massenbasis ist das vorliegende Buch von größtem Wert, weil es eben zu jener bohrenden Frage hinführt, wie es, wie das ‚Dritte Reich', geschehen konnte." Bernhard Schulz, Tagesspiegel 7. November 2018

WWW.BERLINSTORY.DE

BERLIN STORY VERLAG
Leuschnerdamm 7, 10999 Berlin

Wieland Giebel (Hg.)
DAS BRAUNE BERLIN
Adolf Hitlers „Kampf um die Reichshauptstadt"
369 Seiten, 12,5 x 20,5 cm, Gebunden,
24,95 Euro
ISBN 978-3-86368-064-0

Erstmals wird der Kampf der NSDAP um Berlin anhand von authentischem Quellenmaterial umfangreich und bis ins Detail geschildert. Die bisher zu wenig beachtete Geschichte der NSDAP in Berlin von 1916 bis 1933 steht im Mittelpunkt dieser Dokumentation. Durch intensive Recherchen konnten zahlreiche schwer zugängliche oder bisher unzugängliche zeitgenössische Quellen erschlossen werden. Das Buch ist geeignet für alle, die Originalquellen kennenlernen und verstehen möchten.

Alice Frontzek (Hg.)
„LIEBSTE JANNI!"
Briefe von Hans S. aus dem Krieg 1940-1945
302 Seiten, 12,5 x 20,5 cm, Broschur, 19,95 Euro
ISBN 978-3-95723-165-9

Die 18-jährige Janni aus Erfurt lernt im Sommer 1940 in Berlin den 23-jährigen Hans kennen, einen attraktiven SS-Mann. Er geht mit der „Leibstandarte Adolf Hitler" an die Front, sie heiraten, Janni bekommt ein Kind. 1942 wird Hans zum Offizier befördert und kommt zur „7. SS-Freiwilligen-Gebirgs-Division ‚Prinz Eugen'" nach Jugoslawien. Hans berichtet in seinen Briefen an Janni, wie es ihm geht – meist gut. Zuletzt reißt der Briefwechsel ab. Hans wird unmittelbar nach Ende des Zweiten Weltkriegs von Partisanen erschossen.
Alice Frontzek ist die Enkelin der beiden. Sie hat die Briefe erhalten und ist die Erste, die sie gelesen hat. „Mein Großvater hat sein Leben dieser furchtbaren Nazi-Ideologie geopfert. Die wichtigste Botschaft dieses Buches soll die Mahnung sein, seine Seele nicht zu verkaufen – und dass im Krieg Leben auf allen Seiten sinnlos verloren gehen."

WWW.BERLINSTORY.DE

BERLIN STORY VERLAG
Leuschnerdamm 7, 10999 Berlin

Curt Cowall/
Peter Dörp (Hg.)
DIE TAGEBÜCHER DES VERLEGERS CURT COWALL 1940–1945
Von Hitler in Paris bis zur
Schlacht um Berlin
300 Seiten, 12,5 x 20,5 cm, Broschur,
19,95 Euro
ISBN 978-3-95723-170-3

In den Tagebuchaufzeichnungen des Berliner Verlegers Curt Cowall von der Hochphase 1940 bis zum Untergang 1945 in der Schlacht um Berlin spiegeln sich Ambivalenz und Dramatik des Lebens während des Nationalsozialismus wider. Der Beruf des Verlegers, zusätzlich die „philosophische Sichtweise" der Privatperson, die Infiltration nationalsozialistischer Propaganda durch Presse und Radio und dazu die verheerende schicksalshafte Kriegsentwicklung trüben und schärfen den Blick des Tagebuchschreibers zugleich. Das Ergebnis ist ein einmaliges Zeitzeugnis, Mahnung vor populistischen Verführern und eindrückliches Plädoyer für Völkerfreundschaft und Frieden.

Wieland Giebel (Hg.)
BOMBEN AUF BERLIN
Zeitzeugen berichten vom Luftkrieg
225 Seiten, 12,5 x 20,5 cm, Broschur, 16,95 Euro
ISBN 978-3-95723-071-3

Ohne Pathos berichten 50 Zeitzeugen über die Tage und Nächte, in denen im Zweiten Weltkrieg Bomben auf Berlin fielen. Aus den individuellen Schicksalen ergibt sich ein historisches Bild der Zeit, die eine Generation bis heute geprägt hat. So einstand ein einzigartiges Buch bewegender Schilderungen.
Mit einem Vorwort von Sven Felix Kellerhoff.

WWW.BERLINSTORY.DE

BERLIN STORY VERLAG
Leuschnerdamm 7, 10999 Berlin

Harald Sandner
HITLER – DAS LETZTE JAHR
Chronologie einer Apokalypse
678 Seiten, 17 x 24 cm, zahlreiche Abb.
49,95 Euro
ISBN 978-3-95723-130-7

Das letzte Lebensjahr Adolf Hitlers ist geprägt von einer unvorstellbaren Anzahl von Opfern, zynischer Menschenverachtung, dem Bruch mit der Zivilisation. Niemals zuvor in der Geschichte der Menschheit und niemals danach sind mehr Tote, Verwundete, Vermisste und Vertriebene zu beklagen.
Noch nie wurde das letzte Jahr Hitlers so detailliert und chronologisch dargestellt – aus der Sicht Hitlers und der Perspektive heutiger Historiker.
Das Buch wird ergänzt durch umfangreiches, auch bisher unveröffentlichtes Bildmaterial und erstmals veröffentlichte Dokumente.

Sven Felix Kellerhoff
HITLERS ENDE IM FÜHRERBUNKER
Bau, Nutzung und Überreste
166 Seiten, 12,5 x 20,5 cm, Broschur, 16,95 Euro
ISBN 978-3-95723-134-5

Die Rückkehr des Diktators nach Berlin im Januar 1945 und sein Selbstmord am 30. April 1945 stehen im Mittelpunkt. Das Buch schildert das gespenstische Leben im Führerbunker. Wie der Führerbunker entstand, welche »Bühne« er für das letzte »Drama« des Nationalsozialismus abgab, wie er von sowjetischen Sanitätssoldatinnen entdeckt wurde und wie die DDR versuchte, ihn in den 1980er-Jahren zu beseitigen, veranschaulichen Pläne und Fotos. Autor Sven Felix Kellerhoff ist einer der profiliertesten Geschichtsjournalisten.

WWW.BERLINSTORY.DE

BERLIN STORY VERLAG
Leuschnerdamm 7, 10999 Berlin

Helmut Altner/
Tony Le Tissier (Hg.)
TOTENTANZ BERLIN
384 Seiten, 12,5 x 20,5 cm, Gebunden,
19,95 Euro
ISBN 978-3-95723-043-0

„Kämpfe weiter, bis Du die Kugel bekommst. Alles ist in sich zusammengestürzt. Du stehst mit leeren Händen da." Der 17-jährige Frontsoldat Helmut Altner schildert als Ich-Erzähler die letzten Tage des Zweiten Weltkriegs in Berlin. Er verabschiedet sich von seiner Mutter, wird erst an der Front im Oderbruch an einem Vormittag an der Waffe ausgebildet, nimmt an den schlimmsten Tagen des Kampfes um Berlin in Seelow und Friedersdorf gegen eine immense sowjetische Übermacht teil. Dann marschiert er zurück nach Spandau, kämpft sich am 29. April 1945 teils über Leichenberge durch U-Bahn-Tunnel ins Regierungsviertel durch. Später wird er in der Nähe von Brandenburg vom Russen gefangengenommen. Ein direkter, authentischer Bericht vom Schlacht-Feld Berlin, der wie kein anderer erklärt, wie es dazu kommen konnte, dass der Krieg der Deutschen bis zur letzten Minute mit solcher Inbrunst geführt wurde.

Johanna Ruf
EINE BACKPFEIFE
FÜR DEN KLEINEN GOEBBELS
Berlin 1945 im Tagebuch einer 15jährigen |
Die letzten und die ersten Tage
118 Seiten, 12,5 x 20,5 cm, Broschur,
12,95 Euro
ISBN 978-3-95723-121-5

Johanna Ruf ist Zeugin des Untergangs. Sie ist die letzte, die ihr Schweigen nach Jahrzehnten bricht. Dies ist ihr Tagebuch von damals. Im Anhalter Bahnhof versorgt sie Flüchtlinge, im Lazarett der Reichskanzlei Soldaten, trifft die Goebbels-Kinder, hastet durchs Granatfeuer und wird bei der Roten Armee dienstverpflichtet.

WWW.BERLINSTORY.DE

Berlin Story Bunker

Schöneberger Straße 23a, 10963 Berlin

HOW COULD IT HAPPEN
HITLER
WIE KONNTE ES GESCHEHEN

Anzeige

Berlin Story Geschichtsbunker am Anhalter Bahnhof

Im 6.500 Quadratmeter großen Hochbunker aus dem Zweiten Weltkrieg gibt es zwei Angebote über drei Etagen (des fünfstöckigen Bunkers):

- **„Hitler – wie konnte es geschehen"**
  Die Geschichte des Nationalsozialismus einschließlich der Dokumentation Führerbunker mit dem Nachbau des Raums, in dem Hitler sich im Bunker das Leben nahm. Diese Ausstellung erstreckt sich über drei Etagen. AudioGuide in acht Sprachen.
  Durchschnittliche Besuchszeit 120 Minuten.

- **Berlin Story Museum**
  Die Geschichte Berlins vom Anfang bis heute mit den Schwerpunkten Nazi-Zeit und DDR. AudioGuide in zehn Sprachen.
  Durchschnittliche Besuchszeit 60 Minuten, mit Berlin-Film 90 Minuten.

Öffnungszeiten täglich 10–19 Uhr, letzter Einlass 17:30 Uhr.
Preise: Hitler-Dokumentation 12 €, Berlin Museum 6 €.
Kombi-Ticket 13,50 €

Berlin Story Bunker GmbH
Schöneberger Straße 23a
10963 Berlin
E-Mail: Kasse@BerlinStory-Bunker.de